MANUAL DE DIREITO DA INOVAÇÃO

Aspectos institucionais teóricos e práticos do modelo cooperativo para Ciência, Tecnologia e Inovação trazido pela Emenda Constitucional nº 85/2015 de acordo com a Lei nº 10.973/2004 (modificada pela Lei nº 13.243/2016) e suas recentes regulamentações

JOÃO EDUARDO LOPES QUEIROZ

Prefácio
Guilherme Ary Plonski

MANUAL DE DIREITO DA INOVAÇÃO

Aspectos institucionais teóricos e práticos do modelo cooperativo para Ciência, Tecnologia e Inovação trazido pela Emenda Constitucional nº 85/2015 de acordo com a Lei nº 10.973/2004 (modificada pela Lei nº 13.243/2016) e suas recentes regulamentações

Belo Horizonte

2024

© 2024 Editora Fórum Ltda.

É proibida a reprodução total ou parcial desta obra, por qualquer meio eletrônico, inclusive por processos xerográficos, sem autorização expressa do Editor.

Conselho Editorial

Adilson Abreu Dallari
Alécia Paolucci Nogueira Bicalho
Alexandre Coutinho Pagliarini
André Ramos Tavares
Carlos Ayres Britto
Carlos Mário da Silva Velloso
Cármen Lúcia Antunes Rocha
Cesar Augusto Guimarães Pereira
Clovis Beznos
Cristiana Fortini
Dinorá Adelaide Musetti Grotti
Diogo de Figueiredo Moreira Neto (*in memoriam*)
Egon Bockmann Moreira
Emerson Gabardo
Fabrício Motta
Fernando Rossi
Flávio Henrique Unes Pereira
Floriano de Azevedo Marques Neto
Gustavo Justino de Oliveira
Inês Virgínia Prado Soares
Jorge Ulisses Jacoby Fernandes
Juarez Freitas
Luciano Ferraz
Lúcio Delfino
Marcia Carla Pereira Ribeiro
Márcio Cammarosano
Marcos Ehrhardt Jr.
Maria Sylvia Zanella Di Pietro
Ney José de Freitas
Oswaldo Othon de Pontes Saraiva Filho
Paulo Modesto
Romeu Felipe Bacellar Filho
Sérgio Guerra
Walber de Moura Agra

FÓRUM
CONHECIMENTO JURÍDICO

Luís Cláudio Rodrigues Ferreira
Presidente e Editor

Coordenação editorial: Leonardo Eustáquio Siqueira Araújo
Aline Sobreira de Oliveira

Rua Paulo Ribeiro Bastos, 211 – Jardim Atlântico – CEP 31710-430
Belo Horizonte – Minas Gerais – Tel.: (31) 99412.0131
www.editoraforum.com.br – editoraforum@editoraforum.com.br

Técnica. Empenho. Zelo. Esses foram alguns dos cuidados aplicados na edição desta obra. No entanto, podem ocorrer erros de impressão, digitação ou mesmo restar alguma dúvida conceitual. Caso se constate algo assim, solicitamos a gentileza de nos comunicar através do *e-mail* editorial@editoraforum.com.br para que possamos esclarecer, no que couber. A sua contribuição é muito importante para mantermos a excelência editorial. A Editora Fórum agradece a sua contribuição.

Dados Internacionais de Catalogação na Publicação (CIP) de acordo com ISBD

Q3m	Queiroz, João Eduardo Lopes Manual de direito da inovação: aspectos institucionais teóricos e práticos do modelo cooperativo para ciência, tecnologia e inovação trazido pela Emenda Constitucional nº 85/2015 de acordo com a Lei nº 10.973/2004 (modificada pela Lei nº 13.243/2016) e suas recentes regulamentações / João Eduardo Lopes Queiroz. Belo Horizonte: Fórum, 2024. 539p. 14,5x21,5cm ISBN 978-65-5518-644-4 1. Direito à inovação. 2. Ciência, tecnologia e inovação. 3. Fomento à inovação. 4. Instrumentos jurídicos da inovação. 5. Autonomia universitária. 6. Inovação tecnológica. I. Título. CDD: 303.483 CDU: 34

Ficha catalográfica elaborada por Lissandra Ruas Lima – CRB/6 – 2851

Informação bibliográfica deste livro, conforme a NBR 6023:2018 da Associação Brasileira de Normas Técnicas (ABNT):

QUEIROZ, João Eduardo Lopes. *Manual de direito da inovação*: aspectos institucionais teóricos e práticos do modelo cooperativo para ciência, tecnologia e inovação trazido pela Emenda Constitucional nº 85/2015 de acordo com a Lei nº 10.973/2004 (modificada pela Lei nº 13.243/2016) e suas recentes regulamentações. Belo Horizonte: Fórum, 2024. 539p. ISBN 978-65-5518-644-4.

À minha esposa Daniela.

Por seu amor, incentivo e apoio nos primeiros 9.986.400 milhões de minutos de nosso casamento.

A pesquisa em inovação foi por muito tempo domínio dos economistas, mas também campo de atuação de sociólogos, cientistas políticos e tecnólogos.
No entanto, essas disciplinas comumente negligenciam o papel do Direito.
Wolfgang Hoffmann-Riem

LISTA DE ABREVIATURAS E SIGLAS

ABC – Academia Brasileira de Ciências
ABNT – Associação Brasileira de Normas Técnicas
ABRABI – Associação Brasileira de Empresas de Biotecnologia
ADI – Ação Direta de Inconstitucionalidade
ADPF – Arguição de Descumprimento de Preceito Fundamental
AGEITEC – Agência Embrapa de Informação Tecnológica
AI-5 – Ato Institucional nº 5, de 1969
ANATEL – Agência Nacional de Telecomunicações
ANEEL – Agência Nacional de Energia Elétrica
ANP – Agência Nacional do Petróleo, Gás Natural e Biocombustíveis
art. – artigo
BNDE – Banco Nacional de Desenvolvimento
BNDES – Banco Nacional de Desenvolvimento Social
CC/2002 – Código Civil de 2002
CCT – Conselho Paranaense de Ciência e Tecnologia
CERN, na Suíça – *Conseil Européen pour la Recherche Nucléaire*
CF/1988 – Constituição Federal de 1988
CNPJ – Cadastro Nacional de Pessoas Jurídicas
CNPq – Conselho Nacional de Desenvolvimento Científico e Tecnológico
CPC/2015 – Código de Processo Civil de 2015
CSLL – Contribuição Social sobre o Lucro Líquido
CTA – Centro Técnico de Aeronáutica
CT&I – Ciência, Tecnologia e Inovação
C&T – Ciência e Tecnologia
DNA – ácido desoxirribonucleico
D.O.E. – Diário Oficial do Estado
D.O.U. – Diário Oficial da União
EC – Emenda Constitucional
ed. – edição
EMATER – Empresa de Assistência Técnica e Extensão Rural
EMBRAPA – Empresa Brasileira de Pesquisa e Agropecuária
EMBRAPII – Empresa Brasileira de Pesquisa e Inovação Industrial
EMBRATER – Empresa Brasileira de Assistência Técnica e Extensão Rural
ETECs – Escolas de Ensino Técnico
EUA – Estados Unidos da América

FA	–	Fundação Araucária de Apoio ao Desenvolvimento Científico e Tecnológico do Estado do Paraná
FACEPE	–	Fundação de Amparo à Ciência e Tecnologia do Estado de Pernambuco
FAPAC	–	Fundação de Amparo à Pesquisa do Acre
FAPs	–	Fundações de Amparo à Pesquisa
FAPDF	–	Fundação de Apoio à Pesquisa do Distrito Federal
FAPEAL	–	Fundação de Amparo à Pesquisa do Estado de Alagoas
FAPEAM	–	Fundação de Amparo à Pesquisa do Estado do Amazonas
FAPEAP	–	Fundação de Amparo à Pesquisa do Estado do Amapá, Tecnológicas e à Pesquisa do Estado de Rondônia
FAPEG	–	Fundação de Apoio à Pesquisa do Estado de Goiás
FAPEMA	–	Fundação de Amparo à Pesquisa e ao Desenvolvimento Científico e Tecnológico do Maranhão
FAPEMAT	–	Fundação de Amparo à Pesquisa do Estado do Mato Grosso
FAPEMIG	–	Fundação de Amparo à Pesquisa do Estado de Minas Gerais
FAPEPI	–	Fundação de Amparo à Pesquisa do Estado do Piauí
FAPERGS	–	Fundação de Amparo à Pesquisa do Estado do Rio Grande do Sul
FAPERJ	–	Fundação Carlos Chagas Filho de Amparo à Pesquisa do Estado do Rio de Janeiro
FAPERN	–	Fundação de Apoio à Pesquisa do Estado do Rio Grande do Norte
FAPERO	–	Fundação Rondônia de Amparo ao Desenvolvimento das Ações Científicas e Tecnológicas e à Pesquisa do Estado de Rondônia
FAPES	–	Fundação de Amparo à Pesquisa e Inovação do Espírito Santo
FAPESB	–	Fundação de Amparo à Pesquisa do Estado da Bahia
FAPESC	–	Fundação de Amparo à Pesquisa e Inovação do Estado de Santa Catarina
FAPESP	–	Fundação de Amparo à Pesquisa de São Paulo
FAPESPA	–	Fundação Amazônia de Amparo a Estudos e Pesquisas
FAPESQ	–	Fundação de Apoio à Pesquisa do Estado da Paraíba
FAPITEC/SE	–	Fundação de Apoio à Pesquisa e à Inovação Tecnológica de Estado de Sergipe
FAPT	–	Fundação de Amparo à Pesquisa do Estado de Tocantins
FINEP	–	Financiadora de Estudos e Projetos
FIOCRUZ	–	Fundação Oswaldo Cruz
FNDCT	–	Fundo Nacional de Desenvolvimento Científico e Tecnológico
FUNCAP	–	Fundação Cearense de Apoio ao Desenvolvimento Científico e Tecnológico

FUNDECT – Fundação de Apoio ao Desenvolvimento do Ensino, Ciência e Tecnologia do Estado de Mato Grosso do Sul
IBGE – Instituto Brasileiro de Geografia e Estatística
ICMS – Imposto sobre Operações Relativas à Circulação de Mercadorias e sobre Prestações de Serviços de Transporte Interestadual e Intermunicipal e de Comunicação
ICT – Instituição Científica, Tecnológica e de Inovação
IES – Instituição de Ensino Superior
IFES – Instituições Federais de Ensino Superior
INCTs – Institutos Nacionais de Ciência e Tecnologia
INCT – Instituto Nacional de Ciência e Tecnologia
INEP – Instituto Nacional de Estudos e Pesquisas Educacionais Anísio Teixeira
INPI – Instituto Nacional de Propriedade Industrial
INT – Instituto Nacional de Tecnologia
IPEA – Instituto de Planejamento Econômico e Social
IPI – Imposto sobre Produtos Industrializados
IPT – Instituto de Pesquisas Tecnológicas de São Paulo
IR – Imposto de Renda
ITA – Instituto Tecnológico da Aeronáutica
LDB – Lei de Diretrizes e Bases Nacional
LINDB – Lei de Introdução às Normas do Direito Brasileiro
MAPA – Ministério da Agricultura e Pecuária
MCT – Ministério da Ciência e Tecnologia
MCTI – Ministério da Ciência, Tecnologia e Inovação
MEC – Ministério da Educação
MG – Minas Gerais
MLCTI – Marco Legal da Ciência, Tecnologia e Inovação
n. – número
NIT – Núcleo de Inovação Tecnológica
org. – organizador/organizadores/organização
PBDCT – Plano Básico de Desenvolvimento Científico e Tecnológico
PD&I – Pesquisa, Desenvolvimento e Inovação
PEC – Proposta de Emenda Constitucional
PISA – *Programme for International Student Assessment*
PIX – Pagamento instantâneo brasileiro
PND – Plano Nacional de Desenvolvimento
PNI – Política Nacional de Inovação
PT – Partido dos Trabalhadores
Pub. – Publicado
REFIS – Programa de Recuperação Fiscal
SAIFR – *South American Institute for Fundamental Research*
SEBRAE – Serviço Brasileiro de Apoio às Micro e Pequenas Empresas
SECT – Secretaria de Ciência e Tecnologia

SENAC	–	Serviço Nacional de Aprendizagem Comercial
SENAI	–	Serviço Nacional de Aprendizagem Industrial
SENAR	–	Serviço Nacional de Aprendizagem Rural
SNCTI	–	Sistema Nacional de Ciência, Tecnologia e Inovação
STF	–	Supremo Tribunal Federal
STJ	–	Superior Tribunal de Justiça
TCU	–	Tribunal de Contas da União
TELEBRAS	–	Empresa de Telecomunicações Brasileiras
TJ/SP	–	Tribunal de Justiça do Estado de São Paulo
TTOs	–	*Technology Transfer Offices*
UDF	–	Universidade do Distrito Federal
UEMG	–	Universidade do Estado de Minas Gerais
UFABC	–	Universidade Federal do ABC
UFMG	–	Universidade Federal de Minas Gerais
UFRS	–	Universidade Federal do Rio Grande do Sul
UFSC	–	Universidade Federal de Santa Catarina
UnB	–	Universidade de Brasília
Unesp	–	Universidade Estadual Paulista "Júlio de Mesquita Filho"
Unicamp	–	Universidade Estadual de Campinas
USP	–	Universidade de São Paulo
UFPE	–	Universidade Federal de Pernambuco

SUMÁRIO

PREFÁCIO
Guilherme Ary Plonski 19

INTRODUÇÃO 23

CAPÍTULO 1
AMBIENTE INSTITUCIONAL DA CIÊNCIA, TECNOLOGIA E
INOVAÇÃO 39
1   Instituições e ambiente institucional: teorias aplicáveis à
           ciência, tecnologia e inovação 40
1.2   Histórico da formação da política científica 47
1.3   Estrutura orgânica – componentes da ciência, tecnologia e
           inovação no Brasil 65
1.4   Sistema e ecossistema de ciência, tecnologia e inovação 69
1.4.1   Sistemas de inovação 69
1.4.2   Ecossistema de inovação 77
1.5   Sistemas de ciência, tecnologia e inovação em outros países 79
1.5.1   Finlândia 80
1.5.2   Canadá 80
1.5.3   Japão 81
1.5.4   Singapura 82
1.5.5   Israel 82
1.5.6   Quênia 83

CAPÍTULO 2
CONSTITUCIONALIZAÇÃO DA CIÊNCIA, TECNOLOGIA E
INOVAÇÃO 85
2.1   A constitucionalização da ciência e tecnologia nas
           Constituições precedentes à Constituição de 1988 86
2.2   A constitucionalização da ciência e tecnologia na Constituição
           de 1988 90

2.3   A constitucionalização da ciência, tecnologia e inovação na Constituição de 1988 através da Emenda Constitucional nº 85/2015 97

CAPÍTULO 3
DISCIPLINA INFRACONSTITUCIONAL DA CIÊNCIA, TECNOLOGIA E INOVAÇÃO 117
3.1   Leis e outros atos normativos federais 117
3.2   Leis e outros atos normativos estaduais 117
3.3   Normas constitucionais estaduais 119
3.4   Disposições autonômicas das universidades 119

CAPÍTULO 4
O PAPEL DAS UNIVERSIDADES NA CONSTRUÇÃO DO SISTEMA NACIONAL DE CIÊNCIA, TECNOLOGIA E INOVAÇÃO 121
4.1   Autonomia universitária e ciência, tecnologia e inovação 121
4.2   As universidades como protagonistas no sistema nacional de ciência, tecnologia e inovação 138

CAPÍTULO 5
INSTITUTOS JURÍDICOS UTILIZADOS PARA ESTÍMULO À CIÊNCIA, TECNOLOGIA E INOVAÇÃO 143
5.1   Os estímulos positivos 143
5.1.1   Teoria geral dos estímulos positivos 147
5.1.2   Os estímulos positivos como *modus operandi* da ação fomentadora do Estado 150
5.1.3   A ação fomentadora do Estado no Direito Comparado 153
5.1.3.1   França 153
5.1.3.2   Alemanha 154
5.1.3.3   Portugal 156
5.1.3.4   Espanha 159
5.1.3.5   Argentina 164
5.1.4   A ação fomentadora do Estado no Brasil 166
5.1.5   Modalidades de estímulos positivos 168
5.1.6   Espécies de estímulos positivos 169
5.1.6.1   Subsídios 170
5.1.6.2   Subvenção 171
5.1.6.3   Remanejamento fiscal 173

5.1.6.4	Preempção aos produtos nacionais	173
5.1.6.5	Empréstimos com juros favoráveis	174
5.1.6.6	Apoio técnico	174
5.1.7	A ação fomentadora do Estado na ciência, tecnologia e inovação através dos estímulos positivos	175
5.2	Instrumentos jurídicos de cooperação público-privada	179
5.2.1	Instrumentos contratuais	183
5.2.1.1	A noção de pacto, acordo, contrato ou termo para a teoria geral do Direito	184
5.2.1.2	As noções de pacto, acordo, contrato ou termo para o Direito Administrativo	190
5.2.2	Instrumentos cooperativos	215
5.2.3	Instrumentos de outorga	224
5.2.4	Modalidades de acordos de vontade da Administração do microssistema jurídico da ciência, tecnologia e inovação	225
5.2.4.1	Acordo de parceria para ciência, tecnologia e inovação	225
5.2.4.2	Contrato de licenciamento exclusivo e não exclusivo	232
5.2.4.3	Transferência de tecnologia	233
5.2.4.4	Encomenda tecnológica	242
5.2.4.5	Transferência de *know-how*	246
5.2.4.6	Parcerias para desenvolvimento produtivo	248
5.2.4.7	Termo de outorga de cessão de uso de infraestrutura para P&I	250
5.2.4.8	Termo de outorga de bolsas	259
5.2.4.9	Convênio para pesquisa, desenvolvimento e inovação	260
5.2.4.10	Convênios de educação, ciência, tecnologia e inovação	265
5.2.4.11	Contrato de prestação de serviços técnicos especializados	269
5.2.4.12	Acordo de cooperação internacional para ciência, tecnologia e inovação	274
5.3	Entidades jurídicas	276
5.3.1	Universidades públicas e privadas	277
5.3.2	Instituição científica, tecnológica e de inovação (ICTs)	281
5.3.3	Núcleo de inovação tecnológica (NITs)	283
5.3.4	Entidades de apoio	290
5.3.4.1	Fundações de apoio	301
5.3.4.2	Associações e institutos	321
5.3.4.3	Cooperativas	323
5.3.5	Agências de fomento e/ou fundações de amparo à pesquisa	324
5.3.6	Incubadora de empresas	345
5.3.7	Parques científicos, de inovação e tecnológicos	346

5.3.8	Polos tecnológicos	348
5.3.9	Centros de pesquisa	349
5.3.10	Escritórios de apoio à pesquisa	350
5.3.11	Aceleradoras de negócios	350
5.3.12	Empresas de pesquisa e inovação	351
5.3.12.1	*Startups*	351
5.3.12.2	Empresas estatais de pesquisa e inovação	355
5.3.13	Instituições nacionais de pesquisa científica e tecnológica	358
5.3.14	Distritos de inovação	361
5.4	O papel dos instrumentos e entidades jurídicas na construção do sistema nacional de ciência, tecnologia e inovação	367

CAPÍTULO 6
INSTITUCIONALIZAÇÃO DO SISTEMA NACIONAL DE CIÊNCIA, TECNOLOGIA E INOVAÇÃO 369

6.1	Políticas públicas para institucionalização dos sistemas de inovação	370
6.2	Os atores dos sistemas de inovação responsáveis por sua institucionalização	379
6.3	Principais gargalos jurídicos à institucionalização	382
6.4	Assédio institucional como perigo sempre iminente para a consolidação do SNCTI	388
6.5	Institucionalização do SNCTI e a EC nº 85/2015	395

CAPÍTULO 7
A CONSTITUCIONALIDADE DA COOPERAÇÃO PÚBLICO-PRIVADA EM PROJETOS DE PESQUISA, DESENVOLVIMENTO CIENTÍFICO E TECNOLÓGICO E DE INOVAÇÃO 397

7.1	Comentário contextual à constitucionalidade da EC nº 85/2015	397
7.2	Considerações de *lege ferenda* para superar o obstáculo da insegurança jurídica no SNCTI	402

CONCLUSÃO 407

REFERÊNCIAS 411

ANEXO A: NORMAS FEDERAIS DE C,T&I 443

ANEXO B: ANÁLISE DA LEI FEDERAL DE C,T&I EM CONFRONTO COM ALGUMAS LEIS ESTADUAIS DE C,T&I 449

ANEXO C: NORMAS ESTADUAIS ESPARSAS SOBRE C,T&I 479

ANEXO D: NORMAS CONSTITUCIONAIS ESTADUAIS DE C,T&I SEPARADAS POR ARTIGOS... 505

ANEXO E: DISPOSIÇÕES AUTONÔMICAS DAS UNIVERSIDADES PÚBLICAS... 535

PREFÁCIO

Merece atenção a inusitada unidade de tempo adotada na dedicatória desta obra. Ela expressa, de forma criativa, a intensidade do afeto que envolve as quase duas décadas de vida conjugal do autor: cada minuto não apenas conta, como vale a pena. Ao mensurar o tempo em minutos, o professor João Eduardo Lopes Queiroz, de entrada, também alerta os leitores e leitoras para o senso de premência que perpassará o texto, dedicado ao tema do Direito da Ciência, Tecnologia e Inovação.

A premência decorre de duas angustiosas constatações. A primeira é que persiste uma defasagem considerável entre a velocidade potencial da produção de inovações fundamentadas em conhecimentos científicos e competências tecnológicas, que são essenciais para agilizar o desenvolvimento econômico do Brasil, e a velocidade efetiva com que avanços nesse campo vêm ocorrendo. A segunda constatação é que um fator importante para a renitência dessa defasagem é, em suas palavras, "a cultura tradicionalista do direito público criada no Estado brasileiro".

Esse atavismo traz insegurança aos atores do chamado Sistema Nacional de Ciência, Tecnologia e Inovação. E, particularmente, ocasiona um nível de impedância institucional que inibe e atrasa o estabelecimento de relações cooperativas frutíferas entre universidades, que são tipicamente públicas em nosso meio, e organizações privadas, em particular empresas. O que é péssimo para o Brasil, pois a cooperação entre esses agentes, fomentada pelo governo, é amplamente considerada como vital para a prosperidade das sociedades contemporâneas.

Uma primeira iniciativa para mitigar os efeitos da referida cultura tradicionalista se materializa em dezembro de 2004, com a promulgação da Lei nº 10.973, alcunhada de "Lei da Inovação". Suas fontes imediatas são a Lei Bayh-Dole norte-americana (1980), que serve de inspiração a numerosas legislações mundo afora, e a então recente lei francesa de incentivo à inovação (1999). Suas raízes profundas são modelos de desenvolvimento potencializado pelo conhecimento, como o latino-americano Triângulo de Sábato (1968) e a setentrional Hélice Tríplice (1996).

Saudada como legislação redentora, em pouco tempo as expectativas se frustram, quer da comunidade acadêmica como do segmento empresarial inovador. O desencanto é vocalizado no Seminário "Inovação Tecnológica e Segurança Jurídica", organizado em 2006 pelo Centro de Gestão e Estudos Estratégicos (CGEE). Ali se examinam, sob variadas angulações ancoradas em vivências factuais, os obstáculos jurídicos e burocráticos à efetividade de um conjunto de disposições, lançadas no esperançoso decênio anterior, voltadas a estabelecer um ambiente jurídico estimulador das atividades de inovação: as leis de Informática (1998), de Inovação (2004), de Biossegurança (2005) e do Bem (2005). Em síntese, conclui-se que "a insegurança jurídica, que ganha ainda maior dimensão em razão de uma institucionalidade inadequada que a alimenta, dificulta a criação de confiança de investidores privados nas atividades de inovação e sua expansão no país".[1]

A percepção da necessidade de avanços maiores desencadeia uma extensa jornada que, usando a unidade de medida indicada pelo autor, dura 4.312.800 minutos. Envolvendo gradativamente um expressivo número de agentes representativos dos segmentos que conformam o referido Sistema Nacional, ela culmina com uma inovação radical – a inclusão da inovação na Constituição Federal, por intermédio da Emenda Constitucional nº 85, em fevereiro de 2015.

Faz bem o autor ao adotar como eixo estruturante a constitucionalização da tríade ciência, tecnologia e inovação, em especial no que se refere ao seu terceiro integrante. A emenda constitucional mencionada é um divisor de águas, não apenas no plano formal, como também na dimensão prática. Modifica radicalmente a postura do estamento jurídico governamental acerca de propostas de apoio a iniciativas de inovação envolvendo a essencial cooperação público-privada. Assim, reduz drasticamente a ocorrência, anteriormente frequente, de veto por procuradorias a propostas de cooperação meritórias, com a justificativa singular de que 'inovação é coisa do setor privado'.

Outros óbices que pareciam ser intransponíveis começam a ser desfeitos a partir da promulgação da Emenda nº 85. Ao estabelecer que "passa a ser competência comum da União, dos Estados, do Distrito Federal e dos Municípios proporcionar os meios de acesso à cultura, à educação, à ciência, à tecnologia, à pesquisa *e à inovação*", ela tem o

---

[1] O relato do Seminário está disponível em: https://www.cgee.org.br/.

poder de rever posturas e condutas em ambientes ponderosos, como a teia de órgãos de controle da administração pública. Uma ilustração emblemática dessa transformação sucede no Tribunal de Contas da União (TCU). A corte se debruçara sobre como lidar com a inovação, tanto no seu âmbito interno como no externo, o que leva à criação do Programa INOVATCU, lançado às vésperas da promulgação da Emenda nº 85. O documento referencial dessa bem-vinda iniciativa justifica-a de maneira cristalina: "(...) inovar não é mais uma questão de escolha: trata-se de um dever que nos é imposto, como consequência do direito dos cidadãos a uma gestão governamental eficiente e capaz de prover serviços de excelência". Em decorrência, "O Tribunal de Contas da União e as demais instituições responsáveis pelo controle da Administração Pública, no Brasil e no mundo, não podem ignorar essa nova realidade. Se o fizessem, estariam condenados à obsolescência ou, pior, à triste condição de se tornarem obstáculos para a necessária modernização do Estado".[1] O TCU passa a ser um animador ativo da cooperação voltada à inovação entre o setor privado e instituições sob a sua alçada, inclusive as universidades públicas federais.

A emenda germina um conjunto de normas legais nas esferas nacional e subnacional, assim como afeta positivamente um vasto conjunto de institutos jurídicos voltados ao estímulo à ciência, tecnologia e inovação. A descrição analítica dessa jornada, seu contexto e desdobramentos, seus feitos e desafios ainda irresolvidos são tratados com justeza e elegância no texto do professor Queiroz, que é derivado de sua tese de doutoramento e enriquecido pela sua experiência como procurador de universidade pública.

A presente obra tem o poder de informar e inspirar tanto os operadores do Direito, que constituem o seu público leitor natural, como os demais integrantes do Sistema Nacional de Ciência, Tecnologia e Inovação. Oxalá o presente texto, que se soma a numerosos livros e outras publicações do autor no campo jurídico, ajude a iluminar os milhões de minutos da sequência da incessante jornada em prol da inovação em nosso País. Facilitar-nos-á assim a identificar os obstáculos

---

[1] As duas citações são extraídas do *Referencial Básico do Programa de Inovação do Tribunal de Contas da União*. O documento está disponível em: https://portal.tcu.gov.br/.

remanescentes e, desejavelmente, motivará o encontro de soluções para a sua superação.

Guilherme Ary Plonski
Professor titular da Faculdade de Economia, Administração, Contabilidade e Atuária (Departamento de Administração) e professor associado da Escola Politécnica (Departamento de Engenharia de Produção) da USP. É diretor do Instituto de Estudos Avançados, coordenador científico do Núcleo de Política e Gestão Tecnológica e vice-coordenador do Centro de Inovação da USP. Foi *Fulbright Visiting Research Scholar* (Center for Science and Technology Policy, Rensselaer Polytechnic Institute – EUA), diretor superintendente do Instituto de Pesquisas Tecnológicas do Estado de São Paulo e presidente da Associação Nacional de Entidades Promotoras de Empreendimentos Inovadores (Anprotec). É diretor da área de Gestão de Tecnologias em Educação da Fundação Vanzolini e coordenador de projetos na Fundação Instituto de Administração. Foi diretor da Asociación Latino-Iberoamericana de Gestión Tecnológica e conselheiro da International Association of Science Parks and Areas of Innovation. É membro titular da Academia de Ciências do Estado de São Paulo (ACIESP), da qual foi conselheiro até julho de 2023. É pesquisador emérito do CNPq. Coordenou a rede internacional University-Based Institutes for Advanced Study (UBIAS) e integra a Junta de Governadores do Technion – Israel Institute of Technology.

INTRODUÇÃO

A obra aqui inaugurada nasce de uma preocupação de fundo, que produziu diversas inquietações: o enquadramento adequado, a partir da perspectiva do Direito e suas ciências auxiliares, relativamente à atividade interventora do Estado no âmbito da ciência, tecnologia e inovação.

A análise deste problema se reduzirá somente a partir de uma das várias modalidades de intervenção do Estado na economia, a atividade administrativa de estímulos positivos ou de fomento, por meio de ações promovidas pelo poder público voltadas a proteger, incentivar e estimular, dirigidas ao desenvolvimento de determinada atividade de utilidade pública, mas que está sendo exercida pela iniciativa privada ou por outro parceiro público.

Sob essa perspectiva, a Emenda Constitucional nº 85/2015 ampliou as possibilidades de parcerias entre entidades públicas e privadas a fim de promover projetos de ciência, tecnologia e inovação, no intuito de garantir o direito fundamental à ciência (art. 5º, IX, da CF/1988[1]), que

---

[1] "O termo 'ciência', enquanto atividade individual, faz parte do catálogo dos direitos fundamentais da pessoa humana (inciso IX do art. 5º da CF). Liberdade de expressão que se afigura como clássico direito constitucional-civil ou genuíno direito de personalidade. Por isso que exigente do máximo de proteção jurídica, até como signo de vida coletiva civilizada. Tão qualificadora do indivíduo e da sociedade é essa vocação para os misteres da Ciência que o Magno Texto Federal abre todo um autonomizado capítulo para prestigiá-la por modo superlativo (Capítulo de nº IV do Título VIII). A regra de que "O Estado promoverá e incentivará o desenvolvimento científico, a pesquisa e a capacitação tecnológicas" (art. 218, *caput*) é de logo complementada com o preceito (§1º do mesmo art. 218) que autoriza a edição de normas como a constante do art. 5º da Lei de Biossegurança. A compatibilização da liberdade de expressão científica com os deveres estatais de propulsão das ciências que sirvam à melhoria das condições de vida para todos os indivíduos. Assegurada, sempre, a dignidade da pessoa humana, a CF dota o bloco normativo posto no art. 5º da Lei nº 11.105/2005 do necessário fundamento para dele afastar qualquer invalidade jurídica (Min.

pressupõe ação fomentadora pelo Estado para se concretizar (art. 218 da CF/1988).

Efetivamente, o constituinte derivado possibilitou maior intersecção entre os setores público e privado, permitindo a articulação entre esses entes nas diversas esferas de governo, como forma de incentivar o desenvolvimento científico, a pesquisa, a capacitação científica e tecnológica e a inovação. Nessa perspectiva, os arts. 219, 219-A e 219-B da CF/1988 propõem uma ampla parceria entre o Estado e os agentes privados, na busca do desenvolvimento em âmbito nacional da ciência, tecnologia e inovação, introduzindo a possibilidade de, através de instrumentos de cooperação, os órgãos e entidades públicos pactuarem com entidades privadas – inclusive para o compartilhamento de recursos humanos especializados e capacidade instalada – a execução conjunta de projetos de pesquisa, de desenvolvimento científico e tecnológico e de inovação, mediante contrapartida financeira ou não financeira assumida pelo ente beneficiário, com o intuito de se instituir um Sistema Nacional de Ciência, Tecnologia e Inovação (SNCTI) em regime de colaboração entre entes públicos e privados, que contribuirá para introduzir no país um ambiente de estímulos positivos, cuja meta é sempre promover o desenvolvimento científico, tecnológico e a inovação.

O art. 219, parágrafo único, da CF/1988 aponta a necessidade de participação ativa do Estado no estímulo para se formar e fortalecer a inovação nas empresas, e nos demais entes, públicos ou privados, a constituição e a manutenção de parques e polos tecnológicos e de demais ambientes promotores da inovação, a atuação dos inventores independentes e a criação, absorção, difusão e transferência de tecnologia.

Para tanto, em tempo recorde, um ano após a Emenda Constitucional, o legislador infraconstitucional elaborou a Lei nº 13.243/2016, reformando a Lei nº 10.973/2004, que, por sua vez, já dispunha sobre os incentivos à inovação e à pesquisa científica e tecnológica no ambiente produtivo, com a intenção de atribuir efetividade à Emenda Constitucional nº 85/2015.

Sem embargo, embora elogiável esta iniciativa legislativa, diversas questões constitucionais envolvendo o compartilhamento de recursos entre os agentes desse SNCTI e decorrentes de formalização de parcerias entre entidades públicas e privadas para a execução desses projetos

---

Cármen Lúcia)". BRASIL. Supremo Tribunal Federal. ADI nº 3.510, Rel. Min. Ayres Britto, j. 29.5.2008, P, DJE 28.5.2010.

de pesquisa, desenvolvimento científico e tecnológico e de inovação não foram por ela disciplinadas, impondo ao intérprete constitucional amoldar esses novos preceitos trazidos pela Emenda Constitucional ao espírito de colaboração entre o público e privado para a consecução de um Estado brasileiro conforme exigido pela sociedade pós-industrial.

Nesse contexto, ressalta-se, com base nas estatísticas do ano de 2022: o Brasil figurou como um dos cinco primeiros países do mundo no *ranking* de empreendedorismo,[2] já no *ranking* de inovação, apareceu na 49ª posição.[3] Trata-se de um preocupante contrassenso, pois demonstra que, embora exista uma alta capacidade empreendedora no país, o Brasil não tem obtido sucesso na geração de produtos e de serviços inovadores. Esse movimento inercial, numa visão schumpeteriana,[4] pode significar em curto prazo o aumento do desemprego, já que a inovação é a mola propulsora do desenvolvimento econômico nas nações, e é com ela que o país pode dar um salto em relação ao seu crescimento, afastando-se dos países sujeitos a serem meros consumidores dos produtos e serviços fornecidos pelos inovadores.

Deduz-se facilmente que o alto nível de empreendedorismo no Brasil decorre da facilitação à abertura de novas empresas, estimuladas pelas facilidades legais (Lei Complementar nº 123/2006), concorrente com o estímulo dado pelo Serviço Brasileiro de Apoio às Micro e Pequenas Empresas (SEBRAE), cujo objetivo é fomentar o empreendedorismo no Brasil, auxiliando as pequenas empresas e microempreendedores individuais.

Contudo, embora tenha se presenciado no Brasil uma notável expansão na criação de empresas, impulsionada pelo próprio SEBRAE,

---

[2] ABRASEL. Brasil figura entre as cinco economias mais empreendedoras do mundo. *Bares e Restaurantes*. 8 fev. 2023 (*on-line*).
[3] DUTTA, Soumitra; LANVIN, Bruno; LEÓN, Lorena Rivera; WUNSCH-VINCENT, Sacha (ed.). *Global Innovation Index 2023: Innovation in the face of uncertainty*, 16. ed. Disponível em: https://www.wipo.int/edocs/pubdocs/en/wipo-pub-2000-2023-en-main-report-global-innovation-index-2023-16th-edition.pdf. Acesso em: 20 out. 2023.
[4] SCHUMPETER, Joseph A. *A teoria do desenvolvimento econômico*. São Paulo: Abril Cultural, 1982. Sintetizando a teoria do desenvolvimento econômico schumpeteriana: COSTA, Achyles Barcelos da. O desenvolvimento econômico na visão de Joseph Schumpeter. *Cadernos ideias IHU*, ano 4, n. 47, 2006. São Leopoldo: UNISINOS. Também: VARELLA, Sergio Ramalho Dantas; MEDEIROS, Jefferson Bruno Soares de; SILVA JUNIOR, Mauro Tomaz da. O desenvolvimento da teoria da inovação schumpeteriana. *XXXII Encontro Nacional de Engenharia de Produção, Desenvolvimento Sustentável e Responsabilidade Social*: as contribuições da engenharia de produção. Bento Gonçalves, RS, Brasil, 15 a 18 out. 2012. Disponível em: https://abepro.org.br/biblioteca/enegep2012_tn_sto_164_954_21021.pdf. Acesso em: 20 set. 2022.

que as incentiva através da disseminação nos ambientes educacionais, e pelo setor público, através de estímulos positivos, como financiamentos subsidiados específicos para o pequeno e microempreendedor,[5] e a fixação de preferências nas contratações públicas (arts. 42 a 48 da Lei Complementar nº 123/2006), não se via até então uma preocupação com o incentivo à criação de empresas que tenham produtos inovadores, comprometendo a sobrevivência dessas recém-inauguradas empresas no mercado, nas quais apenas duas a cada cinco sobrevivem antes de completar o seu 5º ano de vida,[6] gerando desemprego e o não pagamento de financiamentos por elas adquiridos, colaborando para elevar o risco do crédito no Brasil.

Esses fatores chamaram a atenção no país, que viu na inovação dos produtos a serem oferecidos através da constituição de novas empresas focadas em produtos e serviços (as *startups*) a grande chance de reverter esse quadro. Essas empresas, no entanto, possuem as mesmas dificuldades de qualquer negócio iniciante, com um agravante: a inovação demanda investimentos e depende de infraestrutura para a pesquisa do produto ou do serviço inovador.

Ciente desses problemas, o Brasil parece estar se movimentando para estimular a inovação. Recentemente, para contribuir com a superação dessas barreiras, foi promulgada a Lei Complementar nº 182/2021 ("Marco Legal das *Startups* e do Empreendedorismo Inovador"), contendo princípios e diretrizes para a atuação de toda a administração pública brasileira relativos ao estímulo à criação dessas empresas focadas na inovação aplicada a modelo de negócios ou a produtos ou serviços oferecidos. A Lei trouxe não só medidas de fomento ao ambiente de negócios inovadores como possibilitou também a oferta de capital para investimento em empreendedorismo inovador, abrindo as portas para as empresas que possuem obrigação de investir percentuais da

---

[5] BNDES. *Crédito pequena empresa*. Disponível em: https://www.bndes.gov.br/wps/portal/site/home/financiamento. Acesso em: 3 out. 2019.

[6] "A análise da sobrevivência das empresas faz o acompanhamento daquelas nascidas em um ano t-n até o ano t, fornecendo uma indicação da evolução das empresas recentemente criadas. Neste estudo, em um primeiro momento, são analisadas as taxas de sobrevivência ano a ano das empresas que nasceram em 2012 e sobreviveram até 2017. O Gráfico 2 apresenta as taxas de sobrevivência dessas empresas no período de 2013 a 2017, segundo as faixas de pessoal ocupado assalariado. A taxa de sobrevivência foi de 78,9% após 1 ano de funcionamento (2013), 64,5% após 2 anos (2014), 55,0% após 3 anos (2015), 47,2% após 4 anos (2016) e 39,8% após 5 anos (2017)". IBGE. *Demografia das empresas e estatísticas de empreendedorismo*: 2017/IBGE, Coordenação de Cadastro e Classificações. Rio de Janeiro: IBGE, 2019, p. 33.

sua receita em pesquisa, desenvolvimento e inovação. Para além disso, reforça a ideia já recepcionada pela Lei Complementar nº 123/2006, de aceitar o "investidor-anjo", afastando eventuais responsabilidades por obrigações decorrentes da atuação da empresa, o que é um estímulo para o investidor.

Antes da promulgação da Lei Complementar nº 182/2021, o Congresso Nacional já tinha dado um grande passo ao aprovar a Emenda Constitucional nº 85/2015, tributária da construção do novo Marco Legal da Ciência, Tecnologia e Inovação (Lei nº 13.243/2016), que, por sua vez, reformulou a Lei nº 10.973/2004, atribuindo eficácia jurídica plena à Emenda Constitucional nº 85/2015.

Esses fatos têm levado as universidades públicas, principais entes envolvidos com pesquisas para o desenvolvimento científico e tecnológico no Brasil, a se preocuparem em como poderão de fato colaborar com projetos que também envolvam inovação.

Muitas vezes, esbarra-se no conflito entre o regime de trabalho e as atribuições dos docentes e pesquisadores das universidades públicas, os quais, historicamente, se circunscreviam ao ambiente universitário, mas que, agora, precisam interagir com o mercado para participarem do processo de construção de uma nação empreendedora e inovadora. Nos últimos anos, esse pensamento passou a representar uma prestigiada política pública do Brasil, inserida na Constituição. Para alicerçá-la, inevitável discutir o modelo histórico adotado no país para o regime jurídico dos servidores públicos das universidades, do qual nasce quase um consenso quanto à necessidade de modernizá-lo e de adequá-lo aos objetivos desse novo Estado que se quer construir. Esse, sem dúvida, um dos principais gargalos encontrados nas medidas estimulatórias propostas pela Emenda Constitucional nº 85/2015, já que grande parte do capital intelectual estatal disponível para implementar essa política pública está nas universidades públicas.

Fato é que muitas instituições públicas detêm infraestrutura para pesquisa, mas a cultura tradicionalista do Direito Público criada no Brasil trata como abusiva, imoral e até mesmo ilegal o apoio do Estado às atividades que irão gerar resultados financeiros privados, principalmente quando envolvem a cessão de seus recursos patrimoniais – o qual inclui os recursos humanos e capacidade instalada – no estímulo positivo das atividades de inovação das empresas, independentemente de se enquadrarem como grandes, médias ou pequenas empresas. Conforme diagnosticado há mais de duas décadas, Rogério Cézar de Cerqueira

Leite[7] descreve que "a falência da capacidade de produzir inovação no Brasil se deve em grande parte ao modelo adotado aqui", pois "ainda prevalece no Brasil o preconceito de que a empresa privada não pode ser apoiada por 'dinheiro público'", o que afastou historicamente as universidades públicas da participação ativa do desenvolvimento da inovação no país.

O tratamento (preconceituoso) com o uso da coisa pública em prol do desenvolvimento científico e tecnológico que beneficiasse o setor privado foi rechaçado nos últimos anos não só pela sociedade, mas também por setores de controle externo do Estado, como Tribunais de Contas, principalmente, o Ministério Público, enviesado pelo sentimento que corre nas suas veias de que processos de parcerias entre o setor público e o privado representariam em regra apropriação indébita de patrimônio público.

Essa postura de judiciarismo[8] desses órgãos de controle acaba conduzindo ao não acolhimento das políticas públicas estatais por quem deveria promovê-las, colaborando para a sua ineficiência, tendo em vista que, na dúvida, tradicionalmente, o servidor público tende a aplicar o "Código do Fracasso" difundido por Roberto Dromi, termo usado pelo autor para explicar, na década de 1990, que alguns setores da administração pública argentina haviam se tornado "caras máquinas de impedir": "Artigo primeiro: não pode! Artigo segundo: em caso de dúvida, abstenha-se. Artigo terceiro: se é urgente, espere. Artigo quarto: sempre é mais prudente não fazer nada".[9]

O pressuposto sempre confortável para os servidores públicos alegarem que a segurança jurídica deve vir em primeiro lugar nas ações administrativas acabou transformando a Administração Pública em uma máquina de "impedir", o que tende a se estender por todo o ambiente

---

[7] LEITE, Rogério Cézar de Cerqueira. Ciência, tecnologia e política industrial. *Folha de S. Paulo*, p. A4 – Tendências e Debates, 13 dez. 2002.

[8] "Chamamos judiciarismo o movimento ou a prática que conduz o Judiciário a intrometer-se nas atividades da Administração Pública, a título de verificar a ocorrência de improbidade. Preocupa, contudo, a possibilidade real de o Judiciário se imbuir da função de guarda da moralidade pública e, a pretexto de exercê-la, avançar ao fundo do mérito, da oportunidade e conveniência de atividades da Administração Pública. No âmbito municipal, isso já vem acontecendo de modo preocupante. Não se trata aqui da velha questão do governo dos juízes, mas de uma forma de controle de ações governamentais, que, por ir além da razoabilidade a que se há de ater a jurisdição, terá forte conteúdo político a entravar a atuação do governante". SILVA, José Afonso da. Perspectivas das formas políticas. *In*: ROCHA, Cármen Lúcia Antunes (coord.). *Perspectivas do direito público*: estudos em homenagem a Miguel Seabra Fagundes. Belo Horizonte: Del Rey, 1995, p. 219-244.

[9] DROMI, Roberto. *Derecho administrativo*. 4. ed. Buenos Aires: Ciudad Argentina, 1995, p. 35.

institucional da ciência, tecnologia e inovação caso o processo não se inverta, pois, do contrário, esses órgãos deveriam, ao invés de punir a ação, punir a omissão.

Tendo em vista a tendência descrita, é necessário constitucionalizar instrumentos jurídicos de cooperação a serem utilizados para formalizar parcerias entre entes públicos e privados para projetos de pesquisa, desenvolvimento científico e tecnológico e de inovação, o que ocorreu a partir da Emenda Constitucional nº 85/2015, no intuito de evitar a "falácia do espantalho" apresentada sobretudo por aqueles que argumentam que a cooperação público-privada se aproxima da apropriação do público pelo privado ou pode geralmente ser associada a essa ideia.

De outro lado, frase conhecida no meio inanimado dos quadrinhos – e que é sempre exemplo de inovação por conseguir se manter no mercado apenas com adaptações de seu produto ao público consumidor – "com grandes poderes, vem grandes responsabilidades". Assim, agora, é o cenário descortinado às universidades públicas na disciplina da inovação.

A largada foi dada. Recentemente, por meio do Acórdão nº 1.832/2022, o Tribunal de Contas da União (TCU) aprovou um relatório de auditoria operacional realizada para avaliar o nível de implementação do novo Marco Legal de Ciência, Tecnologia e Inovação (MLCTI) nas 69 universidades públicas federais. Ao final, o TCU, seguindo a relatoria do Ministro Augusto Nardes, se posicionou pela necessidade de maior empenho das universidades federais na implantação (algumas) e na condução das políticas públicas trazidas pelo MLCTI:

> 9. Acórdão:
> VISTOS, relatados e discutidos estes autos de auditoria operacional com o objetivo de avaliar o nível de implementação do novo Marco Legal de Ciência, Tecnologia e Inovação (MLCTI) nas 69 universidades públicas federais;
> ACORDAM os Ministros do Tribunal de Contas da União, reunidos em sessão do Plenário, ante as razões expostas pelo Relator, em:
> 9.1. dar ciência, com fundamento no art. 9º da Resolução TCU 315/2020, a cada uma das 69 universidades federais que as seguintes situações abaixo indicadas estão em desacordo com a Lei 10.973/2004 ou com o Decreto 9.283/2018:
> 9.1.1. falta de atualização das políticas de inovação previstas no Marco Legal da Ciência, Tecnologia e Inovação – MLCTI (art. 15-A, parágrafo

único, incisos I a VIII, da Lei 10.973/2004) e o (art. 12, §§7º e 8º; art. 14, I e II; art. 14, §1º, incisos I a IV, do Decreto 9.283/2018);

9.1.2. não formalização do Núcleo de Inovação Tecnológica (NIT) (art. 16 da Lei 10.973/2004);

9.1.3. não definição do conjunto mínimo de competências legais para o NIT (art. 16, §1º, incisos I a X, da Lei 10.973/2004);

9.1.4. não asseguração de condições suficientes para a estruturação dos NITs (arts. 1º, parágrafo único, inc. II, e 18, da Lei 10.973/2004);

9.1.5. não observância de requisitos e a não elaboração de controles internos aplicáveis no compartilhamento e permissão de uso de laboratórios, instalações e capital intelectual por terceiros e na prestação de serviços técnicos especializados (arts. 15-A, parágrafo único; art. 4º, I a III, e parágrafo único; art. 8º, §1º, da Lei 10.973/2004);

9.1.6. ausência ou a deficiência de metodologia de precificação dos serviços técnicos especializados de PD&I, com a devida apropriação dos custos diretos e indiretos envolvidos e a previsão de eventual retribuição variável a servidor (art. 8º, §2º, da Lei 10.973/2004);

9.1.7. não implementação dos requisitos estabelecidos no MLCTI para avaliação, monitoramento e prestação de contas para os convênios de pesquisa, desenvolvimento e inovação (arts. 44, III; 48, IV, "a", §1º; 50, §§1º e 2º; 53; 57, §2º; 58, §§3º e 7º, do Decreto 9.283/2018);

9.1.8. não atendimento dos mecanismos de transparência exigidos no MLCTI (art. 6º, §4º; art. 17, §1º, §2º, §3º; §4º; art. 22; art. 23, I e II; art. 38, §5º; art. 44, I e II; art. 45, §9º; art. 48, IV, "b" e §2º, Decreto 9.283/2018);

9.2. autorizar a SecexEducação a autuar processo de tipo Acompanhamento (ACOM), de escopo bianual de acordo com a Lista de Unidades Jurisdicionadas, com vistas a permitir o exame da evolução da aderência das universidades federais ao MLCTI, promovendo as devidas articulações internas que o tema exige; e

9.3. dar conhecimento deste acórdão ao Ministério da Educação, ao Ministério da Ciência, Tecnologia e Inovações, à Controladoria-Geral da União, às 69 universidades federais e à SecexDesenvolvimento, destacando que o relatório e o voto que fundamentam a deliberação podem ser acessados por meio do endereço eletrônico www.tcu.gov.br/acordaos e que o inteiro teor dos autos está disponível na plataforma Conecta-TCU.

10. Ata n. 31/2022 – Plenário.

11. Data da Sessão: 10/8/2022 – Ordinária.

Esse pode ser o primeiro sinal de que os órgãos de controle, pelo menos os TCUs, tendem a caminhar no sentido de incitar as universidades públicas a realizar seu papel no desenvolvimento econômico do país. Aliás, foi justamente esse o "problema de auditoria" que deu origem ao relatório:

> PROBLEMA DE AUDITORIA: A criação do novo Marco Legal da Ciência, Tecnologia e Inovação (MLCTI), apesar de avanços significativos, ainda tem muito potencial para produzir maior impacto no desenvolvimento econômico e social do país, observando-se que o volume de produção científica das universidades federais não repercute de forma proporcional na promoção de desenvolvimentos de tecnologia e de inovação (patentes) e na cooperação e interação com o setor privado (transferência e difusão de tecnologia).

Essa postura mais ativa do TCU transmite uma mensagem de simpatia e de otimismo do próprio órgão controlador de que as universidades públicas deverão ter uma postura mais ativa na implementação do Marco Legal da Ciência, Tecnologia e Inovação, diminuindo o distanciamento das empresas privadas em relação elas e se apresentando como devem ser: atrizes principais na promoção do estímulo à inovação. Ao mesmo tempo, a inércia de parte das universidades federais diagnosticada pelo TCU demonstra a preocupação do principal órgão de controle externo do país em âmbito federal em exigir eficiência das instituições públicas na implementação de normas indutoras de desenvolvimento.[10]

Mesmo assim, a conclusão do TCU de que o nível de implementação do MLCTI nas universidades federais ainda é baixo[11] deve ser vista de forma otimista, pois significa que o TCU está aberto à ampla implementação das ações de estímulo à inovação levadas a efeito pelas

---

[10] [...] "a mera juridicidade da atuação estatal como elemento de legitimação se tornou insatisfatória a partir do momento em que começou a também ser exigida a obtenção de resultados. Não se considera mais suficiente que os governantes não violem a lei: exige-se deles a redução do desemprego, o crescimento econômico, o combate à pobreza, solução para os problemas de habitação e saúde. A discussão sempre se coloca em relação a quais são as políticas mais adequadas para atingir estes fins, mas não há dúvidas de que a lei deixou de ser apenas um meio para impedir a arbitrariedade para se converter em ponto de partida para uma série de atividades nas quais há uma maior margem de delegação e de discricionariedade e um crescente espaço para a técnica". GROISMAN, Enrique. Crisis y actualidad del derecho administrativo económico. In: Revista de Derecho Industrial, v. 42, p. 894 apud ARAGÃO, Alexandre Santos de. Ensaio de uma visão autopoiética do direito administrativo. In: Revista de Direito da Procuradoria Geral do Estado do Rio de Janeiro, v. 59, p. 27-32, 2005.

[11] RECH FILHO, Arby Ilgo. As universidades públicas federais e o novo Marco Legal da Inovação – de acordo com o TCU, nível de implementação do novo marco nessas instituições ainda é baixo. Disponível em: https://www.jota.info/opiniao-e-analise/artigos/as-universidades-publicas-federais-e-o-novo-marco-legal-da-inovacao-22042023. Acesso em: 24 abr. 2023.

universidades públicas e que tendem a ser vocacionadas à participação do setor privado como verdadeiro parceiro na condução de um de seus tripés: a pesquisa. Ao mesmo tempo, o Estado se faz presente na alavancagem deste processo de estímulo à inovação por meio de um dos seus braços, as universidades públicas.

Toda a estrutura citada na decisão do TCU integra o modelo que o Brasil buscou instituir para implementar o SNCTI. A *caixa-preta*[12] criada pelo determinismo tecnológico será aberta, pois, até então, a sociedade não conhecia de perto o funcionamento da geração de pesquisas no sistema brasileiro, principalmente em relação às principais entidades responsáveis pela sua condução, as universidades públicas.

Ao mesmo tempo, é necessário flexibilizar regras de Direito Público a serem por ela observadas, já que a agilidade do mercado ao desenvolver as pesquisas para produzir inovação não é a mesma do Direito Público em resolver as questões burocráticas da sua implementação. Por isso, países como os EUA procuraram afastar a presença do Estado no desenvolvimento de pesquisas básicas promovendo isenções tributárias e até auxílios federais aos entes privados, para eles suplantarem o déficit de pesquisa no país, a partir da década de 1950, direcionando a sua produção aos laboratórios de universidades privadas.[13]

Esse modelo americano muito provavelmente não seja amoldável à realidade brasileira, tendo em vista que, no Brasil, em regra, são as universidades públicas e outras entidades e órgãos públicos especificamente criados para o desenvolvimento de pesquisas as principais entidades a possuírem infraestrutura, recursos humanos e condições institucionais para realizá-las, um modelo herdado de Portugal[14] e amplamente legitimado no Brasil.

---

[12] Termo empregado por Ingo Wolfgang Sarlet e Carlos Alberto Molinaro. SARLET, Ingo Wolfgang; MOLINARO, Carlos Alberto. Apontamentos sobre direito, ciência e tecnologia na perspectiva de políticas públicas sobre regulação em ciência e tecnologia. *In*: MENDES, Gilmar Ferreira; SARLET, Ingo Wolfgang; COELHO, Alexandre Zavaglia P. (coord.). *Direito, inovação e tecnologia*. São Paulo: Saraiva, 2015, p. 91.

[13] "Vimos, no entanto, que a maior parte da pesquisa básica acontece em laboratórios de universidades particulares, e que a Força-Tarefa Hoover julgou o governo incompetente para realizar até mesmo pesquisa e desenvolvimento de caráter militar, que dirá civil. E estudamos detalhadamente as ineficiências e os sérios perigos para a ciência – e subsídios sempre são seguidos de controle e direção". ROTHBARD, Murray Newton. *Ciência, tecnologia & governo*. Trad. Giovanna Louise Libralon. Campinas: Vide Editorial, 2017, p. 99-100.

[14] João Paulo Marques cita como modelo de sucesso português a pesquisa desenvolvida pela Universidade de Coimbra, que se utilizava das instituições sem fins lucrativos como intervenientes nos processos, objetivando avanços em pesquisa, desenvolvimento e inovação.

No entanto, a resposta que se tem nos EUA ao questionamento sobre o papel do governo para incentivar a pesquisa e o desenvolvimento é similar à de qualquer país que pretenda instituir uma política eficaz de ciência, tecnologia e inovação: "evitar interferência efetiva no livre-mercado ou na investigação científica, e limitar-se a modificar as disposições de seus próprios regulamentos e leis que atravancam a pesquisa científica livre".[15]

Ainda, é necessário apresentar instrumentos jurídicos de cooperação e entidades que poderão de fato participar no fomento à concretização do SNCTI, almejando resultados positivos para o país. O objetivo não é tornar as universidades públicas meras prestadoras de serviços para a indústria,[16] mas fazê-las colaborar na condução da política científica do Brasil, o que poderá contribuir para diminuir os históricos argumentos retóricos da sua persecução, cambiando para um dos eixos de atuação política do país, conforme admitiu Francisco Cavalcanti Pontes de Miranda em 1924:

> A política científica somente pode ser a que se funde na ciência, a que resulte de estudos objetivos e não da retórica dos oradores, dos princípios e das leis conhecidas, assim da aritmologia e da biologia, como da sociologia, da economia, da ciência das religiões, da moral, do direito, – e atue na ordem prática pela conversão impessoal, técnica, dos *indicativos* da ciência em *imperativos* da administração pública.[17]

Ao mapear esses instrumentos jurídicos de cooperação e apresentar as entidades partícipes da implementação destas políticas públicas, apresentando o regime jurídico de ambos, principalmente na sua relação no âmbito dos projetos de pesquisa, desenvolvimento científico

---

MARQUES, João Paulo. *A cooperação universidade-indústria e a inovação científica e tecnológica*: o caso da Universidade de Coimbra. Coimbra: Almedina, 1998.

[15] ROTHBARD, Murray Newton. *Ciência, tecnologia & governo*. Trad. Giovanna Louise Libralon. Campinas: Vide Editorial, 2017, p. 101.

[16] "A nossa investigação, permitiu-nos igualmente retirar algumas conclusões sobre a crescente tendência por parte da Universidade, no sentido da prestação de serviços repetitivos à indústria. Vemos com alguma apreensão, o fato de alguns grupos universitários tentarem fazer dentro da Universidade, aquilo que se poderia chamar empresas de prestação de serviços. A universidade não deve tentar substituir as empresas nesta matéria. Ela deve sobretudo criar Ciência e Tecnologia, isto é, Saber, e deve fazer com que a indústria posso aguentar e desenvolver entre o protótipo e a comercialização do produto". MARQUES, João Paulo. *A cooperação universidade-indústria e a inovação científica e tecnológica*: o caso da Universidade de Coimbra. Coimbra: Almedina, 1998, p. 166.

[17] MIRANDA, Francisco Cavalcanti Pontes de. *Introdução à política científica*. 2. ed. (reimpressão do original publicado em 1924). Rio de Janeiro: Forense, 1983, p. 220.

e tecnológico e de inovação, poderá se extrair uma contribuição para de fato implementar o SNCTI e identificar se essa implementação corresponderá ou não à concretização do direito fundamental à ciência.

Nesse contexto, é necessário descrever a constitucionalização do fomento à ciência no Brasil e os instrumentos jurídicos disponíveis para formalizar a cooperação entre entidades públicas e privadas para projetos de pesquisa, desenvolvimento científico e tecnológico e de inovação; identificar e compreender os fundamentos jurídicos e históricos das entidades de apoio a esses projetos no Direito brasileiro; demonstrar a importância, tanto dos instrumentos jurídicos de cooperação como das entidades de apoio, para o fomento ao desenvolvimento e implementação do SNCTI; apontar qual deve ser a amplitude desejada pelo constituinte derivado e, ao final, refletir sobre a constitucionalidade do modelo introduzido pela Emenda Constitucional nº 85/2015 para estabelecer no Brasil um SNCTI em que o mercado, a sociedade e o Estado sejam coautores participativos na sua concretização e legitimação através da intercooperação.[18]

Essas concertações cooperativas ainda enfrentam uma necessária mudança conceitual dos próprios agentes envolvidos, sempre reforçada pela rejeição histórica desses modelos pelos órgãos de controle externo.

Nesta obra, procura-se demonstrar que as universidades públicas brasileiras – principais ICTs[19] –, por possuírem grande infraestrutura tecnológica (laboratórios, centros de pesquisas e agências de inovação) e recursos humanos (docentes e pesquisadores), poderão ser a principal forma do Estado de implementar o fomento público à ciência, à tecnologia e à inovação no Brasil, pois o país, em virtude da impossibilidade

---

[18] "O art. 219-A foi inserido em 2015, por meio da EC 85, de 26.02.2015, juntamente com diversas outras normas que visam reforçar a atuação do Estado no campo da Ciência e da Tecnologia e inserir um dever estatal de promoção da inovação, conferindo ao Estado a atribuição de adotar políticas públicas destinadas a promover e incentivar, além do desenvolvimento científico, a pesquisa, a capacitação científica e tecnológica, também a inovação, "mediante contrapartida financeira ou não financeira" público-privada, o que é de saudar-se". MENDES, Laura Schertel; MARQUES, Claudia Lima. Perspectivas e desafios do novo marco legal de ciência, tecnologia e inovação: um comentário à Lei nº 13.243/2016. *Revista de Direito do Consumidor*, v. 105, p. 549-572, 2016.

[19] BRASIL. Lei nº 10.973/2004. Dispõe sobre incentivos à inovação e à pesquisa científica e tecnológica no ambiente produtivo e dá outras providências. [...] Art. 2º. Para os efeitos desta Lei, considera-se: [...]; V – Instituição Científica, Tecnológica e de Inovação (ICT): órgão ou entidade da administração pública direta ou indireta ou pessoa jurídica de direito privado sem fins lucrativos legalmente constituída sob as leis brasileiras, com sede e foro no País, que inclua em sua missão institucional ou em seu objetivo social ou estatutário a pesquisa básica ou aplicada de caráter científico ou tecnológico ou o desenvolvimento de novos produtos, serviços ou processos; (Redação pela Lei nº 13.243, de 2016).

de subsidiar esses projetos em larga escala, pode articular o compartilhamento da infraestrutura física e de seus recursos humanos, como forma imediata de alavancar esse processo e implementar o SNCTI. Todavia, há resistência no ambiente universitário de agentes que consideram que esse compartilhamento de infraestrutura e de pessoal poderia representar a sua privatização.[20] Outra resistência decorre da

---

[20] Tese que já afasto por ser incondizente com a realidade, pois o motivo para as ondas privatizantes que afetam as universidades públicas, na realidade, é resultado concreto de um modelo de Estado mínimo que sustenta a privatização em razão dos custos de manutenção dessas instituições, somados à alegação de sua ineficiência quando comparada com universidades de países desenvolvidos, utilizando-se dos *rankings* existentes para abonar seus argumentos. Recentemente, ainda acrescentaram a esses argumentos uma pitada de radicalismo político-ideológico. A própria justificativa do recente Projeto de Lei Estadual nº 4673/2021, apresentado na Assembleia Legislativa do Rio de Janeiro e que dispõe sobre a extinção da Universidade do Estado do Rio de Janeiro – UERJ, e promove a transferência da oferta de vagas de ensino superior às instituições privadas, apresenta essa sinalização: "Com orçamento de R$ 1.550.940.923,00 (LOA 2020), sendo R$ 1.283.711.935,00 (83%) de FR 100 (Impostos Estaduais) e uma população ativa de alunos de 28.575 (ano 2019), perfazendo o custo anual por aluno de R$ 54.276 (mensal de R$ 4.523), sem incluir o orçamento do Hospital Pedro Ernesto alocado na Secretaria de Saúde (o que elevaria o custo mensal por aluno para mais de R$ 5 mil reais), a UERJ é um dos órgãos estaduais que causa maior impacto no orçamento estadual, concentrando milhões de reais do pagador de imposto numa estrutura pesada e com resultados contestáveis, no qual a proposta em tela, que visa a transferência do Campus à iniciativa privada, com manutenção e/ou expansão da oferta de vagas do ensino superior e garantia de bolsas de estudos para alunos carentes, objetiva trazer maior eficiência ao ensino superior do Estado com redução de despesa, aumento da receita estadual e libertação ideológica de nossos estudantes de nível superior. Em uma análise do custo por aluno x quantidade de Prêmios Nobel de universidades mundiais com mais de 30.000 alunos, por exemplo, a UERJ, sem nenhum título, figura com um custo/aluno (utilizando dados do exercício anterior) superior ao da Universidade Alemã Ludwig Maximilian University, com 34 prêmios Nobel. Ocupando a 628ª posição entre as Universidades Mundiais e a 9ª posição entre as universidades brasileiras, segundo informação da própria UERJ, sem, contudo citar o custo por aluno, o fato é que o orçamento da UERJ supera o orçamento de grandes municípios do Estado, como Nova Iguaçu (R$ 727 milhões com 823 mil habitantes), São Gonçalo (R$ 1,45 bilhão para 1,1 bilhão de habitantes) ou Belford Roxo (R$ 978 milhões para 513 mil habitantes), custeando, inclusive, estudantes de alta renda, com diversas denúncias de privilégios, como a do ex-Secretário de Saúde Edmar Santos, que recebia remuneração, sem ministrar aulas, além de denúncias de prática de crimes e festas no local, de modo que a transferência à iniciativa privada, gerando oportunidade de acesso a bolsas de estudos para estudantes carentes, poderá ainda maximizar a oferta de vagas no ensino superior do Estado, a geração de empregos em diversas instituições privadas, ocasionando, dentre outros benefícios, o aumento da arrecadação (receita) e a redução de gastos ao combalido Tesouro do Estado. Outro ponto a ressaltar é o nítido aparelhamento ideológico de viés socialista na Universidade, com clara censura ao pensamento acadêmico de outras linhas de visão de mundo, inclusive mediante agressão física e verbal contra estudantes ou professores que pensam de forma contrária a tal ideologia, cujo aspecto histórico deixa claro seu cunho autoritário, opressivo e criminoso. É comum na estrutura do equipamento público pichações, cartazes e faixas agredindo e intimidando outras linhas de pensamento, como os conservadores e o liberais com representatividade popular predominante na sociedade fluminense, mas ferozmente atacados e oprimidos, promovendo-se um total aparelhamento ideológico-político e até partidário, para a corrente de 'esquerda' e seus candidatos, extrapolando a liberdade de

ausência de regras claras sobre os limites do compartilhamento, o que inibe o avanço desse processo. Isto porque os docentes e pesquisadores ficam vulneráveis a interpretações restritivas de sua atuação junto ao setor privado em virtude dos seus regimes de trabalho, na grande maioria de dedicação exclusiva às universidades públicas, e, o que é bem mais comum, pelo conservadorismo histórico em relação à movimentação de docentes/pesquisadores no mercado. Isto leva os Conselhos Universitários a não interpretarem essas normas constitucionais ampliando os direitos dos pesquisadores, mas, apenas, mantendo o *status quo*.

Esses fatos juridicamente relevantes ainda podem se transformar em uma questão de *lege ferenda*, que poderá sobrevir para consagrar constitucionalmente as regras sobre o tema, atribuindo o qualificador "predominante" sobre outras normas infraconstitucionais (o que até parece óbvio) para demonstrar o nível de liberdade que terão os envolvidos nessas parcerias para pesquisar, desenvolver e inovar, de ambos os lados.

Todavia, o problema pode estar enraizado na cultura de quem aplica essas regras, ao não promover a adequada interpretação constitucional dos preceitos contidos nos arts. 218, 219, 219-A e 219-B da CF/1988. Esse ponto deve ser verificado através das discussões internas nas instituições públicas, que têm restringido a atuação cooperativa, por exemplo, por meio dos pareceres jurídicos, instruções normativas, portarias e resoluções. Essa interpretação constitucional não pode omitir a existência de um aparato regulatório amplo para se alavancar a ciência, a tecnologia e a inovação.

Embora a Emenda Constitucional nº 85/2015 tenha todos os seus méritos, ela depende de interpretação quando suscitado o conflito entre as normas programáticas por ela trazidas e as regras de direito público incidentes sobre uma das partes dos integrantes dessa hélice tríplice, que são os pesquisadores públicos. Por sua vez, esses pesquisadores podem, ainda, não se sentir seguros em realizar seu papel nessa seara

---

expressão e gerando violência psicológica e até física ao ambiente acadêmico. Ademais, além da proposição garantir o acesso ao nível superior dos estudantes carentes e fomento à iniciativa privada, o projeto prevê a continuidade ou até a expansão da esfera de pesquisa, agregando-a as demais Universidades Estaduais ou maximizando a relevante área junto à iniciativa privada, libertando, portanto, os estudantes do Estado da doutrinação ideológica e viabilizando uma importante medida de ajuste fiscal, em consonância com a Recuperação Econômica que se espera para que o Estado do Rio de Janeiro possa reequilibrar seu orçamento e fomentar a educação superior de qualidade, com livre manifestação de ideias, aos nossos estudantes fluminenses". DIÁRIO OFICIAL DO ESTADO DO RIO DE JANEIRO – Poder Legislativo, ano XLVII, n. 159, Parte II, 19.08.2021.

em virtude dos equívocos que possam ser cometidos pelos órgãos de controle quando avaliarem seus atos, aplicando regras gerais ao tema que recebeu tratamento constitucional excepcional.

Não se afirma que essas normas se sobrepõem a todas as outras da CF/1988, mas, apenas, que nelas consta a maneira pela qual deve ser exercido no país o "direito fundamental à ciência", que agora se completa com a "tecnologia e inovação".

De qualquer forma, o efeito paralisante da Emenda Constitucional nº 85/2015 já pode ser notado. Não há notícias de expedição de regulamentos ou elaboração de normas restritivas aos direitos e deveres impostos pela constitucionalização da inovação por ela trazida, o que realmente ressignifica a importância da necessidade de se aprovar uma norma constitucional, que, se não foi útil o suficiente para produzir efeitos imediatos, trouxe fôlego e discussão sobre a importância do papel das universidades para o país. Seu efeito inicial foi paralisar iniciativas que tenham por objetivo restringir as atividades de ciência, tecnologia e inovação, entendidas agora como indispensáveis ao desenvolvimento econômico e tecnológico brasileiro, além de contribuir para aplacar os agentes do SNCTI, inclusive diante do seu efeito revogador sobre outras normas com ela incompatíveis.

A partir de agora, o caminho poderá ser a inserção de uma norma infraconstitucional permissiva e/ou indutiva da cooperação público-privada em cada esfera dos entes federativos. Isto porque, embora o constituinte derivado tenha inserido o §6º no art. 218, o parágrafo único no art. 219, os arts. 219-A e 219-B na CF/1988, a expressar a forma operacional para elevar a ciência, a tecnologia e a inovação no país, essas normas não tiveram o efeito de apaziguar as tensões, nem se traduziram em segurança jurídica para as universidades públicas. Elas ainda continuam entendendo que a sua aplicação decorre de disposições autonômicas (resoluções ou portarias), elaboradas no âmbito de sua autonomia universitária, o que, em sua maioria, restringe o compartilhamento de pessoal e até de equipamentos.

Além das normas constitucionais, outras diretrizes importantes sobre política de ciência, tecnologia e inovação serão analisadas neste trabalho, o que inclui normas federais, estaduais e resoluções autonômicas das universidades públicas. No âmbito comparativo, serão analisados diversos sistemas de inovação, por exemplo, as normas de política de inovação de alguns países (Finlândia, Canadá, Japão, Singapura, Israel e Quênia), escolhidos conforme suas colocações no *ranking* da inovação e peculiaridades regionais.[21]

Dessas normas do Direito brasileiro é possível extrair conclusões, principalmente quando comparadas às de outros países que apresentam resultados melhores no *ranking* da inovação.

A partir dessa análise, a sugestão de *lege ferenda*, ou apenas o uso dessas fontes para melhor interpretar as normas existentes ou constituir novas normas, se espera ter contribuído para a real efetivação do SNCTI, pois, ao possibilitar o conhecimento da realidade de outros Estados membros, de outros países e de algumas universidades públicas brasileiras, haverá um processo natural de legitimação para a tomada de decisões direcionadas à concretização dos objetivos do constituinte reformador ao promulgar a Emenda Constitucional nº 85/2015.

Portanto, o objeto de pesquisa da tese que deu origem a essa obra vai além da possibilidade calcada pelo positivismo jurídico de não se julgar as normas elaboradas pelo Estado, apenas absorvendo conceitos e interpretações resultantes da disponibilização das normas existentes. Ao pesquisar "ciência, tecnologia e inovação" relacionadas ao Direito, é necessário trazer para o seu mundo influências externas da economia, contextualizando-as, além de propor a adequação de normas, o que, de certa forma, não se coaduna por uma opção metodológica alicerçada no positivismo jurídico.

---

[21] UNIVERIDADE CORNELL, INSEAD e OMPI. *Índice global de inovação 2020*: quem financiará a inovação? Ithaca, Fontainebleau e Genebra. Disponível em: https://www.wipo.int/edocs/pubdocs/pt/wipo_pub_gii_2020.pdf. Acesso em: 2 set. 2023.

CAPÍTULO 1

AMBIENTE INSTITUCIONAL DA CIÊNCIA, TECNOLOGIA E INOVAÇÃO

Inicialmente, entende-se necessário explorar o significado de instituição e de ambiente institucional para verificar a adequação da aplicação das teorias apresentadas ao setor de ciência, tecnologia e inovação.

Na sequência, levanta-se a historicidade da formação da política científica no país com o intuito de demonstrar a linha do tempo da sua formação, suas influências positivas e negativas que contribuíram para formar um ambiente institucional da ciência, tecnologia e inovação. Na sequência, apresenta-se a estrutura orgânica que compõe a ciência, a tecnologia e a inovação no Brasil, um caminho relevante para se analisar, posteriormente, a composição e a organização do SNCTI brasileiro.

Por fim, analisam-se os conceitos de sistemas e ecossistemas de ciência, tecnologia e inovação, antes de se apresentar um comparativo com sistemas estrangeiros os quais, de alguma forma, têm merecido destaque mundial, mas que, devido à ausência de profundidade na coleta de dados – por não ser o objeto principal da discussão desta obra –, servirão apenas como indicativos da adoção de políticas públicas bem-sucedidas na elaboração de um sistema de ciência, tecnologia e inovação.

1 Instituições e ambiente institucional: teorias aplicáveis à ciência, tecnologia e inovação

As *instituições* são fruto da expressão de um *ambiente institucional* em construção ou até já constituído, dotado de tradições e costumes.[22] Ao se adotar essa perspectiva,[23] é inviável observar as *instituições* afastando do seu surgimento a historicidade. Isto porque os fatores que circundam a sua formação refletem na cultura institucional que lhe é inerente, representada que é pelas ações humanas predefinidas nesse ambiente, denominadas por Peter Berger e Thomas Luckmann de "hábito".[24] Desta concepção surge a teoria da institucionalização proposta pelos autores, para os quais qualquer atividade humana se sujeita ao hábito num processo de institucionalização.[25]

---

[22] NORTH, Douglass C. Institutions. In: *The Journal of Economic Perspectives*, v. 5, n. 1, p. 97-112, winter 1991.

[23] Não desconhecemos o sentido genérico a que se atribuiu historicamente a palavra "instituição". Aqui podemos lembrar as lições de Leopoldo Braga para quem a "palavra 'instituição' (do latim *institutio*, de *instituere*) tem, hoje, no plano jurídico em geral, diferentes acepções. Uma delas, a mais lata, de alcance amplo e genérico, mui frequentemente usada em função da sociologia jurídica, do direito público, do direito internacional público e do direito constitucional, mas também empregada em direito privado, ora exprime a ideia do conjunto de leis, normas e princípios fundamentais ou estruturais de uma ordem jurídica, de um regime ou de uma sociedade política (*exempli gratia*: 'instituições brasileiras', 'instituições democráticas', 'instituições republicanas', 'instituições civis', etc.), ora designa ou particulariza certas entidades (pessoas jurídicas, públicas ou privadas) dotadas de organização jurídica estável e permanente e devido à própria". BRAGA, Leopoldo. Conceito jurídico de instituições de educação e assistência social. *Revista de Direito da Procuradoria-Geral*, Rio de Janeiro, v. 21, p. 2-3 , 1969.

[24] BERGER, Peter L.; LUCKMANN, Thomas. *A construção social da realidade*: tratado de sociologia do conhecimento. Trad. Floriano de Souza Fernandes. 24. ed. Petrópolis: Vozes, 1985, p. 79.

[25] "A institucionalização ocorre sempre que há uma tipificação recíproca de ações habituais por tipos de atores. Dito de maneira diferente, qualquer uma dessas tipificações é uma instituição. [...]. As instituições implicam, além disso, a historicidade e o controle. As tipificações recíprocas das ações são construídas no curso de uma história compartilhada. Não podem ser criadas instantaneamente. As instituições têm sempre uma história, da qual são produtos. É impossível compreender adequadamente uma instituição sem entender o processo histórico em que foi produzida. As instituições, também, pelo simples fato de existirem, controlam a conduta humana estabelecendo padrões previamente definidos de conduta, que a canalizam em uma direção por oposição às muitas outras direções que seriam teoricamente possíveis. É importante acentuar que este caráter controlador é inerente à institucionalização enquanto tal, anterior a quaisquer mecanismos de sanções especificamente estabelecidos para apoiar uma instituição ou independente desses mecanismos". BERGER, Peter L.; LUCKMANN, Thomas. *A construção social da realidade*: tratado de sociologia do conhecimento. Trad. Floriano de Souza Fernandes. 24. ed. Petrópolis: Vozes, 1985, p. 79.

Em seu conceito de *instituição*, Roberto Freitas Filho[26] afirma que ele pode representar "o conjunto de ações interpessoais que só podem ser praticadas por quem desempenha um papel ou função específicos, unificadas por um sentido, uma finalidade e um propósito".[27] Esclarece ainda que o uso da palavra *instituição* refere-se a uma prática institucional, vale dizer, uma prática reflexiva, com sentido culturalmente atribuído para além da mera regularidade ou reiteração. Essa prática pode se dar em uma instância de ação, como um tribunal ou a polícia, por exemplo. Logo, o termo *instituição* pode ser compreendido como uma organização criada para um fim determinado e como prática social.

A *institucionalização* se traduz nas restrições humanamente concebidas que estruturam a interação política, econômica e social, da qual decorrem tanto restrições informais (sanções, tabus, costumes, tradições e códigos de conduta) quanto formais (constituições, leis, direitos de propriedade). Neil Maccormick[28] apresenta a *institucionalização* como um sistema constituído por um conjunto de normas destinado a guiar as instituições e as pessoas cujas vidas são afetadas por ela, permitindo aos seus participantes compartilharem uma ordem comum.[29]

Desde os primórdios da humanidade, sempre houve transações entre os sujeitos repletas de incertezas, fazendo surgir os custos de transação, os quais só são reduzidos diante de um processo de institucionalização que imponha restrições, formais e informais, e que estruture a relação política, econômica e social.

Portanto, segundo Douglass C. North, ao longo da história, as *instituições* foram concebidas pelo homem para criar ordem e reduzir as incertezas trazidas pela ausência de um processo de institucionalização.[30] Essas incertezas, que impactam nos custos de transação, só se

---

[26] FREITAS FILHO, Roberto. Donald, a rainha e a fragilidade da democracia. *In*: MINUTOLI, Francesca (revisora). *Passaggi constituzionali*, anno II, n. 3, p. 254, luglio 2022 (nota de rodapé n. 7).

[27] FREITAS FILHO, Roberto. Donald, a rainha e a fragilidade da democracia. *In*: MINUTOLI, Francesca (revisora). *Passaggi constituzionali*, anno II, n. 3, p. 254 , luglio 2022 (nota de rodapé n. 7).

[28] MACCORMICK, Neil. *Retórica e estado de direito*. Rio de Janeiro: Campus Elsevier, 2008, p. 7-8.

[29] SOARES, Fabiana de Menezes; SANTOS, Flávia Pessoa Santos. A incorporação do dissenso no processo legislativo e seu papel na justificação da lei: condições para *Advocacy* Parlamentar. *In*: SOARES, Fabiana de Menezes; KAITEL, Cristiane Silva; PRETE, Esther Külkamp Eyng Prete (org.). *Estudos em legística*. Florianópolis: Tribo Ilha, 2019, p. 253.

[30] "*Institutions are the humanly devised constraints that structure political, economic and social interaction. They consist of both informal constraints (sanctions, taboos, customs, traditions, and codes of conduct), and formal rules (constitutions, laws, property rights). Throughout history,*

reduzem quando se constrói para determinada atividade um ambiente institucional seguro. Para o autor,[31] o desempenho histórico da economia só pode ser entendido como uma gradativa evolução das instituições, ocorrida através de investimentos em conhecimento e mudança de hábitos, ambos elementos que têm o condão de alterar a estrutura existente, fazendo surgir novas concepções sobre uma mesma instituição, a concorrer para diminuir os custos de transação e proporcionar melhor desempenho econômico.

Desta visão tradicional das *instituições* decorre a concepção de *ambiente institucional,* o qual, além de tradições e costumes, ou simplesmente hábito, é composto pelo sistema normativo e político e por políticas macroeconômicas e setoriais governamentais a ele destinadas.[32][33] Sua concepção e estrutura devem ser penhoradas na corrente de pensamento liderada por Douglas C. North,[34] que impôs a necessidade de se estabelecer uma conexão entre instituições e desenvolvimento econômico,[35] a partir do princípio de que uma institucionalização eficiente se alcança com a promoção de estímulos positivos[36] que concretizem "direitos de

---

institutions have been devised by human beings to create order and reduce uncertainty in exchange". NORTH, Douglass C. Institutions. *In: The Journal of Economic Perspectives,* v. 5, n. 1. Winter, 1991, p. 97-112.

[31] NORTH, Douglass. C. *Instituições, mudança institucional e desempenho econômico.* São Paulo: Três Estrelas, 2018.

[32] FARINA, Elizabeth Maria Mercier Querido; AZEVEDO, Paulo Furquim de; SAES, Maria Sylvia Macchione. *Competitividade:* mercado, estado e organizações. São Paulo: Singular, 1997, p. 175.

[33] Para os autores, um ambiente institucional representa o "conjunto de macroinstituições – tais como legislação, definição de direitos de propriedade e códigos de ética – que estabelecem as bases para as interações entre os seres humanos". FARINA, Elizabeth Maria Mercier Querido; AZEVEDO, Paulo Furquim de; SAES, Maria Sylvia Macchione. *Competitividade*: mercado, estado e organizações. São Paulo: Singular, 1997, p. 283.

[34] NORTH, Douglass. C. *Institutions, institutional change and economic performance.* Cambridge University Press, 1990; NORTH, Douglass. C. *Instituições, mudança institucional e desempenho econômico.* São Paulo: Três Estrelas, 2018.

[35] FARINA, Elizabeth Maria Mercier Querido; AZEVEDO, Paulo Furquim de; SAES, Maria Sylvia Macchione. *Competitividade*: mercado, estado e organizações. São Paulo: Singular, 1997, p. 64.

[36] "A expressão 'estímulos positivos' ao exercício da atividade econômica privada é bem mais ampla que a de 'fomento', nela abrangida. Enquanto o fomento é um incentivo ao desempenho de determinada função de interesse do agente fomentador, o 'estímulo positivo' envolve a criação de um cenário favorável aos investimentos. Esse cenário passa pela formatação de um ordenamento jurídico que assegure 'lucratividade' e 'segurança jurídica' para os negócios privados". SOUTO, Marcos Juruena Villela. Estímulos positivos. *In:* CARDOZO, José Eduardo Martins; QUEIROZ, João Eduardo Lopes; SANTOS, Márcia Walquiria Batista. *Direito administrativo econômico.* São Paulo: Atlas, 2011, p. 741.

propriedade eficientes".[37] Em outra obra, Douglas C. North considera que a inovação tecnológica é impossível sem direitos de propriedade que permitam um retorno privado das inovações, aproximando-os dos benefícios sociais oferecidos por estas últimas. Nesse caso, teria sido alcançada a sua institucionalização.[38]

Para atingir esse objetivo, as políticas públicas setoriais devem ser elaboradas em um ambiente institucional que afaste interferências dos atores políticos para serem engendradas numa concepção mais técnica e menos subjetivista, o que contribui para combater a ineficiência da utilização dos direitos de propriedade.[39]

A imposição de "regras do jogo" (restrições formais e informais) não é suficiente, pois é necessário existir uma institucionalização rodeada de instrumentos eficientes que diminuam as incertezas e garantam as decisões menos enviesadas pelos custos de transação de um ambiente institucional precário. A solução que vem sendo encontrada na economia tem desaguado na ciência jurídica através da elaboração de instrumentos que garantam o cumprimento dos ajustes. Não se trata apenas dos contratos firmados, mas de um sistema jurídico que tenha condições propícias a fazer observá-los.

---

[37] "Obtêm-se instituições eficientes por meio de um regime político que contenha incentivos para que se instituam e se façam cumprir direitos de propriedade eficientes. Mas é difícil – senão impossível – modelar um regime político dessa ordem com atores interessados em maximização da riqueza que não se pautem por outras considerações. Não é à toa que os modelos econômicos do regime político concebidos na literatura da escolha pública representam o Estado como algo parecido com a máfia – ou senão, para empregar sua terminologia, como um leviatã. Assim o Estado assume a mera condição de uma máquina de redistribuição de riqueza e renda. Já não precisamos olhar muito longe para observar Estados com tais características. Só que a tradicional literatura da escolha pública nitidamente não é exaustiva, tal como este estudo procurou demonstrar. As restrições informais são relevantes. Precisamos saber muito mais sobre as normas de conduta de procedência cultural e sobre o modo pelo qual elas interagem com as regras formais para que obtenhamos melhores respostas para tais questões. Estamos apenas começando a estudar as instituições a sério. Aí está o que há de promissor. Pode ser que jamais tenhamos respostas definitivas para todas as nossas indagações, mas podemos fazer avanços". NORTH, Douglas. C. *Instituições, mudança institucional e desempenho econômico*. São Paulo: Três Estrelas, 2018, p. 234.

[38] NORTH, Douglas C. *Structure and change in economic history*. New York: W. W. Norton & Company. 1982, p. 159-160.

[39] "Essas ineficiências existiam porque governantes não se dispunham a contrariar eleitores poderosos com a promulgação de regulamentos eficientes que se contrapusessem aos seus interesses ou porque os custos de monitorar, quantificar e arrecadar impostos poderiam muito bem ocasionar uma situação em que direitos de propriedades menos eficientes gerassem mais receita fiscal do que direitos de propriedades eficientes". NORTH, Douglas. C. *Instituições, mudança institucional e desempenho econômico*. São Paulo: Três Estrelas, 2018, p. 95.

Quanto aos contratos, a promessa é a sua essência econômica.[40] Se não houver um ambiente institucional que a legitime, atribuindo-lhe potencial efetividade, os custos de transação deste setor tendem a ser elevados, conforme difundido por Robert Cooter e Thomas Ulen.[41] Quando se está diante de um sistema jurídico que garante a execução dos contratos, as instituições ficam fortalecidas, o que contribui para a sua estruturação diante da observância de normas jurídicas que prestigiam a manutenção de um ambiente institucional respaldado pela segurança jurídica e, por consequência, com baixos custos de transação, o que contribui para "arrefecer e atenuar os níveis de incerteza que poderiam predominar no sistema econômico".[42]

De outro lado, o ambiente institucional da ciência, tecnologia e inovação é composto por muitos ajustes cooperativos que não possuem natureza jurídica contratual, nem são dotados da mesma coercibilidade dos contratos, embora em uma cultura jurídica que prestigie a boa-fé nas relações jurídicas os pactos de qualquer natureza tendem a ser respeitados. De qualquer forma, a institucionalização de um ambiente mais estável e seguro para o desenvolvimento desse setor pode ter a colaboração decisiva do Direito, ultrapassando a mera vertente econômica da *institucionalização* lastreada nos contratos e buscando subsídios no desenvolvimento jurídico da teoria institucional, do qual podem

---

[40] ZYLBERSZTAJN, Decio; Rachel, SZTAJN; AZEVEDO, Paulo Furquim de. Economia dos contratos. *In*: ZYLBERSZTAJN, Decio; Rachel, SZTAJN (org.). *Direito & economia*: análise econômica do direito e das organizações. São Paulo: Campus/Elsevier, 2005, p. 103.

[41] COOTER, Robert; ULEN, Thomas. *Law and Economics*. 6. ed. [s. l.]: Berkeley Law Books. 2016, p. 91. Disponível em: http://scholarship.law.berkeley.edu/books/2. Acesso em: 21 ago. 2022.

[42] "A existência de contratos e de sistemas jurídicos que garante sua execução, fatores que têm aumentado sua relevância na medida em que o sistema econômico caminha para um 'capitalismo gestor do dinheiro', ganha importância posto que, mais do que instituições *per se*, como estabelece a abordagem da Nova Economia Institucional (NEI), são fatores que alicerçam a consolidação de verdadeiras instituições, entendidas como crenças, hábitos e costumes, segundo a abordagem do velho institucionalismo. Contratos e sistemas jurídicos são 'instituições' que tem como função básica contribuir para a estruturação e a consolidação de hábitos e costumes na sociedade a partir da observância às normas legais estabelecidas e institucionalizadas ao longo do tempo". CONCEIÇÃO, Octavio A. C.; GABRIANI, Carlos Roberto. Institucionalistas e pós-keynesianos – ensaio sobre incerteza em uma economia capitalista financeira moderna. *Economia e Sociedade*, Campinas, v. 28, n. 1 (65), p. 1-23, jan./abr. 2019. Disponível em: https://www.scielo.br/j/ecos/a/TnNfbBBWFpNxptBYJ7pJ3xw/?lang=pt#. Acesso em: 1 set. 2023.

ser destacados os estudos de Santi Romano[43] e Maurice Hauriou,[44] ambos no início do século XX, e no Brasil, mais recentemente, aqueles desenvolvidos por Maria Paula Dallari Bucci.[45]

Santi Romano pressupôs a *instituição* como Direito: "todo ordenamento jurídico é uma instituição e, vice-versa, toda instituição é um ordenamento jurídico. Existe entre os dois conceitos uma equação necessária e absoluta".[46] Já Maurice Hauriou infere ser a instituição "uma ideia de obra ou de empresa que se realiza e dura juridicamente num meio social",[47] no qual, "para realização dessa ideia, organiza-se um poder que lhe confere órgãos"[48] e, "entre os membros do grupo social interessado na realização da ideia, produzem-se manifestações de comunhão dirigidas pelos órgãos do poder e reguladas por procedimentos".[49] A instituição seria de gênese sociológica e representaria o fruto da experiência coletiva, produzindo uma cultura específica. O autor admitiu dois tipos de instituições, "pela sua personificação ou pela ausência de personalidade jurídica".[50] Elas "nascem, vivem e

---

[43] ROMANO, Santi. *O ordenamento jurídico*. Trad. Arno Dal Ri Júnior. Florianópolis: Fundação Boiteux. 2008. Obra original publicada na Itália com o título: *L'Ordinamento Giuridico*. Firenze: Sansoni, 1946.

[44] HARIOU, Maurice. *A teoria da instituição e da fundação*. Ensaio de vitalismo social. Trad. José Ignácio Mendes Coelho Neto. Porto Alegre: Sérgio Antônio Fabris, 2009.

[45] BUCCI, Maria Paula Dallari. *Fundamento para uma teoria jurídica das políticas públicas*. São Paulo: Saraiva, 2013.

[46] BUCCI, Maria Paula Dallari. *Fundamento para uma teoria jurídica das políticas públicas*. São Paulo: Saraiva, 2013, p. 78.

[47] HARIOU, Maurice. *A teoria da instituição e da fundação*. Ensaio de vitalismo social. Trad. José Ignácio Mendes Coelho Neto. Porto Alegre: Sérgio Antônio Fabris, 2009, p. 20.

[48] HARIOU, Maurice. *A teoria da instituição e da fundação*. Ensaio de vitalismo social. Trad. José Ignácio Mendes Coelho Neto. Porto Alegre: Sérgio Antônio Fabris, 2009, p. 20.

[49] HARIOU, Maurice. *A teoria da instituição e da fundação*. Ensaio de vitalismo social. Trad. José Ignácio Mendes Coelho Neto. Porto Alegre: Sérgio Antônio Fabris, 2009, p. 20.

[50] "Existem dois tipos de instituições, as que se personificam e as que não se personificam. Nas primeiras, que formam a categoria das instituições-pessoa ou dos corpos constituídos (Estados, associações, sindicatos, etc.), o poder organizado e as manifestações de comunhão dos membros do grupo interiorizam-se no âmbito da ideia de obra: após ter sido o objeto da instituição corporativa, a ideia torna-se o sujeito da pessoa moral que se desprende do corpo constituído. Nas instituições da segunda categoria, que se pode chamar de instituições-coisa, os elementos do poder organizado e das manifestações de comunhão dos membros do grupo não são interiorizados no âmbito da ideia da obra; eles existem, contudo, no meio social, mas permanecem exteriores à ideia; a regra de direito estabelecida socialmente é uma instituição desse segundo tipo; ela é uma instituição porque, na qualidade de ideia, ela se propaga e vive no meio social, mas, visivelmente, ela não engendra uma corporação que lhe seja própria; ela vive no corpo social, por exemplo no Estado, tomando emprestado deste último seu poder de sanção e aproveitando as manifestações de comunhão que ocorrem dentro dele. Ela não pode engendrar uma corporação porque ela não é um princípio de ação ou de empresa, mas, ao contrário, um princípio de limitação". HARIOU, Maurice.

morrem juridicamente".[51] Nascem através da sua fundação qualificada por um fundamento jurídico, vivem objetiva e subjetivamente através de reiteradas operações jurídicas de governo e de administração ligadas por procedimentos, que lhe atribuem um caráter de permanência e, ao final, podem ser dissolvidas ou revogadas.[52] Ao final, Maurice Hauriou as considera fonte do Direito: "são as instituições que fazem a regra de direito, não são as regras de direito que fazem as instituições".[53]

A relativa permanência é um fenômeno resultado do processo de institucionalização, caracterizado pelas estruturas normativas e os complexos relacionais a que se ligam.[54]

Maria Paula Dallari Bucci perpassa pelo estudo da teoria institucional, no entanto, vocacionada a subsidiar a formulação de uma teoria jurídica das políticas públicas, vertente que mais interessa ao estudo da configuração do ambiente institucional da ciência, tecnologia e inovação, buscando "o conceito de instituição como qualificativo para os arranjos institucionais que consubstanciam as políticas públicas".[55] A autora aponta uma sinonímia entre os termos *instituição, institucionalizar* e *institucionalização*. *Institucionalização* representa "a objetivação e a organização por meio de uma ordenação jurídica".[56] Enquanto "o adjetivo *institucional* refere-se ao conjunto de estruturas jurídicas, políticas e sociais que o tornam um objeto definido, distinto do ambiente que o cerca, a partir de certa ordenação e unidade funcional sedimentada, que produz a reiteração de determinados comportamentos".[57] Já *institucionalizar* pode ser definido como a "iniciativa de estabelecer um determinado padrão de organização – permanente e impessoal, formalmente desvinculado da pessoa do governante ou gestor que

---

A teoria da instituição e da fundação. Ensaio de vitalismo social Trad. José Ignácio Mendes Coelho Neto. Porto Alegre: Sérgio Antônio Fabris, 2009, p. 20.

[51] HARIOU, Maurice. *A teoria da instituição e da fundação*. Ensaio de vitalismo social. Trad. José Ignácio Mendes Coelho Neto. Porto Alegre: Sérgio Antônio Fabris, 2009, p. 20.

[52] HARIOU, Maurice. *A teoria da instituição e da fundação*. Ensaio de vitalismo social. Trad. José Ignácio Mendes Coelho Neto. Porto Alegre: Sérgio Antônio Fabris, 2009, p. 20.

[53] HARIOU, Maurice. *A teoria da instituição e da fundação*. Ensaio de vitalismo social. Trad. José Ignácio Mendes Coelho Neto. Porto Alegre: Sérgio Antônio Fabris, 2009, p. 53.

[54] COELHO, Luiz Fernando. *Fundações públicas*. Rio de Janeiro: Forense, 1978, p. 74.

[55] BUCCI, Maria Paula Dallari. *Fundamento para uma teoria jurídica das políticas públicas*. São Paulo: Saraiva, 2013, p. 235.

[56] BUCCI, Maria Paula Dallari. *Fundamento para uma teoria jurídica das políticas públicas*. São Paulo: Saraiva, 2013, p. 236-237.

[57] BUCCI, Maria Paula Dallari. *Fundamento para uma teoria jurídica das políticas públicas*. São Paulo: Saraiva, 2013, p. 236.

desencadeia a ação",[58] em termos mais populares, "um feixe de ações organizadas, que se descola da pessoa e passa a ter vida própria".[59] Ao Direito cabe estruturar a ação através de um "arranjo de disposições, regras e procedimentos previsíveis e definição de autoridades, com os poderes devidos, para o exercício das funções do poder público, destinadas à estabilidade, permanência e previsibilidade",[60] que em um conceito alargado e decorrente das ações governamentais pode ser denominado *arranjo institucional*.[61]

Esse arranjo institucional, que "conota o agregado de disposições, medidas e iniciativas em torno da ação governamental, em sua expressão exterior, com um sentido sistemático",[62] é elemento essencial na composição de um ambiente institucional, só distinguindo-se daquele na medida em que este tem em sua estruturação todo o ambiente que pressupõe incorporar, tanto produzido por iniciativas governamentais quanto decorrente de práticas advindas do setor privado, afastando-se da exclusividade estatal na formulação de políticas públicas setoriais.

Com efeito, torna-se imperativo verificar os elementos históricos que formaram esse ambiente institucional, iniciando-se pela sua constitucionalização e regulação, incrementado pela introdução de um regime de colaboração entre entes públicos e privados, para se extrair conclusões sobre as raízes e as influências recebidas pelo seu processo de institucionalização.

1.2 Histórico da formação da política científica

É possível dividir a história da formação da política científica em fases. A primeira delas, intitulada colonial, vai até 1950; a segunda se consolida entre 1950 e 1966, período em que foram criadas instituições como o Conselho Nacional de Pesquisas (CNPq) e a Coordenação de Aperfeiçoamento do Pessoal de Ensino Superior (CAPES); a terceira fase

---

[58] BUCCI, Maria Paula Dallari. *Fundamento para uma teoria jurídica das políticas públicas*. São Paulo: Saraiva, 2013, p. 236.

[59] BUCCI, Maria Paula Dallari. *Fundamento para uma Teoria Jurídica das Políticas Públicas*. São Paulo: Saraiva. 2013m, p. 236.

[60] BUCCI, Maria Paula Dallari. *Fundamento para uma teoria jurídica das políticas públicas*. São Paulo: Saraiva, 2013, p. 236.

[61] BUCCI, Maria Paula Dallari. *Fundamento para uma teoria jurídica das políticas públicas*. São Paulo: Saraiva, 2013, p. 237.

[62] BUCCI, Maria Paula Dallari. *Fundamento para uma teoria jurídica das políticas públicas*. São Paulo: Saraiva, 2013, p. 237.

segue de 1967 até meados da década de 1970, quando houve esforços na política nacional para projetar o Brasil como "potência" tecnológica, já com seus instrumentos aprimorados.

Efetivamente, é possível verificar a iniciativa de institucionalização da ciência e da tecnologia no país a partir do movimento pós-guerra, conhecido como *big science*, na década de 1950, quando surgiram políticas de estímulos às atividades de pesquisa e desenvolvimento, até de inovação, com a criação de órgãos cuja missão era fomentar a pesquisa.[63] Às fases mencionadas acrescenta-se a da política institucional pós-redemocratização, quando foram intensificados os esforços para se regulamentar os arts. 218 e 219 da CF/1988.[64]

Analisados os aspectos socioeconômicos do período anterior ao século XX, quando iniciada a institucionalização de uma política de ciência e tecnologia no Brasil, atenta-se para a relevância do viés econômico na instrução política governamental e normativa.

A dependência do país em relação ao conhecimento técnico científico da Europa e dos EUA colocava o Brasil à margem da produção desse tipo de conhecimento. Até a década de 1930, quando a institucionalização da C&T ainda era embrionária, o Brasil era visto pela comunidade científica internacional como objeto de estudo; essa era também a postura do governo e das políticas públicas nesse segmento.

Se, por um lado, não era possível falar sobre objetivos claros do governo em fundar bases na estruturação de políticas públicas pró-ciência,

---

[63] "O ano de 1950 foi tomado como marco da institucionalização dessa política" (MOREL, Regina Lúcia de Moraes. *Ciência e estado*: a política científica no Brasil. São Paulo: T. A. Queiroz, 1979, p. 23). "A primeira etapa de institucionalização da ciência e tecnologia (C&T) no país se configura na década de 1950, num movimento promovido na esteira do pós-guerra e da chamada era do *big science*, que marca a expansão dos gastos públicos nas atividades de pesquisa e desenvolvimento (P&D), sob a liderança do Estado e cujo marco foi o Projeto Manhattan, nos Estados Unidos, que uniu cientistas e financiamento público para desenvolver a bomba atômica durante a Segunda Guerra mundial". CORDER, Solange Maria. Institucionalização da C&T. *In*: SIQUEIRA NETO, José Francisco; MENEZES, Daniel Francisco Nagao (org.). *Dicionário de Inovação Tecnológica*, v. I. Belo Horizonte: Arraes, 2020, p. 198. "A extraordinária expansão do sistema universitário brasileiro e a criação das mais variadas formas institucionais e linhas de trabalho científico e tecnológico, no período do pós-guerra, fazem com que seja impossível continuar a tratar as ciências naturais no país de forma mais ou menos integrada, como vínhamos fazendo até aqui". SCHWARTZMAN, Simon. *Formação da comunidade científica no Brasil*. São Paulo/Rio de Janeiro: Ed. Nacional/FINEP, 1979, p. 281.

[64] "O Marco Regulatório em C,T&I, ao densificar as balizas constitucionais contidas nos arts. 218 e 219-B, definidoras do tônus da autonomia científico-tecnológica nacional". SOARES, Fabiana de Menezes. Autonomia universitária e o marco da ciência, tecnologia e inovação. *In*: CABRAL, Edson César dos Santos; QUEIROZ, João Eduardo Lopes (org.). *Autonomia universitária*: 30 anos no Estado de São Paulo. São Paulo: Unesp, 2020, p. 198.

tecnologia e pesquisa, é necessário destacar o papel de institutos e de cientistas que, motivados pela necessidade de uma construção sólida de políticas públicas sanitárias e de saúde, desenvolveram a pesquisa científica nos segmentos da epidemiologia e da parasitologia.

Destaca-se, nesse contexto, o papel do Instituto Soroterápico Federal de Manguinhos, atualmente FIOCRUZ, constituído em 1900 para produzir soro e vacina contra a peste bubônica. O trabalho de cientistas renomados, iniciado no então instituto Manguinhos, a exemplo de Oswaldo Cruz (1902), Adolfo Lutz (1908), Vital Brazil e Carlos Chagas (1909), se mistura à produção científica de saúde epidemiológica e sanitária no país.[65] Sob a liderança e pesquisa de Oswaldo Cruz, a peste bubônica e a febre amarela foram erradicadas no Estado do Rio de Janeiro no início de 1900.

Adolfo Lutz, que retornou ao Brasil em 1892 para dirigir o Instituto de Bacteriologia, hoje Instituto Lutz, atuou em seguida junto a Oswaldo Cruz, confirmando o mecanismo de transmissão da febre amarela pelo *Aedes aegypti*. Salienta-se a pesquisa do sanitarista Carlos Chagas, que também iniciou seu trabalho científico no Instituto Oswaldo Cruz, em 1906, e foi responsável por uma das mais importantes descobertas da parasitologia: a doença de Chagas, pesquisa publicada internacionalmente, que lhe rendeu indicação ao Prêmio Nobel da Paz. Outra pesquisa relevante foi a do cientista Vital Brazil. Auxiliado por outros pesquisadores, como Adolfo Lutz, desenvolveu antídotos contra a picada de cobras, cuja produção científica foi condensada no Instituto Butatan.[66]

O cenário à época era, então, de um Brasil ruralista, cuja política sanitarista estava em construção, haja vista o crescimento urbano com pouco ou nenhum planejamento. O enfoque econômico era voltado à produção agrícola, sobretudo a cafeeira, na extração de minérios e em pequena industrialização de bens não duráveis.[67] O caminho para a mudança no roteiro estruturante da política científica e tecnológica no Brasil foi lento e motivado inicialmente por dois fatos históricos impactantes

---

[65] FIOCRUZ. *Linha do tempo*. Disponível em: https://portal.fiocruz.br/linha-do-tempo. Acesso em: 2 fev. 2023.

[66] FIOCRUZ. *História*. Disponível em: https://portal.fiocruz.br/historia/. Acesso em: 2 fev. 2023.

[67] Para maior detalhamento sobre esse período: SANTOS, Lourival Santana; ARAÚJO, Ruy Belém de. *Café e a industrialização brasileira*. Disponível em: https://cesad.ufs.br/ORBI/public/uploadCatalago/10280418102016Historia_economica_geral_e_do_brasil_Aula_09.pdf. Acesso em: 1 fev. 2023.

em todo o mundo: a Primeira Guerra Mundial (1914-1918) e a Crise de 1929, esta última causadora de uma devastação liberal. Impulsionado pela guerra e pela crise econômica global, o Brasil precisou rever suas prioridades e começar a esboçar um desenho, ainda que tímido, mas que propusesse desenvolvimento e independência científico-tecnológica.

Embora pesquisadores independentes tenham se organizado para reagir à demanda global ainda durante a Primeira Guerra Mundial – com o objetivo de, através do desenvolvimento tecnológico, instituir a pauta da segurança nacional no campo do avanço científico –, a criação de uma entidade governamental para pesquisas, meta almejada pela Academia Brasileira de Ciências (ABC), só ocorreu em 1951.

A fase colonial fora assim denominada em virtude da dependência do Brasil em relação à pesquisa e à ciência produzidas na Europa e nos EUA. Os aspectos culturais dessa postura, oriundos de uma influência imperialista, se estendiam na percepção da produção tecnológica, atrasando sobremaneira o desenvolvimento da uma política científica no país.[68]

No processo de construção das bases da política nacional de C&T está o período pós década de 1930, quando o país vivenciava uma modernização considerada retardatária, estimulada pela necessidade brasileira, visto que o Governo Vargas, ao dificultar a importação de diversos equipamentos, provocou a indústria nacional a produzi-los, atribuindo fluidez à indústria brasileira para atender às necessidades do país.[69]

---

[68] "No Brasil, o processo de institucionalização da pesquisa científico-tecnológica iniciou-se no século XX, portanto, cerca de dois séculos após Europa e EUA. Este atraso se deve, em grande parte, a aspectos históricos da colonização". MEIS, Leopoldo de. *O perfil da ciência brasileira*. Rio de Janeiro: UFRJ, 1995, p. 20.

[69] "Com a finalidade de promover o desenvolvimento, a indústria nacional também foi o foco de grandes investimentos e de protecionismo, conforme assinala Fonseca (FONSECA, Pedro Cezar Dutra; CARRARO, André. *O desenvolvimento econômico no primeiro governo de Vargas (1930-1945)*. 2003. Disponível em: https://ruf.folha.uol.com.br/2019. Acesso em: 20 jan. 2023, p. 142), que recorda um discurso realizado em 1931, pelo então Presidente, Getúlio Vargas: 'O protecionismo industrial das matérias-primas do país é fator decisivo, sem dúvida, ao nosso progresso econômico. É justo, por isso, que se estimule, mediante política tarifária, conduzida sem excessos. As tabelas das alfândegas devem refletir estes critérios'. Cabe destacar que o processo de industrialização voltada para a substituição de importações foi impulsionado pela desvalorização da moeda nacional, uma vez que, a partir da perda do poder de compra de produtos importados, restou constatada a capacidade ociosa de alguns setores da economia. Nesse ponto, Fausto (FAUSTO, Boris. *Getúlio Vargas*: o poder e o sorriso. São Paulo: Companhia das Letras, 2006, p. 45) assevera: 'Esse fator foi ainda mais importante porque, de olho no equilíbrio da balança comercial, o governo proibiu a importação de máquinas para inúmeras indústrias, excetuando apenas a substituição de

Nesse importante período foram criados, por exemplo, a Universidade de São Paulo- 1934 (USP), a Universidade do Distrito Federal-1935 (UDF), o Instituto de Pesquisas Tecnológicas de São Paulo-1934 (IPT), o Instituto Nacional de Tecnologia-1933 (INT). O IPT e o INT foram as bases para a origem da Associação Brasileira de Normas Técnicas-1940 (ABNT).

O desafio da modernização abrangia, portanto, a indústria, que precisou se reinventar e mudar seu eixo produtivo, equilibrando a entrega de bens de consumo e bens de capital, e na área tecnocientífica, com a criação de equipamentos de produção de pesquisa.[70]

Durante a Segunda Guerra Mundial (1939-1945), a pesquisa tecnológica teve atuação significativa na industrialização brasileira. A escassez de insumos, de combustível e a dificuldade de romper divisas, problemas próprios de uma guerra em escala mundial, exaltaram ainda mais a necessidade nacional de investir em tecnologia e produção próprias. É certo que essa discussão ainda se restringia a cientistas e pesquisadores da época, que não eram numerosos, e a alguns segmentos militares. Esses últimos, influenciados, principalmente, pela energia nuclear e pela sua capacidade de definir rumos na ordem mundial, além da preocupação em garantir a segurança nacional, o que levou à aproximação entre militares e cientistas.[71]

---

bens imprestáveis, entre 1931 e 1937. Em média, no período 1933-39, a indústria cresceu a uma taxa anual de 11,2%, concentrando-se em metalurgia de pequeno porte e bens de consumo, como papel e papelão, têxteis, vestuário e calçados. Outra medida governamental que impulsionou a indústria foi a ampliação do crédito por parte do Banco do Brasil, na segunda metade dos anos 1930. À época, foram criados vários instrumentos: a carteira de redesconto e a carteira de crédito agrícola e industrial. Nesse cenário, o BB assumiu as funções típicas de um banco central até 1945, com a criação da SUMOC (FAUSTO, Boris. *Getúlio Vargas*: o poder e o sorriso. São Paulo: Companhia das Letras, 2006, p. 55-56). A Petrobras (criada em 1953) e a Companhia Siderúrgica Nacional (em 1951) são exemplos de iniciativas que visavam uma maior industrialização do país, por meio da criação de empresas nacionais'". RIBEIRO, Elisa de Sousa. Crise, desenvolvimento e políticas de industrialização no Brasil de Getúlio Vargas. *In*: *Universitas Humanas*, Brasília, v. 11, n. 1, p. 41, jan./jun. 2014.

[70] "Na esteira da modernização, vieram transformações culturais, científicas e tecnológicas, simbolizadas de forma marcante pela criação de universidades modernas e dos institutos de pesquisa tecnológica na década de 30". MOTOYAMA, Shozo; GALVAN, Cesare G.; BARCELOS, Eduardo D.; MARQUES, Paulo; Q. CAPOZOLI, Ulisses. Novas tecnologias e o desenvolvimento industrial brasileiro. *In*: MOTOYAMA, Shozo (org.). *Tecnologia e industrialização no Brasil*: uma perspectiva histórica. São Paulo: Unesp, 1994, p. 321.

[71] "Nessa segunda metade da década de 1940, dá-se então a aliança dos pesquisadores com os militares em prol da C&T, sob a perspectiva da energia nuclear". MOTOYAMA, Shozo; GALVAN, Cesare G.; BARCELOS, Eduardo D.; MARQUES, Paulo; Q. CAPOZOLI, Ulisses. Novas tecnologias e o desenvolvimento industrial brasileiro. *In*: MOTOYAMA, Shozo (org.). *Tecnologia e industrialização no Brasil*: uma perspectiva histórica. São Paulo: Unesp, 1994, p. 325.

Anos antes da preocupação instalada a partir da necessidade de se dominar ou conhecer a ciência da produção de energia nuclear, e sob a influência da guerra, foi criado o Ministério da Aeronáutica (1941). Mais tarde, em 1949, foi instituído o Centro Técnico de Aeronáutica (CTA), ao mesmo tempo em que as discussões para se criar o CNPq começavam a tomar corpo. Em 1950, surgiu o Instituto Tecnológico da Aeronáutica (ITA), responsável nos anos seguintes pela formação profissional que consolidou a produção aeronáutica no Brasil.

Nesse contexto, militares e pesquisadores alinhados em razão de um interesse comum, estimulados pela realidade da época, a qual expunha a fragilidade da pesquisa nacional e a falta de domínio técnico sobre energia nuclear, foi sendo construído o apoio e o favoritismo da opinião pública sobre a pauta. Personagem relevante na condução desse diálogo entre governo e cientistas foi o contra-almirante, também cientista, Álvaro Alberto, um dos líderes responsáveis por mobilizar forças pela criação do CNPq.[72]

Sob essa perspectiva, o Brasil, em termos institucionais, inicia seu processo de fomento à pesquisa científica estruturando uma autarquia criada nos últimos dias do governo de Eurico Dutra, pela Lei nº 1.310/1951, que criou o CNPq com a finalidade de "promover e estimular o desenvolvimento da investigação científica e tecnológica em qualquer domínio do conhecimento" (art. 1º), e subordinada direta e imediatamente à Presidência da República. Trata-se da entidade responsável por coordenar a política nacional de ciência e tecnologia até 1985, quando também foi criado o Ministério de Ciência, Tecnologia e Inovação. Hoje, ao CNPq cabe "participar na formulação, execução, acompanhamento, avaliação e difusão da Política Nacional de Ciência e Tecnologia".[73] Embora em sua constituição legal a finalidade do CNPq preveja trabalhos em pesquisa em qualquer área de conhecimento, sua criação trouxe a incumbência principal de desenvolver uma política nuclear independente, iniciativa que, poucos anos depois, revelou-se

---

[72] "À frente da Academia Brasileira de Ciências (ABC), auxiliado por cientistas... fez gestões tanto no governo quanto no Congresso Nacional, para concretizar o sonho que pesquisadores brasileiros vinham acalentando desde 1919". MOTOYAMA, Shozo; GALVAN, Cesare G.; BARCELOS, Eduardo D.; MARQUES, Paulo; Q. CAPOZOLI, Ulisses. Novas tecnologias e o desenvolvimento industrial brasileiro. *In*: MOTOYAMA, Shozo (org.). *Tecnologia e industrialização no Brasil*: uma perspectiva histórica. São Paulo: Unesp, 1994, p. 328.

[73] MANGANOTE, Edmilson José Tonelli. CNPq. *In*: SIQUEIRA NETO, José Francisco; MENEZES, Daniel Francisco Nagao (org.). *Dicionário de inovação tecnológica*. v. I. Belo Horizonte: Arraes, 2020, p. 69-70.

frustrada diante da decisão do Presidente Café Filho em participar do programa norte-americano *Átomos da Paz*.[74] Também é de 1951 a criação da CAPES, antes Campanha Nacional de Aperfeiçoamento de Pessoal de Nível Superior, agora, Coordenação. Trata-se de uma fundação pública vinculada ao Ministério da Educação (MEC), que promove mecanismos de fomento à pós-graduação *stricto sensu*. Dentre suas atribuições, destaca-se o desenvolvimento científico e tecnológico e a formação de docentes para o ensino básico até o superior. Assim como outras instituições ligadas à pesquisa no país, a CAPES sofreu um revés, pois fora extinta, através de medida provisória, durante o governo Fernando Collor de Mello, em 1992. O fato foi revertido após articulação do setor e contou com o apoio do Ministério da Educação. Com o tempo, a fundação foi se fortalecendo e, desde 2007, é responsável pela formação continuada de professores da educação básica.[75]

Entre a segunda metade da década de 1950 até 1960, um novo modelo institucional para o desenvolvimento da C&T começou a ser desenhado. Nesse período, foi criada a Comissão Nacional de Energia Nuclear (1956), provocando uma queda de investimentos no antigo CNPq, que, por sua vez, passou a cuidar de pesquisas em áreas diversas. Essa iniciativa teria interrompido a institucionalização da C&T na agenda nacional. Somente em 1960, essa ótica foi retomada, a partir da criação de fundos que propiciaram a inovação do CNPq, que passou a ser denominado Conselho Nacional de Desenvolvimento Científico e Tecnológico. Houve, então, a "transformação do CNPq no novo Conselho Nacional de Desenvolvimento Científico, e a reunião de todos esses fundos e instituições nos chamados 'planos básicos' de desenvolvimento científico e tecnológico".[76]

Além de equipamentos institucionalizados para se construir uma política pública sólida e independente de C&T e, mais tarde, de inovação, o país precisava ampliar, em alguns casos até criar, meca-

---

[74] "Morria assim, melancolicamente, a esperança brasileira de autonomia nuclear". MOTOYAMA, Shozo; GALVAN, Cesare G.; BARCELOS, Eduardo D.; MARQUES, Paulo; Q. CAPOZOLI, Ulisses. Novas tecnologias e o desenvolvimento industrial brasileiro. *In*: MOTOYAMA, Shozo (org.). *Tecnologia e industrialização no Brasil*: uma perspectiva histórica. São Paulo: Unesp, 1994, p. 334.

[75] SOUZA PINTO, Felipe Chiarello de; PADIN, Camila Ferrara; JUNQUEIRA, Michele Asato. CAPES. *In*: SIQUEIRA NETO, José Francisco; MENEZES, Daniel Francisco Nagao (org.). *Dicionário de Inovação Tecnológica*. v. I. Belo Horizonte: Arraes, 2020, p. 36-37.

[76] SCHWARTZMAN, Simon. *Ciência, universidade e ideologia*: a política do conhecimento. Rio de Janeiro: Zahar, 1981, p. 50.

nismos de financiamento público para efetivar o seu desenvolvimento técnico-científico. Nesse contexto, foi criado o Banco Nacional de Desenvolvimento (BNDE) e, desde 1982, o Banco Nacional de Desenvolvimento Social (BNDES). A iniciativa se deu em 1952, durante o governo Getúlio Vargas. A premissa desse banco estatal era implementar uma política econômica de investimento em longo prazo. A ele foi creditado o financiamento das maiores obras de infraestrutura do país e de desenvolvimento industrial.[77]

É possível pontuar na história da C&T no Brasil alguns esforços que deram conta da criação de arranjos institucionais responsáveis por moldar a política nacional de C&T. Por exemplo, foram criados o Instituto Nacional de Pesquisas da Amazônia (1952); o Instituto de Pesquisa da Marinha (1959), a Superintendência do Desenvolvimento do Nordeste (1959) e, em São Paulo, o Estado com mais forte e tradicional papel no desenvolvimento da C&T do país, a Fundação de Amparo à Pesquisa de São Paulo (1960) (FAPESP).

A FAPESP (Lei Estadual nº 5.918/1960), criada durante o governo de Carvalho Pinto, possui natureza jurídica de fundação pública estadual. Embora prevista na Constituição Estadual de 1947, inclusive com destaque para reserva de recurso financeiro, foi criada em 1960 e viabilizada apenas dois anos depois, pelo Decreto Estadual nº 40.132/1962, que aprovou os seus Estatutos instituindo-a oficialmente. Em comparação com entidades federais, é a única no âmbito estadual que possui financiamento equivalente. Inicialmente, destinava-se 0,5% da receita tributária do Estado de São Paulo, percentual que passou a ser de 1% após a promulgação da Constituição Estadual de São Paulo de 1989. A FAPESP possui três eixos de amparo à pesquisa: 1) bolsas voltadas a alunos da graduação e de pós-graduação; 2) auxílios para pesquisadores doutores vinculados a outras universidades paulistas e 3) linha de financiamento para programas de pesquisa para a inovação tecnológica.[78]

O caminho de construção de uma política de pesquisa revelada pela criação de inúmeros equipamentos ligados à produção científica,

---

[77] HOFLING, Daniel de Mattos. BNDES. *In*: SIQUEIRA NETO, José Francisco; MENEZES, Daniel Francisco Nagao (org.). *Dicionário de Inovação Tecnológica*. v. I. Belo Horizonte: Arraes, 2020, p. 26-27.

[78] NOHARA, Irene Patrícia. FAPESP. *In*: SIQUEIRA NETO, José Francisco; MENEZES, Daniel Francisco Nagao (org.). *Dicionário de Inovação Tecnológica*. v. I. Belo Horizonte: Arraes, 2020, p. 130-131.

como universidades, fundações de pesquisa e constituição de fundos de financiamento, foi interrompido em meados da década de 1960. Especificamente no pós-golpe de 1964, universidades e pesquisa científica sofreram um revés, visto que o eixo temático da política governamental foi alterado, o que inclui os objetivos de investimentos em C&T. O lema daquele período, *segurança e desenvolvimento*, influenciou sobremaneira na institucionalização da ciência e tecnologia no Brasil, conforme contextualizou a historiadora Regina Lúcia de Moraes Morel:

> a partir de 1964 duas tendências que orientam a política científica desde então: do lado da 'segurança', o cerceamento de manifestações de crítica ao governo; do lado do 'desenvolvimento', a ênfase na pesquisa científica e na formação de cientistas e profissionais especializados.[79]

Consequentemente, seguiu-se a estruturação visando modernizar a produção de pesquisa e tecnologia no Brasil. Após 1964, era vista como algo essencialmente estratégico a construção de uma independência tecnocientífica. Para isso, eram necessários investimentos em pesquisa e em produção tecnológica. Essa visão remodelou, por exemplo, a CAPES e o CNPq, que ampliaram o alcance de seus projetos de pesquisa e redefiniram suas atribuições. Nesse ritmo, foi promulgada a Constituição de 1967, imprimindo o dever do Estado em fomentar a política científico-tecnológica.

Entre 1964 e 1969, três mecanismos de financiamento à pesquisa e à ciência foram institucionalizados. O Fundo de Apoio a Tecnologia (FUNTEC), criado em 1964, e gerido pelo então BNDE foi o primeiro deles. O segundo surgiu em 1967, com a criação da empresa pública Financiadora de Estudos e Projetos (FINEP), atual responsável pela secretaria executiva do Fundo Nacional de Desenvolvimento Tecnológico e Científico (FNDCT). Por fim, este último, criado em 1969 e em funcionamento ainda hoje, enfatiza o financiamento à inovação e o desenvolvimento científico e tecnológico, no intuito de promover o desenvolvimento econômico e social do país. O FNDCT possui natureza contábil, é um "representativo meio de financiamento para implanta-

---

[79] MOREL, Regina Lúcia de Moraes. *Ciência e estado*: a política científica no Brasil. São Paulo: T. A. Queiroz, 1979, p. 51.

ção e fortalecimento institucional da pesquisa e da pós-graduação das universidades brasileiras".[80]

Em 1968, no governo Costa e Silva, foi instituído um grupo de trabalho cuja missão era fazer uma reforma universitária, a qual foi concluída com a Lei nº 5.540/1968. Dentre as grandes contribuições dos mentores desta iniciativa está o pensamento de Darcy Ribeiro, quando da estruturação da Universidade de Brasília.[81]

A meta dessa política de fortalecimento do ensino superior e do estímulo à pós-graduação tinha por eixo a formação técnica qualificada de profissionais de ensino e de pesquisadores. Embora seja notório o esforço da política em fortalecer o ensino superior, foi nesse período que o Ato Institucional nº 5/1969 (AI-5) perseguiu e puniu professores e cientistas, comprometendo, assim, a almejada autonomia universitária. Dados da época mostram como as universidades foram gravemente atingidas em diferentes segmentos.[82]

Entre 1967 e 1969, houve um evidente esforço das autoridades brasileiras em identificar cientistas brasileiros que estivessem no exterior e motivá-los a retornarem ao país. A *Operação Retorno* foi coordenada pelo Ministério das Relações Exteriores, uma iniciativa "ligada à política externa de combate ao 'colonialismo tecnológico', que evidenciava o papel estratégico o qual, segundo o governo, teria a ciência como instrumento de soberania e engrandecimento nacional".[83] É possível identificar, até o período citado, dois momentos distintos nos quais houve a saída de cientistas do Brasil para o exterior. O primeiro se deu nas décadas de 1950 e 1960, dada a falta de infraestrutura institucional e, o segundo, após 1964, em razão do contexto político do golpe.

Dentre os incentivos criados em 1969 para atrair cientistas de volta ao Brasil está o conceito de dedicação exclusiva, trazido pelo

---

[80] VEDOVATO, Luis Renato. Fundo Nacional de Desenvolvimento Científico e Tecnológico (FNDCT). *In*: SIQUEIRA NETO, José Francisco; MENEZES, Daniel Francisco Nagao (org.). *Dicionário de Inovação Tecnológica*. v. I. Belo Horizonte: Arraes, 2020, p. 141-144.

[81] MOREL, Regina Lúcia de Moraes. *Ciência e estado*: a política científica no Brasil. São Paulo: T. A. Queiroz, 1979, p. 58.

[82] "Uns dos mais atingidos foram a Universidade de São Paulo, Universidade Federal do Rio de Janeiro, o Centro Brasileiro de Pesquisas Físicas e o Instituto de Manguinhos, nos quais equipes inteiras foram desmanteladas". MOREL, Regina Lúcia de Moraes. *Ciência e estado*: a política científica no Brasil. São Paulo: T. A. Queiroz, 1979, p. 61.

[83] MOREL, Regina Lúcia de Moraes. *Ciência e estado*: a política científica no Brasil. São Paulo: T. A. Queiroz, 1979, p. 72.

Decreto nº 64.086/1969, estabelecendo uma clara política de incentivos à permanência e à docência de pesquisadores.

Ao se analisar a linha do tempo e a política de governo na busca pelo fortalecimento da produção tecnocientífica brasileira, para além do foco acadêmico, menciona-se a criação, em 1970, do Instituto Nacional de Propriedade Industrial (INPI) (Lei nº 5.648/1970), uma autarquia federal cuja principal missão era substituir o Departamento Nacional de Propriedade Industrial (criado em 1946) e garantir direitos de propriedade intelectual para a indústria. Dando continuidade à política, foi criado o Código de Propriedade Industrial (Lei nº 5.772/1971), que sofreu alterações significativas até ser revogado pela Lei nº 9.279/1996 (Lei de Propriedade Industrial), que permanece em vigor com sucessivas alterações. Decerto que a propriedade industrial somente recebeu atenção do governo federal após cobranças internacionais que também buscavam preservar seus direitos em casos de transferência de tecnologias. Essas cobranças, aliás, foram impactantes para a elaboração do Código de Propriedade Industrial publicado nos 1970. Salienta-se que, entre os países que tinham as "maiores lacunas em seus sistemas de propriedade industrial, o Brasil foi o que mais resistiu a mudanças, rejeitando enfaticamente as pressões externas".[84]

Houve, nesse momento, uma sinalização de avanço na elaboração de diretrizes para o desenvolvimento industrial do país, pois, juntamente com a ciência e a tecnologia, também havia a expectativa de uma modulação da indústria nacional de forma a atingir os objetivos do governo do período: alcançar autonomia tecnológica visando diminuir a dependência nacional sobre a produção intelectual do mundo.

Ao analisar aspectos históricos, nota-se que a política científica durante o governo militar integra a agenda de discussão. Naquele momento, foram elaboradas pautas públicas para sua implementação, dentre as quais destaca-se o esforço da estratégia governamental, especialmente nas décadas de 1970 a 1980, em efetivamente desenvolver uma política científica e tecnológica, como lembra Eduardo Augusto Guimarães:

> Em linhas gerias, da política de ciência e tecnologia, é possível distinguir ao longo desse período duas: os "anos 70", que se estendem de 1968 a

---

[84] PEREIRA, Lia Valls. Sistema de propriedade industrial no contexto internacional. *In*: SCHWARTZMAN, Simon (coord.); KRIEGER, Eduardo. *Ciência e tecnologia no Brasil*: política industrial, mercado de trabalho e instituição de apoio. Rio de Janeiro: FGV, 1995, p. 98.

1979 e se caracterizam pela continuidade da gestão política científica e tecnológica; e os "anos 80", que correspondem ao período de 1979 a 1989 e são marcados por redução significativa dos recursos governamentais para ciência e tecnologia.[85]

Primeiramente, em 1971, foi idealizado o I Plano Nacional de Desenvolvimento (PND, 1972/1974), aprovado pela Lei nº 5.727/1971, para o período de 1972 a 1974. Os principais desafios do PND eram acelerar o desenvolvimento científico e tecnológico e preparar a infraestrutura do país para o crescimento das décadas seguintes. Neste período surgiram investimentos como o da Usina de Itaipu.

Na sequência, foi elaborado o I Plano Básico de Desenvolvimento Científico e Tecnológico (PBDCT, 1973/1974), financiado pelo FNDCT, a integrar o pacote econômico do PND. Uma das críticas dirigidas ao PBDCT era a de que muito se falava em tecnologia e pouco em ciência.[86] Com esse plano, um novo modo de levar o discurso político à sociedade dá conta de uma valorização da técnica como forma de mostrar eficiência administrativa, segundo explica Regina Lúcia de Moraes Morel: "Portanto, o uso do planejamento e a valorização da técnica são tidos como prova da racionalidade de um governo identificado com eficácia administrativa".[87]

Ainda sob a vigência do I PBDCT, foram criadas empresas públicas fundamentais na estruturação da política de desenvolvimento tecnológico de Estado: Empresa de Telecomunicações Brasileiras – TELEBRAS (Lei nº 5.792/1972); Empresa Brasileira de Pesquisa e Agropecuária – EMBRAPA (Lei nº 5.851/1972) e Empresa Brasileira de Assistência Técnica e Extensão Rural – EMBRATER (Lei nº 6.126/1974).

Junto a essa série de instituições e mecanismos de uma política estruturante de C&T, foi criado, em 1972, o SNDCT, cujo órgão central era o CNPq.

Ressalta-se, ainda, a emblemática mudança do Ministério do Planejamento para Secretaria de Planejamento, cuja função era assessorar

---

[85] GUIMARÃES, Eduardo Augusto. A política científica e tecnológica e as necessidades do setor produtivo. *In*: SCHWARTZMAN, Simon (coord.); KRIEGER, Eduardo. *Ciência e tecnologia no Brasil*: política industrial, mercado de trabalho e instituição de apoio. Rio de Janeiro: FGV, 1995, p. 64.

[86] MOREL, Regina Lúcia de Moraes. *Ciência e estado*: a política científica no Brasil. São Paulo: T. A. Queiroz, 1979, p. 66-67.

[87] MOREL, Regina Lúcia de Moraes. *Ciência e estado*: a política científica no Brasil. São Paulo: T. A. Queiroz, 1979, p. 67.

diretamente o Presidente da República, em especial na coordenação do desenvolvimento científico e tecnológico. Para tanto, um arranjo econômico dava conta da política de financiamento dessa meta, composto pelo BNDE, FINEP, Instituto de Planejamento Econômico e Social (IPEA), Instituto Brasileiro de Geografia e Estatística (IBGE) e CNPq.

Dentre os exemplos de financiamento ligado a esses fundos está o de grupos de trabalho responsáveis por construir o primeiro computador nacional. A década de 1970 é tida como um momento de expansão no mercado de computadores.

O II Plano Nacional de Desenvolvimento (II PND) foi elaborado durante a crise do petróleo (1974-1979). Junto com ele veio a tarefa de realizar e pôr em prática, posteriormente, o II PBDCT (1976) e o III PBDCT (1980-1985). É também desse período o I Plano Nacional de Pós-graduação (1975-1979). Embora tenham sido publicados à época, esses planos contêm ideias e proposições relativamente avançadas para o período que o país vivia, uma sinalização de que o governo militar pretendia estruturar com as ideias mais arrojadas sobre tecnologia e produção de ciência o desenvolvimento do país.

Do final da década de 1970, até a Constituição de 1988, houve perda de investimentos e do ritmo do desenvolvimento tecnológico e científico no Brasil. Os anos 1980 são tidos por historiadores da ciência e tecnologia como "a década perdida", conforme concluiu Simon Schwatzman em pesquisa detalhada sobre o período:

> É possível concluir este trabalho de forma bem simples, afirmando que a principal lição que podemos tirar da década perdida é que as concepções, os formatos institucionais e os próprios valores que presidiram o estabelecimento do sistema brasileiro de ciência e tecnologia nos anos 70, e que entraram em crise nos anos 80, não podem ser, simplesmente, ressuscitados nos anos 90. Em parte, porque a crise dos anos 80 não deixou de ser uma decorrência das opções dos anos anteriores; e em parte porque o mundo deste final de século não é mais aquele de vinte anos atrás. Parece uma lição simples, mas é de seu aprendizado coletivo que depende o futuro que espera o país.[88]

Nesse cenário é que foi criado o Ministério de Ciência e Tecnologia (Decreto nº 91.146/1985), ampliando o aparato estatal de estímulo

---

[88] SCHWATZMAN, Simon. Ciência e tecnologia na década perdida: o que aprendemos? In: SOLA, Lourdes; PAULANI, Leda M. (ed.). Lições da década de 80. São Paulo: Edusp /UNRISD, 1995.

à ciência e tecnologia. Todavia, enquanto Ministério, permaneceu por apenas quatro anos e, em virtude de sucessivos anos de crise econômica – entre 1989 e 1992 –, foi sendo transformado em Secretaria Especial, vinculando-se no primeiro período ao Ministério do Desenvolvimento da Indústria e Comércio (1989) e, nos anos seguintes, à Presidência da República (1990-1992). Foi recriado como Ministério somente após a redemocratização, retratando, assim, a fragilidade do ambiente institucional da ciência e tecnologia no país.

Ainda em 1985, houve um debate nacional promovido pela pasta Ciência Tecnologia numa Sociedade Democrática em busca de estratégia de atuação, evento que "visava à elaboração do I Plano Nacional de C&T da Nova República".[89] Empenharam-se esforços para que o Brasil desenvolvesse tecnologia para produzir equipamentos para a indústria de ponta, como aeroespacial, computadores, transporte e microeletrônica, e não somente fornecer matérias-primas. Outra frente de trabalho foi a do desenvolvimento de biotecnologia, que, de um lado, pretendia produzir medicamentos e vacinas e, de outro, alimentos, o que foi coordenado pela Associação Brasileira de Empresas de Biotecnologia (ABRABI), criada em 1986.

Nesse momento, foi elaborada a Lei nº 7.323/1984 ("Lei da Informática") e, em 1985, criado o Conselho Nacional de Informática, que deveria elaborar o Plano Nacional da Informática e Automação (I PLANIN), sancionado em 1986. Em um contexto de implantação do Plano Cruzado, que visava controlar a inflação que atingia quatro dígitos em 1989, os investimentos em C&T foram diminuindo, o que comprometeu a escala de evolução e esforços das últimas décadas de políticas voltadas ao setor. Aliada à crise econômica e à pressão dos EUA para garantir sua hegemonia intelectual na área de informática, o seu arrefecimento foi inevitável.

A despeito da queda de investimentos em razão do período econômico enfrentado pelo país, o CNPq, liderado por Crodowaldo Pavan, obteve aumento de receita, o que teria ocorrido devido à articulação da instituição junto ao Congresso Nacional, com o apoio de lideranças de renome, como o deputado federal Ulysses Guimarães.[90]

---

[89] MOTOYAMA, Shozo (org.); NAGAMINI, Marilda; QUEIROZ, Francisco Assis de; VARGAS, Milton (colab.). *Prelúdio para uma história*. São Paulo: Edusp, 2004, p. 397.
[90] MOTOYAMA, Shozo (org.); NAGAMINI, Marilda; QUEIROZ, Francisco Assis de; VARGAS, Milton (colab.). *Prelúdio para uma história*. São Paulo: Edusp, 2004, p. 409-410.

Com o foco na construção da Constituição Federal de 1988, cientistas e pesquisadores se mobilizaram já em 1987, quando da instalação da Assembleia Nacional Constituinte. Várias eram as preocupações de militantes e cientistas, dentre elas, a possibilidade de se proibir a vinculação de orçamento a determinadas áreas, principalmente a de pesquisa. Se isso ocorresse, Constituições Estaduais também seriam atingidas, e instituições consolidadas, como a FAPESP, poderiam sofrer com a perda de receita.

Antes mesmo de pensar em fortalecer as instituições voltadas à C&T já existentes, pesquisadores precisaram se mobilizar para garantir-lhes a sobrevivência, o que só foi possível com a aprovação de uma emenda redigida pelo deputado federal Florestan Fernandes, que resguardava a possibilidade de Estados manterem rubricados investimentos nas áreas de pesquisa e tecnologia.

Vencido o primeiro percalço, foi necessário criar uma estratégia para que outros Estados não ficassem sem a construção de seu sistema de ciência e tecnologia. Diante disso, iniciou-se uma campanha, junto às assembleias estaduais, para que cada Estado tivesse sua própria Fundação de Amparo à Pesquisa.

O primeiro governo eleito após a Constituição Federal de 1988 (Presidente Fernando Collor de Melo) desmontou as instituições e diminuiu drasticamente os números ligados à política de financiamento de pesquisas. Foi instalado o caos nas instituições de C&T e instituições importantes no campo da pesquisa, como a Agência Espacial Brasileira, que só foi criada pela Lei nº 8.854/1994. Nos governos seguintes, mesmo com o controle inflacionário da política econômica na segunda metade da década de 1990, a C&T no país continuou sua penúria pela falta de investimentos e escassez de recursos. Já a partir do segundo mandato do presidente Fernando Henrique Cardoso, foram tentados rearranjos institucionais para potencializar os recursos, principalmente quanto ao MCT e ao CNPq. A tentativa de propor uma gestão unificada durou apenas seis meses, mas dessa experiência decorreu a criação do Currículo Lattes, em 1999.

O sistema anterior de gestão foi retomado no mesmo ano pelo ministro Ronaldo Mota Sanderberg, que permaneceu no cargo até 2003, no qual desempenhou papel importante no resgate de investimentos e estratégias para a política de ciência e tecnologia.

Em 2001, ocorreu a Conferência Nacional de Ciência e Tecnologia e Inovação, encontro do qual surgiram as diretrizes estratégicas para o desenvolvimento da ciência, tecnologia e inovação no país, as quais permaneceram até 2010.[91]

A atribuição de regulação em torno da ciência, tecnologia e inovação avançou apenas com a Lei Federal nº 10.973/2004, que praticamente consolidou e sistematizou as políticas adotadas pelos órgãos reguladores do sistema – Ministério da Ciência, Tecnologia e Inovação (MCTI) e CNPq –, agora hierarquizadas sob o aparato de um ato normativo típico.

Entretanto, ao mesmo tempo em que a Lei Federal nº 10.973/2004 pretendia estabelecer medidas de incentivo à inovação e à pesquisa científica e tecnológica no ambiente produtivo, com vistas a capacitar e a alcançar autonomia tecnológica e o desenvolvimento industrial do país, atribuindo eficácia às normas constitucionais relativas à ciência e tecnologia, principalmente os comandos dos arts. 218 e 219 da CF/1988, seus efeitos diretos sobre o setor não foram suficientemente alcançados. Em termos normativos, embora já houvesse um arcabouço jurídico-institucional, a preocupação da comunidade científica quanto à regulação da ciência, tecnologia e inovação, decorria de um sentimento de que o lastro constitucional da Lei Federal nº 10.973/2004, que prestigiava as atividades de pesquisas aplicadas à inovação, era insuficiente para se colocar à disposição desse sistema os bens públicos patrimoniais e pessoais do Brasil em prol da ciência, tecnologia e inovação, muitas vezes em projetos estruturados pela iniciativa privada. Isto porque a iniciativa sempre foi alvo de preconceito de grande parte da sociedade brasileira em virtude do olhar enviesado de que o público não deve se misturar com o privado, pensamento que, para muitos, prevalece mesmo quando o objetivo alcança o polissêmico "interesse público".

A partir de 2010, visando tornar mais contemporâneos os atos normativos principais, segundo a Medida Provisória nº 541/2011, o Ministério da Ciência e Tecnologia (MCT) passou a ser chamado Ministério da Ciência, Tecnologia e Inovação (MCTI). Em agosto de 2013, a deputada Margarida Salomão (PT), ex-reitora da Universidade Federal de Juiz de Fora (MG), apresentou a Proposta de Emenda à Constituição nº 290/2013 (PEC nº 290/2013), posteriormente convertida na Emenda Constitucional nº 85/2015 (EC nº 85/2015), cujo texto per-

---

[91] MOTOYAMA, Shozo (org.); NAGAMINI, Marilda; QUEIROZ, Francisco Assis de; VARGAS, Milton (colab.). *Prelúdio para uma história*. São Paulo: Edusp, 2004, p. 435.

mitia a vinculação de receitas pelos Estados para garantir a autonomia científico-tecnológica.[92]

A justificativa da PEC nº 290/2013 demonstrava o desejo de se levar o segmento da ciência, tecnologia e inovação para uma nova etapa, considerando a reconstrução de um ambiente institucional pautado em diretrizes constitucionais:

> Proposta de Emenda à Constituição 290/2013[93]
> Justificativa
> A Comissão Especial formada para apreciar o Projeto de Lei nº 2.177, de 2011, que propõe mudanças no arcabouço legal para a ciência, tecnologia e inovação no País, constatou a necessidade de atualizar as disposições constitucionais relativas ao tema, em vista de processos em andamento na sociedade e claramente manifestados nas audiências públicas, pelas entidades que atuam nessa área.
> O Brasil enfrenta um esgotamento das estratégias convencionais de estímulo ao desenvolvimento econômico e social. Em especial, críticas ao esforço de substituição de importações praticado até o final da década de 1980 e ao modelo que o sucedeu, de incentivo e financiamento à produção mediante o aporte de capital de fundos de pensão e de instituições financeiras públicas, apontam a persistente estagnação da produtividade constatada nos últimos anos em nosso setor produtivo. Nesse contexto, é prioritária a retomada de ímpeto da pesquisa nacional e da criação de soluções tecnológicas adequadas a nossos desafios econômicos e sociais.
> É crescente a importância da inovação para o setor produtivo, o que requer uma ampliação do escopo da norma constitucional, alcançando ciência, tecnologia e inovação, de modo a fundamentar as ações articuladas entre academia e setor produtivo. Tal é a finalidade de se renomear o Capítulo IV do Título VIII da Carta, introduzindo o termo "inovação", de se modificar o *caput* do art. 218 e de se introduzir um parágrafo único ao art. 219, reforçando a participação do Estado no estímulo à tecnologia de ponta.
> Como efeito da demanda por inovação, perde sentido a separação antes vislumbrada entre ciência básica e pesquisa tecnológica, pois diversas linhas de pesquisa "pura" têm potencial para desdobrar-se em novas soluções para o setor produtivo. Tal constatação motiva a mudança de

---

[92] SOARES, Fabiana de Menezes. Autonomia universitária e o marco da ciência, tecnologia e inovação. In: CABRAL, Edson César dos Santos; QUEIROZ, João Eduardo Lopes (org.). *Autonomia universitária*: 30 anos no Estado de São Paulo. São Paulo: Unesp, 2020, p. 199.

[93] CÂMARA DOS DEPUTADOS. *Proposta de Emenda Constitucional nº 290/2013*. Disponível em: https://www.camara.leg.br/proposicoesWeb/prop_mostrarintegra?codteor=1113429&filename=PEC%20290/2013. Acesso em: 12 out. 2022.

redação do §1º do art. 218, retirando do texto atual a expressão "básica" e inserindo a expressão "tecnologia".

Pretende-se, ainda, constituir iniciativas que harmonizem ações das esferas federal, estadual e municipal, o que exigiria competências concorrentes na estruturação de iniciativas e na formulação de normas, devendo os arts. 23 e 24 da Carta, serem modificados para refletir essa nova realidade. No mesmo sentido, ajusta-se a redação do §5º do art. 218.

Deseja-se, também, dotar de maior eficácia o sistema de ciência, tecnologia e inovação, desburocratizando procedimentos e viabilizando novas formas de trabalho. Com tal objetivo em foco, propõe-se a inclusão de um §6º ao art. 218. Em vista da cautela com que tais procedimentos devem ser adotados, remete-se à lei seu detalhamento.

É proposta, ainda, a possibilidade de compartilhamento de infraestrutura de pesquisa e do *know-how* adquirido pelas partes em projetos de cooperação, objeto de novo artigo a ser incluído no citado capítulo. A novidade no tratamento demanda, igualmente, cautela do legislador, devendo a lei detalhar seu tratamento.

Formaliza-se, enfim, a criação de um Sistema Nacional de Ciência, Tecnologia e Inovação, que possa coordenar as ações de entidades públicas e privadas e fomentar sua colaboração. As normas gerais dessa organização seriam dadas por lei federal, cabendo às demais esferas de governo a regulamentação de suas especificidades.

Tais modificações da Carta criarão oportunidades de integrar instituições de pesquisa tecnológica e empresas inovadoras em um sistema nacional, alcançando as esferas federal, estadual e municipal, como forma de aliar os esforços de financiamento e de coordenação do desenvolvimento tecnológico e das atividades de extensão tecnológica.

Após detido exame, a Comissão Especial tomou a iniciativa de oferecer esta Proposta de Emenda à Constituição que subscrevo e que conta com o apoiamento e, por conseguinte, a coautoria dos membros desta Comissão e outros parlamentares desta Casa.

Sala das Sessões, em 16 de julho de 2013.

Deputada Margarida Salomão – PT

Diante da aprovação da EC nº 85/2015, percebeu-se a necessidade de se firmar um novo marco regulatório para a ciência, tecnologia e inovação, o que resultou na aprovação da Lei nº 13.243/2016, a qual reformou em grande parte a Lei nº 10.973/2004. Ao final, aprovou-se o Decreto nº 9.283/2018, regulamentando a aplicação do novo texto da Lei de Inovação.

Em termos históricos e normativos, o ambiente institucional da ciência, tecnologia e inovação foi considerado, naquele momento, pronto para atingir os seus objetivos, todavia, na aplicação das normas, surgiram alguns gargalos que careciam de evolução.

1.3 Estrutura orgânica – componentes da ciência, tecnologia e inovação no Brasil

Atualmente, a Lei de Organização da Administração Central Federal, responsável por estabelecer a organização administrativa da Presidência da República, manteve no seu art. 17, IV, o MCTI de forma independente e disciplinou no art. 22 as suas áreas de competência:

> I – políticas nacionais de ciência, tecnologia e inovação;
> II – planejamento, coordenação, supervisão, monitoramento e avaliação das atividades de ciência, tecnologia e inovação;
> III – políticas de transformação digital e de desenvolvimento da automação;
> IV – política nacional de biossegurança;
> V – política espacial;
> VI – política nuclear;
> VII – controle da exportação de bens e serviços sensíveis; e
> VIII – articulação com os Governos dos Estados, do Distrito Federal e dos Municípios, com a sociedade civil e com os órgãos do Governo federal, com vistas ao estabelecimento de diretrizes para as políticas nacionais de ciência, tecnologia e inovação.

Para executar essa missão de tamanha amplitude, o Decreto nº 11.493/2023 atribui uma grande estrutura de órgãos desconcentrados e de entes descentralizados a ele vinculados, aprova a estrutura regimental do MCTI e regulamenta toda a sua estrutura orgânica. Pontualmente, é relevante apresentá-la, pois colabora ativamente na concretização do SNCTI.

Em seu art. 1º, são apenas repetidas as competências previstas no art. 22 da Lei de Organização da Administração Central Federal. Já o seu o art. 2º apresenta sua estrutura organizacional, dividindo-a em (i) órgãos de assistência direta e imediata ao Ministro de Estado da Ciência, Tecnologia e Inovação, (ii) órgãos específicos singulares, (iii) unidades de pesquisa, (iv) órgãos colegiados, (v) entidades vinculadas e (vi) unidades descentralizadas. No quadro seguinte, verifica-se a distribuição estruturada desses órgãos:

(continua)

Estrutura Organizacional do MCTI

Órgãos de assistência direta e imediata ao Ministro	Órgãos específicos singulares	Unidades de pesquisa	Órgãos colegiados	Entidades vinculadas	Unidades descentralizadas
a) Gabinete; b) Assessoria de Participação Social e Diversidade; c) Assessoria Especial de Controle Interno; d) Ouvidoria; e) Corregedoria; f) Assessoria Especial de Assuntos Internacionais; g) Assessoria Especial de Assuntos Parlamentares e Federativos; h) Assessoria Especial de Comunicação Social; i) Secretaria-Executiva: 1. Departamento de Fundos e Investimentos;	a) Secretaria de Políticas e Programas Estratégicos: 1. Departamento de Programas Temáticos; e 2. Departamento para o Clima e Sustentabilidade; b) Secretaria de Ciência e Tecnologia para o Desenvolvimento Social: 1. Departamento de Popularização da Ciência, Tecnologia e Educação Científica; 2. Departamento de Tecnologia Social, Economia Solidária e Tecnologia Assistiva; c) Secretaria de Desenvolvimento Tecnológico e Inovação: 1. Departamento de Programas de Inovação;	a) Centro Brasileiro de Pesquisas Físicas; b) Centro de Tecnologia da Informação Renato Archer; c) Centro de Tecnologia Mineral; d) Centro de Tecnologias Estratégicas do Nordeste; e) Centro Nacional de Monitoramento e Alertas de Desastres Naturais; f) Instituto Brasileiro de Informação em Ciência e Tecnologia; g) Instituto Nacional da Mata Atlântica; h) Instituto Nacional de Águas;	a) Comissão de Coordenação das Atividades de Meteorologia, Climatologia e Hidrologia; b) Comissão Técnica Nacional de Biossegurança; c) Conselho Nacional de Ciência e Tecnologia; d) Conselho Nacional de Controle de Experimentação Animal; e) Conselho Nacional de Informática e Automação.	a) Autarquias: 1. Agência Espacial Brasileira AEB; 2. Comissão Nacional de Energia Nuclear CNEN; b) Fundação: Conselho Nacional de Desenvolvimento Científico e Tecnológico CNPq; e c) Empresas Públicas: 1. Centro Nacional de Tecnologia Eletrônica Avançada S.A. –Ceitec; 2. Financiadora de Estudos e Projetos – Finep.	a) Unidade Regional do Nordeste; b) Unidade Regional do Sudeste.

CAPÍTULO 1
AMBIENTE INSTITUCIONAL DA CIÊNCIA, TECNOLOGIA E INOVAÇÃO

(conclusão)

Estrutura Organizacional do MCTI

Órgãos de assistência direta e imediata ao Ministro	Órgãos específicos singulares	Unidades de pesquisa	Órgãos colegiados	Entidades vinculadas	Unidades descentralizadas
2. Departamento de Governança e Indicadores de Ciência e Tecnologia; 3. Subsecretaria de Ciência e Tecnologia para a Amazônia; 4. Subsecretaria de Unidades de Pesquisa e Organizações Sociais; 5. Subsecretaria de Planejamento, Orçamento e Administração; j) Consultoria Jurídica.	2. Departamento de Apoio aos Ecossistemas de Inovação; d) Secretaria de Ciência e Tecnologia para Transformação Digital: 1. Departamento de Ciência, Tecnologia e Inovação Digital; 2. Departamento de Incentivos às Tecnologias Digitais.	i) Instituto Nacional de Pesquisas da Amazônia; j) Instituto Nacional de Pesquisa do Pantanal; k) Instituto Nacional de Pesquisas Espaciais; l) Instituto Nacional de Tecnologia; m) Instituto Nacional do Semiárido; n) Laboratório Nacional de Astrofísica; o) Laboratório Nacional de Computação Científica; p) Museu de Astronomia e Ciências Afins; q) Museu Paraense Emílio Goeldi; r) Observatório Nacional.			

A partir de então, no Capítulo III (arts. 3º a 40 do Decreto nº 11.493/2023), são apresentadas as competências de cada um dos órgãos do MCTI.[94] No Capítulo IV (arts. 41 a 43), constam as atribuições dos seus dirigentes: secretário-executivo, secretários, chefes de gabinete do ministro e de assessorias especiais, consultor jurídico e diretores. Ao final, no Capítulo V, está relacionada a forma de nomeação dos dirigentes das unidades de pesquisa, sempre a partir de listas tríplices apresentadas por comissões específicas de alto nível, compostas por pesquisadores científicos e tecnológicos (art. 44).

No plano macro, o MCTI[95] elaborou um mapa estratégico para colocar em prática o funcionamento da sua estrutura orgânica, adotando como política de estado indicar objetivos a serem alcançados em até 10 anos e apresentar suas áreas de atuação: biotecnologia, informática, biossegurança, água, aeroespacial, saúde, Amazônia, tecnologias sociais, oceano, gênero na C,T&I, energia, nanotecnologia, agricultura, biodiversidade, tecnologias da informação, nuclear, automação e comunicações.

Por meio do Decreto nº 10.534/2020,[96] que estabeleceu a Política Nacional de Inovação, foi instituída também a Câmara de Inovação, órgão deliberativo destinado a estruturar e a orientar a operacionalização dos instrumentos e dos processos necessários para se implementar a Política Nacional de Inovação (art. 9º). Na sua definição, "é o instrumento de governança da Política Nacional de Inovação, criado para unir em um só fórum os principais ministérios que trabalham com políticas de inovação. Além disso, a Câmara facilita a interação com a sociedade civil, por meio de um Conselho Consultivo".[97]

A Câmara de Inovação tem suas competências definidas no art. 10 e sua composição prescrita no art. 11. Foi estruturada como um órgão colegiado, formado por representantes de 11 ministérios, cuja

---

[94] Essas competências podem ser verificadas no Decreto nº 11.493/2023, o qual, devido à sua extensão, não está reproduzido na íntegra nesta obra.

[95] MCTI. *Plano Estratégico 2020-2030*. Disponível em: https://planejamentoestrategico.mcti.gov.br/. Acesso em: 11 out. 2023.

[96] "O decreto, além de contemplar as principais diretrizes para a política, estabeleceu o seu modelo de gestão, que buscou agregar os principais ministérios que tratam do tema de inovação dentro do governo federal. Buscou-se construir uma governança em rede que, preservando as competências e a autonomia de cada um dos atores, otimiza sua atuação ao facilitar o trabalho em conjunto – que permitirá, em última linha, maximizar a efetividade da ação do Estado". CENTRO DE GESTÃO E ESTUDOS ESTRATÉGICOS. *Apêndice teórico da estratégia nacional de inovação*. Brasília: CGEE, 2021, p. 12.

[97] MCTI. *Câmara de Inovação*. Disponível em: https://inovacao.mcti.gov.br/camara/. Acesso em: 11 out. 2022.

atribuição principal é definir as prioridades em relação aos programas e ações de fomento à inovação promovidas pelos órgãos e entidades públicas da União, dos Estados, do Distrito Federal e dos Municípios e o estímulo a investimentos privados (art. 5º, II), além de formular e coordenar a Estratégia Nacional de Inovação (art. 8º, I), aprovando o que é prioritário para o país em relação ao fomento à inovação no setor produtivo (art. 8º, §1º, I).

O Centro de Gestão e Estudos Estratégicos, através da apresentação da Estratégia Nacional de Inovação, define as prioridades do Estado brasileiro para a elaboração das políticas públicas da área, em especial abarcando como principais objetivos a interação entre os sistemas educacionais e os mercados, a proteção de conhecimentos, o fomento à inovação e a cultura da inovação.[98]

1.4 Sistema e ecossistema de ciência, tecnologia e inovação

1.4.1 Sistemas de inovação

No intuito de se analisar a dinâmica proposta para estruturar o ambiente institucional da ciência, tecnologia e inovação, importante distinguir sistema e ecossistema de inovação, partindo de conceitos básicos, afastando eventuais confusões envolvendo ambas as locuções.

Para Kenneth E. Boulding, sistema representa "tudo o que não é caos... ou, alternativamente, qualquer estrutura que exiba ordem e padrão".[99] Mais especificamente, um sistema é constituído por um certo número de elementos e pelas relações entre esses elementos ao interagirem para produzir, difundir e utilizar conhecimentos novos e economicamente úteis em um determinado espaço geográfico.

Richard R. Nelson e Nathan Rosenberg[100] afastam a ideia de se atribuir um conceito para o termo "sistema" como algo que conote uma estrutura conscientemente projetada e pré-constituída. Não se

---

[98] CENTRO DE GESTÃO E ESTUDOS ESTRATÉGICOS. *Apêndice teórico da Estratégia Nacional de Inovação*. Brasília: CGEE, 2021, p. 12.
[99] BOULDING, Kenneth E. *The world as a total system*. Beverly Hills: Sage Publications, 1985, p. 9.
[100] NELSON, Richard R.; ROSENBERG, Nathan. Technical innovation and national systems. In: NELSON, Richard R. (org.). *National innovation systems*: a comparative analysis. New York: Oxford University Press, 1993, p. 4.

pressupõe que o sistema tenha sido, de alguma forma, conscientemente concebido ou que o conjunto de instituições envolvidas funcione de forma harmoniosa e coerente. Ao contrário, o conceito de "sistemas" deve ser relacionado a um conjunto de atores institucionais que, em conjunto, desempenham o papel principal na influência do desempenho inovador. Vai além de considerar como seus atores apenas os diretamente envolvidos com pesquisa e desenvolvimento. Isso ocorre dada a latitude criada quando se utiliza uma definição mais ampla para "inovação" – de modo a abranger os processos através dos quais as empresas dominam e põem em prática concepções de produtos e processos industriais novos para elas, para o universo ou para a nação – o que acaba não fornecendo um guia preciso sobre o que deve ser incluído no sistema de inovação e o que pode ser deixado de fora.

Na década de 1950, Ludwig Von Bertalanffy, professor da Universidade de Alberta (Canadá), propôs uma análise da teoria geral dos sistemas a partir de um método que entende sistema como um "conjunto de unidades em inter-relações mútuas",[101] "um complexo de elementos e interação".[102] Como biólogo, o autor partiu da inadequação de se analisar as partes do corpo humano separadamente, pressupondo que, como um órgão interfere no funcionamento de outro, o resultado será uma interferência no funcionamento do corpo em geral.[103]

Essa concepção sobre o que representa um sistema deve estar atrelada à sua função. Autores mais recentes, como Ralph M. Stair e George W. Reynolds, procuraram entender o sistema como "um conjunto de elementos ou componentes que interagem para se atingir objetivos".[104] No campo jurídico, Diogo de Figueiredo Moreira Neto o considerou "um conjunto de elementos que se inter-relacionam de maneira regular e estável",[105] que, inspirado em Edgar Morin,[106] impõe

---

[101] BERTALANFFY, Ludwig Von. *Teoria geral dos sistemas*. Petrópolis: Vozes, 1977, p. 57.
[102] BERTALANFFY, Ludwig Von. *Teoria geral dos sistemas*. Petrópolis: Vozes, 1977, p. 57.
[103] ARAÚJO, Andréa Cristina Marques de; GOUVEIA, Luís Borges. Uma revisão sobre os princípios da teoria geral dos sistemas. In: *Estação Científica*, Juiz de Fora, n. 16, jul./dez. 2016. Disponível em: https://portal.estacio.br/media/3727396/uma-revis%C3%A3o-sobre-os-princ%C3%ADpios-da-teoria-geral-dos-sistemas.pdf. Acesso: 8 mar. 2023.
[104] STAIR, Ralph M.; REYNOLDS, George W. *Princípios de sistemas de informação*. São Paulo: Cengage Learning, 2011, p. 6.
[105] MOREIRA NETO, Diogo de Figueiredo. Ordem econômica e social nas Constituições de Estados Democráticos. In: *Revista do Advogado*, Porto Alegre, n. 12, ano IV, p. 32, p. 32, maio/ago. 1987.
[106] MORIN, Edgar. *La Méthode 1* – La Nature de La Nature. Paris: Seuil, 1977, p. 99-100.

a necessidade de ordem como "uma disposição interna que viabiliza a organização de um sistema".[107]

Essas digressões conceituais sobre o sentido que se deseja propor para sistema devem ser afastadas de qualquer análise associada à teoria dos sistemas de Niklas Luhmann,[108] eminentemente sociológica, inspirada no transporte feito por Talcott Parsons[109] da teoria dos sistemas propostas por Ludwig Von Bertalanffy para o campo biológico.

Talvez, dentro do sentido luhmanniano atribuído aos sistemas sociais,[110] o que poderia transportar para a análise dos sistemas de inovação pretendido é o qualificativo autopoiético a ele atribuído: "o sistema é e permanece sempre autopoiético".[111] Ainda, opera de forma autorreferencial, auto-organizacional, autorregenerando-se, o que o aproximaria de uma autossuficiência,[112] somente não sendo assim

---

[107] MOREIRA NETO, Diogo de Figueiredo. Ordem econômica e social nas Constituições de Estados Democráticos. In: *Revista do Advogado*, Porto Alegre, n. 12, ano IV, p. 32, maio/ago. 1987. p. 32.

[108] LUHMANN, Niklas. *Introducción a la teoría de sistemas* – lecciones publicadas por Javier Torres Nafarrate. México: Universidad Iberoamericana, 1996, p. 45-51.

[109] PARSONS, Talcott. *O sistema das sociedades modernas*. São Paulo: Pioneira, 1974, p. 17.

[110] Rafael Silveira e Silva, Pedro Fernando Nery e João Trindade Cavalcante Filho em breves linhas explicam a teoria dos sistemas sociais de Luhmann: "Luhmann defende que a sociedade é um macrossistema de grande complexidade com diversos subsistemas ou sistemas sociais que geram condições para si próprios e para os outros ao seu redor. Significa dizer que, a definição de sociedade não pode ser mais compreendida de um único ponto de vista dominante, mas interpretada à luz de sua diferenciação. Os sistemas sociais formadores da sociedade formam um conjunto dotado cada qual de uma autorreferência e que se modifica a partir de suas próprias bases internas. Luhmann indica que os sistemas sociais, então, são autopoiéticos porque se autorreproduzem enquanto unidade sistêmica". SILVA, Rafael Silveira e; NERY, Paulo Fernando; CAVALCANTE FILHO, João Trindade. Teoria dos sistemas sociais e análise de redes: uma nova perspectiva para compreender a Constituição brasileira. *Novos Estudos Jurídicos*, Itajaí (SC), v. 26, n. 1, p. 353-374, 2021. Disponível em: https://periodicos.univali.br/index.php/nej/article/view/17589. Acesso em: 10 fev. 2023.

[111] Expressão apresentada por João Paulo Bachur. BACHUR, João Paulo. *Às portas do labirinto*: para uma recepção crítica da teoria social de Niklas Luhmann. Rio de Janeiro: Beco do Azougue, 2010, p. 146.

[112] "Na comunicação luhmanniana, *autopoiesis* se refere a um sistema autopoiético, definido como rede de produção de componentes e estruturas. Como emissor da própria comunicação, opera, por isso mesmo, de forma autorreferencial. Implica autorganização: elementos produzidos no mesmo sistema. Decorre da auto-organização da natureza e da sua comunicação com o seu ambiente, como se fossem células do corpo autorregenerado.
Os sistemas autopoiéticos são sistemas abertos ao futuro e teleológicos. Com isso, têm a possibilidade de projetar e de reclamar a própria finalidade. Quaisquer das operações realizadas são coligadas às suas antecessoras e às que lhes sucedem. Então, no sistema econômico, pode-se encontrar uma diferenciação comunicativa ligada ao dinheiro, em que as suas comunicações somente serão produzidas neste sentido, daí o termo diferenciado. Neste processo de remeter o sistema a si mesmo pela comunicação, produzir-se-á a *autopoiesis* do sistema econômico: a economia produz economia. Nessas autorreferências, além do controle da produção, tem-se a condução dos seus elementos como algo gerador

porque, embora o sistema jurídico seja normativamente fechado, é cognitivamente aberto.[113]

Nesse ponto, um *sistema jurídico de inovação* pode até se aproximar de um sistema autopoiético, pelas suas características de autorreferência e de autorregeneração/autorreprodução, pois nele observam-se elementos que, no âmbito das suas interações/transformações, permanentemente se regeneram.

Esse sistema se caracteriza por uma autonomia capaz de submeter toda modificação à manutenção de sua auto-organização, em um processo de ajustamento permanente, suficiente em si mesmo. No caso do Direito, trata-se de uma suficiência normativa, que cria bloqueios às influências trazidas pela natureza, pela moral e pela religião à sua produção, reproduzindo seus próprios elementos jurídicos, num processo sem fim e não intencional. Lógica esta que segue a ideologia difundida por Gunther Teubner, ao propagar que "a autonomia jurídica reside no caráter circular da produção do direito, e não numa mera independência causal relativamente ao respectivo meio envolvente".[114] Observa-se a interação do Direito com valores sociais a apreender a realidade social por operações próprias. O autor finaliza afirmando que "o conteúdo normativo dos elementos integrados é produzido dentro do próprio sistema jurídico por intermédio de normas constitutivas de referências, ficando assim essas 'incursões sociais' sempre sujeitas à respectiva reformulação jurídica".[115]

No Brasil, instituída a Câmara de Inovação, com poderes regulamentares para estruturar e orientar os instrumentos e os processos necessários para se implementar a Política Nacional de Inovação, um

---

de unidade indisponível, levando os sistemas a se tornarem independentes, praticamente autossuficientes". FEBBRAJO, Alberto; LIMA, Fernando Rister de Sousa. Autopoiese. *Enciclopédia Jurídica da PUC-SP*. Celso Fernandes Campilongo, Alvaro de Azevedo Gonzaga e André Luiz Freire (coord.). Tomo: Teoria Geral e Filosofia do Direito. Celso Fernandes Campilongo, Alvaro de Azevedo Gonzaga, André Luiz Freire (coord. de tomo). São Paulo: Pontifícia Universidade Católica de São Paulo, 2017. Disponível em: https://enciclopediajuridica.pucsp.br/verbete/152/edicao-1/autopoiese. Acesso em: 30 jan. 2023.

[113] Nas palavras de Niklas Luhmann, *"dell'ordinamento giuridico normativamente chiuso ma cognitivamente aperto"*. LUHMANN, Niklas. L'autoproduzione del diritto e i suoi limiti, in politica del diritto, n. 1, 1987, p. 41 apud ARAGÃO, Alexandre Santos de. Ensaio de uma visão autopoiética do direito administrativo. In: *Revista de Direito da Procuradoria-Geral do Estado do Rio de Janeiro*, v. 59.

[114] TEUBNER, Gunther. *O direito como sistema autopoiético*. Trad. José Engracia Antunes. Lisboa: Fundação Calouste Gulbenkian, 1993, p. 73.

[115] TEUBNER, Gunther. *O direito como sistema autopoiético*. Trad. José Engracia Antunes. Lisboa: Fundação Calouste Gulbenkian, 1993, p. 75.

sistema jurídico de inovação poderia se tornar autopoiético. Na concepção que se deseja adotar, pressupõe organizar as unidades em inter-relações mútuas[116] vocacionadas a alcançar objetivos predispostos[117] ordenadamente,[118] podendo associá-las à autopoiese.

Para Richard R. Nelson e Nathan Rosenberg, o termo *sistema* representa um conjunto de instituições cujas interações determinam o desempenho inovador das empresas nacionais, quando ligado ao termo sistema nacional de inovação. Não se pressupõe que o sistema tenha sido, de alguma forma, conscientemente concebido ou que o conjunto de instituições envolvidas funcione de forma harmoniosa e coerente. Pelo contrário, o conceito de *sistemas* é o de um conjunto de atores institucionais que, como um todo, desempenham o papel principal na influência do desempenho inovador.[119]

O sistema de inovação pode ser entendido como "o ambiente que capta informações, transforma em conhecimento e estimula a criatividade que gera a inovação".[120] Disso resulta sua constituição por elementos e relações que interagem na produção, difusão e utilização de conhecimentos novos e economicamente úteis e que um sistema nacional engloba elementos e relações, localizados ou enraizados nas fronteiras de um Estado. Nesse ponto, não se afasta por inteiro o sistema nacional de inovação como um sistema social, já que uma de suas atividades mais importantes é a aprendizagem, isto é, uma atividade social que envolve a interação entre as pessoas.

Eduardo da Motta e Albuquerque apresenta *sistema de inovação* como fruto da elaboração evolucionista-schumpeteriana, no qual "ele expressa o complexo arranjo institucional que impulsionando o pro-

---

[116] BERTALANFFY, Ludwig Von. *Teoria geral dos sistemas*. Petrópolis: Vozes, 1977, p. 57.
[117] STAIR, Ralph M.; REYNOLDS, George W. *Princípios de sistemas de informação*. São Paulo: Cengage Learning, 2011, p. 6.
[118] MOREIRA NETO, Diogo de Figueiredo. Ordem econômica e social nas Constituições de Estados Democráticos. In: *Revista do Advogado*, n. 12, ano IV, maio-ago. 1987. Porto Alegre: IARGS, 1987, p. 32.
[119] NELSON, Richard R.; ROSENBERG, Nathan. Technical innovation and national systems. In: NELSON, RICHARD R. (org.). *National innovation systems*: a comparative analysis. New York: Oxford University Press, 1993, p. 4.
[120] "A gestão da inovação está suportada sob alguns pilares básicos, sendo o principal deles o ambiente que capta informações, transforma em conhecimento e estimula a criatividade que gera a inovação. Esse ambiente denominaremos aqui de 'sistemas de inovação". ASSUNÇÃO, Linara Oeiras. Direito, inovação e sustentabilidade: gestão de desafios no sistema de inovação brasileiro. In: SOARES, Fabiana de Menezes *et al*. (org.). *Perspectivas para o desenvolvimento*: práticas, leis e políticas. Belo Horizonte: Initia Via, 2020, p. 150.

gresso tecnológico determina a riqueza das nações",[121] a envolver os seguintes componentes em interação:

1 – firmas e suas redes de cooperação e interação;
2 – universidades e institutos de pesquisa;
3 – instituições de ensino;
4 – sistema financeiro;
5 – sistemas legais;
6 – mecanismos mercantis e não mercantis de seleção;
7 – governos;
8 – mecanismos e instituições de coordenação.[122]

Christopher Freeman tem sido apresentado[123] como o primeiro autor a realizar a utilização explícita do conceito de *sistemas nacionais de inovação*[124] em uma obra sobre o sistema japonês.[125] O conceito nele apresentado se refere tanto à organização específica dos subsistemas em âmbito nacional como à interação entre subsistemas. A organização da pesquisa e desenvolvimento e da produção nas empresas, as relações entre empresas e o papel do governo e do Ministério do Comércio Internacional e da Indústria estão no centro da análise, que é simultaneamente histórica e baseada na moderna teoria da inovação.[126]

Em seguida, quase simultaneamente, Richard Nelson apresentou estudos sobre o sistema americano,[127] resultado de uma análise centrada

---

[121] ALBUQUERQUE, Eduardo da Motta e. Ideias fundadoras: apresentação. *Revista Brasileira de Inovação*, v. 3, n. 1, p. 9, jan./jun. 2004.

[122] ALBUQUERQUE, Eduardo da Motta e. Ideias fundadoras: apresentação. *Revista Brasileira de Inovação*, v. 3, n. 1, p. 10, jan./jun. 2004.

[123] LUNDVALL, Bengt-Åke. National systems of innovation: towards a theory of innovation and interactive learning. *In*: LUNDVALL, Bengt-Åke (ed.). *The learning economy and the economics of hope*. London: Anthem Press, 2016, p. 101.

[124] "Sistema nacional de inovação é um conceito síntese da elaboração evolucionista (ou neo-schumpeteriana): ele expressa o complexo arranjo institucional que impulsionando o progresso tecnológico determina a riqueza das nações. Não é casual que a sua primeira referência explícita tenha sido publicada apenas em 1987, em um livro do próprio Freeman (Technology Policy and Economic Performance: Lessons from Japan)". ALBUQUERQUE, Eduardo da Motta e. Ideias fundadoras: apresentação. *Revista Brasileira de Inovação*, v. 3, n. 1, p. 9, jan./jun. 2004.

[125] FREEMAN, Christopher. *Technology and economic performance*: lessons from Japan. London: Pinter Publishers, 1987.

[126] LUNDVALL, Bengt-Åke. National systems of innovation: towards a theory of innovation and interactive learning. *In*: LUNDVALL, Bengt-Åke (ed.). *The learning economy and the economics of hope*. London: Anthem Press, 2016, p. 101.

[127] NELSON, Richard R. *Understanding technical change as an evolutionary process*. Amsterdam: North Holland, 1987; NELSON, Richard R. Institutions supporting technical change in

no caráter público e privado combinado da tecnologia e no papel do governo, das universidades e das empresas privadas, respectivamente, na produção de novas tecnologias, nos quais procurou demonstrar que os diferentes setores industriais utilizam métodos diversificados para se apropriarem dos benefícios das suas inovações.

Basicamente, foram duas abordagens distintas dos autores. Enquanto o trabalho de Richard Nelson está centrado na produção de conhecimento, inovação e sistema de inovação em sentido estrito, trazendo uma abordagem do Direito e da Economia, questionando até que ponto as diferentes configurações institucionais poderiam resolver o dilema público/privado da informação e da inovação técnica; Christopher Freeman procurou observar a interação entre o sistema de produção e o processo de inovação, aplicando uma combinação de teoria da organização e da inovação, procurando identificar quais formas organizacionais são mais conducentes ao desenvolvimento e à utilização eficiente de novas tecnologias.[128]

Para Bengt-Åke Lundvall,[129] a importância de se compreender um conceito de sistemas nacionais de inovação pode ser útil quando se trata de inspirar a elaboração de políticas públicas em âmbito nacional e internacional. No primeiro caso, para determinar o que os governos devem fazer para promover a inovação, é útil conhecer o contexto sistêmico de cada nação ao intervir na sua economia, pois, do contrário, as políticas públicas podem introduzir mecanismos incompatíveis com a lógica básica do sistema. Já no plano internacional, é necessário investigar a estrutura dos sistemas de inovação de outros países, pois a aprendizagem com a experiência de sistemas estrangeiros neste domínio pode facilitar a implementação dos sistemas nacionais, evitando perdas e diminuindo o risco de insucesso na implementação orgânica, afastando também estratégias baseadas na cópia ingênua de outros sistemas, possibilitando uma aprendizagem institucional para além das fronteiras nacionais.

---

the United States. *In*: DOSI, G. et al. (ed.). *Technology and economic theory*. London: Pinter Publishers, 1988.

[128] ALBUQUERQUE, Eduardo da Motta e. Ideias fundadoras: apresentação. *Revista Brasileira de Inovação*, v. 3, n. 1, p. 9, jan./jun. 2004.

[129] LUNDVALL, Bengt-Åke. National systems of innovation: towards a theory of innovation and interactive learning. *In*: LUNDVALL, Bengt-Åke (ed.). *The learning economy and the economics of hope*. London: Anthem Press, 2016, p. 110-111.

O sistema de inovação pode ser qualificado como um arranjo institucional cuja meta é concretizar uma atmosfera adequada à inovação tecnológica no âmbito nacional, regional ou local. Esse ambiente abrange o Estado, as agências governamentais, as empresas, as universidades e os centros de pesquisa atrelados ao sistema educacional e de financiamento.[130] Em termos jurídicos, o sistema nacional de inovação deverá ser percebido como um arranjo jurídico-institucional, pois este compreende as normas jurídicas que estruturam as instituições e regem os processos políticos nas democracias.[131]

Nesse ponto, é bem representativo o SNCTI – introduzido pelo art. 219-B pela Emenda Constitucional nº 85/2015 – estar inserido no Capítulo IV do Título VIII da CF/1988, que disciplina a ordem social. Estruturado dessa forma, ele terá como base "o primado do trabalho" e "como objetivo o bem-estar e a justiça sociais" na dicção do art. 193 da CF/1988, que inaugura o título Da Ordem Social como sua disposição geral.

O próprio art. 219-B da CF/1988 pressupõe a organização do SNCTI, ordenando sua ocorrência em regime de colaboração entre entes, tanto públicos quanto privados, com vistas a promover o desenvolvimento científico e tecnológico e a inovação, revigorando a tríplice hélice como forma de se implementar o sistema proposto.

A importância de um sistema nacional de inovação maduro, no sentido da institucionalização e regulação voltada para a interação efetiva de todos os seus atores, com especial atenção para o desenvolvimento do modelo da hélice tríplice (empresas-universidades-governo) em constante interação, é o único caminho possível para se alavancar o desenvolvimento econômico do país baseado na inovação tecnológica.[132]

---

[130] ROCHA, E. M. P.; DUFLOTH, S. C. Análise comparativa regional de indicadores de inovação tecnológica empresarial: contribuição a partir dos dados da Pesquisa Industrial de Inovação Tecnológica. In: *Perspectivas em Ciências da Informação*, Belo Horizonte, v. 14, n. 1, p. 192-208, mar. 2009.

[131] BUCCI, Maria Paula Dallari; COUTINHO, Diogo Rosenthal. Arranjos jurídico-institucionais da política de inovação tecnológica: uma análise baseada na abordagem de direito e políticas públicas. In: *Inovação no Brasil*: avanços e desafios jurídicos e institucionais. São Paulo: Blucher, 2017, p. 313-340.

[132] "A adequada formulação e execução dessas políticas pressupõe um ambiente regulatório e institucional apropriado, que potencialize a interação entre empresas, universidades e governo, além de prover condições de suporte e indução das iniciativas científicas e tecnológicas. Por isso, os países procuram construir ambientes favoráveis aos avanços da CT&I, conjugando esforços institucionais e regulatórios à estruturação de ferramentas de política econômica eficazes". ARCURI, Reginaldo Braga. Desafios institucionais para a consolidação do Sistema Nacional de Ciência, Tecnologia e Inovação. In: *Parcerias estratégicas*:

1.4.2 Ecossistema de inovação

É importante distinguir o sistema de inovação de um ecossistema de inovação, pois, embora se apresentem como termos aparentemente sinonímios, na verdade, são fenômenos semânticos paronímios. A noção de *ecossistemas* é uma metáfora atraente para descrever uma série de interações e interligações entre vários agentes e organizações.

A locução *ecossistema de inovação* é inspirada nos ecossistemas naturais/biológicos, nos quais diferentes espécies geralmente competem pelos mesmos recursos (alimento, água ou luz) e, quando um recurso diminui, as espécies podem se voltar para outro recurso substituto, o que pode levar a outra espécie a ser superada.[133] Silvio Crestana, ao realizar essa interface, assim analisa esse conceito:

> O conceito de ecossistema da inovação retratado nesta obra nos leva a reflexões e à quase obrigatória busca da comparação com o conceito de ecossistema no sentido biológico. [...]. Nesse sentido, um ecossistema pode ser definido como um conjunto formado pelas interações entre componentes bióticos, como os organismos vivos – plantas, animais e micróbios –, e os componentes abióticos, elementos químicos e físicos – como o ar, a água, o solo e minerais. Esses componentes interagem através das transferências de energia dos organismos vivos entre si e das transferências de energia entre eles e os demais elementos de seu ambiente. Em resumo, um ecossistema biológico é um conjunto complexo de relacionamentos entre recursos vivos, hábitats e habitantes de uma área cuja funcionalidade é manter um estado de equilíbrio sustentado. Em contraste, um ecossistema de inovação modela a economia, ao invés da dinâmica de energia dos relacionamentos complexos que se formam entre atores e entidades, e sua funcionalidade é viabilizar desenvolvimento e inovação tecnológicos. Neste contexto, os atores seriam os recursos materiais (fundos, equipamentos, instalações etc.) e o capital humano (estudantes, professores, apoio, pesquisadores da indústria, representantes da indústria etc.) que moldam as instituições participantes do ecossistema. Tais instituições, nos países competitivos, são universidades, institutos de pesquisa, arranjos híbridos universidade--empresa, centros de excelência federais ou industriais, escolas e empresas

---

consolidação do Sistema Nacional de Ciência Tecnologia e Inovação (SNCTI), v. 15, n. 31, Parte 1, jul./dez. 2010. Brasília: Centro de Gestão e Estudos Estratégicos: Ministério da Ciência e Tecnologia, p. 33-40.

[133] GRANSTRAND, Ove; HOLGERSSON, Marcus. Innovation ecosystems: a conceptual review and a new definition. *Technovation*, v. 90-91, fev./mar. 2020. Disponível em: https://www.sciencedirect.com/journal/technovation/vol/90/suppl/C. Acesso em: 1 set. 2023.

de negócios, empresas de *venture* capital, organizações de apoio ao desenvolvimento econômico e dos negócios estaduais ou locais, agências de fomento, formuladores de políticas, dentre outras.[134]

Ove Granstrand e Marcus Holgersson apresentam a definição atual para ecossistema de inovação, incluindo três entidades na sua configuração: atores, artefatos[135] e instituições; também identificam atividades e relações como seus componentes, incluindo especialmente relações colaborativas e competitivas, além da sua natureza evolutiva. Para além disso, os autores propõem um conceito que englobe todos esses componentes de forma bastante alinhada: "um ecossistema de inovação é o conjunto em evolução de atores, atividades e artefatos, e as instituições e relações, incluindo relações complementares e substitutas, que são importantes para o desempenho inovador de um ator ou de um conjunto de atores".[136]

Segundo os autores, essa definição é "sintática e semanticamente compatível com várias definições de sistemas e ecossistemas de inovação",[137] pois, ao incluir os atores, artefatos, instituições, atividades e relações (colaborativas/complementares e competitivas/substitutas), está alinhada com o conceito de ecossistemas naturais/biológicos, que é a inspiração por trás do conceito de ecossistemas de inovação. Em ecossistemas naturais, diferentes espécies geralmente competem pelos mesmos recursos (alimento, água ou luz). Quando um recurso diminui, as espécies podem se voltar para outro recurso substituto, o que pode levar a outra espécie a ser superada.

Desta forma, enquanto o *sistema de inovação* irá corresponder ao conjunto de instituições, políticas, normas e recursos utilizados para promover e apoiar a inovação em uma determinada economia ou setor, incluindo as universidades e os institutos de pesquisa, empresas inovadoras, agências governamentais, investidores e outras organizações

---

[134] CRESTANA, Silvio. Apresentação. In: FOLZ, Christian Julius; CARVALHO, Fábio Henrique Trovon (org.). *Ecossistema inovação*. Brasília: Embrapa, 2014, p. 9-10.

[135] Nessa definição, os artefatos incluem produtos e serviços, recursos tangíveis e intangíveis, recursos tecnológicos e não tecnológicos e outros tipos de entradas e saídas do sistema, inclusive inovações.

[136] GRANSTRAND, Ove; HOLGERSSON, Marcus. Innovation ecosystems: a conceptual review and a new definition. *Technovation*, v. 90-91, fev./mar. 2020. Disponível em: https://www.sciencedirect.com/journal/technovation/vol/90/suppl/C. Acesso em: 1 set. 2023.

[137] GRANSTRAND, Ove; HOLGERSSON, Marcus. Innovation ecosystems: a conceptual review and a new definition. *Technovation*, v. 90-91, fev./mar. 2020. Disponível em: https://www.sciencedirect.com/journal/technovation/vol/90/suppl/C. Acesso em: 1 set. 2023.

que desempenham um papel na geração e difusão de conhecimento e tecnologia, o *ecossistema de inovação* se refere ao ambiente mais amplo, no qual ocorrem as atividades de inovação. Isso inclui não só os participantes do sistema de inovação, mas fatores como cultura empreendedora, infraestrutura tecnológica, capital humano, redes de colaboração e recursos diversos que contribuem para o desenvolvimento e a expansão da inovação em uma região ou setor específico.

Conforme definição trazida pelo art. 2º, II, "a", do Decreto nº 9.283/2018, ecossistema de inovação é todo espaço que agrega infraestrutura e arranjos institucionais e culturais, atraindo empreendedores e recursos financeiros para o desenvolvimento da sociedade na qual se situa.

Em síntese, enquanto o *sistema de inovação* se refere aos componentes institucionais e políticos que apoiam a inovação, o *ecossistema de inovação* se refere a um ambiente mais amplo, que abrange não só os participantes do sistema, mas outros fatores que também contribuem para o sucesso da inovação.

1.5 Sistemas de ciência, tecnologia e inovação em outros países

Nesta parte da obra, a ideia é verificar como funcionam os sistemas de inovação em outros países. Para isso, são utilizadas bibliografias especializadas que realizam estudos sobre eles, como os Cadernos da Indústria ABDI,[138] desenvolvidos pela Agência Brasileira de Desenvolvimento Industrial, e consulta aos *sites* institucionais dos órgãos públicos atuantes nesses países.

A Estratégia Nacional de Ciência, Tecnologia e Inovação para os anos de 2016-2022 afirmou a necessidade de procurar emparelhar o SNCTI com os de outros países,[139] na tentativa de melhorar o quadro

---

[138] ARBIX, Glauco *et al. Inovação*: estratégia de sete países. Brasília: ABDI, 2010.
[139] "A trajetória de evolução do SNCTI brasileiro é marcada pela necessidade de emparelhamento do País com os Sistemas mais avançados do mundo. Vultosos investimentos têm sido realizados nos últimos anos com o objetivo de acelerar o desenvolvimento científico e tecnológico nacional, levando o Brasil a se destacar em diversos setores da CT&I". MCTIC. *Estratégia Nacional de Ciência, Tecnologia e Inovação 2016-2022*: Ciência, Tecnologia e Inovação para o Desenvolvimento Econômico e Social. Brasília: Ministério da Ciência, Tecnologia, Inovações e Comunicações (MCTIC). 2017, p. 12. Disponível em: http://www.finep.gov. br/images/a-finep/Politica/16_03_2018_Estrategia_Nacional_de_Ciencia_Tecnologia_e_ Inovacao_2016_2022.pdf. Acesso em: 5 maio 2023.

atual do sistema nacional através de ganhos comparativos numa estratégia de *benchmarking*. No entanto, é tarefa impossível observar com nível de detalhamento desejável os sistemas nacionais de inovação de outros países sem uma pesquisa mais dedicada a cada um deles. Por consequência, a análise apresentada é meramente informativa, baseada em doutrinas e outros documentos de acesso mais facilitado.

1.5.1 Finlândia

A Finlândia ganhou destaque internacional como um exemplo de progresso e rapidez na criação de uma economia baseada em processos intensivos em conhecimento, um caso a ser estudado.

O país possui um sistema nacional de inovação altamente desenvolvido e coordenado. O Conselho Nacional de Ciência e Tecnologia é responsável pela política de ciência e tecnologia, juntamente com o Ministério da Educação e o Ministério da Economia e do Emprego. A Agência Nacional de Tecnologia da Finlândia e o Centro de Pesquisa Técnica são instituições-chave no sistema.

A Finlândia possui uma rede complexa de universidades, institutos de pesquisa e centros tecnológicos, num sistema que promove a interação entre academia, indústria e governo, resultando em uma economia baseada no conhecimento, com destaque em setores como papel, celulose, engenharia, eletrônica e tecnologias da informação.

O país valoriza a pesquisa aplicada e investe em *venture capital* por meio do Fundo Nacional para Pesquisa e Desenvolvimento; além disso, o ambiente favorável à inovação resulta da colaboração entre diversas agências e atores-chave ao longo das fases de pesquisa e desenvolvimento.

1.5.2 Canadá

Vários especialistas consideram o Canadá um *latecomer* em termos de desempenho em ciência, tecnologia e inovação, pois somente a partir da metade da década de 1990 o país começou a se destacar na produção de bens com alto conteúdo tecnológico, como os relacionados às telecomunicações. Nesse período, o Canadá teve avanços significativos na transformação de sua estrutura produtiva e estabeleceu várias instituições com o objetivo de acelerar seu processo de alcançar as economias líderes.

O sistema de inovação do país é composto por instituições – universidades e agências governamentais – que promovem a pesquisa, o desenvolvimento tecnológico e a comercialização de inovações. O Ministério da Indústria é responsável por apoiar a pesquisa e o desenvolvimento, estabelecendo prioridades e diretrizes.

O governo federal oferece apoio por meio de diversos programas e agências, incluindo incentivos fiscais para empresas. Há instituições que realizam pesquisa internamente, enquanto outras focam na transferência de recursos e apoio à pesquisa universitária. O setor privado também é incentivado a participar, com programas que exigem cofinanciamento, valorizando a participação de diferentes atores nesse sistema.

1.5.3 Japão

O Japão é a terceira maior economia global. Fica atrás, apenas, dos EUA e da China. O país tem feito investimentos significativos em P&D nos últimos anos, com um crescimento constante: aproximadamente US$ 83 bilhões (1996), US$ 108 bilhões (2002) e US$ 139 bilhões (2006).

Trata-se do terceiro país que mais investe em P&D proporcionalmente ao seu PIB, com uma média anual de 3,2%,[140] cuja maior parte (mais de 70%) tem origem no setor privado. Além disso, o país se destaca pelo grande número de patentes registradas e pela alta proporção de pesquisadores em relação à força de trabalho, com um número elevado de pesquisadores por mil empregados.

Calixto Salomão Filho relata as qualidades da Lei de Associações de Pesquisa japonesa, que contribui para seu sistema de inovação:

> exemplo recente mais bem-sucedido de apoio à pesquisa pela iniciativa privada é do Japão. Ali, muito mais que uma justificativa para a cooperação ou concentração, o apoio à pesquisa tecnológica é uma verdadeira política estadual perseguida diretamente através da legislação extravagante. A peça principal do programa japonês é a chamada *lei das associações de pesquisa*, do ano de 1961 (Lei 81). Partindo do pressuposto de que a pesquisa de base requer grande montante capital cuja aplicação por uma só empresa seria improvável, a lei incentiva a formação de associações de empresas para a pesquisa tecnológica de base e aplicada. As invenções resultantes são patenteáveis, e às empresas que formam

---

[140] OECD Data. *Gross domestic spending on R&D*. Disponível em: https://data.oecd.org/rd/gross-domestic-spending-on-r-d.htm. Acesso em: 2 set. 2023.

a associação podem ser concedidas vantagens no licenciamento das patentes.[141]

1.5.4 Singapura

Singapura é um exemplo notável de crescimento impulsionado pela inovação, uma economia de conhecimento global há cerca de 10 anos, um feito alcançado, em grande parte, por meio de uma política governamental focada na expansão da P&D e no estímulo ao empreendedorismo de alta tecnologia.

Atualmente, o ecossistema do país é composto por um pequeno número de instituições governamentais, cada uma com uma significativa responsabilidade. O Conselho de Pesquisa, Inovação e Empresa foi estabelecido em 2006 para oferecer direcionamento estratégico geral à política nacional de P&D. Sua função é orientar o compromisso político, identificar prioridades em ciência, tecnologia e inovação e promover a criação de novas iniciativas e programas governamentais relacionados.

A Fundação Nacional de Pesquisa é responsável por conduzir a política, abrangendo prioridades de P&D, financiamento e estabelecimento de redes colaborativas internacionais. Por sua vez, a implementação das políticas é atribuída à Agência de Ciência, Tecnologia e Pesquisa.

1.5.5 Israel

A Lei de Inovação de Israel foi aprovada em 2011 para incentivar a pesquisa e o desenvolvimento tecnológico no país, promover a inovação e estimular a colaboração entre a indústria, as universidades e o governo. Ela oferece várias medidas de incentivo às empresas que realizam pesquisa e desenvolvimento em Israel, incluindo uma redução significativa nos impostos sobre as empresas e uma isenção de impostos sobre a venda de propriedade intelectual. Além disso, a lei estabelece fundos para apoiar a pesquisa e a inovação em áreas estratégicas, como tecnologia da informação, biotecnologia e energia renovável.

O país conta com a atuação da Autoridade de Inovação de Israel,[142] responsável por gerenciar os fundos de pesquisa e inovação, promover

---

[141] SALOMÃO FILHO, Calixto. *Regulação da atividade econômica*: princípios e fundamentos jurídicos. 3. ed. São Paulo: Quartier Latin, 2021, p. 215.
[142] BREADCRUMB. *The Israel innovation authority*. Disponível em: https://innovationisrael.org.il/en/contentpage/israel-innovation-authority. Acesso em: 2 set. 2023.

a colaboração entre as empresas e as instituições acadêmicas e estimular a transferência de tecnologia para o mercado, com certa independência em relação ao governo.

Como resultado dessas políticas, Israel tem se tornado uma potência em inovação e tecnologia, com uma das maiores concentrações de empresas de tecnologia *per capita* do mundo.

1.5.6 Quênia

Países africanos como o Quênia e a Nigéria começaram a se destacar no cenário de inovação e tecnologia a partir do seu investimento em *fintechs*.

Fintech é uma forma abreviada de se referir à expressão "tecnologia financeira", amplamente utilizada para descrever *startups financeiras* ou outras empresas dedicadas ao desenvolvimento de produtos financeiros inteiramente digitais, nos quais a adoção de tecnologia é o principal aspecto distintivo em relação às instituições financeiras tradicionais.[143] Alguns exemplos significativos desse mercado foram os pagamentos remotos, os cartões de crédito e os aplicativos *internet banking*.

O Quênia tem usado essa tecnologia a seu favor ao desenvolver um aplicativo de transferências bancárias chamado *M-Pesa*, que permite à população realizar operações financeiras sem a necessidade de acesso à internet. O aplicativo foi criado pela Safaricom, a maior empresa de telecomunicações da região, e funciona da seguinte forma: "a M-Pesa combina a infraestrutura móvel da Safaricom com um modelo de agente: a empresa armazena o saldo e os clientes podem ir a um dos 110 mil agentes em todo o país para realizar as transações pessoalmente".

Essa estratégia levou o Quênia a transformar os 26% da população que tinham acesso a operações bancárias em 2006, para 83%, em 2021. A inclusão financeira tem feito o Quênia se destacar mundialmente no quesito inovação e no quanto ideias inovadoras são capazes de transformar populações carentes.

---

[143] CHITAVI, Mike; COHEN, Lauren; HAGIST, Spencer C. N. Kenya is becoming a global hub of fintech innovation. *Harvard Business Review*. Disponível em: https://hbr.org/2021/02/kenya-is-becoming-a-global-hub-of-fintech-innovation?ab=hero-main-text. Acesso em: 1 set. 2023.

CAPÍTULO 2

CONSTITUCIONALIZAÇÃO DA CIÊNCIA, TECNOLOGIA E INOVAÇÃO

Neste capítulo, o objetivo é traçar uma abordagem constitucional da ciência e tecnologia, para demonstrar como ela foi fortalecida com a CF/1988, sobretudo ao ser alocada em capítulo apartado, dedicado exclusivamente ao tema, no Título VIII, que disciplina a Ordem Social, Ciência e Tecnologia, que ganharam independência e espaço no Capítulo IV.

Estruturada dessa forma, o olhar sobre a ciência, tecnologia e inovação deve ter como base "o primado do trabalho" e "como objetivo o bem-estar e a justiça sociais" na dicção do art. 193 da CF/1988 que inaugura o Título da Ordem Social como sua disposição geral.

Entretanto, suas raízes históricas mais preeminentes estão na Constituição de 1937, a primeira a condicionar o desenvolvimento econômico nacional à inovação, a qual denominou de "poder de criação, de organização e de invenção do indivíduo, exercido nos limites do bem público". Elaborada por Francisco Campos, não se pode precisar a influência de Schumpeter em sua obra, mas coincidentemente nela aparece a mensagem da importância desta teoria econômica. Esta Constituição se destaca justamente pela preocupação em se ter um Estado proeminente na busca do desenvolvimento econômico, delegando as decisões e normas técnicas ao Conselho de Economia Nacional.

Posteriormente, na Constituição de 1967, houve também a constitucionalização da ciência através do incentivo à pesquisa científica e tecnológica, impulsionada expressamente no art. 171, parágrafo único.

Com a exceção da Constituição de 1937, as demais Constituições brasileiras anteriores a 1988 praticamente ignoraram a importância da autonomia científica e tecnológica para o desenvolvimento do país, limitando-se a considerar necessário atribuir seu apoio, dela dispondo muito mais como objeto de adorno.

2.1 A constitucionalização da ciência e tecnologia nas Constituições precedentes à Constituição de 1988

A Constituição Imperial de 1824, outorgada por Dom Pedro I, tem como única remissão ao tema seu art. 179, XXXIII, que garantia alguns direitos fundamentais ao cidadão, entre os quais, a existência de instituições educacionais que ensinassem ciência, língua portuguesa e artes. Por outro lado, até com certo avanço para a época, o art. 179, XXXVI, houve por bem garantir o direito de propriedade intelectual dos inventores, o que até já era feito de forma individualizada através de Carta Imperial aos inventores, mas que encontraria respaldo legal para as inovações, conforme as redações seguintes:

> Art. 179. A inviolabilidade dos Direitos Civis, e Politicos dos Cidadãos Brazileiros, que tem por base a liberdade, a segurança individual, e a propriedade, é garantida pela Constituição do Imperio, pela maneira seguinte.
> [...];
> XXXIII. Collegios, e Universidades, aonde serão ensinados os elementos das Sciencias, Bellas Letras, e Artes.
> [...];
> XXVI. Os inventores terão a propriedade das suas descobertas, ou das suas producções. A Lei lhes assegurará um privilegio exclusivo temporario, ou lhes remunerará em resarcimento da perda, que hajam de soffrer pela vulgarisação.

A Constituição de 1891, promulgada sob a inspiração da Constituição americana, não se qualificou por ser sintética. Em algumas oportunidades, abordou questões envolvendo ciência e inovação, expressando ao Congresso Nacional a possibilidade de estimular o desenvolvimento das ciências, garantindo a propriedade de patentes e marcas:

> Art. 35. Incumbe, outrossim, ao Congresso, mas não privativamente:
> [...];
> 2º) animar no País o desenvolvimento das letras, artes e ciências, bem como a imigração, a agricultura, a indústria e comércio, sem privilégios que tolham a ação dos Governos locais;

[...].
Art. 72. A Constituição assegura a brasileiros e a estrangeiros residentes no País a inviolabilidade dos direitos concernentes à liberdade, à segurança individual e à propriedade, nos termos seguintes:
[...];
§25. Os inventos industriais pertencerão aos seus autores, aos quais ficará garantido por lei um privilégio temporário, ou será concedido pelo Congresso um prêmio razoável quando haja conveniência de vulgarizar o invento.
[...];
§27. A lei assegurará também a propriedade das marcas de fábrica.

Em 1934, ao ser promulgada, a Constituição nada modificou em relação à anterior, atribuindo os mesmos direitos relativos à ciência e inovação:

Art. 113. A Constituição assegura a brasileiros e a estrangeiros residentes no País a inviolabilidade dos direitos concernentes à liberdade, à subsistência, à segurança individual e à propriedade, nos termos seguintes:
[...];
18) Os inventos industriais pertencerão aos seus autores, aos quais a lei garantirá privilégio temporário ou concederá justo prêmio, quando a sua vulgarização convenha à coletividade.
19) É assegurada a propriedade das marcas de indústria e comércio e a exclusividade do uso do nome comercial.
20) Aos autores de obras literárias, artísticas e científicas é assegurado o direito exclusivo de produzi-las. Esse direito transmitir-se-á aos seus herdeiros pelo tempo que a lei determinar.
[...].
Art. 148 – Cabe à União, aos Estados e aos Municípios favorecer e animar o desenvolvimento das ciências, das artes, das letras e da cultura em geral, proteger os objetos de interesse histórico e o patrimônio artístico do País, bem como prestar assistência ao trabalhador intelectual.

Em 1937, com o Estado Novo de Vargas e a elaboração da Polaca pelo Ministro da Justiça e Interior Francisco Campos, o "Chico Ciência", foram atribuídas competências legislativas em relação aos direitos de propriedade intelectual. As ciências e a inovação finalmente se viram prestigiadas, fazendo valer ao Ministro o seu apelido. Nesta Carta outorgada, considerou-se, inclusive, a realização de estudos para criar institutos de pesquisas, além de impor como dever do Estado a contribuição para estimular e desenvolver a ciência, o ensino e a arte, favorecer ou fundar instituições artísticas, científicas e de ensino. Ainda, entendeu que a riqueza e a prosperidade nacional só poderiam ser alcançadas através do "poder de criação, de organização e de invenção do indivíduo, exercido nos limites do bem público", pensamento bastante avançado para a época, pois ainda estava por vir a Segunda Guerra Mundial, que representou um marco no avanço tecnológico e na concepção dos países de que era importante investir em ciência e tecnologia:

> Art. 16 – Compete privativamente à União o poder de legislar sobre as seguintes matérias:
> [...];
> XX – direito de autor; imprensa; direito de associação, de reunião, de ir e vir; as questões de estado civil, inclusive o registro civil e as mudanças de nome;
> XXI – os privilégios de invento, assim como a proteção dos modelos, marcas e outras designações de mercadorias.
> [...].
> Art. 61 – São atribuições do Conselho da Economia Nacional:
> [...].
> f) preparar as bases para a fundação de institutos de pesquisas que, atendendo à diversidade das condições econômicas, geográficas e sociais do País, tenham por objeto:
> I – racionalizar a organização e administração da agricultura e da indústria;
> II – estudar os problemas do crédito, da distribuição e da venda, e os relativos à organização do trabalho;
> Art. 128 – A arte, a ciência e o ensino são livres à iniciativa individual e a de associações ou pessoas coletivas públicas e particulares.
> É dever do Estado contribuir, direta e indiretamente, para o estímulo e desenvolvimento de umas e de outro, favorecendo ou fundando instituições artísticas, científicas e de ensino.
> Art. 135 – Na iniciativa individual, no poder de criação, de organização e de invenção do indivíduo, exercido nos limites do bem público, funda-se a riqueza e a prosperidade nacional. A intervenção do Estado no domínio econômico só se legitima para suprir as deficiências da iniciativa individual e coordenar os fatores da produção, de maneira a evitar ou resolver os seus conflitos e introduzir no jogo das competições individuais o pensamento dos interesses da Nação, representados pelo Estado. A intervenção no domínio econômico poderá ser mediata e imediata, revestindo a forma do controle, do estímulo ou da gestão direta.

Na sequência, a Constituição de 1946 preocupou-se com os direitos de propriedade intelectual e a liberdade de praticar ciência e, como marco importante, impôs a criação de institutos de pesquisas agora no âmbito das instituições de ensino superior:

> Art. 141. A Constituição assegura aos brasileiros e aos estrangeiros residentes no País a inviolabilidade dos direitos concernentes à vida, à liberdade, a segurança individual e à propriedade, nos termos seguintes:
> [...];
> §17 Os inventos industriais pertencem aos seus autores, aos quais a lei garantirá privilégio temporário ou, se a vulgarização convier à coletividade, concederá justo prêmio.
> §18 É assegurada a propriedade das marcas de indústria e comércio, bem como a exclusividade do uso do nome comercial.
> §19 Aos autores de obras literárias artísticas ou científicas pertencem o direito exclusivo de reproduzi-las. Os herdeiros dos autores gozarão desse direito pelo tempo que a lei fixar.
> [...].
> Art. 173. As ciências, as letras e as artes são livres.
> Art. 174. O amparo à cultura é dever do Estado.
> Parágrafo único – A lei promoverá a criação de institutos de pesquisas, de preferência junto aos estabelecimentos de ensino superior.

Ato contínuo, em 1967, percebeu-se a imposição ao poder público de incentivar a pesquisa científica e tecnológica, atribuindo liberdade científica e protegendo os direitos de propriedade intelectual:

> Art. 150. A Constituição assegura aos brasileiros e aos estrangeiros residentes no País a inviolabilidade dos direitos concernentes à vida, à liberdade, à segurança e à propriedade, nos termos seguintes:
> [...];
> §24 A lei garantirá aos autores de inventos Industriais privilégio temporário para sua utilização e assegurará a propriedade das marcas de indústria e comércio, bem como a exclusividade do nome comercial.
> §25 Aos autores de obras literárias, artísticas e científicas pertence o direito exclusivo de utilizá-las. Esse direito é transmissível por herança, pelo tempo que a lei fixar.
> Art. 171. As ciências, as letras e as artes são livres.
> Parágrafo único – O Poder Público incentivará a pesquisa científica e tecnológica.

Na Emenda Constitucional nº 1/1969, outorgada como nova Constituição, foi mantido o tratamento à ciência e tecnologia, sem alterações fundamentais. Acrescentou-se, apenas, a necessidade de expansão do ensino técnico, algo sempre presente nos governos militares, importante para os Estados que pretendem se industrializar e automatizar seus serviços e atividades:

> Art. 153. A Constituição assegura aos brasileiros e aos estrangeiros residentes no País a inviolabilidade dos direitos concernentes à vida, à liberdade, à segurança e à propriedade, nos têrmos seguintes:
> [...];
> §24. À lei assegurará aos autores de inventos industriais privilégio temporário para sua utilização, bem como a propriedade das marcas de indústria e comércio e a exclusividade do nome comercial.
> §25. Aos autores de obras literárias, artísticas e científicas pertence o direito exclusivo de utilizá-las. Êsse direito é transmissível por herança, pelo tempo que a lei fixar.
> [...].
> Art. 179. As ciências, as letras e as artes são livres, ressalvado o disposto no parágrafo 8º do artigo 153.
> Parágrafo único. O Poder Público incentivará a pesquisa e o ensino científico e tecnológico.

2.2 A constitucionalização da ciência e tecnologia na Constituição de 1988

É comum que o acesso à ciência e a participação no progresso científico estejam na maioria das constituições analíticas, como se percebe na CF/1988. Isso ocorre em virtude da transposição para o texto constitucional do conteúdo do art. 27º da Declaração Universal dos Direitos Humanos:

> Declaração Universal dos Direitos Humanos
> Artigo 27º. 1. Toda a pessoa tem o direito de tomar parte livremente na vida cultural da comunidade, de fruir as artes e de participar no progresso científico e nos benefícios que deste resultam. 2. Todos têm direito à protecção dos interesses morais e materiais ligados a qualquer produção científica, literária ou artística da sua autoria.

No Brasil, não foi diferente. O art. 5º, IX, expressou a liberdade científica como direito fundamental: "é livre a expressão da atividade intelectual, artística, científica e de comunicação, independentemente de censura ou licença".

Somada a essa medida, em 1992, por meio do Decreto Federal nº 591/1992, houve a recepção interna do Pacto Internacional sobre Direitos

Econômicos, Sociais e Culturais, adotado pela XXI Sessão da Assembleia-Geral das Nações Unidas, em 19 de dezembro de 1966, mas pendente de internalização no Brasil. Esse Pacto foi importante para reforçar iniciativas voltadas ao desenvolvimento científico, principalmente em países subdesenvolvidos ou em desenvolvimento, como o Brasil. Seu art. 15 reconhece a cooperação como importante ao desenvolvimento científico (4), além da liberdade de pesquisa e inovação (3), difusão da ciência (2) e utilização do progresso científico e suas decorrências (1):

ARTIGO 15
1. Os Estados Partes do presente Pacto reconhecem a cada indivíduo o direito de:
a) Participar da vida cultural;
b) Desfrutar o progresso científico e suas aplicações;
c) Beneficiar-se da proteção dos interesses morais e materiais decorrentes de toda a produção científica, literária ou artística de que seja autor.
2. As Medidas que os Estados Partes do Presente Pacto deverão adotar com a finalidade de assegurar o pleno exercício desse direito incluirão aquelas necessárias à conservação, ao desenvolvimento e à difusão da ciência e da cultura.
3. Os Estados Partes do presente Pacto comprometem-se a respeitar a liberdade indispensável à pesquisa científica e à atividade criadora.
4. Os Estados Partes do presente Pacto reconhecem os benefícios que derivam do fomento e do desenvolvimento da cooperação e das relações internacionais no domínio da ciência e da cultura.

Tem sido comum, lastreado nesses preceitos internacionais, considerar ciência, tecnologia e inovação como um direito humano.[144]

---

[144] "Creio que podemos desdobrar o trecho que grifei desse parágrafo em três princípios um pouco mais específicos: 1. Direito de acesso ao conhecimento científico, o que inclui o direito à Educação, definido no artigo anterior, o 26, da Declaração Universal, mas não se confunde e nem se limita a ele. Porque o acesso ao conhecimento deve ir além da educação formal: os fatos da ciência devem estar disponíveis para todos que desejem buscá-los, na escola e fora dela. 2. Direito de acesso à produção do conhecimento: todo aquele que desejar deve ter a oportunidade de fazer ciência, de colaborar com a produção do conhecimento. A porta deve estar aberta; e os interesses, curiosidades e preocupações dos cidadãos devem ser levados em conta na definição da política científica. 3. Direito e acesso aos benefícios do progresso científico. Este talvez seja o mais complexo e multifacetado dos três. Porque implica não só o óbvio, o acesso a tecnologias que tornam a vida humana mais longa e frutífera, ampliando o acesso aos demais direitos registrados da Declaração – tecnologia como vacinas, água tratada, internet – mas também a expectativa de que os agentes públicos levarão o conhecimento científico a sério, ao formular suas políticas e ações. Este ponto é, provavelmente, o mais crucial de todos: quando o formulador de políticas públicas ignora ou contradiz, de forma deliberada, o melhor conhecimento que a ciência disponível em seu tempo tem a oferecer, ele viola um direito humano fundamental de seu povo, a saber,

O STF foi mais longe ao reconhecer a ciência como direito fundamental no julgamento da ADI nº 3.510, relatada pelo Min. Ayres Britto, que assim decidiu:

> O termo "ciência", enquanto atividade individual, faz parte do catálogo dos direitos fundamentais da pessoa humana (inciso IX do art. 5º da CF). Liberdade de expressão que se afigura como clássico direito constitucional-civil ou genuíno direito de personalidade. Por isso que exigente do máximo de proteção jurídica, até como signo de vida coletiva civilizada. Tão qualificadora do indivíduo e da sociedade é essa vocação para os misteres da Ciência que o Magno Texto Federal abre todo um autonomizado capítulo para prestigiá-la por modo superlativo (Capítulo de n. IV do Título VIII). A regra de que "O Estado promoverá e incentivará o desenvolvimento científico, a pesquisa e a capacitação tecnológicas" (art. 218, *caput*) é logo complementada com o preceito (§1º do mesmo art. 218) que autoriza a edição de normas como a constante do art. 5º da Lei de Biossegurança. A compatibilização da liberdade de expressão científica com os deveres estatais de propulsão das ciências que sirvam à melhoria das condições de vida para todos os indivíduos. Assegurada, sempre, a dignidade da pessoa humana, a CF dota o bloco normativo posto no art. 5º da Lei 11.105/2005 do necessário fundamento para dele afastar qualquer invalidade jurídica (ministra Cármen Lúcia) (ADI 3.510, Rel. Min. Ayres Britto, j. 29.5.2008, DJE de 28.5.2010).

Não é fato isolado. No Direito comparado, Bodo Pieroth e Bernhard Schlink relatam a existência no Tribunal Constitucional alemão de uma ampla proteção da liberdade científica no âmbito das instituições de ensino superior e de pesquisa, segundo a qual

> Todo aquele que trabalha na ciência, na investigação e no ensino tem – com exceção do dever de fidelidade, nos termos do art. 5º, n. 3, frase 2 – um direito à defesa contra toda a influência do Estado no processo de obtenção e transmissão dos conhecimentos científicos. Daqui resulta que o âmbito de proteção não está limitado à atividade científica nas instituições de ensino superior. [...].

---

o direito aos benefícios do progresso científico. A ciência não pode ditar os valores que a ação política vai se propor a promover, ou as metas que ela vai buscar – esses temas são do domínio do debate público e democrático. Mas, a partir do momento em que os valores e metas estiverem dados, a ciência deve ser chamada. Ignorá-la nessa etapa é hipocrisia ou prevaricação". ORSI, Carlos. *Ciência como direito humano*. Disponível em: https://www.revistaquestaodeciencia.com.br/apocalipse-now/2021/10/23/ciencia-como-direito-humano. Acesso em: 22 set. 2022.

Pelo contrário, os cientistas das instituições públicas e privadas de pesquisa, desde os estabelecimentos de pesquisa setorial, passando pelos laboratórios do gigante da indústria química, até os institutos ecológicos dos defensores do ambiente, gozam igualmente da proteção jurídico-fundamental, tal como o pesquisador independente individual.[145]

A proteção à liberdade científica na Alemanha se qualifica, inclusive, pela possibilidade de as universidades proporem Reclamação Constitucional em defesa desse direito fundamental,[146] o que representa exceção à regra da impossibilidade de propositura por parte das pessoas jurídicas de Direito Público. Na Alemanha, a Reclamação Constitucional "é uma ação extraordinária [...] para suspender medida estatal que represente uma violação de direito fundamental do qual seja titular".[147]

No Brasil, além da norma contida no art. 5º, IX, o constituinte se esforçou para alocar na CF/1988 um capítulo específico sobre ciência e tecnologia (Capítulo IV do Título VIII dedicado à Ordem Social). Caio Tácito, em breve período anterior à CF/1988, noticiou as circunstâncias sob as quais ambas foram prestigiadas:

> Pela primeira vez surge, nas Constituições brasileiras, um capítulo especial dedicado à Ciência e à Tecnologia. É um símbolo da velocidade do desenvolvimento científico e da aplicação dos conhecimentos de modo a colocar ao alcance do maior número os recursos do progresso material.

---

[145] PIEROTH, Bodo; SCHLINK, Bernhard. *Direitos fundamentais*. Trad. António Francisco de Sousa e António Franco. São Paulo: Saraiva, 2012, p. 299.

[146] "Por fim, pessoas jurídicas de direito público não podem propor a Reclamação Constitucional, salvo se a violação arguida for relativa a direito fundamental, cuja área de proteção específica implique numa relação sistemática com a pessoa jurídica de direito público em pauta, ou como o TCF formula: quando elas 'defenderem direitos fundamentais em uma área nas qual elas são [devem ser] independentes do Estado'. Nesse caso, elas pertenceriam 'diretamente ao âmbito da vida protegido pelos direitos fundamentais. É o caso da universidade pública, que pode arguir a violação da liberdade científica ou a empresa pública de radiodifusão e televisão, que podem se valer da liberdade de comunicação social'". MARTINS, Leonardo (org.). *Cinquenta anos de Jurisprudência do Tribunal Constitucional Federal Alemão*. Trad. Beatriz Hennig, Leonardo Martins, Mariana Bigelli de Carvalho, Tereza Maria de Castro e Vivianne Geraldes Ferreira. Montevideo: Fundación Konrad Adenauer, 2005, p. 61. Disponível em: https://www.mpf.mp.br/atuacao-tematica/sci/jurisprudencias-e-pareceres/jurisprudencias/docs-jurisprudencias/50_anos_dejurisprudencia_do_tribunal_constitucional_federal_alemao.pdf. Acesso em: 11 fev. 2023.

[147] MARTINS, Leonardo (org.). *Cinquenta anos de Jurisprudência do Tribunal Constitucional Federal Alemão*. Trad. Beatriz Hennig, Leonardo Martins, Mariana Bigelli de Carvalho, Tereza Maria de Castro e Vivianne Geraldes Ferreira. Montevideo: Fundación Konrad Adenauer, 2005, p. 61. Disponível em: https://www.mpf.mp.br/atuacao-tematica/sci/jurisprudencias-e-pareceres/jurisprudencias/docs-jurisprudencias/50_anos_dejurisprudencia_do_tribunal_constitucional_federal_alemao.pdf. Acesso em: 11 fev. 2023.

O homem comum, no término da última Guerra Mundial, na década dos 40, desconhecia, a um só tempo, a existência do radar, da televisão, da energia atômica, dos satélites artificiais, dos foguetes espaciais, do xerox, dos antibióticos, do acrílico e dos tecidos plásticos.

Certo é que pagamos um preço excessivamente alto por tais avanços do conforto e da cultura, colocando-se o homem urbano – e até mesmo o do campo – perante extremas e renovadas agressões ao seu equilíbrio físico e psíquico, à estabilidade de sua concepção de vida, à convivência familiar, à participação política, religiosa ou esportiva.

A sociedade de consumo, com suas necessidades estimuladas pela propaganda, leva à psicologia de compra do supérfluo e da troca do último modelo como padrão de *status* social. As paisagens se amesquinham com os *outdoors* e os grafites; os ouvidos sofrem com decibéis excessivos, as chaminés vomitam nevoeiros irritantes e a calda química destrói a fauna aquática dos rios e oceanos.

De outra parte, porém, os benefícios da ciência conquistam, para o homem, um novo estágio de bem-estar e de segurança, prolongam a duração da vida, desvendam mistérios da natureza, desde a intimidade do átomo até a composição das estrelas e dos planetas, permitem descer na lua e explorar o fundo dos mares.

A este mundo novo a próxima Constituição abre caminho afirmando o valor da ciência pura e aplicada, atribuindo à pesquisa científica o tratamento prioritário do Estado, tendo em vista o bem público e o progresso das ciências. A destinação da pesquisa tecnológica deve ter como finalidade preponderante a solução dos problemas brasileiros e o desenvolvimento do sistema produtivo nacional e regional.

A formação de recursos humanos nas áreas de ciência, pesquisa e tecnologia deverá merecer apoio do Estado, com estímulo à contribuição das empresas, afirmando-se a importância do financiamento público das atividades universitárias de pesquisa e extensão.

O mercado interno integrará o patrimônio nacional e será incentivado de modo a viabilizar o desenvolvimento cultural e socioeconômico, o bem-estar da população e a autonomia tecnológica da Nação, nos termos da Lei Federal.[148]

A redação inaugural inserida nos arts. 218 e 219 foi a seguinte:

Art. 218. O Estado promoverá e incentivará o desenvolvimento científico, a pesquisa e a capacitação tecnológicas.

---

[148] TÁCITO, Caio. Educação, cultura e tecnologia. *In*: CRETELLA JÚNIOR, José; MARTINS, Ives Gandra da Silva; REZEK, José Francisco; *et al*. *A Constituição Brasileira 1988*: interpretações. Rio de Janeiro: Forense, 1988, p. 421-422.

§1º A pesquisa científica básica receberá tratamento prioritário do Estado, tendo em vista o bem público e o progresso das ciências.

§2º A pesquisa tecnológica voltar-se-á preponderantemente para a solução dos problemas brasileiros e para o desenvolvimento do sistema produtivo nacional e regional.

§3º O Estado apoiará a formação de recursos humanos nas áreas de ciência, pesquisa e tecnologia, e concederá aos que delas se ocupem meios e condições especiais de trabalho.

§4º A lei apoiará e estimulará as empresas que invistam em pesquisa, criação de tecnologia adequada ao País, formação e aperfeiçoamento de seus recursos humanos e que pratiquem sistemas de remuneração que assegurem ao empregado, desvinculada do salário, participação nos ganhos econômicos resultantes da produtividade de seu trabalho.

§5º É facultado aos Estados e ao Distrito Federal vincular parcela de sua receita orçamentária a entidades públicas de fomento ao ensino e à pesquisa científica e tecnológica.

Art. 219. O mercado interno integra o patrimônio nacional e será incentivado de modo a viabilizar o desenvolvimento cultural e socioeconômico, o bem-estar da população e a autonomia tecnológica do País, nos termos de lei federal.

Explique-se que a pesquisa científica pode ser básica ou aplicada, distinção que o constituinte de 1988 entendeu como importante à época, mas que, conforme lembrou a deputada Margarida Salomão, com as novas teorias sobre a inovação, acabou perdendo o sentido separá-las, pois "diversas linhas de pesquisa 'pura' têm potencial para desdobrar-se em novas soluções para o setor produtivo",[149] o que levou posteriormente, com a Emenda Constitucional nº 85/2015, à modificação do art. 218, §1º, inserindo a expressão tecnológica na mesma norma constitucional.

A pesquisa básica "consiste em trabalhos e pesquisas que buscam, principalmente, responder perguntas para ampliar o conhecimento que se tem do mundo e tudo o que o forma – fenômenos físicos e seus fundamentos".[150] Ela deve ser divulgada através de artigos, comunicações, apresentações em Congressos para gerar debates em torno do objeto pesquisado.

---

[149] CÂMARA DOS DEPUTADOS. *Proposta de Emenda Constitucional nº 290/2013*. Disponível em: https://www.camara.leg.br/proposicoesWeb/prop_mostrarintegra?codteor=1113429&filename=PEC%20290/2013. Acesso em: 12 out. 2022.

[150] MORAES, Melina Ferracini. Pesquisa básica. *In*: SIQUEIRA NETO, José Francisco; MENEZES, Daniel Francisco Nagao (org.). *Dicionário de Inovação Tecnológica*, v. I. Belo Horizonte: Arraes, 2020, p. 273.

Por sua vez, a pesquisa aplicada corresponderá ao desenvolvimento experimental das teorias desenvolvidas na pesquisa básica, na maioria das situações visando utilidade econômica e social, através de produção de patentes e aplicação prática, ou alcançando produtos inovadores.

Atualmente no Brasil, o Decreto nº 5.798/2006, embora tenha seu conteúdo direcionado aos incentivos fiscais, estabeleceu uma definição na qual a pesquisa tecnológica engloba as duas modalidades:

> Art. 2º Para efeitos deste Decreto, considera-se:
> [...];
> II – pesquisa tecnológica e desenvolvimento de inovação tecnológica, as atividades de:
> a) pesquisa básica dirigida: os trabalhos executados com o objetivo de adquirir conhecimentos quanto à compreensão de novos fenômenos, com vistas ao desenvolvimento de produtos, processos ou sistemas inovadores;
> b) pesquisa aplicada: os trabalhos executados com o objetivo de adquirir novos conhecimentos, com vistas ao desenvolvimento ou aprimoramento de produtos, processos e sistemas.

Importante destaque atribuiu ao art. 218 da CF/1988 Celso Ribeiro Bastos e Ives Gandra da Silva Martins: "o dispositivo volta-se à função do Estado, que é aquela da promoção do desenvolvimento. Cabe ao Estado promover e incentivar as atividades nesse campo".[151] Por sua vez, segundo Jorge Miguel, "a verdade é que o mundo moderno não tem como escapar à ideia de que a ciência e a técnica estão intimamente ligadas ao desenvolvimento social, econômico e educacional".[152]

Por representar norma programática, mas de eficácia limitada, o art. 218, §4º, da CF/1988 ficou adormecido até a aprovação da Lei nº 10.973/2004, que em seu preâmbulo trazia sua razão de existir, isto é, dispor sobre incentivos à inovação e à pesquisa científica e tecnológica no ambiente produtivo. Em seu art. 1º,[153] a Lei especifica seu objetivo de viabilizar o exercício dos programas encartados pelos arts. 218 e

---

[151] BASTOS, Celso Ribeiro; MARTINS, Ives Gandra da Silva. *Comentários à Constituição do Brasil* (Promulgada em 5 de outubro de 1988). 8 v. Arts. 193 a 232. São Paulo: Saraiva, 1998, p. 776.
[152] MIGUEL, Jorge. *Curso de direito constitucional*. 2. ed. São Paulo: Atlas, 1991, p. 309.
[153] BRASIL. Lei nº 10.973/2004. "Art. 1º. Esta Lei estabelece medidas de incentivo à inovação e à pesquisa científica e tecnológica no ambiente produtivo, com vistas à capacitação e ao alcance da autonomia tecnológica e ao desenvolvimento industrial do País, nos termos dos arts. 218 e 219 da Constituição".

219 da CF/1988, indo mais longe ao iniciar um processo de mutação constitucional para constitucionalizar o modelo da hélice tríplice na CF/1988, fato que só ocorreu muitos anos depois, com a EC nº 85/2015.

2.3 A constitucionalização da ciência, tecnologia e inovação na Constituição de 1988 através da Emenda Constitucional nº 85/2015

A recente afeição do constituinte derivado à ciência, tecnologia e inovação, procurando incrementar seu ambiente institucional, pode ser verificada através da aprovação da EC nº 85/2015, que teve por objetivo fornecer um "guarda-chuva constitucional"[154] para abarcar as normas preexistentes e atribuir ares constitucionais às que sobrevirão com a efetiva implementação da Política Nacional de Ciência, Tecnologia e Inovação.

Importante, desde já, observar que o constituinte reformador optou por acrescentar a palavra "inovação" à anterior locução "da ciência e tecnologia", demonstrando que a partir desta modificação a "inovação" passa a ser associada à ciência e tecnologia. Mais: aqui se apresenta o brocardo *verba cum effectu, sunt accipienda* – "não se presumem, na lei, palavras inúteis" – às palavras devem ser atribuídas alguma eficácia.[155] A palavra inovação foi introduzida definitivamente na Constituição de 1988, somando 15 aparições incorporadas pela EC nº 85/2015, o que demonstra a importância dispensada pelo Brasil à inovação, o que por si só requer a apresentação da amplitude do seu conteúdo, antes meramente social[156] e econômico, agora constitucional.

---

[154] Termo empregado por Esther Külkamp Eyng Prete, ao propor uma abordagem sistemática da Emenda Constitucional n. 85/2015. PRETE, Esther Külkamp Eyng. Considerações para uma abordagem sistemática da Emenda Constitucional n. 85 de 2015. *In*: SOARES, Fabiana de Menezes; PRETE, Esther Külkamp Eyng (org.). *Marco Regulatório em Ciência, Tecnologia e Inovação*: texto e contexto da Lei n. 13.243/2016. Belo Horizonte: Arraes, 2018, p. 93-95.
[155] MAXIMILIANO, Carlos. *Hermenêutica e aplicação do direito*. 8. ed. Rio de Janeiro: Freitas Bastos, 1965, p. 262.
[156] Peter Drucker atribui um conteúdo social ao termo: "A inovação é o instrumento específico dos empreendedores, o meio pelo qual eles exploram a mudança como uma oportunidade para um negócio diferente ou um serviço diferente. Ela pode bem ser apresentada como uma disciplina, ser apreendida e ser praticada". DRUCKER, Peter F. *Inovação e espírito empreendedor*: prática e princípios. Trad. Carlos J. Malferrari. São Paulo: Pioneira, 1986, p. 25. "A inovação é função específica do espírito empreendedor, [...] é o meio pelo qual o empreendedor cria novos recursos produtores de riqueza ou investe recursos existentes com maior potencial para a criação de riqueza. [...] Existem, é claro, inovações que brotam de um lampejo de genialidade. Entretanto, a maior parte delas, em especial as bem-sucedidas,

É perceptível a influência schumpeteriana no pensamento dos constituintes reformadores que elaboraram a Emenda Constitucional nº 85/2015. Joseph Alois Schumpeter foi um dos maiores economistas do século XX. Austríaco, nascido em 1883 na Morávia, atual região da República Tcheca, e advogado formado pela Universidade de Viena, direcionou seus estudos para a cátedra na área econômica, produzindo um grande legado de obras sobre teorias econômicas que inspiram até hoje estudiosos na área da inovação.[157] Suas ideias contribuíram significativamente para se compreender a importância da inovação no desenvolvimento econômico[158] e acerca do papel do empreendedorismo.

Schumpeter entende a inovação como a introdução de um novo produto (ou a melhoria na qualidade de um produto já existente); a introdução de um novo método de produção (inovação no processo); a abertura de um novo mercado (em particular, um novo mercado para exportação); uma nova fonte de fornecimento de matérias-primas ou de bens semimanufaturados; uma nova forma de organização industrial.[159] Portanto, seu conceito de inovação é abrangente (introdução de algo novo no mercado, novo produto ou novo método de produção, nova forma de organização empresarial ou nova estratégia de mercado). Para ele, a inovação desempenha um papel central no crescimento econômico e na dinâmica capitalista e não se limita à introdução de novos produtos ou tecnologias, mas abrange mudanças em processos de produção, métodos de organização e estratégias de mercado. São os empreendedores-inovadores que impulsionam a economia ao introduzir essas mudanças, indivíduos capazes de identificar oportu-

---

resultam de uma busca intencional e consciente de oportunidades de inovação, as quais são encontradas somente em poucas situações". DRUCKER, Peter. *A profissão de administrador*. São Paulo: Pioneira Thomson Learning, 2002, p. 49-50.

[157] SCHUMPETER, Joseph A. *A teoria do desenvolvimento econômico*. São Paulo: Abril Cultural, 1982.
Sintetizando a teoria do desenvolvimento econômico schumpeteriana: COSTA, Achyles Barcelos da. O desenvolvimento econômico na visão de Joseph Schumpeter. *Cadernos ideias IHU*, ano 4, n. 47. São Leopoldo: UNISINOS, 2006. Também: VARELLA, Sergio Ramalho Dantas; MEDEIROS, Jefferson Bruno Soares de; SILVA JUNIOR, Mauro Tomaz da. O desenvolvimento da teoria da inovação schumpeteriana. *XXXII Encontro Nacional de Engenharia de Produção, Desenvolvimento Sustentável e Responsabilidade Social*: as contribuições da engenharia de produção. Bento Gonçalves, RS, Brasil, 15 a 18 out. 2012. Disponível em: https://abepro.org.br/biblioteca/enegep2012_tn_sto_164_954_21021.pdf. Acesso em: 20 set. 2022.

[158] SCHUMPETER, Joseph A. *The theory of economic development*. New York: Oxford University, 1934.

[159] SCHUMPETER, Joseph A. *The theory of economic development*. New York: Oxford University, 1934, p. 66.

nidades de mercado, de desenvolver novas ideias e de assumir riscos para colocá-las em prática, introduzindo mudanças e impulsionando o progresso econômico.

Além disso, Schumpeter destaca o papel dos ciclos econômicos e da concorrência como impulsionadores da inovação ao argumentar que os períodos de expansão econômica são caracterizados pelo aumento na atividade inovadora, enquanto as recessões podem criar condições propícias para a reestruturação e a emergência de novas ideias.

A abordagem de Schumpeter para a inovação trouxe uma nova perspectiva para se compreender o crescimento econômico ao mostrar que a inovação não é apenas resultado de um processo linear de acumulação de conhecimento, mas que está sujeita a perturbações e descontinuidades que podem impulsionar a economia para novos patamares.

Para o economista, a inovação não se limita a melhorias incrementais ou a pequenas modificações nas atividades existentes. Uma das suas contribuições mais importantes foi a teoria da "destruição criativa". Schumpeter observou que o processo de destruição criativa era impulsionado pelos empreendedores inovadores, que introduzem novas ideias e tecnologias no mercado, deslocando e, às vezes, suprimindo as empresas menos competitivas. Para ele, a inovação disruptiva,[160] que substitui antigos produtos, processos ou modelos de negócios por

---

[160] Inovação disruptiva é um conceito difundido por Clayton Christensen e Michael Raynor, e inspirado no conceito de destruição criativa de Schumpeter. Para os autores do conceito, inovações disruptivas não são avanços de tecnologias que fazem bons produtos – melhores; ao contrário, são inovações que tornam os produtos e serviços mais acessíveis e baratos, tornando-os disponíveis a uma população muito maior. CHRISTENSEN, Clayton M.; RAYNOR, Michael. E. *O crescimento pela inovação*: como crescer de forma sustentada e reinventar o sucesso. Rio de Janeiro: Elsevier, 2003. Roseli Jenoveva Neto melhor explica a locução proposta pelos autores: "ela representa o fenômeno pelo qual uma inovação transforma um mercado ou setor existente através da introdução de simplicidade, conveniência e acessibilidade em empresas onde a complicação e o alto custo são o *status quo*. [...]. É a inovação de ruptura, que pega um mercado que costuma ser dominado por produtos complicados e caros e o transforma em algo muito simples, barato e acessível aos consumidores atendendo um público que, antes, não tinha acesso. Inovações disruptivas tendem a oferecer melhorias além das demandas. Como exemplos, podemos citar a Wikipédia, que substituiu as enciclopédias e outras fontes de consulta pagas por conteúdos *online* acessível a todos. Serviços como o Netflix, ameaçaram a sobrevivência das videolocadoras. O Google, que fez milhões de pessoas esquecerem que precisavam de listas telefônicas. A introdução de fotocopiadora doméstica "a Xerox manteve seu foco exclusivo em grandes corporações e acabou perdendo espaço". O aplicativo WhatsApp – a disrupção que o serviço gratuito de mensagens instantâneas provocou tornou rapidamente obsoleto os caros e limitados SMS. Essas são as principais características das iniciativas que provocam disrupção. JENOVEVA NETO, Roseli. Inovação disruptiva. *In: Propriedade intelectual, desenvolvimento e inovação*. UNESC, 2017. Disponível em: https://www.unesc.net/portal/blog/ver/571/40289. Acesso em: 1 fev. 2023.

novos e mais eficientes, é um componente essencial do desenvolvimento econômico. Enfatiza, ainda, a importância das inovações disruptivas ao trazerem mudanças radicais e perturbarem os modelos de negócio estabelecidos, pois têm o potencial de criar vantagens competitivas consideráveis às empresas que as introduzem.

José Vicente Santos de Mendonça sintetiza a definição de Schumpeter para a inovação:

> Uma inovação é (1) a introdução de novo bem ou nova qualidade para um bem já conhecido; (2) a introdução de método novo melhorado de produção; (3) a criação ou abertura de novo mercado; (4) a conquista de nova fonte de suprimentos; (5) a melhora na organização de uma indústria, tal como a conquista de uma posição de monopólio (ou sua interrupção).[161]

Como consequência, o seu conceito de inovação abrange a introdução de algo novo no mercado, com ênfase nas inovações disruptivas e no papel dos empreendedores como agentes impulsionadores da mudança. Com isso, reconhece a importância da inovação radical e da destruição criativa para o progresso econômico. Suas ideias deram início ao estudo mais aprofundado da inovação como uma instituição econômica, com reflexos sobre todos os setores da vida social.

Embora Schumpeter não tenha se aprofundado no desenvolvimento de uma análise detalhada dessas interações, suas ideias sobre a importância da pesquisa, do desenvolvimento e do progresso tecnológico podem ser relacionadas ao papel das instituições de pesquisa e à educação na promoção da inovação. Mais ainda, suas abordagens, ideias e teorias podem ser relacionadas aos sistemas nacionais de inovação. Por exemplo, suas reflexões envolvendo o papel dos empreendedores inovadores sugerem a importância de uma cultura empreendedora e de um ambiente que incentive essa atividade. Além disso, sua ênfase na destruição criativa e nas inovações disruptivas pode ser relacionada à necessidade de uma infraestrutura institucional flexível e adaptável, a permitir a entrada e a saída de empresas, a renovação de setores e a adaptação às mudanças tecnológicas.

---

[161] MENDONÇA, José Vicente Santos de. Direito administrativo e inovação: limites e possibilidades. *In*: WALD, Arnoldo; JUSTEN FILHO, Marçal; PEREIRA, Cesar Augusto Guimarães (org.). *O direito administrativo na atualidade*: estudos em homenagem ao centenário de Hely Lopes Meirelles (1917-2017). São Paulo: Malheiros, 2017, p. 667.

Tendo em vista que os sistemas nacionais de inovação reconhecem a interação complexa e dinâmica entre instituições, atores econômicos, políticas e infraestrutura em um determinado país que influencia o processo de inovação nacionalmente, o pensamento de Schumpeter, ao destacar a importância de um conjunto de instituições e de fatores que criam um ambiente propício à inovação e ao desenvolvimento econômico, possui relação direta com a sua estruturação.

Não é diferente o pensamento de Eduardo da Motta e Albuquerque: "sistema nacional de inovação é um conceito síntese da elaboração evolucionista (ou neoschumpeteriana): ele expressa o complexo arranjo institucional que, ao impulsionar o progresso tecnológico, determina a riqueza das nações".[162]

Atualmente, a inovação tem sido definida como a "aplicação de ideias novas ou, ainda, uma mudança na ordem existente (combinação diferente de fatores), associando-se ao termo o conceito de gradualidade",[163] ou o resultado "de novas ideias que são utilizadas para a criação de um novo produto/serviço, que chega ao mercado, ou na mudança de processos que visam melhorar a produção do produto/serviço".[164]

O termo inovação tem sido utilizado em várias acepções, todavia, as principais se relacionam à capacidade de transformar uma invenção técnica em produto ou serviço de natureza econômica, e com maior amplitude, enfocando produtos decorrentes dos conhecimentos científicos que tenham potencial para gerar retorno comercial, e inovação no aspecto organizacional, decorrentes da prestação de serviços. Daí é possível dizer que se trata da mola propulsora do sucesso empresarial, agregando valor aos produtos e aos serviços que permitam a sobrevivência das empresas as quais, por sua vez, requerem continuamente novas tecnologias.

Quanto à normatização do conceito, o art. 2º, IV, da Lei nº 10.973/2004, na sua publicação original, conceituava inovação como "introdução de novidade ou aperfeiçoamento no ambiente produtivo ou social que resulte em novos produtos, processos ou serviços". Pos-

---

[162] ALBUQUERQUE, Eduardo da Motta e. Ideias fundadoras: apresentação. *Revista Brasileira de Inovação*, v. 3, n. 1, p. 9, jan./jun. 2004.
[163] VIDOSSICH, F.; FURLAN, O. *Dicionário de novos termos de ciências e tecnologias*: empréstimos, locuções, siglas, cruzamentos e acrônicos. São Paulo: Pioneira, 1996, p. 149.
[164] PEREZ, Gilberto. Inovação. In: SIQUEIRA NETO, José Francisco; MENEZES, Daniel Francisco Nagao (org.). *Dicionário de Inovação Tecnológica* – v. I. Belo Horizonte: Arraes, 2020, p. 184.

teriormente, a partir da nova redação atribuída pela Lei nº 13.243/2016 ao inciso IV do seu art. 2º, o conceito foi alargado:

> introdução de novidade ou aperfeiçoamento no ambiente produtivo e social que resulte em novos produtos, serviços ou processos ou que compreenda a agregação de novas funcionalidades ou características a produto, serviço ou processo já existente que possa resultar em melhorias e em efetivo ganho de qualidade ou desempenho.

Embora nem toda inovação seja tecnológica, há autores[165] e organismos[166] que a conceituam associando-a à tecnologia. O art. 2º, I, do Decreto Federal nº 5.798/2006 estabeleceu também uma definição aproximada, considerando inovação tecnológica como "a concepção de novo produto ou processo de fabricação, bem como a agregação de novas funcionalidades ou características ao produto ou processo que implique melhorias incrementais e efetivo ganho de qualidade ou produtividade, resultando maior competitividade no mercado".

O histórico de produtos inovadores surgidos na humanidade permite atribuir-lhes distinções, conforme elaboradas pelos seus estudiosos, classificando as principais espécies de inovação em incremental, radical e disruptiva.

A inovação incremental decorre de uma melhoria de algum produto ou serviço já em uso, cujo objetivo é agregar mais valor ao produto ou serviço ou apresentar soluções até então não pensadas. Ela se relaciona diretamente às necessidades de incrementar os produtos ou serviços para satisfazer o consumidor, sem o qual as companhias tendem a sofrer um processo de estagnação ou até de paralisação das suas atividades.[167] Essa espécie de inovação responde pela maioria das

---

[165] *"Technological innovation: the act of introducing a new device, method, or material for application to commercial or practical objectives"*. SCHILLING, Melissa A. *Strategic management of technological innovation*. 4. ed. New York: McGraw-Hill Irwin, 2001, p. 1. A inovação se refere também a mudanças tecnológicas: BURGELMAN, R. A.; CHRISTENSEN, C. M.; WHEELWRIGHT, S. C. *Strategic management of technology and innovation*. 4. ed. New York: McGraw-Hill Irvin, 2004.

[166] A Organização para a Cooperação e Desenvolvimento Econômico adotou essa dinâmica: "As atividades de inovação tecnológica são o conjunto de etapas científicas, tecnológicas, organizativas, financeiras e comerciais, incluindo os investimentos em novos conhecimentos, que levam ou que tentam levar à implementação de produtos e de processos novos ou melhorados". OECD. *Manual Frascati*: proposta de práticas exemplares para inquéritos sobre investigação e desenvolvimento experimental. Coimbra: Gráfica de Coimbra, 2007, p. 27.

[167] A história da Kodak, marca de câmera fotográfica, é sempre lembrada como exemplo de ausência de inovação (incremental), por não acreditar no mercado, à época inovador, de

inovações existentes no mercado, visto que alguns produtos estão sempre demandando investimentos em inovação incremental, a exemplo de videogames, automóveis e aparelhos de TV.

A inovação radical, por sua vez, pressupõe a transformação completa de um serviço ou produto para criar um novo mercado. Por isso, representa a espécie menos usual de inovação. O exemplo mais tradicional é a invenção do avião, pois criou toda uma cadeia estrutural em seu entorno (fábricas, suprimentos, turismo, aeroportos). Dentre os exemplos mais contemporâneos estão o Airbnb e a PicPay. A primeira criou uma nova indústria de hospedagens e de locações temporárias, desburocratizando a contratação por meio do uso da internet. Já a PicPay transformou a forma de se relacionar com instituições financeiras ao oferecer todos os produtos bancários em um único aplicativo.

Por fim, a inovação disruptiva corresponde a uma nova tecnologia de serviços ou produto que impactará a todos, pois passarão a querer consumi-la. Alguns exemplos são a roda, a eletricidade, a internet, o micro-ondas e, mais recentemente, os meios de pagamentos como o PIX.

O art. 219 da CF/1988, ao estabelecer que o "mercado interno integra o patrimônio nacional", estimula a socialização do mercado, permitindo que ele seja incentivado pelo próprio Estado no intuito de "viabilizar o desenvolvimento cultural e socioeconômico, o bem-estar da população e a autonomia tecnológica do País, nos termos de lei federal", impondo a necessária atividade regulatória indutiva da ciência, tecnologia e inovação.[168]

---

câmeras digitais, mesmo tendo sido a primeiras a produzir uma câmera digital, o que levou alguns anos depois à sua falência. KLEINA, Nilton. *A história da Kodak, a pioneira da fotografia que parou no tempo*. Disponível em: https://www.tecmundo.com.br/mercado/122279-historia-kodak-pioneira-da-fotografia-nao-evoluiu-video.htm. Acesso em: 20 dez. 2022. Em dezembro de 1975, o engenheiro Steven Sasson, da Kodak produziu a primeira câmera digital do mundo. LORENTI, Gilson. *História* – a primeira câmera digital do mundo. Disponível em: https://meiobit.com/345771/historia-a-primeira-camera-digital-do-mundo/. Acesso em: 20 dez. 2022.

[168] "O Estado deverá impreterivelmente intervir de forma direta e indireta, notadamente na regulação para o incremento das atividades que envolvam a ciência, inovação e tecnologia, inclusive para que o Estado regule para garantir (e induzir) ao setor privado sua participação no processo. A vinculação da atuação estatal para tal diretriz encontra respaldo na própria interface comum entre o interesse público e o privado, bem como pelo argumento de que sozinho e sem o apoio da sociedade civil não parece ser possível ao Estado alcançar os resultados que atendam as atuais e futuras necessidades". GABARDO, Emerson; REIS, Luciano Elias. Ciência, tecnologia e inovação como deveres públicos relativos ao estado e à sociedade civil no Brasil. *Revista do Direito*, Santa Cruz do Sul, v. 2, n. 52, out. 2017. Disponível em: https://online.unisc.br/seer/index.php/direito/article/view/9622. Acesso em: 20 set. 2022.

A EC nº 85/2015, ao inserir o parágrafo único no art. 219 da CF/1988, atribui um *plus* ao seu conteúdo, pois ultrapassa seu preceito inicial ao impor ao Estado, de forma inquestionável, a função de estimular "a formação e o fortalecimento da inovação nas empresas", aderindo à teoria schumpeteriana de desenvolvimento, ao mesmo tempo em que propõe a intervenção do Estado por meio de estímulos positivos ao setor privado, sem especificar quais dos seus tipos deverão ser empregados. Isso leva à conclusão de que, em verdade, o parágrafo único incorporou o modelo da hélice tríplice como política de Estado para alcançar o desenvolvimento econômico brasileiro, o que pode ser reforçado pela própria inclusão do art. 219-A, que efetivamente escala as universidades para o jogo.

Um dos passos nesse sentido foi ampliar a competência concorrente dos entes federativos na promoção da ciência, tecnologia, pesquisa e inovação (art. 23, V, da CF/1988), ao se permitir que o *condomínio legislativo*[169] atinja também as áreas da ciência, tecnologia, pesquisa e inovação (art. 24, IX, da CF/1988). A iniciativa flexibilizou a necessidade de autorização legislativa para movimentar recursos públicos no âmbito das atividades de ciência, tecnologia e inovação, visando viabilizar os resultados de projetos vinculados a essas atividades (art. 167, §5º, da CF/1988) e permitindo que universidades e/ou instituições

---

[169] O Min. Celso de Mello, em seu voto, no julgamento da ADIn-MC nº 903-6/MG, adotou a terminologia "condomínio legislativo" ao tratar da competência legislativa concorrente: "A Constituição Federal, ao instituir um sistema de condomínio legislativo nas matérias taxativamente indicadas no seu art. 24 – dentre as quais avulta, por sua importância, aquela concernente à proteção e à integração social das pessoas portadoras de deficiência (art. 24, XIV) –, deferiu ao Estado-membro, em 'inexistindo lei federal sobre normas gerais', a possibilidade de exercer a competência legislativa plena, desde que "para atender a suas peculiaridades" (art. 24, §3º). A questão da lacuna normativa preenchível. Uma vez reconhecida a competência legislativa concorrente entre a União, os Estados-membros e o Distrito Federal em temas afetos às pessoas portadoras de deficiência, e enquanto não sobrevier a legislação de caráter nacional, é de admitir a existência de um espaço aberto à livre atuação normativa do Estado-membro, do que decorre a legitimidade do exercício, por essa unidade federada, da faculdade jurídica que lhe outorga o art. 24, §3º, da Carta Política (ADI nº 903, Rel. Min. Celso de Mello. Tribunal Pleno, j. 14.10.1993, pub. 24.10.1997). Locução que reiteradamente foi repetida no STF, *ex vi*: "A competência legislativa concorrente cria o denominado "condomínio legislativo" entre a União e os Estados-Membros, cabendo à primeira a edição de normas gerais sobre as matérias elencadas no art. 24 da Constituição Federal; e aos segundos o exercício da competência complementar – quando já existente norma geral a disciplinar determinada matéria (CF, art. 24, §2º) – e da competência legislativa plena (supletiva) – quando inexistente norma federal a estabelecer normatização de caráter geral (CF, art. 24, §3º)". (ADI 5077, Rel. Min. Alexandre de Moraes, Tribunal Pleno, j. 25.10.2018, DJe-250, pub. 23.11.2018).

de educação profissional e tecnológica, públicas ou privadas, recebam apoio financeiro do poder público (art. 213, §2º, da CF/1988).

Ao final, buscou-se modificar toda a dinâmica em torno das atividades de ciência, tecnologia e inovação, alterando o *caput*, o §1º e o §3º, e incluindo os §§6º e 7º no art. 218; acrescentando o parágrafo único no art. 219 e incluindo os arts. 219-A e 219-B. O objetivo geral foi ampliar a obrigatoriedade do Estado na promoção de estímulos positivos a estas atividades, principalmente estimulando parcerias entre o setor público e privado no alcance das metas desejadas (art. 218, §6º; art. 219, parágrafo único, e art. 219-A).[170] Ao final, ao buscar aperfeiçoar cada vez mais o ambiente institucional favorável ao desenvolvimento articulado deste setor estratégico para o país, constitucionalizou-se a necessidade de o país organizar um SNCTI (art. 219-B da CF/1988), que funcionará como o condutor do desenvolvimento científico e tecnológico e da inovação no Brasil.

Para contextualizar os objetivos trazidos por esse novo arranjo constitucional à ciência, tecnologia e inovação, importante verificar como esse modelo de interação entre os atores principais do processo de inovação – universidade, indústria e governo – pretende se colocar como fundamento principal do desenvolvimento tecnológico do país. É possível admitir que a introjeção da semente desse modelo teve participação decisiva de Jorge Sábato e Natalio Botana, fato relatado por Paulo César Negreiros de Figueiredo[171] nos idos de 1993.

---

[170] Thaís de Bessa Gontijo de Oliveira e Douglas Alexandre Gomes Vieira, ao comentarem o parágrafo único do art. 219, concluíram: "O ditame constitucional já está posto: reconheceram-se as empresas como atores no sistema de C,T&I e determinou-se o fomento à inovação dentro delas. A partir disso, cada ente público deve planejar as intervenções que devem ser feitas, para depois executá-las". OLIVEIRA, Thaís de Bessa Gontijo de; VIEIRA, Douglas Alexandre Gomes. A inserção e manutenção de doutores em empresas como política pública de fomento à inovação. *In*: SOARES, Fabiana de Menezes; OLIVEIRA, Thais Bessa Gontijo de; MATA, P. C. O. A. (org.). *Ciência, tecnologia e inovação*: políticas & leis. Florianópolis: Tribo da Ilha, 2019, p. 117.

[171] "Conforme explicado por Sábato e Botana, a inovação tecnológica do setor produtivo de um país é um processo político no qual interferem diversos atores. Assim, a reversão do preocupante quadro da economia brasileira, em termos de competitividade no mercado internacional, requer, acima de tudo, o desencadeamento de mudanças abrangentes na sua estrutura econômico-financeira e o desempenho de um papel ativo do governo, em termos de priorização de áreas vitais à capacitação tecnológica nacional, quais sejam, o ensino, a pesquisa e a saúde, respaldado por iniciativas "sinceras" dos grupos dirigentes privados, a fim de que as alternativas de inovação, que acabamos de abordar, possam prosperar com êxito". FIGUEIREDO, Paulo César Negreiros de. O "Triângulo de Sábato" e as alternativas brasileiras de inovação tecnológica. *Revista Administração Pública*, Rio de Janeiro n. 27, p. 96-97, jul./set. 1993.

O *Triângulo de Sábato*[172] foi um dos primeiros e principais modelos difundidos pela academia a priorizar a relação entre instituições científicas e tecnológicas, Estado e mercado, como um tripé necessário para assegurar um fluxo contínuo de inovação a garantir o desenvolvimento dos países.

Essa denominação lhe foi atribuída por ter sido o modelo institucional proposto por Jorge Sábato e Natalino Botana para disseminarem, a partir de 1968, a inter-relação necessária entre governo, infraestrutura científico-tecnológica e mercado produtor a fim de avançar contra o subdesenvolvimento da América Latina utilizando-se da ciência e da tecnologia. A meta era promover a adoção desse modelo em todos os países do continente até o ano 2000, inserindo a ciência e a tecnologia na própria trama do processo de desenvolvimento por meio das seguintes ações: (i) atribuir maior eficiência na absorção de tecnologias; (ii) transformar a infraestrutura científico-tecnológica dos países; reconhecer a especificidade das condições de cada país para conseguir uma utilização inteligente dos fatores de produção; (iii) tornar os países exportadores de bens com maior valor agregado; (iv) difundir o conceito de que ciência e tecnologia são catalisadores do progresso e da mudança social.[173]

Para alcançar esses objetivos, os pesquisadores propuseram uma ação concatenada de três elementos fundamentais para o desenvolvimento das sociedades contemporâneas: o governo, a estrutura produtiva e a infraestrutura científico-tecnológica, que geometricamente foi representada por um triângulo (de Sábato) composto pelos três elementos.[174] Sua dinâmica decorreria de três tipos de relações: (i) intrarrelações entre os componentes de um mesmo vértice; (ii) inter-relações estabelecidas

---

[172] SÁBATO, Jorge; BOTANA, Natalio. *La ciencia y la tecnología en el desarrollo futuro de América Latina*. 1968. Disponível em: http://docs.politicascti.net/documents/Teoricos/Sabato_Botana.pdf. Acesso em: 20 fev. 2023.

[173] OLIVEIRA, Rodrigo Maia de; VELHO, Léa. *Ensaio*: avaliação e políticas públicas em educação, Rio de Janeiro, v. 17, n. 62, p. 25-54, jan./mar. 2009.

[174] "*Inter-relaciones entre los tres vértices: A partir de la gran revolución científico-tecnológica de la segunda mitad del siglo veinte, es imposible imaginar un esfuerzo sostenido y constante en ciencia y tecnología sin tener en cuenta un presupuesto básico: que la generación de una capacidad de decisión propia en este campo es el resultado de un proceso deliberado de inter-relaciones entre el vértice-gobierno, el vértice-infraestructura científico-tecnológica y el vértice-estructura productiva. Este proceso se establece a través del flujo de demandas que circulan en sentido vertical (inter-relaciones recíprocas entre el vértice-gobierno y los vértices-infraestructura científico-tecnológica y estructura productiva) y en sentido horizontal (inter-relaciones recíprocas entre los vértices–infraestructura científico-tecnológica y estructura productiva)*". SÁBATO, Jorge; BOTANA, Natalio. *La ciencia y la tecnología en el desarrollo futuro de América Latina*. 1968. Disponível em: http://docs.politicascti.net/documents/Teoricos/Sabato_Botana.pdf. Acesso em: 20 fev. 2023.

entre pares de vértices; e (iii) extrarrelações criadas entre uma sociedade e o exterior (por exemplo, no intercâmbio científico, no comércio externo de tecnologia e na adaptação de tecnologias importadas).[175] A figura geométrica por eles idealizada pode ser assim apresentada:

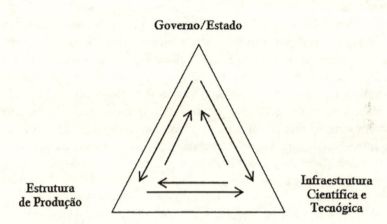

Fonte: elaborado pelo autor.

Anos mais tarde, Henry Etzkowitz e Loet Leydesdorff, nos idos de 1996,[176] apresentaram à comunidade científica e à acadêmica um modelo semelhante, que destacou as áreas de interesse e atuação comum desses três segmentos e a dinamicidade dessas inter-relações. Esse modelo, hoje bastante conhecido, é simbolizado pela figura inspirada na hélice dupla do DNA, chamado *hélice tripla*, bastante difundido pelos autores na década de 1990[177] para descrever a interação entre universidades,

---

[175] PLONSKI, G. A. Cooperação universidade-empresa na Ibero-América: estágio atual e perspectivas. *Revista de Administração*, São Paulo, v. 30, n. 2, p. 65-74, abr./jun. 1995.
[176] ETZKOWITZ, Henry; LEYDESDORFF, Loet. The Triple Helix: university-industry-government relations: a laboratory for knowledge based economic development, Amsterdam. In: *Theme Paper*: Workshop Amsterdam,1995, Amsterdam. Proceedings... Amsterdam, 1996.
[177] ETZKOWITZ, Henry; LEYDESDORFF, Loet. The Triple Helix: university-industry-government relations: a laboratory for knowledge based economic development, Amsterdam. In: *Theme Paper*: Workshop Amsterdam,1995, Amsterdam. Proceedings... Amsterdam, 1996. ETZKOWITZ, Henry; LEYDESDORFF, Loet. The dynamics of innovation: from national systems and "mode 2" to a Triple Helix of university–industry–government relations. *Research Policy*, v. 29, p. 109-123, 2000. Outros estudos do autor que o tangenciam: ETZKOWITZ, H. *et al.* The future of the university and the university of the future: evolution of ivory tower to entrepreneurial paradigm. *Research Policy*, v. 29, n. 2, p. 313-330, 2000. Em língua portuguesa: ETZKOWITZ, Henry. *Hélice-tríplice*: universidade-indústria-governo – inovação em movimento. Porto Alegre: EDIPUCRS, 2013; ETZKOWITZ, Henry; ZHOU, Chunyan. Hélice tríplice: inovação e empreendedorismo universidade-indústria-governo.

indústrias e governos, com o objetivo de impulsionar a pesquisa, o desenvolvimento tecnológico e a inovação, reconhecendo a importância da interação entre eles, no qual cada "hélice" representa um ator.

A *hélice tríplice* enfatiza a necessidade de interação e cooperação entre esses três atores para impulsionar a inovação e o desenvolvimento socioeconômico. A colaboração entre academia, indústria e governo pode gerar benefícios mútuos, como a transferência de conhecimento científico para a aplicação prática, a identificação de necessidades e desafios reais da indústria e a formulação de políticas públicas que incentivem a pesquisa e a inovação. Ao explicar as distintas relações entre esses três entes vitais na geração de conhecimento e tecnologias, um dos intuitos é legitimar a atribuição de recursos públicos indispensáveis ao momento de implementar os planos para impulsionar inovações.

A academia se refere às universidades e outras instituições de ensino superior ou tecnológicas e demais instituições de pesquisa, entidades que desempenham um papel fundamental na geração de conhecimento científico e tecnológico por meio de pesquisas, estudos e formação de recursos humanos qualificados.[178] Henry Etzkowitz afirma que, em virtude de o conhecimento ser uma parte essencial para a inovação, as universidades, como instituições produtoras e disseminadoras de conhecimento, deixaram de ter um papel coadjuvante neste processo, para cada vez mais ocupar um espaço relevante na inovação industrial,[179] ressaltando, inclusive, o seu novo papel na sociedade, não só como sujeito ativo na criação de conhecimento, mas também na sua disseminação. Diante disso, as universidades também se revelam empreendedoras.[180]

Estudos Avançados, São Paulo, v. 31, n. 90, p. 23-48, maio 2017. Disponível em: http://www.scielo.br/scielo.php?script= sci_arttext&pid = S0103-40142017000200023&lng=en&nrm=i so. Acesso em: 25 abr. 2023.

[178] "É notória a importância das empresas como agentes econômicos indutores de desenvolvimento. Concomitantemente, nos últimos tempos, diversos estudos têm apontado a importância das Instituições de Ensino e Pesquisa como instrumento de desenvolvimento regional". BARBOSA, Cynthia Mendonça. A relação entre empresas e instituições de ensino e pesquisa e seu papel no desenvolvimento econômico. *In*: SOARES, Fabiana de Menezes; PRETE, Esther Külkamp Eyng. *Marco Regulatório em Ciência, Tecnologia e Inovação*: texto e contexto da Lei n. 13.243/2016. Belo Horizonte: Arraes, 2018, p. 81-83.

[179] "*As knowledge becomes an increasingly important part of innovation, the university as a knowledge – producing and disseminating institution plays a larger role in industrial innovation*". ETZKOWITZ, H. *et al*. The future of the university and the university of the future: evolution of ivory tower to entrepreneurial paradigm. *Research Policy*, v. 29, n. 2, p. 313-330, p. 314, 2000.

[180] ETZKOWITZ, Henry. Research groups as 'quasi-firms': the invention of the entrepreneurial university. *Research Policy*, v. 32, p. 109-121, 2003.

A indústria envolve todas as empresas e organizações que aplicam o conhecimento gerado pela academia para desenvolver produtos, serviços e processos inovadores, pois é ela que possui o interesse economicamente mensurável em utilizar avanços científicos e tecnológicos para melhorar sua competitividade e atender às demandas do mercado.

O governo é colocado nesse modelo para representar as entidades governamentais e agências responsáveis por formular políticas públicas, estabelecer diretrizes de pesquisa e inovação, financiar e criar um ambiente favorável ao desenvolvimento científico e tecnológico, reforçando a ideia de que não há um modelo economicamente sustentável no qual seja possível prescindir do Estado. O governo desempenha um papel regulador e facilitador na promoção da colaboração entre academia e indústria, promovendo estímulos positivos como forma de fomentar a atuação de todos os agentes nessa cadeia.

Desta forma, as relações entre universidade, indústria e governo, para esse modelo, constituem um sistema de elementos instáveis que interagem entre si e se desenvolvem em espiral. Cada hélice exerce um importante papel: a universidade representa o agente pesquisador e criativo; a indústria é a encarregada de transformar essa pesquisa e criatividade em produtos e inovação; e o governo representa o agente fomentador econômico.

Com efeito, há a percepção da importância de se estimular as capacidades econômicas, científicas e culturais objetivando gerar o conhecimento na sociedade para constituir bases sociais sustentáveis, que potencialize o desenvolvimento nos países que adotam o modelo. Parte, ainda, da ideia de que o conhecimento é gerado mediante processos de estudo, mas, sobretudo, através das pesquisas básica e aplicada. As universidades e outras instituições de pesquisas tendem a se converter nos principais agentes geradores do conhecimento, o que, sob uma perspectiva econômica, pode ser visto como uma oferta. De outro lado, a sociedade, mais particularmente as empresas, são os consumidores deste conhecimento para conversão em tecnologia. Embora algumas empresas busquem gerar conhecimento através da produção de pesquisas em seus ambientes internos, a realidade é que elas quase sempre buscam trabalhar numa rede com os grupos de pesquisas das universidades e das outras instituições de pesquisas, reduzindo custos em face do aproveitamento das suas infraestruturas preconcebidas para pesquisa (laboratórios, bibliotecas e bases de dados), dos seus recursos humanos altamente especializados – professores e pesquisadores

– e que, em teoria, estão sempre atualizados, tanto em conhecimento quanto em tecnologia. Portanto, esse modelo pressupõe que as empresas vivem em uma cultura inovadora e que as universidades podem colaborar com o desenvolvimento de uma cultura empreendedora. Ao governo, caberá ser o agente catalisador das relações entre empresas e instituições científicas e tecnológicas (universidades e instituições de pesquisa), através de promoção de políticas públicas fomentadoras da ciência, tecnologia e inovação, conduzindo a uma aliança estratégica: universidade-empresa-estado, cujo quadro pode representá-la de forma mais ilustrativa:

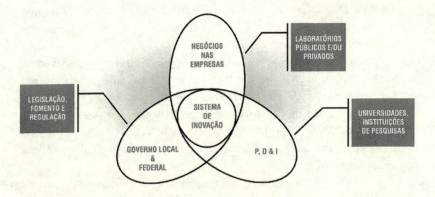

Fonte: elaborado pelo autor.

A partir desta oferta e demanda pelo conhecimento, muitas relações jurídicas dinâmicas e cada vez mais especializadas se converterão em relações convencionais, através de contratos e de convênios *lato sensu*, que possuem como mote o desenvolvimento da ciência, tecnologia e inovação.

Para a universidade, o papel a ser desempenhado como uma das atrizes principais deste processo acaba deflagrando novas estruturas com funções antes impensadas: a universidade empreendedora. Por exemplo, o seu papel ativo no apoio às empresas nascentes no ambiente acadêmico através das incubadoras de empresas que fomentam o surgimento de *startups*, importantes para a conversão das pesquisas em tecnologia e inovação, situando-as no papel de cooperação com as empresas visando ao desenvolvimento social e econômico.

Guilherme Ary Plonski ressaltava, no início da década de 1990, que a cooperação entre empresas e universidades vinha sendo amplamente discutida nas universidades americanas. Desde os anos 1970, o interesse das duas partes e do governo nessa cooperação aumentara significativamente. Segundo o autor, é um "modelo de arranjo interinstitucional entre organizações de natureza fundamentalmente distinta, que podem ter finalidades diferentes e adotar formatos bastante diversos".[181] O conceito inclui "vinculações intensas e extensas, como os grandes programas de pesquisa cooperativa, em que chega a ocorrer repartição dos créditos resultantes da comercialização dos seus resultados",[182] destacando-se os seguintes motivos para seu incremento:

- por parte das universidades, a cooperação é uma forma de superar a insuficiência das fontes tradicionais de recursos financeiros para manter essas instituições nos níveis desejados de ensino e pesquisa;
- por parte de empresas, além do tradicional interesse em abrir canais privilegiados para recrutar talentos jovens, a cooperação responde à dificuldade de lidarem sozinhas com o desafio da inovação em suas várias dimensões; e
- por parte dos governos, a cooperação é percebida como estrategicamente importante para a viabilidade econômica e social de regiões, e até de países, no novo paradigma competitivo.[183]

Adriana Ferreira de Faria,[184] em estudo sobre a interação necessária envolvendo os atores da *hélice tríplice*, afirma que a abordagem proposta pelo modelo apresentado "é internacionalmente aceita, sendo referência conceitual obrigatória nas aplicações práticas dos princípios

---

[181] PLONSKI, Guilherme Ary. Prefácio à cooperação empresa-universidade na Ibero-América. *In*: PLONSKI, Guilherme Ary (ed.). *Cooperación empresa-universidad en Iberoamérica*. São Paulo: CYTED, 1993, p. A3.

[182] PLONSKI, Guilherme Ary. Prefácio à cooperação empresa-universidade na Ibero-América. *In*: PLONSKI, Guilherme Ary (ed.). *Cooperación empresa-universidad en Iberoamérica*. São Paulo: CYTED, 1993, p. A3.

[183] PLONSKI, Guilherme Ary. Prefácio à cooperação empresa-universidade na Ibero-América. *In*: PLONSKI, Guilherme Ary (ed.). *Cooperación empresa-universidad en Iberoamérica*. São Paulo: CYTED, 1993, p. A3.

[184] FARIA, Adriana Ferreira. O que é "inovação", seus tipos, e como tal fenômeno relaciona-se com uma forte estrutura institucional para o desenvolvimento científico. *In*: SOARES, Fabiana de Menezes; PRETE, Esther Külkamp Eyng. *Marco regulatório em ciência, tecnologia e inovação*: texto e contexto da Lei n. 13.243/2016. Belo Horizonte: Arraes, 2018, p. 34-36.

propostos e reflexões críticas sobre o tema",[185] e fundamenta sua asserção nos estudos publicados por Peter M. Senge e Goran Carstedt,[186] Henry Etzkowitz[187] e Loet Leydesdorff,[188] que propõem o modelo da *hélice tríplice* para a promoção da inovação, arquitetado dentro do que se convencionou denominar de Ecossistema de Inovação e Empreendedorismo, ambiente este composto principalmente pelos três agentes que podem interagir até fisicamente dentro dos Parques Tecnológicos, que acabam sendo considerados grandes motores propulsores da *hélice tríplice*. A definição das funções de cada um deles nesse ecossistema é a seguinte:[189]

(i) universidade: geração de conhecimento, P&D, formação de pessoas, criação de *spin-offs* e cooperação tecnológica;
(ii) empresas: inovação, novos produtos, P&D, emprego e renda e pagamento de impostos;
(iii) governo: investimento, regulação e supervisão e políticas de estímulos positivos.

Além dos agentes da *hélice tríplice*, tem se notado de forma cada vez mais crescente a participação da sociedade através de *stakeholders* que impulsionam este processo, pois o entendem como necessário ao desenvolvimento econômico e tecnológico do país, ou mesmo por possuírem interesses relacionados a determinados projetos de inovação.

Ao estabelecer um parâmetro para o processo de interação entre os sujeitos da cadeia de inovação, ao final, a autora explica que o atual estágio do modelo de interação para a inovação – universidade-indústria-governo –, segundo a *hélice tríplice*, supera a abordagem tradicional dos sistemas nacionais de inovação, os quais, inicialmente,

---

[185] FARIA, Adriana Ferreira. O que é "inovação", seus tipos, e como tal fenômeno relaciona-se com uma forte estrutura institucional para o desenvolvimento científico. *In*: SOARES, Fabiana de Menezes; PRETE, Esther Külkamp Eyng. *Marco regulatório em ciência, tecnologia e inovação*: texto e contexto da Lei n. 13.243/2016. Belo Horizonte: Arraes, 2018, p. 34.

[186] SENGE, Peter. M.; CARSTEDT, Goran. Innovating our way to the next industrial revolution. *In*: *MIT Sloan Management Review*, winter 2001.

[187] ETZKOWITZ, H. Innovation in innovation: the Triple Helix of university-industry-government relations. *Social Science Information*, v. 42, n. 3, 2003.

[188] ETZKOWITZ, Henry; LEYDESDORFF, Loet. The dynamics of innovation: from national systems and '"mode 2"' to a Triple Helix of university–industry–government relations. *Research Policy*, v. 29, p. 109-123, 2000.

[189] FARIA, Adriana Ferreira. O que é "inovação", seus tipos, e como tal fenômeno relaciona-se com uma forte estrutura institucional para o desenvolvimento científico. *In*: SOARES, Fabiana de Menezes; PRETE, Esther Külkamp Eyng. *Marco regulatório em ciência, tecnologia e inovação*: texto e contexto da Lei n. 13.243/2016. Belo Horizonte: Arraes, 2018, p. 34-35.

considerou a empresa como exercente de um papel de liderança em inovação (*laissez-faire*) e, posteriormente, com o *Triângulo de Sábato*, colocou o Estado como agente indutor desse processo. Todavia, no estágio atual, notou-se, nos últimos anos, "o surgimento e crescimento de novas empresas a partir da pesquisa acadêmica e a localização de empresas de base tecnológica nos arredores das universidades"[190] que se configuram em "manifestações das relações da *hélice tríplice* na sociedade do conhecimento".[191]

Diante disso, com base na justificativa sustentada no modelo da *hélice tríplice*, busca-se introduzir ambientes adequados às empresas que nascem nas universidades, algo que teoricamente produziria um aparente conflito entre a missão das universidades e a sua atuação, já que, historicamente, elas se apresentaram como importantes instituições dedicadas à promoção do ensino, pesquisa e extensão, mas com pouca preocupação quanto à proximidade com o mercado. A questão é que o papel a ser desempenhado pelas universidades no modelo da *hélice tríplice* envolve uma ampliação do conceito de pesquisa e extensão, no qual a colaboração das universidades para concretizar políticas públicas de ciência, tecnologia e inovação passou também a integrar sua missão. Esse novo papel, que agora comporta uma cultura empreendedora e inovadora, obrigatória na formação dos alunos, já revela uma movimentação do Estado para realizar a sua função de oferecer estímulos positivos a esse modelo.[192] Por consequência, essas medidas irão pos-

---

[190] FARIA, Adriana Ferreira. O que é "inovação", seus tipos, e como tal fenômeno relaciona-se com uma forte estrutura institucional para o desenvolvimento científico. *In*: SOARES, Fabiana de Menezes; PRETE, Esther Külkamp Eyng. *Marco regulatório em ciência, tecnologia e inovação*: texto e contexto da Lei n. 13.243/2016. Belo Horizonte: Arraes, 2018, p. 35.

[191] FARIA, Adriana Ferreira. O que é "inovação", seus tipos, e como tal fenômeno relaciona-se com uma forte estrutura institucional para o desenvolvimento científico. *In*: SOARES, Fabiana de Menezes; PRETE, Esther Külkamp Eyng. *Marco regulatório em ciência, tecnologia e inovação*: texto e contexto da Lei n. 13.243/2016. Belo Horizonte: Arraes, 2018, p. 35.

[192] O Projeto de Lei nº 2.944/2021 foi aprovado para incluir na Lei de Diretrizes e Bases da Educação (Lei nº 9.394/1996) normas que obrigam a realização do estudo do empreendedorismo e inovação na educação básica e superior, através da sua curricularização (art. 26, §1º-A), orientação (art. 27, III), estímulo à formação docente para estas áreas (art. 43, IX). Paralelamente, tem se percebido um movimento do Conselho Nacional de Educação em introduzir nas Diretrizes Curriculares Nacionais, no âmbito dos Projetos Pedagógicos dos Cursos, atividades e conteúdos voltados à inovação e empreendedorismo, como recentemente ocorreu com os cursos de Engenharia, constituindo esses conteúdos agora obrigatórios em virtude da Resolução CNE nº 2, de 24 de abril de 2019, que "Institui as Diretrizes Curriculares Nacionais do Curso de Graduação em Engenharias", incorporou no §8º do seu art. 6º a seguinte obrigação: "Devem ser estimuladas as atividades acadêmicas, tais como trabalhos de iniciação científica, competições acadêmicas, projetos interdisciplinares e transdisciplinares, projetos de extensão, atividades de voluntariado, visitas técnicas,

sibilitar muitos exemplos de surgimento de novos setores econômicos derivados das suas atividades de pesquisa e extensão. Foi o caso da indústria da informática e computação, que teve origem nas universidades da Califórnia (EUA), conhecida como região do Vale do Silício, na baía de São Francisco. Naquele ambiente formou-se um distrito de inovação composto por *spin-offs* e *startups* de tecnologia, informática e computação, o que não conflita sob qualquer aspecto com a missão das universidades, pois, conforme observa Ricardo Rivero Ortega:

> No final, as Universidades farão cada vez mais coisas, longe de se limitarem às suas tarefas, diversificarão a sua gama de serviços para aumentar o valor das suas capacidades. A lógica das *spin-offs* consiste precisamente em promover oportunidades de agência: ideias, inovações, resultados de investigação transferíveis ou serviços de consultoria que podem ser desenvolvidos com solvência no mercado. No entanto, isto não significa que o objetivo da Universidade se torne comercial, porque a distribuição dos benefícios será social, os acionistas destas empresas são as comunidades universitárias e não interesses privados individuais.[193]

Agora, este modelo se espalha mundo afora através da criação de parques científicos e tecnológicos nos ecossistemas nos quais as universidades estão presentes, pois elas possibilitam às empresas de base tecnológica usufruírem de conhecimentos produzidos pela sua comunidade acadêmica.

Nesse contexto, Adriana Ferreira Faria lembra:

> Os trabalhos mais recentes sobre a Hélice Tríplice têm focado no estudo das organizações intermediárias, entendidas como uma organização híbrida, formada endogenamente pela sobreposição institucional entre as três esferas do modelo, influenciando fortemente a relação universidade-empresa-governo. Os parques tecnológicos são típicos exemplos dessas organizações intermediárias, assim como as incubadoras de empresas e os Núcleos de Inovação Tecnológica (NITs). Para isso,

---

trabalhos em equipe, desenvolvimento de protótipos, monitorias, participação em empresas juniores, incubadoras e outras atividades empreendedoras".

[193] "*En fin, las universidades harán cada vez más cosas, lejos de circunscribirse a sus tareas, diversificarán su oferta de servicios para poner en valor las capacidades. La lógica de Spin off consiste precisamente en potenciar oportunidades de agencia: ideas, innovaciones, resultados de investigación transferibles o consultorías que se desenvuelvan con solvencia en el mercado. Ahora bien, esto no quiere decir que el propósito universitario se transforme en mercantil, porque el reparto de beneficios será social, los accionistas de estas empresas son las comunidades universitarias, no intereses privados individuales*". RIVERO ORTEGA, Ricardo. *El futuro de la universidad*. Salamanca: Ediciones Universidad Salamanca, 2021, p. 133.

algumas universidades vêm implementando órgãos institucionais internos de apoio à inovação tecnológica. É o caso dos Escritórios de Transferência de Tecnologia, idealizados para auxiliar na proteção dos conhecimentos gerados na academia; das incubadoras de empresas, que fornecem apoio de infraestrutura física e gerencial nos primeiros anos de vida das empresas nascentes de base tecnológica; e dos parques tecnológicos, que são indutores do desenvolvimento por meio da atração e do apoio às empresas de base tecnológica.[194]

Em regra, os parques científicos criados no ambiente das universidades configuram uma aportação estética trazida por estes centros de pesquisa à sociedade com o objetivo de que a experiência de visitar um campus universitário se converta na possibilidade de aprendizagem de novas tecnologias em um espaço lúdico. Universidades importantes no mundo os possuem em seus *campi* ou têm convertido todos os *campi* em lugares nos quais, além de pesquisar e ensinar, são realizados eventos para disseminar as novas tecnologias desenvolvidas em seu ambiente, algumas delas até sofisticadas, criando *oficinas de transferência de resultados de pesquisas*, comunidades especializadas em transmitir o conhecimento gerado nas organizações de pesquisas – universidades e centros de pesquisas – ao setor produtivo, encarregando-se de difundir seus resultados à sociedade.

O pano de fundo destas *oficinas* é permitir que o conhecimento produzido fique protegido através de instrumentos jurídicos de propriedade intelectual – patentes, marcas, modelos de utilidades, desenhos industriais, cultivares e outros – para preservar, em primeiro lugar, os geradores do conhecimento e da tecnologia e, em segundo lugar, facilitar as transações derivadas dessas atividades de compra e venda do conhecimento. Essas oficinas, além de potencializar o conhecimento gerado pelas universidades, possibilitam a sua interface com as empresas.

Recentemente, tem se falado de modelo da quádrupla e da quíntupla hélice. A primeira se refere, basicamente, ao fato de que, além dos vínculos entre universidade, empresa e Estado, se deve potencializar as redes, incluindo a sociedade civil, como um dos seus componentes. Já a quíntupla hélice apenas acrescenta o meio ambiente como o quinto

---

[194] FARIA, Adriana Ferreira. O que é "inovação", seus tipos, e como tal fenômeno relaciona-se com uma forte estrutura institucional para o desenvolvimento científico. *In*: SOARES, Fabiana de Menezes; PRETE, Esther Külkamp Eyng. *Marco regulatório em ciência, tecnologia e inovação*: texto e contexto da Lei n. 13.243/2016. Belo Horizonte: Arraes, 2018, p. 36-37.

elemento na produção do conhecimento e inovação sob uma perspectiva de sustentabilidade ambiental-empresarial ou responsabilidade social.

O objetivo dessas ações é ampliar a colaboração para além dos três setores iniciais, o que se reflete na importância da participação e do engajamento da sociedade civil na definição das agendas de pesquisa e inovação e na promoção de um desenvolvimento sustentável e socialmente responsável.

CAPÍTULO 3

DISCIPLINA INFRACONSTITUCIONAL DA CIÊNCIA, TECNOLOGIA E INOVAÇÃO

Neste capítulo, são apresentados os modelos normativos existentes para ciência, tecnologia e inovação nos âmbitos federal, estadual e municipal, por meio de normas regulamentares específicas de universidades públicas, as quais, tendo em vista a capacidade de autonormação, têm grande importância na vida de sua comunidade acadêmica e dos que com elas se relacionam.

Ao final, nos Anexos desta obra, são trazidas tabelas que facilitam a visualização do leitor e a análise global do tema a partir de vários quadros comparativos.

3.1 Leis e outros atos normativos federais

No Anexo A desta obra, estão reunidas as principais normas federais elaboradas pelo governo, muitas com dimensão nacional de incidência, outras aplicáveis apenas à União. Todas foram identificadas pelo número, ano e ementa.

3.2 Leis e outros atos normativos estaduais

Em virtude de condomínio legislativo (art. 24, IX, da CF/1988), diversas normas estaduais referentes à política de ciência, tecnologia e inovação foram elaboradas no âmbito dos Estados membros. As normas estaduais de ciência, tecnologia e inovação de todos os Estados da federação e do Distrito Federal estão a seguir relacionadas. Ressalta-se que Rondônia e Roraima ainda não aprovaram sua política de inovação:

Lei Distrital nº 6.140/2018 (Distrito Federal)
Lei Complementar Estadual nº 1.049/2008 (São Paulo) e sua regulamentação – Decreto Estadual nº 62.817/2017 (São Paulo)
Lei Estadual nº 14.328/2008 (Santa Catarina) e sua regulamentação – Decreto Estadual nº 2.372/2009
Lei Complementar Estadual nº 15.639/2021 (Rio Grande do Sul)
Lei Estadual nº 17.348/2008 (Minas Gerais)
Lei Distrital nº 6.620/2020 (Distrito Federal)
Lei Estadual nº 20.541/2021 (Paraná)
Lei Complementar Estadual nº 297/2008 (Mato Grosso) e sua regulamentação – Decreto Estadual nº 735/2020 (Mato Grosso)
Lei Estadual nº 14.315/2021 (Bahia)
Lei Ordinária nº 16.922/2010 (Goiás)
Lei Estadual nº 14.220/2008 (Ceará)
Lei Estadual nº 5.361/2008 (Rio de Janeiro) modificada pela Lei Estadual nº 9.809/2022 e sua regulamentação – Decreto Estadual nº 42.302/2010 (Rio de Janeiro)
Lei Complementar nº 400/2018 (Pernambuco) e sua regulamentação – Decreto Estadual nº 49.253/2020 (Pernambuco)
Lei Estadual nº 8.426/2016 (Pará)
Lei Estadual nº 2.333/2018 (Amapá)
Lei Estadual nº 3.095/2006 (Amazonas)
Lei Complementar Estadual nº 642/2012 (Espírito Santo)
Lei Estadual nº 11.733/2022 (Maranhão) e sua regulamentação – Decreto Estadual nº 37.783/2022 (Maranhão)
Lei Estadual nº 7.511/2021 (Piauí)
Lei Complementar nº 478/2012 (Rio Grande do Norte)
Lei Estadual nº 7.117/2009 (Alagoas)
Lei Estadual nº 12.191/2022 (Paraíba)
Lei Complementar nº 297/208 (Mato Grosso do Sul) e sua regulamentação – Decreto Estadual nº 735/2020 (Mato Grosso do Sul)
Lei Estadual nº 2.458/2011 (Tocantins)
Lei Estadual nº 6.794/2009 (Sergipe)

Ao final da obra (Anexo B), um quadro comparativo entre a Lei Nacional de Inovação e as de São Paulo, Santa Catarina, Rio Grande do Sul, Minas Gerais, Distrito Federal e Paraná compila as informações relativas ao número das leis, número do decreto regulamentador, estrutura das leis, instrumentos de estímulos positivos, instrumentos jurídicos, entidades e órgãos previstos.

Um segundo quadro (Anexo C) traz outras normas esparsas componentes dos sistemas estaduais de inovação.

3.3 Normas constitucionais estaduais

No Anexo D, ao final desta obra, foram selecionadas as normas de todas as Constituições estaduais relativas à ciência, tecnologia e inovação.

3.4 Disposições autonômicas das universidades

No Anexo E, são analisadas as políticas de inovação de algumas universidades públicas, elaboradas por ato normativo interno decorrente da sua autonomia universitária (disposições autonômicas). Foram verificadas as disposições autonômicas da USP, UNESP, UEMG, UFMG, UNB, UFSC e UFRS e avaliadas as estruturas de cada uma delas.

CAPÍTULO 4

O PAPEL DAS UNIVERSIDADES NA CONSTRUÇÃO DO SISTEMA NACIONAL DE CIÊNCIA, TECNOLOGIA E INOVAÇÃO

Nesse capítulo apresenta-se um histórico da autonomia universitária, informação fundamental para a normatização interna das relações decorrentes da implementação do marco regulatório da ciência, tecnologia e inovação. Isto porque o art. 15-A da Lei nº 10.973/2004 impõe às universidades a necessidade de regulamentar sua política de inovação, disciplinando a organização e a gestão dos processos que orientam a transferência de tecnologia e a geração de inovação no ambiente produtivo, em consonância com as prioridades da política nacional de ciência, tecnologia e inovação, e com a política industrial e tecnológica nacional, devendo observar o conteúdo mínimo previsto no parágrafo único do mesmo artigo ao fixar suas diretrizes e objetivos. As universidades são protagonistas no SNCTI, já que a constitucionalização implícita do sistema da hélice tríplice elevou seu grau de importância nas ações desenvolvimentistas de Estado.

4.1 Autonomia universitária e ciência, tecnologia e inovação

No século XII, com o declínio do feudalismo e o início de absorção urbana das pessoas, iniciou-se a inauguração de escolas de profissões, inspiradas nas corporações de ofícios,[195] e o surgimento das escolas

---

[195] "A criação da Universidade de Paris decorreu da congregação desses professores num tipo de corporação, forma medieval de organização dos ofícios. De fato, a estrutura das

superiores e das universidades. As primeiras foram as Escolas de Chartres, no início do século XI, de Bolonha (1088), de Salerno (1150) e a Escola de Medicina de Montpellier (1137). Em seguida, a partir de um modelo de educação racional, concentrada na realidade do mundo natural e numa nova concepção de educação, nasceram a Universidade de Paris (1170) e a Universidade de Oxford (1186).[196]

Neste período, a Igreja tinha o monopólio da formação moral e intelectual dentro das instituições e direcionava o ensino para a consecução de seus objetivos, estagnando a evolução do pensamento científico. De outro lado, os próprios intelectuais, em sua grande maioria, eram vinculados ou pertenciam à hierarquia eclesiástica. Raramente surgia um erudito fora dos quadrantes da Igreja. Até mesmo Dante Alighieri, Leonardo de Pisa e Mondino de Luzzi, nas suas atividades de poeta, matemático ou médico, seguiam as orientações dominantes.[197]

Todavia, em decorrência da tradução e da disseminação de obras da cultura grega (Aristóteles, Platão, Hipócrates, Aristarco, Arquimedes, Euclides, Apolônio, Ptolomeu, Galeno e outros), o quadro começou a mudar. Diante disso, a comunidade acadêmica começou a laicizar o ensino para efetivamente exercer o seu papel na promoção do conhecimento científico, o que demandava maior autonomia e liberdade no ensino pelas escolas e universidades, o que requeria concentrar esforços para se afastar as ingerências do Estado e da Igreja.

Iniciava-se, então, a interminável luta pela autonomia universitária, conforme relata Carlos Augusto de Proença Rosa:

> O objetivo era o de permitir o franco exame da cultura antiga, principalmente de sua Filosofia e de seus conhecimentos científicos, e da Doutrina Cristã, à luz do racionalismo grego. Essa rebeldia já era o eco da insatisfação de pequeno círculo intelectual, inclusive de dentro da própria Igreja, à estrutura e às imposições proibitivas na esfera do ensino. A esse respeito, cabe salientar o papel preponderante de uma classe de teólogos dedicados à Filosofia Natural, responsáveis pela introdução da Filosofia Natural de Aristóteles no currículo das universidades,

---

corporações de ofícios constituía um modelo adequado para a organização da universidade em gestação." DURHAM, Eunice R. *A autonomia universitária* – extensão e limites. São Paulo: Núcleo de Pesquisas sobre Ensino Superior da Universidade de São Paulo (NUPES), s/d. Disponível em: http://nupps.usp.br/downloads/docs/dt0503.pdf. Acesso em: 1 set. 2023.

[196] ROSA, Carlos Augusto de Proença. *História da ciência*: da antiguidade ao renascimento científico, v. I. 2. ed. Brasília: FUNAG, 2012, p. 313.

[197] ROSA, Carlos Augusto de Proença. *História da ciência*: da antiguidade ao renascimento científico, v. I. 2. ed. Brasília: FUNAG, 2012, p. 313.

com o objetivo de esclarecer e sustentar a Teologia. Sob esse aspecto, os nomes pioneiros de Fulbert, fundador da Escola de Chartres, e de Hugo de São Vítor, fundador da Escola de Paris – que se transformaria, posteriormente, na Universidade de Paris, a primeira a ser criada com nova orientação – devem ser celebrados. Divergências do Papa Inocêncio III (1161-1216) com o Rei da França, Felipe Augusto, fariam com que Roma apoiasse tal reivindicação de independência universitária da órbita do Estado e da Igreja, ainda que não tenha deixado de interferir nos assuntos das universidades, e, mesmo, de orientar o currículo, como quando proibiu o ensino de determinadas obras de Aristóteles, por contrárias aos ensinamentos cristãos.[198]

Segundo Ricardo Rivero Ortega, a autonomia universitária decorreu de um documento outorgado à Universidade de Bolonha, emitido por Frederico I, imperador Romano-Germano nos anos de 1155 a 1190, denominado *Authentica Habita* (*Privilegium Scholasticum*), que garantia a própria jurisdição e protegia os estudantes contra o confisco e a condenação pelas autoridades locais. Essas foram as primeiras duas medidas de autonomia universitária surgidas na história mundial.[199]

Um conceito clássico de *autonomia* sustentado por João Mangabeira preconiza que ela consiste no "poder que tem uma coletividade de organizar, sem intervenção estranha, o seu governo e fixar regras jurídicas, dentro de um círculo de competência traçado pelo órgão soberano".[200] Esse órgão soberano é o Estado brasileiro, que fixou os limites da autonomia para todas as entidades jurídicas na CF/1988. No seu sentido jurídico, a autonomia designa sempre um poder legislativo para estabelecer regras de direito obrigatórias no seu âmbito (autonormação),[201]

---

[198] ROSA, Carlos Augusto de Proença. *História da ciência*: da antiguidade ao renascimento científico, v. I. 2. ed. Brasília: FUNAG, 2012, p. 337-338.
[199] RIVERO ORTEGA, Ricardo (org.). *La reforma universitaria de 2023. Comentarios a la Ley Orgánica 2/2023, de 22 de marzo, del Sistema Universitario*. Madri: Aranzadi, 2023.
[200] MANGABEIRA, João. *Em tôrno da Constituição*. São Paulo: Companhia Editora Nacional, 1934, p. 28.
[201] "*La Universidad tiene que ser autónoma. Pero tiene que demostrar al Estado, a los partidos, a la sociedad encera que sabe a dónde va, cuál es su misión, cuál la búsqueda de la verdad que la inspira, cuál su contacto con la realidad histórica en la que se apoya. Es decir tiene que abrazar en una unidad de concepción y de ideal la pluralidad de materias que enseña, de ideologías que agrupa entre sus profesores y alumnos, de instituciones que cobija bajo su patronato. La autonomía es un derecho porque es un deber. La ley que un ser autónomo descubre en sí mismo recoge en la realidad de la vida: de la historia de otros y de Dios. Autonomía no significa anonimia ni anarquía*". RUIZ, Oscar Vilcarromero. La autonomía universitaria. *In: Ingeniería industrial*, n. 9, 1994. Lima: Universidad de Lima, p. 108-110. Disponível em: https://revistas.ulima.edu.pe/index.php/Ingenieria_industrial/article/view/3027. Acesso em: 24 dez. 2022.

todavia, vinculado aos limites fixados pelo órgão soberano,[202] o Estado, através do texto constitucional.[203]

No Brasil, a evolução da autonomia universitária é composta por cinco datas relevantes: 1911, 1931, 1961, 1968 e 1988.

Na primeira delas, em 5 de abril de 1911, é baixado o Decreto nº 8.659, conhecido por Reforma Rivadávia, em homenagem ao Ministro da Justiça e Interior, que a elaborou, concedendo autonomia às escolas superiores, visando proporcionar-lhe melhoria da qualidade do ensino no país.

Em 1931, por meio da iniciativa do Ministro Francisco Campos, em 11 de abril, foi promulgado o Decreto nº 19.851 disciplinando o "Estatuto das Universidades Brasileiras", atribuindo personalidade jurídica, autonomia administrativa, didática e disciplinar às universidades (art. 9º).

Trinta anos após esse período de amadurecimento da autonomia universitária, foi promulgada a Lei nº 4.024/1961 (Lei de Diretrizes e Bases da Educação Nacional), que replicou a autonomia universitária em seu art. 80, estabelecendo o seu exercício com base na observação dos seus estatutos: "Art. 80. As Universidades gozarão de autonomia didática, administrativa, financeira e disciplinar, que será exercida na forma de seus estatutos". Posteriormente, a Lei nº 5.540/1968 revogou o art. 80 da Lei nº 4.024/1961, substituindo-o pelo art. 3º, de redação quase idêntica à original, que apenas apôs a autonomia científica junto à didática, atribuindo liberdade de pesquisa às universidades, conforme se vê a seguir: "Art. 3º. As universidades gozarão de autonomia didático-científica, disciplinar, administrativa e financeira, que será exercida na forma da lei e dos seus estatutos".

---

[202] "A autonomia, como conceito jurídico, supõe um poder de direito público não soberano, capaz de estabelecer, por direito próprio, e não por mera delegação, regras de direito obrigatórias. Neste poder legislativo, falta-lhe a soberania, porque deve manter-se dentro dos limites que o soberano fixou à autonomia e não pode estabelecer regras de direito em oposição às prescritas pelo soberano". MANGABEIRA, João. *Em tôrno da Constituição*. São Paulo: Companhia Editora Nacional, 1934, p. 28-29.

[203] "As instituições aquinhoadas com espaço normativo próprio pela Constituição da República possuem relevantes atribuições cujo desempenho depende justamente do correto manejo desse espaço, sem interferências que não encontrem fundamento direto na mesma Constituição. [...]. O pressuposto inicial é que não existe qualquer entidade soberana que não seja o próprio Estado, e que por essa razão toda e qualquer parcela de autonomia possui natureza instrumental, sendo vocacionada mediatamente a alcançar os objetivos da República e imediatamente a possibilitar o correto exercício de competências constitucionais. Desta forma, os contornos da autonomia e seus respectivos limites devem ser buscados sistematicamente no próprio texto constitucional". MOTTA, Fabrício Macedo. Autonomia universitária e seus reflexos na escolha dos dirigentes das instituições federais de ensino superior. *In: Revista Brasileira de Estudos Políticos*, Belo Horizonte, n. 116, p. 287, jan./jun. 2018.

Ao longo dos anos, as universidades públicas no Brasil se constituíram sob duas formas jurídicas: autarquias ou autarquias fundacionais. Independentemente da forma pela qual foram constituídas, sua autonomia passou a constar no art. 217 da CF/1988:[204] "As universidades gozam de autonomia didático-científica, administrativa e de gestão financeira e patrimonial, e obedecerão ao princípio de indissociabilidade entre ensino, pesquisa e extensão". Ao longo dos anos, a doutrina[205] e a vasta jurisprudência do STF[206] convencionaram chamar o preceito trazido por esta norma constitucional de princípio da autonomia universitária.

Anita Lapa Borges de Sampaio reconhece algumas características decorrentes da autonomia universitária:

---

[204] "A Constituição não inovou a respeito; não veio para dar à universidade uma autonomia que ela não tinha, ao contrário, ela veio confirmar a autonomia existente. A diferença está em que a autonomia antes outorgada por lei, passou a ser assegurada pela Constituição". BRASIL. Supremo Tribunal Federal, ADI nº 51, Rel. Min. Paulo Brossard, DJ 17.09.1993.

[205] Por todos, Anna Candida da Cunha Ferraz: "A autonomia universitária vem consagrada no Texto de nossa Lei Maior, em seu artigo 207. Coube à Constituição de 5.10.1988 elevar, pioneiramente na história da universidade no Brasil, a autonomia das universidades ao nível de princípio constitucional". FERRAZ, Anna Candida da Cunha. A autonomia universitária na Constituição de 05.10.1998. In: *Revista de Direito Administrativo*, Rio de Janeiro, n. 215, p. 121, jan./mar. 1999.

[206] Surge conflitante com a autonomia universitária (art. 207 da CF/1988), lei do Estado autorizando o Chefe do Poder Executivo local a criar campus universitário (ADI nº 2.367, Rel. Min. Marco Aurélio, j. 10.10.2019, P, DJE de 24.10.2019.). "[...] as universidades estaduais também podem criar e organizar procuradorias jurídicas, em razão de sua autonomia didático-científica, administrativa, financeira e patrimonial" (art. 207, *caput*, CF/88). Tais órgãos jurídicos exercem um papel fundamental na defesa dos interesses das universidades, inclusive em face dos próprios Estados-membros que as constituíram. Portanto, em razão da autonomia universitária e seguindo a lógica da jurisprudência do Supremo Tribunal Federal na matéria, a existência dessas procuradorias não viola o art. 132 da Constituição (ADI nº 5.215, Rel. Min. Roberto Barroso, j. 28.3.2019, P, DJE 1º.8.2019). A previsão da autonomia universitária vem consagrada no art. 207 da Carta Política. Embora não se revista de caráter de independência [...], atributo dos Poderes da República, revela a impossibilidade de exercício de tutela ou indevida ingerência no âmago próprio das suas funções, assegurando à universidade a discricionariedade de dispor ou propor (legislativamente) sobre sua estrutura e funcionamento administrativo, bem como sobre suas atividades pedagógicas (ADI nº 3.792, Rel. Min. Dias Toffoli, j. 22.9.2016, P, DJE 1º.8.2017). O Prouni [Programa Universidade para Todos] é um programa de ações afirmativas, que se operacionaliza mediante concessão de bolsas a alunos de baixa renda e diminuto grau de patrimonialização. Mas um programa concebido para operar por ato de adesão ou participação absolutamente voluntária, incompatível, portanto, com qualquer ideia de vinculação forçada. Inexistência de violação aos princípios constitucionais da autonomia universitária (art. 207) e da livre iniciativa (art. 170). (ADI nº 3.330, Rel. Min. Ayres Britto, j. 3.5.2012, P, DJE 22.3.2013). Considerada a autonomia universitária, tomada em sentido maior, admite-se, é certo, a adequação do princípio da legalidade, a submissão à lei, mas indispensável é que se tenha disciplina calcada na proporcionalidade (ADI nº 3.324, voto do Rel. Min. Marco Aurélio, j. 16.12.2004, P, DJ 5.8.2005). Nos termos da jurisprudência deste Tribunal, o princípio da autonomia universitária não significa soberania das universidades, devendo essas se submeter às leis e demais atos normativos (RE nº 561.398 AgR, Rel. Min. Joaquim Barbosa, j. 23.6.2009, 2ª Turma, DJE 7.8.2009).

(i) poder de autonormação das universidades para a realização de seus fins;
(ii) autonomia financeira para elaboração e execução orçamentária;
(iii) gestão autônoma do seu patrimônio próprio;
(iv) autonomia financeira para conceder aumento distinto a seus servidores;
(v) autonomia para alienar ou onerar os bens imóveis;
(vi) instituir fundações com bens de seu patrimônio e recursos de seu orçamento;
(vii) contrair empréstimos;
(viii) criar cargos próprios;
(ix) cobrar taxas de serviços;
(x) subsidiar restaurantes;
(xi) realizar operações de crédito ou de financiamento.[207]

Ao interpretar a extensão do art. 207 da CF/1988 que o constitucionalizou em 5 de outubro de 1988, Anna Cândida da Cunha Ferraz retrata a sua "intangibilidade por normas de hierarquia inferior: leis federais, leis estaduais e municipais, ou mesmo as Constituições dos Estados":[208]

> o princípio da autonomia universitária tem uma dimensão fundamentadora, integrativa, diretiva e limitativa própria, o que significa dizer que é na própria Constituição Federal: a) que se radica o fundamento do instituto; b) que é dela que se extrai sua força integrativa em todo o sistema federativo do País; c) que a Constituição Federal preordena a interpretação que se possa dar ao instituto; d) que os limites que se podem opor à autonomia universitária têm como sede única a própria Constituição Federal; e) que o princípio da autonomia universitária, como princípio constitucional, deve ser interpretado em harmonia – mas no mesmo nível – com os demais princípios constitucionais.[209]

Fernando Dias Menezes de Almeida aborda a extensão da autonomia universitária em seu aspecto normativo, relativo aos limites da regulamentação pelas universidades:

> A autonomia universitária, interpretada no contexto do estado de direito brasileiro, não pode significar a isenção das universidades – tanto públicas como privadas – à submissão à legalidade. No entanto, a lei não pode ser de tal modo invasiva no espaço jurídico da universidade ao ponto

---

[207] SAMPAIO, Anita Lapa Borges de. *Autonomia universitária*: um modelo de interpretação e aplicação do art. 207 da Constituição Federal. Brasília: Universidade de Brasília, 1998, p. 264.
[208] FERRAZ, Anna Candida da Cunha. A autonomia universitária na Constituição de 05.10.1998. In: *Revista de Direito Administrativo*, Rio de Janeiro, n. 215, p. 123, jan./mar. 1999.
[209] FERRAZ, Anna Candida da Cunha. A autonomia universitária na Constituição de 05.10.1998. In: *Revista de Direito Administrativo*, Rio de Janeiro, n. 215, p. 123, jan./mar. 1999.

de suprimir-lhe a capacidade decisória no tocante a – como estabelece a Constituição – matéria didático-científica, administrativa e de gestão financeira e patrimonial. As normas gerais contidas na LDB [...] dão parâmetros dessa autonomia. [...] Registre-se, no entanto, que o artigo 53 da LDB, voltado conjuntamente às universidades públicas e privadas, centra-se em aspectos da autonomia didático-científica, impondo limites à atuação regulamentadora do Poder Executivo (notadamente, do Ministério da Educação, ou seus equivalentes no nível estadual).[210]

Com o avanço de questões inerentes a este princípio, coube à doutrina e ao STF apresentar e até construir qual seria o grau de limitação deste princípio, ou seja, seu efeito paralisante de produção de normas infraconstitucionais em desacordo com a sua extensão.

Ao se manifestar em casos específicos, o STF tem se posicionando pela efetividade da autonomia universitária administrativa na sua estruturação (ADI nº 2.367), no seu funcionamento (ADPF nº 756), na sua organização (ADI nº 5.215), na sua autonormação relativa aos aspectos administrativos e pedagógicos (ADI nº 3.792) e na autodeterminação educacional (ADI nº 3.330) e de ensino (ADPF nº 548). Ao mesmo tempo, ressalva que a regulação estatal poderá balizar a autonomia universitária (ADI nº 4.406 e ADI nº 3.324) pelo fato dela não implicar soberania (RE nº 561.398).

Na ADI nº 51, relatada pelo Min. Paulo Brossard, em seu voto condutor da maioria, admitiu-se a constitucionalização da autonomia universitária,[211] e com a concordância do pleno do STF, atribuíram-se três dimensões para a autonomia universitária ao interpretar o art. 207 da CF/1988, com as seguintes projeções:

a) *autonomia didático-científica*, de caráter principal, que confere à universidade, sob a égide do pluralismo de ideias, o direito à liberdade de ensino e de comunicação do pensamento. Essa expressão da autonomia universitária transforma a universidade no *"locus"*, no espaço social privilegiado da liberdade e é, em torno dela, que se desenvolvem os demais aspectos. As autonomias de natureza administrativa e financeira ostentam caráter acessório ou instrumental, em face daquela de ordem didático-científica, que apenas buscam complementar. Por isso mesmo, adverte o eminente CAIO TÁCITO (v. Parecer, *"in"* RDA, vol. 136/263-268,

---

[210] ALMEIDA, Fernando Dias Menezes de. As universidades e o fomento à pesquisa científica no sistema constitucional brasileiro. *Revista da Faculdade de Direito da Universidade do Porto*, n. 17/18, p. 333-350, 2022.

[211] A Constituição não inovou a respeito; não veio para dar à universidade uma autonomia que ela não tinha, ao contrário, ela veio confirmar a autonomia existente. A diferença está em que a autonomia antes outorgada por lei passou a ser assegurada pela Constituição (ADI nº 51, Rel. Min. Paulo Brossard, DJ 17.09.1993).

265), "na autonomia universitária o que está em causa é o princípio mais alto da liberdade do ensino, que é uma das facetas da liberdade de expressão do pensamento". E prossegue: "A liberdade de comunicação de conhecimentos no exercício do magistério (...) é o fulcro da autonomia didático-científica das Universidades (...)";

b) *autonomia administrativa*, de caráter acessório, que assegura à universidade, sempre em função de seu tríplice objetivo institucional, capacidade decisória para, de um lado, administrar os seus serviços, agindo e resolvendo *"interna corporis"* os assuntos de sua própria competência, e, de outro, disciplinar as suas relações com os corpos docente, discente e administrativo que a integram;

c) *autonomia financeira*, de caráter instrumental, que outorga à universidade o direito de gerir e aplicar os seus próprios bens e recursos, em função de objetivos didáticos, científicos e culturais já programados. Esse aspecto da autonomia universitária não tem o condão de exonerar a universidade dos sistemas de controle interno e externo. O Supremo Tribunal Federal, ao julgar essa questão, em precedente que guarda plena atualidade em face do sistema constitucional (RTJ, vol. 94/1130), decidiu, em relação ao tema da autonomia universitária, que "o controle financeiro se faz 'a posteriori', através da tomada de contas e das inspeções contábeis".[212]

Quanto à doutrina, podem ser atribuídos a Nina Beatriz Stocco Ranieri os estudos mais aprofundados sobre autonomia universitária no Brasil nos últimos 30 anos.[213] A pesquisadora, inspirada em Massimo Severo Gianini,[214] Rafael Bielsa[215] e João Mendes de Almeida Jr.,[216] afirma que, em decorrência do art. 207 da CF/1988, houve a interpretação de que a autonomia universitária representa um "poder derivado funcional, limitado pelo ordenamento que lhe deu causa".[217] *Derivado* porque

---

[212] BRASIL. Supremo Tribunal Federal. ADI nº 51, Rel. Min. Paulo Brossard, DJ 17.09.1993.

[213] RANIERI, Nina Beatriz Stocco. Trinta anos de autonomia universitária: resultados diversos, efeitos contraditórios. *In*: *Educação & Sociedade*, Campinas, v. 39, n. 145, out./dez. 2018. Disponível em: https://www.cedes.unicamp.br/publicacoes/edicao/823. Acesso em: 25 ago. 2022; RANIERI, Nina Beatriz Stocco. *Autonomia universitária na USP*: 1934-1969. São Paulo: Edusp, 2005; RANIERI, Nina Beatriz Stocco. *Autonomia universitária na USP*: 1970-2004. São Paulo: Edusp, 2006; RANIERI, Nina Beatriz Stocco. *Autonomia universitária*: as universidades públicas e a Constituição Federal. São Paulo: Edusp, 1994; RANIERI, Nina Beatriz Stocco. *Direito à educação* – aspectos constitucionais. São Paulo: Edusp, 2009; RANIERI, Nina Beatriz Stocco. *Educação superior, direito e estado*: na Lei de Diretrizes e Bases (Lei nº 9.394/96). São Paulo: Edusp/Fapesp, 2000; RANIERI, Nina Beatriz Stocco. *Reflexões sobre as implicações da legislatura de ensino na vida acadêmica*. Brasília: ABMES, 1999.

[214] GIANNINI, Massimo Severo. Autonomia – teoria generale e diritto pubblico. *In*: *Enciclopedia del Diritto*. Milano: Giuffré, 1959, v. IV.

[215] BIELSA, Rafael. *Derecho administrativo*. 3. ed. Buenos Aires: Librería J. Lajoane y Cia., 1938.

[216] ALMEIDA JR., João Mendes de. *A ideia de autonomia e a pretensão de transição do ensino oficial*. São Paulo: Tipo Siqueira Nagel e Cia., 1912.

[217] RANIERI, Nina Beatriz Stocco. Trinta anos de autonomia universitária: resultados diversos, efeitos contraditórios. *In*: *Educação & Sociedade*, v. 39, n. 145, out./dez. 2018. Campinas:

a autonomia só se "legitima em razão do ordenamento que consente em sua existência";[218] *funcional*, por consistir em um instrumento de natureza pública, vocacionado a operacionalizar o cometimento de tarefas públicas; e *limitado*, porque não implica a sua autonomia em soberania ou independência.

Conclui, ainda, pela existência de três modelos de autonomia vigentes no país: o das universidades privadas, o das universidades federais e o das universidades estaduais paulistas (USP, UNESP e Unicamp). No entanto, aponta ser este último modelo o único que assegura uma real autonomia às universidades, em virtude da vinculação de transferências financeiras por ele desenhada, supondo ser o único que absorveu a essência da autonomia universitária entre as universidades públicas.[219] [220]

Unicamp, 2018. Disponível em: https://www.cedes.unicamp.br/publicacoes/edicao/823. Acesso em: 25 ago. 2022, p. 946-961.

[218] RANIERI, Nina Beatriz Stocco. Trinta anos de autonomia universitária: resultados diversos, efeitos contraditórios. *In*: *Educação & Sociedade*, v. 39, n. 145, out./dez. 2018. Campinas: Unicamp, 2018. Disponível em: https://www.cedes.unicamp.br/publicacoes/edicao/823. Acesso em: 25 ago. 2022, p. 946-961.

[219] "No período de trinta anos, desde a promulgação da Constituição, produziram-se, no país, três principais modelos de autonomia universitária: o das universidades privadas, o das universidades federais e o das universidades estaduais paulistas. Esse último, de longe, é o mais efetivo, dada a estrutura orçamentária e financeira que o assegura e os resultados acadêmicos e científicos apresentados. Assegurado pelo Decreto Estadual n. 29.598/89 (BRASIL, 1989), o regime de autonomia das universidades estaduais paulistas (Universidade de São Paulo – USP, Universidade Estadual de Campinas – UNICAMP e Universidade Estadual Paulista Júlio de Mesquita Filho – UNESP) é único no país. Seu mecanismo de financiamento prevê o repasse de verbas públicas (9,57% do Imposto sobre Operações relativas à Circulação de Mercadorias e sobre Prestações de Serviços de Transporte Interestadual e Intermunicipal e de Comunicação — ICMS) às instituições, em duodécimos mensais, sendo verbas administradas autonomamente pelas instituições. O montante de recursos que o sustenta foi sucessivamente ampliado por leis orçamentárias anuais. Seus artífices e atores – as universidades, as autoridades do Executivo, do Legislativo (incluído o Tribunal de Contas) e do Judiciário, e o Ministério Público –, tiveram e ainda terão papel crucial em seu aprimoramento jurídico e institucional. Os demais modelos constituíram-se palmilhando caminhos diferentes. Para as 63 universidades federais (BRASIL, 2017), financiadas com recursos do Tesouro Nacional e algumas fontes alternativas (convênios, contratos, financiamento de pesquisas), o art. 207 não se mostrou efetivo. Problemas diversos de natureza administrativa e financeira (regime de caixa único, contingenciamento de despesas), o peso da burocracia estatal, além das restrições do regime de direito público são fatores limitantes de sua autonomia. Comparativamente, as universidades privadas desfrutam de maior autonomia administrativa e financeira em virtude do regime jurídico privado, com vantagens para as instituições que optaram pelo regime mercantil". RANIERI, Nina Beatriz Stocco. Trinta anos de autonomia universitária: resultados diversos, efeitos contraditórios. *In*: *Educação & Sociedade*, Campinas, v. 39, n. 145, p. 946-961, out./dez. 2018. Disponível em: https://www.cedes.unicamp.br/publicacoes/edicao/823. Acesso em: 25 ago. 2022.

[220] No mesmo sentido: "[...] a experiência de autonomia de gestão financeira das universidades estaduais paulistas injetou novos rumos na formação de um projeto de universidade pública".

Caminhando para o que é importante quanto à relação da autonomia universitária para a ciência, tecnologia e inovação, em parecer de 7 de julho de 1989, relacionado às autarquias educacionais, Hely Lopes Meirelles considerou que o art. 207 da CF/1988, ao elevar a princípio constitucional a autonomia universitária, "veio referendar o que já grassava a comunidade universitária, como apanágio, e era insculpido nos Estatutos de todas elas"[221] e representou "a carta de alforria dessas instituições educacionais, que, ao longo do tempo estiveram, muitas vezes, jungidas aos interesses eleiçoeiros e imediatista de quantos se arvoraram 'tutores' da universidade".[222] Ademais, esse princípio se desenvolve e "traduz-se nos seus estatutos e regimentos",[223] do qual se conclui que "qualquer medida tendente a restringir, limitar, tolher essa autonomia assegurada pela novel Constituição, a esta afronta, tornando-se írrita".[224]

A autonomia universitária é direito regulatório consagrado constitucionalmente para as universidades pelo poder constituinte originário de 1988. Logo, qualquer ato vilipendioso à sua autonomia ofenderia a CF/1988 e seria inconstitucional, pois já existe uma espécie de garantia institucional a respeito, segundo observa Paulo Bonavides.[225] Garantia institucional que visa tornar a instituição perene e preservar sua essência. Assim, somente por meio de pressões sociais e de imperativos de consciência pública é que a autonomia universitária se tornará efetiva.[226] Por isso, cabe aos representantes das universidades sufragar movimentos de defesa contra qualquer afronta ao princípio da autonomia universitária que "propala seu conteúdo normativo por todo o

---

BUCELLI, Rogério Luiz. *Autonomia universitária*: a experiência das universidades estaduais paulistas (1989/1995). Dissertação (Mestrado em Direito). São Paulo: FGV, 1996.

[221] MEIRELLES, Hely Lopes. Autarquia educacional – autonomia. In: *Estudos e Pareceres de Direito Público*, v. 11. São Paulo: RT, 1991, p. 230-231.

[222] MEIRELLES, Hely Lopes. Autarquia educacional – autonomia. In: *Estudos e Pareceres de Direito Público*, v. 11. São Paulo: RT, 1991, p. 226.

[223] MEIRELLES, Hely Lopes. Autarquia educacional – autonomia. In: *Estudos e Pareceres de Direito Público*, v. 11. São Paulo: RT, 1991, p. 231.

[224] MEIRELLES, Hely Lopes. Autarquia educacional – autonomia. In: *Estudos e Pareceres de Direito Público*, v. 11. São Paulo: RT, 1991, p. 230-231.

[225] "A garantia institucional não pode deixar de ser a proteção que a Constituição confere a algumas instituições, cuja importância reconhece fundamental para a sociedade, bem como a certos direitos fundamentais providos de um componente institucional que os caracteriza". BONAVIDES, Paulo. *Curso de direito constitucional*. 25. ed. São Paulo: Malheiros, 2010, p. 537.

[226] BONAVIDES, Paulo. *Curso de direito constitucional*. 25. ed. São Paulo: Malheiros, 2010, p. 542.

ordenamento jurídico",[227] limitar o exercício de algumas competências pelo Estado e[228] atuar com desvelo e como guardiães da sua autonomia. Embora o art. 207 da CF/1988 represente uma norma constitucional de eficácia plena, o legislador entendeu por bem disciplinar infraconstitucionalmente a autonomia didático-científica, administrativa e de gestão financeira e patrimonial, e o princípio da indissociabilidade entre ensino, pesquisa e extensão, o que fez em parte do Capítulo IV do Título V da Lei nº 9.394/1996, ao regulamentar a educação superior nos níveis e modalidades de educação e ensino.

O princípio de indissociabilidade entre ensino, pesquisa e extensão teve seu conteúdo regulamentado pelo art. 52 da Lei nº 9.394/1996, que fixou condições mínimas para a manutenção ou o credenciamento de instituições de ensino superior com a organização acadêmica de universidade. No caso de universidades públicas, os requisitos fixados são de fácil conformação, pois, em virtude de seu perfil, é difícil encontrar universidades públicas que não tenham pesquisa e extensão, conjuntamente com produção intelectual institucionalizada, um terço do corpo docente em regime integral e na mesma proporção com titulação acadêmica em pós-graduação *stricto sensu*. Já em relação às universidades privadas, além de observarem esses requisitos, é preciso atentar para os previstos no art. 17 do Decreto nº 9.235/2017, para que possam ser classificadas academicamente como universidades.

Quanto à autonomia didático-científica, Nina Beatriz Ranieri lembra que o art. 218 da CF/1988 e seus parágrafos deixam claro que a promoção e o incentivo ao desenvolvimento científico, à pesquisa, à capacitação científica e tecnológica e agora à inovação representam "a contrapartida da liberdade científica para as universidades"[229] expressa na Constituição. Por isso, é legítimo o controle externo do poder público sobre suas atividades científicas, "no sentido de cobrar-lhes, especialmente às públicas, o bom desempenho na área". Isso porque,

---

[227] ARAGÃO, Alexandre Santos de. *A autonomia universitária no estado contemporâneo e no direito positivo brasileiro*. Rio de Janeiro: Renovar, 2001, p. 60.
[228] "Observe-se que, como a autonomia das Universidades constitui uma reserva de certo âmbito de livre atuação, sobre o qual os poderes do Estado não podem se imiscuir, gera consequências inclusive no sistema constitucional de divisão de competências, funcionando como um limitador, uma exclusão parcial, do exercício de algumas das competências dos poderes centrais do Estado". ARAGÃO, Alexandre Santos de. *A autonomia universitária no estado contemporâneo e no direito positivo brasileiro*. Rio de Janeiro: Renovar, 2001, p. 61.
[229] RANIERI, Nina Beatriz. *Autonomia universitária*: as universidades públicas e a Constituição Federal de 1988. São Paulo: Imprensa Oficial, 2013, p. 161.

além de ser pressuposto indispensável da autonomia das universidades, "a autonomia científica, tal como reconhecida na Constituição em face das necessidades do país, é garantia do desenvolvimento científico e tecnológico da Nação",[230] portanto, o engajamento das universidades, tanto públicas quanto privadas, na concretização da norma programática do art. 218, na promoção e estímulo às atividades de C,T&I, é a moeda de troca exigida pelo Estado pela autonomia universitária, exigência que se faz mais presente nas universidades públicas, tendo em vista as características de sua subordinação orçamentária ao ente federativo a qual estão vinculadas.

Norma específica para garantir a autonomia didático-científica foi inserida recentemente pela Lei nº 13.490/2017 no §1º do art. 53 da LDB. Com isso, foi atribuído um tom mais democrático a algumas decisões das universidades, quando relacionadas ao emprego dos seus recursos orçamentários disponíveis, no qual conferiu expressamente competência aos seus colegiados de ensino e pesquisa para decidir sobre criação, expansão, modificação e extinção de cursos; ampliação e diminuição de vagas; elaboração da programação dos cursos; programação das pesquisas e das atividades de extensão; contratação e dispensa de professores e planos de carreira docente. Essas decisões, em regra, ao final são instrumentalizadas através da aprovação de resoluções no Conselho Universitário.

Aliás, essa capacidade de *autonormação*[231] das universidades encontra diretrizes de ação tanto no art. 53 quanto no art. 54, §1º, ambos da Lei de Diretrizes e Bases Nacional.

O art. 53 assegurou às universidades, como fruto da autonomia universitária, a possibilidade de definir uma série de questões incidentes sobre suas atividades administrativas e pedagógicas,[232] ao enumerar dez elementos componentes da sua autonomia:

---

[230] RANIERI, Nina Beatriz. *Autonomia universitária*: as universidades públicas e a Constituição Federal de 1988. São Paulo: Imprensa Oficial, 2013, p. 162.

[231] [...] "o conteúdo mínimo reconhecido ao conceito de autonomia implica um poder limitado e derivado de autogoverno e autonormação conferido a um ente para consecução de seus fins e interesses específicos". SAMPAIO, Anita Lapa Borges de. *Autonomia universitária*: um modelo de interpretação e aplicação do art. 207 da Constituição Federal. Brasília: Universidade de Brasília, 1998, p. 259.

[232] Segundo o STF, em decisão na ADI nº 4.406, relatada pela Min. Rosa Weber: "[...] a Lei de Diretrizes e Bases da Educação conferiu à autonomia uma circunscrição temática, desde que observadas as normas gerais pertinentes. Incumbe às universidades o exercício de suas funções com espaço de liberdade para dispor, propor e estruturar as atividades

I – criar, organizar e extinguir, em sua sede, cursos e programas de educação superior previstos nesta Lei, obedecendo às normas gerais da União e, quando for o caso, do respectivo sistema de ensino;
II – fixar os currículos dos seus cursos e programas, observadas as diretrizes gerais pertinentes;
III – estabelecer planos, programas e projetos de pesquisa científica, produção artística e atividades de extensão;
IV – fixar o número de vagas de acordo com a capacidade institucional e as exigências do seu meio;
V – elaborar e reformar os seus estatutos e regimentos em consonância com as normas gerais atinentes;
VI – conferir graus, diplomas e outros títulos;
VII – firmar contratos, acordos e convênios;
VIII – aprovar e executar planos, programas e projetos de investimentos referentes a obras, serviços e aquisições em geral, bem como administrar rendimentos conforme dispositivos institucionais;
IX – administrar os rendimentos e deles dispor na forma prevista no ato de constituição, nas leis e nos respectivos estatutos;
X – receber subvenções, doações, heranças, legados e cooperação financeira resultante de convênios com entidades públicas e privadas.
Esses elementos são meramente enumerativos, já que o próprio art. 53 expressa que como reflexo de sua autonomia, outras atribuições poderão coexistir no âmbito das Universidades.

Ainda, o art. 54 da Lei nº 9.394/1996 atribuiu às universidades a possibilidade de aprovarem "estatuto jurídico especial para atender às peculiaridades de sua estrutura, organização e financiamento pelo poder público, assim como dos seus planos de carreira e do regime jurídico do seu pessoal", nesse caso, em homenagem à sua autonomia administrativa.[233] Na sequência, no art. 54, §1º, além de explicitar atribuições inerentes à autonomia administrativa, foram asseguradas outras autonomias relativas à gestão financeira e patrimonial.

Em breves linhas, essas são as autonomias já disciplinadas no sistema jurídico brasileiro, o que parece um pouco tímido para atender às necessidades decisórias mediatas e imediatas das universidades brasileiras. Paulo de Tarso Artencio Muzy e José Roberto Drugowich,

---

administrativas e pedagógicas". BRASIL. ADI nº 4.406, Rel. Min. Rosa Weber, j. 18.10.2019, P, DJE 4.11.2019.
[233] BRASIL. Lei nº 9.394/1996. "Art. 54. As universidades mantidas pelo Poder Público gozarão, na forma da lei, de estatuto jurídico especial para atender às peculiaridades de sua estrutura, organização e financiamento pelo Poder Público, assim como dos seus planos de carreira e do regime jurídico do seu pessoal".

em estudo sobre a autonomia universitária no Brasil, especialmente em São Paulo, descrevem essa dissonância persistente:

> É curioso que, após quase mil anos, a autonomia ainda seja revestida de interpretações, de hipóteses, de formulações às vezes conflitantes, de apropriações ideológicas e, infelizmente, se configure apenas tímida e recentemente, entre nós, em instrumentos de gestão que permita, de fato, inovações e o posicionamento da Universidade com seu futuro garantido. É que talvez não tenhamos aprendido com a experiência histórica, ou estejamos reproduzindo aspectos parciais ou ideais da autonomia, datados já de mil anos.
> [...].

Em 1988, com a assinatura da *Magna Charta Universitatum* (*Magna Charta Universitatum, 1988*),[234] por 388 reitores de instituições de todo o planeta, inclusive da USP,[235] o tema da autonomia começou a movimentar as universidades europeias como conceito instituidor da Universidade e indissociável das funções de ensino, pesquisa e difusão, visando à liberdade de investigação intelectual, sua centralidade na melhor tradição do humanismo europeu e o desenvolvimento econômico, cultural e social dos países signatários.

A autonomia é aqui referida na mesma forma que explicitada pela Constituição Federal brasileira no mesmo ano. Porém, ela é apreendida como um elemento imanente à instituição, que não a reclama, mas a tem como identificação.[236]

Apoiado nesses ideais, afirma-se que o art. 207 é norma constitucional de eficácia jurídica plena.[237] As normas trazidas pela Lei Federal nº 9.394/1996 não reduziram seu alcance através de limitações, apenas disciplinaram algumas atribuições e competências inerentes à sua autonomia. Portanto, os arts. 53 e 54 da Lei nº 9.394/1996 não são

---

[234] MAGNA CHARTA UNIVERSITATUM. Bolonha, 18 set. 1988. Roma: Università di Bologna. Disponível em: http://www.magna-charta.org/resources/files/the-magna-charta/portuguese. Acesso em: 15 nov. 2022.

[235] No Brasil, também assinaram o documento: Universidade Católica de Pelotas, Universidade do Estado do Rio de Janeiro, Universidade Estadual de Campinas, Universidade Estadual de Ponta Grossa, Universidade Estadual Paulista "Júlio de Mesquita Filho" São Paulo (UNESP), Universidade Federal de Minas Gerais, Universidade Federal de Santa Catarina, Universidade Federal do Ceará, Universidade Federal do Espírito Santo, Universidade Federal do Rio Grande do Norte, Universidade Federal do Rio Grande do Sul e Universidade Federal Fluminense.

[236] MUZY, Paulo de Tarso Artencio; DRUGOWICH, José Roberto. *Os desafios da autonomia universitária*: história recente da USP. Jundiaí: Paco, 2018, p. 90-92.

[237] SILVA, José Afonso da. *Aplicabilidade das normas constitucionais*. 7. ed. São Paulo: Malheiros, 2008.

os únicos efeitos da sua autonomia didático-científica, administrativa e de gestão financeira e patrimonial.

Em verdade, os próprios limites da autonomia universitária são encontrados na CF/1988, muitas vezes os inerentes às autarquias, extensíveis às universidades, seja por se configurarem como fundações autárquicas[238] no ato de sua criação, caso da Universidade de Brasília (Lei Federal nº 3.998/1961), ou pela opção legislativa de se criarem como autarquia de regime especial, como a Universidade Estadual Paulista "Júlio de Mesquita Filho" (Lei Estadual nº 952/1976).

Contudo, as universidades não são simples autarquias. São qualificadas como "regime especial",[239] pois possuem mais privilégios em relação às autarquias comuns, visto que é necessária autonomia e certa independência para sua atuação, inclusive, com mandatos independentes de seus dirigentes e possibilidade de disciplinar sua organização, funcionamento e até normas de gestão interna de pessoal. Odete Medauar esclarece alguns aspectos do regime das autarquias universitárias que notificam seu caráter especial:

> a) nomeação do Reitor pelo Chefe Executivo, mediante lista elaborada pela própria universidade;
> b) o Reitor detém mandato insuscetível de cessação pelo Chefe do Executivo;
> c) a organização e as principais formas de funcionamento estão contidas no Estatuto e no Regimento elaborados pela própria Universidade;
> d) existência de órgãos colegiados centrais na administração superior, com funções deliberativas e normativas, dos quais participam docentes, representantes do corpo discente e da comunidade;
> e) carreira específica para o pessoal docente, com progressão ligada à obtenção de graus acadêmicos e concursos.[240]

---

[238] "Uma vez que as fundações públicas são pessoas de Direito Público de capacidade exclusivamente administrativa, resulta que são autarquias e que, pois, todo o regime jurídico dantes exposto, como o concernente às entidades autárquicas, aplicasse-lhes integralmente". MELLO, Celso Antônio Bandeira de. *Curso de direito administrativo*. 34. ed. São Paulo: Malheiros, 2019, p. 194.

[239] Hely Lopes Meirelles esclarece o conceito de autarquia de regime especial: "É toda aquela que a lei instituidora conferir privilégios específicos e aumentar sua autonomia comparativamente com as autarquias comuns, sem infringir os preceitos constitucionais pertinentes a essas entidades de personalidade pública". MEIRELLES, Hely Lopes. *Direito administrativo brasileiro*. 22. ed. São Paulo: Malheiros, 1997, p. 305.

[240] MEDAUAR, Odete. *Direito administrativo moderno*. 6. ed. São Paulo: RT, 2002, p. 82.

Dentre os privilégios inerentes às autarquias de regime especial estão o da estabilidade de seus dirigentes, autonomia financeira e o poder normativo regulatório. A outorga desses amplos poderes a qual lhes foi concedida tem como objetivo primordial a execução satisfatória dos serviços públicos, dada a sua grande importância no desenvolvimento do país.

A Lei Federal nº 5.540/1968, com redação modificada pela Lei Federal nº 9.192/1995, preserva a autonomia para a indicação de seus dirigentes, fixando processo democrático de escolha de lista tríplice a ser submetida ao Presidente da República para sua indicação. O regime jurídico é fixado pelo art. 16 da Lei, e o Decreto Federal nº 1.916/1996 a regulamenta.

Em virtude da atribuição de regime especial às autarquias universitárias, todas as normas regulatórias no âmbito das universidades públicas se traduzem na elaboração de resoluções e de portarias, que estão, segundo uma estrutura escalonada, abaixo dos seus estatutos e regimentos internos.

As resoluções são aprovadas pelo principal órgão colegiado das universidades públicas, o Conselho Universitário, enquanto as portarias são baixadas pelos reitores nos limites estatutários previstos para o seu poder regulamentar. Fabrício Macedo Motta, juntamente com Maria Sylvia Zanella Di Pietro, explica o grau de eficácia das normas emitidas pelo Conselho Universitário:

> Por essas razões, os Estatutos e Regimentos são formalizados mediante Resolução aprovada pelo Conselho Universitário e satisfazem o princípio da legalidade, pois seu conteúdo material é predeterminado constitucionalmente. Os atos normativos – Resoluções – das Universidades, dentro do seu estreito limite de incidência, equiparam-se às leis formais. Isso acarreta a prevalência das normas da Universidade sobre normas exógenas de igual valor, no que respeita a seu peculiar interesse, como expressamente determinou a Constituição.[241]

Em regra, as autarquias de regime especial, apesar de todas essas regalias, não gozam de plena independência e autonomia, portanto, são relativamente dependentes dos Poderes Executivo, Legislativo e Judiciário. Para fazer essa distinção, além de se considerar autarquia

---

[241] MOTTA, Fabrício; DI PIETRO, Maria Sylvia Zanella. *Tratado de direito administrativo*, v. 2. Administração pública e servidores públicos. São Paulo: RT, 2014, p. 174.

de regime especial, às universidades foram atribuídas autonomias previstas no art. 207 da CF/1988 (didático-científica, administrativa e de gestão financeira e patrimonial). Diante disso, pode-se dizer que passaram a ser *autarquias em regime especial qualificadas*, ou seja, além do regime especial que lhes é destinado por lei, a CF/1988 atribuiu-lhe autonomia, sustentada em um tripé: didático-científica, administrativa e de gestão financeira e patrimonial.

Se o tratamento constitucional atribuído às universidades públicas fosse somente o previsto no art. 207, como ocorre com as universidades privadas, ele se extinguiria na autonomia. Todavia, são autarquias em regime especial dotadas de autonomia didático-científica, administrativa e de gestão financeira e patrimonial.

No âmbito estadual, é possível citar normas posteriores à CF/1988 que vieram para garantir a autonomia necessária às universidades públicas estaduais. A mais relevante é a do Estado de São Paulo, que disciplinou uma partilha de recursos oriundos do Imposto sobre Operações Relativas à Circulação de Mercadorias e sobre Prestações de Serviços de Transporte Interestadual e Intermunicipal e de Comunicação (ICMS) para garantir a necessária autonomia financeira às universidades estaduais paulistanas (USP, UNESP e Unicamp). A medida foi concretizada pelo Decreto Estadual nº 29.598/1989, que possui natureza jurídica de lei ordinária, visto que, com a vigência da Constituição Estadual Paulista (05.10.1989), não houve mais atribuições regulamentares tão amplas ao governador do Estado, que, a partir da nova Constituição Estadual deveria submeter assuntos da ordem do Decreto nº 29.598/1989 à Assembleia Legislativa. Esse decreto estadual, pela sua relevância, demonstrou que a autonomia universitária no Brasil, quando consagrada ao menos através de autonomia financeira, pode produzir bons resultados, pois possibilitou elevar as três universidades estaduais paulistanas a figurarem, nos últimos anos, sempre entre as dez melhores do Brasil – a USP e a Unicamp ocupando as primeiras colocações e a UNESP, o 6º lugar em um dos principais *rankings* brasileiros de qualidade universitária.[242]

---

[242] FOLHA DE S. PAULO. *USP e Unicamp derrubam federais e dividem topo do ranking pela 1ª vez*. RUF 2019. Disponível em: https://ruf.folha.uol.com.br/2019/. Acesso em: 3 set. 2023.

4.2 As universidades como protagonistas no sistema nacional de ciência, tecnologia e inovação

A universidade é a instituição fundamental na sociedade do conhecimento em que vivemos. É dela e do seu sistema educacional que depende o ensino superior, o qual permite às pessoas almejarem, através de uma relação de igualdade de oportunidades, o desenvolvimento científico, tecnológico, econômico e social de dado local.

Como fonte de conhecimento, de bem-estar material, de inclusão, de liberdade política e cultural, e de justiça social, de fraternidade e espírito altruísta, a universidade se encontra em constante mudança para sempre revigorar o ecossistema ao qual pertence.

É fato que, a partir da restauração da democracia, houve uma transformação multidimensional da sociedade no mundo inteiro, viabilizada pela revolução científica e tecnológica no âmbito da informação e da comunicação, no qual uma sociedade digital inicia o processo de maior interação com o ecossistema universitário local, regional e mundial. As universidades, que vinham sendo essencialmente um espaço de formação de jovens, em breve, devem começar a alcançar diferentes idades, o que se dá, em princípio, por meio de suas atividades de extensão, que devem possuir uma interface com a comunicação social e atingir todos os níveis etários e sociais, transferindo efetivamente o conhecimento.

É nesse contexto que se pode atribuir às universidades o papel de impulsionar o desenvolvimento científico da humanidade, dada a sua possibilidade de gerar e de compartilhar coletivamente o conhecimento, o qual, sem o espaço acadêmico estaria fadado a ser reduzido às classes privilegiadas das sociedades, as quais podiam arcar com altos custos de manutenção de professores com exclusividade.

Desde os primórdios da intelectualização formal da humanidade, a luta tem sido para conquistar espaços e alcançar liberdades, requisitos necessários para as universidades desenvolverem seu papel de colaborar na promoção do desenvolvimento cultural e socioeconômico do país, mas não apenas através de um ensino dotado de tecnicidade e ao mesmo tempo libertário. É necessário, simultaneamente, estimular as pesquisas e a inovação nas regiões nas quais estão instaladas, produzindo novos empreendimentos através de suas ações.

De fato, as universidades podem funcionar como grande mola propulsora do desenvolvimento do SNCTI, pois nelas está a principal estrutura necessária ao país para estimular essas atividades, principalmente, capacidade instalada e capital intelectual.

Como consequência, elas têm o condão de colaborar para o desenvolvimento econômico e tecnológico do país, principalmente pelo fato de serem as universidades públicas as grandes destinatárias do art. 219-A introduzido na CF/1988 pela EC nº 85/2015, uma vez que esta foi a forma encontrada pelo país para estimular positivamente as atividades empresariais com potencial inovador, incitando os entes públicos a participarem deste processo, conforme avaliam Laura Schertel Mendes e Cláudia Lima Marques:

> O art. 219-A foi inserido em 2015, por meio da EC 85, de 26.02.2015, juntamente com diversas outras normas que visam reforçar a atuação do Estado no campo da Ciência e da Tecnologia e inserir um dever estatal de promoção da inovação, conferindo ao Estado a atribuição de adotar políticas públicas destinadas a promover e incentivar, além do desenvolvimento científico, a pesquisa, a capacitação científica e tecnológica, também a inovação, "mediante contrapartida financeira ou não financeira" público-privada, o que é de saudar-se.[243]

Da simples leitura do art. 219-A da CF/1988, extrai-se que, para a execução de projetos de pesquisa, de desenvolvimento científico e tecnológico e de inovação, mediante contrapartida financeira ou não financeira assumida, entidades públicas e privadas poderão avençar instrumentos de cooperação com a Administração Direta e Indireta Federal, Estadual, Distrital e Municipal.

Por meio desses ajustes, pode ser convencionado o compartilhamento dos recursos humanos especializados a elas pertencentes e de sua capacidade instalada. Assim, permitem-se claramente "investimentos públicos em entes privados",[244] os quais, além de fomentar atividades e empresas geradoras de empregos, produtos inovadores, e em longo prazo, receitas tributárias para o Estado, tanto por parte dos colaboradores da empresa quanto dela própria, também colocam o Estado como

---

[243] MENDES, Laura Schertel; MARQUES, Claudia Lima. Perspectivas e desafios do novo marco legal de ciência, tecnologia e inovação: um comentário à Lei nº 13.243/2016. *Revista de Direito do Consumidor*, v. 105, p. 549-572, 2016.

[244] "O art. 219-A destaca-se, ainda, por permitir investimentos públicos em entes privados". PRETE, Esther Külkamp Eyng. Considerações para uma abordagem sistemática da Emenda Constitucional n. 85 de 2015. *In*: SOARES, Fabiana de Menezes; PRETE, Esther Külkamp Eyng (org.). *Marco Regulatório em Ciência, Tecnologia e Inovação*: texto e contexto da Lei nº 13.243/2016. Belo Horizonte: Arraes, 2018, p. 105.

empreendedor. A ideia, difundida por Mariana Mazzucato, surge do fato de que o Estado integra esse ecossistema dado ao "caráter coletivo da inovação",[245] que vem sendo disseminada no Brasil por grandes especialistas da área, em especial, por Fabiana de Menezes Soares, ao considerar que "o Estado tem um papel fundante para a garantia da economia exatamente 'empreendendo' para assegurar que a tecnologia chegue até as pessoas".[246]

Em termos de estrutura para se promover a inovação, há tempos destaca-se que, dentre as distorções ou gargalos apresentados pelo país em relação ao seu ambiente institucional para a inovação, os pesquisadores qualificados em pós-graduação *stricto sensu* estão nas entidades públicas, em especial, nas universidades públicas, que os absorvem sem que eles precisem se preocupar com a instabilidade da economia de mercado no Brasil. Isso leva, inevitavelmente, à limitação do quadro de pessoal das empresas privadas para promover iniciativas de pesquisa aplicada voltada à inovação.[247]

---

[245] "A suposição de que o setor público pode no máximo incentivar inovações puxadas pelo setor privado (através de subsídios, reduções fiscais, precificação do carbono, padrões técnicos, etc.), principalmente mas não apenas diante da crise recente, não leva em consideração os muitos exemplos em que a principal força empreendedora veio do Estado e não do setor privado. A não consideração desse papel tem causado grande impacto sobre os tipos de parcerias público-privadas que são criadas (potencialmente parasitárias em vez de simbióticas) e tem desperdiçado dinheiro ou incentivos ineficazes (incluindo diferentes tipos de isenções fiscais) que poderiam ter sido usados de forma mais eficiente. Para entender o papel fundamental do Estado ao assumir os riscos do capitalismo moderno, é importante reconhecer o caráter "coletivo" da inovação". MAZZUCATO, Mariana. *O estado empreendedor*: desmascarando o mito do setor público *vs.* setor privado. Trad. Elvira Serapicos. São Paulo: Portfolio-Penguin, 2014, p. 256.

[246] "Hoje o cenário demanda também recursos públicos para a Ciência, Tecnologia e Inovação, o empreendedorismo decorrente da disponibilização do conhecimento gerado em grande parte pelas universidades, motor para o desenvolvimento econômico-social não se faz somente na iniciativa privada, ou exclusivamente no mercado, o Estado tem um papel fundante para a garantia da economia exatamente "empreendendo" para assegurar que a tecnologia chegue até as pessoas". SOARES, Fabiana de Menezes. Autonomia universitária e o marco da ciência, tecnologia e inovação. *In*: CABRAL, Edson César dos Santos; QUEIROZ, João Eduardo Lopes (org.). *Autonomia universitária*: 30 anos no Estado de São Paulo. São Paulo: Unesp, 2020, p. 206.

[247] "Segundo pesquisas, dentre as várias distorções que o Brasil apresenta quando se examina o cenário institucional para a inovação, está o fato de que os pesquisadores mais qualificados, detentores do título de doutor, estão majoritariamente empregados em entidades públicas, basicamente em universidades federais e estaduais, e não nas empresas. Portanto, as empresas têm limitações do seu quadro de pessoal para investir em iniciativas sustentadas de inovação. Além disso, elas também enfrentam dificuldades e limitações para contratar os serviços científicos e tecnológicos que poderiam resultar em produtos e processos inovadores. Isso porque o sistema universitário estatal é inteiramente conformado pelo regime jurídico de direito público, que se traduz na obrigatoriedade de concurso público, licitações, observância de isonomia etc." BUCCI, Maria Paula Dallari; COUTINHO, Diogo

Antes da Lei de Inovação nº 10.973/2004, invariavelmente, a formatação de ajustes voltados à contratação de serviços científicos e tecnológicos entre universidades e empresas, com o intuito de se obter processos e produtos inovadores, utilizando-se da capacidade instalada nos *campi* universitários para tanto, não era uma realidade sólida nesse ambiente, dada a ausência de um regramento geral que permitisse ao pesquisador atender a essas demandas sem esbarrar nas normas funcionais inibidoras da sua atuação em prestação de serviços que não fossem exclusivos da universidade, em decorrência da incidência de regras de Direito Público até então extremamente restritivas.

Posteriormente, esse quadro foi alterado. A EC nº 85/2015, ao induzir uma maior interação entre os entes públicos e o setor privado, a partir da inserção do parágrafo único do art. 219 e dos arts. 219-A e 219-B à CF/1988, olhou diretamente para as universidades públicas como agentes principais desse processo. Inclusive, a própria autora da PEC, deputada Margarida Salomão, veio do meio universitário (ex-reitora da Universidade Federal de Juiz de Fora por dois mandatos consecutivos).

Nesse contexto, a tessitura trazida pelo art. 219-A leva a crer que impor quaisquer condicionamentos restritivos às parcerias público-públicas ou público-privadas[248] voltadas à execução de projetos de pesquisa, de desenvolvimento científico e tecnológico e de inovação configurará postura não suportável pela CF/1988, do qual a universidade, se estiver em um destes polos, e como figura principal do sistema, deve defender a implementação do ajuste por ter que se colocar sempre como eixo condutor destes processos. Carlos Maximiliano, com base em Thomas M. Cooley, ensina sobre limitações constitucionais à atividade legislativa:[249]

> Quando o estatuto fundamental define as circunstâncias em que um direito pode ser exercido, ou uma pena aplicada, esta especificação importa proibir implicitamente qualquer interferência legislativa para

---

Rosenthal. Arranjos jurídico-institucionais da política de inovação tecnológica: uma análise baseada na abordagem de direito e políticas públicas. In: *Inovação no Brasil*: avanços e desafios jurídicos e institucionais. São Paulo: Blucher, 2017, p. 332.

[248] Fernando Dias Menezes de Almeida afirma que a Emenda Constitucional n. 85/2015 veio "reforçar o reconhecimento da ciência e da tecnologia na estratégia de desenvolvimento nacional, estimulando a parceria público-privada para tal fim". ALMEIDA, Fernando Dias Menezes de. As universidades e o fomento à pesquisa científica no sistema constitucional brasileiro. *Revista da Faculdade de Direito da Universidade do Porto*, n. 17/18, p. 333-350, 2022.

[249] COOLEY, Thomas M. *A treatise on the constitutional limitations which rest upon the legislative power of the States of the American Union*. Boston: Little, Brown & Company, 1868.

sujeitar o exercício do direito a condições novas ou estender a outros casos a penalidade.[250]

Assim, o estímulo às parcerias público-privadas para a execução de projetos de pesquisa, de desenvolvimento científico e tecnológico e de inovação, trazido pelo art. 219-A, ao permitir a abertura para a não assunção de contrapartida financeira pelo beneficiário, embora não afaste a necessária contrapartida não financeira, demonstra a convicção em torno da possibilidade dessas medidas colaborarem efetivamente para o desenvolvimento do país, numa visão schumpeteriana.[251] É que para Joseph Schumpeter, a inovação se apresenta como fonte necessária para uma mudança econômica a produtos e serviços inovadores, ou seja, é o agente dinâmico dessas mudanças.[252]

No Brasil, o que se pretende é que as universidades sejam o cartão de visita e a porta de entrada dos projetos de parceria público-privada *lato sensu* na área de ciência, tecnologia e inovação, demonstrando-se imbuídas do espírito de promover inovação. Para isso, algumas questões tradicionais devem ser superadas: 1) o argumento de privatização do espaço público com poucos benefícios mensuráveis; 2) o argumento de que o regime de trabalho dos docentes/pesquisadores não permite a interação almejada pela Lei de Inovação; e 3) o argumento de que essas novas tendências não se amoldam aos fins para os quais foram historicamente constituídas as universidades.

---

[250] MAXIMILIANO, Carlos. *Hermenêutica e aplicação do direito*. 19. ed. Rio de Janeiro: Forense, 2009, p. 255.

[251] "O novo artigo 219-A da Constituição Federal foi instituído no intuito de possibilitar parcerias público-privadas para a execução de projetos de pesquisa, projetos de desenvolvimento científico e tecnológico e de inovação, determinando alguns dos instrumentos possíveis para realização da cooperação entre entidades públicas e privadas. A doutrina brasileira há muito destaca a influência de Schumpeter e a atual fase do capitalismo com a necessidade de formação de redes entre setor público, científico e produtivo para a inovação". MENDES, Laura Schertel; MARQUES, Claudia Lima. Inovação no sistema produtivo brasileiro: um breve comentário ao Decreto n. 9.283/2018 à luz da Lei nº 13.243/2016 e do art. 219-A da Constituição Federal. *Revista de Direito do Consumidor*, São Paulo, v. 119, ano 27, p. 507-516/set./out. 2018, p. 509.

[252] "É, contudo, o produtor que, via de regra, inicia a mudança econômica, e os consumidores, se necessário, são por ele 'educados'; eles são, por assim dizer, ensinados a desejar novas coisas, ou coisas que diferem de alguma forma daquelas que têm o hábito de consumir". SCHUMPETER, Joseph A. *The theory of economic development*. New York: Oxford University, 1934, p. 65.

CAPÍTULO 5

INSTITUTOS JURÍDICOS UTILIZADOS PARA ESTÍMULO À CIÊNCIA, TECNOLOGIA E INOVAÇÃO

No intuito de apresentar aqui os institutos jurídicos utilizados para estimular a ciência, a tecnologia e a inovação no Brasil, optou-se por seguir a institucionalidade tomada pelo documento da estratégia nacional de ciência, tecnologia e inovação para a arquitetura do SNCTI,[253] o qual aqui se divide em: 1) estímulos positivos para a ciência, tecnologia e inovação; e 2) instrumentos jurídicos de cooperação público-privada.

5.1 Os estímulos positivos

Inicialmente, considera-se relevante delimitar a intervenção do Estado na economia, sem, no entanto, adentrar nas discussões teóricas e polêmicas sobre o tema, mas apenas pontuando os fundamentos necessários para chegar a uma interpretação ao termo *estímulos positivos*.

Nesta obra, adota-se o posicionamento de Miguel Seabra Fagundes, que, ao esquematizar o caráter constitucional da intervenção do Estado na ordem econômica, propugna como isso se daria e quais seriam seus modos:

---

[253] "São tomados como institucionalidades do SNCTI para fins deste documento: os instrumentos disponíveis e as fontes de financiamento". MCTIC. *Estratégia Nacional de Ciência, Tecnologia e Inovação 2016-2022*: Ciência, Tecnologia e Inovação para o Desenvolvimento Econômico e Social. Brasília: Ministério da Ciência, Tecnologia, Inovações e Comunicações (MCTIC). 2017, p. 12. Disponível em: http://www.finep.gov.br/images/a-finep/Politica/16_03_2018_Estrategia_Nacional_de_Ciencia_Tecnologia_e_Inovacao_2016_2022.pdf. Acesso em: 5 maio 2023.

(i) de disciplina e controle, ou indireta; (ii) a de exploração direta não monopolística; (iii) a de exploração direta monopolística [...] a intervenção, em qualquer de suas modalidades, é condicionada a: I – lei federal que a discipline e regule; II – motivo de interesse público que a justifique; III – preservação dos direitos e garantias individuais.[254]

Aqui, encontram-se alguns parâmetros para a atividade de estímulos positivos, que deve ser precedida de fundamentação com base no interesse público – art. 20 da Lei de Introdução às Normas do Direito Brasileiro (LINDB) – e demonstrar os motivos que determinaram a medida imposta, até mesmo face às possíveis alternativas,[255] inclusive passível de responsabilização por dano causado ao utente da medida, quando diante de uma política estimuladora mal arquitetada e descontinuada abruptamente.[256]

A elaboração de normas para atribuir os direitos "incitativos", sempre mobilizada para afastar qualquer supressão de direitos fundamentais, vai ao encontro do proposto por Diogo Rosenthal e Pedro Salomon Bezerra Mouallem:

> As dimensões jurídico-institucional e regulatória apresentam-se, nesse contexto, como variáveis centrais ao sucesso ou fracasso do estímulo à inovação (Mazzucato; Pena, 2016). Por seu intermédio, competências empresariais são fomentadas, bem como são forjadas capacidades de atuação do setor público no fomento e na governança sistêmica da inovação. Esse arcabouço é também chave para a criação de instrumentos de financiamento – incentivos fiscais, linhas de crédito subsidiado, subvenção econômica, recursos não reembolsáveis para atividades de

---

[254] FAGUNDES, Miguel Seabra. Da ordem econômica na nova Constituição. In: *Estudos sobre a Constituição de 1967*. Rio de Janeiro: FGV, 1968, p. 164.

[255] "O fomento depende da definição prévia acerca dos motivos que o geraram e dos objetivos a serem atingidos através do melhoramento na alocação de determinados recursos (privados e públicos)". MOREIRA, Egon Bockmann. *O direito administrativo contemporâneo e suas relações com a economia*. Curitiba: Virtual Gratuita, 2016, p. 128.

[256] "Nas relações entretidas pelo estado com terceiros, oriundas de intervencionismo econômico e desde que haja 'engajamento firme', como dizem os doutrinadores franceses, se o poder público retrocede em seus compromissos – ainda que fundado em razões de interesse público – deixando de cumprir total ou parcialmente o que ficará estatuído, responderá pelos danos causados aos que, fiados no compromisso estatal efetuar desembolsos, destarte tornados frustros". MELLO, Celso Antônio Bandeira de. Responsabilidade do Estado – intervencionismo econômico – administração "concertada". In: *Revista de Direito Público*, São Paulo, n. 81, p. 112, jan./mar. 1987.

cooperação entre empresas e institutos de ciência e tecnologia (ICT), entre outros.[257]

Ao escrever sobre direito, tecnologia e inovação, Wolfgang Hoffmann-Riem afirma: "quem quer promover a inovação deve criar um espaço de oportunidades que a permita. Porque se aplica o princípio: as inovações não podem ser impostas, ao contrário, apenas ser facultadas. Isso requer estruturas de incentivos adequadas [...]".[258]

Diante disso, é possível pensar! Não parece razoável do ponto de vista constitucional uma intervenção estatal intensa no domínio privado, e mesmo em face de entes com autonomia constitucional garantida, como as universidades públicas. Isto porque a intensidade da intervenção deve ser correspondida em primeiro plano, pelos desígnios dos sujeitos passivos que serão por ela atingidos, seja pela livre-iniciativa como um dos fundamentos da República (art. 1º, IV da CF/1988) ou pela livre-iniciativa como fundamento da ordem econômica brasileira (art. 170 da CF/1988), no sistema jurídico-constitucional brasileiro.[259] Segundo Diogo de Figueiredo Moreira Neto:

---

[257] COUTINHO, Diogo Rosenthal; MOUALLEM, Pedro Salomon Bezerra. Gargalos jurídico-institucionais à inovação no Brasil. *In*: COUTINHO, Diogo Rosenthal; ROCHA, Jean-Paul Veiga; SCHAPIRO, Mario G. (coord.). *Direito econômico atual*. São Paulo: Método, 2015.

[258] HOFFMANN-RIEM, Wolfgang. Direito, tecnologia e inovação. *In*: MENDES, Gilmar Ferreira; SARLET, Ingo Wolfgang; COELHO, Alexandre Zavaglia P. (coord.). *Direito, inovação e tecnologia*. São Paulo: Saraiva, 2015, p. 21.

[259] Essa também é a posição de Floriano de Azevedo Marques Neto: "Tenho incontornável que o constituinte, ao eleger a livre iniciativa como fundamento da República Federativa do Brasil (artigo 1º, IV, CF) e como fundamento da ordem econômica (artigo 170, *caput*, CF), priorizou uma determinada vertente de organização econômica que, submetida à intervenção estatal sem limites de abrangência ou parâmetros de incidência, restaria não só desprestigiada, mas sim negada. Veja-se que a valorização do trabalho humano é dimensão que não exclui a livre iniciativa. Muito ao contrário, com ela se coaduna. [...]. O máximo que se pode extrair do fundamento da valorização do trabalho humano é o fato de que toda a iniciativa econômica, privada e pública, está submetida às formas de intervenção estatal promotoras da valorização laboral (normas de proteção do trabalho, regras limitadoras de jornada, poder de polícia das relações trabalhistas, fomento à geração de empregos, proteção do meio ambiente do trabalho e da saúde do trabalhador etc.). [...]. Daí porque entender que, embora plenamente possível e ensejável de várias formas, a intervenção estatal no domínio econômico encontra *limites dos princípios da subsidiariedade e da proporcionalidade*, sem o que estaríamos diante da própria negação do princípio da liberdade de iniciativa" (MARQUES NETO, Floriano de Azevedo. O fomento como instrumento de intervenção estatal na ordem econômica. *In*: *Revista de Direito Público da Economia*, Belo Horizonte, n. 32, ano 8, p. 60-61, out./dez. 2010). Posição diametralmente oposta é a de Gilberto Bercovici: "Não há na Constituição nenhum dispositivo que estabeleça que o estado só pode atuar na esfera econômica em caso de desinteresse ou ineficiência da iniciativa privada, o chamado princípio da subsidiariedade. Pelo contrário, o texto constitucional deixa claro que a economia não é um terreno natural exclusivo da iniciativa privada. O estado também atua

o fomento público não é uma função estatal de caráter impositivo, dependendo do consenso dos beneficiários, e não da compulsão sobre eles exercida, de modo que, ao pô-lo à disposição das pessoas, o Estado a ninguém obriga – indivíduo, associação ou empresa – a valer-se de instrumentos jurídicos de incentivo, tão somente convocando os interessados a aderir a uma busca consensual de superação pessoal.[260]

No entendimento de Norberto Bobbio, trata-se da função promocional, a qual, juridicamente, atua por meio de normas jurídicas encorajadoras de condutas (promocionais através de sanções premiais) e não desencorajadoras (repressivas através de sanções negativas).[261] Em obra publicada no Brasil, o jurista italiano retorna ao assunto[262] argumentando que "o Estado, por meio do direito, desenvolve também uma função de estímulo, de provimento, de provocação da conduta dos indivíduos e dos grupos, que é a antítese exata da função apenas protetora ou apenas repressora".[263] Considera-se que "quando o Estado pretende encorajar certas atividades econômicas (e não apenas econô-

---

na economia, direcionado e limitado pelos dispositivos constitucionais". BERCOVICI, Gilberto. *Constituição econômica e desenvolvimento*. 2. ed. São Paulo: Almedina, 2022, p. 162.

[260] MOREIRA NETO, Diogo de Figueiredo. *Curso de direito administrativo*. 16. ed. Rio de Janeiro: Forense, 2014, p. 578.

[261] BOBBIO, Norberto. Sulle sanzioni positive. *Scritti dedicati ad Alessandro Raselli*, t. I. Milano: Giuffrè, 1971, p. 229-249.

[262] "Assim, porém, quem observar as tarefas do Estado contemporâneo e as comparar com as tarefas dos Estados de outras épocas, sobretudo a de controlar e dirigir o desenvolvimento econômico, não pode deixar de perceber que o Estado, por meio do direito, desenvolve também uma função de estímulo, de provimento, de provocação da conduta dos indivíduos e dos grupos, que é a antítese exata da função apenas protetora ou apenas repressora. A velha afirmação, ainda recentemente repetida, de que o direito pune a inobservância das próprias normas e não premia a observância, não espelha a realidade de fato. Quando o Estado pretende encorajar certas atividades econômicas (e não apenas econômicas), vale-se, cada vez com maior frequência, do procedimento do incentivo ou do prêmio, isto é, do procedimento da sanção positiva. Ora, esse procedimento consiste, precisamente, em uma vantagem oferecida a quem observe a norma, ao passo que, para a inobservância da mesma norma não há qualquer consequência jurídica, como ocorre com a observância das normas reforçadas por uma sanção negativa. Em suma, a diferença entre a técnica do incentivo e a técnica tradicional da sanção negativa está precisamente no fato de que comportamento que tem consequências jurídicas não é a inobservância, mas a observância. Trata-se de um fenômeno macroscópico, que não pode passar despercebido: ele caracteriza a produção jurídica nos Estados contemporâneos, tanto nos capitalistas quanto, com ainda maior razão, nos socialistas, e naqueles recém-formados, incidindo profundamente no modo tradicional de considerar a função do direito". BOBBIO, Norberto. *Da estrutura à função*: novos estudos de teoria do direito. Trad. Daniela Beccaccia Versiani; Revisão técnica de Orlando Seixas Bechara e Renata Nagarnine. Barueri: Manole, 2007, p. 100-101.

[263] BOBBIO, Norberto. *Da estrutura à função*: novos estudos de teoria do direito. Trad. Daniela Beccaccia Versiani; Revisão técnica de Orlando Seixas Bechara e Renata Nagarnine. Barueri: Manole, 2007, p. 100-101.

micas), vale-se, cada vez com mais frequência, do procedimento do incentivo ou do prêmio, isto é, do procedimento da sanção positiva".[264]

5.1.1 Teoria geral dos estímulos positivos

Os "estímulos positivos",[265] "atividade administrativa de estimulação",[266] "auxílios públicos"[267] ou "teoria positiva da regulamentação"[268] são, em síntese, ações do poder público voltadas à proteção, orientação, incentivo, estimulação dirigidas a promover o desenvolvimento de determinada atividade de utilidade pública, mas que estão sendo exercidas pela iniciativa privada ou por outro parceiro público. A função dos estímulos positivos é alterar as condições ordinárias da economia e apoiar atividades econômicas as quais o Estado considere relevantes.

Ao buscar um tratamento jurídico-econômico aos estímulos positivos, Marcos Juruena Villela Souto adverte que o estudo da noção de estímulos positivos só é relevante quando no contexto de parceria e de incentivo ao setor privado:

> A expressão "estímulos positivos" ao exercício da atividade econômica privada é bem mais ampla que a de "fomento", nela abrangida. Enquanto o fomento é um incentivo ao desempenho de determinada função de interesse do agente fomentador, o "estímulo positivo" envolve a criação de um cenário favorável aos investimentos. Esse cenário passa pela

---

[264] BOBBIO, Norberto. *Da estrutura à função*: novos estudos de teoria do direito. Trad. Daniela Beccaccia Versiani; Revisão técnica de Orlando Seixas Bechara, Renata Nagarnine. Barueri: Manole, 2007, p. 100-101.

[265] MARTÍN MATEO, Ramón; WAGNER, Francisco Sosa. *Derecho administrativo económico*. 2. ed. Madri: Pirámide, S. A., 1977, p. 170.

[266] RIVERO ORTEGA, Ricardo. *Derecho administrativo económico*. 5. ed. Madri: Marcial Pons, 2009, p. 176.

[267] RIVA, Ignacio M. de la. *Ayudas públicas*: incidencia de la intervención estatal en el funcionamiento del mercado. Buenos Aires: Hammurabi, 2004.

[268] Aqui se difere do conceito de regulação econômica, que é mais abrangente, inclusive, abarcando os estímulos positivos como uma de suas formas de manifestação. No conceito clássico de Richard Posner, "regulação econômica é a expressão que se refere a todos os tipos de impostos subsídios, bem como os controles legislativo e administrativo explícitos sobre taxas, ingresso no mercado e outras facetas da atividade econômica". POSNER, Richard A. *Theories of economic regulation*. [S.l.]: NBER, 1974. – Working paper, n. 41, p. 1. George J. Stigler também utiliza a nomenclatura teoria da regulamentação. STIGLER, George J. The theory of economic regulation. *Bell Journal of Economic and Management Science*, New York, v. 2, n. 1, p. 1-21, spring 1971.

formatação de um ordenamento jurídico que assegure "lucratividade" e "segurança jurídica" para os negócios privados.[269]

As "ações administrativas do Estado", também chamadas de "funções administrativas econômicas do setor público", tendem a se direcionar diretamente à promoção, indução e/ou manutenção do seu desenvolvimento, mesmo que para isso seja necessário fomentar economicamente o setor privado, que também é um litisconsórcio ativo e necessário desse processo, em uma tendência de intervenção estatal na ordem econômica.

Celso Antônio Bandeira de Mello, ao analisar a intervenção estatal na ordem econômica, propõe uma classificação tripartite. As variações envolvendo a intensidade e a extensão de cada uma das formas remetem à ordem constitucional adotada por cada Estado:

> Em tese, três são as formas pelas quais o Estado pode interferir com a atividade econômica: a) 'disciplinando-a', vale dizer, impondo-lhe limitações a fim de compatibilizá-las com os interesses coletivos (poder de polícia); b) 'fomentando-a', isto é, propiciando-lhe estímulos e condições de desenvolvimento, mediante implantação de infraestrutura, de concessão de financiamentos, de apoio tecnológico, de isenção de tributos etc.; c) 'assumindo-a', ou seja, protagonizando-a como 'sujeito ativo', como titular dela, ou seja, o agente que a explora.[270]

Para o autor, a atividade de fomento "se exerce ora por meio de incentivos fiscais, ora por meio de financiamentos".[271] No mesmo sentido, Luís Roberto Barroso[272] identifica três mecanismos de intervenção estatal na ordem econômica: a atuação direta, o fomento e a disciplina.

Na atuação direta, o Estado assume diretamente o papel de produtor ou prestador de bens ou serviços, seja prestando serviços públicos ou explorando atividades econômicas. Essa atuação é sempre excepcional e deve ser fundamentada constitucionalmente, por

---

[269] SOUTO, Marcos Juruena Villela. Estímulos positivos. *In*: CARDOZO, José Eduardo Martins; QUEIROZ, João Eduardo Lopes; SANTOS, Márcia Walquiria Batista. *Direito administrativo econômico*. São Paulo: Atlas, 2011, p. 741.

[270] MELLO, Celso Antônio Bandeira de. O Estado e a ordem econômica. *In*: *Revista de Direito Público*, São Paulo, n. 62, p. 34, abr./jun. 1982.

[271] MELLO, Celso Antônio Bandeira de. *Curso de direito administrativo*. 35. ed. São Paulo: Malheiros, 2021, p. 779.

[272] BARROSO, Luís Roberto. A ordem econômica constitucional e os limites à atuação estatal no controle de preços. *Revista de Direito Administrativo*, n. 226, p. 199-204, out./dez. 2001.

representar uma exclusão da livre-iniciativa. Essa excepcionalidade se manifesta quando a CF/1988 institui novos monopólios públicos além dos já existentes e, ainda, quando, através de lei, o Estado é autorizado a explorar diretamente atividade econômica em virtude de imperativos de relevante interesse público e de segurança nacional.

Ao atuar por meio de fomento, o Estado interfere no domínio econômico "apoiando a iniciativa privada e estimulando (ou desestimulando) determinados comportamentos, por meio, por exemplo, de incentivos fiscais ou financiamentos públicos".[273]

Segundo Diogo de Figueiredo Moreira Neto e Ney Prado,[274] sua atuação é suasória, não cogente, destinada a estimular as iniciativas privadas que concorram para restabelecer a igualdade de oportunidades econômicas e sociais ou suprir deficiências da livre empresa no atendimento de certos aspectos de maior interesse coletivo.

As normas que vinculam as políticas públicas de fomento são meramente diretivas, não têm caráter impositivo. Cabe aos agentes econômicos que se beneficiariam com esses mecanismos de fomento a opção por sua adesão.[275]

O último dos mecanismos de intervenção estatal na ordem econômica é a disciplina, na qual o poder público exerce seu papel através da regulação em sentido lato, editando leis e regulamentos, além de atuar por meio do poder de polícia.[276]

---

[273] BARROSO, Luís Roberto. A ordem econômica constitucional e os limites à atuação estatal no controle de preços. *Revista de Direito Administrativo*, n. 226, p. 201, out./dez. 2001.

[274] MOREIRA NETO, Diogo de Figueiredo; PRADO, Ney. Uma análise sistêmica do conceito de ordem econômica e social. In: *Revista de Informação Legislativa do Senado Federal*, n. 96, v. 24, p. 132, out./dez. 1987.

[275] "O fomento apenas acrescenta uma opção econômica: vantajosa ou não, quem decide isso é o agente econômico através do exercício livre de suas opções primárias (e da consideração de todos os fatores econômicos envolvidos). Fato é que o fomento eficaz instala no mercado uma alternativa tão atraente, que não poderia ter sido gerada pelo livre jogo das forças concorrenciais. O que se dá é o Estado tornar possível o exercício de uma determinada opção empresarial que não existiria se o fomento não existisse". MOREIRA, Egon Bockmann. *O direito administrativo contemporâneo e suas relações com a economia*. Curitiba: Virtual Gratuita, 2016, p. 161.

[276] BARROSO, Luís Roberto. A ordem econômica constitucional e os limites à atuação estatal no controle de preços. *Revista de Direito Administrativo*, n. 226, p. 199-204, out./dez. 2001.

5.1.2 Os estímulos positivos como *modus operandi* da ação fomentadora do Estado

Entre as ferramentas que ampliam o *status* jurídico do particular se destaca o fomento, consistente na promoção pelo Estado de determinadas atividades realizadas por pessoas físicas ou jurídicas, com a finalidade de, mediante a concretização dessas atividades, se criar um benefício para a comunidade sem recorrer à coação nem à criação de serviços públicos.[277] A atuação administrativa também persegue alcançar nestes casos um fim de interesse geral e, em lugar de recorrer a restrições à liberdade, estimula os sujeitos para colaborarem voluntariamente na satisfação da necessidade pública.

Sem embargo, considerando as formas de intervenção que caracterizam a atividade do Estado, as técnicas de fomento assumem uma tipicidade que se percebe no conteúdo da atividade e nos fins pretendidos, cujas características se voltam ao regime jurídico dos atos que geram as relações jurídicas subjetivas entre o Estado e as pessoas físicas ou jurídicas destinatárias das medidas de fomento.

Boa parte da doutrina nacional prefere o termo "fomento" como gênero da atividade estimuladora do Estado, a exemplo de Diogo de Figueiredo Moreira Neto[278] e Carlos Ari Sundfeld.[279] Este último apresenta o fomento como uma das três parcelas pelas quais ele divide o estudo do Direito Administrativo: o Direito Administrativo ordenador (cuida dos limites e obrigações da sociedade e do indivíduo perante os demais e o poder público); o Direito Administrativo prestacional (envolve ações concretas desenvolvidas pelo Estado para a sociedade); e o Direito Administrativo fomentador (o Estado incentiva o desenvolvimento das atividades privadas de interesse geral, noção distante da pretendida, tendo em vista que parte de uma vinculação estrita às atividades privadas).

---

[277] CASSAGNE, Juan Carlos. *La intervención administrativa*. 2. ed. Buenos Aires: Abeledo-Perrot, 1994, p. 89-90. No mesmo sentido: TAWIL, Guido S. La intervención del Estado en la actividad privada. *In*: PIAGGI, Ana (dir.). *Tratado de la empresa*. t. I. Buenos Aires: Abeledo-Perrot, 2009, p. 900-901.

[278] MOREIRA NETO, Diogo de Figueiredo. *Curso de direito administrativo*. 12. ed. Rio de Janeiro: Forense, 2002, p. 513-515.

[279] SUNDFELD, Carlos Ari. *Direito administrativo ordenador*. São Paulo: Malheiros, 1993, p. 16-17.

Já Diogo de Figueiredo Moreira Neto[280] identifica dois tipos de fomento: o econômico e o social. O primeiro, como instrumento do ordenamento econômico; o segundo, do ordenamento social. Essa acepção se enquadraria de maneira mais próxima ao que se pretende nesse estudo, tendo em vista a possibilidade de o Estado ampliar seus laços com o cidadão, que colaborará na consecução dos seus objetivos finais, inclusive, na prestação de serviços públicos sociais.

Em um sentido socioeconômico, fomento representa estímulo à economia e combate à proliferação da pobreza para promover o desenvolvimento.[281] Portanto, o fomento só existe em prol do desenvolvimento. Todavia, questiona-se: desenvolvimento direcionado a quais atividades? Situando-o no art. 218, §5º, da CF/1988, quando trata do incentivo ao desenvolvimento científico, pesquisa e tecnologia, estabelece a faculdade de os Estados e o Distrito Federal vincularem parcela de sua receita orçamentária a entidades públicas de fomento ao ensino e à pesquisa científica e tecnológica. Essa vinculação (art. 165, §2º, da CF/1988) deve ser feita na Lei de Diretrizes Orçamentárias, que estabelecerá a política de aplicação das agências financeiras oficiais de fomento. Portanto, numa análise puramente jurídica, existe fomento quando são direcionados recursos financeiros para o desenvolvimento das atividades estabelecidas na CF/1988, isto é, não se trata de um instituto generalizado.

O fomento é o meio pelo qual se expressa a política de estímulos positivos que opte por, além de criar um cenário favorável a investimentos, apresentar meios incitativos ao setor privado para permanecer ou inaugurar uma nova atividade. É uma ação da Administração vocacionada a promover o desenvolvimento de um país.

Ele decorre sempre de adesão facultativa pelo administrado relativamente aos objetivos de interesse público fixados em lei, em troca

---

[280] MOREIRA NETO, Diogo de Figueiredo. *Curso de direito administrativo.* 12. ed. Rio de Janeiro: Forense, 2002, p. 513-515.

[281] Para um conceito socioeconômico de desenvolvimento: "o desenvolvimento é, em suma, um feixe de transformações que modifica os comportamentos, integra os progressos do conhecimento, melhora as qualificações e o saber-fazer industrial, modifica as antecipações no sentido da acumulação. Também é uma mutação setorial detectável através de coeficientes: a quota-parte relativa do setor industrial, a quota-parte relativa dos novos ramos de atividade, o capital aplicado por cada trabalhador, o valor acrescentado por assalariado, o número de ordenadores por habitante. O desenvolvimento também é detectável por indicadores sociais: número de estudantes, patentes solicitadas, entre outros critérios". BREMOND, Janine; GELEDAN, Alain. *Dictionnaire economique et social.* Paris: Hatier, 1981, p. 340.

dos incentivos nela previstos.[282] Essa adesão pode ocorrer por meio de cadastramento, contratualização e/ou credenciamento. A partir desses atos, o administrado se obriga a cumprir as metas cuja implementação é incentivada.[283]

O uso do poder público para o fomento de forma arbitrária e sem planejamento, inclusive usando políticas públicas patrimonialistas, além de quebrar a isonomia na partilha de recursos, tende a socializar o prejuízo e privatizar o lucro, beneficiando os donos do poder. Nesse contexto, Luís Roberto Barroso avalia:

> No campo econômico, por décadas a fio foi o fomento estatal que patrocinou a opulência dos produtores de café, numa política que atrasou o desenvolvimento nacional pelo incentivo à monocultura e à dependência dos mercados externos. Desde então, sugava-se do Estado o financiamento para o lucro certo, apropriado privadamente, e repassava-se-lhe o eventual prejuízo, a ser partilhado por todos.[284]

Do entendimento de Luís Roberto Barroso é possível extrair duas lições: 1) o fomento deve se apresentar como um projeto de política pública, voltada para o bem-estar coletivo e não meramente setorial a beneficiar apenas um grupo de pessoas, pois, como envolve gastos públicos, deve ser feito com base em uma análise detida do interesse público encampado. Nesse sentido, afirma Marcos Juruena Villela Souto, não cabe ao Estado atribuir privilégios, preferências, favores e proteções violadoras da isonomia entre os cidadãos. Daí a necessidade de uma adequação do fomento ao bem-estar geral;[285] 2) em regra, é importante que o fomento, quando destinado a uma atividade privada específica, não se torne um ato contínuo *ad infinitum*, mas deve ser limitado a um período, previsto, se possível, antes do início de sua atribuição.

---

[282] [...] "é próprio do papel do Estado procurar influir legitimamente nas condutas dos agentes econômicos, através de mecanismos de fomento – incentivos fiscais, financiamentos públicos, redução da alíquota de impostos – sem que possa, todavia, obrigar a iniciativa privada à adesão". BARROSO, Luís Roberto. A ordem econômica constitucional e os limites à atuação estatal no controle de preços. *Revista de Direito Administrativo*, n. 226, p. 199, out./dez. 2001.

[283] SOUTO, Marcos Juruena Villela. Estímulos positivos. *In*: CARDOZO, José Eduardo Martins; QUEIROZ, João Eduardo Lopes; SANTOS, Márcia Walquiria Batista. *Direito administrativo econômico*. São Paulo: Atlas, 2011, p. 741.

[284] BARROSO, Luís Roberto. Crise econômica e direito constitucional. *Revista Trimestral de Direito Público*, São Paulo, n. 6, p. 39, 1994.

[285] SOUTO, Marcos Juruena Villela. Estímulos positivos. *In*: CARDOZO, José Eduardo Martins; QUEIROZ, João Eduardo Lopes; SANTOS, Márcia Walquiria Batista. *Direito administrativo econômico*. São Paulo: Atlas, 2011, p. 743.

5.1.3 A ação fomentadora do Estado no Direito Comparado

Para apresentar a doutrina da ação fomentadora, optou-se por pesquisar países com sistemas jurídicos semelhantes ao brasileiro, afastando, portanto, aqueles nos quais o sistema jurídico é originário da *common law*, em virtude da ausência de normas constitucionais programáticas que incorporem a ação de fomento do Estado.

5.1.3.1 França

Na doutrina francesa, André de Laubadère[286] considera que, para atender aos seus objetivos de intervencionismo econômico, o Estado pode atuar por meio de dois processos jurídicos distintos. O primeiro se dá através de medida unilateral; o segundo ocorre através do acordo convencional. Segundo o jurista francês, em se tratando de matéria de intervencionismo econômico, a ação unilateral é a mais comum, pela qual o Estado regulamenta, prescreve, apoia, tudo no sentido de ver orientado o ramo desejado para a economia, resultando em proibições, outorga de prêmios e imposições. De outro lado, o Estado pode, ainda, atuar empregando o processo convencional. Por meio dele, o poder público, ao invés de optar pela medida unilateral condicionante, recorre a acordos convencionais. O autor cita duas espécies inerentes ao processo convencional: 1) as convenções de colaboração nas tarefas intervencionistas; 2) as convenções de administração econômica e/ou contratos econômicos. No primeiro caso, são atribuídas a organismos privados tarefas de intervencionismo, o que ocorre quando se firma um contrato administrativo ou através de um convênio, a exemplo das concessões de serviço público e dos credenciamentos para prestação de serviços de interesse econômico e social. Já as convenções de administração econômica e/ou contratos econômicos objetivam obter dos administrados um determinado comportamento desejado pelo Estado para a sua política intervencionista. Elas se justificam pelo fato de o Estado entender que haveria dificuldade de se implementar a aplicação coercitiva das regulamentações e prescrições unilaterais, incitando-o a optar pela aceitação dos interessados em vez de se utilizar os meios de autoridade. Aqui, não há, portanto, uma figura de natureza unilateral.

---

[286] LAUBADÈRE, André de. *Direito público econômico*. Trad. Maria Teresa Costa. Coimbra: Almedina, 1985, p. 420-432.

Essas convenções ou contratos econômicos apresentam algumas características marcantes: 1) o objeto consensualmente acordado é a realização de uma política pública concebida e decidida pelo poder público; 2) há participação efetiva de parceiros privados; 3) a diversidade decorre dos vários instrumentos jurídicos possíveis a serem utilizados para a sua formalização. Por fim, o autor esclarece que, no caso das políticas interventivas implementadas através dos contratos econômicos, há de se fazer uma consideração importante: em verdade, a locução "contratos econômicos" é, na vertente da moderna teoria da administração contratual, conhecida também como contratualização.[287] Ademais, deve ser afastada a força de vinculação contratual do ajuste, que seria mais próxima do conceito de acordo administrativo.

5.1.3.2 Alemanha

Na doutrina alemã, Rolf Stober, em obra clássica[288] para introduzir a ação administrativa de fomento, propõe, primeiramente, a tipificação das medidas de direção da economia. O autor as divide em direção direta e econômica desencadeadora de conduta. No primeiro caso, as medidas ocorrem em decorrência de regulações jurídicas prescritivas, como proibições, ordens e imposições de sanções por prática de atos. No segundo caso, o Estado institui condições gerais nas quais o cidadão poderá aderir ou não a essas medidas. Em seguida, o autor estuda o fomento da economia para começar a questionar se essa função estatal seria suficientemente caracterizada através da descrição que tem sido feita de direção econômica ou atribuição de subsídios. Na verdade, a discussão deve se centralizar na preocupação da Administração Pública em atribuir às empresas diferentes incentivos para uma dada conduta econômica esperada como favorável, o que revelaria traços de um Direito Administrativo econômico do risco em virtude da insegurança causada pelas decisões de subvenção na qual resultarão consequências financeiras muitas vezes só conhecidas em partes, considerando-se sustentável a assunção dos riscos de fomento quando em uma análise

---

[287] O autor cita estudo de sua autoria para justificar esse posicionamento: LAUBADÈRE, André de. Administration et contrat. *In*: *Mélanges Brèthe de la Gressaye*. Paris: Bière, 1968, p. 463.

[288] STOBER, Rolf. *Direito administrativo econômico*. 15. ed. Trad. António Francisco de Sousa. São Paulo: Saraiva, 2012, p. 422-448. Para melhor absorção das ideias do autor, também foi utilizada a tradução em espanhol: STOBER, Rolf. *Derecho administrativo económico*. 15. ed. Trad. Santiago González-Varas Ibáñez. Madri: Ministerio para las Administraciones Públicas, 1992, p. 196.

do risco entender-se que ele não produzirá anomalias no setor apoiado. Ao tipificar as medidas de fomento, o autor distingue fomento da economia com efeito de prestação e fomento da economia com efeito sobre a conduta.

O fomento econômico de prestação ou fomento através de meios diretos[289] corresponde a incentivos financeiros sob a forma de dinheiro ou outro valor pecuniário ou, ainda, redução de ônus refletindo diretamente no patrimônio do empresário atingido, obrigando-o a uma determinada conduta, como criar novos postos de trabalho e adotar tecnologias antipoluentes. Essa tipologia comporta duas espécies: (1) as concretizadas através da realização de prestações, instrumentalizadas através de: a) subsídios a fundo perdido, b) prêmios e preços, c) empréstimos sem juros ou com juros bonificados, d) fianças, e) garantias, f) subvenções naturais, g) preferência no caso de concessão de funções públicas, h) isenções de antigos ônus, i) reduções de preço, j) vantagens de utilizador, k) assunção das perdas, l) participações em empresas, m) dotação com capital de risco; e (2) as concretizadas através de redução dos encargos, que se revelam em: a) redução dos impostos, b) redução de taxas, e c) redução de contribuições.

De outro lado, as medidas que se refletem na atuação, ou seja, o fomento da economia com efeito sobre a conduta, podem ser entendidas como fomento através de meios indiretos,[290] ocorrido quando se estabelecem condições gerais favoráveis direcionadas à produção de efeitos positivos no âmbito da economia privada. Neste contexto, são admissíveis e necessárias as seguintes medidas: a) supressão das travas burocráticas, por exemplo, a simplificação dos procedimentos de licenças, autorizações, eliminação de cláusulas e outros deveres; b) supressão ou revisão regular de regulamentos (desregulação), c) simplificação da legislação,[291] jurisprudência que atribua segurança jurídica

---

[289] Nomenclatura atribuída na obra em espanhol: STOBER, Rolf. *Derecho administrativo económico*. 15. ed. Trad. Santiago González-Varas Ibánez. Madrid: Ministerio para las Administraciones Públicas, 1992, p. 207.

[290] Nomenclatura atribuída na obra em espanhol: STOBER, Rolf. *Derecho administrativo económico*. 15. ed. Trad. Santiago González-Varas Ibánez. Madri: Ministerio para las Administraciones Públicas, 1992, p. 211.

[291] O autor cita a influência das Directivas da União Europeia que beneficiam e instituem privilégios em licitações para a contratação de micro e pequenas empresas, atribuindo processos mais simplificados, conforme se percebe no Brasil por meio dos arts. 42 a 48 da Lei Complementar nº 123. STOBER, Rolf. *Derecho administrativo económico*. 15. ed. Trad. Santiago González-Varas Ibánez. Madri: Ministerio para las Administraciones Públicas, 1992, p. 386.

e coerência, d) supressão de travas aos investimentos, tendo em vista o princípio econômico de que medidas certas e transparentes podem ser mais úteis que as próprias medidas de fomento.

Para Hartmut Maurer,[292] atualmente, as iniciativas de direitos de subvenção são determinadas decisivamente pelo Direito Comunitário europeu que, em diversas hipóteses, restringe as suas possibilidades. Todavia, as exceções obrigatórias e facultativas persistem, trazendo o Direito da comunidade europeia, o conceito de "ajudas jurídico-comunitárias", correspondente a todas as medidas que, de alguma forma, diminuem o agravamento normalmente suportado pelo empresário, inclusive a isenção de tributos, cessão de espaços ou imóveis públicos, entre outras iniciativas que demonstrem um benefício ao recebedor e a ausência de uma contraprestação adequada.

5.1.3.3 Portugal

Em Portugal, a teoria geral do fomento já vem sendo estudada por autores clássicos, como Luís S. Cabral de Moncada,[293] António Carlos dos Santos, Maria Eduarda Gonçalves e Maria Manuel Leitão Marques.[294] As medidas de estímulo ou fomento econômico consistem em prestações da Administração Pública favoráveis às atividades de interesse geral desempenhadas por agentes econômicos que lhes são estranhos, dotadas e colocadas em práticas pelo Estado nacional e pela própria administração econômica da União Europeia. Essas práticas podem assumir diferentes formas, como ajudas financeiras (através de entregas diretas de verbas aos beneficiários, renúncia de créditos ou utilização dos mecanismos de crédito), benefícios fiscais, assistência técnica e até participação pública no capital das empresas privadas.

Alocado no âmbito da intervenção indireta, no qual o Estado não figura como parte ativa e direta no processo econômico, Luís S. Cabral de Moncada dispõe o fomento ao lado da política econômica e da criação de infraestruturas como modalidades de intervenção indireta.

---

[292] MAURER, Hartmut. *Direito administrativo geral*. 14. ed. Trad. Luís Afonso Heck. Barueri: Manole, 2006, p. 515-517.

[293] MONCADA, Luís S. Cabral de. *Direito econômico*. 2. ed. Coimbra: Coimbra, 1988, p. 349-398. Mais recentemente: MONCADA, Luís S. Cabral de. *Manual elementar de direito público da economia e da regulação*: uma perspectiva luso-brasileira. Coimbra: Almedina, 2012, p. 207-217.

[294] SANTOS, António Carlos dos; GONÇALVES, Maria Eduarda; MARQUES, Maria Manuel Leitão. *Direito econômico*. 6. ed. Coimbra: Almedina, 2011, p. 194-210.

Para o autor, "o fomento econômico consiste numa atividade administrativa de satisfação de necessidades de caráter público, protegendo ou promovendo atividades de sujeitos privados ou outros que direta ou indiretamente a satisfaçam".[295] Propõe-se fomento muito mais relacionado a uma atividade de "estímulo positivo e dinâmico do que numa atividade de mero auxílio passivo à atividade privada".[296] Os seus meios de implementação ou a sua tipologia podem ser assim divididos: a) benefícios fiscais,[297] b) aval do Estado,[298] c) garantia de emissão de obrigações,[299] d) desenvolvimento de mercado de títulos,[300] e) empréstimos,[301] f) subsídios[302] e g) outros benefícios.

---

[295] MONCADA, Luís S. Cabral de. *Direito económico*. 2. ed. Coimbra: Coimbra, 1988, p. 349.

[296] MONCADA, Luís S. Cabral de. *Direito económico*. 2. ed. Coimbra: Coimbra, 1988, p. 350.

[297] "O benefício fiscal consiste na não cobrança por parte do estado no todo em parte a determinados sujeitos de certos tributos a que estariam obrigados face às leis gerais. Têm assim um efeito desagravatório. Os benefícios fiscais são hoje matéria de reserva legislativa, como é sabido, pelo que não pode a administração criar e aplicar benefícios fiscais que a lei não tenha previsto. [...]. De fato, o objetivo dos benefícios fiscais não é obtenção de receitas para custear despesas públicas, mas sim a promoção da atividade econômica privada." MONCADA, Luís S. Cabral de. *Direito económico*. 2. ed. Coimbra: Coimbra, 1988, p. 351-352.

[298] "O aval tem lugar quando uma empresa celebra um contrato de empréstimo de financiamento com outra entidade, ficando a pessoa coletiva pública que avaliza vinculada a todas as obrigações contratuais estipuladas se a avalizada não cumpre. O estado avalista responde logo no caso de incumprimento da obrigação avalizada, como se fosse o principal devedor, não gozando do benefício da excussão prévia, a menos que outra coisa resulte da vontade das partes." MONCADA, Luís S. Cabral de. *Direito económico*. 2. ed. Coimbra: Coimbra, 1988, p. 353.

[299] "Nesta forma de fomento, o estado declara tomar a responsabilidade pelo reembolso das obrigações emitidas por uma empresa. A garantia é dirigida à generalidade dos credores e não a credores determinados. [...]. Logra se assim financiar o desenvolvimento das empresas através do mercado de títulos dispensando-as de recorrer aos empréstimos bancários. Essa medida é particularmente importante em situações em que o preço do crédito é muito alto." MONCADA, Luís S. Cabral de. *Direito económico*. 2. ed. Coimbra: Coimbra, 1988, p. 353-354.

[300] "Na ótica das empresas, a vantagem desta forma de fomento reside em colocar ao dispor das empresas meios de atrair capitais, assim resolvendo o problema do seu financiamento sem recorrer a empréstimos, sem onerar o seu passivo, o que é uma modalidade de financiamento sempre cara para as empresas devedoras." MONCADA, Luís S. Cabral de. *Direito económico*. 2. ed. Coimbra: Coimbra, 1988, p. 354.

[301] "Os empréstimos podem ser efetuados diretamente pelo Tesouro, sendo neste caso orçamentados, ou por fundos especiais de apoio, com ou sem personalidade jurídica autónoma, muito vulgares nos nossos dias, ou ainda pelas empresas públicas bancárias, caso mais vulgar. [...]. O contrato de mútuo constitutivo do empréstimo, como se sabe, analisa-se num regime jurídico de direito privado, muito embora nele se não esgote, pois que é a presença do interesse público vai modificar a figura privatística, a ponto de o fim público penetrar na estrutura privatística do contrato, tornando-se elemento essencial dele." MONCADA, Luís S. Cabral de. *Direito económico*. 2. ed. Coimbra: Coimbra, 1988, p. 355-356.

[302] "O subsídio é uma expressão genérica que abrange um conjunto diversificado de providências administrativas possuindo, no entanto, um denominador comum: o tratar-se de atribuições pecuniárias unilaterais a favor dos sujeitos económicos sem que estes fiquem constituídos

O contrato econômico ou contrato de fomento econômico é apresentado pela doutrina portuguesa[303] como meio de atribuição de se convencionar estímulos do público ao privado, surgindo os primeiros em 1973, sob a forma de contratos de desenvolvimento para exportação.

Embora os contratos públicos e os contratos administrativos sejam instrumentos importantíssimos de fomento econômico, o contrato econômico não possui essa natureza, pois seu regime jurídico é específico. Eles são utilizados para outorga de subsídios ou subvenções de qualquer natureza, fruto do movimento estatal de administração contratual inspirado no modelo francês. Isto porque, o recurso ao contrato evita atritos no relacionamento com a administração e estimula os particulares a cumprirem as obrigações assumidas, produzindo um clima de confiança recíproca.

O que se vê é que o "contrato saiu da sua tradicional esfera privada e passou a serviço como instrumento de conformação econômica e social pelos poderes públicos",[304] caracterizando-se, portanto, em sua natureza jurídica, como um mero ato-condição ou ato misto, dada a dificuldade de se atribuir a eles natureza eminentemente contratual.

António Carlos dos Santos, Maria Eduarda Gonçalves e Maria Manuel Leitão Marques[305] ressaltam, entretanto, a possibilidade de se alegar que a natureza contratual tem esses ajustes, tendo em vista neles

> como traço comum a aceitação pelas empresas de certas obrigações, em contrapartida de prestações a que o Estado, por seu lado, se obriga. Essas obrigações constam de um acordo assumido livremente. É do contrato e não da lei que resulta as obrigações das empresas. Para além disso, uma

---

na obrigação de reembolso. É por esta razão que também se chama o subsídio subvenção, comparticipação, prêmio, etc. [...]. Finalmente, é o subsídio atribuído sempre no pressuposto da prossecução pelo beneficiário de interesses públicos desenvolvimentistas e salutistas. Nesta medida, a atividade consistente na atribuição de subsídios corresponde ao exercício de uma função administrativa dos Poderes Públicos de conformação, apoio e estímulo da atividade econômica privada, pública ou cooperativa." MONCADA, Luís S. Cabral de. *Direito económico*. 2. ed. Coimbra: Coimbra, 1988, p. 356.

[303] MONCADA, Luís S. Cabral de. *Manual elementar de direito público da economia e da regulação*: uma perspectiva luso-brasileira. Coimbra: Almedina, 2012, p. 209-212.

[304] MONCADA, Luís S. Cabral de. *Manual elementar de direito público da economia e da regulação*: uma perspectiva luso-brasileira. Coimbra: Almedina, 2012, p. 211.

[305] SANTOS, António Carlos dos; GONÇALVES, Maria Eduarda; MARQUES, Maria Manuel Leitão. *Direito económico*. 6. ed. Coimbra: Almedina, 2011, p. 202-207.

vez celebrado, não pode o Estado alterar ou rescindir unilateralmente o contrato, a não ser com fundamento em incumprimento da outra parte.[306]

Os autores complementam sua análise apresentando os seguintes modelos de contratos econômicos: a) contratos-programa (destinados a permitir a execução de um plano), contendo um programa de atividades e ações a serem desenvolvidas e de resultados a serem alcançados pela empresa ou empresas contratantes – esses programas são oriundos de uma negociação entre as partes que definem compromissos adaptados à situação *in concretum*; b) contratos de desenvolvimento em geral (acordos realizados entre o Estado e uma ou mais empresas, mediante os quais aquele se compromete a fornecer estímulos e apoio de várias ordens, obtendo como contrapartida por parte das empresas iniciativas de organizações de investimentos que se enquadrem nas linhas da política de desenvolvimento nacional previamente definidas); c) contratos fiscais (consistem em uma vantagem fiscal concedida a troco de um projeto de investimento considerado interessante na perspectiva do interesse público); d) contratos de investimento estrangeiro (celebrados entre o Estado e uma ou mais empresas estrangeiras visando à realização de grandes projetos); e) quase-contratos ou promessas de comportamento (atos pelos quais as empresas se obrigam perante a Administração a se comprometer com os objetivos traçados pela política econômica do Estado e este, em contrapartida, a examinar favoravelmente solicitações de empréstimos, de dispensa de formalidades apresentadas pelas empresas).

5.1.3.4 Espanha

A doutrina do fomento público na Espanha é uma das mais desenvolvidas do mundo. Luís Jordana de Pozas[307] difundiu, no final da década de 1940, a classificação da ação administrativa em normatização, polícia, fomento e serviço público. Para o autor, ação de fomento é uma via intermediária entre a inibição e o intervencionismo do Estado, que pretende conciliar a liberdade com o bem comum mediante a influência indireta sobre a vontade do indivíduo para ele atuar visando satisfazer

---

[306] SANTOS, António Carlos dos; GONÇALVES, Maria Eduarda; MARQUES, Maria Manuel Leitão. *Direito econômico*. 6. ed. Coimbra: Almedina, 2011, p. 203.
[307] POZAS, Luís Jordana. Ensayo sobre una teoría del fomento en el derecho administrativo. In: *Revista de Estudios Políticos*, Madri, n. 48, p. 41-54, 1949.

determinada necessidade pública. Portanto, pode ser definida como a ação da Administração voltada a proteger ou promover aquelas atividades, instituições ou riquezas devidas aos particulares e que satisfazem interesse público ou se qualificam como interesse coletivo, não se utilizando de uma coação nem criando serviços públicos para tanto. Por conseguinte, a distinção entre fomento, polícia e serviço público é simples: enquanto a polícia previne e reprime, o fomento protege e promove, sem usar coação. E enquanto no serviço público a Administração realiza diretamente e com seus próprios meios o fim perseguido, o fomento se limita a estimular os particulares para que eles, por sua própria vontade, desenvolvam uma determinada atividade, cumprindo indiretamente o fim perseguido pela Administração. O fomento apresenta, ainda, uma classificação para sua incidência: honoríficos, econômicos e jurídicos.

Posteriormente, Fernando Garrido Falla,[308] Rafael Entrena Cuesta[309] e José Luiz Villar Palasí,[310] ao abordarem o tema, divergiram de Luís Jordana de Pozas.[311] Embora tenham aceitado o conceito proposto, acrescentaram que a atividade fomentada não precisa ser exclusivamente privada ou dos particulares, mas podem também ser atividades de outros entes públicos. Em síntese, consideram em seu conceito de fomento:

> (i) é uma atividade realizada tão só pelas distintas entidades que integram a Administração Pública, mas não por outros poderes públicos;
> (ii) tendem à satisfação de necessidades tidas como de interesse público;
> (iii) não afeta a liberdade das pessoas ou entidades estimuladas ou protegidas, que, sem se sentirem coagidas, cooperam voluntariamente na satisfação dessas necessidades;
> (iv) a satisfação se alcança indiretamente.

Na sequência, Mariano Baena del Alcázar [312] considera como meios de fomento: a) meios honoríficos ou psicológicos; b) meios jurídicos;

---

[308] FALLA, Fernando Garrido. *Tratado de derecho administrativo*. v. II. Madri: Instituto de Estudios Políticos, 1960, p. 279-305.
[309] CUESTA, Rafael Entrena. *Apuntes de derecho administrativo*. Madri: Tecnos, 1959, p. 142-151.
[310] PALASÍ, José Luiz Villar. Las técnicas administrativas de fomento y de apoyo al precio político. *In: Revista de Administración Pública*, Madri, n. 14, p. 22-29, maio/ago. 1954.
[311] POZAS, Luís Jordana. Ensayo sobre una teoría del fomento en el derecho administrativo. *In: Revista de Estudios Políticos*, Madri, n. 48, p. 41-54, 1949.
[312] ALCÁZAR, Mariano Baena del. Sobre el concepto de fomento. *Revista de Administración Pública*, Madri, n. 54, p. 43-85, maio/ago. 1967.

c) meios econômicos. Ao final, situa o fomento como instrumento de intervenção do Estado na economia.[313]

José Luiz Villar Palasí[314] assinalou que as técnicas de fomento, ao menos para a construção de obras públicas, já eram conhecidas na Idade Médica, quando o termo fomento se generalizava na legislação como atividade necessária para combater as causas da decadência econômica e comercial da Espanha.

Luís Jordana de Pozas[315] ainda classifica o fomento por meio de um critério duplo, mesmo diante da dificuldade desta classificação, em virtude das suas múltiplas variedades. O autor alerta sobre a impossibilidade de se estabelecer um catálogo das formas que podem revestir a concessão de fomento[316] e, por isso, o classifica sob os seguintes aspectos:

> (i) pela forma de atuar sobre a vontade dos sujeitos fomentados: a) positivos, outorgando prestações, bens ou vantagens; b) negativos, criando obstáculos ou encargos para dificultar indiretamente as atividades contrárias às que a Administração quer fomentar;
> (ii) pelo tipo de vantagem criada, os meios de fomento podem ser: a) honoríficos, b) econômicos; e, por fim, c) jurídicos.

Fernando Garrido Falla[317] atribui ao *meio honorífico* um regime jurídico complexo a comportar os seguintes caracteres: o ato de concessão em geral é discricionário, e o beneficiário adquire não só direitos, mas também obrigações. Em relação ao *meio econômico*, pode ser dividido segundo o seu *caráter real* (consistente no uso ou aproveitamento de uma coisa de domínio público ou de propriedade administrativa ou na utilização gratuita de serviços técnicos da Administração) ou *caráter financeiro*, que poderá ser direto ou indireto. No primeiro caso, há desembolsos em dinheiro do erário em face dos fomentados (exemplos: adiantamentos, prêmios e bônus, subsídios e subvenções). Já no fomento

---

[313] "De una actividad de estímulo el fomento (o, mejor dicho, el conjunto de actividades que se designan habitualmente con este término) ha pasado a ser un instrumento de intervención económica". ALCÁZAR, Mariano Baena del. Sobre el concepto de fomento. *Revista de Administración Pública*, Madri, n. 54, p. 82, maio/ago. 1967.

[314] PALASÍ, José Luiz Villar. Las técnicas administrativas de fomento y de apoyo al precio político. In: *Revista de Administración Pública*, Madri, n. 54, p. 22-29, maio/ago. 1967.

[315] POZAS, Luís Jordana. Ensayo sobre una teoría del fomento en el derecho administrativo. In: *Revista de Estudios Políticos*, Madri, n. 48, p. 41-54, 1949.

[316] POZAS, Luís Jordana. Ensayo sobre una teoría del fomento en el derecho administrativo. In: *Revista de Estudios Políticos*, Madri, n. 48, p. 50, 1949.

[317] FALLA, Fernando Garrido. *Tratado de derecho administrativo*. v. II. Madri: Instituto de Estudios Políticos, 1960, p. 279-305.

econômico de caráter financeiro indireto, há desembolsos em dinheiro do erário em favor dos fomentados (por exemplo, por meio de isenções fiscais, redução de alíquotas de tributos e contratações temporárias). Por fim, há dois tipos de fomento por meios jurídicos: no primeiro deles, há concessão de privilégios pela Administração; no segundo, a renúncia dos privilégios em decorrência de lei e regulamentos.

Nos manuais de Direito Administrativo espanhol, alguns autores dedicaram especial atenção ao fomento e à ação administrativa de estimulação: José Bermejo Vera,[318] José Luis Villar Ezcurra[319] e Ramón Martín Mateo.[320]

O tratamento atribuído pelos autores ao instituto não destoa substancialmente. José Bermejo Vera e Ramón Martín Mateo reforçam a ideia de que o fomento perpassa pela atuação administrativa de estimulação, pela qual se oferecem estímulos positivos aos cidadãos e empresas que satisfaçam determinados fins fixados de antemão pelo Estado através de suas políticas públicas indutivas, sempre em atenção ao interesse geral.

Prevalece a ideia de colaboração face à limitação ou proibição, imposição ou ordem, porquanto se trate de medidas oferecidas pelas Administrações Públicas com a finalidade de alcançar determinados objetivos, decidindo livremente o particular se opta pela consecução destes, ou seja, aguarda-se a colaboração voluntária dos agentes privados.[321]

O fomento administrativo pode ser levado adiante por meio de uma variedade de fórmulas e de técnicas intercambiáveis entre si e de possível simultaneidade em que o poder público se utiliza para incentivar os agentes sociais e econômicos a lograr objetivos considerados desejáveis.[322]

A atual ação administrativa de estimulação é uma das três modalidades de ação administrativa (acompanhada da ação administrativa de garantia e de prestação) a coincidir substancialmente com as

---

[318] VERA, José Bermejo. *Derecho administrativo* – parte especial. 5. ed. Madri: Civitas, 2001, p. 62-65.

[319] EZCURRA, José Luis Villar. *Derecho administrativo especial*: administración pública y actividad de los particulares. Madri: Civitas, 1999, p. 97-141.

[320] MARTÍN MATEO, Ramón. *Manual de derecho administrativo*. 20. ed. Madri: Trivium, 1999, p. 459-469.

[321] VERA, José Bermejo. *Derecho administrativo* – parte especial. 5. ed. Madri: Civitas, 2001, p. 62.

[322] VERA, José Bermejo. *Derecho administrativo* – parte especial. 5. ed. Madri: Civitas, 2001, p. 63.

técnicas clássicas de fomento.[323] A estimulação pode ocorrer por meio de diversas espécies de técnicas. Neste ponto, José Bermejo Vera[324] e José Luis Villar Ezcurra[325] coincidem na forma de analisar como a atividade administrativa se efetiva. Embora a atividade administrativa de fomento compreenda uma diversidade de possibilidades e atuações, elas podem ser agrupadas em três categorias: a) medidas de caráter honorífico e psicológicas (pouco utilizadas atualmente, tendo em vista que o motor da iniciativa privada é a obtenção de benefícios econômicos); b) medidas de caráter jurídico (consistem na dispensa de se observar leis ou regulamentos de caráter proibitivo, ocorrendo sempre de forma excepcional em face do princípio da igualdade, que não recomenda esse tipo de medida); e c) medidas de carácter econômico (podem consistir em vantagens econômicas de caráter real ou financeiro. Um exemplo do primeiro caso é a cessão de bens imóveis da Administração; o segundo caso pode ser percebido através das formas de auxílio indireto, direto e dissuasório).[326]

Posteriormente, diversos juristas espanhóis realizaram importantes estudos sobre o fomento. No âmbito dos manuais de Direito Administrativo Econômico destacaram-se: J. A. Manzanedo, J. Hernando e E. Gomez Reino;[327] Ramón Martín Mateo e Francisco Sosa Wagner;[328] Ricardo Rivero Ortega[329] e Gaspar Ariño Ortiz.[330] Algumas dessas obras serão utilizadas para fomentar nossas convicções em torno da atividade de estímulos positivos e fomento em terras brasileiras.

Ricardo Rivero Ortega sintetiza a história do fomento na Espanha ao relatar que, de fato, a instrução aos subdelegados de fomento, firmada

---

[323] MARTÍN MATEO, Ramón. *Manual de derecho administrativo*. 20. ed. Madri: Trivium, 1999, p. 468.

[324] VERA, José Bermejo. *Derecho administrativo* – parte especial. 5. ed. Madri: Civitas, 2001, p. 62-65.

[325] EZCURRA, José Luis Villar. *Derecho administrativo especial*: administración pública y actividad de los particulares. Madri: Civitas, 1999, p. 97-141.

[326] EZCURRA, José Luis Villar. *Derecho administrativo especial*: administración pública y actividad de los particulares. Madri: Civitas, 1999, p. 62-65.

[327] MANZANEDO, J. A.; Hernando, J.; REINO, E. Gomez. *Curso de derecho administrativo económico* (ensayo de una sistematización). Madri: Instituto de Estudios de Administración Local, 1970, p. 707-736.

[328] MARTÍN MATEO, Ramón; WAGNER, Francisco Sosa. *Derecho administrativo económico*. 2. ed. Madri: Pirámide, S. A., 1977, p. 169-185.

[329] RIVERO ORTEGA, Ricardo. *Derecho administrativo económico*. 5. ed. Madri: Marcial Pons, 2009, p. 175-184.

[330] ARIÑO ORTIZ, Gaspar. *Principios de derecho público económico*. 2. ed. Granada: Comares, 2001, p. 252-253, 297-326.

em novembro de 1833, é, sem dúvida, o documento mais expressivo de seu programa de reativação das potencialidades daquele país. Diante da vaguidade do termo fomento, o autor lembra que a doutrina propôs uma reconsideração conceitual, substituindo-o por outra mais expressiva e circunscrita à concreta atividade de ajuda e recompensa da iniciativa privada. Ao classificar as ferramentas do fomento em honoríficas, jurídicas e econômicas, o autor passa a dar especial atenção à figura da subvenção,[331] da qual Gaspar Ariño Ortiz[332] e Ramón Martín Mateo e Francisco Sosa Wagner[333] também são adeptos. Os dois últimos autores, em paralelo à disposição da subvenção como uma concreta modalidade estimulatória, apresentam o crédito público e o remanejamento fiscal como outras duas modalidades de estímulos positivos.

5.1.3.5 Argentina

Há muitos anos, José Roberto Dromi ostenta na Argentina a insígnia de grande especialista nas matérias relativas à intervenção do Estado no domínio econômico. Já nos idos de 1979, o autor publicou um verdadeiro tratado sobre Direito Administrativo Econômico, trazendo um estudo aprofundado sobre o fomento, entendido em suas lições como uma das formas da Administração atuar no domínio econômico. A outra forma seria a intervenção direta, que se contrapõe ao que ele denomina *política de fomento*, implementada através de programas de ajuda e de subvenções, implicando diretamente a participação privada na atividade administrativa.[334]

Em seguida, o autor estrutura suas lições estabelecendo seus meios ou técnicas (persuasivas[335] e não coativas), seus princípios e meios,[336]

---

[331] RIVERO ORTEGA, Ricardo. *Derecho administrativo económico*. 5. ed. Madri: Marcial Pons, 2009, p. 177-178.

[332] ARIÑO ORTIZ, Gaspar. *Principios de derecho público económico*. 2. ed. Granada: Comares, 2001, p. 252-253, 297-326.

[333] MARTÍN MATEO, Ramón; WAGNER, Francisco Sosa. *Derecho administrativo económico*. 2. ed. Madri: Pirámide, S. A., 1977, p. 169-185.

[334] DROMI, José Roberto. *Derecho administrativo económico*. t. 2. Buenos Aires: Astrea, 1979, p. 135.

[335] DROMI, José Roberto. *Derecho administrativo económico*. t. 2. Buenos Aires: Astrea, 1979, p. 151.

[336] "*Los medios de fomento pueden clasificar-se, ante todo, en positivos y negativos. Son positivos los que otorgan prestaciones, bienes o ventajas, y negativos, los que constituyen obstáculos o cargas impuestas para dificultar, por medios indirectos, las actividades contrarias a las que quieren fomentar*". DROMI, José Roberto. *Derecho administrativo económico*. t. 2. Buenos Aires: Astrea, 1979, p. 153.

suas classes, classificando-os em honoríficos (outorgamento de recompensas e distinções), econômicos (incluem todas as vantagens de ordem econômica atribuídas para fins de fomentar a atividade, todavia, todas elas giram em torno da política do fomento: a subvenção) e jurídicos (outorgam-se privilégios), conforme observa Luís Jordana de Pozas.

Posteriormente, o autor dedica um espaço ao estudo da subvenção, rechaçando inicialmente o pensamento difundido por Maurice Hauriou de que as subvenções constituem uma prova de que a Administração não é egoísta, já que atualmente não se pode sustentar essa afirmação, pois a subvenção leva consigo o controle da atividade subvencionada, transpondo o ideal de voluntariedade para o da necessidade, pois as regras a ela aplicadas passam a figurar como um diferencial no mercado no qual as empresas que não aderirem a essas regras podem sofrer graves reflexos econômicos em virtude de sua capacidade de produzir uma concorrência desleal em relação aos que não aderirem aos planos basilares da subvenção.[337] Todavia, ela continua sendo, em suas palavras, o *punctum saliens* da atividade de fomento.[338]

Juan Carlos Cassagne, em monografia sobre intervenção administrativa, destaca que as atividades interventoras sobre os privados ocorrem por meio de dois atos: de gravame e favoráveis. Nesse último, figura o fomento, o qual ele define como resultado do princípio da subsidiariedade. Por meio dele, o Estado estimula a realização de determinadas atividades as quais o setor privado, por qualquer razão, não está se desincumbindo de realizá-las.[339] O autor também apresenta como meios de fomento (i) os honoríficos e os (ii) econômicos, dividindo esses últimos em: subsídios, bônus e subvenção:

> O primeiro consiste em um pagamento monetário periódico fundado na lei ou em um contrato administrativo (com base na lei) que gera um direito subjetivo de recebê-lo (por exemplo, bolsa família) enquanto o bônus não necessita dessa periodicidade. Por sua vez, tem-se sustentado que o bônus difere da subvenção pelo fato de que a outorga desta última

---

[337] DROMI, José Roberto. *Derecho administrativo económico.* t. 2. Buenos Aires: Astrea, 1979, p. 150.
[338] DROMI, José Roberto. *Derecho administrativo económico.* t. 2. Buenos Aires: Astrea, 1979, p. 156.
[339] CASSAGNE, Juan Carlos. *La intervención administrativa.* 2. ed. Buenos Aires: Abeledo-Perrot, 1994, p. 91.

é discricionária e não gera um direito subjetivo na cabeça do particular subvencionado.[340]

Inácio M. de la Riva[341] prefere utilizar a nomenclatura auxílios públicos. Ele os define como a atividade administrativa consistente na disposição mediata ou imediata de bens a determinados administrados, de forma direta ou indireta, com caráter não devolutivo, e em razão de certas atividades que lhes são próprias. Os bens corpóreos ou incorpóreos permanecem atribuídos afetados à realização destas atividades.[342]

5.1.4 A ação fomentadora do Estado no Brasil

Nos últimos anos, vários autores têm se debruçado sobre o estudo do fomento sob uma perspectiva jurídica, entretanto, há poucos trabalhos monográficos a respeito. A grande maioria aborda o fomento no âmbito de manuais, artigos ou em monografias atinentes a outras questões envolvendo o Direito Público Econômico. O primeiro a abordar o fomento no Direito Público de forma sistematizada foi Diogo de Figueiredo Moreira Neto, em seu *Curso de direito administrativo*, inspirado na doutrina espanhola. Trata-se de uma abordagem sobre fomento público elaborada ainda na década de 1970.[343] Sua obra foi atualizada até 2014 (16. ed.),[344] retomando a disciplina do fomento público em capítulo exclusivo no qual, ao final, o autor utiliza um gráfico para sistematizar o conceito, onde coloca o fomento público como gênero, apontando a existência de quatro espécies dele decorrentes: (i) planejamento estatal (englobando o desenvolvimento regional e sendo atividade suplementar

---

[340] "El primero, consiste en un desembolso dinerario periódico fundado en la ley o en un contrato administrativo (basado en ley) que genera un derecho subjetivo a su percepción (v. gr. el subsidio familiar) mientras que la prima carece de dicha periodicidad. A su vez, se ha sostenido que la prima se diferencia de la subvención en que el otorgamiento de esta última resulta discrecional y no genera derecho subjetivo en cabeza del particular subvencionado". CASSAGNE, Juan Carlos. La intervención administrativa. 2. ed. Buenos Aires: Abeledo-Perrot, 1994, p. 94.

[341] RIVA, Ignacio M. de la. *Ayudas públicas*: incidencia de la intervención estatal en el funcionamiento del mercado. Buenos Aires: Hammurabi, 2004.

[342] "[...] *entiendo por ayudas públicas la actividad administrativa consistente en la dispensación mediata o inmediata de bienes a determinados administrados de forma directa o indirecta, con carácter no devolutivo y en razón de ciertas actividades que les son propias, a cuya realización dichos bienes quedan afectados*". RIVA, Ignacio M. de la. *Ayudas públicas*: incidencia de la intervención estatal en el funcionamiento del mercado. Buenos Aires: Hammurabi, 2004, p. 122-123.

[343] MOREIRA NETO, Diogo de Figueiredo. *Curso de direito administrativo*. Rio de Janeiro: Forense, 1976.

[344] MOREIRA NETO, Diogo de Figueiredo. *Curso de direito administrativo*. 16. ed. Rio de Janeiro: Forense, 2014.

do Estado); (ii) fomento social (preocupação com o homem enquanto sujeito de direitos à educação, pesquisa e informação, ao trabalho, à cultura, lazer e desportos, ao turismo, ao meio ambiente e ao acesso à propriedade rural); (iii) fomento econômico (incentivos às empresas, inclusive financeiro, creditício ou vocacionado para setores, tais como atividades econômicas primárias ou científicas e tecnológicas); (iv) fomento institucional (destinado aos entes intermédios, tais como o setor público não estatal e a parcerias com a Administração).

O autor pode sumular a função administrativa de fomento público como "o estímulo oferecido direta, imediata e concretamente pela Administração, na forma da lei, a iniciativas reconhecidas como de interesse geral para o progresso e aperfeiçoamento do homem em sociedade".[345]

Floriano de Azevedo Marques Neto parece aproximar o conceito de estímulos positivos ao de fomento ao entender este último como "a atividade estatal de incentivo positivo ou negativo a outra atividade desenvolvida por um ou vários particulares, de forma a condicionar o comportamento privado",[346] no qual "efetiva-se, em regra, a partir de medidas positivas, de caráter premial e natureza não coativa".[347]

Para o autor, algumas medidas de fomento, embora gerem efeitos econômicos positivos, são compostas por ações de cunho negativo, abrandando ou intensificando pontual e direcionadamente medidas ou restrições estatais, "com vistas a induzir, incentivar ou desincentivar ações dos agentes privados e, com isso, obter o desenvolvimento ou a redução de certas atividades pretendidas ou indesejadas".[348] A essa ação o autor denomina fomento negativo.

De qualquer forma, a característica do fomento público será sempre a facultatividade da adesão aos sistemas de estímulo postos à disposição dos beneficiários. A coação só surge quando decorrente da

---

[345] MOREIRA NETO, Diogo de Figueiredo. *Curso de direito administrativo*. 16. ed. Rio de Janeiro: Forense, 2014, p. 577.
[346] MARQUES NETO, Floriano de Azevedo. O fomento como instrumento de intervenção estatal na ordem econômica. In: *Revista de Direito Público da Economia – RDPE*, Belo Horizonte, n. 32, ano 8, p. 65, out./dez. 2010.
[347] MARQUES NETO, Floriano de Azevedo. O fomento como instrumento de intervenção estatal na ordem econômica. In: *Revista de Direito Público da Economia – RDPE*, Belo Horizonte, n. 32, ano 8, p. 65, out./dez. 2010.
[348] MARQUES NETO, Floriano de Azevedo. O fomento como instrumento de intervenção estatal na ordem econômica. In: *Revista de Direito Público da Economia – RDPE*, Belo Horizonte, n. 32, ano 8, p. 65, out./dez. 2010.

contratualização realizada pelo privado para adesão ao benefício e a apresentação da contrapartida, a qual muitas vezes o particular adere, mas acaba não cumprindo sua parte nesta relação obrigacional oriunda e qualificada pela autonomia das vontades.

O fundamento constitucional do fomento é o art. 174 da CF/1988, o mesmo da atividade reguladora, todavia, embora "retirem fundamentos de validade do mesmo dispositivo constitucional, o fomento se distingue da função reguladora por não envolver o exercício do poder extroverso",[349] dada a sua natureza meramente indutiva.

5.1.5 Modalidades de estímulos positivos

Os estímulos positivos se apresentam a partir de dois critérios classificadores.[350] O primeiro deles diz respeito à forma de atuação e pode ser: a) *positivo*, quando outorga prestações, vantagens ou bens. É muito recorrente no setor agroindustrial, que possui créditos subsidiados ou, ainda, mais recentemente, a redução na alíquota do IPI dos automóveis ou eletrodomésticos linha branca; b) *negativo*, quando cria obstáculos ou encargos para dificultar indiretamente atividades contrárias às que a Administração quer estimular ou favorecer. Um exemplo corrente são as tarifas *antidumping*, com o objetivo explícito de beneficiar alguma cadeia produtiva.

Já o segundo critério ocorre pelo tipo de benefício, vantagem ou lucro recebido e pode ser:

a) *econômico* – de caráter real ou financeiro. O de caráter real, basicamente, se resume ao uso ou aproveitamento de uma coisa de domínio público, ou de propriedade administrativa, ou na utilização gratuita de serviços técnicos da Administração.[351] Já o de caráter financeiro subdivide-se em direto e indireto. O primeiro consiste na destinação de capital (dinheiro) do erário em prol dos estimulados, a título de antecipação, prêmios e gratificações, subsídios, subvenções ou empréstimos. Já o indireto se traduz nas isenções

---

[349] CAGGIANO, Heloisa Conrado. Apontamentos sobre o conceito de fomento público. *Revista de Direito Público da Economia – RDPE*, Belo Horizonte, ano 16, n. 61, p. 77-92, jan./mar. 2018.

[350] Esse critério é adotado por Gaspar Ariño Ortiz e Jordana de Pozas. ARIÑO ORTIZ, Gaspar. *Principios de derecho público económico*. 2. ed. Granada: Comares, 2001, p. 300-301; POZAS, Jordana de. *Diccionario Jurídico Espasa*. Madri: Ed. Espasa Calpe, 1991, p. 421.

[351] POZAS, Jordana de. *Diccionario Jurídico Espasa*. Madri: Ed. Espasa Calpe, 1991, p. 421.

fiscais, nas prorrogações fiscais. Um exemplo é o Programa de Recuperação Fiscal (REFIS) no Brasil.
b) *jurídico* – pode ocorrer através da dispensa de cumprimento de determinada lei ou regulamento de caráter proibitivo para se obter algum benefício com este ato. Entretanto, essa hipótese deve estar prevista na CF/1988, sob pena de inconstitucionalidade. Há, ainda, o estímulo por meio de atribuição de um privilégio consistente na utilização, pela Administração, de seus poderes exorbitantes em benefício dos titulares da atividade estimulada. Um exemplo é a concessão de reequilíbrio econômico-financeiro em um contrato administrativo cujos valores se encontrem defasados. Por último, pode ocorrer por meio de um julgamento que retire a validade da norma que prejudicava determinada atividade. Neste caso, só pode ocorrer na hipótese de ADI.
c) *honorífico* – pela atribuição de títulos e recompensas que lhe outorguem alguma vantagem, como o credenciamento de fundações para funcionarem como fundações de apoio ou a atribuição do qualificativo de organizações sociais, permitindo realizar avenças por meio de contrato de gestão *externa corporis*.

5.1.6 Espécies de estímulos positivos

O constituinte admite a possibilidade de se utilizar estímulos positivos através de vários mecanismos distintos, a depender da finalidade a ser alcançada. Diante disso, podem ser arrolados:

(i) subvenções (art. 213, I, c/c §2º, arts. 227, 217, 218, 17, §3º);
(ii) incentivos fiscais (arts. 43, §2º, e 227, §3º);
(iii) financiamentos em condições vantajosas (art. 216, §6º);
(iv) condecorações e distinções honoríficas (art. 84, XXI);
(v) previsão de percentual de cargos e empregos públicos a pessoas portadoras de deficiência (art. 37, VIII);
(vi) bolsas de estudo (art. 213, §1º);
(vii) fixação de tarifas, fretes, seguros e outros itens de preços de responsabilidade do poder público em valores idênticos para diferentes regiões (art. 43, §2º, I);

(viii) concessão de tratamento jurídico diferenciado (arts. 146, III, d, 174, §§3º e 4º, 179, 185, parágrafo único).[352]

Dentre as espécies mais utilizadas estão: a) subsídios; b) subvenção; c) remanejamento fiscal; d) preempção aos produtos nacionais; e) empréstimos com juros favoráveis; e f) apoio técnico. Em seguida, a ideia é verificar a aplicação de cada uma delas.

5.1.6.1 Subsídios

Configura-se na possibilidade de estimulação direta por meio de repasse de recursos orçamentários e bens públicos como fomento a estas entidades, o que será feito por meio de subsídio se, por evidente, elas necessitarem destes recursos. O subsídio figura como a principal espécie de estimulação, entretanto, destinado a promover especificamente a manutenção de preços de determinadas atividades, conforme verificado recentemente no setor sucroalcooleiro, de automóveis e de petróleo. Ademais, tem natureza de contratualização, uma vez que o subsidiado fica condicionado ao cumprimento de metas estabelecidas. Segundo Marcos Juruena Villela Souto, os subsídios podem ser classificados em simples ou condicionados a imposições da Administração; anteriores ao exercício da atividade ou posteriores (prêmios pela atividade já exercida); podem ser periódicos (atribuídos regularmente) ou não periódicos.[353] A partir da adesão ao subsídio, o controle, pelo Estado, da utilização dos recursos será avaliado pelos órgãos de controle.[354] Ao adotar orientação similar, Gaspar Ariño Ortiz[355] afirma que, da outorga de meios econômicos de fomento, surge uma relação especial, vez que o beneficiário se compromete a realizar a atividade promovida e a Administração goza de amplas potestades de controle.

---

[352] ALENCAR, Letícia Oliveira Lins de. A atividade administrativa de fomento e a importância do planejamento. *Fórum Administrativo – FA*, Belo Horizonte, abr. 2016.

[353] SOUTO, Marcos Juruena Villela. *Direito administrativo da economia*. Rio de Janeiro: Lumen Juris, 2003, p. 44.

[354] [...] "em qualquer entidade, por mais privada, por mais caracteristicamente privada que seja, que se beneficie de incentivos, de investimentos, etc., está recebendo, ainda que indiretamente, dinheiro público; portanto não podem os seus gestores, a seu talante, agir com absoluta liberdade, porque estão sujeitos pelo menos ao regime de fiscalização de controle". ATALIBA, Geraldo. Ação popular na Constituição brasileira. *Revista de Direito Público*, São Paulo, n. 76, p. 120, out./dez. 1985.

[355] ARIÑO ORTIZ, Gaspar. *Principios de derecho público económico*. 2. ed. Granada: Comares, 2001, p. 303-305.

Com a EC nº 85/2015, e a nova redação do art. 213, §2º, agora não mais apenas as atividades universitárias de pesquisa e extensão poderão receber apoio financeiro do poder público, mas também as de estímulo e fomento à inovação realizadas por universidades e/ou por instituições de educação profissional e tecnológica poderão receber subsídios.

5.1.6.2 Subvenção

Rafael Valin, em monografia sobre o tema, traz uma definição restrita para subvenção ao constatar que ela representa

> uma relação jurídico-administrativa típica, caracterizada por uma prestação pecuniária do estado em favor de um sujeito de direito privado, ao qual corresponde aplicar os valores percebidos, desinteressadamente e com a concorrência de recursos ou bens próprios, no desenvolvimento de uma atividade revestida de interesse público.[356]

Subvenções consistem em transferências correntes e despesas de custeio, conforme o Direito Positivo brasileiro. São consideradas subespécies de despesa, cujas espécies são as despesas correntes e as de capital. Segundo o §2º do art. 12 da Lei nº 4.320/1964, classificam-se como transferências correntes as dotações para despesas às quais não corresponda contraprestação direta em bens ou serviços, inclusive para contribuições e subvenções destinadas a atender à manifestação de outras entidades de Direito Público ou Privado. Já segundo o §3º do art. 12 da Lei nº 4.320/1964, são consideradas subvenções as transferências destinadas a cobrir despesas de custeio das entidades beneficiadas, distinguindo-se como: I – subvenções sociais, as que se destinem a instituições públicas ou privadas de caráter assistencial ou cultural, sem finalidade lucrativa; II – subvenções econômicas, as que se destinem a empresas públicas ou privadas de caráter industrial, comercial, agrícola ou pastoril.

Para Ramón Martín Mateo e Francisco Sosa Wagner, a subvenção tem como objetivo motivar ou impulsionar uma determinada conduta, que coincide com os interesses do Estado.[357] Já segundo Sílvio Luís

---

[356] VALIN, Rafael. *A subvenção no direito administrativo brasileiro*. São Paulo: Contracorrente, 2015, p. 89.
[357] MARTÍN MATEO, Ramón; SOSA WAGNER, Francisco. *Derecho administrativo económico*. 2. ed. Madri: Pirámide, S.A., 1977, p. 174.

Ferreira da Rocha,[358] a subvenção está destinada a cobrir despesas de custeio das entidades públicas ou privadas, ligadas às atividades operacionais, como aluguel, folha de salários e conservação de bens. Portanto, servem para a manutenção e a operação de serviços prestados pela entidade subvencionada.

Em relação às subvenções sociais, o art. 16 da Lei nº 4.320/1964 prescreve que a concessão destas subvenções tem por finalidade a prestação de serviços essenciais de assistência social, médica e educacional, sempre que a suplementação de recursos de origem privada aplicados a esses objetivos se revelar mais econômica, ou seja, sempre que for mais interessante para o Estado continuar subvencionando esses serviços ao invés de capturá-los. O parágrafo único do art. 16 dispõe que o valor das subvenções deve ser calculado, se possível, com base em unidades de serviços efetivamente prestados ou à disposição dos interessados, obedecidos os padrões mínimos de eficiência estabelecidos, isto é, respeitando os princípios da modicidade e da cortesia. Se constatado que a instituição não está prestando os serviços em condições satisfatórias, assim consideradas pelos órgãos oficiais de fiscalização, as subvenções sociais não serão mais concedidas.

Já as subvenções econômicas estão destinadas à cobertura dos déficits de manutenção das entidades da administração indireta, ou entidades privadas indicadas por lei. Para concedê-las, o ente federativo deve inseri-las expressamente nas despesas correntes do seu orçamento. A Lei nº 4.320/1964, em seu art. 18, considera subvenções econômicas: a) as dotações destinadas a cobrir a diferença entre os preços de mercado e os preços de revenda, pelo governo, de gêneros alimentícios ou outros materiais; e b) as dotações destinadas ao pagamento de bonificações a produtores de determinados gêneros ou materiais.

Graziela Zucoloto e Priscila Koeller, ao explicarem o processamento das subvenções no contexto da C,T&I, observam que se trata de medida largamente utilizada em países desenvolvidos, consistente na "aplicação de recursos públicos não reembolsáveis diretamente em empresas públicas ou privadas, compartilhando com elas os custos e riscos inerentes às atividades de pesquisa, desenvolvimento e inovação (PD&I)".[359] A subvenção é aplicada por meio da seleção de projetos

---

[358] ROCHA, Silvio Luís Ferreira da. *Terceiro setor*. São Paulo: Malheiros, 2003, p. 22.

[359] ZUCOLOTO, Graziela; KOELLER, Priscila. Subvenção econômica: estatísticas dos períodos recentes. *Radar*, n. 69, p. 7-8, abr. 2022. Disponível em: http://dx.doi.org/10.38116/radar69art1. Acesso em: 2 set. 2023.

nas áreas estratégicas previamente definidas.[360] Por ser recurso não reembolsável, a escolha pelos projetos a serem subvencionados deve se direcionar aos "projetos de pesquisa e desenvolvimento (P&D) que envolvam maior risco tecnológico e/ou que demandem longo horizonte de tempo para sua execução".[361]

5.1.6.3 Remanejamento fiscal

Remanejamento fiscal é fazer ou deixar de fazer incidir impostos em determinadas áreas de interesse estatal, ou aumentar ou diminuir alíquotas conforme o interesse estatal. É o manejo dos instrumentos fiscais visando um fim pelo Estado. Por exemplo, se o Presidente resolve combater os produtos transgênicos através da majoração da alíquota sobre eles e da diminuição da alíquota dos não modificados, estará realizando uma política econômica de remanejamento fiscal. Entretanto, essa política deve ser justificável para não se confrontar com os princípios constitucionais tributários. Outro exemplo cabível é a isenção de alguns impostos em determinadas regiões, visando o seu desenvolvimento, como aconteceu na Zona Franca de Manaus.

Recentemente, o art. 167 da CF/1988, por meio da EC nº 85/2015, passou a permitir no seu §5º que a transposição, o remanejamento ou a transferência de recursos de uma categoria de programação para outra poderão ser admitidos, no âmbito das atividades de ciência, tecnologia e inovação, para viabilizar os resultados de projetos restritos a essas funções, mediante ato do Poder Executivo, sem necessidade da prévia autorização legislativa. Nesse caso, há deslegalização ou delegação legislativa ao Poder Executivo, que antes se vinculava à aprovação de ato normativo típico pelo Congresso Nacional (art. 164, VI, da CF/1988).

5.1.6.4 Preempção aos produtos nacionais

Segundo o art. 171 da CF/1988, a lei poderia dar preferência aos produtos nacionais manufaturados por empresa brasileira de ca-

---

[360] "Sua aplicação ocorre por meio do apoio a projetos selecionados e orientados a áreas consideradas estratégicas pelas políticas públicas setoriais e tecnológicas vigentes em cada período. A operação pode ser feita de forma centralizada, realizada de forma direta pela Finep, ou descentralizada, através de parcerias com agentes credenciados regionais ou estaduais". ZUCOLOTO, Graziela; KOELLER, Priscila. Subvenção econômica: estatísticas dos períodos recentes. *Radar*, n. 69, p. 7-8, abr. 2022.

[361] ZUCOLOTO, Graziela; KOELLER, Priscila. Subvenção econômica: estatísticas dos períodos recentes. *Radar*, n. 69, p. 8, abr. 2022.

pital nacional, inclusive, concedendo proteção e benefícios especiais temporários, para desenvolver atividades consideradas estratégicas à defesa nacional ou imprescindíveis ao desenvolvimento do país, além de prever a possibilidade de tratamento especial a empresa brasileira de capital nacional na aquisição de bens e serviços. Entretanto, a EC nº 6/1995 o revogou, impossibilitando a promoção desse meio de estímulo positivo, sob pena de inconstitucionalidade.

Marcos Juruena Villela Souto relativiza um pouco essa noção:

> a motivação tem a ver com a proteção à indústria nascente, que, em regime de competição, não teria condições (nem estímulos) para se impor no mercado – o que, em última instância, refletiria na redução das opções oferecidas ao consumidor; a necessidade de proteção se reforça quando a atividade for considerada estratégica para a defesa nacional ou imprescindível ao desenvolvimento do país, em especial no que concerne ao seu desenvolvimento tecnológico.[362]

5.1.6.5 Empréstimos com juros favoráveis

Os empréstimos com juros favoráveis podem se dar pela diminuição de juros atribuídos a determinados investimentos ou aquisições de algum bem. Trata-se de uma política que, no Brasil, tem o BNDES como agente oficial e que visa a manutenção ou o crescimento de uma atividade exercida pelo setor privado ou a implementação de um programa social. Como exemplo de atividade exercida pela iniciativa privada beneficiada por empréstimos com juros favoráveis, citam-se os créditos rurais. Já em relação aos programas sociais, menciona-se o financiamento de programas habitacionais, os quais, além de possibilitar a aquisição de moradia pelo cidadão, estimulam o setor da construção civil e seus suprimentos.

5.1.6.6 Apoio técnico

O apoio ou assistência técnica pode ocorrer por meio de treinamentos oferecidos pelos órgãos públicos de informação: Serviço Nacional de Aprendizagem Industrial (SENAI), Serviço Nacional de Aprendizagem Comercial (SENAC), Serviço Nacional de Aprendi-

---

[362] SOUTO, Marcos Juruena Villela. *Direito administrativo da economia*. Rio de Janeiro: Lumen Juris, 2003, p. 54.

zagem Rural (SENAR) e Empresa de Assistência Técnica e Extensão Rural (EMATER).

Ainda, pode se dar através do apoio oferecido por empresas de pesquisas que promovam o desenvolvimento de uma atividade, por exemplo, a Empresa Brasileira de Pesquisas Agropecuária (EMBRAPA), Empresa Brasileira de Pesquisa e Inovação Industrial (EMBRAPI) ou o Instituto de Pesquisas Tecnológicas (IPT) no Estado de São Paulo.

5.1.7 A ação fomentadora do Estado na ciência, tecnologia e inovação através dos estímulos positivos

Os estímulos positivos à inovação são incentivos que encorajam e motivam as pessoas e as organizações a desenvolverem novas ideias, produtos, processos ou serviços e podem ser de naturezas diversas, conforme se verifica na sequência:

1. recompensas financeiras: a oferta de prêmios em dinheiro ou de investimentos em ideias inovadoras pode ser um incentivo para as pessoas investirem tempo e recursos em projetos criativos;
2. reconhecimento e prestígio: a possibilidade de reconhecimento público e prestígio pode ser um forte motivador para muitas pessoas, especialmente aquelas que buscam reconhecimento e visibilidade em suas áreas de atuação;
3. ambientes de trabalho favoráveis à inovação: a criação de ambientes de trabalho que estimulem a criatividade e a inovação, como espaços de *coworking* ou laboratórios de pesquisa, pode ser um fator importante na motivação de funcionários e equipes;
4. flexibilidade e liberdade: a oferta de flexibilidade e liberdade no processo de inovação, como tempo para experimentação e teste de novas ideias, pode ser um estímulo positivo para as pessoas se sentirem encorajadas a desenvolverem ideias novas e criativas, o que depende de manutenção financeira dos agentes envolvidos;
5. desafios e metas ambiciosas: a definição de desafios e metas ambiciosas pode motivar as pessoas a buscarem soluções inovadoras e criativas para problemas complexos.

Ao oferecer estímulos positivos à inovação, as organizações públicas e privadas podem promover uma cultura de inovação e de criatividade, aumentando a capacidade de seus funcionários e equipes de desenvolver soluções novas e mais eficientes para resolver problemas e enfrentar desafios. Maria Paula Dallari Bucci e Diogo Rosenthal Coutinho apontam o papel do Estado nessa relação:

> O Estado não é o agente diretamente responsável pela inovação, mas sem sua indução não é possível reunir as condições para que ela ocorra. A inovação tecnológica é, nesse sentido, resultado de um impulso governamental associado a políticas públicas que criam as condições para empresas investirem em atividades inovadoras, bem como para interagirem entre si, com as universidades e com o próprio Estado.[363]

O Centro de Gestão e Estudos Estratégicos, Organização Social supervisionada e financiada pelo MCTI e que tem como missão a realização de estudos e pesquisas de caráter público para subsidiar as decisões no âmbito do Sistema Nacional de Ciência, Tecnologia e Inovação, apresentou aos seus operadores uma estruturação dos estímulos positivos para a inovação do Brasil, que, em se tratando de uma imagem pública, vale a pena ser difundida:

---

[363] BUCCI, Maria Paula Dallari; COUTINHO, Diogo Rosenthal. Arranjos jurídico-institucionais da política de inovação tecnológica: uma análise baseada na abordagem de direito e políticas públicas. *Inovação no Brasil*: avanços e desafios jurídicos e institucionais. São Paulo: Blucher, 2017, p. 313.

CAPÍTULO 5
INSTITUTOS JURÍDICOS UTILIZADOS PARA ESTÍMULO À CIÊNCIA, TECNOLOGIA E INOVAÇÃO | 177

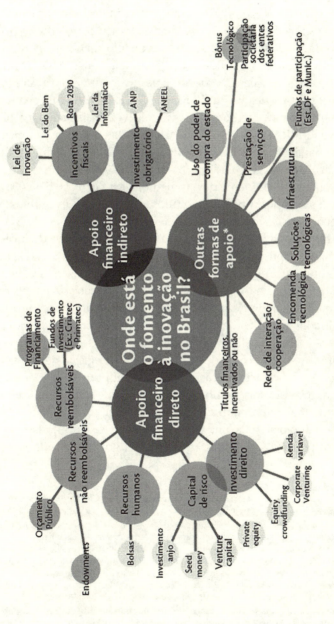

Fonte: CENTRO DE GESTÃO E ESTUDOS ESTRATÉGICOS. Apêndice teórico da Estratégia Nacional de Inovação. Brasília: CGEE, 2021, p. 19.

Recentemente, Júlio Luiz Mariano[364] abordou os meios de estímulos positivos à inovação tecnológica no Brasil. Na busca pelo mapeamento de todo o quadro, o autor considerou investimentos em ciência e tecnologia no Brasil, agências de fomento, programas prioritários oriundos do incentivo fiscal da Lei de Informática e do Programa Automotivo Rota 2030, Lei de Inovação, financiamento não reembolsável, isto é, subvenções CNPq (como pesquisador na empresa e inova talentos), subvenções FAPESP, Finep (Tecnova, centelha, chamadas temáticas e financiamentos não reembolsáveis a empresas e a ICTs), BNDES e EMBRAPII, investimentos diretos das agências de fomento e impulsionados por incentivos fiscais (Lei do Bem e Lei de Informática) e P&D de Agências Reguladoras (ANEEL e ANP).

A mais proeminente destas medidas é a Lei nº 11.196/2005 (Lei do Bem[365]), composta por 17 capítulos, que incluem incentivos para exportações, inclusão digital e desenvolvimento regional. Em seu capítulo III ("Incentivos à Inovação Tecnológica") permite a dedução de até 100% no Imposto de Renda (IR) e na Contribuição Social sobre o Lucro Líquido (CSLL) com atividades de pesquisa, desenvolvimento e inovação (PD&I), além de amortização e depreciação aceleradas, entre outras medidas que visam desonerar a empresa que busca inovar.[366] As atividades apoiadas devem se enquadrar no conceito de inovação trazido pelo art. 17, §1º, que indica a necessidade de concepção de novo produto ou processo de fabricação e a agregação de novas funcionalidades ou características ao produto ou processo que implique melhorias incrementais e ganho efetivo de qualidade ou produtividade, resultando maior competitividade no mercado.

Seu apoio se relaciona às pesquisas básica e aplicada e de desenvolvimento experimental, desde que envolvam *risco tecnológico*,

---

[364] MARIANO, Júlio Luiz. *Fomento à inovação tecnológica do Brasil*. Curitiba: Ed. do Autor, 2001.

[365] "Nesse contexto, a Lei nº 11.196/2005, conhecida como a Lei do Bem, regulamentado pelo Decreto n. 5.798, de 7 de junho de 2006, é considerada o principal instrumento de estímulo às atividades de PD&I nas empresas brasileiras. Isso porque oferece a estas, em seu Capítulo III, a possibilidade de uso de alguns incentivos fiscais, abarcando todos os setores da economia e regiões do país. Contribui, assim, efetivamente, para a inovação, o desenvolvimento da capacidade técnico-produtiva das empresas e o aumento do valor agregado da produção de bens e serviços". MCTI. *O que é a Lei do Bem?* Disponível em: https://www.gov.br/mcti/pt-br/acompanhe-o-mcti/lei-do-bem/paginas/o-que-e-a-lei-do-bem. Acesso em: 3 set. 2023.

[366] ZUCOLOTO, Graziela Ferrero *et al*. Lei do bem e produtividade das firmas industriais brasileiras. *In*: TURCHI, Lenita Maria; MORAIS, José Mauro de. *Políticas de apoio à inovação tecnológica no Brasil*: avanços recentes, limitações e propostas de ações. Brasília: Ipea, 2017, p. 296.

entendido como a possibilidade de insucesso no desenvolvimento de solução, decorrente de processo no qual o resultado é incerto em função do conhecimento técnico-científico insuficiente à época em que se decide pela realização da ação (art. 2º, III, do Decreto nº 9.283/2018). O que se estimula, portanto, são as atividades que visam promover a inovação.[367]

Frise-se, por fim, que a própria Lei de Inovação, mas principalmente o seu decreto regulamentador, traz um plexo de estímulos positivos à atividade, especificando e definindo cada um deles.

5.2 Instrumentos jurídicos de cooperação público-privada

Os instrumentos jurídicos de cooperação público-privada existentes no ambiente institucional da ciência, tecnologia e inovação atribuem forma às relações jurídicas estabelecidas entre instituições públicas e de natureza privada, aproximando-se do conceito de instrumento público difundido por Ruy Cirne Lima,[368] que pressupõe sê-lo sempre que emanado por autoridade pública, ou pessoa com fé pública, aliado à forma legalmente estabelecida.[369] Desses instrumentos decorrem as funções de: a) darem forma aos atos jurídicos, para os quais a forma instrumental houver sido exclusivamente decretada; b) darem forma aos atos jurídicos, a que, por arbítrio das partes se tiver fixado a forma instrumental; c) darem fé como prova pré-constituída da existência de atos jurídicos neles exarados.[370]

A Lei de Inovação apresenta um universo de instrumentos para sua operacionalização, no entanto, a análise que se pretende realizar diz respeito às categorias jurídicas pactuais[371] para C,T&I, avençadas para

---

[367] ZUCOLOTO, Graziela Ferrero et al. Lei do bem e produtividade das firmas industriais brasileiras. *In*: TURCHI, Lenita Maria; MORAIS, José Mauro de. *Políticas de apoio à inovação tecnológica no Brasil*: avanços recentes, limitações e propostas de ações. Brasília: Ipea, 2017, p. 296.

[368] LIMA, Ruy Cirne. Instrumento público: conceito e características. *Revista de Direito Público*, São Paulo, n. 22, p. 107, out./dez. 1988.

[369] LIMA, Ruy Cirne. Instrumento público: conceito e características. *Revista de Direito Público*, São Paulo, n. 22, p. 109, out./dez. 1988.

[370] LIMA, Ruy Cirne. Instrumento público: conceito e características. *Revista de Direito Público* São Paulo, n. 22, p. 107, out./dez. 1988.

[371] Adotando-se o posicionamento jurídico do pacto como gênero, conforme propõe Diogo de Figueiredo Moreira Neto: "Quanto ao gênero pacto, sua característica reside na pluralidade de vontades, individuais ou coletivas, públicas ou privadas, que se conjuguem voluntariamente para a produção dos efeitos jurídicos que a todos os pactuantes interessa. Conforme as vontades formadoras permaneçam individuadas e autônomas, na relação plural constituída,

atribuição de um direito e prescrição de deveres, que se constituem em instrumentos cooperativos, contratuais ou de outorga.

Embora seja conhecido o posicionamento atribuído por consagrados juristas aos mecanismos de pactuações das relações jurídico-administrativas – com destaque para Fernando Dias Menezes, o qual, para demonstrar a amplitude do fenômeno contratual contemporâneo, os agrupa em "módulos convencionais",[372] replicado por Rodrigo Goulart de Freitas Pombo[373] – nesta pesquisa prefere-se a nomenclatura *instrumentos jurídicos pactuais para C,T&I*, por serem mais adequados à especialidade trazida pela Lei de Inovação, pois, ao utilizar o termo "instrumento", o relaciona à atribuição de direitos e prescrição de deveres, de forma cooperativa, contratual ou meramente outorgando-os (art. 219-A da CF/1988).

Também não é possível esquecer a concepção trazida por Floriano de Azevedo Marques Neto, o qual, ao questionar a assimetria existente nas relações contratuais entre o setor público e o privado, identifica elementos conformadores dessa nova concepção formada nos últimos anos:

> (i) o surgimento de uma maior autonomia contratual decorrente de delegação legislativa;
> (ii) ampliação da margem de consensualidade, inclusive na negociação pré-contratual;
> (iii) desenvolvimento de contratos atípicos e expansão dos contratos de desempenho;
> (iv) flexibilidade na alocação de riscos conjugada com repasse da maior parcela de riscos para o privado, bem como estipulação da repartição dos ganhos de eficiência com a Administração;

---

ou, ao revés, se integrem nessa relação e se submetam a uma terceira vontade ficta, nascida do consenso, que se passa a ter por autônoma, em relação às vontades instituidoras, ter-se-ão as espécies do gênero: contratos, atos complexos, convenções, ajustes, acordos, compromissos, tratados, transações, protocolos etc.; quase todas as figuras tratadas extenuadamente pelo Direito Privado e, algumas delas, pelo Direito Público, sempre que nesse ramo do Direito também previstas, para a instituição de relações bilaterais e multilaterais de relevância para a administração pública". MOREIRA NETO, Diogo de Figueiredo. *Curso de direito administrativo*. 14. ed. Rio de Janeiro: Forense, 2006, p. 134.

[372] ALMEIDA, Fernando Dias Menezes de. *Contrato administrativo*. São Paulo: Quartier Latin, 2012, p. 238.

[373] POMBO, Rodrigo Goulart de Freitas. *Contratos públicos na Lei de Inovação*. Rio de Janeiro: Lumen Juris, 2020, p. 42-61.

(v) flexibilização das hipóteses de incidência do reequilíbrio econômico financeiro, descondicionando-as da incidência exclusiva da teoria da imprevisão; e (vi) aumento das hipóteses de contratos de cooperação.[374]

Essas novas concepções sobre a estrutura das relações jurídico-administrativas pactuadas aparecem com frequência nos instrumentos jurídicos avençados no âmbito da Administração Pública durante o exercício das suas atividades relativas à ciência, tecnologia e inovação.

Não obstante, não se afasta a incidência das normas de Direito Público aos vínculos relacionais entre entes privados e públicos nas convenções realizadas no universo da ciência, tecnologia e inovação. Nessas avenças, prevalece a figura da Administração em um dos polos, o que atrai as regras gerais de Direito Público incidentes sobre os contratos administrativos. O fato de preponderar, em alguns casos, métodos, costumes e princípios próprios do Direito Privado não afasta a incidência dos princípios inerentes à Administração Pública e, em muitos casos, dos próprios procedimentos previstos para a manutenção da isonomia entre os cidadãos quando se coloquem como sujeitos destas relações com os entes públicos.[375]

---

[374] "Resulta que podemos identificar alguns elementos conformadores dessa nova contratualidade administrativa. Algumas tendências já podem ser notadas, a saber: (i) maior deslocamento da norma da lei para o contrato, na medida em que as leis reitoras de contratos do poder público deleguem para o contrato a normatização concreta em cada negócio jurídico; (ii) maior margem de consensualidade, inclusive na estipulação de cláusulas contratuais no âmbito de uma fase pré-contratual de negociação entre o adjudicatário do certame prévio e o Poder Público; (iii) introdução mais frequente de contratos atípicos, com a multiplicação de objetos; (iv) mais recorrente utilização de contratos por desempenho, em que o particular vincula-se não a objetos previamente estipulados, mas a metas de desempenho, ensejadoras inclusive de remuneração variável; (v) maior flexibilidade na alocação de riscos, com deslocamento de maior parcela de riscos para o privado e clara estipulação da repartição dos ganhos de eficiência com o Poder Público; (vi) flexibilização do regime de equilíbrio econômico e financeiro, com a limitação de situações de aplicação da teoria da imprevisão; e, por fim, (vii) multiplicação das hipóteses de contratos de cooperação". MARQUES NETO, F. P. de A. Do contrato administrativo à administração contratual. *Revista de Direito Administrativo e Infraestrutura – RDAI*, São Paulo, v. 3, n. 9, p. 341-352, 2019.

[375] "*Sin embargo, en ningún caso puede identificarse una persona jurídica estatal que sólo esté sometida al derecho privado, un acto de las entidades estatales que sólo esté sometido al derecho privado, ni un contrato celebrado por los órganos de Administración Pública sólo sometido al derecho privado. Lo que hay son sujetos de derecho, actos y contratos a los cuales se interaplica el derecho público y el derecho privado, con una preponderancia variable, pero que siempre por su carácter estatal se encuentran sometidos en alguna forma y medida al derecho administrativo. Por tanto, si bien puede haber actos de las personas jurídicas de derecho público estatales sólo sometidas al derecho público, no puede haber actos de las mismas sólo sometidas al derecho privado*". BREWER-CARÍAS, Allan R. *Derecho administrativo*. t. I. Bogotá: Universidad Externado de Colombia, 2006, p. 248.

Na verdade, o Direito Administrativo contemporâneo, e desde as suas origens, não resistiria ao critério kantiano, justamente porque é na sua causa, na sua disposição e em sua finalidade um direito exorbitante do direito dos particulares, por isso, privilegiado, não suscetível de generalização, como impõe o imperativo categórico, já afirmado por Eduardo García de Enterría.[376] Somam-se a isso os ajustes referentes às políticas de inovação, nos quais a participação do administrado tem um papel crucial na definição dos instrumentos jurídicos pactuais que os tornam aplicáveis, superando seu histórico aspecto impositivo e de operacionalização por adesão – como nos contratos administrativos de adesão dispostos nos editais dos processos licitatórios. Assim, o que resta daquele Direito Administrativo é muito pouco. Essa tem sido uma preocupação da doutrina, conforme expressada, por exemplo, por Sabino Cassesse[377] (para quem o direito administrativo deve se reconstruir em muitos fatores, pois, atualmente, tem o aspecto de um edifício inclinado), e Floriano de Azevedo Marques Neto[378] (para quem a bipolaridade do Direito Administrativo deve ser superada).

Afastar os princípios da incidência em relações jurídicas do qual o Direito Administrativo não é reitor não é uma possibilidade. Isto porque, embora a interlocução de regras de Direito Privado com as do Direito Administrativo seja sempre possível, elas não afastarão a sua exorbitância. O dever moral do Direito Administrativo deve sempre

---

[376] "El Derecho Administrativo de hoy, y desde sus orígenes mismos, no resistiría el critérium kantiano, justamente porque es en su causa, en su disposición y en su finalidad un derecho exorbitante del derecho de los individuos y, por ende, privilegiado, no susceptible de generalización, como imponía el imperativo categórico". GARCIA DE ENTERRÍA, Eduardo. *Revolución francesa y administración contemporánea*. 4. ed. Madri: Thomson Civitas, 2005, p. 36.

[377] "En fin, el Derecho Administrativo, construido con tantos materiales diferentes, se halla en la actualidad lleno de ambigüedades. Ha de organizarse muchos factores en un difícil equilibrio y, por ello, tiene el aspecto de un edificio inclinado". CASSESSE, Sabino. *Derecho administrativo*: história e futuro. Madri: INAP, 2014, p. 383.

[378] "Para além de constituir como uma das manifestações mais frequentes de relacionamento entre a Administração e os particulares – desconstruindo a noção de que no direito administrativo prevalecem as relações de sujeição, verticais. As relações de parceria nos colocam diante da necessária constatação de que a atividade administrativa não só não prescinde da cooperação com os privados, mas que ela só consegue se manifestar plenamente se a eles concorrer travando negócios jurídicos para bem cumprir suas finalidades. [...] Tenho comigo que o direito administrativo não pode mais ser explicado a partir da oposição Estado-indivíduo próprio ao paradigma bipolar. O estado depende dos indivíduos para cumprir seu papel. E só existe para assegurar direitos fundamentais que são titularizados pelos indivíduos". MARQUES NETO, Floriano de Azevedo. A bipolaridade do direito administrativo e sua superação. *In*: ARAGÃO, Alexandre Santos de; MARQUES NETO, Floriano de Azevedo (coord.). *Direito administrativo e seus novos paradigmas*. 2. ed. Belo Horizonte: Fórum, 2017, p. 118-127.

ir ao encontro da proteção do interesse público. Em sua relação com entidades privadas de ciência, tecnologia e inovação, a exorbitância de suas regras prevalecerá, mesmo que seja a da mera vinculação à lei administrativa na formatação das relações pactuais, o que por si só é exorbitante em relação aos preceitos clássicos do Direito Contratual, no qual se presume um alto grau de liberdade contratual em relação ao seu conteúdo.

Importante, portanto, esboçar uma teoria geral sobre as categorias jurídicas pactuais para C,T&I, observando seus instrumentos cooperativos, contratuais e de outorga como decorrentes da Lei de Inovação e seu ato normativo regulamentador.

5.2.1 Instrumentos contratuais

A ideia nesta seção é apresentar uma linha hermenêutica da noção de contrato, tanto para a teoria geral do Direito quanto para o Direito Administrativo, já que esse campo do Direito Público incide de maneira determinante nas relações envolvendo ciência, tecnologia e inovação, visto que, por decorrerem, muitas vezes, de ação estimulatória do Estado, estão sujeitas às derrogações substantivas do Direito Público. Ademais, o contrato é sempre o meio escolhido para vincular relações que, sem ele, estariam fragilizadas, conforme analisa Enzo Roppo:

> Este é, no entanto, apenas um aspecto da evolução das relações de que nos ocupamos: porque é também verdade que estes mesmos fenômenos de acrescida intervenção dos aparelhos públicos na esfera da sociedade civil estão na origem de um iter exatamente o oposto, com base no qual *o contrato se apresenta como instrumento cada vez mais utilizado e necessário para as finalidades da ação administrativa* – não já, portanto, simples objeto da intervenção pública, mas um meio insubstituível. De modo que o contrato, se assim se pode dizer, celebra a sua "vitória" sobre a atividade da Administração Pública.[379]

---

[379] ROPPO, Enzo. *O contrato*. Trad. Ana Coimbra e M. Januário C. Gomes. Coimbra: Almedina, 2009, p. 342.

5.2.1.1 A noção de pacto, acordo, contrato ou termo para a teoria geral do Direito

Eros Roberto Grau argumenta que a linguagem consubstancia um conjunto de símbolos convencionais.[380] Em seus estudos, se deparou com a necessidade de estabelecer distinções entre os termos concessão, permissão e autorização, ao assumir que "não há nenhuma relação necessária entre as palavras (de um lado) e os objetos, circunstâncias, fatos ou acontecimentos (de outro) em relação aos quais as palavras cumprem suas múltiplas funções",[381] pois as palavras "são como rótulos que colocamos nas coisas, para que possamos falar sobre elas",[382] e, "se não as tomarmos com a significação usual, cumpre-nos informar aos nossos ouvintes ou leitores os sentidos que lhes atribuímos".[383]

Nesse momento, realça-se a importância da linguagem para o estudo dos contratos envolvendo pesquisa, desenvolvimento e inovação citados na Lei de Inovação por 34 vezes, quando inclui a remissão aos termos "contrato", "contratar" ou "contratação".

De outro lado, em cinco oportunidades – especificamente nos arts. 3º-A, 4º, 6º, §1º-A, 9º-A e 18, parágrafo único – a Lei de Inovação remete à possibilidade de se utilizar para formalizar o pacto tanto o convênio como o contrato. Em uma delas (art. 9º-A), permite-se também o uso de outro "instrumento jurídico assemelhado".

Diante disso, questiona-se se o substantivo *contrato* na Lei nº 10.973/2004 ou o verbo *contratar* e sua derivação *contratação* teriam sido utilizados para exprimir o sentido jurídico de *contrato* utilizado historicamente pela doutrina e até pelo arcabouço jurídico brasileiro ou, meramente, para enfatizar a existência de um pacto entre os seus signatários, utilizando-se de um significado emotivo[384] para os termos,

---

[380] GRAU, Eros Roberto. *Direito, conceitos e normas jurídicas*. São Paulo: RT, 1988, p. 56.
[381] GRAU, Eros Roberto. Concessão de direito real de uso – concessão, permissão e autorização de serviço público e empresas estatais prestadoras de serviço público. *Revista Trimestral de Direito Público*, São Paulo, n. 5, p. 78, 1994.
[382] GRAU, Eros Roberto. Concessão de direito real de uso – concessão, permissão e autorização de serviço público e empresas estatais prestadoras de serviço público. *Revista Trimestral de Direito Público*, São Paulo, n. 5, p. 78, 1994.
[383] GRAU, Eros Roberto. Concessão de direito real de uso – concessão, permissão e autorização de serviço público e empresas estatais prestadoras de serviço público. *Revista Trimestral de Direito Público*, São Paulo, n. 5, p. 79, 1994.
[384] "*Una de las causas que hacen que la forma gramatical no sea una guía segura es que existen numerosas palabras que al margen o con independencia de lo que podríamos llamar su significado descriptivo, tienen la virtud, por decir así, de provocar sistemáticamente determinadas respuestas emotivas, en la mayoría de los hombres. [...] Frente a esta dimensión del lenguaje se habla del*

do qual se pode afirmar ser realmente essa a pressuposição. Em alguns casos, o uso de palavras ambivalentes, como *contrato*, pode funcionar de forma descritiva ou emotiva. Lembra-se, por exemplo, da forma descritiva quando se fala de um contrato de compra e venda, e da forma emotiva, quando se fala do contrato social rosseauniano.

Dessa pressuposição é possível extrair a ideia, inspirada em Genaro Carrió, de que "não é certo que todas as palavras são usadas, em todos os contextos, para conotar as mesmas propriedades",[385] representando os significados das palavras sempre o resultado de uma convenção.[386] Por conseguinte, Eros Roberto Grau argumenta que essa convenção tem como consequência o fato de poder "conduzir a definições léxicas (aquelas que recolhem os significados, sempre imprecisos, na linguagem natural) ou a definições estipulativas (as que se sustentam sobre as regras precisas de uso das palavras, da linguagem artificial)".[387]

É necessário, até para posteriormente se adentrar na natureza ou identidade jurídica dos contratos envolvendo ciência, tecnologia e inovação, separar os significados descritivos dos significados emotivos, para que se possa atingir o seu significado ideal decorrente de uma análise baseada na linguagem jurídica, mesmo sabendo que, no seu uso, é inevitável a linguagem natural e a definição dos termos jurídicos.

Ao se aceitar essa assertiva, em decorrência do alegado, constata-se que a "linguagem jurídica apresenta zonas de penumbra e é, atual ou potencialmente, vaga e imprecisa".[388] Desta constatação, vão decorrer duas características marcantes para a linguagem jurídica: a ambiguidade e a imprecisão.

'significado emotivo' de ciertas palabras, como cosa distinta del significado descriptivo de ellas. [...] En algunos casos, frente al uso de ciertas palabras, resulta tarea poco menos que imposible señalar con qué estados de cosas se hallan conectadas. [...] Cuando intentamos redefinir el significado de un término o expresión procurando mantener intacto su valor emotivo estamos dando lo que Stevenson ha llamado una definición persuasiva". CARRIÓ, Genaro. Notas sobre derecho y lenguaje. Buenos Aires: Abeledo-Perrot, 1973, p. 18-21.

[385] *"No es cierto que todas las palabras son usadas, en todos los contextos, para connotar las mismas propiedades"*. CARRIÓ, Genaro. Notas sobre derecho y lenguaje. Buenos Aires: Abeledo-Perrot, 1973, p. 26.

[386] GRAU, Eros Roberto. Concessão de direito real de uso – concessão, permissão e autorização de serviço público e empresas estatais prestadoras de serviço público. *Revista Trimestral de Direito Público*, São Paulo, n. 5, p. 79, 1994.

[387] GRAU, Eros Roberto. Concessão de direito real de uso – concessão, permissão e autorização de serviço público e empresas estatais prestadoras de serviço público. *Revista Trimestral de Direito Público*, São Paulo, n. 5, p. 79, 1994.

[388] GRAU, Eros Roberto. Concessão de direito real de uso – concessão, permissão e autorização de serviço público e empresas estatais prestadoras de serviço público. *Revista Trimestral de Direito Público*, São Paulo, n. 5, p. 79, 1994.

A *ambiguidade* surge quando "a mesma palavra, em contextos diversos, conota sentidos distintos".[389] Genaro Carrió afirma que "as dificuldades práticas podem se superar se tomamos a precaução de precisar, em todos os casos duvidosos, o sentido com que procuramos empregar à palavra ou expressão".[390]

Já a *imprecisão* se revela nos casos em que não há incerteza conceitual na aplicação ou interpretação de certos termos, mas se encontra diante dos limites imprecisos[391] a serem aplicados àquela palavra, o que acontece devido à fluidez de algumas palavras que possuem limites imprecisos de aplicação.[392]

O existe é uma "textura aberta da linguagem"[393] para fundamentar que seria uma ilusão pensar que os critérios adotados para o emprego de palavras estão prévia e totalmente determinados, pois o uso da palavra pode estar aberto, admitindo extensões e restrições na sua interpretação,[394] e esse último ponto é o que deve ser sublinhado. Ainda, Genaro Carrió expõe alguns exemplos nos quais a linguagem jurídica e a linguagem natural se confundem, mas o que chama a atenção é a alusão aos

---

[389] GRAU, Eros Roberto. Concessão de direito real de uso – concessão, permissão e autorização de serviço público e empresas estatais prestadoras de serviço público. *Revista Trimestral de Direito Público*, São Paulo, n. 5, p. 80, 1994.

[390] "*Las dificultades prácticas pueden superarse si tomamos la precaución de precisar, en todos los casos de posible duda, el sentido con que hemos empleado tal cual palabra o expresión*". CARRIÓ, Genaro. *Notas sobre derecho y lenguaje*. Buenos Aires: Abeledo-Perrot, 1973. p. 28.

[391] Expressão utilizada por Genaro Carrió. CARRIÓ, Genaro. *Notas sobre derecho y lenguaje*. Buenos Aires: Abeledo-Perrot, 1973, p. 29.

[392] "*Tal fenómeno acaece, por ejemplo, cada vez que una palabra tiene como criterio relevante de aplicación la presencia de una característica o propiedad que en los hechos se da en la forma de un continuo, como la edad, o la altura, o el número de cabellos que un hombre puede tener, y pretendemos hacer cortes en ese continuo valiéndonos de palabras o expresiones tales como "joven", "adulto", "anciano", "hombre edad madura"; o "alto", "bajo", "retacón"; o "calvo", "hirsuto", etc. Ya sabemos lo que quiere decir "joven" o "calvo". No se trata aquí de un problema de ambigüedad. El problema es este otro: carece de sentido preguntarse a qué precisa edad se deja de ser joven, o cuántos cabellos hay que tener para no ser calvo, o cuánto hay que medir para ser alto. Todo cuanto podemos decir es que hay casos centrales o típicos, frente a los cuales nadie vacilaría en aplicar la palabra, y casos claros de exclusión respecto de los cuales nadie dudaría en no usarla. Pero en el medio hay una zona más o menos extendida de casos posibles frente a los cuales, cuando se presentan, no sabemos qué hacer. El uso vigente de la palabra no nos suministra una guía segura, positiva o negativa, para clasificar los casos dudosos, porque ella es deliberadamente usada con imprecisión. Tales vocablos cumplen una función importantísima en los lenguajes naturales y también en el lenguaje del derecho*". CARRIÓ, Genaro. *Notas sobre derecho y lenguaje*. Buenos Aires: Abeledo-Perrot, 1973, p. 29-30.

[393] CARRIÓ, Genaro. *Notas sobre derecho y lenguaje*. Buenos Aires: Abeledo-Perrot, 1973, p. 41-42.

[394] CARRIÓ, Genaro. *Notas sobre derecho y lenguaje*. Buenos Aires: Abeledo-Perrot, 1973, p. 33-35.

contratos atípicos, decorrentes da complexidade das situações de fato que transbordariam as classificações tradicionais, para advertir em seguida: Por mais que os juristas voltem sua atenção às novas estruturas de direitos e deveres que as necessidades modificam e o engenho humano cria dia a dia, e que os mesmos fazem esforço por rotulá-las (contrato de edição, de exposição, de filmagem, contrato desportivo, etc.) e por expor suas características centrais, aquelas mesmas necessidades e essa mesma criatividade irão elaborando novas estruturas atípicas, frente às quais resultará sempre insuficiente o arsenal terminológico e conceitual dos juristas. E isso é assim pelas mesmas razões que assinalei na primeira parte, ao destacar por que a "textura aberta" é uma característica irremediável das linguagens naturais.[395]

Eros Roberto Grau afirma que "a textura aberta da linguagem jurídica decorre precisamente de nutrir-se ela (linguagem jurídica) da linguagem natural, na qual tais fenômenos se manifestaram".[396] Suas palavras ou expressões têm significado convencional tácito e geral, concluindo estar-se diante de um "jogo de linguagens".[397]

Por consequência, buscando a efetiva participação nesse *jogo*, para se identificar na linguagem jurídica e de forma mais precisa o significado jurídico atribuído ao substantivo "contrato", apresenta-se a elaboração doutrinária do termo, para, a partir dessas suposições, extrair o resultado considerado adequado. Embora o termo pacto advenha do latim *pactum*, cujo significado é o mesmo que acordo, convenção ou contrato, no Direito romano esses instrumentos foram historicamente distinguidos.

---

[395] "Por más que los juristas vuelvan su atención a las nuevas estructuras de derechos y deberes que las necesidades cambiantes y el ingenio humano crean día a día, y se afanen por rotularlas (contrato de edición, de exposición, de filmación, contrato deportivo, etc.) y por exponer sus características centrales, aquellas mismas necesidades y esa misma inventiva irán elaborando nuevas estructuras atípicas, frente a las cuales resultará siempre insuficiente el arsenal terminológico y conceptual de los juristas. Y ello es así por las mismas razones que señalé en la primera parte, al destacar por qué la 'textura abierta' es una característica irremediable de los lenguajes naturales". CARRIÓ, Genaro. Notas sobre derecho y lenguaje. Buenos Aires: Abeledo-Perrot, 1973, p. 41-42.

[396] GRAU, Eros Roberto. Concessão de direito real de uso – concessão, permissão e autorização de serviço público e empresas estatais prestadoras de serviço público. *Revista Trimestral de Direito Público*, São Paulo, n. 5, p. 80, 1994.

[397] "O papel das palavras nesse 'jogo' não é captável mediante definição, visto que, ao defini-las, estaremos a nos remeter ao seu significado em um outro 'jogo de linguagem'. O papel delas, no jogo de linguagem, nestas condições, só poderá ser desvendado na medida em que passemos a participar do mesmo jogo. Desta participação no jogo decorre a possibilidade de compreendermos a linguagem jurídica, o que importa que, de fato, as palavras e expressões jurídicas ganhem, na linguagem jurídica, sentido mais precisos do que aqueles que têm na sua linguagem usual". CARRIÓ, Genaro. *Notas sobre derecho y lenguaje*. Buenos Aires: Abeledo-Perrot, 1973, p. 80.

Convenção, nas lições clássicas de Ulpiano, é palavra genérica, que "concerne a todo consentimento dado por aqueles que têm interesses recíprocos, seja para contratar, seja para transigir".[398] Pacto, por sua vez, advém de pacção, ou "consentimento de duas ou mais pessoas sobre o mesmo objeto",[399] ou "estipulação entre duas ou mais pessoas, para realização de um negócio jurídico".[400]

O pacto, na sua origem romana, "não tinha 'forma própria' e, por isso, no antigo Direito romano, não era sequer reconhecido pelo *jus civile*".[401] Esse fator acabava por distingui-lo do *contrato*, pois este representava a convenção "a que o *jus civile* atribui forma e reconhece uma ação sancionadora",[402] que, por consequência, "elevava o ato jurídico bilateral a um *contractus* e só o credor de um tal contrato tinha à sua disposição uma ação (*actio*) reconhecida pelo direito quiritário para constranger o devedor a efetuar a prestação".[403] Assim, naquele período, o contrato representava a "convenção emantada pelo direito por meio de ação, via da qual ele adquire força para obrigar, ao passo que o pacto é um acordo de vontades insuficiente para obrigar, à falta de uma *actio*".[404]

Contudo, a partir do Código Napoleônico em 1804, e em virtude da aceitação das ideias difundidas por Robert Joseph Pothier em seu *Tratado das obrigações*, publicado originalmente em 1761,[405] sintetizadas "na determinação da função do acordo de vontades como fonte do vínculo jurídico e na aceitação do princípio de que o contrato tem força de lei entre as partes",[406] é que se pode inferir a perda do sentido na manutenção dessa distinção entre pacto e contrato. Atribuiu-se a concepção

---

[398] FRANÇA, Rubens Limongi (coord.). Pacto. *In*: *Enciclopédia Saraiva do Direito*, v. 56. São Paulo: Saraiva, 1977, p. 138.
[399] FRANÇA, Rubens Limongi (coord.). Pacto. *In*: *Enciclopédia Saraiva do Direito*, v. 56. São Paulo: Saraiva, 1977, p. 138.
[400] FRANÇA, Rubens Limongi (coord.). Pacto. *In*: *Enciclopédia Saraiva do Direito*, v. 56. São Paulo: Saraiva, 1977, p. 416.
[401] FRANÇA, Rubens Limongi (coord.). Pacto. *In*: *Enciclopédia Saraiva do Direito*, v. 56. São Paulo: Saraiva, 1977, p. 138.
[402] FRANÇA, Rubens Limongi (coord.). Pacto. *In*: *Enciclopédia Saraiva do Direito*, v. 56. São Paulo: Saraiva, 1977, p. 138.
[403] MARKY, Thomas. Contrato (Direito romano). *In*: FRANÇA, Rubens Limongi (coord.). *Enciclopédia Saraiva do Direito*, v. 19. São Paulo: Saraiva, 1977, p. 146.
[404] SIDOU, J. M. Othon. "Pactum". *In*: FRANÇA, Rubens Limongi (coord.). *Enciclopédia Saraiva do Direito*, v. 56. São Paulo: Saraiva, 1977, p. 437.
[405] POTHIER, Robert Joseph. *Tratado de las obligaciones*. 2. ed. Trad. Guilhermo Cabanellas Torres – versión directa del Traité des Obligations. 2. ed. 1824. Buenos Aires: Heliasta, 2007.
[406] GOMES, Orlando. *Contratos*. 26. ed. Rio de Janeiro: Forense, 2008, p. 6-7.

geral de que pacto e/ou contrato representam uma convenção. O art. 1.101 do Código Napoleônico assim consagrou essa tese: "o contrato é a convenção pela qual uma ou mais pessoas se obrigam para com uma ou várias outras a dar, fazer ou não fazer alguma coisa". No art. 1.134, atribuiu às convenções o valor de lei entre as partes.[407]

Robert Joseph Pothier definiu contrato como uma espécie de convenção, que, para ele, era sinônimo de pacto, e representa "o consentimento de duas ou mais pessoas para formar entre elas algum compromisso, ou para resolver um existente, ou para modificá-lo: *duorum vel plurium in idem placitum consensus*".[408] Esse encontro de vontades visando a formação de um compromisso é que se denomina *contrato*.[409]

Hoje, persiste a ideia já consagrada pela doutrina de que contrato "é o ato jurídico por força do qual duas ou mais pessoas convencionam entre si a constituição, modificação, ou extinção de um vínculo jurídico, de natureza patrimonial".[410]

A noção de *acordo*, para o Direito Civil, também não se afasta muito das ideias apresentadas, pois significa um meio de convenção instrumentalizado pelo contrato. Segundo Maria Helena Diniz, o acordo representa uma "convenção ou ajuste entre os contratantes, conjugando suas vontades para a efetivação do ato negocial, gerando uma obrigação de dar, de fazer ou de não fazer".[411]

Já contrato, na linguagem jurídica em geral, representa um "acordo de duas ou mais vontades, na conformidade da ordem jurí-

---

[407] FRANÇA. Código Napoleônico. "*Art. 1.134. Les conventions légalement formées tiennent lieu de loi à ceux qui les ont faites*".

[408] "*Una convención o un pacto (puesto que dichos términos son sinónimos) es el consentimiento de dos o más personas para formar entre ellas algún compromiso, o para resolver uno existente, o para modificarlo: Duorum vel plurium in idem placitum consensus*". POTHIER, Robert Joseph. *Tratado de las obligaciones*. 2. ed. Trad. Guilhermo Cabanellas Torres – versión directa del Traité des Obligations. 2. ed., 1824. Buenos Aires: Heliasta, 2007, p. 12.

[409] Para refutar a tendência até então vigente à época de distinguir pacto de contrato, afirmou: "Os princípios do Direito Romano sobre as diferentes espécies de pactos e sobre distinguir os contratos e os simples pactos, pelo mesmo que não se fundam no Direito Natural, estando pelo contrário muito longe de sua simplicidade, não se admitem em nosso Direito. [...] em nosso Direito não se deve definir o contrato como o fazem os intérpretes do Direito Romano, *Conventio nomen habens a jure civil vel causam*, mas sim, que deve definir-se uma convenção pela qual as duas partes reciprocamente, ou só uma das duas, prometem e se obrigam para com a outra a lhe dar alguma coisa, ou a fazer ou não fazer tal coisa". POTHIER, Robert Joseph. *Tratado de las obligaciones*. 2. ed. Trad. Guilhermo Cabanellas Torres – versión directa del Traité des Obligations. 2. ed., 1824. Buenos Aires: Heliasta, 2007, p. 12.

[410] FRANÇA, Rubens Limongi. Contrato. *In*: FRANÇA, Rubens Limongi (coord.). *Enciclopédia Saraiva do Direito*, v. 19. São Paulo: Saraiva. 1977, p. 138-139.

[411] DINIZ, Maria Helena. *Dicionário jurídico*. v. 1. 2. ed. São Paulo: Saraiva, 2005, p. 101.

dica, destinado a estabelecer uma regulamentação de interesses entre as partes, com o escopo de adquirir, modificar ou extinguir relações jurídicas de natureza patrimonial".[412]

Por fim, denomina-se *termo*, na Teoria Geral do Direito, o prazo para determinar o momento em que o negócio jurídico deve começar a produzir ou deixar de produzir seus efeitos, ou seja, "o dia em que começa ou se extingue a eficácia do negócio jurídico".[413]

5.2.1.2 As noções de pacto, acordo, contrato ou termo para o Direito Administrativo

Embora apresentem conceitos e regimes jurídicos bem similares, muitos autores têm preferido adotar uma noção própria para os atos convencionais no âmbito do Direito Administrativo, em virtude das características próprias que permeiam esse campo do Direito. Logo, os conceitos a serem estudados, predominantemente, deverão ser os de Direito Administrativo, para se chegar às conclusões propostas nesta obra. Para se alcançar esse objetivo, importante investigar as noções de pacto, acordo, contrato ou termo para o Direito Administrativo, como forma de se encontrar o melhor enquadramento jurídico-administrativo dos instrumentos. No Direito Administrativo, ao tratar da constituição da relação jurídico-administrativa, Diogo de Figueiredo Moreira Neto[414] traz a noção de fenomenologia do Direito Administrativo, que comporta o efeito relacional na categoria por ele descrita: dos fatos e dos atos, ambos pertinentes à existência (atos) ou não (fatos) da manifestação da vontade. Em seguida, o autor explica o posicionamento jurídico do pacto no Direito Administrativo brasileiro:

> Quanto ao gênero *pacto*, sua característica reside na *pluralidade de vontades*, individuais ou coletivas, públicas ou privadas, que se conjuguem voluntariamente para a produção dos efeitos jurídicos que a todos os pactuantes interessa. Conforme as vontades formadoras permaneçam individuadas e autônomas, na relação plural constituída, ou, ao revés, se integrem nessa relação e se submetam a uma terceira vontade ficta, nascida do consenso, que se passa a ter por autônoma, em relação às vontades instituidoras, ter-se-ão as espécies do gênero: *contratos*, atos

---

[412] DINIZ, Maria Helena. *Dicionário jurídico*. v. 1. 2. ed. São Paulo: Saraiva, 2005, p. 1.021.
[413] DINIZ, Maria Helena. *Dicionário jurídico*. v. 1. 2. ed. São Paulo: Saraiva, 2005, p. 652.
[414] MOREIRA NETO, Diogo de Figueiredo. *Curso de direito administrativo*. 14. ed. Rio de Janeiro: Forense, 2006, p. 132-134.

complexos, convenções, ajustes, acordos, compromissos, tratados, transações, protocolos etc.; quase todas as figuras tratadas extenuadamente pelo Direito Privado e, algumas delas, pelo Direito Público, sempre que nesse ramo do Direito também previstas, para a instituição de relações bilaterais e multilaterais de relevância para a administração pública. Desses atos pactuais, bi ou multilaterais, em que mais de uma vontade concorre para a produção de efeitos jurídicos de interesse comum, relevam, para o Direito Administrativo, dois tipos fundamentais: os *atos complexos* e os *atos contratuais*.[415]

Em relação aos atos contratuais, Diogo Figueiredo Moreira Neto sustenta ser o contrato a principal espécie de ato contratual, contido "no gênero pacto, figura amplíssima na teoria geral do direito, que se caracteriza pela existência de algum tipo de *conjugação harmônica de vontades*".[416] Além disso, considera que os contratos administrativos se situam como "uma espécie da categoria jurídica do contrato":[417]

> manifestações de vontades recíprocas, sendo uma delas da Administração Pública, que, integradas pelo consenso, têm por objeto a constituição de uma relação jurídica obrigacional, visando a atender, com prestações comutativas, a interesses distintos, um dos quais é público.[418]

Já no tocante aos atos administrativos complexos, os conceitua como

> o concurso de manifestações de vontade autônomas em que, conforme a espécie, uma delas, várias ou todas emanam da Administração Pública, tendo por objeto comum a constituição de uma relação jurídica de coordenação de vontades, nas modalidades de cooperação ou de colaboração, visando a um resultado de interesse público, comum às partes acordantes e de competência, pelo menos, de uma delas.[419]

---

[415] MOREIRA NETO, Diogo de Figueiredo. *Curso de direito administrativo*. 14. ed. Rio de Janeiro: Forense, 2006, p. 134.

[416] MOREIRA NETO, Diogo de Figueiredo. *Curso de direito administrativo*. 14. ed. Rio de Janeiro: Forense, 2006, p. 162.

[417] MOREIRA NETO, Diogo de Figueiredo. *Curso de direito administrativo*. 14. ed. Rio de Janeiro: Forense, 2006, p. 162.

[418] MOREIRA NETO, Diogo de Figueiredo. *Curso de direito administrativo*. 14. ed. Rio de Janeiro: Forense, 2006, p. 163.

[419] MOREIRA NETO, Diogo de Figueiredo. *Curso de direito administrativo*. 14. ed. Rio de Janeiro: Forense, 2006, p. 186.

Desse modo, o ato administrativo complexo é gênero aberto, no qual "quaisquer tipos de ajustes com características contidas no conceito oferecido"[420] seriam aceitáveis.

Em outros estudos, Diogo de Figueiredo Moreira Neto distingue contratos e acordos. Ambos, segundo o autor, representam modalidades da figura jurídica do pacto, e, embora se diferenciem por várias características, a principal "seria o fato de que se apoia na natureza das prestações colimadas, pois é nesta que se pode apreciar a diferença entre comutatividade e integração".[421] Enquanto de um lado "as prestações contratuais são recíprocas, voltadas cada uma delas ao atendimento de interesses distintos dos contratantes",[422] de outro, "as prestações dos acordos são integrativas, voltadas ao atendimento de interesses comuns".[423] Ao final, o autor sintetiza:

> O consenso se formaliza no concurso de vontades – o pacto – que, por sua vez, se apresenta ora como contrato ora como acordo, distinguindo um do outro pela natureza jurídica das respectivas prestações neles avençadas. Com efeito, enquanto as prestações dos contratos são recíprocas, voltadas cada uma delas ao atendimento de interesses distintos de cada um dos contratantes, as prestações dos acordos são integrativas, porque solidariamente voltadas ao atendimento de interesses comuns.[424]

Para definir o acordo, Diogo de Figueiredo Moreira Neto faz uma digressão à clássica distinção entre contratos e acordos, associando ambas as espécies ao gênero *pacto*, do qual a distinção teria se aperfeiçoado

---

[420] MOREIRA NETO, Diogo de Figueiredo. *Curso de direito administrativo*. 14. ed. Rio de Janeiro: Forense, 2006, p. 187.

[421] MOREIRA NETO, Diogo de Figueiredo. Parecer n. 2/96: Gestão Privada do Banco do Estado do Rio de Janeiro – BANERJ, negociada consensualmente com o Banco Central do Brasil, diante da situação emergencial configurada pelo patrimônio líquido negativo. Descaracterização temporária da gestão paraestatal e consequente inaplicabilidade das condicionantes jurídicas da gestão pública, por incompatíveis com os regimes legais que regem a privatização extraordinária e temporária da sua administração, especificamente, a condicionante licitatória da Lei nº 8.666, de 21 de junho de 1993. Apreciação, *ad argumentandum*, das hipóteses de inexigibilidade e de dispensa por urgência. In: *Revista de Direito da Procuradoria Geral do Estado do Rio de Janeiro*, Rio de Janeiro n. 49, p. 167-169, 1996.

[422] MOREIRA NETO, Diogo de Figueiredo. *Curso de direito administrativo*. 14. ed. Rio de Janeiro: Forense, 2006, p. 168.

[423] MOREIRA NETO, Diogo de Figueiredo. *Curso de direito administrativo*. 14. ed. Rio de Janeiro: Forense, 2006, p. 168.

[424] MOREIRA NETO, Diogo de Figueiredo. Novas tendências da democracia: consenso e direito público na virada do século – o caso brasileiro. In: *Revista Brasileira de Direito Público – RBDP*, Belo Horizonte, n. 3, ano 1, out./dez. 2003.

no final do século XIX, a partir da doutrina jurídica alemã.[425] Aponta, ainda, as diferenças entre os contratos administrativos e os acordos administrativos, conforme se vê do quadro a seguir:

Pacto	
Contratos	**Acordos**
cada parte pretende um resultado diverso	as partes objetivam o mesmo resultado
as partes contrapõem os respectivos interesses e os compõem através de concessões recíprocas	as partes coincidem num interesse comum, unindo-se para satisfazê-lo
no contrato administrativo, há um sentido finalístico, voltado a atender direta e concretamente um interesse público específico cometido ao Estado	no acordo administrativo há um sentido instrumental, destinando-se a organizar a atuação das entidades acordantes em regime de cooperação ou de colaboração; a primeira ocorre entre entes públicos enquanto a segunda se dá entre entes públicos e privados
no contrato administrativo há o exercício de uma função pública que lhe é própria, valendo-se de prestações de terceiros	no acordo administrativo o Estado apenas dispõe como irá exercer a função pública em conjunto com outras entidades
no contrato administrativo há interesses patrimoniais envolvidos	no acordo administrativo geralmente a patrimonialidade se encontra ausente
o contrato administrativo resulta do exercício de um direito subjetivo do contratante de criar obrigações recíprocas	o acordo administrativo resulta do exercício do poder jurídico das entidades públicas de decidir como atuar no desempenho de seus poderes funcionais

Fonte: Quadro elaborado em conformidade com a doutrina do autor. MOREIRA NETO, Diogo de Figueiredo. *Curso de direito administrativo*. 14. ed. Rio de Janeiro: Forense, 2006, p. 168-169.

Para a doutrina administrativista contemporânea,[426] o acordo administrativo representa a instrumentalização da técnica de gestão administrativa[427] conhecida como consensualidade.

A consensualidade, "manifestação coincidente da disposição das partes de integrarem suas vontades e seus meios próprios para a obtenção de um resultado jurídico (e fático) que atenda ao interesse

---
[425] MOREIRA NETO, Diogo de Figueiredo. *Curso de direito administrativo*. 14. ed. Rio de Janeiro: Forense, 2006, p. 168.
[426] PALMA, Juliana Bonacorsi de. *Sanção e acordo na administração pública*. São Paulo: Malheiros, 2015, p. 112.
[427] BAPTISTA, Patrícia. *Transformações do direito administrativo*. Rio de Janeiro: Renovar, 2003, p. 273.

comum",[428] se apresenta como característica marcante dos atos administrativos complexos, adensadas na coordenação de vontades, da qual decorrem a cooperação e a colaboração. A primeira surgirá "quando as pessoas acordantes forem todas elas *estatais* ou *paraestatais* e desempenhem atividades que a ordem jurídica haja cometido, pelo menos, a uma delas".[429] De outro lado, a colaboração se dá "quando as pessoas estatais se valem de atividades desempenhadas por particulares como preparatórias, auxiliares, substitutivas ou complementares das que lhes foram cometidas pela ordem jurídica".[430]

Gustavo Justino de Oliveira e Wilson Accioli de Barros Filho admitem que a consensualidade pode ser vista como "o contexto teórico no qual estão inseridos os acordos administrativos".[431] São duas as formas de compreensão do consenso na Administração Pública: o consenso-gestão e o consenso-jurídico. A primeira delas decorreria do sentido atual atribuído à governança pública, "alterando a ideia de que a condução dos assuntos do governo pode se dar ao arrepio e ao contragosto do cidadão, num espectro de plenitude estatal",[432] afirmação sustentada nas lições de Joan Prats i Català.[433] O consenso-jurídico está centrado "na busca pelo equilíbrio de interesses, fazendo que o resultado – a decisão extraída da relação jurídica – seja expressão da vontade comum das partes".[434] O acordo administrativo é a sua materialização na Administração Pública, reordenando os dogmas do Direito

---

[428] MOREIRA NETO, Diogo de Figueiredo. *Curso de direito administrativo*. 14. ed. Rio de Janeiro: Forense, 2006, p. 187.
[429] MOREIRA NETO, Diogo de Figueiredo. *Curso de direito administrativo*. 14. ed. Rio de Janeiro: Forense, 2006, p. 186.
[430] MOREIRA NETO, Diogo de Figueiredo. *Curso de direito administrativo*. 14. ed. Rio de Janeiro: Forense, 2006, p. 186.
[431] OLIVEIRA, Gustavo Justino de; BARROS FIHO, Wilson Accioli de. Inquérito civil público e acordo administrativo. *In*: OLIVEIRA, Gustavo Justino (coord.). *Acordos administrativos no Brasil*: teoria e prática. São Paulo: Almedina, 2020, p. 92.
[432] OLIVEIRA, Gustavo Justino de; BARROS FIHO, Wilson Accioli de. Inquérito civil público e acordo administrativo. *In*: OLIVEIRA, Gustavo Justino (coord.). *Acordos administrativos no Brasil*: teoria e prática. São Paulo: Almedina, 2020, p. 92.
[433] CATALÀ, Joan Prats i. De la burocracia al management, del management a la gobernanza. *In*: *Las transformaciones de las administraciones públicas de nuestro tempo*. Madri: INAP, 2005, p. 131. Em momento passado, o autor já se manifestara nesse sentido: CATALÀ, Joan Prats i. Direito e gerenciamento nas administrações públicas – notas sobre a crise e renovação dos respectivos paradigmas. *Revista do Serviço Público*, v. 120, ano 47, p. 23-46, maio/ago. 1996.
[434] OLIVEIRA, Gustavo Justino de; BARROS FIHO, Wilson Accioli de. Inquérito civil público e acordo administrativo. *In*: OLIVEIRA, Gustavo Justino (coord.). *Acordos administrativos no Brasil*: teoria e prática. São Paulo: Almedina, 2020, p. 92.

Administrativo, dispondo o indivíduo como "sujeito de direitos e não mais subalterno de ordens superiores".[435]

Sob essa perspectiva, Juliana Bonacorsi de Palma dispõe:

> o acordo administrativo consiste em um dos meios para satisfação das finalidades públicas que a Administração tem ao seu dispor, o que certamente reforça o seu caráter instrumental da atuação administrativa consensual, dado o enfoque no fim de interesse público que a Administração deve perseguir. [...] Dessa forma, a técnica da gestão consensual insere-se no estágio mais avançado de participação administrativa, pois incide sobre a própria deliberação pública, mas é fortemente caracterizada pelo pragmatismo, ou seja, pela compreensão dos acordos administrativos como mecanismos instrumentais de satisfação de finalidades públicas (funcionalizando).[436]

Não obstante, a autora adverte que o conceito de atuação administrativa consensual não se presta a relações intragovernamentais, como as ocorridas nos convênios, pois a característica marcante da consensualidade é a necessidade de figurar "em uma ponta a Administração Pública detentora do poder de império e na outra ponta o administrado diretamente interessado no exercício do poder de autoridade estatal".[437]

Já Diogo de Figueiredo Moreira Neto tem uma visão mais abrangente ao chamar atenção para o fato de que, no caso da ação administrativa, o surgimento dos *acordos* deriva, de forma ampla, do movimento de consensualização do Direito Administrativo, no qual "o consenso pode ser adotado não apenas pela via *contratual*, como tradicionalmente se tem feito, mas pela via do *acordo não contratual*, ainda incipientemente utilizado no Brasil",[438] praticamente adstrita aos convênios e consórcios.

Segundo Guido Corso,[439] diante dos problemas comuns, a Administração tem lançado mão, de forma ampla, dos acordos com ter-

---

[435] OLIVEIRA, Gustavo Justino de; BARROS FIHO, Wilson Accioli de. Inquérito civil público e acordo administrativo. *In*: OLIVEIRA, Gustavo Justino (coord.). *Acordos administrativos no Brasil*: teoria e prática. São Paulo: Almedina, 2020, p. 93.

[436] PALMA, Juliana Bonacorsi de. *Sanção e acordo na administração pública*. São Paulo: Malheiros, 2015, p. 112.

[437] PALMA, Juliana Bonacorsi de. *Sanção e acordo na administração pública*. São Paulo: Malheiros, 2015, p. 113 (nota de rodapé n. 29).

[438] MOREIRA NETO, Diogo de Figueiredo. Novos institutos consensuais da ação administrativa. *In*: *Revista de Direito Administrativo*, Rio de Janeiro, n. 231, p. 145, jan./mar. 2003.

[439] "*Per affrontare problemi comuni le amministrazioni hanno sempre fatto ricorso ad accordi. La legislazione amministrativa impiega la terminologia più varia, convenzione, accordi di programma,*

minologias variadas, como convenções, acordos de programa, arranjos ou acordos (puramente). Este último representa a capacidade admitida para os entes públicos os celebrarem, visando disciplinar o desenvolvimento de atividade de interesse comum em colaboração recíproca, dos quais inclusive se aplica a principiologia civilista quando compatível.

Diogo de Figueiredo Moreira Neto e Guido Corso deixam margem para a discussão sobre como situar o acordo: se seria ele realmente espécie do gênero pacto, conforme afirmou o primeiro; se seria um gênero do qual decorreriam outras espécies de ajustes, inclusive com a natureza contratual, opção seguida pelo jurista italiano.

Ao buscar as fontes clássicas do Direito Administrativo, percebe-se que o tratamento não é diferente do concedido por Diogo de Figueiredo Moreira Neto, ao considerar o acordo como espécie da categoria de atos bilaterais ou multilaterais, denominado pacto pelo autor, que os divide em atos contratuais e atos complexos.

Santi Romano, após afirmar a divisão do ato administrativo em simples ou coletivo, a depender da quantidade de autoridades que contribuiu para sua formação – se uma (simples) ou mais (coletivos) –, coloca o acordo como ato coletivo e o contrato como ato simples. Como sua principal característica, afirma a não colidência de interesses e a efetiva negociação para a sua formação. Sobre os acordos, assim se manifestou o autor:

> Ainda, outra distinção é a seguinte: o ato administrativo pode ser simples ou coletivo, a depender se advém de uma só ou de mais autoridades de um mesmo ente. Chamamos por Acordo aquele ato, cujas características não foi ainda bem precisada, ao qual participam mais entes administrativos, e que, todavia, não constitui um Contrato, pois, tendente a formação de uma vontade unilateral, por meio de um ato volitivo individual, com objetivo de satisfazer interesse comum e não colidente: assim se acordando e não contratando, e em comum estabelecendo as condições para sua aliança.[440]

---

intese, accordi. L'ultima delle disposizione citate, che prevede in via general ella facoltà delle amministrazioni pubbliche di concludere fra loro accordi 'per disciplinare lo svolgimento in collaborazione di attività di interesse comune', chiarisce che gli accordi sono veri e propri contratti: ai quali si applicano i principi del códice civile in materia di obbligazioni e contratti ('in quanto compatibili')". CORSO, Guido. Manuale di diritto amministrativo. 7. ed. Torino: G. Giappichelli, 2015, p. 118.

[440] "Ancora un'altra distinzione è la seguente: gli atti amministrativi possono essere semplici o collettivi, a seconda che siano opera di una sola o di più autorità di un medesimo ente. Si chiamano poi accordi quegli atti, il cui carattere non è stato ancora ben precisato, ai quali partecipano più enti amministrativi e che tuttavia non costituiscono contratti, in quanto tendono alla formazione di

Em estudo mais recente, Ernesto Sticchi Damiani explicou o instituto ao aceitar todas essas noções, sistematizando-as e propondo o seguinte resultado:

(i) a noção lógica de acordo, entendida como *expressão do consenso de vários sujeitos em torno de um determinado objeto*;
(ii) a noção lógico-jurídica de acordo, por meio da qual *ao consenso formado uma norma jurídica reconhece efeito vinculante*;
(iii) a noção de contrato, compreendido como *acordo cujo objeto são relações patrimoniais*; e
(iv) a noção de acordo administrativo, *ato bilateral* por meio do qual a Administração Pública atua, exercendo poderes não negociais, tendo por objeto relações de direito público.[441]

É esta noção ampla de acordo ou pacto que se prefere adotar nessa pesquisa. O uso do termo *contrato* no Direito Administrativo existe quando duas ou mais pessoas convencionam sobre uma declaração bilateral[442] de vontade consensualmente, no intuito de regular seus direitos e obrigações. Diante disso, é imprescindível o consentimento manifestado por oferta ou proposta de uma parte. A outra parte, por sua vez, acaba aceitando/aderindo ao instrumento convencionado.

O contrato administrativo é aquele ajuste em que, sendo uma das partes a Administração Pública, ele tem um objeto diretamente relacionado à atividade administrativa, por consequência, está submetido a um regime jurídico exorbitante do Direito Privado.[443]

O conceito de contrato no Direito Administrativo não é substancialmente distinto do Direito Privado. Ocorre que, partindo de um substrato comum compartilhado com o Direito Privado, o Direito Ad-

---

una volontà unilaterale, per mezzo di più atti volitivi individuali, allo scopo di soddisfare interessi comuni e non collidenti: così si accordano e non contrattano i comuni che stabiliscono le condizioni per la loro fusione". ROMANO, Santi. *Principii di diritto amministrativo italiano*. 2. ed. Milano: Società Editrice Libraria, 1906, p. 55-56.

[441] DAMIANI, Ernesto Sticchi. Attività amministrativa consensuale e accordi di programma. Milão: Giuffrè, 1992 apud OLIVEIRA, Gustavo Justino de. Governança pública e parcerias do Estado: a relevância dos acordos administrativos para a nova gestão pública. *In: Boletim de Direito Administrativo*, São Paulo, p. 776-777, jul. 2009.

[442] "A bilateralidade significa que as obrigações são concernentes a duas partes: contratante e contratado, ambos sujeitos de direitos e obrigações decorrentes do ajuste". GRANZIERA, Maria Luiza Machado. *Contratos administrativos*: gestão, teoria e prática. São Paulo: Atlas, 2002, p. 195.

[443] Expressão utilizada por Juan Carlos Cassagne para afastar a incidência preponderante do Direito Privado, prevalecendo as regras de Direito Público como prioritárias. CASSAGNE, Juan Carlos. *Derecho administrativo*. t. I. 9. ed. Buenos Aires: Abeledo-Perrot, 2008, p. 53-84.

ministrativo adapta esta figura às necessidades do circuito ou tráfego administrativo.

Junto aos contratos administrativos, a Administração também pode realizar contratos privados. A distinção entre eles reside no objeto: os contratos administrativos têm por objeto um serviço público, cuja expressão se entende em seu mais amplo sentido de interesse público, o que justifica a aparição de cláusulas exorbitantes como reflexos das prerrogativas da Administração em sua função de tutelar interesse público; já nos contratos privados realizados pela Administração, estas prerrogativas se equilibram com as correspondentes garantias do particular que contrata com a Administração.[444]

Orlando Gomes situou o contrato administrativo como espécie do gênero contratos de Direito Público. Em conferência realizada em 9.03.1977, em São Paulo, assim os descreveu:

> a) os que celebram entre si algumas pessoas jurídicas de Direito Público interno, tais como os estipulados entre a União e algum Estado-membro, entre unidades da Federação, entre qualquer destas e um município ou entre municípios. Tais acordos se realizam para que as partes alcancem o mesmo fim;
> b) os que o Estado conclui com particulares ou outros entes públicos para a satisfação de interesses comuns, implicando disposição de direitos subjetivos patrimoniais – o que não sucede com os acordos primeiramente anunciados;

---

[444] Há quem sustente, por sua vez, que todos os contratos celebrados pela Administração Pública são contratos administrativos, afastando dessa órbita os contratos de Direito Privado. Em excelente tese defendida perante a Faculdade de Direito da USP e publicada em 2007, sob o título *Concepção dos contratos administrativos*, Sonia Yuriko Kanashiro Tanaka assim se expressa: "Em razão do fato de a Administração Pública não poder se despir de suas prerrogativas, entendemos que a afirmativa de que ela pode celebrar contratos de Direito Privado é equivocada, posto pressupor uma alienação que não pode efetivamente se concretizar. Para a Administração, só existe a possibilidade de celebrar contratos públicos, regidos pelo Direito Público, sendo incompatível com sua natureza jurídica a possibilidade da celebração de contratos de direito privado, regidos pelo direito comum". TANAKA, Sonia Yuriko Kanashiro. *Concepção dos contratos administrativos*. São Paulo: Malheiros, 2007, p. 49. Em outro estudo, acrescenta: "Assim, sendo a Administração, uma das partes contratantes, o objeto do contrato sempre será a satisfação de algum interesse público. Em razão de suas prerrogativas, que são indeclináveis, ela sempre poderá alterar seus contratos, nos termos da lei, para a efetiva satisfação do interesse público, implicando a existência de uma relação de subordinação do particular contratada frente à Administração Pública. Pela mesma razão, tais contratos serão regidos pelo Direito Público". TANAKA, Sonia Yuriko Kanashiro. Contratos administrativos. *In*: CARDOZO, José Eduardo Martins; QUEIROZ, João Eduardo Lopes; SANTOS, Márcia Walquiria Batista dos (coord.). *Curso de direito administrativo econômico*, v. 3. São Paulo: Malheiros, 2006, p. 706.

c) os contratos administrativos que se ajustam entre a Administração Pública e particulares para a execução e desempenho de atividades do Estado, de interesse geral, que este não pode ou não quer exercer diretamente.[445]

Esta classificação se aproxima bastante do modelo empregado atualmente, tanto pela doutrina[446] quanto pelo ordenamento jurídico brasileiro.[447]

---

[445] GOMES, Orlando. Os contratos e o direito público. *Revista da Procuradoria-Geral do Estado de São Paulo*, n. 10, p. 45-46.

[446] "Ao longo dos anos, a Administração Pública passou a utilizar progressivamente o instrumento contratual com finalidades bastante diversas. Os contratos administrativos em acepção ampla compreendem: (i) os contratos de direito privado e (ii) os acordos de vontade da Administração. Esta última categoria alberga os consórcios e convênios públicos, os termos de ajustes de conduta e a espécie aqui denominada contrato de fomento. Estas espécies contratuais diferenciam-se dos contratos administrativos em sentido estrito em natureza, finalidade e regime jurídico. [...] Na sua acepção mais restrita, o contrato administrativo é um acordo de vontades em que a Administração Pública é parte e sobre o qual incide regime jurídico peculiar. Dentro desta categoria, encontram-se as avenças que impõem ao particular o provimento de determinada utilidade à administração (chamados 'contratos de colaboração', como o de obra pública) e aquelas que investem os particulares no desempenho de competências e poderes administrativos (os 'contratos de delegação', como as concessões de serviço público)". JUSTEN FILHO, Marçal; JORDÃO, Eduardo. A contratação administrativa destinada ao fomento de atividades privadas de interesse coletivo. *Revista Eletrônica de Direito Administrativo Econômico – REDAE*, Salvador, n. 37, fev./mar./abr. 2014. Como exemplo de contrato de fomento público, citam-se os previstos no Estatuto das Parcerias Voluntárias, introduzido pela Lei nº 13.019/2014. Em outra oportunidade, já se estudou a existência desses ajustes: "O art. 2º, incisos VII e VIII, da Lei nº 13.019/2014, conceitua o que se entende por Termo de Colaboração e de Fomento respectivamente: a) Termo de Colaboração: instrumento pelo qual são formalizadas as parcerias estabelecidas pela Administração Pública com organizações da sociedade civil, selecionadas por meio de chamamento público, para a consecução de finalidades de interesse público propostas pela Administração Pública, sem prejuízo das definições atinentes ao contrato de gestão e ao termo de parceria, respectivamente, conforme as Leis nºs 9.637, de 15 de maio de 1998, e 9.790, de 23 de março de 1999. b) Termo de Fomento: instrumento pelo qual são formalizadas as parcerias estabelecidas pela Administração Pública com organizações da sociedade civil, selecionadas por meio de chamamento público, para a consecução de finalidades de interesse público propostas pelas organizações da sociedade civil, sem prejuízo das definições atinentes ao contrato de gestão e ao termo de parceria, respectivamente, conforme as Leis nºs 9.637, de 15 de maio de 1998, e 9.790, de 23 de março de 1999. Desta forma, o que os diferenciam é apenas a pessoa que os provoca. No caso do Termo de Colaboração, a Administração Pública é que irá propor aos Parceiros Privados que participem da promoção de determinada atividade ou prestação de serviços (art. 16). Já no caso do Termo de Fomento, a solicitação de apoio parte do próprio Parceiro Privado, que apresentará a proposta de apoio à Administração Pública (art. 17). Nos dois casos, os requisitos objetivos para celebração do Termo estão previstos nos arts. 33 a 39". QUEIROZ, João Eduardo Lopes. Principais aspectos do regime jurídico das parcerias voluntárias introduzidos pela Lei nº 13.019, de 31 de julho de 2014. *In*: *Interesse Público*, Belo Horizonte, v. 87, p. 62-92, 2014.

[447] A Lei de Licitações e Contratos Administrativos (Lei nº 8.666/1993) define contrato administrativo de forma ampla (art. 2º, parágrafo único): "considera-se contrato todo e

A primeira espécie apresentada por Orlando Gomes é atualmente a instrumentalizada através de convênios, para os que admitem a natureza contratual destes instrumentos. A segunda seriam os ajustes firmados pelo poder público visando algum interesse comum específico. Os contratantes estariam aqui praticamente em pé de igualdade se não fossem as derrogações de Direito Público eventualmente incidentes. Aqui se enquadram as transferências efetivadas por meio de contratos de fomento público.[448] Por fim, o terceiro contrato visa transferir a pres-

---

qualquer ajuste entre órgãos ou entidades da Administração Pública e particulares, em que haja um acordo de vontades para a formação de vínculo e a estipulação de obrigações recíprocas, seja qual for a denominação utilizada".

[448] Marçal Justen Filho explica: "os contratos administrativos de fomento são avenças entre o Estado e um particular, a quem são assegurados certos benefícios como contrapartida pela adoção de condutas predeterminadas. A obrigação assumida pelo particular não consiste numa prestação a ser executada diretamente em favor do Estado. Trata-se de condutas ativas e omissivas que se configuram como úteis ou necessárias à realização de interesses coletivos, tais como a implantação de uma planta industrial em certo local, a realização de investimentos num período de tempo específico, a ampliação de postos de trabalho e assim por diante. [...]. O contrato de fomento pode ter por objeto a outorga de benefícios pelo Estado em favor de um particular, versando sobre o desenvolvimento de atividades econômicas. Nessas hipóteses, não caberá ao particular realizar uma prestação determinada em favor do ente estatal. Mas pode haver contrato de fomento que imponha ao particular executar uma prestação em benefício do ente fomentador. Em tais casos, não haverá um contrato puramente de fomento, mas a conjugação da função de fomento com outros fins buscados pelo poder público" (JUSTEN FILHO, Marçal. *Curso de direito administrativo*. 10. ed. São Paulo: RT, 2014, p. 721-722). Em outro momento, o autor os explica: "Os contratos administrativos de fomento são ajustes em que um particular se obriga a observar certas práticas no âmbito da atividade empresarial, como a contrapartida da obtenção de vantagens perante o Estado. Sua principal função é induzir a conduta do particular em direções socialmente benéficas. Portanto, tem finalidade essencialmente promocional: destina-se a fomentar ou estimular alguma atividade ou empreendimento de interesse coletivo. Ademais disso, o contrato de fomento se orienta à produção de direitos adquiridos, especialmente para afastar a incerteza e a insegurança das partes. O contrato de fomento deve ser entendido como uma técnica de intervenção no domínio econômico. Constitui mais um instrumento de que dispõe o Estado para realizar as finalidades sociais que lhe cabem na estrutura constitucional. A sua dimensão político-regulatória claramente prepondera sobre a sua dimensão econômica. [...] A técnica contratual garante ao poder público a flexibilidade necessária para atingir os objetivos político-regulatórios mediante indução da conduta dos particulares. Pode, assim, modelar otimamente a intervenção no domínio econômico, realizando as finalidades buscadas sem despender de recursos públicos excessivos. O instrumento contratual deverá prever os benefícios que serão concedidos e os deveres a serem cumpridos pelos particulares beneficiados. [...]. A contrapartida assumida pelo particular, o contrato deverá prever ainda os deveres que cabem ao responsável pela atividade fomentada. As alternativas são diversas e a determinação das obrigações a serem impostas ao particular dependerá fundamentalmente da política pública visada. No caso de instalação de uma indústria de grande porte em pequeno município, o contrato poderá exigir do particular beneficiado medidas que visem a garantir que as vantagens decorrentes do empreendimento sejam revertidas para a população local. Assim, poderá estatuir como deveres do particular privilegiar a contratação de mão-de-obra e fornecedores locais, executar determinados investimentos, prover cursos de capacitação etc. Entretanto, é fundamental para a caracterização desta espécie contratual que os deveres instituídos não

tação e a disposição de atividades e serviços públicos aos particulares, através de delegação de serviço público, o que ocorrerá nas formas instrumentais como concessão, permissão, autorização, credenciamento, franquia pública e arrendamento portuário. Mencionam-se, ainda, os contratos realizados com o setor privado no intuito de satisfazer interesses do setor público, como contrato de obra pública, de fornecimento de produtos e serviços.

Manoel de Oliveira Franco Sobrinho agrupou as categorias contratuais, tomando-as "como se apresentam no mundo do direito, conforme a vontade declarada e a finalidade a alcançar",[449] a partir da seguinte classificação:

a) *contratos de colaboração*: são contratos simples, decorrentes de uma manifestação unilateral, no qual a adesão a ele vincula obrigações, ou seja, "o particular por adesão aceita prestar serviços, conforme ofereça a Administração".[450] O acordo "se propõe unilateralmente para a prestação de coisas materiais, mediante pagamento ou remuneração",[451] bastando a aceitação pelo particular, pois o contrato de adesão exclui a presença do acordo como fundamento do contrato, já que o consenso se consolida com a própria aceitação do particular em figurar como contratado: "os procedimentos, que partem da Administração para alcançar o particular, dependem apenas das específicas condições jurídicas, da vontade legítima de pedir o serviço e da capacidade de quem o aceitar".[452]

Para o autor, são contratos de colaboração as autorizações,

---

eliminem a livre iniciativa. No contrato de fomento, as práticas devidas pelo particular se dão no âmbito da atividade empresarial livre. O particular goza de liberdade para concebê-la como melhor lhe parecer. A relação estabelecida entre a Administração e o particular é menos intensa do que ocorre nos contratos administrativos em sentido estrito". JUSTEN FILHO, Marçal; JORDÃO, Eduardo. A contratação administrativa destinada ao fomento de atividades privadas de interesse coletivo. *Revista Eletrônica de Direito Administrativo Econômico – REDAE*, Salvador, n. 37, fev./mar./abr. 2014.

[449] FRANCO SOBRINHO, Manoel de Oliveira. *Contratos administrativos*. São Paulo: Saraiva, 1981, p. 173.
[450] FRANCO SOBRINHO, Manoel de Oliveira. *Contratos administrativos*. São Paulo: Saraiva, 1981, p. 173.
[451] FRANCO SOBRINHO, Manoel de Oliveira. *Contratos administrativos*. São Paulo: Saraiva, 1981, p. 173.
[452] FRANCO SOBRINHO, Manoel de Oliveira. *Contratos administrativos*. São Paulo: Saraiva, 1981, p. 174.

as permissões, as cessões, os de fornecimento, os de função especializada e os de notória especialização.

b) *contratos de participação*: são contratos compostos, em virtude do indispensável ajuste formal (contrato) e consensual (acordo) entre as partes, e que só são possíveis quando autorizados por lei. Caracterizam-se pelo fato de o contratado assumir riscos e responsabilidades pelo serviço prestado ou a prestar, respondendo pela sua má execução. Seriam, por exemplo, contratos de obras públicas, os de empréstimos públicos, os de concessão de uso de bens públicos e de serviços públicos, os de risco e os de função ou emprego.

c) *contratos interorgânicos*:[453] são contratos complexos, "nos quais há uma política administrativa de efeitos programados"[454] decorrentes dos "superiores interesses estatais"[455] e se realizam entre pessoas jurídicas distintas na organização político-administrativa internas ou não, através de contratualização dos acordos celebrados, constituindo relações jurídicas interadministrativas. Alguns pontos característicos traçados por Manoel de Oliveira Franco Sobrinho, Juan Carlos Cassagne e Enrique Sayagues Laso em relação aos contratos interorgânicos merecem uma análise mais detida:

c.1. *comunhão de interesses:*

> comunhão de interesses públicos entre poderes, órgãos, pessoas, entidades da Administração direta e indireta, objetivando serviços a nível hierárquico ou de dependência nos regimes organizacionais. Constituem acordos, na área interna administrativa ou na externa, tendentes a produzir resultados qualificados, no sentido de uma mais íntima colaboração entre partes. Neles não aparece a figura da pessoa privada. Efetiva-se entre pessoas jurídicas de direito público ou órgãos a elas subordinados.[456]

---

[453] Também denominado pela doutrina italiana de "contrato entre entes públicos". ALESSI, Renato. *Sistema istituzionale del diritto amministrativo italiano*. 2. ed. Milano: Giuffrè, 1958, p. 274.

[454] FRANCO SOBRINHO, Manoel de Oliveira. *Contratos administrativos*. São Paulo: Saraiva, 1981, p. 173.

[455] FRANCO SOBRINHO, Manoel de Oliveira. *Contratos administrativos*. São Paulo: Saraiva, 1981, p. 173.

[456] FRANCO SOBRINHO, Manoel de Oliveira. *Contratos administrativos*. São Paulo: Saraiva, 1981, p. 248.

c.2. a *presença de duas ou mais pessoas públicas*;[457]

c.3. *princípio da cooperação e unidade de ação*: em virtude desse princípio, o regime jurídico dos contratos interorgânicos ou interadministrativos difere do atribuído aos contratos administrativos em virtude de carecer a Administração das prerrogativas e faculdades decorrentes da supremacia estatal.[458]

Na avaliação de Juan Carlos Cassagne,

A presença de dois ou mais sujeitos estatais no tipo de acordo é precisamente o que vai imprimir à contratação modulação especial, caracterizada pela ausência de prerrogativas exorbitantes do direito comum, suscetíveis de afetar o princípio de unidade da ação, que deriva por sua vez do reconhecimento da outra unidade essencial: a do poder do Estado.

O regime jurídico que ostentam os contratos interadministrativos pode se caracterizar por algumas notas distintivas, tais como: a) exceção ao requisito da licitação pública no processo de seleção; b) inaplicabilidade de multas ou sanções pecuniárias a entidades estatais; c) um particular sistema de solução de conflitos; d) não rege o princípio da estabilidade do ato administrativo quando as entidades se encontram na mesma esfera de governo (nacional ou estadual), o qual terá aplicação com respeito aos atos de execução de um contrato interadministrativo.

Por extensão e aplicando a teoria da superação das formas jurídicas, também se regerão em nosso conceito pelas regras dos contratos interadministrativos, aqueles que se celebrem entre uma entidade pública

---

[457] Manuel de Oliveira Franco Sobrinho observa a necessidade de figurarem nos polos ativos e passivos entes de natureza pública: "é interorgânico ou interadministrativo aquele contrato concluído entre entidades públicas estatais. Ganha vida jurídica nos convênios e tratados, no ajuste de colaboração em que as partes, diante do interesse maior, cada uma dá à outra condições reais que possibilitem a realização de serviços. [...] O que vale na categoria é o trabalho-serviço a realizar e não o serviço a prestar. O acordo, fixada a natureza das tarefas, dá a cada parte o que ela deva contribuir, sejam recursos informativos, técnicos ou financeiros, a fim de, mediante unidade de ação, tornar possível o alcance da finalidade comum às partes ou a uma delas somente". FRANCO SOBRINHO, Manoel de Oliveira. *Contratos administrativos*. São Paulo: Saraiva, 1981, p. 248-249.

[458] *"Otra distinción fundamental que corresponde señalar también es la relativa a la caracterización del contrato interadministrativo o contrato entre entes públicos como lo designa la doctrina italiana, cuyo régimen jurídico difiere del de los contratos administrativos, al carecer la Administración de las prerrogativas y facultades que hacen a la supremacía estatal, donde prevalece el principio de la cooperación y unidad de acción del Estado"*. CASSAGNE, Juan Carlos. Los contratos de la administración pública (distintas categorías e regímenes jurídicos). *Revista de la Administración Pública*, Madri, n. 78, p. 414-415, set./dez. 1975.

estatal, centralizada ou descentralizada com uma sociedade comercial em cuja administração ou capital tenha participação majoritária do Estado.[459]

c.4. *relação, coordenação e vinculação administrativa*: nos contratos interadministrativos prevalece a equiparação entre as partes. Não há relação de subordinação, mas de coordenação visando a finalidade pública, conforme observa Enrique Sayagues Laso:

> os vínculos contratuais entre entes públicos têm sido utilizados com frequência e reconhecidos expressamente pelo direito positivo. O caso mais generalizado de tempo atrás são as convenções ou contratos entre municípios para a exploração de serviços municipais. Também frequentemente existem Concessões outorgadas a entes públicos. Atualmente são numerosos os convênios e contratos celebrados pelo Estado com as demais pessoas públicas e por estas entre si.
> As regras gerais relativas à contratação da administração têm aplicação aqui, mas, existem muitas normas especiais, expressas ou implícitas que as modificam. Assim, na contratação interadministrativa a licitação pública não é preceptiva; geralmente não se exigem depósitos de garantia; os meios coativos utilizáveis frente aos particulares não sempre procedem; etc.[460]

---

[459] "*La presencia de dos o más sujetos estatales en este tipo de acuerdos es precisamente lo que va a imprimir a la contratación de una modulación especial, caracterizada por la ausencia de prerrogativas exorbitantes al derecho común, susceptibles de afectar el principio de unidad de acción, que deriva a su vez del reconocimiento de otra unidad esencial: la del poder del Estado. El régimen jurídico que ostentan los contratos inter-administrativos puede caracterizarse por algunas notas diferenciales, tales como: a) excepción al requisito de la licitación pública en el proceso de selección; b) inaplicabilidad de multas o sanciones pecuniarias a entidades estatales ; c) un particular sistema de solución de conflictos; d) no rige el principio de la estabilidad del acto administrativo cuando las entidades se hallan en una misma esfera de gobierno (nacional o provincial), lo cual tendrá aplicación con respecto a los actos de ejecución de un contrato inter-administrativo. Por extensión y aplicando la teoría de la superación de las formas jurídicas también se regirán en nuestro concepto por las reglas de los contratos inter-administrativos, aquellos que se celebren entre una entidad pública estatal, centralizada o descentralizada con una sociedad comercial en cuya administración o capital tenga participación mayoritaria el Estado*". CASSAGNE, Juan Carlos. Los contratos de la administración pública (distintas categorías e regímenes jurídicos). *Revista de la Administración Pública*, Madrid, n. 78, p. 425-426, set./dez. 1975.

[460] "*Los vínculos contractuales entre entes públicos han sido utilizados con frecuencia y reconocidos expresamente por el derecho positivo. El caso más generalizado de tiempo atrás son las convenciones o contratos entre municipios para la explotación de servicios municipales. También suelen existir concesiones otorgadas a entes públicos. Actualmente son numerosos los convenios y contratos celebrados por el Estado con las demás personas públicas y por éstas entre sí. Las reglas generales relativas a la contratación de la administración, tienen aplicación aquí, pero existen muchas normas especiales, expresas o implícitas que las modifican. Así, en la contratación interadministrativa la licitación pública no es preceptiva; generalmente no se exigen depósitos de garantía; los medios*

c.5. *relação jurídica interadministrativa*: da relação entre entes públicos resultarão os contratos interadiministrativos, os convênios e os convênios-contratos. Enrique Sayagues Laso dá o tom do surgimento dessas relações jurídicas interadministrativas:

> O desenvolvimento constitucional no direito moderno mostra como característica cada vez mais acentuada, a multiplicação das pessoas jurídicas estatais. Isto tem motivado, como é natural, que ditas pessoas públicas entrem em contato umas com outras no cumprimento de seus fins próprios, originando relações jurídicas interadministrativas. Estas relações são as que se promovem entre pessoas estatais. [...].
> As relações jurídicas interadministrativas podem ter origem – igual que as demais relações jurídicas administrativas – em atos e fatos. Os atos podem ser unilaterais ou plurilaterais, estando compreendidos nestes últimos os contratos interadministrativos. [...]. Os entes públicos podem se vincular convencionalmente, é dizer, por mútuo acordo de partes. Quando o fim que perseguem os entes públicos é coincidente, estamos na presença de convenções, que uma parte da doutrina denomina acordos, enquanto que se os fins perseguidos são opostos se configuram os contratos interadministrativos.[461]

À vista desse cenário, quando os entes públicos se vincularem convencionalmente, com fins e interesses em comum, estar-se-á diante da figura do *convênio*. De outro lado, se os fins perseguidos são opostos, surgirão os contratos interadministrativos.

---

coactivos utilizables frente a los particulares no siempre proceden; etc." LASO, Enrique Sayagues. *Tratado de derecho administrativo*, I, 8. ed. (Puesta al día a 2010 por Daniel Hugo Martins). Montevideo: Fundación de Cultura Universitaria, 2010, p. 588.

[461] *"El desarrollo constitucional en el derecho moderno muestra como característica cada vez más acentuada, la multiplicación de las personas jurídicas estatales. Esto ha motivado, como es natural, que dichas personas públicas entren en contacto unas con otras en el cumplimiento de sus fines propios, originando relaciones jurídicas interadministrativas. Dichas relaciones son las que se promueven entre personas estatales. [...].*
Las relaciones jurídicas interadministrativas pueden tener origen – igual que las demás relaciones jurídicas administrativas – en actos y hechos. Los actos pueden ser unilaterales o plurilaterales, estando comprendidos en estos últimos los contratos interadministrativos. [...]. Los entes públicos pueden vincularse convencionalmente, es decir, por mutuo acuerdo de partes. Cuando el fin que persiguen los entes públicos es coincidente estamos en presencia de convenciones, que una parte de la doctrina denomina acuerdos, mientras que si los fines perseguidos son opuestos se configuran los contratos interadministrativos". LASO, Enrique Sayagues. *Tratado de derecho administrativo*, I, 8. ed. (Puesta al día a 2010 por Daniel Hugo Martins). Montevideo: Fundación de Cultura Universitaria, 2010, p. 586-587.

d) *contratos administrativos privados*: relacionados à aquisição de bens materiais necessários à gestão administrativa.

Em uma visão mais contemporânea, Marçal Justen Filho, após admitir que "a expressão contrato administrativo indica um gênero, que comporta espécies muito diversas entre si",[462] estipula uma classificação genérica, na qual denomina contrato administrativo em sentido amplo, representado pelo "acordo de vontades destinado a criar, modificar ou extinguir direitos e obrigações, tal como facultado legislativamente e em que pelo menos uma das partes atua no exercício da função administrativa"[463] e a divide em três espécies: acordos de vontade da administração, contratos de Direito Privado e contratos administrativos em sentido estrito. Adverte, ainda, que, ao se utilizar a expressão *contrato administrativo*, deve-se adotar parcimônia, sempre indicando a acepção em que se está utilizando o vocábulo.[464]

É pacífico na doutrina que, quando se fala de acordo de vontades, exige-se como requisito a consensualidade entre os contraentes, a qual, no contrato administrativo, acaba sendo distinta da relativa aos contratos privados. Maria Luiza Machado Granziera identifica essa diferença entre a consensualidade destes e daqueles:

> A consensualidade, em contratos privados, manifesta-se com a celebração do acordo. Já em contratos administrativos, a consensualidade ocorre em momento anterior, em que o licitante, estando de acordo com as condições fixadas no edital e em seus anexos, apresenta uma proposta que é julgada vencedora do certame. Todavia, o vínculo obrigacional surge na assinatura do contrato, embora a recusa do adjudicatário em assinar o contrato equipare-se a inexecução total, o que evidencia que a proposta válida do licitante já obriga a celebrar contrato, se julgada sua proposta como a vencedora do certame.[465]

Para identificar se os contratos pactuados pela Administração Pública configuram contratos administrativos, o que atribui um regime jurídico especial a esse negócio jurídico de que participa a Adminis-

---

[462] JUSTEN FILHO, Marçal. *Curso de direito administrativo*. 10. ed. São Paulo: RT, 2014, p. 467.
[463] JUSTEN FILHO, Marçal. *Curso de direito administrativo*. 10. ed. São Paulo: RT, 2014, p. 468.
[464] JUSTEN FILHO, Marçal. *Curso de direito administrativo*. 10. ed. São Paulo: RT, 2014, p. 467.
[465] GRANZIERA, Maria Luiza Machado. *Contratos administrativos*: gestão, teoria e prática. São Paulo: Atlas, 2002, p. 95-96.

tração, é necessário identificar as seguintes características, de forma cumulativa:[466]

- *fim de interesse público*: "mediante o contrato administrativo cuida-se de satisfazer ao funcionamento dos serviços públicos ou a uma finalidade especial pública",[467] portanto, seu fim será a consecução de um interesse público;
- *cláusulas exorbitantes ou especiais*: só haverá contrato administrativo quando se estiver diante de cláusulas "que asseguram à Administração Pública prerrogativas próprias e exorbitantes do Direito comum";[468]
- *prevalência do interesse público sobre o interesse privado*: "o princípio da igualdade das partes, que importa na regra da imutabilidade dos contratos, cede passo ao da desigualdade, ao predomínio da vontade da Administração sobre a do outro contratante, ou seja, o poder de modificação unilateral da obrigação".[469]
- *existência de cláusulas de serviço e financeiras*: "as primeiras, geralmente consolidadas em cadernos de encargos ou em instruções de serviço, correspondem à chamada parte regulamentar, suscetível de alteração unilateral pela Administração, nos limites compatíveis com a estrutura do contrato, mediante a contrapartida do reajustamento financeiro, ou da indenização da álea extraordinária imposta ao outro contratante. As últimas representam a parte dita contratual, por serem substancialmente inalteráveis, salvo acordo entre as partes".[470]

---

[466] Posicionamento de Caio Tácito, o qual se adota nesse estudo. TÁCITO, Caio. *Direito administrativo*. São Paulo: Saraiva, 1975, p. 292.
[467] TÁCITO, Caio. *Direito administrativo*. São Paulo: Saraiva, 1975, p. 292.
[468] TÁCITO, Caio. *Direito administrativo*. São Paulo: Saraiva, 1975, p. 292.
[469] O autor rechaça a mutabilidade absoluta do contrato administrativo, considerando que a regra da mutabilidade "não tem a extensão que aparenta". A Administração não goza livremente da prerrogativa de fazer variar a prestação, o que excluiria, por inteiro, a natureza bilateral e a formação consensual do contrato. A chamada mutabilidade do contrato administrativo é uma cláusula implícita, a que adere a outra parte, em razão da qual a Administração pode alterar, dentro de limites determinados, a obrigação do cocontratante, respeitado o objeto do contrato. A peculiaridade dessa prerrogativa consiste em que o agravamento da obrigação independe do consentimento específico do contratante privado. Sua obrigação tem um conteúdo dinâmico e flexível, no âmbito e da finalidade do contrato, de forma a garantir a continuidade do serviço público e a plena satisfação do interesse público. TÁCITO, Caio. *Direito administrativo*. São Paulo: Saraiva, 1975, p. 292
[470] TÁCITO, Caio. *Direito administrativo*. São Paulo: Saraiva, 1975, p. 292.

Todavia, Caio Tácito ressalta que, embora haja o poder unilateral da Administração de promover alterações no contrato, é necessário para preservar a "natureza comutativa (equivalência intrínseca entre as prestações) e sinalagmática (reciprocidade das obrigações)"[471] garantir como contrapartida o direito ao equilíbrio econômico-financeiro do contrato administrativo, "impondo-se à Administração o dever de reajustar as prestações pecuniárias do contrato ao novo valor das obrigações de fazer, em virtude de sua mutação unilateral".[472]

Desse contexto decorrem duas situações: 1) de um lado, as avenças seriam celebradas em igualdade entre a Administração e o particular – são os contratos da Administração regidos pelo Direito Privado, v. g., contrato de compra e venda de um imóvel privado ou aluguel de um imóvel para nele se instalar uma repartição pública –; 2) e de outro lado, o poder público tem posição de supremacia em relação ao particular – identificam-se os contratos da administração regidos pelo Direito Público – do qual decorre um desequilíbrio fruto da sujeição ao regime jurídico-administrativo, em que a Administração teria direitos exorbitantes em relação ao particular. Nesses casos, a expressão *contrato administrativo* é usualmente empregada como sinônima desses tipos de acordos.

Alguns autores sugerem que os contratos administrativos (da Administração regidos pelo Direito Público) não seriam contratos em sua essência, pois não há igualdade entre as partes na formação das cláusulas (este só existiria quando as partes têm igualdade). Faltaria, inclusive, autonomia de vontade, pois o contratado se obriga a assiná-lo sem realizar nenhuma participação prévia, e a Administração, por sua vez, se vincula ao estabelecido nas normas referentes aos contratos

---

[471] TÁCITO, Caio. *Direito administrativo*. São Paulo: Saraiva, 1975, p. 292.
[472] O autor rechaça a mutabilidade absoluta do contrato administrativo, considerando que a regra da mutabilidade "não tem a extensão que aparenta". A Administração não goza livremente da prerrogativa de fazer variar a prestação, o que excluiria, por inteiro, a natureza bilateral e a formação consensual do contrato. A chamada mutabilidade do contrato administrativo é uma cláusula implícita, a que adere a outra parte, em razão da qual a Administração pode alterar, dentro de limites determinados, a obrigação do cocontratante, respeitado o objeto do contrato. A peculiaridade dessa prerrogativa consiste em que o agravamento da obrigação independe do consentimento específico do contratante privado. Sua obrigação tem um conteúdo dinâmico e flexível, no âmbito e da finalidade do contrato, de forma a garantir a continuidade do serviço público e a plena satisfação do interesse público. TÁCITO, Caio. *Direito administrativo*. São Paulo: Saraiva, 1975, p. 292.

administrativos. O que existiria nessas relações é um ato principal de Direito Público e um ato acessório de Direito Privado.[473]

Não obstante, a impropriedade dessa interpretação se verifica por alguns motivos, já consignada em outro momento e aqui reiterada pela relevância da discussão:

> Primeiro porque parte de uma noção de Direito Privado, considerando leoninas as cláusulas que beneficiam uma parte, esquecendo-se da supremacia e indisponibilidade do interesse público. Fica também o questionamento inerente à colocação de se apresentar essa noção como falta de concordância entre as partes. Mas qual seria o problema de chamar de contrato um objeto em que as partes não estão no mesmo plano se elas concordam? Em relação à autonomia da vontade, é patente e tranquila atualmente a aceitação de que ela significa o "querer", o "aceitar", as condições do contrato. Presentes esses aspectos, não há afronta nenhuma à autonomia da vontade, sendo inclusive, o que ocorre no mundo privatístico, com o chamado Contrato de Adesão.[474]

Em síntese, a Administração pode celebrar contratos administrativos regidos pelo Direito Privado e contratos administrativos em sentido estrito e acordos de vontades, ambos regidos pelo Direito Público. Os contratos administrativos (submetidos a regime de direito público) estão regulados pelas normas da Lei nº 14.133/2021 e outras específicas a eles aplicáveis, mas também, supletivamente, pelos princípios da teoria geral dos contratos e disposições de Direito Privado.

Caso a Administração seja signatária de contratos regidos pelo Direito Privado, aplicar-se-ão, no que couber, as normas gerais da Lei nº 14.133/2021. Entre os ajustes de Direito Privado estão os contratos de seguro, de financiamento, de locação em que o poder público seja locatário e os contratos nos quais for parte como usuário de serviço público.

Por outro lado, não é incomum surgirem outros contratos regidos pelo Direito Privado, mas que são de interesse da Administração Pública. Esse não é o caso específico dos contratos de inovação. Embora a Lei nº

---

[473] "É de notar que as prerrogativas em pauta colocam o 'contrato' à mercê de uma das partes, tanto no que atina à continuidade, quanto, dentro de certos limites, no que respeita às condições relativas à prestação devida pelo particular. Daí que subvertem profundamente a noção de contrato encontradiça na teoria geral do Direito, autorizando a questionar se ainda seria o caso de usar com propriedade essa titulação. A qualificação 'administrativo' aposta à palavra 'contrato' parece, no caso, ter o condão de modificar o próprio sentido substantivo". MELLO, Celso Antônio Bandeira de. *Curso de direito administrativo*. 17. ed. São Paulo: Malheiros, 2004, p. 569.

[474] TÁCITO, Caio. *Direito administrativo*. São Paulo: Saraiva, 1975, p. 293.

10.973/2004 tenha instituído um microssistema jurídico para a ciência, tecnologia e inovação, o legislador não optou por afastar a aplicação da Lei nº 14.133/2021, incidindo-a, portanto, em todos os ajustes provenientes da Lei de Inovação, embora com prevalência dos princípios, preceitos e diretrizes da Lei de Inovação sobre a Lei de Licitações, em virtude da especialidade da norma.

Para afastar a sua incidência, em se tratando de norma geral, caberia, paralelamente ao tratamento das questões específicas referentes à inovação, ter a Lei de Inovação instituído o que a doutrina convenciona chamar de normas próprias.[475] Para se configurar em uma norma própria, afigura-se como necessário a edição na norma de um conteúdo possível, na dicção de Alice Gonzalez Borges, derrogando a incidência da regra geral, o que para a autora seria: (i) modalidades licitatórias especiais; (ii) procedimento licitatório mais simples e mais rápido; (iii) disciplinamento próprio de matéria recursal.[476] À exceção deste último – porque, hoje, se a forma recursal não estiver regulada, utiliza-se a Lei Geral de Processo Administrativo no âmbito da unidade federada – é necessário observar os dois primeiros requisitos.

Como exemplos, citam-se a Lei nº 9.472/1997 (Lei da Anatel), que dispõe de modalidade específica de licitação, denominada consulta, para aquisições e contratações de serviços comuns – arts. 55 a 58; a Lei nº 13.303/2016 (Lei das Estatais), que disciplina todo o procedimento licitatório a elas aplicáveis, excluindo totalmente a incidência da Lei Geral de Licitações; e a Lei das *Startups* e do Empreendedorismo Inovador (Lei Complementar nº 182/2021, que já no art. 1º, parágrafo único, III, evidencia sua opção por disciplinar a licitação e a contratação de soluções inovadoras pela Administração Pública na forma nela estabelecida).

Esta última estabelece todo um regramento a ser observado para a Administração Pública, na figura de contratante, poder dela se utilizar para resolver demandas que exijam solução inovadora com emprego de tecnologia e promover a inovação no setor produtivo por meio do poder de compra do Estado (art. 12). Já o art. 13 da Lei Complementar nº 182/2021, ao estabelecer tratar-se de uma modalidade especial de licitação regida pela Lei de *Startups*, apresenta suas dimensões objetiva e subjetiva de incidência, ou seja, para quais situações ela poderá ser utilizada e quais pessoas poderão contratar.

---

[475] TÁCITO, Caio. *Direito administrativo*. São Paulo: Saraiva, 1975, p. 293.
[476] TÁCITO, Caio. *Direito administrativo*. São Paulo: Saraiva, 1975, p. 293.

No primeiro caso, pode ser utilizada "para o teste de soluções inovadoras por elas desenvolvidas ou a ser desenvolvidas, com ou sem risco tecnológico". As pessoas que dela poderão se utilizar e por ela terão sua relação jurídica regida são a Administração Pública, que poderá contratar pessoas físicas ou jurídicas, isoladamente ou em consórcio. Por fim, a Lei das *Startups* cria duas modalidades de contratos a serem firmados em decorrência dessa modalidade específica de licitação: (i) contrato público para solução inovadora e (ii) contrato de fornecimento.

O segundo é utilizado na sequência do primeiro. Isso ocorre porque, conforme rege o art. 14 da Lei Complementar nº 182/2021: "após homologação do resultado da licitação, a Administração Pública celebrará Contrato Público para Solução Inovadora (CPSI) com as proponentes selecionadas, com vigência limitada a 12 (doze) meses, prorrogável por mais um período de até 12 (doze) meses". Após o seu encerramento, é facultado à Administração celebrar um contrato de fornecimento com a mesma contratada, sem nova licitação, contrato para o fornecimento do produto, do processo ou da solução resultante do primeiro contrato ou, se for o caso, para integração da solução à infraestrutura tecnológica ou ao processo de trabalho da Administração Pública.

Desta forma, o microssistema jurídico criado pela Lei de Inovação, ao não afastar a aplicação da Lei Geral de Licitações e Contratos Administrativos, optou por fazer-lhe remissão, demonstrando a clarividência da sua incidência. É o que se observa nos arts. 3º-A e 25 da Lei nº 10.973/2004, que remetem à aplicação da Lei de Licitações, afastando, assim, o processamento do certame por dispensa em alguns casos. Dentre esses casos, citam-se como exemplos: contratação para a transferência de tecnologia e para o licenciamento de direito de uso ou de exploração de criação protegida; na contratação da Administração Pública de ICTs ou entidades de Direito Privado sem fins lucrativos ou empresas, isoladamente ou em consórcios, voltadas para atividades de pesquisa e de reconhecida capacitação tecnológica no setor, visando à realização de atividades de pesquisa, desenvolvimento e inovação que envolvam risco tecnológico, para solucionar problema técnico específico ou obter produto, serviço ou processo inovador. Nesse caso, se a empresa for uma *startup*, aplica-se a Lei Complementar nº 182/2021, por se tratar de norma especial em relação a essa regra geral da Lei nº 10.973/2004. O Decreto nº 9.283/2018, em seus arts. 7º, 12, 31, 32, 36, 61 a 66, regulamenta os procedimentos a serem observados para as dispensas de licitação previstas na Lei de Inovação.

Superadas essas especificidades, retoma-se a advertência de que não é incomum surgirem outros contratos regidos pelo Direito Privado, mas de interesse da Administração Pública. Em alguns países, essa concepção de contrato administrativo (regido pelo Direito Privado) não é admitida, como é o caso da Alemanha. Nesse país, a Lei de Procedimento Administrativo, de 25 de maio de 1976, assentou em seu art. 54 um elevado grau de amplitude. Por consequência, ele acaba figurando "como modo alternativo de atuação da Administração Pública, relativamente ao ato administrativo".[477] Na visão de Hartmut Maurer, apresenta-se como

> um instrumento necessário e legítimo de que dispõe a Administração para solver problemas. Ele permite uma administração flexível e, sobretudo, capaz de solucionar casos atípicos. Responde, em particular, ao que se espera de uma administração moderna, conforme as exigências do Estado de Direito Democrático, que não vê apenas no cidadão um simples súdito, mas um titular de direitos autônomo e um parceiro da Administração e que por isso o inclui na atividade administrativa como corresponsável.[478]

Todavia, o jurista alemão avalia ser necessária a distinção entre esses tipos de contratos, os quais ele delimita como jurídico-privados, dos contratos jurídico-públicos, como os contratos estatais e acordos administrativos entre a federação e os Estados ou entre os Estados":[479]

> o contrato administrativo distingue-se dos outros contratos pelo fato de ele concernir a uma relação jurídica jurídico-pública. Determinante é, portanto, o conteúdo do contrato. Não importa a situação jurídica da parte contratante. O fato que de um lado ou até dos dois lados esteja um Órgão Administrativo, ainda não justifica a aceitação do contrato administrativo. [...] O contrato administrativo deve ser delimitado em

---

[477] "É de notar que as prerrogativas em pauta colocam o 'contrato' à mercê de uma das partes, tanto no que atina à continuidade, quanto, dentro de certos limites, no que respeita às condições relativas à prestação devida pelo particular. Daí que subvertem profundamente a noção de contrato encontradiça na teoria geral do Direito, autorizando a questionar se ainda seria o caso de usar com propriedade essa titulação. A qualificação 'administrativo' aposta à palavra 'contrato' parece, no caso, ter o condão de modificar o próprio sentido substantivo". MELLO, Celso Antônio Bandeira de. *Curso de direito administrativo*. 17. ed. São Paulo: Malheiros, 2004, p. 569.

[478] SANTOS, Márcia Walquiria Batista dos; QUEIROZ, João Eduardo Lopes; CARDOZO, José Eduardo Martins. *Direito administrativo*. Rio de Janeiro: Forense, 2015, p. 471.

[479] BORGES, Alice Gonzalez. *Normas gerais no Estatuto de Licitações e Contratos Administrativos*. São Paulo: RT, 1994, p. 86-90.

direção tríplice, ou seja, primeiro como contrato jurídico-público diante de contratos jurídico-privados, segundo, como regulação bilateral diante do ato administrativo e, terceiro, como convênio vinculativo juridicamente diante dos chamados acordos informais.[480]

Abstrair essa dimensão conceitual do contrato administrativo no Direito alemão é imprescindível para se qualificar a identidade jurídica dos contratos de inovação brasileiros. Isto porque se afasta da teoria geral do contrato como qualificadora da sua natureza e se aproxima de uma teoria geral do contrato público ou administrativo *lato sensu*, o que permite enquadrar juridicamente esse instrumento como *contrato semiprivado* ou *acordos de vontade da Administração*, excluir a necessidade de adesão às características comuns dos contratos em sua teoria geral e admitir as características necessárias para sua configuração como contrato administrativo em sentido amplo, sob a designação genérica de acordos de vontade da Administração[481] ou meramente acordos administrativos, por funcionarem "como mecanismos instrumentais de satisfação de finalidades públicas".[482]

Portanto, adotar a teoria geral do contrato (criada para o direito privado) em sede de Direito Público, ao mesmo tempo em que implica equívoco na arquitetura da construção de uma identidade jurídica destes contratos de inovação, subtrai deste instrumento o seu necessário grau de segurança jurídica às partes contraentes, pois não encampa preceitos básicos dos contratos administrativos em sentido amplo e nem todo o aparato jurídico atribuído à figura contratual do Direito Privado.

Nada obstante, sua necessária acomodação na figura dos acordos administrativos é imprescindível para o delineamento jurídico-administrativo desse instrumento. Pois, se, de um lado, nos contratos administrativos em sentido estrito, o poder público atua com prerrogativas e imposição de sujeições decorrentes da supremacia do interesse público

---

[480] BORGES, Alice Gonzalez. *Normas gerais no Estatuto de Licitações e Contratos Administrativos*. São Paulo: RT, 1994, p. 87.

[481] SILVA, Almiro do Couto. Os indivíduos e o Estado na realização de tarefas públicas. *In*: MARQUES NETO, Floriano Azevedo; ALMEIDA, Fernando Dias Menezes de; NOHARA, Irene Patrícia; MARRARA, Thiago (coord.). *Direito e administração pública*: estudos em homenagem a Maria Sylvia Zanella Di Pietro. São Paulo: Atlas, 2013, p. 429.

[482] MAURER, Hartmut. Droit administratif allemand (Trad. Michel Fromont). Paris: LGDJ, 1994, p. 378 *apud* SILVA, Almiro do Couto. Os indivíduos e o Estado na realização de tarefas públicas. *In*: MARQUES NETO, Floriano Azevedo; ALMEIDA, Fernando Dias Menezes de; NOHARA, Irene Patrícia; MARRARA, Thiago (coord.). *Direito e administração pública*: estudos em homenagem a Maria Sylvia Zanella Di Pietro. São Paulo: Atlas, 2013, p. 429.

– o que lhe garante a possibilidade arbitrária de estipular condições ao contrato –, a medida não é a mesma para os acordos de vontade, nos quais a supremacia, quando existente, advém de permissivo legal ou de consenso entre as partes, indo ao encontro da necessidade de uma relação paritária no âmbito de negociação desses acordos administrativos para chegar ao consenso.

Por fim, ressalta-se que essa relação de supremacia não ocorre nos contratos de Direito Privado firmados pelo poder público porque, nesses ajustes, as condições da Administração deverão ser negociadas com o particular, com ampla autonomia da vontade na elaboração das cláusulas contratuais. Contudo, nem todas as imposições do particular poderão ser acatadas pela Administração em razão de formalidades decorrentes do princípio da legalidade a qual está submetida, e em razão do princípio da indisponibilidade do interesse público.

Quanto ao uso do substantivo *termo* no âmbito administrativo, Oswaldo Aranha Bandeira de Mello, aproximando-se do conceito privatístico, o assenta como componente qualificador do contrato, constatando representar uma "cláusula acessória que subordina o efeito do ato jurídico a evento futuro e certo".[483]

Sob essa perspectiva, Giulio Alessio salienta: "termo é indicação de um momento de tempo a partir do qual o negócio jurídico deverá tomar vida ou no qual deverá extinguir-se".[484] Nessa mesma linha, mas voltando sua aplicação para o Direito Administrativo, Maria Helena Diniz preconiza que, para o Direito Administrativo, a palavra *termo* representa um "evento futuro e certo do qual depende o exercício ou a extinção de um direito, ou a partir do qual se inicia ou cessa a eficácia do ato administrativo".[485]

Conquanto, o conceito que mais se enquadra no campo do Direito Administrativo foi dado por José Cretella Júnior, para quem *termo* é o "elemento acessório do ato administrativo, o vocábulo termo é empregado, no campo do direito público, quando a autoridade per-

---

[483] MAURER, Hartmut. *Direito administrativo geral*. 14. ed. Trad. Luís Afonso Heck. Barueri: Manole, 2006, p. 409.
[484] SILVA, Almiro do Couto. Os indivíduos e o Estado na realização de tarefas públicas. *In*: MARQUES NETO, Floriano Azevedo; ALMEIDA, Fernando Dias Menezes de; NOHARA, Irene Patrícia; MARRARA, Thiago (coord.). *Direito e administração pública*: estudos em homenagem a Maria Sylvia Zanella Di Pietro. São Paulo: Atlas, 2013, p. 115-116.
[485] JUSTEN FILHO, Marçal. *Curso de direito administrativo*. 10. ed. São Paulo: RT, 2014, p. 467.

mite ou autoriza o exercício de determinado direito".[486] Atualmente, o emprego da palavra *termo* no Direito Administrativo também designa determinados acordos consensuais firmados pela Administração, por exemplo, termo de parceria (arts. 9º ao 15 da Lei nº 9.790/1999),[487] termo de colaboração e de fomento (art. 2º, VII e VIII, da Lei nº 13.019/2014), termo de ajustamento de conduta (art. 5º, §6º, da Lei nº 7.347/1985),[488] termo de compromisso de cessação de conduta[489] (art. 85 da Lei nº 12.529/2011). Todos eles configuram ato jurídico convencional.

A adoção do substantivo *termo* nesses instrumentos tem o condão de significar o aceite de um compromisso firmado e de representar um acordo administrativo que poderá até ter força executiva, a depender do consignado durante a sua formalização.

Sem embargo, seria mais adequada a substituição pelo termo *acordo*, pois diminuiria as lucubrações em relação aos seus inúmeros empregos, tanto no Direito Privado como no Direito Público, mas que, na maioria das oportunidades, funciona como consignação em contrato de um determinado lapso de tempo para o ato jurídico produzir efeitos e/ou deixar de produzi-los.

5.2.2 Instrumentos cooperativos

Do termo genérico *convênio* – instituto jurídico constitucionalizado como categoria jurídica em contraposição aos contratos administrativos[490] – podem ser extraídos diversos instrumentos regidos por normas especiais, espécies dessa categoria convênio. Segundo Marcos Juruena Villela Souto, trata-se do "ato multilateral de parceria entre o poder público e outras entidades públicas ou privadas com interesses afins".[491]

---

[486] PALMA, Juliana Bonacorsi de. *Sanção e acordo na administração pública*. São Paulo: Malheiros, 2015, p. 112.

[487] MELLO, Oswaldo Aranha Bandeira de. *Princípios gerais de direito administrativo*. 3. ed. São Paulo: Malheiros, 2007, p. 528.

[488] CRETELLA JÚNIOR, José. Termo. Direito administrativo. In: FRANÇA, Rubens Limongi (coord.). *Enciclopédia Saraiva do Direito*, v. 72. São Paulo: Saraiva, 1977, p. 310.

[489] DINIZ, Maria Helena. *Dicionário jurídico*. v. 4. 2. ed. São Paulo: Saraiva, 2005, p. 652.

[490] CRETELLA JÚNIOR, José. Termo. Direito administrativo. In: *Enciclopédia Saraiva do Direito*, v. 72. (coord. Rubens Limongi França). São Paulo: Saraiva, 1977, p. 310.

[491] Termo de parceria é o "instrumento criado para que entidades de Terceiro Setor recebam incentivo para atuar ao lado do ente público, de maneira distinta dele, e não para que substitua tal ente, fazendo as vezes do Poder Público". OLIVEIRA, Gustavo Justino; MÂNICA, Fernando Borges. Organizações da sociedade civil de interesse público: termo de parceria e licitação. *Fórum Administrativo – FA*, Belo Horizonte, ano 5, n. 49, p. 5.225-5.237, mar. 2005.

No Brasil, não existe uma norma que regule especificamente os convênios em sua generalidade. Por um longo período, subsistiu o art. 116 da Lei nº 8.666/1993, que norteou a sua utilização. Todavia, a partir da Lei nº 14.133/2021, o nível de detalhamento para utilização do instrumento foi drasticamente reduzido (art. 184), por se fazer uma simples remissão à incidência da Lei de Licitações, no que for possível. Diante disso, criou-se espaço para a doutrina e a jurisprudência, embora sejam fontes secundárias do Direito Administrativo[492] se manifestarem sobre a formatação jurídica dos convênios.

Nesse ponto, reportando ao Direito Comparado, na Espanha, a Lei nº 40/2015, que regulamenta o regime jurídico do setor público, optou por conceituar os convênios em seu art. 47: "são convênios os acordos com efeitos jurídicos adotados pelas Administrações Públicas, os organismos públicos e entidades de direito público vinculados ou dependentes ou as universidades públicas entre si ou com sujeitos de direito privado para um fim comum".

J. García Pascual,[493] ao interpretar a norma, considera que os convênios são negócios jurídicos bilaterais e que deles vai surgir uma relação jurídica na qual pelo menos um dos sujeitos deverá ser um ente da Administração Pública ou uma universidade pública. Ademais, seus sujeitos devem perseguir uma finalidade comum.

Para a doutrina espanhola, os convênios podem ser classificados[494] em quatro tipos, *numerus clausus*:

---

[492] O termo de ajustamento de conduta (art. 5º, §6º, da Lei nº 7.347/1985) é um acordo celebrado pelo Ministério Público com o violador de determinado direito coletivo com a finalidade de reparação do dano, adequação da conduta às exigências legais ou normativas e, ainda, compensação e/ou indenização pelos danos que não possam ser recuperados (art. 14 da Recomendação do Conselho Nacional do Ministério Público nº 16/2010).

[493] "Previsto no art. 85 da Lei nº 12.529/2011, o Termo de Compromisso de Cessação (TCC) consiste em uma modalidade de acordo celebrado entre o Conselho Administrativo de Defesa Econômica (Cade) e as empresas e/ou pessoas físicas investigadas por infrações à ordem econômica a partir da qual a autoridade antitruste anui em suspender o prosseguimento das investigações em relação ao(s) Compromissário(s) de TCC enquanto estiverem sendo cumpridos os termos do compromisso, ao passo que o(s) Compromissário(s) se compromete(m) às obrigações por ele expressamente previstas". CADE. *Guia*: termo de compromisso de cessação para casos de cartel. Brasília: Superintendência-Geral do Cade, 2016.

[494] "Convênio é categoria jurídica, não se confundindo com um simples instrumento formal. Categoria jurídica prevista na Constituição Federal, como alternativa aos contratos de direito público celebrados entre o Poder Público e particulares, nomeadamente as entidades sem fins lucrativos. É testemunha eloquente disso o art. 199, §1º, da Constituição Federal [...]". MODESTO, Paulo. Parcerias público-sociais em transformação. *In*: MOTTA, Fabrício; MÂNICA, Fernando Borges; OLIVEIRA, Rafael Arruda (coord.). *Parcerias com o Terceiro Setor*: as inovações da Lei nº 13.019/14. 2. ed. Belo Horizonte: Fórum, 2018, p. 25.

1) *convênios interadministrativos*: realizados entre entidades públicas pertencentes a Administrações Públicas distintas (por exemplo, uma universidade federal e uma universidade estadual; um município e um estado membro) – uma vez encontrado o seu fundamento, não é necessário coordenar as atuações da pluralidade de atores públicos;
2) *convênios intra-administrativos*: firmados entre organismos públicos e entidades de Direito Público vinculadas ou dependentes de uma mesma Administração;
3) *convênios internacionais*: são os avençados com órgãos, organismos públicos ou antes de um sujeito de Direito Internacional em evidente manifestação de vontade com o intuito de normatizar a relação a ser desenvolvida em decorrência do ajuste. Os pactuantes ficam submetidos ao ordenamento jurídico determinado pelo instrumento;
4) *convênios firmados com sujeitos de direito privado*: firmados com um sujeito de personalidade jurídica de Direito Privado, desde que haja um permissivo legal para se instituir a relação jurídica, evitando conflitos por inobservância do princípio da igualdade perante a lei com a atribuição de privilégios não atribuídos legitimamente.[495] Em alguns casos, diante de normas habilitadoras de caráter especial, em decorrência de uma determinada política pública levada a efeito pelo Estado, a concessão do benefício poderá decorrer da assinatura de um convênio, o que não implica supressão da isonomia, já que a norma tende a possuir como dimensão subjetiva de sua incidência um grupo de pessoas ou entidades numa mesma condição.[496]

---

[495] SOUTO, Marcos Juruena Villela. *Desestatização* – privatização, concessões, terceirizações e regulação. 4. ed. Rio de Janeiro: Lumen Juris, 2001, p. 536.

[496] A concepção de Walter Jellinek, absorvida dentre outros por Ruy Cirne Lima, coloca como fontes primárias aquelas que se bastam por si só, e as derivadas as que têm sua validade atribuída às fontes primárias. JELLINEK, Walter. Verwaltungsrecht. Berlin. 1929; §7, III, p. 111 *apud* LIMA, Ruy Cirne. *Princípios de direito administrativo*. 7. ed. Trad. Paulo Alberto Pasqualini. São Paulo: Malheiros, 2007, p. 73. No Direito Administrativo são fontes primárias ou originárias: a) as normas constitucionais e infraconstitucionais, incluídas: a Constituição Federal, a lei complementar e a ordinária, a lei delegada prevista no art. 59, IV, da CF/88, a medida provisória, os decretos legislativos e as resoluções; b) tratados e acordos internacionais; c) os princípios gerais do Direito. De outro lado, são fontes derivadas ou secundárias: a) o regulamento; b) a doutrina; c) a jurisprudência; e d) os costumes.

A doutrina espanhola também aponta sua diferença em relação ao contrato. Este último tem caráter oneroso e implica intercâmbio patrimonial entre as partes. Mediante o contrato celebrado entre a Administração e o empresário, aquela obtém a realização de uma obra, por exemplo, ou a prestação de um serviço, que repercute sobre o interesse público, enquanto o empresário obtém o pagamento de um preço perseguido com legítimo interesse de lucro.[497]

No convênio, por sua natureza, as partes estão em posição de igualdade. Ao pactuar com o particular, a Administração não exerce poder de império sobre ele. Não é o que ocorre no caso dos contratos nos quais a Administração goza de importantes prerrogativas face ao contratado, o que constitui precisamente sua razão de ser e seu específico regime jurídico.[498]

Na modalidade convênio, não se trata de abastecer a Administração de bens ou serviços, mas de administrar de outra forma, a partir dos benefícios da ação consensualizada: no convênio, não há contraposição de interesses, mas objetivos comuns ou compartilhados, coexistindo, enfim, duas ou mais partes que perseguem fins comuns de interesse público, principalmente quando a Administração é uma delas.

Historicamente, mesmo antes da Lei nº 40/2015, que, entre outras situações, regulou os convênios na Espanha, Eduardo García de Enterría e Tomás-Ramón Fernández difundiram uma tipologia para os convênios, considerando-os de dois tipos: convênios interadministrativos e convênios administração-administrados. A distinção entre eles decorre da espécie de sujeitos que concorre com a Administração na produção da declaração de vontades. Se for parte da Administração, fala-se em convênios interadministrativos, mas, se o sujeito não integrar a Administração, surgem os convênios administração-administrados.[499] Trazendo para a realidade brasileira, entende-se que os convênios de cooperação equivaleriam aos convênios interadministrativos, enquanto os convênios administração-administrados equivaleriam aos convênios privados ou de colaboração.

---

[497] GARCÍA PASCUAL, J. La regulación de los convenios administrativos en la ley de régimen jurídico del sector público. *In*: *Revista Española de Control Externo*, v. XVIII, n. 54, p. 160-161, set. 2016.

[498] JIMÉNEZ VACAS, José Joaquín; MORILLAS PADRÓN, Laura; GALLARDO ROMERA, Elvira. La figura del convenio administrativo en la Ley 40/2015, de Régimen Jurídico del Sector Público y su tipología. *In*: *Auditoría Pública*, n. 70, p. 119-126, 2017.

[499] JIMÉNEZ VACAS, José Joaquín; MORILLAS PADRÓN, Laura; GALLARDO ROMERA, Elvira. La figura del convenio administrativo en la Ley 40/2015, de Régimen Jurídico del Sector Público y su tipología. *In*: *Auditoría Pública*, n. 70, 2017, p. 119-126.

Martín Bassols Coma, ao analisar os convênios de fomento econômico[500] (convênios de colaboração), cujo objetivo é fomentar a realização de atividades econômicas privadas de interesse público, considerou que, embora se trate de atividade econômica privada, o Estado, ao considerá-las como interesse público, aproxima seu regime ao de uma atividade de serviço público, permitindo, assim, que a figura convenial seja utilizada para reger a relação jurídica.

Sobre o processo administrativo (expediente) para subscrição do convênio, J. Garcia Pascual,[501] a partir do conceito genérico a ele atribuído, considera que os documentos necessários para formalizá-lo estão agrupados em três blocos: atuações jurídico-administrativas, atuações de índole técnica e atuações de índole orçamentária ou financeira.

Ada Pellegrini Grinover situa convênio como instrumento adequado para formalizar a prestação de serviços, o que vai de encontro ao convênio de colaboração: "a nota marcante no convênio é a coexistência de interesses paralelos ou convergentes, enquanto característica do contrato são os interesses opostos e divergentes"[502] [...] "o convênio é ato-união que pressupõe interesses comuns e coincidentes dos partícipes, sendo, assim, modalidade de prestação de serviços".[503]

Hely Lopes Meirelles[504] encabeçou toda essa discussão teórica sobre o posicionamento autônomo ou dependente dos "convênios", afastando a ideia de natureza contratual em decorrência da ausência de interesses contrapostos.

---

[500] Em relação a este tema, o Tribunal de Contas espanhol se manifestou em: *Resolución de 18 de diciembre de 2012, aprobada por la Comisión Mixta para las Relaciones con el Tribunal de Cuentas, en relación con la Moción sobre la necesidad de establecer un adecuado Marco Legal para el empleo del Convenio de Colaboración por las Administraciones Públicas.*
[501] JIMÉNEZ VACAS, José Joaquín. *De contratos públicos y convenios administrativos.* Disponível em: https://www.gobiernolocal.org/acento-local/de-contratos-publicos-y-convenios-administrativos/. Acesso em: 3 abr. 2023.
[502] JIMÉNEZ VACAS, José Joaquín. *De contratos públicos y convenios administrativos.* Disponível em: https://www.gobiernolocal.org/acento-local/de-contratos-publicos-y-convenios-administrativos/. Acesso em: 3 abr. 2023.
[503] *"A la especie de sujetos que concurre con la Administración en la producción de la declaración, y aquí procede distinguir según que ese otro sujeto sea, o bien otra Administración, o bien un administrado. En el primer caso encontramos convenios interadministrativos, en el segundo, convenios Administración-administrados".* GARCÍA DE ENTERRÍA, Eduardo; FERNÁNDEZ, Tomás-Ramón. *Curso de derecho administrativo I.* Notas de Agustín Gordillo. Buenos Aires: La Ley, 2006, p. 679.
[504] BASSOLS COMA, Martín. Considerationes sobre los convenios de colaboración de la Administración con los particulares para el fomento de actividades económicas privadas de interés público. *In: Revista de Administración Pública,* n. 82, p. 61-112, 1977. Disponível em: https://dialnet.unirioja.es/servlet/articulo?codigo=1097915. Acesso em: 1 set. 2023.

Com efeito, alguns autores o consideram um contrato. Nesse sentido, Jorge Ulisses Jacoby Fernandes se ampara na definição do art. 2º, parágrafo único, da Lei nº 8.666/1993, para justificar seu posicionamento. Essa normativa entendeu por bem identificar como contrato todo e qualquer ajuste entre órgãos ou entidades da Administração Pública e particulares, nos quais haja um acordo de vontades para formar vínculo e estipular obrigações recíprocas, independentemente da denominação utilizada.[505] Todavia, para afastar o equívoco, a Lei nº 14.133/2021 não repetiu essa conceituação. De qualquer forma, autores clássicos como Celso Antônio Bandeira de Mello, insistem na natureza contratual do convênio.[506]

Em posição diametralmente oposta, Paulo Modesto, baseado na divisão constitucional entre convênio e contrato de Direito Público, o posiciona como categoria jurídica autônoma:[507]

> Convênios, como categoria jurídica, são vínculos estruturados de parceria, bilaterais ou multilaterais, expressivos da convergência de interesses e da complementaridade de encargos entre os partícipes, destituídos de contraprestação sinalagmática, paritários por natureza e, por isso mesmo, alérgicos à presença de cláusulas exorbitantes e privativas da Administração Pública, essencialmente finalísticos por serem vocacionados a promover projetos e serviços compartilhados de interesse comum dos partícipes.[508]

A CF/1988 menciona o termo *convênio* em cinco oportunidades e para indicar diferentes situações.

---

[505] GARCÍA PASCUAL, J. La regulación de los convenios administrativos en la ley de régimen jurídico del sector público. In: *Revista Española de Control Externo*, v. XVIII, n. 54, p. 177-178, set. 2016.

[506] GRINOVER, Ada Pellegrini. Convênio. Ato-união que pressupõe interesses comuns dos partícipes. In: *Estudos de Direito Público*. Revista da Associação dos Advogados da Prefeitura do Município de São Paulo, n. 6, p. 19-23, jul./dez. 1984.

[507] GRINOVER, Ada Pellegrini. Convênio. Ato-união que pressupõe interesses comuns dos partícipes. In: *Estudos de Direito Público*. Revista da Associação dos Advogados da Prefeitura do Município de São Paulo, n. 6, p. 19-23, jul./dez. 1984.

[508] "Convênio é acordo, mas não é contrato. No contrato, as partes têm interesses diversos e opostos; no convênio, os partícipes têm interesses comuns e coincidentes. Por outras palavras: no contrato, há sempre duas partes (podendo ter mais de dois signatários); uma, que pretende o objeto do ajuste (a obra, o serviço etc.); outra que pretende a contraprestação correspondente (o preço, ou qualquer outra vantagem), diversamente do que ocorre no convênio, em que não há partes, mas unicamente partícipes com as mesmas pretensões. Por essa razão, no convênio, a posição jurídica dos signatários é uma só e idêntica para todos, podendo haver, apenas, diversificação na cooperação de cada um, segundo as suas possibilidades para a consecução do objetivo comum, desejado por todos". MEIRELLES, Hely Lopes. Contrato administrativo – "anulação" pelo Tribunal de Contas. In: *Estudos e Pareceres de Direito Público*, São Paulo, n. 9, p. 101, 1986.

Na primeira (art. 37, XXII, da CF/1988), estabelece a possibilidade de se utilizar convênio para compartilhar cadastros e informações fiscais em relação às administrações tributárias da União, dos Estados, do Distrito Federal e dos Municípios. Neste caso, possuirá efeitos organizatórios e não patrimoniais.

No segundo caso, (art. 39, §2º, da CF/1988), impõe a manutenção por parte da União, dos Estados e do Distrito Federal, de escolas de governo para formar e aperfeiçoar servidores públicos, facultando a celebração de convênios ou contratos entre os entes federados para esse fim, com efeito colaborativo.

Na terceira oportunidade, o art. 71, VI, da CF/1988, que disciplina o controle externo exercido pelo TCU, atribui competência ao Tribunal para "fiscalizar a aplicação de quaisquer recursos repassados pela União mediante convênio, acordo, ajuste ou outros instrumentos congêneres, a Estado, ao Distrito Federal ou a Município".

Já o art. 199, §1º, da CF/1988 possibilita às instituições privadas participarem de forma complementar do SUS, aperfeiçoando esse ajuste através de contrato de Direito Público ou convênio, resultando em efeito colaborativo.

O art. 241 da CF/1988 cita a existência dos convênios de cooperação entre os entes federados ao lado dos consórcios públicos como fruto da gestão associada de serviços públicos.[509] Desta forma, além da CF/1988 admitir a utilização do convênio para um plexo de realidades, o legislador infraconstitucional o disciplinou em diversas oportunidades de maneira não uniforme, tornando-o multifuncional.[510]

A jurisprudência tem colaborado na sua delimitação jurídica.

O STF, no Recurso Extraordinário nº 119.256/SP, manifestou-se no sentido de que não há força vinculatória de comprometimento

---

[509] FERNANDES, Jorge Ulisses Jacoby. Convênios administrativos. In: Informativo de Licitações e Contratos, Curitiba, ano IX, n. 99, p. 344, maio 2002.
[510] "O Contrato, como instituto da Teoria Geral do Direito, compreende duas modalidades básicas: a dos contratos em que as partes se compõem para atender a interesses contrapostos e que são satisfeitos pela ação recíproca delas e os contratos em que, inversamente, as partes se compõem pela comunhão de interesses, pela finalidade comum que as impulsiona. Estes últimos são os contratos que originam associações, as sociedades. Os do primeiro tipo são todos os demais contratos. A Lei de Contratos Administrativos cogita desta última espécie. Já os convênios e os consórcios correspondem a contratos do segundo tipo – ou seja, daqueles em que as partes têm interesses e finalidades comuns. Assim, convênios e consórcios diferem da generalidade dos contratos administrativos porque, ao contrário destes, não há interesses contrapostos das partes, mas interesses coincidentes". MELLO, Celso Antônio Bandeira de. Curso de direito administrativo. 35. ed. São Paulo: Malheiros, 2021, p. 615.

obrigacional nos instrumentos de cooperação administrativa, logo, não há que se falar em direito adquirido deles decorrente.

Pedro Durão, com base no julgamento do STF destacado, e em decisão proferida pelo TJ-SP na Apelação nº 64.041-1, relatada pelo Des. Álvaro Lazzarini, também se posicionou pela precariedade dos convênios: "a precariedade das formas de cooperação administrativa é uma vertente que não gera direito adquirido. A própria natureza jurídica das avenças que autorizam a denúncia imotivada não pode produzir direito adquirido aos partícipes".[511]

Na mesma linha dessa decisão, Gustavo Justino de Oliveira, ao diferenciá-lo do contrato, aponta a fraca vinculação resultante dos convênios: "ausência de vinculação contratual; instabilidade institucional, aliada à precariedade de sua administração", e que "não admite cláusula obrigatória da permanência ou sancionadora dos denunciantes".[512]

O STF, no Recurso Extraordinário nº 119.256/SP, com base em Hely Lopes Meirelles, manifestou-se pelo voto condutor da decisão sob relatoria do Min. Moreira Alves, pressupondo que os "convênios administrativos não são contratos, mas acordos, porque os partícipes deles não têm interesses colidentes, mas ao contrário, comuns e coincidentes" e que, "diante dessa igualdade jurídica de todos os signatários do convênio e da ausência de vinculação contratual entre eles, qualquer partícipe pode denunciá-lo e retirar a sua cooperação quando desejar", o que os torna uma espécie de *pacto* dotada de precariedade, como afirma também Pedro Durão[513] na esteira do precedente do STF. No

---

[511] "Convênio é categoria jurídica, não se confundindo com um simples instrumento formal. Categoria jurídica prevista na Constituição Federal, como alternativa aos contratos de direito público celebrados entre o Poder Público e particulares, nomeadamente as entidades sem fins lucrativos. É testemunha eloquente disso o art. 199, §1º, da Constituição Federal: Art. 199. A assistência à saúde é livre à iniciativa privada. §1º. As instituições privadas poderão participar de forma complementar do sistema único de saúde, segundo diretrizes deste, mediante *contrato de direito público* ou *convênio*, tendo preferência as entidades filantrópicas e as sem fins lucrativos". MODESTO, Paulo. A Lei 13.019 e as transformações das parcerias público-sociais. In: *Direito do Estado*, ano 2016, n. 306. Disponível em: http://www.direitodoestado.com.br/colunistas/paulo-modesto/a-lei-13019-e-as-transformacoes-das-parcerias-publico-sociais. Acesso em: 3 set. 2023.

[512] MODESTO, Paulo. Parcerias público-sociais em transformação. In: MOTTA, Fabrício; MÂNICA, Fernando Borges; OLIVEIRA, Rafael Arruda (coord.). *Parcerias com o Terceiro Setor*: as inovações da Lei nº 13.019/14. 2. ed. Belo Horizonte: Fórum, 2018, p. 25-26.

[513] O Decreto nº 6.017/2007 conceitua no seu art. 2º, VII, o "convênio de cooperação entre entes federados", considerando-o um "pacto firmado exclusivamente por entes da Federação, com o objetivo de autorizar a gestão associada de serviços públicos, desde que ratificado ou previamente disciplinado por lei editada por cada um deles". Esse conceito é aplicado apenas no âmbito da gestão associada de serviços públicos.

mesmo sentido, Gustavo Justino de Oliveira[514] aponta as vinculações resultantes dos convênios: "ausência de vinculação contratual, instabilidade institucional, aliada à precariedade de sua administração". Ainda, o convênio "não admite cláusula obrigatória da permanência ou sancionadora dos denunciantes".

Como resultado da multifuncionalidade, na Lei nº 10.973/2004, o termo *convênio*, como gênero, aparece expressamente cinco vezes, deixando a norma, clarividente, a sua opção de adotá-lo como instrumento jurídico genérico.[515]

No art. 3º-A, se permite a celebração de convênios com as fundações de apoio para atuarem como operadoras dos estímulos positivos concedidos pelo FINEP, FNDCT, CNPq e por outras agências financeiras oficiais de fomento de todas as esferas federativas, atribuindo-se a elas a possibilidade de se responsabilizarem pela gestão administrativa e financeira dos projetos das instituições apoiadas.

Já no seu art. 4º, autoriza-se a ICT pública a firmar convênios envolvendo ou não contrapartida financeira, para compartilhamento de infraestrutura com outras ICTs ou com empresas, visando implementar inovação tecnológica em atividades de incubação; ou meramente para permitir o uso da sua infraestrutura por ICT, empresas ou pessoas físicas voltadas a atividades de pesquisa, desenvolvimento e inovação; e, ainda, para permitir o uso do seu capital intelectual em projetos de pesquisa, desenvolvimento e inovação.

O art. 4º ainda permite conveniar-se para estabelecer os critérios de remuneração nos casos de desenvolvimento conjunto com empresa, assim consideradas as situações envolvendo criações e inovações resultantes de parcerias entre ICTs ou entre ICT e empresa, incluídas as incubadas oriundas de programa de empreendedorismo da própria ICT[516] (art. 6º, §1º-A, da Lei de Inovação).

Outro ponto relevante é a permissão para se pactuar convênio visando a concessão de recursos para a execução de projetos de pesquisa,

---

[514] "Dessume-se da disciplina normativa apontada que no sistema administrativo brasileiro resta evidenciada a multifuncionalidade do convênio, o qual pode ser encarado tanto como um acordo administrativo organizatório como um acordo administrativo colaborativo". OLIVEIRA, Gustavo Justino de. *Contrato de gestão*. São Paulo: RT, 2008, p. 269.
[515] DURÃO, Pedro. *Convênios e consórcios públicos*: gestão, teoria e prática. 5. ed. Curitiba: Juruá, 2018, p. 145-146.
[516] OLIVEIRA, Gustavo Justino de. Convênio é acordo, mas não é contrato. *In*: WALD, Arnoldo; JUSTEN FILHO, Marçal; PEREIRA, Cesar Augusto Guimarães (org.). *O direito administrativo na atualidade*: estudos em homenagem ao centenário de Hely Lopes Meirelles (1917-2017). São Paulo: Malheiros, 2017, p. 522.

desenvolvimento e inovação às ICTs ou diretamente aos pesquisadores a elas vinculados (art. 9º-A). Essa espécie – embora o art. 9º-A estenda a possibilidade de se formalizar essa atribuição de recursos através de termo de outorga, contrato ou qualquer outro instrumento jurídico assemelhado – foi regulamentada pelo Decreto Federal nº 9.283/2018, na Seção III do Capítulo V, que disciplinou os instrumentos jurídicos de parceria, optando pela nomenclatura "convênio para pesquisa, desenvolvimento e inovação", definido no art. 38 como o instrumento jurídico celebrado entre os órgãos e as entidades da União, as agências de fomento e as ICT públicas e privadas para execução de projetos de pesquisa, desenvolvimento e inovação, com transferência de recursos financeiros públicos", sempre considerando as regras dispostas no art. 9º-A da Lei de Inovação.

Por fim, a captação, a gestão e a aplicação das receitas próprias da ICT pública podem ser transferidas às fundações de apoio através de convênio, em decorrência do art. 18, parágrafo único, da Lei nº 10.973/2004.

5.2.3 Instrumentos de outorga

Othon Sidou, em seu *Dicionário jurídico*, conceitua *outorga* como "autorização, consentimento, concessão".[517] Paulo Affonso Leme Machado, após entender que outorga é "consentimento, concessão, aprovação, beneplácito",[518] explica que, em um sentido estritamente jurídico, a outorga exige a intervenção dos Poderes Executivo estadual e federal para manifestar sua vontade.

Como ato administrativo, a outorga pode ser caracterizada como ato constitutivo-formal, pois "os atos constitutivo-formais são aqueles em que a Administração se limita a verificar as *conditiones juris*. Em consequência, os efeitos derivam diretamente da lei e dependem da provocação do administrado".[519]

---

[517] O autor, baseando-se no julgamento do STF acima destacado, e em decisão proferida pelo TJ/SP na Apelação nº 64.041-1, relatada pelo Des. Álvaro Lazarini, também se posiciona pela precariedade dos convênios: "A precariedade das formas de cooperação administrativa é uma vertente que não gera direito adquirido. A própria natureza jurídica das avenças que autorizam a denúncia imotivada não pode produzir direito adquirido aos partícipes". DURÃO, Pedro. *Convênios e consórcios públicos*: gestão, teoria e prática. 5. ed. Curitiba: Juruá, 2018, p. 145-146.

[518] OLIVEIRA, Gustavo Justino de. Convênio é acordo, mas não é contrato. *In*: WALD, Arnoldo; JUSTEN FILHO, Marçal; PEREIRA, Cesar Augusto Guimarães (org.). *O direito administrativo na atualidade*: estudos em homenagem ao centenário de Hely Lopes Meirelles (1917-2017). São Paulo: Malheiros, 2017, p. 522.

[519] Aqui seguimos a linha adotada por vários juristas, entre os quais, Paulo Modesto já referenciado. MODESTO, Paulo. Parcerias público-sociais em transformação. *In*: MOTTA,

A Lei de Inovação e seu decreto regulamentador remetem aos instrumentos de outorga em diversas oportunidades. O art. 9º-A da Lei nº 10.973/2004 permite a atribuição de recursos para executar projetos de pesquisa, desenvolvimento e inovação às ICTs ou diretamente aos pesquisadores a elas vinculados, por termo de outorga.

Já o Decreto nº 9.283/2018 traz o termo de outorga em três oportunidades: 1) termo de outorga específico destinado à concessão de subvenção (arts. 20 e 21); 2) termo de outorga genérico utilizado para a concessão de bolsas, de auxílios, de bônus tecnológico e de subvenção econômica (art. 34); 3) termo de outorga de cessão de uso de bem público (arts. 6º, 7º e 8º).

O termo de outorga de cessão de uso de bem público possui atualmente a natureza de outorga em virtude do potencial afastamento de licitação para atribuição desses espaços. Do contrário, o modelo adequado seria o dos instrumentos contratuais, pela presença da licitação e da adjudicação contratual, mitigando a precariedade.

5.2.4 Modalidades de acordos de vontade da Administração do microssistema jurídico da ciência, tecnologia e inovação

5.2.4.1 Acordo de parceria para ciência, tecnologia e inovação

Recentemente, foram legitimados no Direito Administrativo e Constitucional brasileiro os acordos de parcerias para pesquisa, desenvolvimento e inovação. A opção pelo uso do termo *legitimado* é proposital, pois esses ajustes, que na prática já existiam há algum tempo, eram verificados com mais frequência no âmbito de colaboração do setor privado com as universidades na produção de ciência, tecnologia e inovação. Todavia, o respaldo jurídico para esses ajustes era fruto de suas disposições normativas autonômicas decorrentes da autonomia universitária dessas autarquias universitárias, o que fragilizava esses ajustes.

Com a EC nº 85/2015, foi possível sair dessa "zona de penumbra" dos ajustes cooperacionais entre os setores público e privado, pois o constituinte derivado não se omitiu ao constitucionalizar os instrumen-

---

Fabrício; MÂNICA, Fernando Borges; OLIVEIRA, Rafael Arruda (coord.). *Parcerias com o Terceiro Setor*: as inovações da Lei nº 13.019/14. 2. ed. Belo Horizonte: Fórum, 2018, p. 25-26.

tos de cooperação entre ambos, principalmente a partir da inserção do art. 219-A na CF/1988.

Previsto no art. 9º da Lei Federal nº 10.973/2004, o acordo de parceria para ciência, tecnologia e inovação, foi idealizado para servir como alternativa para formalizar arranjos jurídicos ainda não previstos na lei brasileira.[520] Nas palavras de Leopoldo Gomes Muraro, é um instrumento *coringa* de suma importância para possibilitar a criação de ambientes promotores de inovação.[521]

O art. 36, §3º, do Decreto nº 9.283/2018, prescreve que o acordo em questão deve discriminar as obrigações e objetivos de cada partícipe e ajustar os recursos materiais e humanos a serem utilizados para o desenvolvimento das atividades. Além disso, subsidiariamente, permite o repasse financeiro de recursos de entes privados para públicos, aumentando o leque de possibilidades para os ambientes promotores de inovação. Afinal, o incentivo financeiro às atividades voltadas para a inovação é baixo e, ao possibilitar o repasse de recursos de entes privados para públicos, o acordo de parceria estimula essas atividades no país.[522]

Após a constitucionalização da ampla possibilidade de ajustes referentes à ciência, tecnologia e inovação, instituída pelo art. 219-A, houve grande elaboração normativa infraconstitucional, também aplicável à espécie, de maneira que ajustes como estes, atualmente, estão condicionados às legislações especiais decorrentes da EC nº 85/2015: Lei Federal nº 10.973/2004, reformada pela Lei Federal nº 13.243/2016, e regulamentada pelo Decreto Federal nº 9.283/2018.

O art. 9º Lei Federal nº 10.973/2004 é o comando infraconstitucional que autoriza a celebração dos acordos de parceria para pesquisa, desenvolvimento e inovação, ao mesmo tempo em que determina seu objetivo: realizar atividades conjuntas de pesquisa científica e tecnológica e de desenvolvimento de tecnologia, produto, serviço ou processo. Já o Decreto Federal nº 9.283/2018 regulamentou o art. 9º da Lei Federal nº 10.973/2004 nos seus arts. 35 a 37, conceituando o acordo em seu art. 35:

---

[520] Definição regulamentada pelo art. 12, §3º, do Decreto Federal nº 9.283/2018.
[521] SIDOU, J. M. Othon. *Dicionário jurídico*. 3. ed. Rio de Janeiro: Forense, 1995, p. 547.
[522] "Outorga é consentimento, concessão, aprovação, beneplácito. No sentido especificamente jurídico, a outorga vai exigir a intervenção do Poder Executivo Federal (art. 29, I, da Lei 9.433/1997) e dos Poderes Executivos estaduais e do Distrito Federal (art. 30, I, da lei mencionada) para manifestar sua vontade. A regulamentação da lei indicará os critérios gerais de outorga, como estes critérios integrarão as resoluções do Conselho Nacional de Recursos Hídricos". MACHADO, Paulo Affonso Leme. *Direito ambiental brasileiro*. 22. ed. São Paulo: Malheiros, 2012, p. 529.

instrumento jurídico celebrado por ICT com instituições públicas ou privadas para realização de atividades conjuntas de pesquisa científica e tecnológica e de desenvolvimento de tecnologia, produto, serviço ou processo, sem transferência de recursos financeiros públicos para o parceiro privado, observado o disposto no art. 9º da Lei nº 10.973, de 2004.

Roberto Correia da Silva Gomes Caldas e Rubia Carneiro Neves, ao afirmarem que o estímulo à inovação pelo Estado "pode e deve ser viabilizado através da celebração de acordos de parceria",[523] como fruto do modelo da tríplice hélice proposta por H. Etzkowitz[524] (o desenvolvimento de um país é "resultante da ação conjunta de organizações empresárias, instituições de ensino superior e o Estado, nos setores de ciência e tecnologia"[525]), concluem que é responsabilidade do Estado criar um ambiente integrativo entre o setor produtivo e o acadêmico, a fim de fomentar a participação privada nessas pesquisas.[526] Para os autores, a principal vantagem para os pactuantes dos acordos de parceria é a divisão dos riscos e a soma de recursos humanos, técnicos e financeiros em prol da pesquisa.[527]

---

[523] FIGUEIREDO, Lúcia Valle. *Curso de direito administrativo*. 9. ed. São Paulo: Malheiros, 2008, p. 208.

[524] "O Acordo de Parceria para P, D&I serve justamente para possibilitar arranjos jurídicos até então não previstos no ordenamento jurídico brasileiro. Nele, as partes irão discriminar as obrigações que cada uma terá na parceria, apontar os objetivos e metas que se deseja alcançar, além de determinar quais recursos humanos e materiais serão utilizados nas atividades de PD&I". MURARO, Leopoldo Gomes. Instrumentos jurídicos de parceria. *In*: MURARO, Leopoldo Gomes et al. *Marco legal da ciência, tecnologia e inovação no Brasil*. Salvador: Juspodivm, 2020, p. 165.

[525] MURARO, Leopoldo Gomes et al. *Marco legal da ciência, tecnologia e inovação no Brasil*. Salvador: Juspodivm, 2020, p. 164.

[526] [...] "este tipo de norma é direcionado para Entes Federados e suas unidades, em especial para as Agências de Fomento e as ICTs públicas, uma vez que são reguladas pelo Regime Jurídico do Direito Público, regidas por princípios como o da Legalidade e o da Indisponibilidade, e visam dar efetividade a políticas públicas em prol do bem-estar e da cidadania. Para que a Administração Pública possa agir, ela deve estar autorizada para tanto. Assim, o Artigo 219-A da Constituição Federal representa no sistema jurídico brasileiro a norma que autoriza gestores a negociarem propriedade intelectual, compartilharem bens e pessoal e repassarem recursos públicos para parceiros que irão desempenhar alguma atividade relacionada com pesquisa científica, desenvolvimento tecnológico e inovação – PD&I. Nesta norma, encontram-se os elementos essenciais que permitem a servidores agirem, gestores atuarem e órgãos de assessoramento jurídico prepararem tese e instrumentos jurídicos". MURARO, Leopoldo Gomes et al. *Marco legal da ciência, tecnologia e inovação no Brasil*. Salvador: Juspodivm, 2020, p. 145-146.

[527] CALDAS, Roberto Correia da Silva Gomes; NEVES, Rubia Carneiro. Administração pública consensual: uma nova tendência nos acordos de parceria para promover tecnologia e inovação. *Revista de Direito Bancário e do Mercado de Capitais*, São Paulo, v. 57, jul./set. 2012.

Diante disso, é possível identificar duas espécies de acordos de parceria para pesquisa, desenvolvimento e inovação:

1) acordos *sem repasses de recursos*: instrumento jurídico envolvendo instituições públicas e privadas para a realização de atividades conjuntas de pesquisa científica e tecnológica e de desenvolvimento de tecnologia, produto, serviço ou processo para inovação (art. 9º da Lei Federal nº 10.973/2004);
2) acordos *com repasses de recursos privados*: instrumento jurídico utilizado quando houver transferência de recursos financeiros do parceiro privado para o público, facultada a intermediação por fundação de apoio (art. 35, §§6º e 7º, do Decreto Federal nº 9.283/2018).

Importante desmistificar a natureza jurídica dos acordos de parceria para pesquisa, desenvolvimento e inovação, pois a força vinculante resultado do contrato é sempre maior que a dos convênios, o que repercute na própria formatação do ajuste.

Parte da doutrina confere natureza jurídica de convênio a esses acordos. Fábio Augusto Daher Montes entende que "alguns ajustes possuem natureza jurídica de contrato (como financiamento e encomenda tecnológica) e outros possuem natureza jurídica de convênio (como aliança estratégica, termo de outorga e acordo de parceria)".[528] Denis Borges Barbosa o coloca como *convênio de cooperação*.[529] Já Nizete Lacerda Araújo, Bráulio Madureira Guerra, Laura Camisassa R. Lobato e Maria de Lourdes Rosa Doyle argumentam que "a expressão 'acordo de parceria' configura um instrumento próximo da figura do convênio, acordo ou ajuste, nos termos do art. 116 da Lei nº 8.666/93".[530]

---

[528] ETZKOWITZ, H. Academic-industry relations: a sociological paradigm for economic development. *In*: LEYDERSDORFF, L.; VAN DEN BESSLAAR, P. *Evolutionary economics and chaos theory*: new directions in technology studies. London: Pinter, 1994, p. 141.

[529] ETZKOWITZ, H. Academic-industry relations: a sociological paradigm for economic development. *In*: LEYDERSDORFF, L.; VAN DEN BESSLAAR, P. *Evolutionary economics and chaos theory*: new directions in technology studies. London: Pinter, 1994, p. 141.

[530] "é responsabilidade do Estado promover a integração entre o setor produtivo e o acadêmico, mediante acordos de parceria que criem um ambiente favorável à participação de organizações empresariais em atividades de pesquisa, realizadas primordialmente em departamentos do setor produtivo e nas instituições de ensino superior (públicas e privadas), em verdadeiro mutualismo". CALDAS, Roberto Correia da Silva Gomes; NEVES, Rubia Carneiro. Administração pública consensual: uma nova tendência nos acordos de parceria para promover tecnologia e inovação. *Revista de Direito Bancário e do Mercado de Capitais*, São Paulo, v. 57, jul./set. 2012.

Outra parte da doutrina confere natureza jurídica *sui generis* aos acordos de parceria para pesquisa, desenvolvimento e inovação, a exemplo de Rodrigo Goulart de Freitas Pombo:

> O Acordo de Parceria se aproxima da figura do convênio, nos termos tradicionalmente propugnados pela doutrina, por ter natureza associativa, não implicar em remuneração dos parceiros e buscar um fim comum. Mas a comunhão de interesses se aplica à etapa de pesquisa e desenvolvimento, já que a repartição dos direitos de propriedade intelectual e dos resultados envolve uma contraposição evidente desses interesses. Assemelha-se ao convênio do art. 116 da Lei 8.666/1993 e a algumas figuras da Lei 13.019/2014 (art. 2º, inc. VIII-A) por envolver uma forma de parceria e não autorizar a transferência de recursos financeiros do parceiro público ao parceiro privado. Por outro lado, apresenta certa semelhança com a noção de "contrato" por visar, em última análise, à ampliação do patrimônio das partes, que atuam de modo interessado em colher os benefícios (inclusive econômicos) que podem resultar do acordo. Ademais, é evidente que há contratos qua não envolvem necessariamente a contraposição de interesses ente as partes, mas sim, uma confluência de interesses. Portanto, é problemático enquadrar a natureza jurídica do acordo de parceria considerando a distinção que se costuma fazer entre convênio e contrato [...] Portanto, o acordo de parceria não tem correspondência precisa e exata com a figura do convênio. Eventualmente, pode-se afirmar que o acordo de parceria é uma espécie do gênero convênio, tal como ocorre em relação a diversas outras figuras. Mas é indispensável reconhecer que se trata de uma figura dotada de disciplina jurídica própria, com contornos definidos na Lei de Inovação e no seu Decreto regulamentador.[531]

Já Juliana Laura Bruna Viegas atribui a natureza de consórcio aos acordos de parceria para PD&I quando no outro polo estiver uma empresa privada:

> Um nível superior de envolvimento é o da formação de uma parceria entre ICTs e empresas privadas, conforme previsto no art. 9º da Lei de Inovação. Nesta hipótese, ao contrário, a Lei da Inovação exige que seja

---

[531] "A principal vantagem para os pactuantes do Acordo de Parceria é a união de recursos técnicos, humanos e financeiros para maximizar as chances de sucesso da pesquisa, bem como a divisão dos riscos do negócio e dos custos, sendo estes últimos os que se apresentam como uma constante elevada tanto para os departamentos de Pesquisa e Desenvolvimento (P e D) das indústrias, como da pesquisa acadêmica". CALDAS, Roberto Correia da Silva Gomes; NEVES, Rubia Carneiro. Administração pública consensual: uma nova tendência nos acordos de parceria para promover tecnologia e inovação. *Revista de Direito Bancário e do Mercado de Capitais*, São Paulo, v. 57, jul./set. 2012.

definida em contrato a alocação não só da titularidade da propriedade intelectual gerada pela pesquisa, mas também da participação nos resultados da exploração dos bens resultantes dessa parceria (§§2º e 3º do art. 9º da Lei da Inovação). Esta divisão de propriedade e de resultados financeiros da exploração deverá manter proporção (a) com o montante do valor agregado do conhecimento já existente, em cada uma das partes contratuais, no início da parceria, e (b) com o valor dos recursos humanos, financeiros e materiais aportados pelas partes. Os recursos humanos, financeiros e materiais trazidos pelas partes após o início do programa de pesquisa parecem relativamente fáceis de avaliar, mas o valor do conhecimento preexistente em cada uma das partes não é de fácil determinação. Esta exigência legal obriga as partes de um contrato de parceria a avaliarem, antes da assinatura do contrato, a tecnologia e os conhecimentos relevantes à pesquisa a ser iniciada, que serão aportados pelas partes. Esse aporte não se confunde com aporte de capital, pois nesta alternativa não se forma uma sociedade entre as partes, mas simples "parceria", cuja natureza jurídica pode ser comparada à de um consórcio.[532]

Embora seja aceitável do ponto de vista jurídico essa última corrente, até porque não possui contradição com a segunda, mais genérica, tudo leva a crer que, devido a essas peculiaridades, é mais sensato aceitar que os acordos de parceria para PD&I possuem uma natureza *sui generis*. Isto pois é verdade que eles dependem de uma concertação entre os agentes envolvidos, possuem regras próprias (arts. 35 a 37 do Decreto Federal nº 9.283/2018), com um certo grau de liberdade contratual típica da autonomia privada, o que só é permitido em decorrência da necessidade de fuga para o Direito Privado[533] em prol do desenvolvimento econômico propiciado pela inovação. Deve-se pautar nas lições de Sebastián Martín-Retortillo, para quem "o ordenamento jurídico administrativo tende a se autointegrar, e o direito privado só se aplicará quando aquele reclamar de modo expresso".[534]

---

[532] MONTES, Fábio Augusto Daher. Quais as oportunidades trazidas pelo Decreto Federal de Inovação para a modelagem de convênios na área de CT&I? *In*: SANTOS, Fabio Gomes dos; BABINSKI, Daniel Bernardes de Oliveira (org.). *Cadernos de Direito e Inovação*: Decreto Federal de Inovação – novas oportunidades. São Paulo: Grupo de Direito e Inovação do NAP-OIC (*e-book*), 2019, p. 18.

[533] BARBOSA, Denis Borges. *Direito da inovação*: comentários à lei federal de inovação, incentivos fiscais à inovação, legislação estadual e local, poder de compra do estado (modificações à lei de licitações). 2. ed. Rio de Janeiro: Lumen Juris, 2011, p. 108-110; 340.

[534] ARAÚJO, Nizete Lacerda; GUERRA, Bráulio Madureira; LOBATO, Laura Camisassa R.; DOYLE, Maria de Lourdes Rosa. *Marco legal da inovação*: breves comentários. Rio de Janeiro: Lumen Juris, 2018, p. 17.

Em algumas passagens, o Decreto Federal nº 9.283/2018, ao disciplinar os acordos de parceria para PD&I, remete à aplicação de regras comuns do Direito Privado, conforme observado na sequência:

- o art. 35, §6º, do Decreto Federal nº 9.283/2018 determina que o recebimento de recursos da iniciativa privada poderá ocorrer por intermédio de fundação de apoio, superando o princípio da unidade de caixa previsto no art. 56 da Lei Federal nº 4.320/1964;
- quando houver intermediação por fundações de apoio, a prestação de contas poderá ser disciplinada nos acordos de parceria para PD&I (art. 35, §8º), suprimindo as exigências previstas no art. 48 da Lei de Responsabilidade Fiscal;
- o art. 36 dispensa expressamente qualquer processo competitivo de seleção dos interessados para sua celebração;
- o art. 37 permite ampla negociação para se definir a titularidade da propriedade intelectual e da participação nos resultados da exploração das criações resultantes da parceria, visando assegurar aos parceiros o direito à exploração, ao licenciamento e à transferência de tecnologia. Permite, inclusive, às ICTs públicas cederem ao parceiro privado a totalidade dos direitos de propriedade intelectual mediante compensação financeira ou não financeira, desde que economicamente mensurável, inclusive quanto ao licenciamento da criação à Administração Pública sem o pagamento de *royalty* ou de outro tipo de remuneração.

Esse quadro é o que delineou Sebastián Martín-Retortillo ao se referir à privatização da Administração de forma ampla:

> O tema da chamada *privatização* da Administração está, certamente, na moda. Referido em seu sentido próprio, expressa as transferências de ativos patrimoniais do setor púbico ao privado. Em outra perspectiva, sem embargo, refere-se também ao fato de que funções e atribuições de inequívoco caráter público vão ser exercidas pela Administração observando procedimentos jurídico-privados, ou serão encaminhadas a organizações privadas que, naturalmente, as realizarão de acordo com os mesmos procedimentos.[535]

---

[535] POMBO, Rodrigo Goulart de Freitas. *Contratos públicos na Lei de Inovação*. Rio de Janeiro: Lumen Juris, 2020, p. 103-104. Segundo Jorge Mario Campagnolo e Sérgio R. Knorr Velho,

5.2.4.2 Contrato de licenciamento exclusivo e não exclusivo

O contrato de licença é um acordo que concede permissão para uma ou mais pessoas utilizarem e explorarem a propriedade intelectual de uma instituição científica e tecnológica (ICT) pública. Nesse contrato, a ICT continua sendo a proprietária da tecnologia, mas permite que outros façam uso dela e possam explorá-la tanto em atividades científicas quanto comerciais e industriais.[536]

Segundo Carlos Octavio Mitelman, "o contrato de licença é aquele mediante o qual uma parte que é titular de um direito de propriedade intelectual (licenciante) autoriza a um terceiro (licenciatário) a exploração pacífica do bem imaterial tutelado por tal direito (marca, invento, modelo industrial, etc.)".[537]

A respeito das espécies de licenciamento, João da Gama Cerqueira esclarece: "a licença pode ser concedida a título *exclusivo*, para todo o território do país, ou *sem exclusividade*, caso em que ao titular da patente é lícito explorar também a invenção e conceder licenças múltiplas, limitadas, ou não, a certas zonas do território".[538]

A licença também pode ser total ou parcial. No primeiro caso, possibilita ao licenciado explorar a patente integralmente, incluindo fabricação, uso, venda em todo o território no qual se encontra circunscrito o direito de exclusividade e durante todo o tempo correspondente ao licenciamento. Já a licença parcial impõe limites ao uso da patente

---

o novo marco legal definiu três instrumentos jurídicos de parceria específicos para a área de ciência, tecnologia e inovação, além de estabelecer os procedimentos a serem observados para sua utilização. Ao criar um regime próprio para esse tipo de parceria, deixa-se de aplicar para essas modalidades as normas usualmente usadas em convênios e outros tipos de cooperação administrativa, que seguem um regime mais engessado. CAMPAGNOLO, Jorge Mario; VELHO, Sérgio R. Knorr. Marco legal de ciência, tecnologia e inovação. *In*: BARBALHO, Sanderson César Macêdo; MEDEIROS, Juliana Corrêa Crepalde; QUINTELA, Cristina M. (org.). *O marco legal de ciência, tecnologia e inovação (CT&I) e seu potencial impacto na inovação no Brasil*. Curitiba: CRV, 2019, p. 143.

[536] VIEGAS, Juliana Laura Bruna. Contratos de pesquisa e contratos de franquia. *In*: SANTOS, Manoel J. Pereira dos; JABUR, Wilson Pinheiro (coord.). *Contratos de propriedade industrial e novas tecnologias*. São Paulo: Saraiva, 2007, p. 211-212.

[537] ESTORNINHO, Maria João. *A fuga para o direito privado*: contributo para o estudo da actividade de direito privado da Administração Pública. Coimbra: Almedina, 2009.

[538] "*El ordenamiento jurídico-administrativo tiende también a autointegrarse, y el Derecho privado sólo se aplicará cuando aquél lo reclame de modo expreso*". MARTÍN-RETORTILLO, Sebastián. Reflexiones sobre la "huida" del derecho administrativo. *Revista de Administración Pública*, n. 140, p. 27, maio/ago. 1996. Disponível em: https://dialnet.unirioja.es/servlet/articulo?codigo=17310. Acesso em: 1 set. 2023.

quanto à sua exploração a uma ou mais etapas (fabricação, distribuição, comercialização ou importação e exportação da invenção).[539]

A concessão de uma licença pode envolver o direito de utilizar completamente uma invenção ou apenas algumas de suas partes, desde que sejam separáveis. Essa licença pode abranger todos os direitos resultantes da patente, como fabricação, venda, exportação, seja para fins comerciais ou para uso industrial pelo licenciado.[540]

Um contrato de licença permite diversas formas de atos jurídicos. O titular da patente pode impor restrições ao licenciado, como proibir modificações no produto, estabelecer limites de produção e preços, e definir a forma de explorar a invenção. Em licenças exclusivas, é essencial estabelecer um mínimo de produção para evitar a perda da patente por falta de exploração.

5.2.4.3 Transferência de tecnologia

Denis Borges Barbosa apresenta a transferência de tecnologia como "um processo de comercialização de um bem que se constitui em fator cognitivo da atividade empresarial"[541] e enfatiza: "só há transferência de tecnologia se há propriedade da tecnologia que se define como mercadoria".[542]

Todavia, Juliana Laura Bruna Viegas afirma que, no Brasil, o termo "transferência de tecnologia" foi adotado de forma muito genérica, comportando "o licenciamento de uso de marcas, o licenciamento de exploração de patentes, o fornecimento de tecnologia propriamente dito, os serviços de assistência técnica e científica e os contratos de franquia".[543]

---

[539] MITELMAN, Carlos Octavio. *Tratado de la propiedad industrial*, t. 3: invenciones y otras innovaciones. Ciudad Autónoma de Buenos Aires: Albremática, 2021, p. 385.

[540] CERQUEIRA, João da Gama. *Tratado da propriedade industrial*. v. II. Rio de Janeiro: Lumen Juris, 2010, p. 173.

[541] BARBOSA, Denis Borges. *O comércio de tecnologia*: aspectos jurídicos – transferência, licença e know-how. Disponível em: http://w2.iffarroupilha.edu.br/site/midias/arquivos/20112291525572810_comercio_de_tecnologias.pdf. Acesso em: 30 maio 2023.

[542] BARBOSA, Denis Borges. *O comércio de tecnologia*: aspectos jurídicos – transferência, licença e know-how. Disponível em: http://w2.iffarroupilha.edu.br/site/midias/arquivos/20112291525572810_comercio_de_tecnologias.pdf. Acesso em: 30 maio 2023.

[543] "*El tema de la llamada privatización de la Administración está, ciertamente, de moda. Referido en su sentido propio, expresa las transferencias de activos patrimoniales del sector público al sector privado. Desde perspectivas distintas, sin embargo, va a referirse también al hecho de que funciones y cometidos de inequívoco carácter público van a ser ejercidos por la Administración conforme a procedimientos jurídico-privados, o van a remitirse a organizaciones de carácter privado que, naturalmente, los desempeñan conforme a esos mismos procedimientos*". MARTÍN-RETORTILLO, Sebastián. Reflexiones sobre la "huida" del derecho administrativo. *Revista de Administración*

Já André R. C. Fontes a conceitua como "a transferência de conhecimento técnico e científico entre a sua formação e o seu emprego, em uma dada reunião de fatores de produção, mediante negócio sujeito às condições legais".[544] O conhecimento científico a ser transferido consiste nos resultados das pesquisas e investigações científicas realizadas por empresas e ICTs, permitindo que esse conhecimento se transforme em novos produtos ou serviços a serem colocados à disposição do mercado.

Há cinco meios de se viabilizar a transferência de tecnologia: (1) acordos de licenças (*know-how*, patentes); (2) investimentos diretos, usualmente por meio de *joint-ventures* ou constituição de subsidiárias no exterior; (3) exportação de produtos que possuam tecnologias a eles incorporadas, notadamente bens de produção; (4) projetos internacionais de P&D, entre estatais ou empresas privadas; e (5) grandes contratos internacionais de tecnologia, como ocorre, por exemplo, nas atividades aeroespaciais.[545]

No Direito brasileiro, o art. 2º, §1º, da Lei nº 10.168/2000 conceituou os contratos de transferência de tecnologia como "os relativos à exploração de patentes ou de uso de marcas e os de fornecimento de tecnologia e prestação de assistência técnica". Todavia, ressalta-se a existência de impropriedade dessa definição trazida pela norma ao transmitir a impressão de que os contratos de fornecimento de tecnologia e de assistência técnica teriam naturezas distintas, quando, na verdade, representam espécie dos contratos de aquisição de conhecimentos tecnológicos. Ainda que, eventualmente, o legislador tenha desejado circundar essas duas espécies apenas, acabou sendo infeliz.

Luciano Benetti Tim[546] apresenta uma classificação bipartida dos contratos de transferência de tecnologia: (1) contratos referentes à propriedade industrial (licenças e cessões de marcas e patentes registradas

---

Pública, n. 140, p. 34, maio/ago. 1996. Disponível em: https://dialnet.unirioja.es/servlet/articulo?codigo=17310. Acesso em: 1 set. 2023.

[544] "O contrato de licença autoriza o uso e a exploração da propriedade intelectual da ICT pública por uma ou várias pessoas, mantendo-se a ICT como dona da tecnologia, mas permitindo que outros a use e explore tanto em atividades científicas como em comerciais e industriais". MURARO, Leopoldo Gomes. Transferência e difusão de tecnologia. *In*: PORTELA, Bruno Monteiro; BARBOSA, Caio Márcio Melo; MURARO, Leopoldo Gomes; DUBEUX, Rafael. *Marco legal de ciência, tecnologia e inovação no Brasil*. Salvador: Juspodivm, 2019, p. 334.

[545] "El contrato de licencia es aquel mediante el cual una parte que es titular de un derecho de propiedad industrial (licenciante) autoriza a un tercero (licenciatio) la explotación pacífica del bien inmaterial tutelado por tal derecho (marca, invento, modelo industrial, etc.)". MITELMAN, Carlos Octavio. *Tratado de la propiedad industrial*, t. 3: invenciones y otras innovaciones. Ciudad Autónoma de Buenos Aires: Albremática, 2021, p. 383.

[546] CERQUEIRA, João da Gama. *Tratado da propriedade industrial*. v. II. Rio de Janeiro: Lumen Juris, 2010, p. 173.

no Instituto Nacional de Propriedade Industrial /INPI); (2) contratos sem propriedade industrial (como de franquias, de *know-how*, de engenharia e de prestação de assistência técnica). Havendo propriedade industrial registrada no INPI, o contrato que implique sua transferência também deverá ser averbado no INPI, ou seja, "é *intra legem* a sujeição dos negócios dessa natureza".[547]

Cada um desses contratos tem uma estrutura própria com objetivos específicos, mas sempre envolvendo "transferência de um conhecimento (registrado ou não em algum órgão patentário) passível de aplicação empresarial e de exploração comercial".[548] Como regra, a remuneração nesses ajustes ocorre através de *royalties* percentuais ou fixos, com duração nunca superior ao prazo de vigência das patentes para os que a possuem. No caso de *know-how*, a práxis do INPI é recomendar cinco anos de duração máxima.

Destaque-se ainda que a doutrina majoritária pondera pela natureza de cessão e não de licenciamento do contrato de fornecimento de tecnologia quando não estiver patenteada, implicando transmissão definitiva de um direito de utilização e não a sua transferência por prazo determinado, o que equivaleria a uma compra e venda do conhecimento técnico cedido, elemento caracterizador desses contratos.[549]

O INPI[550] lista as principais modalidades de contratos de transferência de tecnologia, dentre eles, os mais comuns: a) licença de uso de marca; b) cessão de marca; c) licença para exploração de patentes; d) cessão de patente; e) licença para exploração de desenho industrial; f) cessão de desenho industrial; g) licença compulsória de patente; h) fornecimento de tecnologia; i) prestação de serviços de assistência técnica e científica; e j) franquia.

A definição de cada uma dessas modalidades, o objeto, a forma de remuneração e o prazo constam no *site* do INPI,[551] no qual a partir delas apresentamos os quadros a seguir:

---

[547] MITELMAN, Carlos Octavio. *Tratado de la propiedad industrial*, t. 3: invenciones y otras innovaciones. Ciudad Autónoma de Buenos Aires: Albremática, 2021, p. 385.
[548] CERQUEIRA, João da Gama. *Tratado da propriedade industrial*. v. II. Rio de Janeiro: Lumen Juris, 2010, p. 173.
[549] BARBOSA, Denis Borges. *O comércio de tecnologia*: aspectos jurídicos – transferência, licença e *know-how*. Disponível em: http://w2.iffarroupilha.edu.br/site/midias/arquivos/20112291525572810_comercio_de_tecnologias.pdf. Acesso em: 30 maio 2023.
[550] BARBOSA, Denis Borges. *O comércio de tecnologia*: aspectos jurídicos – transferência, licença e *know-how*. Disponível em: http://w2.iffarroupilha.edu.br/site/midias/arquivos/20112291525572810_comercio_de_tecnologias.pdf. Acesso em: 30 maio 2023.
[551] VIEGAS, Juliana Laura Bruna. Aspectos legais da contratação na área da propriedade industrial. *In*: SANTOS, Manoel J. Pereira dos; JABUR, Wilson Pinheiro (coord.). *Contratos de propriedade industrial e novas tecnologias*. São Paulo: Saraiva, 2007, p. 11.

a) Licença de uso de marca	
Definição	O contrato de licença de uso da marca se destina a autorizar o uso efetivo, por terceiros, de marca regularmente depositada ou registrada no INPI, devendo respeitar o disposto nos artigos 139, 140 e 141 da Lei nº 9.279/96 (LPI).
Objeto	Os contratos de licença de uso de marca deverão indicar o número da marca registrada ou do pedido de registro da marca depositado no INPI, as condições relacionadas à exclusividade ou não da licença e se existe permissão para sublicenciar a marca.
Remuneração	Nos contratos que envolvem marcas as formas de pagamento negociadas são percentual incidente sobre o preço líquido de venda dos produtos ou receita líquida auferida pelos serviços objeto do contrato; valor fixo por unidade vendida ou valor fixo. A remuneração só é possível pelo registro da marca expedida pelo INPI. Os pedidos de marcas não farão jus à remuneração. Quando o pedido virar registro, o requerente deverá solicitar ao INPI alteração do certificado de averbação, e a remuneração irá retroagir à data de publicação do deferimento do registro da marca na Revista da Propriedade Industrial (RPI).
Prazo	O prazo da licença não poderá ultrapassar o prazo de vigência das marcas registradas que serão licenciadas. O contrato e/ou aditivo deverá estar vigente no momento da apresentação do requerimento de averbação ao INPI. O acordo é passível de prorrogação por meio de aditivo contratual, assinado pelas partes dentro da vigência do contrato. O aditivo deverá ser apresentado antes da expiração do prazo do contrato no certificado de averbação. Caso o contrato tenha cláusula de prorrogação automática do prazo, a solicitação deve ser protocolada por meio de petição de alteração de certificado de averbação, ainda na vigência do prazo do certificado de averbação, e preferencialmente com apresentação de carta explicativa com a descrição do que está sendo solicitado.

b) Cessão de marca	
Definição	Contratos que objetivam a cessão de marca registrada ou do pedido de registro depositado no INPI, implicando a transferência de titularidade, devendo respeitar o disposto nos artigos 134 a 138 da Lei nº 9.279/96 (LPI). Para requerer a averbação de um contrato de cessão de marca, é necessário que a marca esteja regularmente depositada ou registrada no INPI e, ainda, que o titular tenha solicitado à Diretoria de Marcas, Desenho Industrial e Indicações Geográficas a transferência de titularidade do pedido de registro depositado ou da marca registrada. O número da petição de transferência de titularidade no INPI pode ser informado na carta explicativa do requerimento de averbação.

b) Cessão de marca	
Objeto	Os contratos de cessão de marca deverão indicar o número da marca registrada ou do pedido de registro depositado no INPI.
Remuneração	A remuneração do contrato de cessão de pedido de registro da marca e de marca registrada é estabelecida por valor fixo, conforme negociação entre as partes do contrato.
Prazo	Os contratos são averbados pelo prazo declarado no contrato.

c) Licença para exploração de patentes	
Definição	Contratos que objetivam a licença para exploração da patente ou do pedido de patente depositado no INPI pelo titular da patente ou pelo depositante, devendo respeitar o disposto nos artigos 61, 62 e 63 da Lei n° 9.279/96 (LPI).
Objeto	Os contratos de licença de patente deverão indicar o número do pedido ou da patente depositada ou concedida pelo INPI, o título da patente, as condições relacionadas à exclusividade ou não da licença e permissão para sublicenciar a patente.
Remuneração	Nos contratos que envolvem patentes as formas de pagamento negociadas são percentual incidente sobre o preço líquido de venda dos produtos objeto do contrato; valor fixo por unidade vendida ou valor fixo. Os pedidos de patentes ainda não concedidos terão a remuneração suspensa até a concessão da patente. Quando a patente for concedida, a empresa deverá solicitar ao INPI alteração do certificado de averbação, retroagindo a remuneração à data do início do prazo do contrato ou do aditivo no INPI.
Prazo	O prazo da licença não poderá ultrapassar o prazo de vigência das patentes que serão licenciadas. O contrato e/ou aditivo deverá estar vigente no momento da apresentação do requerimento de averbação ao INPI. O acordo é passível de prorrogação por meio de aditivo contratual, assinado pelas partes dentro da vigência do contrato. O aditivo deverá ser apresentado antes da expiração do prazo do contrato no certificado de averbação. Caso o contrato tenha cláusula de prorrogação automática do prazo, a solicitação deve ser protocolada por meio de petição de alteração de certificado de averbação, ainda na vigência do prazo do certificado de averbação, e preferencialmente com apresentação de carta explicativa com a descrição do que está sendo solicitado.

d) Cessão de patente	
Definição	Contratos que objetivam a cessão da patente ou do pedido de patente depositado no INPI, implicando na transferência de titularidade, devendo respeitar o disposto nos artigos 58 e 59 da Lei n° 9.279/96 (LPI).

d) Cessão de patente	
Definição	Para requerer a averbação de um contrato de cessão de patente é necessário que a patente esteja regularmente depositada ou concedida pelo INPI, e ainda, que o titular tenha solicitado à Diretoria de Patentes, Programas de Computador e Topografia de Circuitos Integrados a transferência de titularidade da patente ou do pedido de patente. O número da petição de transferência de titularidade no INPI pode ser informado na carta explicativa do requerimento de averbação.
Objeto	Os contratos de cessão de patente deverão indicar o número e o título da patente ou do pedido de patente depositado no INPI.
Remuneração	A remuneração do contrato de cessão do pedido de patente e de patente é estabelecida por valor fixo, conforme negociação entre as partes do contrato.
Prazo	Os contratos são averbados pelo prazo declarado no contrato.

e) Licença para exploração de desenho industrial	
Definição	Contratos que objetivam a licença de exploração de desenho industrial registrado e/ou pedido depositado no INPI, devendo respeitar o disposto no artigo 121 da Lei nº 9.279/96 (LPI).
Objeto	Os contratos de licença de desenho industrial deverão indicar o número do pedido ou do registro do desenho industrial, as condições relacionadas à exclusividade ou não da licença e permissão para sublicenciar o desenho industrial.
Remuneração	Nos contratos que envolvem desenho industrial as formas de pagamento usualmente negociadas são percentual incidente sobre o preço líquido de venda dos produtos objeto do contrato e valor fixo por unidade vendida. Os pedidos de desenho industrial terão a remuneração suspensa até o registro do desenho industrial. Quando o desenho industrial for registrado, a empresa deverá solicitar ao INPI alteração do certificado de averbação, retroagindo a remuneração à data do início do prazo do contrato ou do aditivo no INPI.
Prazo	Os contratos são registrados no máximo pelo prazo de vigência dos registros de desenho industrial que serão licenciados. O contrato e/ou aditivo deverá estar vigente no momento da apresentação do requerimento de averbação ao INPI. O acordo é passível de prorrogação por meio de aditivo contratual, assinado pelas partes dentro da vigência do contrato. O aditivo deverá ser apresentado antes da expiração do prazo do contrato no certificado de averbação. Caso o contrato tenha cláusula de prorrogação automática do prazo, a solicitação deve ser protocolada por meio de petição de alteração de certificado de averbação, ainda na vigência do prazo do certificado de registro, e preferencialmente com apresentação de carta explicativa com a descrição do que está sendo solicitado.

f) Cessão de desenho industrial	
Definição	Contratos que objetivam a cessão do desenho industrial ou do pedido de desenho industrial depositado no INPI, implicando a transferência de titularidade, devendo respeitar o disposto no artigo 121 da Lei nº 9.279/96 (LPI). Para requerer a averbação de um contrato de cessão de desenho industrial, é necessário que o desenho industrial esteja regularmente depositado ou registrado pelo INPI e, ainda, que o titular tenha solicitado à Diretoria de Marcas, Desenho Industrial e Indicações Geográficas a transferência de titularidade do desenho industrial. O número da petição de transferência de titularidade no INPI pode ser informado na carta explicativa do requerimento de averbação.
Objeto	Os contratos de cessão de desenho industrial deverão indicar o número do pedido ou do registro do desenho industrial no INPI.
Remuneração	A remuneração do contrato de cessão do pedido de desenho industrial e de desenho industrial é estabelecida por valor fixo, conforme negociação entre as partes do contrato.
Prazo	Os contratos são averbados pelo prazo declarado no contrato.

g) Licença compulsória de patente	
Definição	Licença compulsória é a exploração efetiva, por terceiros, do objeto de patente regularmente concedida pelo INPI, identificando direito de propriedade industrial, devendo respeitar o disposto nos artigos 68 a 74 da Lei nº 9.279/1996 (LPI), além do Decreto nº 3.201, de 06.10.1999, e do Decreto nº 4.830, de 04.09.2003. O titular ficará sujeito a ter a patente licenciada compulsoriamente, entre outras razões elencadas no art. 68 da Lei nº 9.279/96, devido à não exploração do objeto da patente no território brasileiro por falta de fabricação ou fabricação incompleta do produto. A licença compulsória somente será requerida depois de decorridos três anos da concessão da patente. Esta licença somente poderá ser requerida por pessoa com legítimo interesse e que tenha capacidade técnica e econômica para realizar a exploração eficiente do objeto da patente e/ou pedido de patente. A licença compulsória poderá ser apresentada de duas formas: a) licenças de interesse privado podem ser apresentadas por abuso de direito ou por abuso de poder econômico; b) licenças de interesse público têm como finalidade atender situações de emergência nacional ou de interesse público, desde que o titular da patente ou seu licenciado não atenda a essa necessidade. Poderá ser concedida de ofício licença compulsória para exploração da patente, temporária e não exclusiva, sem prejuízo dos direitos do respectivo titular.
Objeto	O pedido de licença compulsória de patente indicará o número e o título da patente, ou do pedido de patente em caso de licença de interesse público, e as condições relacionadas com a exploração do privilégio. As licenças compulsórias serão sempre concedidas sem exclusividade, não se admitindo o sublicenciamento.

g) Licença compulsória de patente	
Remuneração	As remunerações mais usuais são percentual sobre o preço líquido de venda, valor fixo por unidade vendida; assistência técnica, individualizando técnicos e indicando diárias.
Prazo	Os contratos são averbados no máximo pelo prazo de vigência das patentes que serão licenciadas. O licenciado deverá iniciar a exploração do objeto da patente no prazo de um ano da concessão da licença, admitida a interrupção por igual período, salvo razões legítimas. O titular poderá requerer a cassação da licença quando não cumprido tal prazo.

h) Fornecimento de tecnologia	
Definição	O contrato de fornecimento de tecnologia tem por finalidade a aquisição de conhecimentos e de técnicas não amparados por direitos de propriedade industrial concedidos ou depositados no Brasil, e o contrato deve compreender o conjunto de informações e dados técnicos para permitir a fabricação dos produtos e/ou processos.
Objeto	Os contratos deverão conter uma identificação dos produtos e/ou processos ou serviços no setor de atividade econômica definido no objeto social da empresa cessionária, bem como a tecnologia e conhecimentos tácitos e explícitos a serem adquiridos pela empresa cessionária.
Remuneração	As remunerações e as formas de pagamento são estabelecidas de acordo com a negociação contratual, usualmente apurada com base em porcentagem incidente sobre o preço líquido de venda do produto resultante da aplicação da tecnologia; ou valor fixo por unidade vendida ou valor fixo. Caso haja pagamento adicional pela assistência técnica prestada, o contrato deverá indicar o número de técnicos envolvidos e determinar suas respectivas diárias.
Prazo	Os contratos são registrados pelo prazo declarado do contrato. O contrato e/ou aditivo deverá estar vigente no momento da apresentação do requerimento de registro ao INPI. O acordo é passível de prorrogação por meio de aditivo contratual, assinado pelas partes dentro da vigência do contrato. O aditivo deverá ser apresentado antes da expiração do prazo do contrato no certificado de registro. Além disso, é necessário demonstrar a capacitação da adquirente e a obtenção de resultados reais derivados da incorporação da tecnologia. Caso o contrato tenha cláusula de prorrogação automática do prazo, o requerente deve protocolar por meio de petição de alteração de certificado de registro, ainda na vigência do prazo do certificado de registro, e preferencialmente com apresentação de carta explicativa com a descrição do que está sendo solicitado.

i) Prestação de serviços de assistência técnica e científica	
Definição	Contratos ou faturas de prestação de serviços de assistência técnica que estipulam as condições de obtenção de técnicas, métodos de planejamento e programação, bem como pesquisas, estudos e projetos destinados à execução ou prestação de serviços especializados quando relacionados à atividade-fim da empresa, assim como os serviços prestados em equipamentos e/ou máquinas no exterior, quando acompanhados por técnico brasileiro e/ou gerarem qualquer tipo de documento, como, por exemplo, relatório. Por não caracterizarem transferência de tecnologia, nos termos do art. 211 da Lei nº 9.279/96, alguns serviços técnicos também são dispensados de registro pelo INPI. Os contratos de prestação de serviços de assistência técnica e científica que impliquem transferência de tecnologia entre partes domiciliadas no Brasil são passíveis de registro no INPI. Os contratos de exportação de serviços de assistência técnica e científica são dispensados de registro no INPI.
Objeto	O objeto do contrato e da fatura de prestação de assistência técnica e científica deverá estar relacionado com o escopo de serviços que impliquem transferência de tecnologia, por envolverem a transmissão direta de conhecimentos e informações técnicas. O objeto da contratação deverá ser detalhado com clareza, definindo os serviços que serão executados.
Remuneração	Nesses contratos é necessária a explicitação do custo em função do número de técnicos estrangeiros, as qualificações dos técnicos; o número de horas/dias trabalhados por cada técnico, o valor das diárias (taxa/hora ou dia) detalhado por tipo de técnico e o valor total da prestação do serviço, ainda que estimado.
Prazo	Os contratos são registrados pelo prazo previsto para a realização do serviço ou pelo período de realização dos serviços, de acordo com o contrato. O acordo é passível de prorrogação por meio de aditivo contratual, assinado pelas partes dentro da vigência do contrato. O aditivo deverá ser apresentado antes da expiração do prazo declarado do contrato no certificado de registro. Em casos de aditivos que alterem o valor do contrato, é necessário apresentar o detalhamento do valor adicional, ainda que estimado, em função do número de técnicos, suas qualificações, o número de horas/dias trabalhados por cada técnico, o valor das diárias e o valor total, além de informar os valores já remetidos. Caso o contrato tenha cláusula de prorrogação automática do prazo, a solicitação deve ser protocolada por meio de petição de alteração de certificado de registro, ainda na vigência do prazo do certificado de registro, e com apresentação de carta explicativa com a descrição do que está sendo solicitado.

j) Franquia	
Definição	Contratos que se destinam à concessão temporária de modelo de negócio que envolva uso de marcas e/ou exploração de patentes, prestação de serviços de assistência técnica, combinadamente ou não, com qualquer outra modalidade de transferência de tecnologia necessária à consecução de seu objetivo. Esses contratos deverão indicar o(s) número(s) do(s) pedido(s) e/ou registro(s) dos direitos de propriedade industrial depositados no INPI, a descrição detalhada da franquia e a descrição geral do negócio, devendo ainda ser apresentada a Circular de Oferta de Franquia (COF) ou declaração de recebimento da Circular de Oferta de Franquia, nos termos da Lei nº 13.966/19 (Lei de Franquia). A circular de oferta, dentre outros aspectos citados na Lei de Franquia, deve conter, obrigatoriamente, as seguintes informações: histórico resumido da empresa; balanços e demonstrativos financeiros da empresa; perfil do franqueado "ideal"; situação perante o INPI das marcas e patentes envolvidas. A circular deverá ser entregue ao franqueado dez dias antes da assinatura do contrato. O contrato de máster franquia compreende a concessão de direito à empresa franqueada de subfranquear o sistema de franquia em áreas específicas. O contrato de subfranquia compreende as autorizações concedidas pelo franqueador a um subfranqueador para formalizar um contrato de subfranquia.
Objeto	Os contratos deverão relacionar os pedidos depositados ou marcas registradas e/ou os pedidos depositados ou patentes concedidas pelo INPI, as condições de exclusividade e subfranqueamento, se haverá prestação de serviços, bem como outros aspectos julgados necessários.
Remuneração	A remuneração dos contratos estipula usualmente taxa de franquia (valor fixo pago no início da negociação); taxa de *royalties* (percentual sobre o preço líquido de vendas); taxa de publicidade (percentual sobre vendas), além de outras taxas.
Prazo	Os contratos são registrados até o prazo de vigência das marcas registradas e/ou patentes concedidas pelo INPI envolvidas na franquia.

5.2.4.4 Encomenda tecnológica

Para o *Dicionário de Inovação Tecnológica*, a encomenda tecnológica é "modalidade de contratação pública que tem por objeto a realização de atividades de pesquisa, desenvolvimento e inovação, marcadas pelo risco tecnológico, para solução de problema técnico específico ou obtenção de produto, serviço, ou processo inovador".[552]

Na Lei de Inovação, a encomenda tecnológica está prevista no art. 20 e se traduz na possibilidade de o poder público contratar ICT, entidades de direito privado sem fins lucrativos ou empresas para a realização de atividades que envolvam pesquisa, desenvolvimento e inovação com risco tecnológico, para solucionar problema técnico específico ou obter produto, serviço ou processo inovador.[553]

Portanto, o principal pressuposto para a contratação é a presença de *risco tecnológico* na pesquisa, desenvolvimento ou inovação. O *risco tecnológico* deve ser entendido como a possibilidade de insucesso no desenvolvimento de solução, decorrente de processo em que o resultado é incerto em função do conhecimento técnico-científico insuficiente à época em que se decide por realizar a ação (art. 2º, III, do Decreto nº 9.283/2018).

André Rauen e Caio Barbosa seguem o mesmo entendimento: "toda compra pública possui algum nível de risco. Contudo, só as ETECs possuem o risco tecnológico. Isto é, aquele risco derivado do desconhecimento das reais possibilidades tecnológicas e do próprio comportamento da tecnologia na aplicação de determinada solução".[554]

O objetivo dessa contratação direta (art. 20 da Lei de Inovação) é estimular a inovação em entidades ou empresas não estatais. A Lei também apresenta uma lista não exaustiva de instrumentos no art. 19, §2º-A, que podem ser objeto dessas contratações.

Esses instrumentos, por sua vez, incluem subvenção econômica, financiamento, participação societária, bônus tecnológico, encomenda tecnológica, incentivos fiscais, concessão de bolsas, uso do poder de compra do Estado, fundos de investimento, fundos de participação,

---

[552] MONTEIRO, Vitor. Encomenda tecnológica. *In:* SIQUEIRA NETO, José Francisco; MENEZES, Daniel Francisco Nagao (org.). *Dicionário de Inovação Tecnológica*, v. 1. Belo Horizonte: Arraes, 2020, p. 166.

[553] "As encomendas tecnológicas são tipos especiais de compras públicas destinadas a solucionar desafios específicos através do desenvolvimento de produtos, serviços ou sistemas que ainda não estão disponíveis no mercado ou, simplesmente, que ainda não existem. Na medida em que pouco se sabe sobre o real desempenho da solução frente ao problema enfrentado, trata-se de uma compra pública com elevado nível de incerteza tecnológica". RAUEN, André Tortato. *Encomendas tecnológicas no Brasil*: novas possibilidades legais. Diretoria de Estudos e Políticas Setoriais de Inovação e Infraestrutura, Nota Técnica n. 41. IPEA, 2018.

[554] RAUEN, André Tortato. *Encomendas tecnológicas no Brasil*: novas possibilidades legais. Diretoria de Estudos e Políticas Setoriais de Inovação e Infraestrutura, Nota Técnica n. 41. IPEA, 2018, p. 15.

títulos financeiros incentivados ou não, e previsão de investimento em pesquisa e desenvolvimento em contratos de concessão de serviços públicos ou em regulamentações setoriais.

Segundo Carlos Ari Sundfeld, o que a Lei chamou de *instrumentos* "são verdadeiras ações que podem ser objeto da contratação direta por órgãos e entidades da Administração Pública por meio do contrato do art. 20".[555]

André Tortato Rauen e Caio Márcio Melo Barbosa[556] descrevem que as encomendas tecnológicas desempenham um papel importante na resolução de problemas e desafios tecnológicos específicos. Portanto, quando um gestor público se depara com um desafio a ser resolvido, a primeira pergunta a fazer, após definir claramente a demanda, é se a solução para esse problema está disponível no mercado para compra. Se a resposta for positiva, o gestor deve recorrer aos métodos tradicionais de aquisição para atender à demanda inicial.

No entanto, se a solução não estiver disponível no mercado, o gestor deve se questionar sobre o que é necessário para ela existir. Caso a introdução dessa solução no mercado não envolva risco tecnológico significativo, por exemplo, quando o produto, serviço ou sistema não é oferecido devido à falta de demanda do mercado consumidor privado ou quando sua introdução no mercado requer apenas um esforço de adaptação simples, os métodos tradicionais de aquisição devem ser empregados para estimular a introdução da inovação no mercado. Se não houver solução disponível e a solução demandar desenvolvimento tecnológico, o instrumento apropriado para se utilizar é o contrato de encomenda tecnológica.[557]

Quanto à sua natureza jurídica, as encomendas tecnológicas são classificadas como contratos. Embora sejam um meio de estimular a inovação no setor produtivo, portanto, possam ser consideradas um mecanismo de se promover a inovação por meio do poder de compra do Estado, elas não são classificadas como instrumento de apoio financeiro reembolsável ou não reembolsável.

---

[555] SUNDFELD, Carlos Ari; CÂMARA, Jacintho Arruda; MONTEIRO, Vera. Questões de direito público na Lei de Inovação. *In: Revista Zênite ILC*, Informativo de Licitações e Contratos. Curitiba, ano 24, n. 248, set. 2017.

[556] RAUEN, André Tortato; BARBOSA, Caio Márcio Melo. *Encomendas tecnológicas no Brasil*: guia de boas práticas. Brasília: IPEA, 2019, p. 21.

[557] RAUEN, André Tortato; BARBOSA, Caio Márcio Melo. *Encomendas tecnológicas no Brasil*: guia de boas práticas. Brasília: IPEA, 2019, p. 21.

Os contratos de encomenda envolvem o pagamento direto ao contratado como contraprestação pelo bem ou serviço fornecido, e não se trata de um adiantamento de apoio financeiro para atividades futuras de pesquisa e desenvolvimento. No caso da encomenda tecnológica, a pessoa jurídica contratada não lida, coleta, guarda, administra ou gerencia recursos públicos em dinheiro, bens ou valores. O pagamento é incorporado ao patrimônio privado do contratado, e o governo não tem preocupação com a forma como esse recurso será utilizado por ele.[558]

Atualmente, o contrato de encomenda tecnológica encontra seu regime jurídico nos arts. 27 a 33 do Decreto nº 9.283/2018. Matheus Vinícius Lage Sales e Gustavo Lemes de Queiroz sintetizam o procedimento previsto na sua regulamentação:

> Nos termos do Decreto Regulamentador, ainda, apesar de ser obrigatória a consulta de pelo menos mais de um potencial interessado, a negociação não deve objetivar apenas o menor preço ou custo, mas a maior probabilidade de alcance do resultado pretendido. Isto posto, critérios como a competência técnica, a capacidade de gestão, as experiências anteriores, a qualidade do projeto apresentado e outros critérios significativos de avaliação do contratado podem ser utilizados para a realização da escolha do contratado.[559]

Apesar de serem instrumentos parecidos, o contrato de encomenda tecnológica não se confunde com a transferência de tecnologia. Afinal, essa modalidade de contrato é um acordo formal entre duas partes, no qual uma parte transfere conhecimento, *know-how*, patentes ou direitos de propriedade intelectual relacionados a uma determinada tecnologia para outra parte. Geralmente, isso envolve a licença de

---

[558] "Os contratos de encomenda importam na realização de autêntico pagamento em favor do contratado como contraprestação direta do bem ou serviço entregue, e não na concessão antecipada de apoio financeiro para a realização futura de atividade de P&D. Na encomenda tecnológica, a pessoa jurídica contratada não utiliza, arrecada, guarda, gerencia nem administra dinheiros, bens ou valores públicos. Na verdade, o pagamento entra no patrimônio privado do contratado, sendo, a princípio, indiferente para o governo a destinação que aquele dará ao recurso". BARBOSA, Caio Márcio Melo. Contratos de encomenda tecnológica. *In*: MURARO, Leopoldo Gomes *et al*. Marco Legal de Ciência, Tecnologia e Inovação no Brasil. Salvador: Juspodivm, 2020, p. 288.

[559] SALES, Matheus Vinícius Lage; QUEIROZ, Gustavo Lemes de. Instrumentos de estímulo à inovação nas empresas trazidos pela Lei nº 13.243/2016 e seu comparativo com a lei mineira. *In*: SOARES, Fabiana de Menezes; PRETE, Esther Külkamp Eyng (org.). *Marco Regulatório em Ciência, Tecnologia e Inovação*: Texto e Contexto da Lei nº 13.243/2016. Belo Horizonte: Arraes, 2018, p. 140.

direitos de propriedade intelectual para permitir que a outra parte use, desenvolva ou fabrique determinada tecnologia.

Embora uma encomenda tecnológica possa envolver a transferência de conhecimento ou tecnologia, nem sempre é o caso. Pode ser simplesmente uma solicitação de produção de um produto já existente, mas que seu aperfeiçoamento envolve *risco tecnológico*. Por outro lado, um contrato de transferência de tecnologia é especificamente projetado para transferir conhecimento ou tecnologia de uma parte para outra.

5.2.4.5 Transferência de *know-how*

Pedro A. L. Ramunno e João Marcelo Novaes Risi ensinam, a partir da contribuição de Fabiana Massa Felsani, que o termo *know-how* deriva da expressão americana *to know how to do it*,[560] muito utilizada nos ramos técnico-industriais. No entanto, a tradução do termo é difícil em vários idiomas, razão pela qual é comum o uso da expressão *know-how* para referenciar determinado ramo, a despeito de não haver muita precisão nesse uso.[561]

Uma das primeiras definições doutrinárias atribuídas ao *know-how* é a do jurista italiano Túlio Ascarelli, conforme difundido por Pompeo Pitter, que tratava este preceito como invenções mantidas em segredo, sejam elas artifícios não suscetíveis de tutela, invenções consideradas originais, porém, sem esclarecer quais seriam as características desses artifícios – sempre fazendo relação à atividade industrial. Em sentido diverso, alguns autores sustentam que o segredo não é requisito essencial para configurar o *know-how*, apesar de entenderem que sua ideia geral é secreta, já que a publicidade poderia implicar perda da exclusividade.

Para os partidários desta visão, *know-how* seria qualquer conhecimento ou experiência relativos aos setores da indústria ou comércio

---

[560] FELSANI, Fabiana Massa. *Contributo all'analisi del know-how*. Milano: Giuffrè, 1997, p. 1 *apud* RAMUNNO, Pedro A. L.; RISI, João Marcelo Novaes. Reflexões sobre a conferência de *know-how* para integralização de capital social: aspectos societários. *In*: ROVAI, Armando Luiz; NAJJARIAN, Ilene Patrícia de Noronha; FINKELSTEIN, Maria Eugênia Reis (org.). *Revista de Direito Bancário e de Mercado de Capitais*, ano 22, v. 85, jul./set. 2019.

[561] Nesse sentido, Elisabeth Fekete conceituou, lexicologicamente, ao menos dez expressões usualmente citadas na área da tecnologia e que podem ser consideradas como *know-how*: segredo, sigilo, informações confidenciais, segredo industrial, segredo comercial, segredo de negócio, *trade secret, know-how, savoir-faire* e tecnologia. FEKETE, Elizabeth Edith G. Kasznar. *Perfil do segredo de indústria e comércio no direito brasileiro*: identificação e análise crítica. Tese (Doutorado em Direito). Faculdade de Direito da Universidade de São Paulo (USP), São Paulo, 1999, p. 35-53.

capazes de trazer melhoramentos às técnicas de produção e de distribuição. Maria Gabriela de Oliveira Figueiredo também compartilha desse conceito e sustenta que esses conhecimentos e experiências devem ser convertidos em ensinamentos que, uma vez transmitidos, capacitem aqueles que os recebem a utilizá-los e aproveitá-los de forma independente.[562]

Igualmente conveniente é a definição adotada pelo civilista Sílvio de Salvo Venosa, segundo o qual o termo se refere à habilidade de saber como fazer algo, amplamente aceita nos negócios empresariais internacionais. Ela engloba a expertise e as habilidades técnicas, muitas vezes complexas, necessárias para dominar um determinado método de produção de bens e serviços. O conhecimento transferido não se limita à tecnologia, mas inclui aspectos relacionados a técnicas comerciais. Portanto, é consensual reconhecer que em contratos de franquia também ocorre a transferência de *know-how*.[563] Vale dizer, ainda, que o conhecimento técnico *lato sensu* só se caracteriza como *know-how* quando dotado de valor econômico, de forma que sua transmissão ou outorga – como no presente caso – se torna possível. Essa característica econômica é bastante clara nos contratos de franquia, por meio dos quais a franqueadora transfere ao franqueado os conhecimentos técnicos relacionados à operação de franquia, incluindo essa transferência no valor cobrado a título de *royalties* ou de taxa de franquia para ingressar como membro da rede de franqueados.

A Instrução Normativa do INPI nº 70/2017, que "dispõe sobre o procedimento de averbação de licenças e cessões de direitos de proprie-

---

[562] "O *know-how* compreende qualquer tipo de conhecimento ou experiências relativos aos sectores da indústria e do comércio capazes de trazer melhoramentos às técnicas de produção ou distribuição [...] deve tratar-se de conhecimentos e experiências susceptíveis de serem traduzidos em ensinamentos os quais, uma vez transmitidos, tornem aquele que os recebe capaz de os utilizar e aproveitar de forma autónoma". DIAS, Maria Gabriela de Oliveira Figueiredo. A assistência técnica nos contratos de *know-how*. *Boletim da Faculdade de Direito*. Universidade de Coimbra, 1995, p. 27.
[563] "A dicção inglesa refere-se à expressão *know-how to do it*, saber como fazê-lo, sendo aceita sem restrições nos negócios empresariais internacionais. Refere-se à perícia e habilidade técnicas mais ou menos complexas necessárias para dominar determinado método de produção de bens e serviços. O conhecimento que se transfere não é unicamente tecnológico, mas também de cunho de técnica comercial. Por isso, há que se convir que no contrato de *franchising* também existe transferência de *know-how*". VENOSA, Sílvio de Salvo. *Direito civil*: contratos em espécie. v. III. 10. ed. São Paulo: Atlas, 2010, p. 511.

dade industrial e de registro de contratos de transferência de tecnologia e de franquia", o conceitua no seu art. 2º, III, "a".[564]

5.2.4.6 Parcerias para desenvolvimento produtivo

No Brasil, a disponibilização de medicamentos de qualidade e baixo custo é uma prioridade das políticas públicas de saúde. O país depende da importação de medicamentos, o que gera vulnerabilidades externas e aumenta os custos. Para reverter essa situação, foi implementada a Política do Complexo Industrial da Saúde, que busca incentivar a produção nacional de medicamentos por meio de parcerias entre empresas privadas e laboratórios públicos. Essa abordagem visa transferir tecnologia para se produzir medicamentos de alta tecnologia e custo elevado no Brasil.[565]

Segundo as informações divulgadas pelo Ministério do Desenvolvimento, Indústria e Comércio Exterior, alguns desafios devem ser enfrentados pelo Complexo Industrial da Saúde, dentre eles: (1) reduzir a vulnerabilidade da política nacional de saúde; (2) aumentar os investimentos em inovação; (3) fortalecer os laboratórios públicos e promover um maior desenvolvimento da cadeia produtiva; (4) atrair a produção e os centros de P&D de empresas estrangeiras altamente avançadas tecnologicamente.

A celebração das parcerias de desenvolvimento produtivo é a peça-chave para possibilitar essa colaboração entre as empresas privadas e os laboratórios públicos. Flávio Amaral Garcia explica que esse acordo consiste na "cooperação voluntária entre as instituições públicas e empresas privadas para viabilizar a transferência de tecnologia no processo de produção de fármacos para os laboratórios públicos, especialmente para os medicamentos que envolvam alta tecnologia e elevado custo".[566]

---

[564] Instrução Normativa do INPI nº 70/2017. "Art. 2º. O INPI averbará os contratos de licença, de sublicença e de cessões de direitos de propriedade industrial e registrará os contratos de transferência de tecnologia e de franquia a seguir: [...]; III – Transferência e tecnologia: a) o contrato de fornecimento de tecnologia ('*know-how*') que compreende a aquisição de conhecimentos e de técnicas não amparados por direitos de propriedade industrial ou o fornecimento de informações tecnológicas, destinados à produção de bens e serviços".

[565] GARCIA, Flávio Amaral. O complexo industrial da saúde e as parcerias de desenvolvimento produtivo – o caso brasileiro. *Revista de Direito Público da Economia*, Belo Horizonte, v. 12, n. 45, p. 47-76, jan./mar. 2014.

[566] GARCIA, Flávio Amaral. O complexo industrial da saúde e as parcerias de desenvolvimento produtivo – o caso brasileiro. *Revista de Direito Público da Economia*, Belo Horizonte, v. 12, n. 45, p. 47-76, jan./mar. 2014.

Nesse sentido, a Portaria nº 837/2012 do Ministério da Saúde normatizou inicialmente as diretrizes e os critérios para se estabelecer as parcerias para desenvolvimento produtivo ao definir seus objetivos, sujeitos, objeto e processos em âmbito nacional. Todavia, a Portaria mais recente referente às Parcerias para o Desenvolvimento Produtivo é a Portaria de Consolidação GM/MS nº 5, de 28 de setembro de 2017, que as define como as parcerias que envolvem a cooperação mediante acordo entre instituições públicas e entre instituições públicas e entidades privadas para desenvolvimento, transferência e absorção de tecnologia, produção, capacitação produtiva e tecnológica do País em produtos estratégicos para atendimento às demandas do Sistema Único de Saúde (art. 2º, I). No Anexo XCV desta Portaria, há a regulamentação de toda sua operacionalização, apresentando os critérios para a definição da lista de produtos estratégicos para o Sistema Único de Saúde do estabelecimento das Parcerias para o Desenvolvimento Produtivo e dos respectivos processos de submissão, instrução, decisão, transferência e absorção de tecnologia, aquisição de produtos estratégicos no seu âmbito e o respectivo monitoramento e avaliação.

Recentemente, o Tribunal de Contas da União suspendeu a possibilidade de se firmar novas parcerias através do Acórdão nº 2015/2023-Plenário, relatado por Benjamin Zymler. A decisão prioriza o estabelecimento de mecanismos de avaliação da eficácia de transferências e internalização de tecnologias, tendo sido determinado que no prazo de 180 (cento e oitenta) dias sejam reformulados os regramentos para fixar parâmetros objetivos para a realização das análises de propostas de projetos e critérios predefinidos para o processo de atribuição de notas às propostas, ou detida e documentada motivação quando isso não for possível; e, ainda, estabelecer critérios objetivos para a divisão de responsabilidades de instituições públicas em casos de aprovação de mais de uma proposta de projeto destas parcerias para um mesmo produto; e incluir em sua norma de regência critérios objetivos para a definição da lista de produtos estratégicos para o SUS e elegíveis para a formalização das Parcerias para o Desenvolvimento Produtivo, bem como parâmetros de avaliação do cumprimento desses critérios.

Inevitavelmente, elas retornarão no futuro, pois são importantes instrumentos para a transferência de tecnologia na saúde, na esteira do que se apresentou na Estratégia Nacional para o Desenvolvimento do Complexo Econômico-Industrial da Saúde, que objetiva expandir a produção nacional de itens prioritários para o Sistema Único de Saúde.

5.2.4.7 Termo de outorga de cessão de uso de infraestrutura para P&I

O ordenamento jurídico pátrio admite dez formas de se utilizar o bem público pelo particular: uso coletivo, uso individual, uso direto, uso indireto, uso privativo, uso não privativo, uso exclusivo, uso não exclusivo, uso condicionado e uso incondicionado.[567] Em regra, o uso privativo ou especial do bem público outorgado ao setor privado ocorre por meio de autorização, permissão ou concessão.[568] O uso do bem imóvel em algumas oportunidades é fixado por lei, sujeitando automaticamente a essa disciplina todo aquele a quem seja consentido o seu uso. No entanto, outras vezes, essa regulamentação não existe, caso em que se estipulará o seu uso através do ato administrativo de outorga[569] ou termo de outorga.

Não obstante, a outorga de uso de bens imóveis *permitida* pela Lei de Inovação, através de sua regulamentação pelo Decreto Federal nº 9.283/2018, foi denominada por este regulamento de *cessão de uso*, afastando-se dos tradicionais instrumentos de transferência de posse para o uso pelo setor privado – autorização, permissão e concessão. Nesse ponto, destoou do art. 4º da Lei de Inovação, que pareceu possibilitar a outorga de uso por meio do *compartilhamento de uso* (art. 4º, I) e da *permissão de uso* (art. 4º, II e III).

O compartilhamento de bem de natureza pública não é novo no Brasil e já foi utilizado historicamente no regime jurídico das redes de transmissão de energia e cabeamento telefônico. Decorre, inclusive, do princípio da função social da propriedade dos meios de acesso ao mercado, o qual, conforme afirma Dinorá Musetti Grotti, pode ser aplicado a três vertentes:

> aos bens de consumo – significando restrição ao uso do bem (inclusive disposição coercitiva sobre ele) – ; aos bens de produção – na medida em que são eles utilizados em benefício da coletividade –; e aos bens de

---

[567] MARQUES NETO, Floriano de Azevedo. *Bens públicos*: função social e exploração econômica. O regime jurídico das utilidades públicas. Belo Horizonte: Fórum, 2009, p. 314-321.

[568] DI PIETRO, Maria Sylvia Zanella. Bens públicos e o trespasse de uso. In: *Boletim de Direito Administrativo*, São Paulo, ano XXI, n. 4, p. 407, abr. 2005.

[569] DI PIETRO, Maria Sylvia Zanella. *Uso privativo de bem público por particulares*. 3. ed. São Paulo: Atlas, 2014, p. 16.

acesso de compartilhamento obrigatório, isto é, de sua disponibilização a terceiros.[570]

A analogia da disposição de bens para maior participação do mercado nesse setor nos auxilia a extrair conceitos a respeito do compartilhamento. Para redes de telefonia e atualmente fibras óticas para comunicação (internet), o compartilhamento de uso das redes vem expresso na Lei Geral de Telecomunicações, por regulamentação específica editada pela ANATEL, ANEEL e ANP, através da Resolução Conjunta nº 1/1999, que aprova o Regulamento Conjunto para Compartilhamento de Infraestrutura entre os setores de telecomunicações, energia elétrica e petróleo. Em seu art. 3º, VI, a Resolução assim conceitua o compartilhamento: "é o uso conjunto de uma infraestrutura por agentes dos setores de energia elétrica, de telecomunicações ou de petróleo". Em seu art. 8º, dispõe sobre suas condicionantes e sobre sua outorga: "o compartilhamento dar-se-á por meio da utilização da capacidade excedente disponibilizada por um detentor, que a manterá sob seu controle e gestão, de forma a atender às obrigações contidas no instrumento de concessão, permissão ou autorização".

Calixto Salomão Filho explica que o compartilhamento se instrumentaliza de duas formas: ou 1) pela copropriedade efetiva dos bens fundamentais ao acesso ou 2) pela garantia de acesso através da restrição do direito de propriedade do titular (único) da rede (compartilhamento).[571] Na copropriedade dos bens de acesso, "todos aqueles agentes que deles dependam têm propriedade sobre o bem fundamental".[572] Na hipótese de compartilhamento, há uma limitação ao uso privativo, portanto, do direito de propriedade, pois: "há propriedade da rede por um só agente, que, de diversas formas, deve permitir que algum ou alguns dos elementos do direito de propriedade (portanto, uso, gozo e fruição) sejam detidos por terceiros".[573] Desta forma, conforme afirma Dinorá Musetti Grotti, "a expressão compartilhamento engloba não só o acesso

---

[570] GROTTI, Dinorá Musetti. Regime jurídico das telecomunicações: autorização, permissão e concessão. In: *Revista de Direito Administrativo*, Rio de Janeiro, n. 224, p. 193, abr./jun. 2021.
[571] SALOMÃO FILHO, Calixto. *Regulação da atividade econômica*: princípios e fundamentos jurídicos. 3. ed. São Paulo: Quartier Latin, 2021, p. 84.
[572] SALOMÃO FILHO, Calixto. *Regulação da atividade econômica*: princípios e fundamentos jurídicos. 3. ed. São Paulo: Quartier Latin, 2021, p. 84.
[573] SALOMÃO FILHO, Calixto. *Regulação da atividade econômica*: princípios e fundamentos jurídicos. 3. ed. São Paulo: Quartier Latin, 2021, p. 84.

às redes operadas por terceiros (interconexão), como também o uso de infraestrutura de terceiros".[574]

Assim, o art. 4º da Lei de Inovação, ao possibilitar a outorga de uso através de compartilhamento (art. 4º, I), imaginou que ela fosse se instrumentalizar por meio de autorização, dada a precariedade necessária no uso dos bens localizados no interior das ICTs. A outorga de uso é atribuída através da permissão de uso (art. 4º, II e III, da Lei de Inovação), opção demonstrada ao se utilizar o verbo *permitir* nas duas hipóteses – infraestrutura e cessão de pessoal.

Nesse contexto, o art. 15-A, parágrafo único, IV, da Lei de Inovação, ao atribuir às ICTs públicas a necessidade de regulamentar a política de inovação, impôs a necessidade de ser nela fixada uma diretriz para "compartilhamento e permissão de uso por terceiros de seus laboratórios, equipamentos, recursos humanos e capital intelectual".

Ao regulamentar o tema, o Decreto Federal nº 9.283/2018, arts. 6º, 7º e 8º, trouxe a possibilidade de instrumentalizar a instalação de ambientes de inovação através da cessão de uso de bens imóveis, conforme afirma Marinês Restelatto Dotti, uma "modalidade de movimentação de bens de caráter precário e por prazo determinado, com transferência de posse".[575]

Entretanto, tradicionalmente, a cessão de uso é utilizada apenas para ajustes entre entes da Administração, como já se manifestaram Lúcia Valle Figueiredo, que a analisa sob o ponto de vista do art. 64, §3º, do Decreto-Lei nº 9.760/1946, e arts. 18 a 21 da Lei nº 9.636/1998,[576] e Diogenes Gasparini, que traz um conceito genérico a respeito:

> É o ato que consubstancia a transferência do uso de certo bem de um órgão (Secretaria da Fazenda) para outro (Secretaria da Justiça) da mesma pessoa política (União, Estado-Membro e Município) para que este o utilize segundo sua natureza e fim, por tempo certo ou indeterminado. É medida de colaboração entre os órgãos públicos; daí não ser remunerada

---

[574] GROTTI, Dinorá Musetti. Regime jurídico das telecomunicações: autorização, permissão e concessão. In: *Revista de Direito Administrativo*, Rio de Janeiro, n. 224, p. 193, abr./jun. 2021.

[575] DOTTI, Marinês Restelatto. *Prática de licitações e contratações administrativas*. Porto Alegre: Ordem Jurídica, 2022, p. 313.

[576] "É a transferência da posse do cedente (entidade pública, proprietário ou não) para o cessionário (outra entidade pública) para utilização por tempo certo ou indeterminado. A Administração, se o prazo for indeterminado, poderá retomá-lo a qualquer momento; e se determinado, ao cabo do prazo. Está prevista no art. 64, §3º, do Decreto-lei 9.760/1946, bem como nos arts. 18 a 21 da Lei 9.636, de 15.5.1998". FIGUEIREDO, Lúcia Valle. *Curso de direito administrativo*. 9. ed. São Paulo: Malheiros, 2008, p. 595.

e dispensar autorização legislativa. Formaliza-se por *termo de cessão*. [...]. A transferência do uso de uma entidade pública (União, Município) para outra ou para entidade de sua administração indireta (fundação, sociedade de economia mista) ou mesmo para um particular faz-se por permissão, autorização ou concessão.[577]

Portanto, a cessão de uso disciplinada pelo Decreto Federal nº 9.283/2018, arts. 6º, 7º e 8º, pode ter natureza *sui generis*. Outra forma de interpretação poderia ser a realizada pela Procuradoria-Geral Federal e pela Advocacia-Geral da União por meio do Parecer nº 00001/2020/ CP-CT&I/PGF/AGU. Em sua manifestação, admitiu-se a *cessão de uso* nesse caso como gênero, e o uso, tanto do instituto da concessão como da permissão, para outorgar a utilização dos equipamentos das ICTs. A precariedade é o elemento fundamental para se diferenciar ambas as situações.

Segundo o Decreto nº 9.283/2018, se situado em seu espaço físico o imóvel destinado a um ambiente de inovação, sua outorga será possível por meio da *cessão de uso de bem público* arregimentada pelo Decreto nº 9.283/2018, arts. 6º, 7º e 8º, que apresenta o regime jurídico a ser observado para esses casos de outorga através de cessão de uso.

Eduardo Altomare Ariente e Mário André Machado Cabral[578] afirmam que o objetivo da norma é "estabelecer a possibilidade de entes estatais cederem o uso de bens imóveis para a instalação e consolidação de ambientes promotores da inovação (art. 3º-B, §2º, I, da Lei de Inovação)", representando uma modalidade de parceria público-privada para a inovação para

> facilitar a criação de parques científicos e tecnológicos, distritos de inovação, cidades inteligentes, incubadoras de empresas, espaços abertos de trabalho cooperativo (*coworkings*), laboratórios de prototipagem, entre outros espaços propícios ao surgimento da inovação, mediante cessão

---

[577] GASPARINI, Diógenes. *Direito administrativo*. 7. ed. São Paulo: Saraiva, 2002, p. 716-717.
[578] ARIENTE, Eduardo Altomare; CABRAL, Mário André Machado. Cessão de uso de bens imóveis por entes públicos: oportunidades abertas pelo Decreto Federal de Inovação. *In*: SANTOS, Fabio Gomes dos; BABINSKI, Daniel Bernardes de Oliveira (org.). *Caderno n. 2 – Decreto federal de inovação: novas oportunidades*. Cadernos do Núcleo Jurídico do Observatório da Inovação e Competitividade do Instituto de Estudos Avançados da Universidade de São Paulo. São Paulo, USP, 2019, p. 94-97.

de uso imóveis ao menos parcialmente submetidos ao regime jurídico do direito administrativo.[579]

Essa norma é extensiva a qualquer ente da Administração Direta Federal, Estadual ou Municipal, às ICTs públicas federais, estaduais e municipais e às agências de fomento federais, estaduais e municipais. O decreto federal induz o fomento à inovação por todos os entes da Administração Pública direta, autárquica, fundacional e pelas agências de fomento, permitindo, inclusive, a sua participação como parceiros no termo de cessão (art. 3º do Decreto).

As fundações de apoio podem participar da gestão da alocação desses espaços:

> Os bens imóveis podem ser cedidos (i) diretamente para empresas e ICTs ou (ii) indiretamente, por meio de entidade privada com ou sem fins lucrativos que tenha por missão institucional a gestão de ambientes promotores da inovação. Empresas de distintos portes, inclusive *startups*, podem se valer de tal instrumento.[580]

A gestão mencionada ocorrerá quando as fundações de apoio possuírem instrumento jurídico de contrato ou convênio com a ICT que as responsabilize por captar, gerir e aplicar suas receitas próprias oriundas de atividades de ciência, tecnologia e inovação (art. 18, parágrafo único, da Lei Federal nº 10.973/2004), hipótese na qual realmente se enquadraria nessa possibilidade. Eduardo Altomare Ariente e Mário André Machado Cabral[581] afirmam, ainda, a necessidade de a entidade

---

[579] ARIENTE, Eduardo Altomare; CABRAL, Mário André Machado. Cessão de uso de bens imóveis por entes públicos: oportunidades abertas pelo Decreto Federal de Inovação. *In*: SANTOS, Fabio Gomes dos; BABINSKI, Daniel Bernardes de Oliveira (org.). *Caderno n. 2 – Decreto federal de inovação: novas oportunidades*. Cadernos do Núcleo Jurídico do Observatório da Inovação e Competitividade do Instituto de Estudos Avançados da Universidade de São Paulo. São Paulo, USP, 2019, p. 94.

[580] ARIENTE, Eduardo Altomare; CABRAL, Mário André Machado. Cessão de uso de bens imóveis por entes públicos: oportunidades abertas pelo Decreto Federal de Inovação. *In*: SANTOS, Fabio Gomes dos; BABINSKI, Daniel Bernardes de Oliveira (org.). *Caderno n. 2 – Decreto federal de inovação: novas oportunidades*. Cadernos do Núcleo Jurídico do Observatório da Inovação e Competitividade do Instituto de Estudos Avançados da Universidade de São Paulo. São Paulo, USP, 2019, p. 94-97.

[581] ARIENTE, Eduardo Altomare; CABRAL, Mário André Machado. Cessão de uso de bens imóveis por entes públicos: oportunidades abertas pelo Decreto Federal de Inovação. *In*: SANTOS, Fabio Gomes dos; BABINSKI, Daniel Bernardes de Oliveira (org.). *Caderno n. 2 – Decreto federal de inovação: novas oportunidades*. Cadernos do Núcleo Jurídico do Observatório da Inovação e Competitividade do Instituto de Estudos Avançados da Universidade de São Paulo. São Paulo, USP, 2019, p. 95-96.

beneficiária prestar alguma contrapartida de natureza financeira ou não financeira, ressaltando que, na ausência de regulamentação interna da ICT sobre como se dará essa contrapartida, ela deve ser definida após as negociações com o cessionário em *termo de cessão*.

Durante esse processo de ajuste, em se tratando de contrapartida financeira, o ente cedente pode tanto receber os recursos oriundos da contrapartida financeira quanto estipular que essas quantias serão recebidas por ICT pública diretamente ou, quando previsto em contrato ou convênio, por meio de fundação de apoio. No caso de contrapartida não financeira, devem ser especificados no termo de cessão, serem economicamente mensuráveis e ocorrerem por meio de:

i) fornecimento de produtos e serviços,
ii) participação societária,
iii) investimentos em infraestrutura e
iv) capacitação e qualificação de recursos humanos em áreas compatíveis com a finalidade da Lei de Inovação, entre outras, que sejam economicamente mensuráveis.[582]

Não há restrição de utilização do imóvel se existir contrapartida financeira, pois, nesses casos, "a cessão pode envolver não apenas imóveis existentes, mas também imóveis a serem construídos pelo parceiro em favor do ente público, com uso predefinido como voltado à criação de ambientes promotores de inovação".[583]

Nesse regime jurídico, o Decreto nº 9.283/2018 preferiu ser eloquente no art. 7º sobre o processamento da dispensa de licitação para essa hipótese de outorga de uso, subsumível ao "art. 24, XXXI, da Lei nº 8.666/1993 , e art. 3º da Lei nº 10.973/2004, para fins da cessão de uso de imóveis públicos para a instalação e a consolidação de ambientes promotores da inovação". Nesse caso, o cedente deve providenciar

---

[582] ARIENTE, Eduardo Altomare; CABRAL, Mário André Machado. Cessão de uso de bens imóveis por entes públicos: oportunidades abertas pelo Decreto Federal de Inovação. *In*: SANTOS, Fabio Gomes dos; BABINSKI, Daniel Bernardes de Oliveira (org.). *Caderno n. 2 – Decreto federal de inovação: novas oportunidades*. Cadernos do Núcleo Jurídico do Observatório da Inovação e Competitividade do Instituto de Estudos Avançados da Universidade de São Paulo. São Paulo, USP, 2019, p. 96.

[583] ARIENTE, Eduardo Altomare; CABRAL, Mário André Machado. Cessão de uso de bens imóveis por entes públicos: oportunidades abertas pelo Decreto Federal de Inovação. *In*: SANTOS, Fabio Gomes dos; BABINSKI, Daniel Bernardes de Oliveira (org.). *Caderno n. 2 – Decreto federal de inovação: novas oportunidades*. Cadernos do Núcleo Jurídico do Observatório da Inovação e Competitividade do Instituto de Estudos Avançados da Universidade de São Paulo. São Paulo, USP, 2019, p. 96.

a divulgação, em sítio eletrônico oficial, de extrato da oferta pública da cessão de uso, que deve conter, no mínimo: (i) a identificação e a descrição do imóvel; (ii) o prazo de duração da cessão; (iii) a finalidade da cessão; (iv) o prazo e a forma de apresentação da proposta pelos interessados; e (v) os critérios de escolha do cessionário. O Decreto não detalha os critérios de escolha, devendo a definição ser feita no âmbito da oferta pública da cessão.[584]

Também está vinculada a hipótese de inexigibilidade de licitação para a outorga do termo de cessão de uso (art. 7º, §1º, do Decreto Federal nº 9.283/2018): "§1º A oferta pública da cessão de uso será inexigível, de forma devidamente justificada e demonstrada, na hipótese de inviabilidade de competição". Eduardo Altomare Ariente e Mário André Machado Cabral exemplificam essa hipótese:

> Isso pode se dar em algumas hipóteses. O ente público pode estabelecer previamente sua intenção de ceder o uso do imóvel para entidade que tenha capacidade de desenvolver uma tecnologia específica ou atue em um segmento específico de mercado. Pode ocorrer de só haver no mercado uma entidade com essas características. Em casos como esse, caberia a inexigibilidade. Outra hipótese seria a de (i) haver um número reduzido de entidades que tenham capacidade de desenvolver a tecnologia visada ou que atuem no segmento visado e (ii) essas entidades se associarem em um consórcio. Em tais circunstâncias, tampouco seria exigível a oferta pública.[585]

Demais exigências previstas nos arts. 7º e 8º do Decreto Federal nº 9.283/2018 devem ser observadas, em especial:

(i) as certidões negativas de débitos previstas no art. 7º, §2º;
(ii) a fixação de cláusula estipulando os termos inicial e final do termo de cessão, considerando sempre o potencial dispendido em decorrência da

---

[584] ARIENTE, Eduardo Altomare; CABRAL, Mário André Machado. Cessão de uso de bens imóveis por entes públicos: oportunidades abertas pelo Decreto Federal de Inovação. *In*: SANTOS, Fabio Gomes dos; BABINSKI, Daniel Bernardes de Oliveira (org.). *Caderno n. 2 – Decreto federal de inovação: novas oportunidades.* Cadernos do Núcleo Jurídico do Observatório da Inovação e Competitividade do Instituto de Estudos Avançados da Universidade de São Paulo. São Paulo, USP, 2019, p. 96.

[585] ARIENTE, Eduardo Altomare; CABRAL, Mário André Machado. Cessão de uso de bens imóveis por entes públicos: oportunidades abertas pelo Decreto Federal de Inovação. *In*: SANTOS, Fabio Gomes dos; BABINSKI, Daniel Bernardes de Oliveira (org.). *Caderno n. 2 – Decreto federal de inovação: novas oportunidades.* Cadernos do Núcleo Jurídico do Observatório da Inovação e Competitividade do Instituto de Estudos Avançados da Universidade de São Paulo. São Paulo, USP, 2019, p. 95-96.

"natureza do empreendimento, admitidas renovações sucessivas", com possibilidade de reversão imediata da posse em virtude de destinação contrária à consignada no ajuste (art. 7º, §6º);
(iii) a fixação de cláusula no termo de cessão consignando que, encerrado o prazo da cessão de uso de imóvel público, a propriedade das construções e das benfeitorias reverterá ao outorgante cedente, independentemente de indenização (art. 7º, §7º);
(iv) a fixação de cláusula impositiva do envio de informações sobre os indicadores de desempenho de ambientes promotores da inovação, e o envio de dados à Agência Unesp de Inovação, interpretação do art. 7º, §8º;
(v) fixação de cláusula que explicite ou proíba a possibilidade de a entidade gestora da cessão de uso destinar a terceiros áreas no espaço cedido para o exercício de atividades e serviços de apoio necessárias ou convenientes ao funcionamento do ambiente de inovação, como postos bancários, unidades de serviços de saúde, restaurantes, livrarias, creches, sem estabelecer qualquer relação jurídica entre o cedente e os terceiros (art. 8º);
(vi) fixação de cláusula com critérios para a entidade gestora realizar o "processo seletivo para ocupação dos espaços cedidos para as atividades e os serviços de apoio" no caso de ser permitido (art. 8º, parágrafo único).

Frise-se que o processo administrativo de dispensa e o de inexigibilidade visam adjudicar o objeto da outorga de uso ao cessionário. Portanto, somente após todos os trâmites necessários deste processo administrativo, é que deve ser remetido o termo de cessão à autoridade máxima do ente cedente ou ao seu agente delegado[586] (o art. 7º, §3º, autoriza a delegação),[587] para ser firmado e publicado, momento em que estará vigente e formalizado.

---

[586] "O Termo deve ser celebrado pela autoridade máxima do ente cedente. Por exemplo, caso se trate de cessão de uso de bem imóvel de uma universidade pública, o Termo deve ser assinado pelo reitor; caso se trate de uso de bem imóvel de propriedade de um município, o Termo deve ser assinado pelo prefeito. É possível delegação, isto é, o reitor pode delegar a celebração do Termo a um pró-reitor ou vice-reitor ou mesmo ao coordenador do Núcleo de Inovação Tecnológica; o prefeito, *e.g.*, pode delegar a um secretário municipal. Contudo, não pode haver subdelegação. Então, considerando os exemplos citados, um pró-reitor, no caso de uma universidade, ou um secretário municipal, no caso de um município, não poderiam passar a atribuição da celebração do Termo, conferida respectivamente pelo reitor ou prefeito, a um subordinado". ARIENTE, Eduardo Altomare; CABRAL, Mário André Machado. Cessão de uso de bens imóveis por entes públicos: oportunidades abertas pelo Decreto Federal de Inovação. *In*: SANTOS, Fabio Gomes dos; BABINSKI, Daniel Bernardes de Oliveira (org.). *Caderno n. 2 – Decreto federal de inovação: novas oportunidades*. Cadernos do Núcleo Jurídico do Observatório da Inovação e Competitividade do Instituto de Estudos Avançados da Universidade de São Paulo. São Paulo, USP, 2019, p. 96.

[587] BRASIL. Decreto Federal n. 9.283/2018. "Art. 7º. [...]. §3º. O termo de cessão será celebrado pela autoridade máxima do órgão ou da entidade pública cedente, permitida a delegação, vedada a subdelegação".

Em relação ao art. 8º do Decreto Federal nº 9.283/2018, embora Eduardo Altomare Ariente e Mário André Machado Cabral[588] interpretem que a cessionária (entidade beneficiária) teria a possibilidade de destinar áreas do espaço cedido a terceiros, realizar processo seletivo para atribuir os espaços e criar um vínculo entre o cessionário e o terceiro, essa não é a melhor interpretação. Isto pois o art. 8º, ao atribuir à entidade gestora essa competência, não estabelece que ela seja a cessionária. Inclusive, pode ser o próprio NIT da universidade ou do campus, a fundação de apoio ou outro indicado para representar a entidade gestora, que é bem definida no art. 2º, I, do Decreto Federal nº 9.283/2018 como a entidade de Direito Público ou Privado responsável pela gestão de ambientes promotores de inovação. As vantagens efetivas da cessão de uso de bens imóveis para finalidade de inovação em relação às entidades cedentes e às beneficiárias podem ser assim indicadas:

> Através do instrumento ora discutido, a entidade cedente pode (i) participar do conselho gestor do ambiente de inovação e influenciar as prioridades firmadas pelo espaço destinado a promover inovação e criatividade, (ii) induzir a ocupação de certa região com atividade econômica intensiva em conhecimento para fins de desenvolvimento local; e (iii) obter investimentos para revitalizar a infraestrutura de imóveis públicos. Por outro lado, os beneficiários, ao receberem a cessão de uso de imóvel para fins de inovação, teriam motivação para (i) fornecer contrapartidas financeiras ou não financeiras que sejam mais vantajosas do que os custos de ocupação de outro espaço físico; (ii) obter ganhos de imagem ao firmar parceria com o Poder Público para o desenvolvimento de atividades de inovação; e (iii) ocupar espaços nos quais a articulação com empresas e capital humano qualificado seja elemento diferencial

---

[588] "A entidade cessionária tem a possibilidade de destinar a terceiros, áreas no espaço cedido para o exercício de atividades e serviços de apoio necessárias ou convenientes ao funcionamento do ambiente de inovação. São exemplos de terceiros e atividades de apoio: postos bancários, unidades de serviços de saúde, restaurantes, livrarias, creches, etc. Nesses casos, o vínculo jurídico será entre a entidade beneficiária da cessão e o terceiro, não se estabelecendo qualquer relação jurídica entre o ente público e o terceiro. Como o vínculo será entre o cessionário e o terceiro, recomenda-se que eventuais contratos entre estes fixem prazos limitados ao prazo estabelecido no Termo de Cessão celebrado entre o ente público cedente e o ente cessionário. O Termo de Cessão também preverá que a entidade beneficiária realizará processo para selecionar terceiros com vistas à ocupação dos espaços cedidos para as atividades de apoio". ARIENTE, Eduardo Altomare; CABRAL, Mário André Machado. Cessão de uso de bens imóveis por entes públicos: oportunidades abertas pelo Decreto Federal de Inovação. *In*: SANTOS, Fabio Gomes dos; BABINSKI, Daniel Bernardes de Oliveira (org.). *Caderno n. 2 – Decreto federal de inovação: novas oportunidades*. Cadernos do Núcleo Jurídico do Observatório da Inovação e Competitividade do Instituto de Estudos Avançados da Universidade de São Paulo. São Paulo, USP, 2019, p. 97.

para o seu empreendimento. Nota-se, portanto, que o Decreto Federal de Inovação permitiu que o instrumento da cessão de uso dos imóveis públicos tivesse maior detalhamento e aplicabilidade. Sem prejuízo do mérito do Decreto, aspectos precisam ser detalhados no instrumento contratual celebrado entre o ente público cedente e o ente beneficiário, a exemplo da especificação das contrapartidas, dos prazos e das sanções para caso de eventual descumprimento. É importante, nesse sentido, que as entidades cedentes e os cessionários estejam bem assessorados para o desenho e a implementação do Termo de Cessão de modo adequado aos seus propósitos.[589]

Importante, portanto, verificar a existência de autorregulação interna da ICTs para a disposição de seus espaços físicos, pois, principalmente nos casos das universidades, como são disposições autonômicas, é obrigatória sua observância para verificar as condicionantes por elas prescritas em face do princípio da autonomia universitária (art. 207 da CF/1988).

5.2.4.8 Termo de outorga de bolsas

O art. 34 do Decreto Federal nº 9.283/2018 caracterizou o *termo outorga* como o instrumento jurídico utilizado para a concessão de bolsas, auxílios, bônus tecnológico e subvenção econômica. Igualmente, o art. 34, §2º, define as bolsas como aporte de recursos financeiros, em benefício de pessoa física, que não importe contraprestação de serviços,[590] destinado à capacitação de recursos humanos ou à execução de projetos de pesquisa científica e tecnológica e desenvolvimento de tecnologia, produto ou processo e às atividades de extensão tecnológica, de proteção da propriedade intelectual e da transferência de tecnologia. O §3º, por

---

[589] ARIENTE, Eduardo Altomare; CABRAL, Mário André Machado. Cessão de uso de bens imóveis por entes públicos: oportunidades abertas pelo Decreto Federal de Inovação. In: SANTOS, Fabio Gomes dos; BABINSKI, Daniel Bernardes de Oliveira (org.). *Caderno n. 2 – Decreto federal de inovação: novas oportunidades*. Cadernos do Núcleo Jurídico do Observatório da Inovação e Competitividade do Instituto de Estudos Avançados da Universidade de São Paulo. São Paulo, USP, 2019, p. 97-98.

[590] Atualmente, diante da Solução de Consulta n. 140 – Cosit, de 21 de setembro de 2021, o Imposto de Renda decorrente de bolsa que resulte em vantagem econômica para a instituição de apoio interveniente em contratos ou convênios de PD&I, incide normalmente. Eis a ementa da Solução Cosit: "IMPOSTO SOBRE A RENDA RETIDO NA FONTE – IRPF FUNDAÇÃO DE APOIO DE INSTITUIÇÃO FEDERAL DE ENSINO SUPERIOR. BOLSA. TRIBUTAÇÃO. RETENÇÃO NA FONTE. São tributáveis, e sujeitos à incidência do imposto sobre a renda na fonte, os rendimentos pagos a título de bolsa por Fundação de Apoio de Instituição Federal de Ensino Superior, com fundamento na Lei nº 8.958, de 20 de dezembro de 1994, se do esforço do bolsista resultar vantagem econômica para a fundação".

sua vez, traz um rol das destinações dos auxílios concedidos em benefício de pessoa física, o que permitiu distinguir entre duas contraprestações financeiras que podem ser repassadas através do *termo de outorga*.

No SNCTI do Brasil, a responsabilidade pela concessão de bolsas, auxílios, subvenções econômicas e bônus tecnológicos cabe às agências de fomento e às instituições de ciência e tecnologia públicas, que devem definir em suas regulamentações internas como ocorrerá essa concessão.[591]

Para isso, essas instituições devem considerar as diretrizes estabelecidas no Marco Legal de Ciência, Tecnologia e Inovação, visando promover atividades de pesquisa e desenvolvimento voltadas para criar produtos, processos e serviços inovadores, a fim de transferir e disseminar tecnologia (art. 3º da Lei de Inovação).

O termo de outorga deve possuir, pelo menos, as seguintes cláusulas: natureza do benefício, finalidade do benefício, recursos financeiros disponibilizados, responsabilidade pelo desenvolvimento do projeto, regime de dedicação integral à bolsa, relatórios científicos, publicações e divulgações, tratamento da propriedade intelectual, compromisso de apoio institucional da instituição sede do projeto, duração, alterações da concessão da bolsa e aditamentos ao termo de outorga.

5.2.4.9 Convênio para pesquisa, desenvolvimento e inovação

A disciplina jurídica do convênio para PD&I decorre do art. 219-A da CF/1988 e, infraconstitucionalmente, do art. 9º-A da Lei de Inovação. No âmbito nacional, foi regulamentada pelo Decreto Federal nº 9.283/2018, que tem dimensão subjetiva de incidência (art. 1º), a todos os ajustes dos entes pertencentes ao SNCTI.

Os arts. 38, 39 e 43 do Decreto Federal nº 9.283/2018 regulamentam o convênio para PD&I nos termos nacionais, conceituando-o, estabelecendo suas finalidades, a forma de sua celebração e até os requisitos mínimos do seu plano de trabalho.

Nizete Lacerda Araújo, ao escrever sobre os convênios para PD&I, ponderou que as regras para executar projetos de pesquisa nos quais haja transferência de recursos financeiros públicos devem

---

[591] MURARO, Leopoldo Gomes. Instrumentos jurídicos de parceria. *In*: PORTELA, Bruno Monteiro; BARBOSA, Caio Márcio Melo; MURARO, Leopoldo Gomes; DUBEUX, Rafael. *Marco legal de ciência, tecnologia e inovação no Brasil*. Salvador: Juspodivm, 2019, p. 169.

ser formalizadas através de convênios. Segunda a autora, deve haver "compatibilidade entre a vigência do convênio tratado pelo *caput* e o período programado para a realização do projeto, sendo que eventuais prorrogações são aceitáveis se justificadamente, com o consequente ajuste no plano de trabalho".[592]

Aliás, decorre da interpretação do art. 43, §1º, do Decreto nº 9.283/2018 que a ausência de plano de trabalho maculará todo o ajuste, o que possibilita a sua anulação pelos órgãos de controle, pois a norma não deixa espaço para interpretações discricionárias ao usar termos condicionantes – deverá e constará –, inclusive estabelecendo as condições mínimas a serem contidas no Plano:

> I – a descrição do projeto de pesquisa, desenvolvimento e inovação a ser executado, dos resultados a serem atingidos e das metas a serem alcançadas e o cronograma, além dos parâmetros a serem utilizados para a aferição do cumprimento das metas;
> II – o valor total a ser aplicado no projeto, o cronograma de desembolso e a estimativa de despesas; e
> III – a forma de execução do projeto e de cumprimento do cronograma a ele atrelado, de maneira a assegurar ao convenente a discricionariedade necessária ao alcance das metas.

A norma é salutar, pois o plano de trabalho é importante ao delinear a condução de todas as atividades, atribuindo transparência e facilidade de controle das atividades executadas por meio de convênio, conforme leciona Leopoldo Gomes Muraro:

> O *plano de trabalho* é o instrumento que servirá de base para a gestão da parceria, pois nele serão definidos e delimitados as ações, os objetivos, as metas e os indicadores, estabelecidos os prazos (cronograma), bens e valores, além de outros elementos que funcionem como substrato fático que permitirá a execução e concretização das atividades de interesse público.
> O *plano de trabalho* é um documento eminentemente técnico!
> Um Estado que busca governança em suas atividades necessita valorizar documentos técnicos, fundados em elementos reais, com planejamento racional em médio e longo prazo e elementos efetivos que possibilitem atingir as finalidades públicas que trarão benefícios econômicos e

---

[592] ARAÚJO, Nizete Lacerda; GUERRA, Bráulio Madureira; LOBATO, Laura Camisassa R.; DOYLE, Maria de Lourdes Rosa. *Marco legal da inovação*: breves comentários. Rio de Janeiro: Lumen Juris, 2018, p. 227.

sociais aos cidadãos e instituições brasileiros. Ademais, serve o *plano de trabalho* de instrumento de transparência, monitoramento, avaliação e controle por parte dos órgãos competentes e por qualquer cidadão. Para que se possa verificar se na parceria encontram-se executadas as atividades conforme o planejado, a base é o *plano de trabalho*. Basta fazer uma comparação entre o que está escrito no *plano de trabalho* com o que foi ou está sendo realizado para concluir se há correspondência ou não. Uma boa governança significará que o *plano de trabalho* foi e é executado conforme previsto, caso contrário há necessidade de ajustes e correções.[593]

O autor ainda afirma que "o convênio para PD&I é um instrumento complexo e que demanda um estudo próprio, profundo e extenso para esgotar todas suas nuances e desdobramentos",[594] diferenciando-o do ajuste do genérico previsto na Lei de Licitações, por se tratar de norma específica, inclusive com regulamentações diferentes, visto que o convênio para PD&I está regulamentado no Decreto nº 9.283/2018, enquanto o tradicional está regulamentado pelo Decreto nº 6.170/2007.[595] Todavia, tanto um quanto o outro "somente podem ser firmados entre pessoas jurídicas, não havendo possibilidade de entes públicos conveniarem com pessoas físicas".[596]

O autor lembra, ainda, que o instrumento jurídico adequado para se relacionar com pessoas físicas seria o termo de outorga, "mas nunca um convênio".[597] Outra diferença é que, no convênio para PD&I, é permitido firmar o relacionamento entre pessoas físicas e jurídicas,

---

[593] MURARO, Leopoldo Gomes. Instrumentos jurídicos de parceria. *In*: PORTELA, Bruno Monteiro; BARBOSA, Caio Márcio Melo; MURARO, Leopoldo Gomes; DUBEUX, Rafael (coord.). *Marco Legal de Ciência, Tecnologia e Inovação no Brasil*. Salvador: Juspodivm, 2020, p. 154.

[594] MURARO, Leopoldo Gomes. Instrumentos jurídicos de parceria. *In*: PORTELA, Bruno Monteiro; BARBOSA, Caio Márcio Melo; MURARO, Leopoldo Gomes; DUBEUX, Rafael (coord.). *Marco Legal de Ciência, Tecnologia e Inovação no Brasil*. Salvador: Juspodivm, 2020, p. 176.

[595] MURARO, Leopoldo Gomes. Instrumentos jurídicos de parceria. *In*: PORTELA, Bruno Monteiro; BARBOSA, Caio Márcio Melo; MURARO, Leopoldo Gomes; DUBEUX, Rafael (coord.). *Marco Legal de Ciência, Tecnologia e Inovação no Brasil*. Salvador: Juspodivm, 2020, p. 176.

[596] MURARO, Leopoldo Gomes. Instrumentos jurídicos de parceria. *In*: PORTELA, Bruno Monteiro; BARBOSA, Caio Márcio Melo; MURARO, Leopoldo Gomes; DUBEUX, Rafael (coord.). *Marco Legal de Ciência, Tecnologia e Inovação no Brasil*. Salvador: Juspodivm, 2020, p. 176.

[597] MURARO, Leopoldo Gomes. Instrumentos jurídicos de parceria. *In*: PORTELA, Bruno Monteiro; BARBOSA, Caio Márcio Melo; MURARO, Leopoldo Gomes; DUBEUX, Rafael (coord.). *Marco Legal de Ciência, Tecnologia e Inovação no Brasil*. Salvador: Juspodivm, 2020, p. 176.

o que é afastado pelo convênio tradicional. Por fim, menciona a incidência da Lei nº 13.019/2014 para fixar que as parcerias firmadas com entes privados atualmente se submeteriam aos instrumentos jurídicos por ela criados.[598]

Uma última distinção trazida pelo autor: enquanto o convênio tradicional não tem objeto específico, nem sujeito jurídico determinado, e sua utilização é cabível para um plexo de situações desde que envolvam mútua cooperação, o convênio para PD&I tem como objeto específico atividades envolvendo pesquisa, desenvolvimento e inovação, nas hipóteses e finalidades constantes na Lei de Inovação, e terá como partes um ente público e, de outro lado, uma ICT pública ou privada. O ente público poderá ser uma agência de fomento ou ICT. É a pública ou privada que ficará responsável pelo desenvolvimento das atividades de PD&I.

Na classificação dos convênios apresentada na seção 5.2.2 desta obra, viu-se que os convênios para pesquisa, desenvolvimento e inovação podem ser utilizados para implementar todas essas atividades. Não se trata, portanto, de um instrumento fechado. Basta que seu objeto seja a execução de projetos de pesquisa, desenvolvimento e inovação e que haja previsão de transferência de recursos financeiros públicos para ser identificado dentro da modalidade requerida. Assim, eles podem ser convênios interadministrativos, convênios intra-administrativos, convênios internacionais e convênios firmados com sujeitos de direito privado.[599] Ou, na classificação de Eduardo García de Enterría e Tomás-Ramón Fernández,[600] convênios interadministrativos e convênios administração-administrados, a depender de cada situação analisada.

---

[598] MURARO, Leopoldo Gomes. Instrumentos jurídicos de parceria. *In*: PORTELA, Bruno Monteiro; BARBOSA, Caio Márcio Melo; MURARO, Leopoldo Gomes; DUBEUX, Rafael (coord.). *Marco Legal de Ciência, Tecnologia e Inovação no Brasil*. Salvador: Juspodivm, 2020, p. 176.

[599] Em relação a este tema, o Tribunal de Contas espanhol assim se manifestou: "*No puede considerarse ajustada al ordenamiento jurídico, sin un adecuado respaldo legal, la suscripción de convenios con particulares que impliquen concesión de ayudas singulares o, en general, un trato privilegiado a determinadas entidades o ciudadanos, por cuanto por su propia naturaleza excepciona el principio de igualdad ante la ley. Por el contrario, si el convenio no implicara una situación de privilegio, podría ser defendible la no necesidad de norma habilitadora, siempre que en su instrumentación se respeten las restantes exigencias del marco legal aplicable*" (Resolución de 18 de diciembre de 2012, aprobada por la Comisión Mixta para las Relaciones con el Tribunal de Cuentas, en relación con la moción sobre la necesidad de establecer un adecuado Marco Legal para el empleo del Convenio de Colaboración por las Administraciones Públicas).

[600] "*A la especie de sujetos que concurre con la Administración en la producción de la declaración, y aquí procede distinguir según que ese otro sujeto sea, o bien otra Administración, o bien un*

O objeto do convênio PD&I é distinto do objeto do acordo de parceria para PD&I, pois, no primeiro, se avença o ajuste para execução de projetos de PD&I com previsão de transferência de recursos financeiros públicos para tanto, enquanto no segundo – a realização de atividades conjuntas de pesquisa científica e tecnológica e de desenvolvimento de tecnologia, produto, serviço ou processo, em regra sem transferência de recursos financeiros públicos para o parceiro privado – a exceção fica por conta da possibilidade criada da transferência de recursos financeiros dos parceiros privados para os parceiros públicos, inclusive por meio de fundação de apoio.

Os convênios para PD&I são típicos convênios de colaboração da Administração com os particulares para fomentar atividades econômicas privadas de interesse público tão bem descrito por Martín Bassols Coma.[601]

As bases gerais destes convênios, especialmente se considerado que eles buscam implementar uma ação concertada, cumprem função paralela à do contrato, pois não há uma contraposição de interesses. O que existe é o poder público buscando através de cooperação alavancar o processo de inovação tecnológica no país, no qual sem a participação dos componentes do SNCTI, mesmo que existam investimentos, não se construirão os resultados pretendidos. O que será fixado nesses ajustes são os objetivos concretos a serem alcançados, os benefícios a serem concedidos, os compromissos a serem assumidos, as causas de resilição por descumprimento e as garantias exigidas das empresas que assumem as obrigações.

Os termos e condições, assim como as cláusulas, têm a natureza de disposições administrativas; funcionalmente, têm natureza contratual ou convencional, pois integram o conteúdo obrigatório dos contratos, uma vez aceitos pelas partes envolvidas, já que nunca podem ser impositivas por se tratar de uma ação estimulatória.

Assim, o financiamento público das atividades dá a chave para se determinar e localizar a atividade administrativa, pois evidente

---

administrado. En el primer caso encontramos convenios interadministrativos, en el segundo, convenios Administración-administrados". GARCÍA DE ENTERRÍA, Eduardo; FERNÁNDEZ, Tomás-Ramón. Curso de derecho administrativo I. Notas de Agustín Gordillo. Buenos Aires: La Ley, 2006, p. 679.

[601] COMA, Martín Bassols. Consideraciones sobre los convenios de colaboración de la administración con los particulares para el fomento de actividades económicas privadas de interés público. In: Revista de Administración Pública, n. 82, 1977. Disponível em: https://dialnet.unirioja.es/servlet/articulo?codigo=1097915. Acesso em: 1 set. 2023.

que, quando o Estado atua diretamente, o faz com base em recursos públicos; ao mesmo tempo, quando constitui entidades para realizar determinados objetivos, ainda que por meio de fórmulas jurídicas privadas, o faz com fundos ou recursos públicos. Igualmente, quando realiza atividades de interesse público por meio de particulares, estas se materializam com base em auxílios e subsídios estatais.

Ao final, o que interessa é que os signatários do ajuste devem ter consciência pública de estadistas, pois, a partir do momento que se formaliza o convênio para PD&I, a busca insaciável pelo alcance dos resultados modulados previamente é o mínimo esperado dos sujeitos que pactuaram o seu objeto. Nesse momento, eles representam os desígnios do Estado e a luta pelo desenvolvimento social e econômico deste país.

5.2.4.10 Convênios de educação, ciência, tecnologia e inovação

Os convênios de educação, ciência, tecnologia e inovação são – ou deveriam ser – utilizados apenas na esfera federal, para instrumentalizar relações triangulares envolvendo sempre como um de seus sujeitos uma fundação de apoio credenciada para atuar em uma relação jurídica envolvendo entes federais e, de outro lado, instituições federais de ensino superior (IFES) ou outras instituições científicas e tecnológicas. Para completar esse triângulo, somam-se empresas previamente habilitadas conforme os requisitos definidos no Decreto Federal nº 8.240/2014, norma que regulamenta o art. 1º-B da Lei nº 8.958/1994.

Nesse contexto, o Decreto Federal nº 8.240/2014, que atribui a eles essa denominação – convênios de educação, ciência, tecnologia e inovação – expressamente fixa como dimensão objetiva de sua incidência, no seu art. 1º, os convênios referidos no art. 1º-B da Lei Federal nº 8.958/1994,[602] cuja lei "dispõe sobre as relações entre as instituições federais de ensino superior e de pesquisa científica e tecnológica e as

---

[602] BRASIL. Lei Federal nº 8.958/1994. "Art. 1º-B. As organizações sociais e entidades privadas poderão realizar convênios e contratos, por prazo determinado, com as fundações de apoio, com a finalidade de dar apoio às IFES e às demais ICTs, inclusive na gestão administrativa e financeira dos projetos mencionados no *caput* do art. 1º, com a anuência expressa das instituições apoiadas (Incluído pela Lei nº 12.863, de 2013). Parágrafo único. A celebração de convênios entre a IFES ou demais ICTs apoiadas, fundação de apoio, entidades privadas, empresas públicas ou sociedades de economia mista, suas subsidiárias ou controladas, e organizações sociais, para finalidades de pesquisa, desenvolvimento, estímulo e fomento à inovação, será realizada mediante critérios de habilitação das empresas, regulamentados em ato do Poder Executivo federal, não se aplicando nesses casos a legislação federal que

fundações de apoio", conforme decorre de seu preâmbulo, deixando clarividente o âmbito de incidência da Lei Federal nº 8.958/1994 como específico para as relações avençadas por instituições federais de ensino superior e as fundações de apoio que com elas se relacionem.

O art. 1º, §2º, I, do Decreto Federal nº 8.240/2014 assim define os convênios de educação, ciência, tecnologia e inovação:

> instrumentos que tenham como partícipes Instituição Federal de Ensino Superior – IFES ou demais ICT – Instituição Científica e Tecnológica – ICT, fundações de apoio, e empresas públicas ou sociedades de economia mista, suas subsidiárias e controladas, visando às finalidades de pesquisa científica, desenvolvimento tecnológico, estímulo e fomento à inovação, e apoio a projetos de ensino, pesquisa, extensão e desenvolvimento institucional, com transferência de recursos financeiros ou não financeiros, em parceria com entidades privadas, com ou sem fins lucrativos, envolvendo a execução de projetos de interesse recíproco, podendo contar ainda com a participação de organizações sociais, que tenham contrato de gestão firmado com a União, na forma da Lei nº 8.958, de 1994.

Desta forma, é importante afastar a aplicação do Decreto nº 8.240/2014 para relações que não tenham como interveniente uma fundação de apoio amoldada e credenciada em nível federal conforme previsão do art. 2º da Lei Federal nº 8.958/1994 e com o Decreto Federal nº 7.423/2010, que regulamenta a sua aplicação. Podem ser sujeitos desta relação quaisquer entes da Administração indireta e entidades privadas com ou sem fins lucrativos.

Com efeito, os convênios de educação, ciência, tecnologia e inovação, em consonância com o art. 3º do Decreto Federal nº 8.240/2014, terão como partícipes no mínimo:

> (i) uma instituição federal de ensino superior (IFES) ou outra instituição científica e tecnológica (ICT);
> (ii) uma fundação de apoio credenciada em nível federal conforme previsão do art. 2º da Lei Federal nº 8.958/1994 e com o Decreto Federal nº 7.423/2010;
> (iii) uma empresa pública, ou uma sociedade de economia mista, suas subsidiárias e controladas, ou uma entidade privada com ou sem fins lucrativos, ou uma organização social com contrato de gestão firmado com a União. Ainda, é permitido que esses convênios tenham tantos

---

institui normas para licitações e contratos da administração pública para a identificação e escolha das empresas convenentes (Incluído pela Lei nº 12.863, de 2013)".

partícipes quanto forem necessários para realizar o projeto. Estes ajustes não se subordinarão à Lei de Licitações e Contratos Administrativos, por afastamento expresso da incidência do art. 1º-B, parágrafo único.

Eles têm por finalidade o financiamento ou a execução de projetos de ensino, pesquisa, extensão, desenvolvimento institucional, científico e tecnológico e estímulo à inovação (art. 2º do Decreto Federal nº 8.240/2014). Todos os seus partícipes podem exercer, cumulativamente, as funções de gestão, execução e financiamento parcial ou integral dos convênios conforme definido em cada instrumento, mas é indispensável uma fundação de apoio participar de sua gestão, sem o que sua natureza e subsunção ao Decreto Federal nº 8.240/2014 não prevalecerão (art. 4º do Decreto Federal nº 8.240/2014). A assinatura desses convênios é atribuída ao dirigente máximo da IFES ou das demais ICTs, competência que pode ser delegada a pró-reitores e diretores de NITs.

O art. 6º do Decreto Federal nº 8.240/2014 determina que os convênios de educação, ciência, tecnologia e inovação, quando firmados com empresas interessadas em financiar ou executar projetos de ensino, pesquisa, extensão, desenvolvimento institucional, científico e tecnológico e estímulo à inovação, serão celebrados apenas com empresas previamente habilitadas pelas fundações de apoio. Essa habilitação consiste em um cadastro prévio em um sistema *on-line* (Plataforma +Brasil), conforme definido na Portaria Interministerial ME/CGU/MCTI/MEC nº 14.213/2021, em decorrência dos arts. 18 e 25 do Decreto Federal nº 8.240/2014, observando as condicionantes previstas neste último.

Os convênios de educação, ciência, tecnologia e inovação deverão conter plano de trabalho que observe, no mínimo, os arts. 9º e 10, ambos do Decreto Federal nº 8.240/2014. Esse plano deve, ainda, prever a titularidade da propriedade intelectual e a participação nos resultados da exploração das criações resultantes dos projetos financiados, sempre formalizados por instrumentos individualizados, com objetos específicos e prazo determinado. É defeso o uso de instrumentos e de seus aditivos com objeto genérico.

A remuneração do pessoal envolvido nos projetos deve estar prevista detalhadamente no instrumento (art. 15 do Decreto Federal nº 8.240/2014), podendo ser fixadas taxas de administração – atualmente denominadas despesas operacionais administrativas em virtude da nomenclatura adotada pelo art. 10 da Lei nº 10.973/2004[603] – para remuneração das fundações de apoio em cada projeto (art. 16 do Decreto Federal nº 8.240/2014),[604] limitada a 15%,[605] por adoção do teto previsto na regulamentação realizada (art. 10 do Decreto Federal nº 9.283/2018 e art. 7º da Lei nº 10.973/2004).

Sem embargo, por meio dos convênios de educação, ciência, tecnologia e inovação, busca-se a colaboração entre diferentes instituições de ensino e pesquisa, laboratórios, empresas e entidades governamentais, contribuindo para formar o SNCTI e promover o desenvolvimento socioeconômico do país por meio da geração de conhecimento e da aplicação de tecnologias inovadoras. A aplicação do Decreto Federal nº 8.240/2014 estará presente quando houver interesse mútuo entre entidades públicas em desenvolver projetos e atividades de pesquisa, ensino, extensão, inovação tecnológica, intercâmbio de informações científicas e tecnológicas, formação de recursos humanos, entre outros aspectos relacionados à educação, ciência, tecnologia e inovação, com base nas seguintes diretrizes:

> (i) promover a articulação e a integração entre os entes envolvidos na área de educação, C,T&I, contribuindo para fortalecer o SNCTI;
> (ii) propiciar e estimular a formação e a capacitação de recursos humanos qualificados nessas áreas; fomento à pesquisa, desenvolvimento e inovação tecnológica;
> (iii) trazer segurança jurídica aos envolvidos ao definir regras claras para celebrar, executar, acompanhar e avaliar essa modalidade de convênio.

Por fim, registra-se que a diferença entre os convênios de educação, ciência, tecnologia e inovação regulamentados pelo Decreto Federal nº 8.240/2014, e os convênios para PD&I decorrentes do art. 9º-A da Lei nº 10.973/2004, regulamentados pelo Decreto Federal nº

---

[603] BRASIL. Lei nº 10.973/2004. "Art. 10. Os acordos e contratos firmados entre as ICT, as instituições de apoio, agências de fomento e as entidades nacionais de direito privado sem fins lucrativos voltadas para atividades de pesquisa, cujo objeto seja compatível com a finalidade desta Lei, poderão prever recursos para cobertura de despesas operacionais e administrativas incorridas na execução destes acordos e contratos, observados os critérios do regulamento".
[604] BRASIL. Decreto Federal nº 8.240/2014. "Art. 16. As fundações de apoio não poderão pagar despesas administrativas com recursos dos convênios ECTI, ressalvada a hipótese de cobrança de taxa de administração, a ser definida em cada instrumento".
[605] MARINELLO, Luiz; OLIVEIRA, Nereide de. O papel das procuradorias. *In*: REDE INOVA SÃO PAULO. *Guia de boas práticas jurídicas da Rede Inova São Paulo*: experiência e reflexões dos NITs do Estado nas Relações ICT-Empresa. São Paulo: CNPQ/Inova, 2017, p. 167-168.

9.283/2018, reside no fato de que, enquanto estes últimos têm dimensão subjetiva de incidência a todos os ajustes dos entes pertencentes ao SNCTI, aplicando-se, portanto, a todos os entes federativos e suas entidades de administração indireta, os convênios de educação, ciência, tecnologia e inovação somente poderão ser firmados quando a relação jurídico-administrativa for dotada da triangulação necessária entre uma fundação de apoio que atue em nível federal, uma IFES ou ICT, e uma entidade previamente habilitada conforme os requisitos definidos no Decreto Federal nº 8.240/2014, o que torna essa modalidade última de convênio muito específica e restrita, tendendo a cair no desuso em face da liberdade e da amplitude trazida pelo convênio para PD&I e pelo acordo de parceria para PD&I, ambos da Lei de Inovação, já regulamentados pelo Decreto Federal nº 9.283/2018.

5.2.4.11 Contrato de prestação de serviços técnicos especializados

Com a promulgação da Lei nº 10.973/2004 e a introdução do art. 8º, atribuiu-se às ICTs a possibilidade de se prestar serviços técnicos especializados às instituições públicas ou privadas para as atividades ligadas à inovação e à pesquisa científica e tecnológica no ambiente produtivo, fomentando a maior integração universidade-empresas. Surgiu aí o que a doutrina convencionou denominar de contratos de prestação de serviços técnicos especializados[606] ou contratos de prestação de serviços de P&D,[607] colocando a Administração Pública, através das suas ICTs, como prestadoras de serviços técnicos especializados (art. 8º da Lei nº 10.973/2004), o que afasta a aplicação da Lei nº 14.133/2021 (Lei de Licitações) não só por se tratar de uma legislação específica (art. 3º, II),[608] mas pela inversão de papéis. Isto porque, neste caso, a Administração passa a ser a prestadora de um serviço que, em uma primeira análise, possui a remuneração a ser paga pelo seu objeto de natureza jurídica

---

[606] MURARO, Leopoldo Gomes. Instrumentos jurídicos de parceria. *In*: PORTELA, Bruno Monteiro; BARBOSA, Caio Márcio Melo; MURARO, Leopoldo Gomes; DUBEUX, Rafael. *Marco legal de ciência, tecnologia e inovação no Brasil.* 3. ed. Salvador: Juspodivm, 2021, p. 202.

[607] VIEGAS, Juliana Laura Bruna. Contratos de pesquisa e contratos de franquia. *In*: SANTOS, Manoel J. Pereira dos; JABUR, Wilson Pinheiro (coord.). *Contratos de propriedade industrial e novas tecnologias.* São Paulo: Saraiva, 2007, p. 210.

[608] BRASIL. Lei nº 14.133/2021. "Art. 3º. Não se subordinam ao regime desta Lei: [...]; II – contratações sujeitas a normas previstas em legislação própria".

de preço público,[609] podendo, entretanto, obter resultados positivos financeiros desta prestação de serviços, o que é recomendável, já que a utilização da capacidade instalada das ICTs deve ser justificável em termos econômicos.

Na sua redação original, o art. 8º assim regulou os contratos de prestação de serviços técnicos especializados:

> Art. 8º. É facultado à ICT prestar a instituições públicas ou privadas serviços compatíveis com os objetivos desta Lei, nas atividades voltadas à inovação e à pesquisa científica e tecnológica no ambiente produtivo.
> §1º A prestação de serviços prevista no *caput* deste artigo dependerá de aprovação pelo órgão ou autoridade máxima da ICT.
> §2º O servidor, o militar ou o empregado público envolvido na prestação de serviço prevista no *caput* deste artigo poderá receber retribuição pecuniária, diretamente da ICT ou de instituição de apoio com que esta tenha firmado acordo, sempre sob a forma de adicional variável e desde que custeado exclusivamente com recursos arrecadados no âmbito da atividade contratada.
> §3º O valor do adicional variável de que trata o §2º deste artigo fica sujeito à incidência dos tributos e contribuições aplicáveis à espécie, vedada a incorporação aos vencimentos, à remuneração ou aos proventos, bem como a referência como base de cálculo para qualquer benefício, adicional ou vantagem coletiva ou pessoal.
> §4º O adicional variável de que trata este artigo configura-se, para os fins do art. 28 da Lei nº 8.212, de 24 de julho de 1991, ganho eventual.

Posteriormente, com a nova redação trazida ao art. 8º pela Lei nº 13.243/2016, percebeu-se que as ICTs têm papel importante no aumento da competitividade das empresas, colocando-as como parceiras nesse processo e flexibilizando a sua aprovação através da descentralização agora prevista no art. 8º, §1º:

> Art. 8º. É facultado à ICT prestar a instituições públicas ou privadas serviços técnicos especializados compatíveis com os objetivos desta Lei, nas atividades voltadas à inovação e à pesquisa científica e tecnológica

---

[609] "Estando tais serviços postos à disposição de todos (generalidade, uma de suas características), quem os queira voluntariamente assume a condição de usuário, pagando o chamado preço público. A existência do preço público requer que a receita se mantenha ao nível da despesa, ou seja, a quantia que exige do usuário, pelo fornecimento de serviços ou coisas, deverá ser suficiente apenas para cobrir seus custos". CALDAS NETO, Cícero. "Preço público" e "taxa": algumas considerações. *Revista de Informação Legislativa*, n. 135, ano 34, p. 267, jul./set. 1997.

no ambiente produtivo, visando, entre outros objetivos, à maior competitividade das empresas (Redação pela Lei nº 13.243, de 2016).
§1º. A prestação de serviços prevista no caput dependerá de aprovação pelo representante legal máximo da instituição, facultada a delegação a mais de uma autoridade, e vedada a subdelegação (Redação pela Lei nº 13.243, de 2016).

Embora a remuneração ao servidor público não seja obrigatória, para motivá-lo a prestar esses serviços, a norma foi além, permitindo-a, expressamente nos seus parágrafos seguintes – §2º, §3º e §4º –, o que garantiu segurança jurídica aos agentes envolvidos na prestação desses serviços e que, muitas vezes, eram questionados pelos seus próprios pares a respeito da lisura e até potenciais conflitos de interesses, fatos que não devem ser mais ventilados.

A retribuição pecuniária ao servidor será paga diretamente pela ICT ou pela instituição de apoio interveniente, correspondendo à adicional variável para efeitos tributários e de contribuições sociais, e somente poderá ser custeada com recursos arrecadados no âmbito da atividade contratada. Para evitar insegurança jurídica, o §3º qualificou esses valores como "adicional variável", vedando sua incorporação aos vencimentos, à remuneração ou aos proventos, e a referência como base de cálculo para qualquer benefício, adicional ou vantagem coletiva ou pessoal, classificando-a ao final, no §4º, como "ganho eventual" que não integra o salário-contribuição previsto no art. 28 da Lei nº 8.112/1991. Nizete Lacerda Araújo, Bráulio Madureira Guerra, Laura Camisassa R. Lobato e Maria de Lourdes Rosa Doyle apontam as seguintes características para esta verba recebida como adicional variável:

a. sujeita-se à incidência dos tributos e contribuições cabíveis;
b. não se incorpora aos vencimentos, à remuneração ou aos proventos;
c. não poderá ser utilizado como base de cálculo para qualquer verba remuneratória, seja "benefício, adicional ou vantagem coletiva ou pessoal";
d. deverá ser tratado como "ganho eventual", nos termos do art. 28 da Lei nº 8.112/91 – a Lei Orgânica da Seguridade Social – o qual emite o conceito de salário-de-contribuição.[610]

---

[610] ARAÚJO, Nizete Lacerda; GUERRA, Bráulio Madureira; LOBATO, Laura Camisassa R.; DOYLE, Maria de Lourdes Rosa. Marco legal da inovação: breves comentários. Rio de Janeiro: Lumen Juris, 2018, p. 15-16.

Antes da Lei de Inovação, invariavelmente, a formatação de ajustes voltados à contratação de serviços científicos e tecnológicos entre universidades e empresas visando obter processos e produtos inovadores, utilizando-se da capacidade instalada nos *campi* universitários para tanto, não era uma realidade sólida nesse ambiente. Isto acontecia dada a ausência de um regramento geral que permitisse ao pesquisador atender essas demandas sem esbarrar nas normas funcionais inibidoras da sua atuação em prestação de serviços não exclusivos da universidade, decorrente da incidência de regras de Direito Público até então extremante restritivas.

O compartilhamento obrigatório dos resultados da pesquisa não é exigível pelo art. 8º,[611] já que se trata de um contrato de prestação de serviços no qual, se houver como potencial resultado a configuração de uma propriedade intelectual que possa resultar em inovação,[612] não se está a falar mais de uma mera prestação de serviços, mas de outra

---

[611] "A Lei de Inovação também não exige, na hipótese coberta pelo art. 8º, o compartilhamento obrigatório dos resultados da pesquisa [...]. De fato, o tipo de contrato coberto pelo art. 8º da Lei da Inovação é de *serviços*, isto é, a instituição é contratada para, sob regime de encomenda ou terceirização (*outsourcing*), fazer determinada pesquisa científica ou tecnológica. Portanto, é coerente que não haja, neste caso, rateio dos resultados obtidos. A contraprestação é a remuneração paga pelos serviços prestados, e o resultado é integralmente do contratante". VIEGAS, Juliana Laura Bruna. Contratos de pesquisa e contratos de franquia. *In*: SANTOS, Manoel J. Pereira dos; JABUR, Wilson Pinheiro (coord.). *Contratos de propriedade industrial e novas tecnologias*. São Paulo: Saraiva, 2007, p. 210.

[612] É nesse sentido o posicionamento da Câmara Permanente de Ciência, Tecnologia e Inovação da Procuradoria-Geral Federal, emitido através do Parecer nº 00001/2022/CP-CT&I/DEPCONSU/PGF/AGU:
"I. CIÊNCIA, TECNOLOGIA E INOVAÇÃO. CONTRATO DE PRESTAÇÃO DE SERVIÇOS TÉCNICOS ESPECIALIZADOS. II. Marco Legal da Ciência, Tecnologia e Inovação – CT&I (Emenda Constitucional n. 85, de 2015, Lei nº 10.973, de 2004, Lei nº 13.243, de 2016, e Decreto n. 9.283, de 2018). III. Contrato de prestação de serviços técnicos especializados. Art. 8º da Lei nº 10.973, de 2004. Características contratuais: partes, interesses contrapostos, e contraprestação. IV. Contrato atípico no plano administrativo. Natureza específica dos serviços: serviços técnicos especializados, compatíveis com os objetivos da Lei nº 10.973, de 2004, em atividades voltadas à inovação e à pesquisa científica e tecnológica no ambiente produtivo. Atuação do Núcleo de Inovação Tecnológica (NIT). Possibilidade de cada ICT elaborar fluxos simplificados. Recursos humanos: remuneração por meio de adicional variável. Resultado: em regra, pertence ao contratante, salvo se resultar em propriedade intelectual, hipótese em que as partes poderão incluir cláusula de cotitularidade. Licitação ou processo seletivo equivalente para seleção do contratante: desnecessidade. Regularidade fiscal e trabalhista do contratante: desnecessidade. Vigência, prorrogação e acréscimos: inaplicabilidade da Lei nº 8.666, de 1993. Possibilidade de recebimento da contraprestação por intermédio de Fundação de Apoio. Recomendações nas análises jurídicas, inclusive na instrução processual. V. Análise de minutas padrão, com recomendação aos órgãos de execução da Procuradoria-Geral Federal que recomendem sua utilização pelas Instituições Científicas, Tecnológicas e de Inovação e Agências perante as quais os procuradores federais exerçam suas atividades de consultoria e assessoramento jurídico".

espécie de ajuste. Nesse caso, pode ser um convênio para PD&I, um acordo de parceria para PD&I, uma parceria para desenvolvimento produtivo, um convênio de educação, ciência, tecnologia e inovação ou, por fim, um contrato de desenvolvimento também denominado contrato de cooperação tecnológica,[613] este último substituído atualmente pelo acordo de parceria para PD&I, dada a sua regulamentação, garantindo maior segurança jurídica aos envolvidos. De qualquer forma, todos eles afastam a ideia da mera prestação de serviço.

Na prática, é muito tênue a linha para se definir o que é ou não prestação de serviços técnicos especializados, ou se envolveria atividades de PD&I, o que acarreta àqueles da área técnica da ICT, através de parecer técnico, definir a sua natureza de prestação de serviço técnico especializado, afastar eventuais atividades de PD&I do ajuste a ser firmado expressamente[614] e responsabilizar o parecerista por eventuais prejuízos causados à ICT em caso de erro grosseiro ou dolo (art. 28 da LINDB). Significa dizer que é importante o NIT ser consultado, reme-

---

[613] "O contrato de cooperação tecnológica em si é um modelo jurídico contratual marcado pela contribuição conjunta dos contratantes, de forma que, apesar de a atuação de cada um destes apresentar naturezas completamente distintas, a empresa voltada aos seus interesses privados e a ICT vinculada ao domínio público deverão empreender esforços para a obtenção de um fim comum – a inovação. Assim, em meio à parceria para a realização de atividades conjuntas de pesquisa científica e tecnológica, unem-se os parceiros em torno de um interesse comum, da produção de ambiente propício à criação de produtos e processos inovadores. Conforme prescrito naquele Ato Normativo do INPI (Ato Normativo INPI no 135/1997: '3. Os contratos deverão indicar claramente seu objeto, a remuneração ou os 'royalties', os prazos de vigência e de execução do contrato, quando for o caso, e as demais cláusulas e condições da contratação'), é importante que o instrumento contratual contenha, especificamente, as estratégias de ação esperadas de cada contratante, na medida em que aquele deve funcionar como um elemento que organize a complementaridade estrutural e funcional dos parceiros, permitindo-lhes obter, como contrapartida à sua adequada contribuição, os frutos decorrentes da inovação produzida, quais sejam, os rendimentos do produto patenteado, por exemplo. O CCT, assim, é o elemento normativo que guia a relação entre ICT e empresa. Nesse cenário, cabe ressaltar que, dentro desses contratos estão inseridos, em sua maioria, três agentes – a ICT, o inventor com sua equipe e a empresa –, sendo todos eles importantes figuras do sistema de inovação. Cada um deles tem um papel diferente dentro do CCT, advindo da sua natureza específica, o que leva a distintas motivações para ingressar na parceria em questão". FERES, Marcos Vinicio Chein; MÜLLER, Juliana Martins de Sá; OLIVEIRA, Ludmila Esteves. Contratos de cooperação tecnológica e inovação: uma análise a partir do direito como integridade e identidade. *Revista de Informação Legislativa*, n. 198, ano 50, p. 174, abr./jun. 2013.

[614] "[...] para definir se o contrato de prestação de serviços técnicos especializados poderá ser firmado, caberá à área técnica da ICT (com eventual auxílio do NIT) verificar se o serviço a ser prestado é comum ou se envolve atividades de P,D&I". MURARO, Leopoldo Gomes. Instrumentos jurídicos de parceria. *In*: PORTELA, Bruno Monteiro; BARBOSA, Caio Márcio Melo; MURARO, Leopoldo Gomes; DUBEUX, Rafael. *Marco legal de ciência, tecnologia e inovação no Brasil*. 3. ed. Salvador: Juspodivm, 2021, p. 205.

tendo a ele o parecer técnico para seus membros aquiescerem também com a decisão apresentada pelo parecerista.

Ao final, algumas recomendações podem ser feitas para incluir nos contratos de prestação de serviços técnicos especializados:

(i) o orçamento das propostas de prestação de serviços deve ser elaborado segundo as regras e procedimentos a serem publicadas pelo NIT ou pela ICT, discriminando os custos diretos e indiretos envolvidos em sua execução;
(ii) as despesas com suprimentos e pessoal envolvido na prestação de serviços deve ser previamente mensurada para a composição dos custos, apresentando quantitativo de suprimentos quando houver e "horas-homem" envolvidas no projeto;
(iii) forma e prazo de recebimento pela ICT dos valores repassados pela contratante à entidade de apoio interveniente, se houver, e caso não haja, emissão de guia para pagamento direto à ICT, que reembolsará os servidores pelos serviços prestados quando for permitido no ajuste;
(iv) prazo da prestação de serviço, devendo ser designado um fiscal do contrato para observar o seu cumprimento.

5.2.4.12 Acordo de cooperação internacional para ciência, tecnologia e inovação

O acordo de cooperação internacional para ciência, tecnologia e inovação (também denominado "acordo de cooperação internacional para inovação e transferência de tecnologia") encontra amparo no art. 218, §7º, da CF/1988:[615] "o Estado promoverá e incentivará a atuação no exterior das instituições públicas de ciência, tecnologia e inovação". O objetivo é a execução de atividades de promoção e incentivo ao desenvolvimento científico, à pesquisa, à capacitação científica e tecnológica e à inovação. Na Lei de Inovação, a cooperação internacional para inovação e para transferência de tecnologia é um dos objetivos das ações de estímulos positivos (art. 19, §6º, VII). Já na sua regulamentação (Decreto Federal nº 9.283/2018, I, §§1º e 2º, e art. 3º, §3º), a cooperação internacional foi concebida como aliança estratégica. A Administração Direta e

---

[615] "Com o advento da Emenda Constitucional n. 85/15, passou a ser dever do Estado Brasileiro promover e incentivar a atuação de instituições pública ligadas a atividades de CT&I, em especial as Agências de Fomento e ICTs públicas, dentro de uma política pública de internacionalização da pesquisa nacional". MURARO, Leopoldo Gomes. Instrumentos jurídicos de parceria. *In*: PORTELA, Bruno Monteiro; BARBOSA, Caio Márcio Melo; MURARO, Leopoldo Gomes; DUBEUX, Rafael. *Marco legal de ciência, tecnologia e inovação no Brasil*. 3. ed. Salvador: Juspodivm, 2021, p. 221.

Indireta deve estimular e apoiar "as redes e os projetos internacionais de pesquisa tecnológica", envolvendo parceiros estrangeiros com foco na absorção de trocas/benefícios para as políticas de desenvolvimento tecnológico e industrial dentro dos objetivos do SNCTI.

Em seguida, o art. 18 do decreto regulamenta pontualmente a internacionalização das ICTs, prestigiando a cooperação internacional, a atuação da ICT fora do território nacional prioritariamente através da "celebração de acordos, convênios, contratos ou outros instrumentos com entidades públicas ou privadas, estrangeiras ou organismos internacionais", para alcançar os objetivos previstos no seu §1º. No §2º, recomenda-se expressamente a existência de instrumento jurídico formalizado para reger as relações entre as partes, inclusive com plano de trabalho ou projeto congênere, que poderão ser distintos dos outros previstos no Decreto nº 9.283/20218. As ICTs estrangeiras também possuem seus modelos de instrumentos jurídicos, portanto, nesse caso, as consorciantes devem ajustar o modelo mais adequado para instituírem o acordo. Dessa forma, a adoção da nomenclatura *acordo de cooperação internacional para ciência, tecnologia e inovação* ou *acordo de cooperação internacional para inovação e para transferência de tecnologia* é meramente sugestiva, sem o condão de estabelecer vinculação a essa conjunção.[616] O que se deve observar no caso das ICTs brasileiras, ao elaborar o instrumento jurídico, são as condicionantes trazidas pelo art. 18, seja em relação à gestão patrimonial de seus equipamentos (art. 18, §3º), em relação à atuação de seus recursos humanos (art. 18, §4º) e, em especial, à repartição dos direitos de propriedade intelectual (art. 18, §6º).

A Câmara Permanente de Ciência, Tecnologia e Inovação da Procuradoria-Geral Federal conceituou o instrumento jurídico da seguinte forma:

---

[616] "Desde já se faz a ressalva de que o Marco Legal de CT&I não definiu a nomenclatura do instrumento jurídico a ser utilizado para firmar parcerias internacionais que envolvam pesquisas científicas, desenvolvimento tecnológico e inovação. Cabe identificar, dentre os princípios e regras de Direito Internacional. [...]. Portanto, fica a ressalva de que o nome Acordo de Cooperação Internacional para CT&I adotado por este autor não é, e nem pode ser, determinante, uma vez que se deve verificar o conteúdo, e não o nome, dos instrumentos jurídicos utilizados em parcerias internacionais. A opção por esta nomenclatura decorre do fato dela se aproximar do termo utilizado na língua inglesa nestas parcerias: o *Agreement*". MURARO, Leopoldo Gomes. Instrumentos jurídicos de parceria. *In*: PORTELA, Bruno Monteiro; BARBOSA, Caio Márcio Melo; MURARO, Leopoldo Gomes; DUBEUX, Rafael. *Marco legal de ciência, tecnologia e inovação no Brasil*. 3. ed. Salvador: Juspodivm, 2021, p. 222-223.

Acordo de Cooperação Internacional para CT&I é o instrumento jurídico envolvendo instituições públicas e PARCEIROS ESTRANGEIROS (trazer a previsão do art. 18 do Decreto nº 9.283/2016) para realização de atividades conjuntas de pesquisa e desenvolvimento, que objetivem a geração de produtos, processos e serviços inovadores e a transferência e a difusão de tecnologia, com ou sem transferência de recursos públicos, facultada a interveniência de Fundação de Apoio.[617]

Para Leopoldo Gomes Muraro, sua utilização é recorrente para estabelecer cooperação "entre Agências de Fomento e ICTS brasileiras com suas congêneres estrangeiras",[618] objetivando "estabelecer relações jurídicas internacionais que são essenciais para manter o Brasil no cenário mundial de redes de pesquisas dos países que fomentam atividades de CT&I".[619]

Vários são os objetos possíveis para esses acordos, como a cessão de equipamentos e recursos humanos (mobilidade), a transferência de tecnologia e os conhecimentos variados, a utilização de laboratórios para pesquisa e o compartilhamento de propriedade intelectual.

Com efeito, conclui-se pela sua natureza convenial, o que afasta a incidência da Lei Federal nº 14.133/2021, prevalecendo exclusivamente as condicionantes dispostas na Lei de Inovação e suas regulamentações.

5.3 Entidades jurídicas

No âmbito dos sistemas de inovação, há entidades jurídicas – algumas com personalidades jurídicas, outras sem essa personalidade – indispensáveis no processo de absorção do conhecimento, pesquisa, mobilização e condução dos agentes que levarão ao resultado que se pretende apresentar para o mercado.

---

[617] AGU. *Checklist*: Acordo de Cooperação Internacional para Ciência, Tecnologia e Inovação. Disponível em: https://www.gov.br/agu/pt-br/composicao/procuradoria-geral-federal-1/subprocuradoria-federal-de-consultoria-juridica/camara-permanente-da-ciencia-tecnologia-e-inovacao-1/ChecklistAcordoCoopInternacional.pdf. Acesso em: 23 jun. 2023.

[618] MURARO, Leopoldo Gomes. Instrumentos jurídicos de parceria. *In*: PORTELA, Bruno Monteiro; BARBOSA, Caio Márcio Melo; MURARO, Leopoldo Gomes; DUBEUX, Rafael. *Marco legal de ciência, tecnologia e inovação no Brasil*. 3. ed. Salvador: Juspodivm, 2021, p. 220-221.

[619] MURARO, Leopoldo Gomes. Instrumentos jurídicos de parceria. *In*: PORTELA, Bruno Monteiro; BARBOSA, Caio Márcio Melo; MURARO, Leopoldo Gomes; DUBEUX, Rafael. *Marco legal de ciência, tecnologia e inovação no Brasil*. 3. ed. Salvador: Juspodivm, 2021, p. 221.

É indispensável que essas entidades sejam integradas em rede ao SNCTI, pois o sucesso desse sistema perpassa pela integração de todos os seus atores. Pode-se dizer que é como um filme, que precisa de atores principais, coadjuvantes e figurantes para ser realizado. Dentre essas entidades, algumas são atores principais, outras, coadjuvantes, mas, nenhuma delas é figurante.

5.3.1 Universidades públicas e privadas

No Brasil, as universidades públicas surgiram historicamente com duas formas institucionais: (i) autarquia, que deve ser criada por lei, a qual irá dispor sobre os limites da sua especialidade (autarquia em regime especial); (ii) a lei irá autorizar a sua instituição como fundação, em regra sob o regime de Direito Público, o que a converterá em uma fundação autárquica. Todavia, as universidades poderão ser criadas como fundações públicas instituídas sob o regime de Direito Privado. São exemplos desses regimes de instituição:

- *autarquia em regime especial*: Lei nº 11.154/2005, que criou a Universidade Federal de Alfenas:

    Art. 1º Fica criada a Universidade Federal de Alfenas – UNIFAL-MG, autarquia de regime especial, com sede e foro no Município de Alfenas, Minas Gerais, vinculada ao Ministério da Educação, por transformação da Escola de Farmácia e Odontologia de Alfenas – Centro Universitário Federal – EFOA/CEUFE.

- *fundação pública autárquica*: Lei nº 11.145/2005, que instituiu a Universidade Federal do ABC:

    Art. 1º Fica instituída a Fundação Universidade Federal do ABC – UFABC, fundação pública dotada de personalidade jurídica de direito público, vinculada ao Ministério da Educação, com sede e foro na cidade de Santo André, Estado de São Paulo.

- *fundação pública instituída sob o regime de direito privado*: Decreto-Lei nº 762/1969, que autorizou a instituição da Universidade Federal de Uberlândia:

    Art. 1º. Fica autorizado o funcionamento da Universidade de Uberlândia, com sede na cidade do mesmo nome, Estado de Minas Gerais.

§1º. A Universidade de que trata este artigo será uma fundação de direito privado com autonomia didática, científica, administrativa, financeira e disciplinar, nos termos da legislação federal e dos seus estatutos.

§2º. O Presidente da República designará o representante da União nos atos constitutivos da fundação.

As principais características das autarquias e fundações autárquicas universitárias são:

(i) como são pessoas jurídicas de direito público, seu regime jurídico é o de Direito Público, ou seja, regem-se pelos princípios da Administração Pública, pois nada mais são que uma *longa manus* do Poder Executivo
(ii) atuam em nome próprio
(iii) os atos emitidos são, por natureza, administrativos, logo, há presunção da legalidade dos seus atos
(iv) possuem privilégios estabelecidos, em relação aos processos trabalhistas, no Decreto-Lei nº 779/1969
(v) suas contratações submetem-se à licitação
(vi) seus empregados são considerados agentes públicos, no entanto, quanto ao regime trabalhista, os funcionários tanto podem ser estatutários quanto celetistas
(vii) seus dirigentes são escolhidos pelo chefe do Poder Executivo ou por pessoa por este delegada
(viii) só existem se criadas por lei (art. 37, XIX, da CF/1988), e assim, também, é que deixam de existir
(ix) sua organização deve ser estabelecida por decreto, seguida de Regimento e Estatuto
(x) submetem-se ao controle hierárquico
(xi) têm responsabilidade civil objetiva (art. 37, §6º, da CF/1988)
(xii) há direito de regresso contra seus servidores (art. 37, §6º, da CF/1988)
(xiii) não se submetem à falência
(xiv) gozam de imunidade tributária em relações a seus bens, rendas e aos serviços a que se vinculam (art. 150, §2º, da CF/1988)
(xv) gozam ainda do privilégio de terem seus bens e rendas impenhoráveis (art. 100 e parágrafos da CF/1988)
(xvi) possuem proteção de seus bens contra usucapião (Decreto-Lei nº 9.760/1946)
(xvii) têm prazos processuais em dobro para todas suas manifestações processuais, com contagem iniciada apenas após intimação pessoal (art. 183 do CPC/2015)
(xviii) aplica-se a prescrição quinquenal a suas dívidas (Decreto-Lei nº 4.597/1942)
(xix) execução fiscal de seus créditos

(xx) há dispensa de juntada em juízo, pelo seu procurador, do competente mandato
(xxi) não têm o lucro como elemento essencial, pois não concorrem com a iniciativa privada
(xxii) na sua instituição, deve-se fixar: suas competências, seus fins, destinar-lhes patrimônio e explicitar os meios de subsistência, pois nelas há a autoadministração com capacidade financeira própria
(xxiii) submete-se ao controle de legalidade de seus atos, ressalvado sempre os limites da autonomia universitária, diante da sua capacidade de autonormação
(xxiv) a competência para julgar os dissídios em que estão envolvidas é da Justiça Federal quando forem criadas pela União (art. 109, I, da CF/1988).

As universidades instituídas como fundações públicas sob o regime de direito privado se diferenciam sob o aspecto do regime de trabalho dos seus agentes e gestão de seu quadro de pessoal administrativo, também sob o regime celetista. Já as demais situações se assemelham.

Noticie-se a existência da proposta de um anteprojeto de lei (Lei Orgânica das Universidades Públicas Federais),[620] que visa regulamentar o art. 207 da CF/1988, atribuindo a autonomia necessária para o dinamismo e a desburocratização exigidos das universidades, principalmente quando comparadas às universidades estrangeiras. Destaque-se o art. 11, que estabelece hipóteses de flexibilizações e estímulos jurídicos às universidades, que teriam acrescidas à sua estrutura as seguintes liberdades: organizar-se internamente da forma mais conveniente e compatível com sua peculiaridade, firmando suas instâncias decisórias; instituir seu quadro de pessoal, criando, transformando e extinguindo cargos e funções, no limite de sua capacidade orçamentária; instaurar regulamento próprio para licitações e contratos administrativos pertinentes a obras, serviços, compras, alienações e locações.

As universidades privadas se submetem ao instituto do credenciamento para serem instituídas, todavia, antes desse processo, já necessitam estar constituídas como empresas de qualquer modalidade societária ou entidades sem fins lucrativos, estabelecendo no seu ato de instituição a promoção de educação superior como uma de suas finalidades.

---

[620] ANDIFES. *Proposta de um Anteprojeto de Lei, denominado de Lei Orgânica das Universidades Públicas Federais*. Disponível em: https://www.andifes.org.br/wp-content/files_flutter/Biblioteca_009_LOU-IFES.pdf. Acesso em: 3 set. 2023.

O credenciamento para oferecer ensino superior é hipótese na qual a convocação se dá por lei (Lei nº 9.394/1996 – LDB). Neste caso, a chamada está sempre aberta, nos termos do art. 46, que estabeleceu a necessidade de credenciamento destas instituições para o seu legítimo funcionamento.

Atualmente, a regulação do ensino superior é realizada pela Secretaria de Regulação e Supervisão do Ensino Superior, vinculada ao Ministério da Educação. O Decreto nº 9.235/2017 disciplina como se dá a regulação das instituições credenciadas ao oferecimento de ensino superior, estabelecendo a obrigatoriedade de emissão pelo poder público federal de um ato autorizativo.

Inicialmente, elas serão credenciadas como faculdades. Posteriormente, podem alçar a categoria de centros universitários em processo de recredenciamento e, finalmente, serem recredenciadas após essa longa jornada como universidade. É o caminho traçado pelo art. 15 do Decreto nº 9.235/2017. Tanto o credenciamento quanto o recredenciamento se iniciam na Secretaria de Regulação e Supervisão do Ensino Superior, passando pelo Instituto Nacional de Estudos e Pesquisas Educacionais Anísio Teixeira (INEP), que avalia *in loco* as condições de infraestrutura, acadêmicas, financeiras e econômicas, docentes, do plano de desenvolvimento institucional, normas de autorregulação, quadro de técnicos-administrativos e toda a documentação prevista nos arts. 20 e 21 do Decreto nº 9.235/2017, entre outros critérios para encaminhar o relatório à Secretaria de Regulação e Supervisão do Ensino Superior. Se houver condições de prosseguimento, seguirá para o CNE, que irá deliberar na Câmara de Ensino Superior sobre a outorga do credenciamento ou não da IES. Havendo deliberação positiva, será encaminhado o parecer do conselho para emissão de portaria de credenciamento ou recredenciamento institucional. O processo só será encerrado após a homologação do parecer pelo Ministro da Educação e a publicação da Portaria Ministerial no *Diário Oficial* da União.

Em termos jurídicos, o decreto considera o credenciamento um ato administrativo de autorização (art. 10, §1º). A natureza jurídica atribuída ao credenciamento de autorização para a prestação de um serviço público é para a manutenção da precariedade do ato administrativo, que poderia ser revogado a qualquer tempo, além de se tratar de um ato administrativo negocial.

Portanto, para se iniciar o funcionamento de qualquer instituição de ensino superior, a condição é possuir o ato de credenciamento emitido pelo MEC (portaria ministerial) e solicitar a autorização de funcionamento de um curso, como requisito formal do pedido de credenciamento, pois seria irracional credenciar o funcionamento de uma faculdade sem a existência de cursos superiores.

Ressalta-se que, o credenciamento tem validade de apenas três anos para instituições não universitárias e de cinco anos para as universidades. Deve ser requerido, após o término desse prazo, e solicitado o recredenciamento para a continuidade da instituição, que tramitará conforme o credenciamento. Dessa forma, o Ministério da Educação exerce periodicamente a regulação do ensino superior nas instituições ofertantes desse serviço social, utilizando o credenciamento como o instituto viável, simplesmente pelo fato de nesses casos se permitir a ampla concorrência.

5.3.2 Instituição científica, tecnológica e de inovação (ICTs)

As ICTs são órgãos ou entidades da Administração Pública direta ou indireta, ou pessoa jurídica de direito privado, sem fins lucrativos, legalmente constituídas sob as leis brasileiras, com sede e foro no país, que incluam em sua missão institucional ou em seu objetivo social ou estatutário a pesquisa básica ou aplicada de caráter científico ou tecnológico, ou o desenvolvimento de novos produtos, serviços ou processos (art. 2º, V, da Lei Federal nº 10.973/2004).

As ICTs desempenham um papel crucial na estrutura do sistema brasileiro de inovação porque, sem a produção de conhecimento de alta qualidade, realizada por profissionais qualificados e com uma infraestrutura adequada à pesquisa, é impossível gerar inovação.

Segundo o Dicionário de Inovação Tecnológica, as ICTs

> conduzem pesquisas tanto básicas quanto aplicadas, que visam introduzir no ambiente produtivo e social novos bens ou serviços, processos aprimorados, métodos de marketing inovadores ou novas abordagens organizacionais nas práticas comerciais, na configuração do local de trabalho ou nas relações externas.[621]

Essas instituições têm como objetivos fundamentais impulsionar a pesquisa e o desenvolvimento de novos produtos, serviços ou pro-

---

[621] ARIENTE, Eduardo Altomare. ICTs. In: SIQUEIRA NETO, José Francisco; MENEZES, Daniel Francisco Nagao (org.). *Dicionário de Inovação Tecnológica*, v. 1. Belo Horizonte: Arraes, 2020, p. 166.

cessos, além de se dedicarem ao ensino e à extensão em certos casos. Nesta seara, para serem reconhecidas como ICTs, não é necessário promoverem exclusivamente a inovação como seu objetivo restrito, mas terem entre suas missões a sua previsão.[622]

Em relação às pessoas jurídicas que podem ser consideradas ICTs, conforme depreende-se do artigo que conceitua essas instituições na Lei de Inovação, as possibilidades são amplas. Elas podem ser constituídas na forma de ICTs públicas ou ICTs privadas, desde que sem fins lucrativos.

As ICTs públicas não se restringem às fundações públicas dedicadas à ciência ou às universidades públicas. Apesar de o ambiente acadêmico ser um local que naturalmente promove a pesquisa, o desenvolvimento e a inovação, e ser a forma mais comum de constituição das ICTs públicas, qualquer órgão ou entidade da Administração Pública direta ou indireta pode ser considerado uma ICT, desde que dedicado a promover a inovação.

Isso porque, para ser considerada uma ICT, basta incluir em sua missão institucional ou em seu objetivo social ou estatutário a pesquisa básica ou aplicada de caráter científico ou tecnológico ou o desenvolvimento de novos produtos, serviços ou processos. Outrossim, a Lei permite que as ICTs públicas sejam tanto entidades com personalidade jurídica própria quanto ligadas a outro órgão, o que possibilita criar um departamento anexo que funcione como uma ICT.

No Brasil, como exemplos de ICTs públicas, as mais notáveis são a Embrapa, a Emater, o Instituto Eldorado e a Empaer. Quanto às ICTs privadas, o legislador restringiu sua formação às pessoas jurídicas constituídas como entidades sem fins lucrativos. No entanto, uma empresa privada pode se relacionar a uma ICT como financiadora de projetos, promovendo, assim, a inovação. Desta feita, uma instituição privada com fins lucrativos nunca poderá ser considerada uma ICT, mas pode atuar na promoção de projetos e de pesquisas que podem ser vantajosos para seu objeto social, integrando a hélice tríplice da inovação.

Por outro lado, associações e fundações privadas sem fins lucrativos, além de institutos, são os exemplos mais comuns de ICTs privadas. Para Nizete Lacerda Araújo, essas pessoas jurídicas, na maioria das vezes,

> têm dentre as suas finalidades, a promoção de estudos em determinadas áreas do saber e muitas dessas entidades realizam pesquisa

---

[622] ARAÚJO, Nizete Lacerda (coord.). *Diálogos com o marco legal da inovação*. Rio de Janeiro: Lumen Juris, 2022, p. 29

e desenvolvimento, por vezes, apenas com a finalidade de atender interesses pessoais de seus membros, com fins de ampliar conhecimentos e se manterem atualizados em torno de um tema.[623]

No Brasil, como exemplos de ICTs privadas, cita-se o Instituto Hercílio Randon, criado pelas Empresas Randon. Com o intuito de "potencializar, acelerar e compartilhar inovação, o IHR atua por meio da pesquisa científica e do desenvolvimento de tecnologias com foco em eletrônica embarcada, materiais inteligentes e mobilidade".[624] Soma-se a ele o Instituto D'Or de Pesquisa e Ensino, fundado pela Rede D'Or São Luiz, cujo objetivo é "contribuir para a evolução da ciência, de forma a melhorar a condição de vida humana. Para isso, combina pesquisa de ponta, capacitação profissional e desenvolvimento tecnológico na área da saúde".[625]

Ressalta-se que não há qualquer custo para receber o título de ICT. Basta a entidade se autodeclarar e informar suas atividades ao MCTI.

5.3.3 Núcleo de inovação tecnológica (NITs)

Os NITs tiveram inspiração nos escritórios de transferência de tecnologia (*Technology Transfer Offices* – TTOs) existentes em universidades de países desenvolvidos.[626] Embora já tenha havido alguns casos no Brasil, frequentemente denominados Núcleos de Informação Tecnológica ou Agências de Inovação, citam-se o Núcleo de Inovação Tecnológica da Universidade Federal de Santa Catarina, o primeiro de que se tem notícia, criado em 1981,[627] e a INOVA da Unicamp,[628] criada em 2003.

Os NITs têm importante papel no processo de inovação, pois contribuem para a decisão de patentear ou não uma invenção, interagem

---

[623] ANDIFES. *Proposta de um Anteprojeto de Lei, denominado de Lei Orgânica das Universidades Públicas Federais*. Disponível em: https://www.andifes.org.br/wp-content/files_flutter/Biblioteca_009_LOU-IFES.pdf. Acesso em: 3 set. 2023.

[624] ARIENTE, Eduardo Altomare. ICTs. *In*: SIQUEIRA NETO, José Francisco; MENEZES, Daniel Francisco Nagao (org.). *Dicionário de Inovação Tecnológica*, v. 1. Belo Horizonte: Arraes, 2020, p. 166.

[625] ARAÚJO, Nizete Lacerda (coord.). *Diálogos com o marco legal da inovação*. Rio de Janeiro: Lumen Juris, 2022, p. 29.

[626] ARAÚJO, Nizete Lacerda (coord.). *Diálogos com o marco legal da inovação*. Rio de Janeiro: Lumen Juris, 2022, p. 34.

[627] INSTITUTO HERCÍLIO RANDON. Disponível em: https://ihr.gupy.io/. Acesso em: 3 set. 2023.

[628] INSTITUTO D'OR PESQUISA E ENSINO. Disponível em: https://www.rededorsaoluiz.com.br/instituto/idor/apresentacao/sobre-o-idor/. Acesso em: 3 set. 2023.

com pesquisadores e os aconselham sobre questões de transferência de tecnologia, organizam treinamentos na área de inovação e empreendedorismo, mantêm contato com parceiros industriais e cuidam das atividades de licenciamento, inclusive dos ajustes e arranjos jurídicos que serão avençados.[629]

É consensual entre a comunidade científica que as atividades e a qualidade de um NIT universitário moldam, pelo menos em parte, a decisão do corpo docente de se envolver na divulgação de invenções. NITs eficientes e com boa equipe são fundamentais para induzir divulgações de invenções de alta qualidade.[630] O relacionamento e a velocidade de resposta do NIT com os docentes são de extrema importância para o sucesso da sua gestão. Pesquisadores que verificaram o funcionamento de NITs já consolidados têm concluído que as divulgações são definitivamente influenciadas pelo número de funcionários equivalentes em tempo integral nos NITs,[631] e pela qualidade da equipe, uma vez que normalmente interagem com os acadêmicos. Isso provavelmente determina comportamentos mais participativos e a divulgação de suas pesquisas e invenções, já que, geralmente, menos da metade das invenções com potencial comercial são divulgadas.[632] Nesse ponto, ressalta-se que convencer o corpo docente a divulgar as invenções tem sido o grande desafio e um dos maiores problemas em termos de apresentação dos resultados por parte dos NITs.[633]

Os NITs foram institucionalizados no ordenamento jurídico brasileiro pela Lei nº 10.973/2004, inicialmente como "núcleo ou órgão constituído por uma ou mais ICT com a finalidade de gerir sua política

---

[629] SAMPAIO, Gesiel. O marco legal da ciência, tecnologia e inovação e a aproximação dos segmentos. *In*: NADER, Helena Bonciani; OLIVEIRA, Fabíola de; MOSSRI, Beatriz de Bulhões (org.). *A ciência e o Poder Legislativo*: relatos e experiências. São Paulo: SBPC, 2017, p. 58.

[630] "O Núcleo de Inovação Tecnológica (NIT) da UFSC foi criado em 15 de junho de 1981 por meio da Portaria n. 276/GR. Nesse momento, o núcleo era vinculado à Pró-reitoria de Pesquisa e Pós-Graduação (PRPPG) e funcionava no edifício da Biblioteca Universitária". SINOVA. *Institucional*. Disponível em: https://sinova.ufsc.br/departamento/institucional/. Acesso em: 3 set. 2023. Embora tenha sido solicitada, a portaria citada não foi disponibilizada para essa pesquisa.

[631] INOVA UNICAMP. Disponível em: https://www.inova.unicamp.br/a-inova/. Acesso em: 3 set. 2023.

[632] MICOZZI, Alessandra; *et al*. Engines need transmission belts: the importance of people in technology transfer offices. *In*: *The Journal of Technology Transfer*, n. 46, p. 1.551-1.583, 2021. Disponível em: https://doi.org/10.1007/s10961-021-09844-7. Acesso em: 1 set. 2023.

[633] WALTER, T.; IHL, C.; MAUER, R.; BRETTEL, M. Grace, gold, or glory? Exploring incentives for invention disclosure in the university context. *In*: *The Journal of Technology Transfer*, 43, p. 1.731, 2018.

de inovação". Posteriormente, com a redação do art. 2º, VI, modificada pela Lei nº 13.246/2016, permitiu-se maior nível de flexibilidade e independência para sua estruturação e gestão, para que ele tenha personalidade jurídica própria e seja até instituído de forma consorciada por duas ou mais ICTs. Suas atribuições e competências mínimas são fixadas pelo art. 16, que possibilitou, inclusive, a terceirização da sua gestão a entidades de apoio.

Portanto, atualmente, os NITs – nos termos do art. 2º, VI, da Lei nº 10.973/2004, em virtude da redação dada pela Lei nº 13.246/2016 – configuram uma "estrutura instituída por uma ou mais ICTs, com ou sem personalidade jurídica própria, que tenha por finalidade a gestão de política institucional de inovação e por competências mínimas as atribuições previstas no §1º do art. 16 da mesma norma", entre as quais:

I – zelar pela manutenção da política institucional de estímulo à proteção das criações, licenciamento, inovação e outras formas de transferência de tecnologia

II – avaliar e classificar os resultados decorrentes de atividades e projetos de pesquisa para o atendimento das disposições desta Lei

III – avaliar solicitação de inventor independente para adoção de invenção, observando se a invenção possui afinidade com a respectiva área de atuação e se há o interesse no seu desenvolvimento, respondendo ao inventor independente, no prazo máximo de 6 (seis) meses

IV – opinar pela conveniência e promover a proteção das criações desenvolvidas na instituição

V – opinar quanto à conveniência de divulgação das criações desenvolvidas na instituição, passíveis de proteção intelectual

VI – acompanhar o processamento dos pedidos e a manutenção dos títulos de propriedade intelectual da instituição

VII – desenvolver estudos de prospecção tecnológica e de inteligência competitiva no campo da propriedade intelectual, de forma a orientar as ações de inovação da ICT

VIII – desenvolver estudos e estratégias para a transferência de inovação gerada pela ICT

IX – promover e acompanhar o relacionamento da ICT com empresas, em especial nos contratos de transferência de tecnologia e de licenciamento para outorga de direito de uso ou de exploração de criação por ela desenvolvida isoladamente ou por meio de parceria, na avaliação do direito de uso ou de exploração de criação protegida, na prestação de serviços técnicos especializados pela ICT, na celebração de Acordos de Parceria para PD&I e Convênio para PD&I

X – negociar e gerir os acordos de transferência de tecnologia oriunda da ICT.

Chama-se atenção para o fato de que, em virtude da obrigatoriedade de se instituir a política de inovação para as ICTs de Direito Público (art. 15-A da Lei nº 10.973/2004), na qual figuram como principais as próprias universidades públicas, somada à imposição do art. 16 da mesma norma ("a ICT pública deverá dispor de Núcleo de Inovação Tecnológica"), não restou espaço para que elas não o instituam em sua estrutura.

Os NITs, segundo a doutrina especializada, "são setores de inovação que auxiliam na promoção, utilização do conhecimento e uso de novas tecnologias brasileiras oriundas de universidades e institutos de pesquisa".[634] Além de funcionarem como mediadores da transmissão do conhecimento, guardiões dos direitos de propriedade intelectual da ICT e do seu inventor, e coordenarem as atividades que estimulem a inovação e o empreendedorismo nas ICTs, possuem como principais competências:

– Desenvolver estudos de prospecção tecnológica e de inteligência competitiva no campo da propriedade intelectual, de forma a orientar as ações de inovação da ICT;
– Desenvolver estudos e estratégias para a transferência de inovação gerada pela ICT;
– Promover e acompanhar o relacionamento da ICT com empresas, em especial para as atividades relacionadas à propriedade intelectual e transferência de tecnologia;
– Negociar e gerir os acordos de transferência de tecnologia oriunda da ICT.[635]

Carolina Zanini Ferreira e Clarissa Stefani Teixeira[636] afirmam que a principal característica dos NITs é a de estabelecer o diálogo entre a demanda e a oferta de tecnologias, contribuindo para criar uma ponte entre a tríplice hélice (universidade-governo-empresa) em prol

---

[634] THURSBY, J. G.; THURSBY, M. C. Who is selling the Ivory tower? Sources of growth in university licensing. In: *Management Science*, n. 48, p. 90-104, 2002.
[635] THURSBY, J. G.; JENSEN, R.; THURSBY, M. C. Objectives, characteristics and outcomes of university licensing: a survey of major U.S. universities. In: *The Journal of Technology Transfer*, n. 26, p. 59-72, 2001.
[636] THURSBY, J. G.; THURSBY, M. C. Who is selling the Ivory tower? Sources of growth in university licensing. In: *Management Science*, n. 48, p. 90-104, 2002.

da inovação. As autoras apõem os NITs como elo de manutenção da relação entre as ICTs, o mercado e o governo.[637]

Espalhados pelo Brasil, existem hoje mais de 250 NITs, segundo dados do último Relatório FORMICT (2018).[638] Sua análise é relevante para traçar o diagnóstico dos motivos da dificuldade de se consolidar o SNCTI e identificar em que aspectos o Direito tem contribuído para o seu fracasso.

O primeiro dado diz respeito ao estágio de implementação dos NITs no Brasil. Tendo em vista as características das instituições públicas e a obrigatoriedade de sua implementação em decorrência do art. 16 da Lei nº 10.973/2004, o percentual de implementação dos NITs para o setor público é muito superior ao do setor privado, atingindo 81% de implementação, enquanto no privado o estágio de implementação se encontra em 53%.[639] Das 305 instituições pesquisadas, 220 (72,1%), públicas ou privadas, estão com seus NITs implementados, 50 (16,4%) estão em fase de implementação e apenas 35 (11,5%) informaram que ainda não tiveram os NITs implementados.

Embora seja permitido compartilhar os NITs entre as ICTs, em decorrência do conceito trazido pelo art. 2º, VI, da Lei nº 10.973/2004 ("estrutura instituída por uma ou mais ICTs"), observa-se que as ICTs preferem remar sozinhas, mesmo em um mar tão revolto como este, no qual têm se revelado dificuldades de pessoal e de estrutura para a implementação das políticas de inovação. Segundo o Relatório FORMICT (2018), 167 instituições públicas (84,7%) informaram que o NIT é exclusivo e 30 instituições públicas (15,3%) declararam ser compartilhado com outras instituições. Já nas ICTs privadas, apenas 3 (4,1%) informaram que o NIT é compartilhado e 70 informaram que o NIT é exclusivo (95,9%). Na somatória, 237 instituições (87,8%) informaram que o NIT é exclusivo e 33 instituições (12,2%), que é compartilhado.

Outro dado importante diz respeito às suas funções, ou seja, verificar se suas atividades essenciais e complementares estão sendo

---

[637] FERREIRA, Carolina Zanini; TEIXEIRA, Clarissa Stefani. *Núcleo de inovação tecnológica*: alinhamento conceitual. Florianópolis: Perse, 2016. Disponível em: https://via.ufsc.br/wp-content/uploads/2017/06/e-book-NITs.pdf. Acesso em: 1 set. 2023.

[638] FERREIRA, Carolina Zanini; TEIXEIRA, Clarissa Stefani. *Núcleo de inovação tecnológica*: alinhamento conceitual. Florianópolis: Perse, 2016. Disponível em: https://via.ufsc.br/wp-content/uploads/2017/06/e-book-NITs.pdf. Acesso em: 1 set. 2023.

[639] FERREIRA, Carolina Zanini; TEIXEIRA, Clarissa Stefani. *Núcleo de inovação tecnológica*: alinhamento conceitual. Florianópolis: Perse, 2016. Disponível em: https://via.ufsc.br/wp-content/uploads/2017/06/e-book-NITs.pdf. Acesso em: 1 set. 2023.

implementadas, tendo sido avaliado que o nível de implementação de atividades que demandam maior especialização ainda é insatisfatório,[640] isso porque a concentração dos NITs em atividades relativas à proteção e prospecção da propriedade intelectual e as atividades de transferência de tecnologia são as que eles se ocupam prioritariamente, dedicando 80% de seu tempo a elas, tal como demonstrou recentemente a pesquisa do Fórum Nacional de Gestores de Inovação e Transferência de Tecnologia (FORTEC).[641] Isso acaba diminuindo a sua dedicação para as outras atividades, tais como as de captação, orientação e viabilização de projetos de pesquisa, incubação e ampliação de espaços vocacionados à inovação.

De qualquer forma, o importante papel exercido pelos NITs no gerenciamento das transferências de tecnologia, na inter-relação com o mercado, no estímulo ao patenteamento e no licenciamento para valorizar a produção das ICTs os transforma em um dos principais atores do processo brasileiro de inovação.[642]

Na prática, por conta da aproximação com o mercado, as ICTs têm optado pela conversão de seus NITs em agências de inovação, o que não muda seu papel, mas apenas lhes atribui um rótulo. Elas continuarão responsáveis pelo apoio e pela gestão da sua política de inovação, inclusive realizando sua representação por delegação nos temas envolvendo atuação da ICTs em decorrência da sua política de inovação.

Essas agências de inovação contam com a parceria das entidades de apoio para a execução desses projetos, as quais, para assim funcionarem, devem estar credenciadas no órgão competente, em âmbito estadual ou federal, a depender da ICT que se pretende apoiar.

As entidades de apoio, ao representarem a agência de inovação (NIT), participarão de editais para a celebração de convênios e contratos com as agências e órgãos públicos de fomento à ciência, tecnologia e inovação, com a finalidade de dar a elas esse suporte, estendendo-se, inclusive, na gestão administrativa e financeira dos projetos, desde

---

[640] FERREIRA, Carolina Zanini; TEIXEIRA, Clarissa Stefani. *Núcleo de inovação tecnológica*: alinhamento conceitual. Florianópolis: Perse, 2016. Disponível em: https://via.ufsc.br/wp-content/uploads/2017/06/e-book-NITs.pdf. Acesso em: 1 set. 2023.

[641] MCTIC. *Relatório FORMICT* – ano base 2018: política de propriedade intelectual das instituições científicas e tecnológicas e de inovação do Brasil. Brasília: Ministério da Ciência, Tecnologia, Inovações e Comunicações, 2019.

[642] MCTIC. *Relatório FORMICT* – ano base 2018: política de propriedade intelectual das instituições científicas e tecnológicas e de inovação do Brasil. Brasília: Ministério da Ciência, Tecnologia, Inovações e Comunicações, 2019.

que com a anuência expressa da ICT, que poderá também permitir a captação, a gestão e a aplicação das receitas próprias.[643]

Talvez seja o caminho uma maior aproximação dessas entidades de apoio, permitindo compartilhar suas atribuições e alcançar resultados melhores na implementação de suas funções.

Não obstante, a Lei nº 8.958/1994, que dispõe sobre as relações entre as instituições federais de ensino superior e de pesquisa científica e tecnológica e as fundações de apoio, fixou no art. 1º, §8º, a possibilidade do NIT constituído, ou a ser constituído, optar pela roupagem de fundação. A previsão faz algum sentido, já que muitos NITs existentes no âmbito das ICTs não possuem personalidade jurídica, mas são apenas órgãos desconcentrados do poder central quando vinculados às ICTs públicas.

A inclusão do §8º no art. 1º pela Lei nº 13.243/2016 possui um efeito indicativo de que o NIT pode atuar com certa independência da ICT, todavia, a redação foi infeliz: "O Núcleo de Inovação Tecnológica constituído no âmbito de ICT poderá assumir a forma de fundação de apoio de que trata esta Lei". Isso porque não se assume forma de fundação de apoio no ato da sua instituição, mas só após o seu credenciamento. O próprio art. 2º, III, da Lei nº 8.958/1994 preconiza a necessidade de "prévio credenciamento no Ministério da Educação e no Ministério da Ciência, Tecnologia, Inovações e Comunicações, renovável a cada 5 (cinco) anos" para ser rotulada de fundação de apoio, ressaltando que o descredenciamento ou a sua não renovação lhe retira essa configuração.

Merece crítica também a redação do art. 2º, que permite uma interpretação, ainda que atabalhoada, de que somente "fundações de direito privado" poderão se credenciar como fundação de apoio, quando, na verdade, a locução deve ser entendida como fundações instituídas sob o regime de Direito Privado, sejam elas públicas ou privadas. Em verdade, o que se percebe, muitas vezes, é a criação de fundações por universidades públicas em virtude da sua autonomia, injetando inclusive recursos públicos no seu regulamento, que aprova a instituição e garante estrutura financeira e mobiliária para a sua manutenção até o alcance de sua maturidade.

---

[643] MCTIC. *Relatório FORMICT* – ano base 2018: política de propriedade intelectual das instituições científicas e tecnológicas e de inovação do Brasil. Brasília: Ministério da Ciência, Tecnologia, Inovações e Comunicações, 2019.

Por fim, uma situação ocorrida no Estado de São Paulo destoa um pouco do regramento geral. O Poder Legislativo paulistano, quando elaborou a Lei Complementar nº 1.049/2008 e dispôs sobre a política de ciência, tecnologia e inovação em âmbito estadual, trouxe situação aparentemente conflituosa com a disciplinada na Lei nº 10.973/2004, ao optar por conceituar no art. 2º, II e IV, a agência de inovação de forma apartada do NIT.

Embora tenha alocado conceitualmente o NIT de forma restrita, ao permitir que ele fosse apenas um órgão técnico integrante da ICT para gerir a sua política de inovação, a norma não inviabilizou que o NIT fosse criado como uma agência de inovação, já que no conceito fixado para esta entidade permitiu sua atuação através de um órgão ou entidade de natureza pública ou privada, que tivesse entre os seus objetivos o fomento à inovação tecnológica, à pesquisa científica e tecnológica, ao desenvolvimento tecnológico, à engenharia não rotineira, à informação tecnológica e à extensão tecnológica em ambiente produtivo. Assim, o NIT poderia ser uma agência de inovação, desde que fosse um órgão da ICT. Nesse ponto, não saiu dos quadros permitidos pela Lei nº 10.973/2004, com a nova redação dada pela Lei nº 13.243/2016, que permite, ao estipular o conceito de NIT em seu art. 2º, VI, a sua personificação ou não, o que implica, neste último caso, sua manutenção como órgão da ICT.

Segundo a Lei de Inovação (art. 16, §§3º e 5º), o NIT que optar por ter personalidade jurídica própria deverá ser gerado como entidade privada sem fins lucrativos ou, ainda, no caso da ICT, definir que não criará uma entidade a ela vinculada exclusivamente para esse fim, que ela possa estabelecer um convênio ou instrumento jurídico congênere com entidades privadas sem fins lucrativos existentes, o que aqui poderia ser uma agência de inovação ou uma entidade de apoio cujo objetivo estatutário seja apoiar políticas de ciência, tecnologia e inovação. Essa entidade de apoio funcionaria como NIT da ICT, nos termos fixados no instrumento jurídico ajustado.

5.3.4 Entidades de apoio

No passado, a prestação do serviço público era realizada exclusivamente por autarquias, em todas as suas espécies, e por meio de concessões e permissões. Com o passar do tempo, e na busca de eficiência na sua prestação, o serviço público e as atividades de interesse público começaram a ser efetuados por pessoas jurídicas de Direito Privado, instituídas pelo poder público, que lhes repassa recursos públicos para atender essas finalidades. O Estado, então, cria as "pessoas governamentais", assim denominadas pela doutrina, entre elas, as fundações públicas, que nada mais são que autarquias fundacionais, e as fundações privadas instituídas ou autorizadas normativamente a sua instituição, e que compõem a Administração indireta, ambas integrando o gênero fundações públicas, por serem instituídas ou autorizadas pelo poder público.

A par desse modelo, outros surgem para estimular a colaboração entre entidades privadas com o setor público. Como as privadas não têm fins lucrativos – dada a característica da solidariedade trazida em seu escopo –, o Estado estabelece regras específicas fomentando a elaboração de contratos e convênios *lato sensu* com essas entidades, como as Leis Federais nºs 8.958/1994 (Lei das Fundações de Apoio), 13.019/2014 (Lei das Parcerias Voluntárias), 9.637/1998 (Lei das Organizações Sociais), 9.790/1999 (Lei das Organizações da Sociedade Civil de Interesse Público) e a 14.133/2021 (Lei de Licitações e Contratos Administrativos), todas facilitando a convenção desses ajustes, seja dispensando a licitação para esse fim ou permitindo a pactuação de diversas modalidades de convênios entre elas.

Maria Sylvia Zanella Di Pietro seleciona algumas características importantes para entender a noção de entidade de apoio:

> a) elas não são instituídas por iniciativa do Poder Público, mas por servidores públicos de determinada entidade estatal, e com os seus próprios recursos;
> b) essas entidades, mais comumente, assumem a forma de fundação, mas também podem assumir a forma de associação ou cooperativa, sempre sem fins lucrativos e inserindo em seus estatutos objetivos iguais aos da entidade pública junto à qual pretendem atuar;
> c) em consequência, enquanto a entidade pública presta serviço público propriamente dito, a entidade de apoio presta o mesmo tipo de atividade, porém, não como serviço público delegado pela Administração Pública, mas como atividade privada aberta à iniciativa privada; ela atua mais comumente em hospitais públicos e universidades públicas;
> d) sendo a atividade prestada em caráter privado, ela não fica sujeita ao regime jurídico imposto à Administração Pública; por outras palavras, os seus contratos são de direito privado, celebrados sem licitação; os seus empregados são celetistas, contratados sem concurso público; por não serem servidores públicos, não ficam sujeitos às normas constitucionais pertinentes a essa categoria de trabalhadores; por não

desempenharem atividade delegada pelo Poder Público, não se sujeitam a tutela administrativa;

e) para poderem atuar com entidades de apoio, paralelamente à Administração Pública, estabelecem um vínculo jurídico com a mesma, em regra, por meio de convênio.[644]

Embora possa ser possível concordar com algumas características apresentadas pela autora, a ideia de vinculação da sua instituição apenas por servidores públicos de determinada atividade estatal não tem razão de ser, e talvez nem seria recomendado pelo potencial conflito de interesses que subsistiria na condução dos ajustes pactuados. Esses servidores, docentes e pesquisadores, por exemplo, estariam praticamente atuando nos dois polos do instrumento jurídico convencionado.[645]

Considerando, ainda, a proeminência das entidades de apoio – em sua maioria constituídas como fundações e credenciadas como "fundações de apoio" –, para colaborarem com as ICTs em seus objetivos de alavancar e conduzir projetos de pesquisa, desenvolvimento científico e tecnológico e de inovação, é importante identificar e compreender os fundamentos jurídicos e históricos ligados ao seu surgimento.

A demonstração da importância das entidades de apoio, aliada aos instrumentos jurídicos de cooperação, pode representar passo importante na implementação do SNCTI. Questiona-se qual seria a amplitude desejada pelo constituinte derivado para esse sistema, isto é, se ele é o instrumento pensado para o fomento estatal ao desenvolvimento econômico. Todavia, antes de analisar essas entidades de apoio, importante fazer uma advertência.

Tem sido preocupante a manutenção de um posicionamento jurídico normalmente preconceituoso em relação às entidades de apoio eminentemente privadas – fundações e associações privadas[646] – histo-

---

[644] FORTEC. *Pesquisa FORTEC de Inovação – Ano base 2022 (p. 32)*. Disponível em: https://fortec.org.br/acoes-pesquisa-fortec-de-inovacao/. Acesso em: 30 out. 2023.

[645] "Os Núcleos de Inovação Tecnológica (NITs) têm o papel de gerenciar as transferências tecnológicas, inclusive dentro do processo mercadológico, com negociação das produções das Instituições Científicas e Tecnológicas (ICTs) e articulação com os potenciais recebedores das tecnologias. Para tal, o trabalho de valoração das inovações desponta como desafio, que, se superado, viabiliza a relação universidade-empresa ou ICT-empresa e fomenta a pesquisa no país. Como dito anteriormente, apesar de o Brasil contar com crescente produção científica, os licenciamentos não têm conseguido acompanhar seus números, tendo como um dos complicadores a valoração dos ativos". SEVERO, Deborah Priscilla Coutinho. Aplicações de propriedade intelectual ao patrimônio cultural. *In*: PÔRTO JUNIOR, Gilson; COSTA, Jeferson Morais da; SOARES, Leandra Cristina Cavina Piovesan (org.). *Propriedade intelectual e transferência de tecnologia*: estudos e aplicações. Palmas: EdUFT, 2021, p. 148.

[646] Gesiel Sampaio Amarante assim resume as funções das fundações de apoio e dos NITs de cada um: "As fundações tipicamente são mantidas pelos recursos que captam na gestão de projetos, o que envolve a entrada imediata de montantes à medida que as parcerias são

ricamente capitaneado na doutrina pela jurista Maria Sylvia Zanella Di Pietro[647] e lastreado, inicialmente, em uma decisão do TCU publicada no D.O.U em 25.11.1992 (decisão utilizada como substrato para a elaboração da Lei nº 8.958/1994) e na Decisão nº 655/2002, pela qual o TCU fixou entendimento sobre os requisitos necessários para dispensar a licitação (art. 24, XIII, da Lei nº 8.666/1993). Foi também uma decisão que serviu como base para se elaborar a Súmula nº 250,[648] o que é extremamente salutar para o sistema jurídico quando o TCU realiza suas funções de controle e estabelece as linhas a serem seguidas em qualquer espécie de contratação pública. Esse seu papel educativo vai ao encontro do previsto no art. 30 da LINDB, aumentando, assim, a segurança jurídica na aplicação das leis. O TCU tem levado a efeito medidas nesse sentido, por meio do Acórdão nº 1.516/2005.[649] A autora, além da Súmula nº 250,

---

estabelecidas. Já o NIT opera essencialmente com atividades não diretamente carreadoras de recursos financeiros. A possibilidade de captação financeira direta depende de êxito futuro na negociação de ativos ou acordos de parceria que consumirão recursos no presente e tem viabilidade incerta de mercado. Mesmo no caso de estruturas bem montadas e geridas, a manutenção precede em muito a receita". AMARANTE, Gesil Sampaio. O papel dos núcleos de inovação tecnológicas na gestão da política de inovação e sua relação com as empresas. *In*: SOARES, Fabiana de Menezes; PRETE, Esther Külkamp Eyng (org.). *Marco regulatório em ciência, tecnologia e inovação*: texto e contexto da Lei nº 13.243/2016. Belo Horizonte: Arraes, 2018.

[647] DI PIETRO, Maria Sylvia Zanella. *Direito administrativo*. 30. ed. Rio de Janeiro: Forense, 2017, p. 636-637.

[648] "Embora tecnicamente não se vislumbre como afirmar que essas entidades de apoio são 'órgãos públicos' regulares, é certo que tais pessoas jurídicas de direito privado, sem fins lucrativos, são tradicionalmente instituídas por servidores públicos, 'em nome próprio', sob a forma de fundação, associação ou cooperativa; o objetivo é viabilizar a prestação em caráter privado dos chamados 'serviços sociais não exclusivos do Estado', sendo frequente sua vinculação com entidades da administração direta ou indireta, por meio de convênio (até o início da vigência da Lei Federal n. 13.019/2014). [...]. Normatizações sobre as entidades de apoio, como a vigente no âmbito federal a partir da Lei nº 8.958/94, com acréscimos de novos preceitos, são positivas, por serem claros os perigos existentes em razão das relações jurídicas entre Institutos Federais e ICTS e fundações privadas, ainda que 'sem fins lucrativos'. Por exemplo, é frequente a superposição de funções dos servidores das autarquias da União que, simultaneamente, exercem funções na entidade privada credenciada e contratada como fundação de apoio. Mesmo quando tal superposição não existe, é comum que se confunda a posição dos agentes nas diferentes pessoas (autarquia federal e entidade de apoio). Estabelecer regras a esse propósito, bem como os limites possíveis aos vínculos firmados é essencial para que se evitem ilicitudes e irregularidades". CARVALHO, Raquel. *As fundações de apoio*: segue o desafio. 15 maio 2018. Disponível em: http://raquelcarvalho.com.br/2018/05/15/as-fundacoes-de-apoio-segue-o-desafio/. Acesso em: 23 fev. 2023.

[649] A jurista não inclui as fundações públicas instituídas sob o regime de direito privado e pertencentes à administração indireta entre suas preocupações: "não é dessas fundações que se trata agora e sim daquelas que são instituídas por particulares e colocam entre os seus objetivos o de colaborar com órgãos integrantes da Administração Pública. Elas são criadas e existem única e exclusivamente com esse objetivo". DI PIETRO, Maria Sylvia Zanella. *Parcerias na administração pública*: concessão, permissão, franquia, terceirização, parceria público-privada. 12. ed. Rio de Janeiro: Forense, 2019, p. 389-390.

cita o Acórdão nº 2.731/2008, que determinou ao Ministério da Educação a emissão de ato normativo regulamentando a atuação das fundações de apoio, o que ocorreu por meio da Medida Provisória nº 495/2010, convertida na Lei nº 12.349/2010, que modificou a Lei nº 8.958/1994 para ajustá-la às recomendações do TCU e, posteriormente, o seu ato normativo regulamentador (Decreto nº 7.423/2010).

Segundo Maria Sylvia Zanella Di Pietro, elas são "a prova viva da necessidade de se rever o regime jurídico administrativo pela forma como vem sendo estabelecido no direito brasileiro",[650] vez que as normas não consideram as distinções necessárias entre as entidades da Administração Pública, a partir daquelas "que exercem serviços públicos típicos e exclusivos do Estado e aquelas que exercem serviços públicos não exclusivos do Estado (serviços públicos impróprios) ou mesmo atividades de natureza privada".[651]

Em outro relato,[652] a autora questiona a necessidade da existência das fundações de apoio após advertir que a sua instituição por meios exclusivamente privados não pode ser considerada ilegal – o que pode ser ilegal é a forma do seu funcionamento. A partir de então, expressa sua experiência (negativa) com as fundações de apoio da USP:

> "as fundações se utilizam livremente do patrimônio público e de servidores públicos, confundindo-se os locais de trabalho, a sede, o horário de trabalho" [...] "algumas Fundações a gente não consegue localizar em que sala da USP estão instaladas" [...] "os servidores e os docentes prestam serviços para a fundação no mesmo horário em que estariam prestando serviços para a Universidade [...] recebem na Universidade e recebem da Fundação".

---

[650] No seu *Tratado de Direito Administrativo*, v. 2, a autora enfatiza: "Sobre o assunto, discorremos nos livros *Direito administrativo* e *Parcerias na administração pública*, no qual manifestamos o nosso entendimento no sentido de ser bastante duvidosa a legalidade da forma de atuação de muitas dessas entidades, pelo fato de se utilizarem livremente do patrimônio público e de servidores públicos, sem observância do regime jurídico imposto à Administração Pública". DI PIETRO, Maria Sylvia Zanella; MOTTA, Fabrício. *Tratado de direito administrativo*. v. 2. São Paulo: RT/Thomson Reuters. 2019. Disponível em: https://proview.thomsonreuters.com/launchapp/title/rt/monografias/100963923/v2/page/RB-9.6. Acesso em: 01 set. 2023.

[651] "Súmula n. 250. A contratação de instituição sem fins lucrativos, com dispensa de licitação, com fulcro no art. 24, inciso XIII, da Lei nº 8.666/93, somente é admitida nas hipóteses em que houver nexo efetivo entre o mencionado dispositivo, a natureza da instituição e o objeto contratado, além de comprovada a compatibilidade com os preços de mercado".

[652] Acórdão do TCU nº 1.516/2005, Dispositivos 9 a 9.4.

Questiona, ainda, a validade de que a "Universidade possa delegar a uma entidade privada a gestão de recursos públicos", a não ser através de um convênio específico para o desenvolvimento de um determinado projeto no qual se discipline a gestão dos recursos. Considera, ainda, irregular "a Fundação prestar serviços privados utilizando a sigla USP" e ilegal "o ente atuar como intermediário na contratação de pessoal para a USP. [...]. Não sei se na USP isso acontece, mas a fundação acaba servindo como intermediária para contratação de pessoal que trabalha dentro da Universidade".

Na sequência, a jurista sinaliza quais seriam os requisitos para garantir a legalidade e a moralidade da atuação das fundações de apoio junto à universidade. Aqui, dá um passo importante para a discussão na medida em que aponta erros e propõe adequações:

(i) atuação condicionada à celebração de um convênio com a Universidade, observando as normas autorregulatórias exigíveis pela própria Universidade;
(ii) regulação da cessão do espaço público da Universidade, inclusive demonstrando que o seu uso "é compatível é conciliável com as finalidades da Universidade" e que esse uso seja devidamente remunerado;
(iii) remuneração por parte das fundações de apoio pelo uso dos equipamentos públicos (laboratórios, salas de aula, a água, energia elétrica);
(iv) compatibilização do horário de trabalho dos servidores (docentes e técnicos-administrativos), não permitindo a sua interposição;
(v) não haver coincidência entre os dirigentes dos órgãos de administração da Universidade e os dirigentes da entidade de apoio, evitando colidência de interesses;
(vi) transparência com relação aos vínculos com a Universidade e também com os projetos envolvido em conjunto, divulgando os convênios estabelecidos para essas ações, bem como os recursos arrecadados;
(viii) contabilização e incorporação patrimonial dos bens e recursos repassados pela entidade de apoio à Universidade.

Por fim, adverte:

Temos entidades privadas auferindo lucro às custas do patrimônio público. Não estou preconizando o fim das fundações nem o fim das relações com a fundação. O que estou defendendo é uma disciplina adequada para que elas possam agir licitamente, sem causar dano ao patrimônio público sem experimentarem um enriquecimento ilícito às custas do patrimônio público.[653]

O posicionamento de Maria Sylvia Zanella Di Pietro talvez advenha de sua experiência como Procuradora da USP, condição em que, ao analisar a relação entre a universidade e essas entidades de apoio, tenha extraído um *juízo simbólico*[654] não positivo sobre a sua atuação.

Tendo em vista que a jurista é, certamente, uma das três vozes mais ouvidas pela comunidade jurídica do país em temas envolvendo Direito Administrativo, ao apresentar um capítulo específico em uma de suas obras ("Da utilização indevida da parceria com o setor privado como forma de fugir ao regime publicístico"),[655] transmite-se a ideia de que pretende suspender o último volume de oxigênio utilizado pelas entidades de apoio para respirar. Infelizmente, seu posicionamento, sem o contraponto feito por ela em debate[656] dirigido apenas a um público específico (logo, menos abrangente), não contribui para melhorar o sistema, mas, apenas, para sufocá-lo.

Embora possa ser admitido que seu posicionamento seja fruto de um *juízo simbólico*, sem apresentação de dados quantitativos e qualitativos sobre a atuação das entidades de apoio, e sem apontar soluções para uma atuação saudável dessas instituições, de forma a se adequarem aos parâmetros morais e éticos por ela aventados, é de se crer que o grau de influência negativa que esse tipo de posicionamento tem o condão de produzir no móvel de todos os aplicadores do Direito Administrativo é notável. Daí ser digna de críticas essa análise de uma das maiores juristas vivas do Brasil.

---

[653] DI PIETRO, Maria Sylvia Zanella. *Parcerias na administração pública*: concessão, permissão, franquia, terceirização, parceria público-privada. 12. ed. Rio de Janeiro: Forense, 2019, p. 395.

[654] DI PIETRO, Maria Sylvia Zanella. *Parcerias na administração pública*: concessão, permissão, franquia, terceirização, parceria público-privada. 12. ed. Rio de Janeiro: Forense, 2019, p. 395.

[655] DI PIETRO, Maria Sylvia Zanella. O ensino público e as fundações de apoio. *In*: ADUSP. *Universidade pública e fundações privadas*: aspectos conceituais, éticos e jurídicos. São Paulo: ADUSP, 2004, p. 26-32.

[656] DI PIETRO, Maria Sylvia Zanella. O ensino público e as fundações de apoio. *In*: ADUSP. *Universidade pública e fundações privadas*: aspectos conceituais, éticos e jurídicos. São Paulo: ADUSP, 2004, p. 32.

Floriano de Azevedo Marques Neto, provavelmente preocupado com o posicionamento descrito, no mesmo debate,[657] propôs um contraponto:

> Não tenho uma posição antipática ou avessa às fundações de apoio. Tenho, pela minha experiência, impressão de que isso é mais um problema de como elas se relacionam com a universidade do que de criticar sua própria existência. Porém, como tudo que se envolve com o Estado, essas entidades têm que se submeter a um controle, até preventivo. Esse controle pode ser feito pelos órgãos internos da universidade e pelo Tribunal de Contas e, episodicamente, pelo Ministério Público, para saber se as finalidades que justificam as fundações de apoio estão ou não sendo atendidas.[658]

O administrativista prossegue afirmando que os participantes do debate estariam correndo o risco de perder uma oportunidade de discutir melhores alternativas, já que todos teriam "convicções empedernidas em torno do assunto":[659] "o problema não é a existência das fundações de apoio, mas é como a universidade trata a atividade das

---

[657] Sobre a formação de um juízo simbólico: "Novamente citando Duhem (1993, p. 222-223), o que é, então, uma experiência da física? [...] é a constatação de um conjunto de fatos, seguida da tradução desses fatos em um juízo simbólico, por meio de regras emprestadas das teorias físicas [...] e o que o físico [...] enuncia como o resultado de uma experiência, não é o relato dos fatos constatados: é interpretação desses fatos, é sua transposição para o mundo abstrato, simbólico, criado pelas teorias que ele considera como estabelecidas". DUHEM, Pierre. La théorie phisique. Son objet – Sa structure, 2. ed. Paris: Vrin, 1993 apud KÖCHE, José Carlos. Fundamentos de metodologia científica: teoria da ciência e iniciação à pesquisa. Petrópolis: Vozes, 2011, p. 95. Ou ainda: "O que se passa com os nossos juízos é análogo ao que se passa com as nossas representações, em vez de juízos próprios temos juízos simbólicos, mas que estes o são, disso não nos damos conta. [...]. Mecanicamente vamos ao longo da cadeia, ligamos e eliminamos elementos, como o exige o modelo, e obtemos assim um juízo simbólico (uma proposição), que nos serve de sinal de uma verdade. [...]. De novo pomos a questão quanto à legitimidade lógica destes métodos simbólicos. Que são simbólicos, nem sequer o notamos. Seguimo-los sem reflexão, e não na base de uma indução anterior ou de qualquer outra reflexão legitimadora. Não são métodos lógicos precisos (*kunstgerechte*), mas antes processos mecânicos naturais. A nossa pergunta é outra: Em que se fundamenta o valor de verdade dos resultados destes mecanismos naturais?". HUSSEL, Edmund. Da lógica dos sinais (Semiótica). Trad. António Fidalgo. Universidade da Beira Interior, s/d., p. 340-373.
[658] DI PIETRO, Maria Sylvia Zanella. Parcerias na administração pública: concessão, permissão, franquia, terceirização, parceria público-privada. 12. ed. Rio de Janeiro: Forense, 2019, p. 390-409.
[659] DI PIETRO, Maria Sylvia Zanella. O ensino público e as fundações de apoio. In: ADUSP. Universidade pública e fundações privadas: aspectos conceituais, éticos e jurídicos. São Paulo: ADUSP, 2004, p. 26-32.

fundações".[660] Posteriormente, aponta o benefício trazido por elas: "por existirem fundações de apoio, você permite, por exemplo [...] o ingresso de recursos para a universidade pública",[661] podendo estar se perdendo mais uma oportunidade.[662] Conclui, então, pela necessidade de se regular essa atividade, e não estabelecer uma "oposição essencial, axiológica, *a priori*, da existência ou não".[663] Para o autor, distorções sempre serão possíveis, mas, como manejador do Direito, crê "que a lei, a norma, as regras de controle são suficientes para tornar as coisas mais próximas do interesse público".[664]

Francisco de Assis Alves também avalia o papel das fundações de apoio, considerando sua importância para o desenvolvimento de parcerias entre as universidades e os vários segmentos da sociedade, com o benefício de verificar que as ideias desenvolvidas na universidade possam se transformar em projetos, produtos, ações e serviços à comunidade.[665]

Alice Maria Gonzalez Borges[666] admite que as fundações de apoio "têm inegavelmente desempenhado notável atividade cultural para a

---

[660] MARQUES NETO, Floriano de Azevedo. Controle e fiscalização. *In*: ADUSP. *Universidade pública e fundações privadas*: aspectos conceituais, éticos e jurídicos. São Paulo: ADUSP, 2004, p. 97-124.

[661] MARQUES NETO, Floriano de Azevedo. Controle e fiscalização. *In*: ADUSP. *Universidade pública e fundações privadas*: aspectos conceituais, éticos e jurídicos. São Paulo: ADUSP, 2004, p. 105.

[662] MARQUES NETO, Floriano de Azevedo. Controle e fiscalização. *In*: ADUSP. *Universidade pública e fundações privadas*: aspectos conceituais, éticos e jurídicos. São Paulo: ADUSP, 2004, p. 124.

[663] MARQUES NETO, Floriano de Azevedo. Controle e fiscalização. *In*: ADUSP. *Universidade pública e fundações privadas*: aspectos conceituais, éticos e jurídicos. São Paulo: ADUSP, 2004, p. 113.

[664] MARQUES NETO, Floriano de Azevedo. Controle e fiscalização. *In*: ADUSP. *Universidade pública e fundações privadas*: aspectos conceituais, éticos e jurídicos. São Paulo: ADUSP, 2004, p. 115.

[665] "Não se pode desprezar a oportunidade de reverter para a universidade, que tem problema de caixa, que tem comprometimento orçamentário, e não adianta a gente sair dizendo que tem que ter mais recursos públicos, porque nós somos os mesmos que, quando temos que pagar o imposto majorado, vamos para o judiciário brigar. Nós aqui, professores de universidade, ganhamos pouco, mas estamos nos 5% que ganham mais da sociedade. Não tem mais de onde tirar recursos para poder ampliar o financiamento público, então, que se tinha uma parte desse recurso de quem tem margem, de quem tem capacidade para financiar atividades que podem viabilizar outras finalidades da universidade". MARQUES NETO, Floriano de Azevedo. Controle e fiscalização. *In*: ADUSP. *Universidade pública e fundações privadas*: aspectos conceituais, éticos e jurídicos. São Paulo: ADUSP, 2004, p. 124.

[666] MARQUES NETO, Floriano de Azevedo. Controle e fiscalização. *In*: ADUSP. *Universidade pública e fundações privadas*: aspectos conceituais, éticos e jurídicos. São Paulo: ADUSP, 2004, p. 116.

revitalização das instituições de ensino que apoiam", pois possuem "pessoal próprio (não pertencente ao serviço público) e dispõem de recursos próprios", revestem-se "de aspectos altamente positivos" e servem "para manter vivas, culturalmente, as universidades ameaçadas por uma estrutura administrativa absolutamente inadequada às suas finalidades". Atualmente, elas estão aperfeiçoadas por uma legislação específica, por isso, "pode-se dizer que se trata de uma realidade vitoriosa em todo o País". Ao final, ela observa que "o perfil de tais instituições se enquadra melhor na forma e nas necessidades de atuação" para conduzir "setores vitais da administração ligadas a ensino, pesquisa, tecnologia e demais que se abriguem na previsão do art. 218 da Constituição da República".

Jaqueline Priscila da Silva Souza D'Agostino,[667] ao analisar as relações pactuais entre IES e fundações de apoio, conclui que, posteriormente às regulamentações que as disciplinaram, houve uma opção pelo uso do modelo contratual ao invés de se estabelecer convênios para reger os ajustes entre essas instituições: o "contrato é legalmente mais flexível e coincide com o motivo pelo qual as entidades de apoio foram criadas, oferecer flexibilidade".[668] A pesquisadora aponta a importância da atuação do TCU para a melhoria do arcabouço jurídico-regulatório dessas relações, impondo, inclusive, uma maior prestação de contas em relação aos recursos públicos envolvidos nesses ajustes. Afinal, ao se normatizar a questão para atender às determinações do TCU (Acórdão nº 2.731/2008), foi atribuída ao órgão superior colegiado da ICT a responsabilidade por normatizar internamente suas relações, o que deve

---

[667] MARQUES NETO, Floriano de Azevedo. Controle e fiscalização. *In*: ADUSP. *Universidade pública e fundações privadas*: aspectos conceituais, éticos e jurídicos. São Paulo: ADUSP, 2004, p. 116.

[668] "É por meio destas fundações, que tem sido possível desenvolvimento de boas parcerias entre universidades e os vários segmentos da sociedade. Essas parcerias, comprovadamente tem gerado ótimo retorno à população que mantém essas instituições de ensino. Há, por assim dizer, prestação direta de serviços à comunidade: suporte à pesquisa, à investigação científica e divulgação de seus resultados; concessão de bolsas de estudos e de prêmios; manutenção de bibliotecas e laboratórios; incentivo ao desenvolvimento cultural e tecnológico. [...]. As fundações de apoio são hoje reconhecidas como aquelas entidades cuja atuação serve de base para que as ideias desenvolvidas na universidade possam se transformar em projetos com resultados imediatos produtivos, levando a universidade além da sua função primordial, que, em uma palavra é a produção de conhecimentos e inteligências. [...]. É através dessas chamadas fundações de apoio que os projetos de pesquisas concebidos no âmbito da universidade transformam-se em ações e serviços em benefício da comunidade". ALVES, Francisco de Assis. *Fundações, organizações sociais, agências executivas*: organizações da sociedade civil de interesse público e demais modalidades de prestação de serviços públicos. São Paulo: LTr., 2000, p. 65-67.

ser desenvolvido por elas para uma efetiva prestação de contas desses contratos específicos, podendo, assim, "facilitar a atuação de órgãos de controle interno e externo, na limitação e redução de desvios e o cometimento de ilegalidades com recursos públicos".[669]

Sob essa perspectiva, por força do art. 6º do Decreto nº 7.423/2010,[670] percebe-se o início de regulamentações aprovadas pelos Conselhos Universitários das universidades federais, em adequação à Lei nº 8.958/1994, à Lei nº 10.973/2004 – com a reforma introduzida pela Lei nº 13.243/2016 – e às regulamentações de ambas as normas (respectivamente, o Decreto nº 7.423/2010 e o Decreto nº 9.283/2018). Exemplo disso é a Universidade Federal de Goiás, que disciplinou o seu relacionamento com suas fundações de apoio através da Resolução CONSUNI nº 42/2020.[671] As universidades estaduais também têm caminhado, especificamente em relação à atuação no âmbito da ciência, tecnologia e inovação. Observa-se um esforço da USP em regulamentar a atuação das fundações de apoio (Portaria GR nº 7.382/2019),[672] disciplinando o uso dos bens e serviços da USP pelas fundações de apoio no prazo necessário à elaboração e execução do projeto convencionado. A USP pode exigir remuneração para tanto (art. 4º), impor restrições à utilização e contratações realizadas pelas fundações de apoio com recursos captados em nome da universidade (art. 5º) e sugerir melhorias no processo de prestação de contas, exigindo conta bancária específica e prestação anual (art. 6º e 7º).

A regulamentação das relações entre universidades e fundações de apoio, somada ao controle interno realizado em função dos ajustes pactuados entre elas, e, ao final, o controle externo exercido pelo TCU, é o caminho a ser seguido. Mais que isso, a proposta de um departamento no Ministério da Educação ou no Ministério da Ciência,

---

[669] BORGES, Alice Maria Gonzalez. *Temas do direito administrativo atual*: estudos e pareceres. Belo Horizonte: Fórum, 2004, p. 132-140.

[670] D'AGOSTINO, Jaqueline Priscila da Silva Souza. Controvérsias regulatórias nas relações contratuais entre instituições de ensino superior e fundações de apoio. In: *Revista Digital de Direito Administrativo*, v. 5, n. 2, p. 180-205, 2018. Disponível em: https://doi.org/10.11606/issn.2319-0558.v5i2p180-205. Acesso em: 10 jun. 2023.

[671] D'AGOSTINO, Jaqueline Priscila da Silva Souza. Controvérsias regulatórias nas relações contratuais entre instituições de ensino superior e fundações de apoio. In: *Revista Digital de Direito Administrativo*, v. 5, n. 2, p. 180-205, 2018. Disponível em: https://doi.org/10.11606/issn.2319-0558.v5i2p180-205. Acesso em: 10 jun. 2023.

[672] D'AGOSTINO, Jaqueline Priscila da Silva Souza. Controvérsias regulatórias nas relações contratuais entre instituições de ensino superior e fundações de apoio. In: *Revista Digital de Direito Administrativo*, v. 5, n. 2, p. 197, 2018. Disponível em: https://doi.org/10.11606/issn.2319-0558.v5i2p180-205. Acesso em: 10 jun. 2023.

Tecnologia e Inovação de Fundações que funcione como órgão regulador das atividades por elas exercidas, aferindo qualidade, legalidade e eficiência da colaboração prestada às universidades, é algo possível. Isto porque, recentemente, através do Decreto nº 11.493/2023, que aprovou o Regimento com a nova estrutura do Ministério da Ciência, Tecnologia e Inovação, foi atribuída no art. 13, IX, à Secretaria de Políticas e Programas Estratégicos a competência para assessorar o Ministro de Estado na articulação envolvendo as ações de governo e as fundações de apoio, as instituições federais de ensino superior e demais instituições, científicas, tecnológicas e de inovação, relativas a todas as competências previstas no Decreto nº 7.423/2010 que regulamentam a Lei Federal das Fundações de Apoio.

5.3.4.1 Fundações de apoio

As fundações de apoio desempenham um papel crucial na promoção da ciência, tecnologia e inovação em diversos aspectos. Elas oferecem recursos financeiros, programas de financiamento e bolsas de pesquisa para apoiar projetos e iniciativas científicas e tecnológicas. Além disso, podem atuar como intermediárias entre setores públicos e privados, facilitando parcerias e colaborações estratégicas. Ainda, auxiliam a identificar e a financiar pesquisas promissoras; avaliam propostas de projetos, considerando a relevância científica, o potencial de inovação e o impacto socioeconômico; oferecem programas de capacitação e treinamento para cientistas, tecnólogos e inovadores, visando aprimorar suas habilidades e conhecimentos. Essas iniciativas contribuem também para desenvolver talentos e formar uma força de trabalho altamente qualificada.

Dada a sua importância para o sistema nacional de inovação, em seguida, será apresentado como se estruturam as fundações de apoio que colaboram com as universidades no seu desenvolvimento institucional de forma ampla, mas, principalmente, quanto aos projetos envolvendo ciência, tecnologia e inovação dos quais a universidade participe.

Essas instituições estão positivadas no Direito brasileiro em âmbito federal pela Lei nº 8.958/1994, e em diversas leis estaduais, como acontece em São Paulo, que lhes faz remissão na Lei Complementar Estadual nº 1.049/2008, art. 9º, §2º, enquanto o Decreto Estadual nº 62.817/2017, em diversos comandos, regulamenta a extensão e os requisitos para sua atuação, inclusive a forma de se conquistar essa insígnia (fundação de apoio), através do seu credenciamento.

Nos termos do art. 2º, VI, da Lei Federal nº 10.973/2004, fundações de apoio são as instituídas com a finalidade de dar apoio a projetos de pesquisa, ensino e extensão, projetos de desenvolvimento institucional, científico, tecnológico e projetos de estímulo à inovação de interesses das ICTs. Devem estar registradas e credenciadas no MEC e no Ministério da Ciência, Tecnologia e Inovação, como pontuam Carlos Ari Sundfeld, Jacintho Arruda Câmara e Vera Monteiro, exigindo o credenciamento nas duas esferas federativas para usufruírem dos benefícios da Lei de Inovação.[673]

Adverte-se, desde já, que a atribuição da insígnia "de apoio" às fundações a serem constituídas não tem o condão de promovê-las a uma nova categoria de fundação. O credenciamento no órgão público competente é o que a qualifica como fundação de apoio, em âmbito estadual e/ou federal.[674] Portanto, o *nomem iuris* fundação de apoio, muitas vezes a elas atribuído, nada diz em relação à sua natureza jurídica, mas representa mero credenciamento para atribuir-lhes prerrogativas perante a Administração.

Sem embargo, parte-se da premissa de que, para receber o rótulo de "fundação de apoio", após o processo de credenciamento federal[675] e/ou estadual,[676] a fundação deve ser categorizada ou como fundação

---

[673] BRASIL. Decreto nº 7.423/2010. "Art. 6º. O relacionamento entre a instituição apoiada e a fundação de apoio, especialmente no que diz respeito aos projetos específicos deve estar disciplinado em norma própria, aprovada pelo órgão colegiado superior da instituição apoiada, observado o disposto na Lei nº 8.958, de 1994, e neste Decreto".

[674] RODRIGUES, Aline. *Relações com as fundações de apoio*. Disponível em: https://proad.ufg.br/p/17466-relacao-com-as-fundacoes-de-apoio. Acesso em: 5 jun. 2023.

[675] UNIVERSIDADE DE S. PAULO. Normas. *Portaria GR nº 7.382/2019*. Disponível em: https://leginf.usp.br/?portaria=portaria-gr-no-7382-de-07-de-maio-de-2019. Acesso em: 3 set. 2023.

[676] "[...] para uma fundação de apoio ter o direito de empregar os mecanismos de incentivo previstos na Lei de Inovação, deve atender à definição e aos requisitos previstos em seu art. 2º, inc. VII, isto é, deve ser registrada e credenciada no Ministério da Educação e no Ministério da Ciência, Tecnologia e Inovação, nos termos da Lei nº 8.958, de 20 de dezembro de 1994. [...]. Voltando ao exemplo da fundação de apoio, é lícito a um Estado determinar que as fundações de apoio criadas no âmbito de sua esfera sejam credenciadas a certa secretaria estadual. Cada ente federativo tem autonomia para estabelecer suas regras próprias para admitir fundações de apoio ou para gerir suas instituições e seu patrimônio. Contudo, para que os incentivos previstos na Lei de Inovação lhe sejam aplicáveis, a fundação estadual teria de, por força do disposto no art. 2º, inc. VII, também ser credenciada e registrada no Ministério de Educação e no Ministério da Ciência, Tecnologia e Inovação". SUNDFELD, Carlos Ari; CÂMARA, Jacintho Arruda; MONTEIRO, Vera. Questões de direito público na Lei de Inovação. *In: Revista Zênite ILC*, Informativo de Licitações e Contratos, Curitiba, ano 24, n. 248, p. 871-872, set. 2017.

pública instituída pelo poder público com regime jurídico de direito privado ou ser eminentemente uma fundação privada, instituída por pessoas físicas e/ou jurídicas privadas. Mesmo nesse último caso, se forem mantidas pelo poder público, implicará um regime jurídico semelhante ao das instituídas pelo poder público com regime jurídico de Direito Privado.[677]

As fundações instituídas pelo poder público sob o regime de Direito Privado decorreram da necessidade de uma busca por maior eficiência na prestação do serviço público, contexto no qual se considerou a necessidade de se utilizar da agilidade das pessoas jurídicas de Direito Privado, associando a elas recursos públicos para atender aos fins de interesse público identificados, do qual resultavam serviços públicos a serem atendidos. Celso Antônio Bandeira de Mello, ao tratar das novas formas de ação do Estado nas décadas de 1970/1980, apontou esse cenário:

> começam a proliferar certas 'fundações' instituídas pelo Poder Público, das quais, diga-se de passagem, nem todas têm a mesma natureza: sendo fundações governamentais, podem ser públicas ou privadas. As primeiras são autarquias, simplesmente – ainda que boa parte da doutrina brasileira não tenha se apercebido disto – outras respondem, efetivamente, a um processo novo de prestação de serviços.[678]

O Estado, então, institui fundações tanto sob o regime exclusivo de Direito Público – que nada mais são que autarquias fundacionais – quanto fundações ditas públicas, mas instituídas sob o regime de Direito Privado ou autorizadas a sua instituição por lei, ambas integrantes da Administração indireta.[679] Neste último caso, são empresas públicas e

---

[677] "Voltando ao exemplo da fundação de apoio, é lícito a um Estado determinar que as fundações de apoio criadas no âmbito de sua esfera sejam credenciadas a certa secretaria estadual. Cada ente federativo tem autonomia para estabelecer suas regras próprias para admitir fundações de apoio ou para gerir suas instituições e seu patrimônio". SUNDFELD, Carlos Ari; CÂMARA, Jacintho Arruda; MONTEIRO, Vera. Questões de direito público na Lei de Inovação. In: Revista Zênite ILC, Informativo de Licitações e Contratos, Curitiba, ano 24, n. 248, p. 872, set. 2017.

[678] A Lei Federal nº 8.958/1994, com suas alterações posteriores, prevê no seu art. 2º, III, a necessidade de "prévio credenciamento no Ministério da Educação e no Ministério da Ciência, Tecnologia, Inovações e Comunicações, renovável a cada 5 (cinco) anos" para que seja considerada uma fundação de apoio.

[679] Em São Paulo o Decreto Estadual nº 62.817/2017, que regulamenta a Lei Federal nº 10.973/2004, no tocante a normas gerais aplicáveis ao Estado, assim como a Lei Complementar Estadual nº 1.049/2008, dispõe sobre outras medidas em matéria da política estadual de ciência,

sociedades de economia mista, embora atuantes com uma grande carga do regime de Direito Privado.

Nesse contexto, Adilson Abreu Dallari, ao interpretar a CF/1988 para verificar o seu enquadramento no âmbito da Administração indireta, revela que "as fundações criadas ou mantidas pelo poder público integram a administração indireta"[680] e que são instituídas por lei, neste caso, constituindo-se em fundação pública, ou autorizadas a sua instituição, constituindo-se em fundação pública instituída sob o regime de Direito Privado. Segundo o autor, nesse caso, deve ser denominada *fundação privada*, pois "o Registro Civil de Pessoas Jurídicas não tem o condão de criar pessoas públicas".[681]

Essas definições evoluíram. Sérgio de Andréa Ferreira, a partir dos conceitos de fundação-organização (relacionado à estrutura organizacional e à sua figuração como ente da Administração Indireta) e fundação-patrimônio (inerente ao patrimônio personificado), aponta uma importante distinção para o enquadramento das fundações:

> Nesse quadro, temos: (a) a *fundação-patrimônio, pessoa jurídica de direito privado,* 'é' – e não apenas, 'tem' – um *patrimônio; dotado* pelo *instituidor,* que dele se desvincula, e que é *personalizado,* sendo gerido por administradores, que ocupam postos em uma *organização* para esse fim estruturada; (b) a *fundação-organização* é uma *estrutura personalizada,* ocupada e vivificada pelos *administradores,* por meio do exercício das *atribuições* dos *órgãos institucionais;* sendo, como *pessoa* que é, titular de um *patrimônio;* e podendo ser *pessoa jurídica* de *direito privado pública,* e será *fundação pública;* ou *pública,* e será *autarquia.*[682]

---

tecnologia e inovação e estabelece nos arts. 19 a 23 o processo de credenciamento das fundações de apoio.

[680] Em nível federal, a Lei nº 8.958/1994, com suas alterações posteriores, prevê no seu art. 2º os requisitos para ser considerada uma fundação de apoio.

[681] MELLO, Celso Antônio Bandeira de. *Prestação de serviço público e administração indireta.* 2. ed. São Paulo: RT, 1987, p. 88.

[682] "As locuções 'fundação de direito público' e 'fundação de direito privado' aparecem com frequência. Na verdade, as fundações criadas pelo poder público ou são qualificadas como pessoas jurídicas de direito privado (a maioria) ou como pessoas jurídicas de direito público. O ordenamento pode atribuir tanto a personalidade jurídica privada como a personalidade jurídica pública. Mesmo dotada da natureza de pessoa jurídica privada, se for criada pelo poder público e integrar a Administração Indireta, norteia-se por grande carga de normas de direito público. Por isso, o uso daquelas locuções gera confusão e não corresponde à realidade". MEDAUAR, Odete. *Direito administrativo moderno.* 16. ed. São Paulo: RT, 2012, p. 90-91.

Ressalta-se que, nos termos do art. 37, XIX, da CF/1988, somente por meio de lei complementar será possível definir o âmbito de atuação das fundações pertencentes à Administração Indireta, ou seja, das fundações estatais (de Direito Público e de Direito Privado instituídas pelo poder público).

As fundações privadas, criadas por pessoas físicas ou jurídicas privadas e regidas exclusivamente pelo CC/2002, já tiveram o seu âmbito de atuação definido no art. 62, parágrafo único, do CC/2002 e só podem ser instituídas para fins religiosos, morais, culturais ou de assistência. Essa regra do CC/2002 não se aplica às fundações estatais, pois, somente por lei complementar (art. 37, XIX, da CF/1988), é que poderão ser condicionadas as áreas de atuação das fundações pertencentes à Administração indireta. Nesse sentido, Almiro do Couto e Silva, Carlos Ari Sundfeld, Floriano de Azevedo Marques Neto, Paulo Eduardo Garrido Modesto, Maria Coeli Simões Pires, Sergio de Andréa Ferreira e Maria Sylvia Zanella Di Pietro concluíram no documento final que subsidiava a proposta por eles elaborada de uma nova estrutura orgânica para o funcionamento da Administração Pública federal e das suas relações com entes de colaboração.[683]

As fundações de Direito Privado que não forem instituídas pelo poder público já estão reguladas pelos arts. 62 a 69 do CC/2002 e pela Lei nº 6.515/1973, que exige o registro de sua escritura e respectivo estatuto social junto ao cartório de registro de títulos e documentos.

De outro lado, as fundações de Direito Privado instituídas pelo poder público têm posição semelhante à das estatais, ou seja, mesmo sob regime privatístico determinado pelo Estado, não se regerão amplamente pelo regime de Direito Privado, visto que não há como desvencilhá-las de alguns aspectos do regime publicístico.[684] Cabe ao estatuto ou autorização para sua criação fixar o seu regime.[685]

---

[683] DALLARI, Adilson Abreu. Fundações privadas instituídas pelo poder público. In: Revista de Direito Público, São Paulo, n. 96, p. 58, out./dez. 1990; DALLARI, Adilson Abreu. Regime constitucional dos servidores públicos. 2. ed. São Paulo: RT, 1990, p. 44.

[684] DALLARI, Adilson Abreu. Fundações privadas instituídas pelo poder público. In: Revista de Direito Público, São Paulo, n. 96, p. 58, out./dez. 1990; DALLARI, Adilson Abreu. Regime constitucional dos servidores públicos. 2. ed. São Paulo: RT, 1990, p. 44.

[685] FERREIRA, Sergio de Andréa. As fundações estatais e as fundações com participação estatal. In: MODESTO, Paulo (org.). Nova organização administrativa brasileira. Belo Horizonte: Fórum, 2010, p. 76.

A CF/1988 não ajudou a diminuir esses impasses doutrinários e jurisprudenciais. Paulo Modesto, sobre as fundações estatais,[686] após apontar a confusão terminológica destinada pela CF/1988 às fundações de Direito Administrativo[687] – posição defendida por José Eduardo Sabo Paes[688] –, conclui que, segundo a doutrina majoritária, fundação é categoria jurídica do direito civil e administrativo, e que, em qualquer um desses ramos, a "fundação é patrimônio (conjunto de bens) personalizado, afetado a uma finalidade específica e não lucrativa definida pela vontade do instituidor, submetido a controle e fiscalização pelo poder público".[689] Todavia, alerta: "cessam neste ponto as concordâncias".[690] Em seguida, admite a classificação doutrinária das fundações em três

---

[686] "Apenas com relação às fundações estatais não houve definição baseada no âmbito de atuação, tendo em vista que o artigo 37, XIX, da Constituição Federal exige lei complementar para essa definição, certamente com o intuito de afastar, com relação às mesmas, a norma do artigo 62, parágrafo único, do Código Civil, que limitou a instituição de fundações àquelas que tenham fins religiosos, morais, culturais ou de assistência. O constituinte deixou para a lei complementar a tarefa de definir os fins que podem justificar a instituição de fundação pelo poder público e que não podem sofrer as mesmas limitações impostas pelo Código Civil ao particular". SILVA, Almiro do Couto e; SUNDFELD, Carlos Ari; MARQUES NETO, Floriano de Azevedo; MODESTO, Paulo Eduardo Garrido; PIRES, Maria Coeli Simões; FERREIRA, Sergio de Andréa; DI PIETRO, Maria Sylvia Zanella. *Comissão de Juristas constituída pela Portaria n. 426, de 6 de dezembro de 2007, do Ministério do Planejamento, Orçamento e Gestão –* resultado final.

[687] DI PIETRO, Maria Sylvia Zanella. *Direito administrativo*. 30. ed. Rio de Janeiro: Forense, 2017, p. 545-547.

[688] "A qualificação de uma fundação instituída pelo Estado como sujeita ao regime público ou privado depende (i) do estatuto de sua criação ou autorização e (ii) das atividades por ela prestadas. As atividades de conteúdo econômico e as passíveis de delegação, quando definidas como objetos de dada fundação, ainda que essa seja instituída ou mantida pelo poder público, podem se submeter ao regime jurídico de direito privado". RE 716.378, Rel. Min. Dias Toffoli, j. 7.8.2019, P, *Informativo 946*, Tema 545.

[689] MODESTO, Paulo. As fundações estatais de direito privado e o debate sobre a nova estrutura orgânica da administração pública. In: *Revista Eletrônica sobre a Reforma do Estado (RERE)*, Salvador, Instituto Brasileiro de Direito Público, n. 14, jun./jul./ago. 2008. Disponível em: http://www.direitodoestado.com.br/rere.asp. Acesso em: 14 nov. 2022.

[690] De acordo com esse jurista, "no texto constitucional vigente, já com sucessivas emendas, no caso específico das fundações, que nos interessa aqui mais de perto, a vacilação conceitual e terminológica pode ser qualificada como dramática. São adotadas nada menos do que quatro formas de referência a fundações no texto constitucional: a) 'fundação' (art. 37, XVII, XIX; 39, §7º; art. 40, *caput*; 163, II, 167, VIII; 202, §§3º e 4º, da CF e art. 8º e 61, do ADCT); b) 'fundação pública' (art. 39, *caput*, original, repristinado por recente decisão do STF; art. 19, do ADCT); c) 'fundações instituídas e mantidas pelo Poder Público (art. 71, II e III; 150, §2º; 157, I; 158, I; 165, §5º, II e III; 169, §1º, da CF e art. 18; 35, §1º, V, e 61 do ADCT); d) 'fundações sob controle estatal' (art. 163, II, da CF e art. 8º, §5º, da ADCT)". MODESTO, Paulo. As fundações estatais de direito privado e o debate sobre a nova estrutura orgânica da administração pública. In: *Revista Eletrônica sobre a Reforma do Estado (RERE)*, Salvador, n. 14, jun./jul./ago. 2008. Disponível em: http://www.direitodoestado.com.br/rere.asp. Acesso em: 14 nov. 2022.

orientações: a monista, a monista tradicional e a dualista, a fim de demonstrar o posicionamento da doutrina e da jurisprudência sobre as orientações,[691] para, ao final, adotar a posição dualista.

Em São Paulo, a Constituição Estadual em oito oportunidades se refere à "Administração Pública fundacional"[692] e em 21 oportunidades às "fundações instituídas ou mantidas pelo Poder Público".[693] Portanto, incorpora ao *gênero* fundação pública (Administração Pública fundacional), que possui como *espécies* as fundações instituídas pelo poder público sob o regime de Direito Privado e as fundações públicas *stricto sensu*.

Ao deixar subentendido o constituinte estadual paulistano, por meio da conjunção coordenativa que designa alternatividade ("ou"), de forma diversa da maneira utilizada pelos constituintes federais, que optaram pela conjunção coordenativa aditiva ("e"[694]), que as fundações mantidas pelo poder público também se submeterão aos ditames aplicáveis às fundações instituídas pelo poder público, tomando como pressuposto a manutenção de fundação privada com verbas oriundas

---

[691] "A Constituição de 05.10.1988, não obstante referir-se às fundações de uma forma assimétrica e até confusa, reconheceu, no âmbito do Direito Constitucional, a existência da fundação pública instituída e mantida pelo Poder Público e de fundação pública instituída pelo Poder Público, mas de natureza jurídica de direito privado". PAES, José Eduardo Sabo. *Fundações, associações e entidades de interesse social*: aspectos jurídicos, administrativos, contábeis, trabalhistas e tributários. 9. ed. Rio de Janeiro: Forense, 2018, p. 182.

[692] MODESTO, Paulo. As fundações estatais de direito privado e o debate sobre a nova estrutura orgânica da administração pública. *In: Revista Eletrônica sobre a Reforma do Estado (RERE)*, Salvador, n. 14, jun./jul./ago. 2008. Disponível em: http://www.direitodoestado.com.br/rere.asp. Acesso em: 14 nov. 2022.

[693] MODESTO, Paulo. As fundações estatais de direito privado e o debate sobre a nova estrutura orgânica da administração pública. *In: Revista Eletrônica sobre a Reforma do Estado (RERE)*, Salvador, n. 14, jun./jul./ago. 2008. Disponível em: http://www.direitodoestado.com.br/rere.asp. Acesso em: 14 nov. 2022.

[694] "a) Para a primeira, monista, toda fundação instituída e mantida pelo Poder Público é fundação de direito público, é autarquia ou fundação autárquica, apenas com a peculiaridade da criação ser realizada ou autorizada por lei e área delimitada por lei complementar (Celso Antônio Bandeira de Mello após a Constituição Federal de 1988, Lucas Rocha Furtado, Lúcia Valle Figueiredo); b) Para a segunda, monista também, tradicional e quase desaparecida após 1984, com a decisão no STF no RE 101.126-RJ, Rel. Moreira Alves, é impróprio falar-se em fundação de direito público, pois toda fundação é forma civil, isto é, de direito privado (Manoel Franco Sobrinho, Seabra Fagundes, Hely Lopes Meirelles antes da Constituição de 1988); c) Para a terceira, dualista, o texto constitucional vigente refere a dois tipos de fundação, como explicitou a nova redação do art. 37, XIX, sendo possível falar-se tanto em fundações de direito público, autênticas autarquias, como em fundações de direito privado, desde que a denominação tenha coerência com a finalidade e as competências efetivamente realizadas. (Maria Sylvia Zanella Di Pietro, Diogenes Gasparini, Alice Gonzalez Borges)". MODESTO, Paulo. As fundações estatais de direito privado e o debate sobre a nova estrutura orgânica da administração pública. *In: Revista Eletrônica sobre a Reforma do Estado (RERE)*, Salvador, n. 14, jun./jul./ago. 2008. Disponível em: http://www.direitodoestado.com.br/rere.asp. Acesso em: 14 nov. 2022.

do poder público, torna ela passível de ter tratamento assemelhado ao atribuído às fundações instituídas.

A recepção constitucional da divisão bipartida de fundações públicas foi a regra, em níveis federal e estadual, trazendo-as para a Administração Pública Indireta e submetendo-as ao seu regime, com exceção das hipóteses por ela mesmo excepcionadas. Implicitamente, optou-se por situar as fundações privadas como alheias ao regime jurídico publicístico, ao deixar de impor-lhes esse regime, exceto nas situações nas quais sejam mantidas pelo poder público.

O gráfico a seguir explica a categorização das fundações no Direito brasileiro:

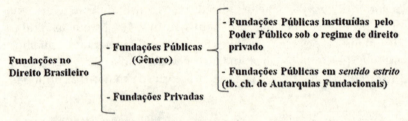

Fonte: elaborado pelo autor.

Fernando Borges Mânica e Fernando Menegat comentam a prática de sua instituição na realidade das fundações no Direito Público brasileiro:

> A locução fundação pública, portanto, refere-se a entidades de natureza diversa, sendo que a sistematização das fundações no direito brasileiro envolve o reconhecimento de três espécies de fundações:
> (i) fundações privadas, instituídas pelos particulares, por meio de testamento ou escritura pública;
> (ii) fundações públicas de direito privado, instituídas pelo Poder Executivo, por meio do registro de seus atos constitutivos no registro de pessoas jurídicas;
> (iii) fundações públicas de direito público, instituídas diretamente por meio de lei.[695]

Em diversas decisões, o STF considerou essa mesma classificação (RE nº 101.126-RJ, 24.10.1984, Rel. Min. Moreira Alves; Agravo no RE n. 219.900-1/RS, 4.6.2002, Rel. Min. Ellen Gracie). Bastante didática

---

[695] Art. 19, incisos XIV e XVI; art. 111; art. 111-A; art. 115, inciso XII; art. 222; art. 272; e art. 27 dos ADCTs.

também é a divisão trazida pelo Min. Eros Grau, ao relatar o Acórdão MS nº 24.427-5/DF, de 30.08.2006:

> Apesar das divergências doutrinárias, podem ser visualizadas no Brasil três tipos de fundações: as privadas, as públicas com regime de direito privado e as públicas propriamente ditas. Afirma que, entre as espécies citadas, a única que prescinde de lei para a sua criação é estritamente privada, sendo vedada ao Estado a criação de fundações dessa modalidade.

Sob essa perspectiva, ao se adotar a classificação dualista em relação à categorização das fundações, tanto as constitucionalmente previstas (fundações instituídas e/ou mantidas pelo poder público) quanto em relação às fundações civis, reguladas pelo Direito Privado, Airton Grazzioli, José Eduardo Sabo Paes, Marcelo Henrique dos Santos e José Antonio de França identificam uma divisão dicotômica a partir da qual apontam as subespécies verificadas considerando o motivo de sua criação:

1. Fundações instituídas e/ou mantidas pelo Poder Público
1.1 com personalidade jurídica de direito privado
1.2 com personalidade jurídica de direito público – autarquias
2. Fundações de direito privado
2.1 instituídas por pessoas físicas e/ou jurídicas
2.2 instituídas por empresas
2.3 instituídas por partido político
2.4 de apoio a instituições de ensino superior
2.5 de previdência privada ou complementar
2.6 comunitárias.[696]

Importante ressalva deve ser feita à classificação proposta. Tanto as fundações comunitárias quanto as fundações de apoio podem se apresentar como fundações de Direito Privado, mas também é possível, e até comum, se apresentarem como fundações instituídas com personalidade de Direito Privado pelo poder público. Portanto, as fundações de apoio às IES, quando instituídas sem qualquer interferência do poder público, se apresentam como fundações civis, mas, se instituídas pelo poder público com regime jurídico de Direito Privado,[697] se configuram

---

[696] Art. 13, §1º, item 3; art. 32; art. 33, incisos II e III; art. 47, XII; art. 101; art. 115, incisos XXIII, XXIV, XXVII e o seu §5º; art. 117, parágrafo único; art. 121; art. 123; art. 124; art. 163, §1º; art. 169, parágrafo único; art. 174, §4º, item 3; art. 274; art. 6º e 18 dos ADCTs.
[697] Adilson Abreu Dallari conclui pela existência de dois tipos de fundações dotadas de personalidade jurídica de Direito Privado, consistente, nas "fundações privadas propriamente

fundações instituídas pelo poder público sob o regime de Direito Privado. Nesse caso, a expressão "poder público" deve ser entendida em sentido amplo, abarcando a Administração Direta e Indireta, inclusive as universidades públicas.[698] Sérgio de Andréa Ferreira vislumbra duas espécies de fundações de apoio:

> As fundações de apoio têm obedecido a duas espécies: (a) as que são instituídas ou constituídas por pessoas físicas (inclusive, professores e pesquisadores universitários, médicos) ou jurídicas particulares; (b) as que têm sido instituídas ou constituídas pelas próprias entidades estatais, com que vão colaborar, através de convênios e contratos.[699]

Sob essa perspectiva, tem sido cada vez mais frequente no âmbito universitário a necessidade de colaboração entre as universidades e as fundações por elas instituídas para os fins descritos, muitas delas chanceladas sob a designação de "fundações de apoio". Todavia, elas nem sempre se enquadram legalmente nos requisitos legais para serem reconhecidas por essa denominação.

Em São Paulo, houve um ambiente de incentivo à instituição de fundações no âmbito das suas universidades públicas, estimulando os próprios docentes e ex-docentes a instituí-las de forma eminentemente privada. Em alguns casos, houve a instituição pela própria universidade, que justificou a medida por meio do princípio da autonomia universitária, e a autonomia administrativa e financeira dele decorrente, associada à sua capacidade de autonormação,[700] fruto da primeira.[701]

---

ditas (instituídas por particulares) e as fundações privadas instituídas pelo Poder Público, ou seja, fundações governamentais". Essas duas modalidades de fundações podem ser credenciadas como fundações de apoio, nos termos da Lei Federal nº 8.954/1994. DALLARI, Adilson Abreu. Fundações privadas instituídas pelo poder público. In: *Revista de Direito Público*, São Paulo, n. 96, p. 54, out./dez. 1990

[698] Art. 71, II e III; art. 150, §2º; art. 165, §5º, I; art. 169, §1º; ADCTs arts. 18, 35, §1º, V e 64.

[699] MÂNICA, Fernando Borges; MENEGAT, Fernando. *Teoria jurídica da privatização*: fundamentos, limites e técnicas de interação público-privada no direito brasileiro. Rio de Janeiro: Lumen Juris, 2017, p. 122.

[700] GRAZZIOLI, Airton; PAES, José Eduardo Sabo; SANTOS, Marcelo Henrique dos; FRANÇA, José Antonio de. *Organizações da sociedade civil*: associações e fundações. Constituição, funcionamento e remuneração dos dirigentes. São Paulo: EDUC, 2017, p. 69; PAES, José Eduardo Sabo. *Fundações, associações e entidades de interesse social*: aspectos jurídicos, administrativos, contábeis, trabalhistas e tributários. 9. ed. Rio de Janeiro: Forense, 2018, p. 180.

[701] Adilson Abreu Dallari conclui pela existência de dois tipos de fundações dotadas de personalidade jurídica de Direito Privado, consistente, nas "fundações privadas propriamente ditas (instituídas por particulares) e as fundações privadas instituídas pelo Poder Público, ou seja, fundações governamentais". Essas duas modalidades de fundações podem ser

Segundo Anita Lapa Borges de Sampaio, em decorrência da autonomia universitária, do seu poder de elaboração e de execução orçamentária, e a constituição e emprego do patrimônio próprio, é possível "instituir fundações com bens de seu patrimônio e recursos de seu orçamento".[702]

Em face do princípio da autonomia universitária, se uma fundação teve autorizada a sua criação por uma determinada universidade através de resolução aprovada no Conselho Universitário, seja na esteira da autonomia universitária atribuída pela LDB vigente à época (Lei Federal nº 4.024/1961) – que no seu art. 80 atribuía genericamente às universidades "autonomia didática, administrativa, financeira e disciplinar, que será exercida na forma de seus estatutos" –, seja se baseando na constitucionalização desta mesma autonomia universitária (art. 207 da CF/1988), ainda que possa haver posicionamento contrário,[703] a única saída é considerá-la fundação pública sob o regime de Direito Privado. Deve-se apenas observar a aprovação de resolução no Conselho Universitário que autorize e discipline a sua instituição.

Assim também se manifestou Hely Lopes Meirelles, ao analisar de forma apurada qual deveria ser o procedimento para se instituir uma fundação por uma universidade estadual pública, no caso, a USP:

> 3. Em regra, a alienação de bens públicos imóveis depende de lei autorizativa e licitação. Mas esta regra é para a Administração centralizada ou direta, abrindo-se exceção para as entidades da Administração descentralizada ou indireta que abrange as autarquias, as empresas públicas, as sociedades de economia mista e em certos Estados até mesmo as fundações instituídas ou mantidas pelo Poder Público, nas quais as alienações de seus bens públicos imóveis não se subordina a

---

credenciadas como fundações de apoio, nos termos da Lei Federal nº 8.954/1994. DALLARI, Adilson Abreu. Fundações privadas instituídas pelo poder público. In: *Revista de Direito Público*, São Paulo, n. 96, p. 54, out./dez. 1990.

[702] Airton Grazzioli e Edson José Rafael, em obra sobre as fundações, admitem: "Não há impedimento legal para que a própria instituição de ensino seja a instituidora. Mas sendo essa pública e, como se dever carrear patrimônio para a criação de uma fundação, muito embora a primeira vá vincular a nova entidade ao regime jurídico público, deve então seguir as mesmas regras das fundações paraestatais; [...]. Nesse contexto, pensamos não haver vantagem alguma, tanto para o Poder Público, como para os particulares, com a criação de fundação de apoio por universidade ou instituição de ensino públicas, pois, nessa hipótese, a entidade criada continuará com as amarras jurídicas pertinentes aos órgãos públicos". GRAZZIOLI, Airton; RAFAEL, Edson José. *Fundações privadas*. 3. ed. São Paulo: Atlas, 2013, p. 64-65.

[703] FERREIRA, Sergio de Andréa. As fundações de direito privado instituídas pelo poder público. In: *Fórum de Contratação e Gestão Pública – FCGP*, Belo Horizonte, ano 16, n. 183, p. 71-83, mar. 2017, p. 80-81.

regras uniformes para todas as entidades estatais e autárquicas, bastando lembrar que, na União, autorização é dada pelo Decreto presidencial (v. Decreto-lei 200/67, art. 195), nos Estados e Municípios geralmente depende de autorização legislativa, na forma de suas Constituições e Leis Orgânicas Municipais, e *na Administração descentralizada sujeita-se às disposições estatutárias de cada entidade.*

4. Por essas considerações se conclui que, no caso da USP, que é autarquia – e autarquia de regime especial – com ampla autonomia administrativa e organizacional de suas atividades, *a instituição de fundação* para um de seus serviços hospitalares, *com bens de seu patrimônio e recursos de seu orçamento, depende unicamente de aprovação do Conselho Universitário, na forma de seu Estatuto. A autorização legislativa, já foi dada implicitamente para esses atos ao criar-se a Universidade e ao aprovar-se o seu Estatuto* com a competência expressa deferida ao Conselho Universitário para "autorizar a alienação de bens imóveis da Universidade" (art. 14, X), assim como para "criação, incorporação e reconhecimento de Unidades do sistema universitário" (art. 14, XIV, b), o que o habilita a decidir sobre o destino dos bens e estrutura dos órgãos ou entidades que deverão realizar as atividades afetas à Universidade, dentre os quais se encontra o Hospital de Pesquisa e Reabilitação de Lesões Lábio-Palatais, a ser instituído junto à USP por expressa determinação do art. 12 de seu Regimento Geral (Decreto 52.906, de 27.8.1972 com a redação dada pelo Decreto 7.734, de 25.3.1976). A natureza e estrutura dessa instituição hospitalar – que é serviço da USP – ficará inteiramente a critério da autarquia instituidora que, se escolher a forma fundacional, personalizará por ato próprio os bens que devam ser traspassados à fundação, independente de autorização legislativa específica para a criação da entidade.

5. Observamos que mesmo na área da Administração centralizada, já há exemplos de criação de fundações pelo executivo federal e estadual, sem autorização legislativa, como nos informa Sérgio de Andréa Ferreira (As Fundações Instituídas pelo Estado, 1ª ed., 1968, pg. 77), que relaciona nada menos de seis dessas entidades instituídas simplesmente por decreto, e em prol desse proceder invoca o abono do Prof. Alcino Salazar, expresso em parecer onde sustenta que tal conduta é a "parcela típica da atividade administrativa própria do Poder Executivo" (Rev. Dir. Min. Públ. GB, n. 6, pp. 102 e segs.). Se assim é no campo da Administração centralizada, com mais razão se justifica a dispensa de autorização legislativa para a criação de fundação pelas autarquias universitárias que a Lei especial federal 5.540/68 já lhes ampliou a autonomia, ao considerá-las de "regime especial" e com maiores franquias que as suas congêneres, para bem realizar seus serviços autônomos é o Conselho Universitário, como também na autarquia de Previdência Social essa competência é exercida autonomamente por órgãos internos, que são a Secretaria da Previdência Social e o Conselho Fiscal (Decreto federal

72.771, de 6.9.1972, arts. 303 e 304), sem necessidade de qualquer lei ou decreto autorizativo especial.
6. E assim é porque a autarquia se caracteriza pela gestão autônoma de seu patrimônio para bem realizar os seus objetivos, compreendendo-se nessa gestão até mesmo a alienação de parte de seus bens, desde que aprovada pelo órgão interno competente (no caso, o Conselho Universitário), sem mais interferência da entidade estatal que a criou.
7. Assim também no âmbito do Estado de São Paulo, o Decreto-lei Complementar 7/69, que disciplina a organização e o funcionamento das entidades descentralizadas, exclui de sua abrangência – no que concerne à gestão de seus bens – as Universidades (art. 30), certamente por reconhecer que estas devem desfrutar ainda de maior autonomia administrativa e organizacional que as demais autarquias, que são simples prolongamentos de serviços públicos rotineiros, ao passo que o ensino e a pesquisa são atividades altamente complexas e especializadas que exigem grande liberdade em sua execução e mais flexibilidade nos regimes de trabalho e remuneração de seus docentes e pesquisadores. [...].
9. Se a USP vier a optar pela criação de uma Fundação, o Conselho Universitário será o órgão competente para autorizar essa instituição e especificar os bens que irão compor o patrimônio da entidade, a ser organizada por escritura pública, observadas as exigências pertinentes do Código Civil (arts. 16, I, e 24 a 30) e os requisitos especiais que a Universidade houver por bem de incluir no ato fundacional. Consequentemente, o Estatuto da novel Fundação será aprovado por deliberação do mesmo Conselho Universitário (e por Decreto Executivo), para oportuna apreciação pelo órgão do Ministério Público como previsto no Código de Processo Civil (art. 18) e da Lei de Registros Públicos (arts. 114, I e 119). Com isto adquirirá personalidade jurídica de direito privado, que é própria da fundação, mesmo que constituída pelo Poder Público ou por seus desmembramentos autárquicos, como justificaremos a seguir.[704]

Na sequência, Hely Lopes Meirelles invoca Sérgio de Andréa Ferreira para reforçar a sua convicção de que os entes da Administração indireta, no caso uma autarquia universitária, têm competência para instituir fundação pública sob o regime de direito privado:

---

[704] [...] "o conteúdo mínimo reconhecido ao conceito de autonomia implica um poder limitado e derivado de autogoverno e autonormação conferido a um ente para consecução de seus fins e interesses específicos". SAMPAIO, Anita Lapa Borges de. *Autonomia universitária*: um modelo de interpretação e aplicação do art. 207 da Constituição Federal. Brasília: Universidade de Brasília, 1998, p. 259.

Mais recentemente, Sérgio de Andréa Ferreira, em consagrada monografia, acentua que a descentralização por serviços não se limita, porém, à criação de pessoas administrativas autárquicas, de direito público. A Administração Indireta (descentralizada) enriquece-se, também pela instituição pelo Estado de pessoas administrativas de direito privado, mercê do emprego de institutos de direito civil e de direito comercial, de estrutura corporativa ou fundacional (obra citada, p. 52). No âmbito civil, essas instituições são as fundações e no comercial, as sociedades de economia mista e as empresas públicas.[705]

Por fim, o autor concluiu que a fundação instituída pela USP nesses moldes continuará a integrar a sua estrutura:

> a norma instituidora da USP já lhe conferiu autonomia suficiente para administrar e alienar seus bens, assim como para criar e incorporar novas unidades ao sistema universitário, desde que observe as disposições estatutárias pertinentes, estando ínsito em seus poderes a faculdade de escolha da estrutura do órgão ou da entidade que irá integrar a Universidade.[706]

Frise-se que, a adoção desse regime de Direito Privado, embora não exclua a observância de princípios da Administração, como impessoalidade e publicidade nas suas contratações públicas e de pessoal, possibilita à fundação elaborar o seu próprio regulamento de contratação e de seleção de pessoal.

A manutenção da fundação, de seu corpo profissional e de sua estrutura, decorre do pagamento de despesas operacionais administrativas, comum nesses ajustes, tendo em vista que é ela quem possibilita a existência da própria fundação.

Como exemplo, cite-se a Universidade Estadual Paulista Júlio de Mesquita Filho, que instituiu a Fundação para o Desenvolvimento da Unesp. Por meio da sua capacidade de autonormação, a universidade aprovou a instituição junto ao Conselho Universitário, inclusive com atribuição de recursos financeiros e disposição de imóvel para o seu funcionamento. O procedimento foi o seguinte: a Fundação para o

---

[705] "No âmbito da autonomia administrativa, reconhece-se como imprescindível o poder de autonormação das universidades para a realização de seus fins". SAMPAIO, Anita Lapa Borges de. *Autonomia universitária*: um modelo de interpretação e aplicação do art. 207 da Constituição Federal. Brasília: Universidade de Brasília, 1998, p. 264.

[706] SAMPAIO, Anita Lapa Borges de. *Autonomia universitária*: um modelo de interpretação e aplicação do art. 207 da Constituição Federal. Brasília: Universidade de Brasília, 1998, p. 264.

Desenvolvimento da UNESP teve sua instituição autorizada pela Resolução UNESP nº 14/1987,[707] publicada no D.O.E. nº 38, de 25.02.1987, p. 22. Seu estatuto foi registrado em 25.03.1987 (fl. 63) e, nele, a fundação instituída pela UNESP foi definida como "entidade jurídica de direito privado, sem fins lucrativos, dotada de autonomia técnico-administrativa e financeira, constituída por escritura pública". A dotação inicial para a sua criação foi atribuída pelo art. 4º, I, da Resolução, e sua natureza de fundação vinculada e instituída pela Unesp, reconhecida pela Lei Estadual nº 10.510/2000 (revogada pela Lei Estadual nº 12.683/2007), a qual, à época, lhe atribuiu essa natureza, disciplinando no seu art. 1º, §4º, item 1, sua posição diante da UNESP.[708]

Já no caso da USP, a Fundação de Apoio à Universidade de São Paulo foi constituída em 1991, através de "uma iniciativa privada de docentes da USP coordenada pela Reitoria",[709] cujo conselho curador fora nomeado pelo reitor e pelo Conselho Universitário, aparentemente sem injeção de recursos públicos.

Nos últimos anos, o principal ponto de discussão envolvendo as entidades de apoio às universidades é o limite da autonomia dessas fundações instituído por elas próprias sob o regime de Direito Privado, com o objetivo de colaborarem com as universidades em seu desenvolvimento institucional[710] e, mais recentemente, com objetivos de participar de projetos envolvendo pesquisas em ciência, tecnologia e inovação.

---

[707] José Eduardo Sabo Paes acaba não observando esse aspecto, considerando ilegítima a criação dessas fundações pelas universidades, talvez por não observar o processo de deslegalização existente quando da aprovação de seus estatutos, o que atribui a elas capacidade de autonormação. Segundo o autor, "ainda hoje subsiste uma diferenciação no que tange à criação das Fundações de Apoio, uma vez que nem todas foram constituídas do mesmo modo. Refiro-me àquelas em que houve, no momento de sua constituição, a participação de bens ou recursos públicos oriundos da própria Universidade enquanto autarquia, enquanto pessoa jurídica de direito público sem a devida e obrigatória autorização legislativa na composição de seu patrimônio inicial (art. 37, XIX e XX, da atual CF). Estas, criadas sem a necessária previsão legal, devem ser objeto de uma análise específica, caso a caso, para verificar a possibilidade de sua convalidação, por reforma dos seus atos constitutivos, ou mesmo, em último caso a sua extinção". PAES, José Eduardo Sabo. *Fundações, associações e entidades de interesse social*: aspectos jurídicos, administrativos, contábeis, trabalhistas e tributários. 9. ed. Rio de Janeiro: Forense, 2018, p. 218.

[708] MEIRELLES, Hely Lopes. Fundação instituída por autarquia. In: *Estudos e Pareceres de Direito Público*, v. IV. São Paulo: RT, 1981, p. 329-332.

[709] MEIRELLES, Hely Lopes. Fundação instituída por autarquia. In: *Estudos e Pareceres de Direito Público*, v. IV. São Paulo: RT, 1981, p. 334.

[710] MEIRELLES, Hely Lopes. Fundação instituída por autarquia. In: *Estudos e Pareceres de Direito Público*, v. IV. São Paulo: RT, 1981, p. 334.

O movimento de deslegitimar a atuação das fundações de apoio é danoso às universidades e à sua autonomia, pois a relação convencionada entre elas mira geralmente superar as dificuldades das universidades de enfrentar as necessidades relativas ao ensino, à pesquisa e à extensão, as quais, sem o apoio dessas entidades, poderá ter queda ainda maior no seu desempenho.

O plexo de atividades atribuídas às universidades é que levou à necessidade de se estimular novos caminhos para solucionar seus problemas, pois os caminhos existentes no âmbito do modelo autárquico impedem a solução eficaz desse conjunto de atividades, as quais, nas últimas décadas, aumentaram consideravelmente com as políticas públicas de inovação.

Foi justamente nesse contexto de dificuldades que surgiram as fundações de apoio à universidade, em 1993, antes da promulgação da Lei Federal nº 8.954/1994, que disciplinou em âmbito federal a sua existência. O atual Ministro do TCU, à época professor da UFMG, Antonio Augusto Junho Anastasia, ao estudar essas fundações,[711] afirmava que, em virtude da vultosa doação que lhe era confiada, essa espécie organizacional começou a ser atraída para o universo das espécies administrativas, passando a integrar a Administração Pública.

Após a aprovação da lei, em novo estudo, agora sobre a natureza jurídica das fundações de apoio, elaborado em 2003, o pesquisador as considerou vitais para a sobrevivência universitária, questionando a insistência da doutrina em abordar a necessidade de existir esta categoria fundacional, surgida para "superar grave dificuldade institucional no âmbito das entidades autárquicas de ensino superior, tolhidas, pelos limites e condicionamentos do regime jurídico-administrativo, no pleno exercício de suas missões legais".[712]

Com base na jurisprudência do TCU (Processo nº 3.500/91, publicado na RDA nº 194/339), o professor da UFMG classificou as fundações[713] da seguinte forma: a) fundações públicas de Direito Público, com natureza autárquica; b) fundações públicas de Direito Privado, que integram a Administração Pública indireta; c) fundações de Direito

---

[711] BRASIL. *Resolução UNESP nº 14, de 24 de fevereiro de 1987*. Dispõe sobre a constituição da Fundação para o Desenvolvimento da Unesp.

[712] Resolução UNESP nº 14/1987. "Art. 1º [...] §4º. A autorização prevista no 'caput' deste artigo fica estendida às fundações vinculadas e instituídas pela UNESP, isolada ou em conjunto com a Universidade, especialmente as: 1 FUNDUNESP. Fundação para o Desenvolvimento da UNESP".

[713] MUZY, Drugowich. *Os desafios da autonomia universitária*: história recente da USP. Jundiaí: Paco, 2018, p. 272.

Privado, instituídas pelo poder público, de modo direto ou indireto, que não integram a Administração Pública.

Em seguida, relata que, no caso dessas últimas (item "c"), surge a polêmica quanto à possibilidade de existência de fundações de direito privado que não integrariam a Administração Pública, embora fossem instituídas pelo poder público. Nesse contexto, justifica essa possibilidade pelo fato de que o critério utilizado "para se identificar a natureza da entidade é o exato conhecimento de seu objeto, no sentido de estarmos diante de uma atividade estatal ou não, bem como da forma de gestão da entidade em foco".[714]

Conclui-se, segundo Antonio Augusto Junho Anastasia, que "não integrando a Administração Pública, essas entidades não estão jungidas ao regime jurídico-administrativo próprio das entidades que compõe esse rol".[715] Por fim, retrata o histórico de surgimento dessas fundações, remetendo sua origem à necessidade de agilidade e de um certo grau de flexibilidade no desempenho de suas atividades de ensino, pesquisa e extensão, como alternativa viável para se enfrentar o aparato burocrático criado pelo Estado. Embora as universidades tenham optado pela instituição de fundações de Direito Privado no seu âmbito, tentou afastá-las da estrutura da Administração Pública indireta e da incidência do regime jurídico-administrativo, inclusive, do controle externo realizado pelo TCU.[716]

Na verdade, os que trabalham no ambiente universitário percebem que esse modelo espraiado pelo país revelou-se vitorioso ao dotar as universidades "de um braço flexível, apto a adotar as providências de natureza urgente e para as quais não havia solução possível no seio do regime publicístico".[717] Entretanto, o conservadorismo dos órgãos de

---

[714] [...] "a questão do desenvolvimento institucional apresenta relevância no tocante às fundações de apoio" e o conceitua: "o conceito de desenvolvimento institucional exige (a) uma atividade especificamente apta a gerar um benefício, (b) consistente na ampliação do potencial de satisfação de um objeto determinado, (c) não consistente no atendimento de necessidades materiais de um número indeterminado de pessoas, e (d) diretamente relacionado à realização dos valores estabelecidos com fim da entidade contratante". JUSTEN FILHO, Marçal. *Comentários à Lei de Licitações e Contratos Administrativos*: Lei 8.666/93. 18. ed. São Paulo: Thomson Reuters Brasil, 2019, p. 532.

[715] ANASTASIA, Antonio Augusto Junho. Fundação educacional: opção constitucional por sua desvinculação do poder público: consequência quanto à supervisão pedagógica. *Revista do Tribunal de Contas de Minas Gerais*, v. 9, n. 4, p. 75-87, out./dez. 1993.

[716] ANASTASIA, Antonio Augusto Junho. Natureza jurídica das fundações de apoio. *In*: FERRAZ, Luciano; MOTTA, Fabrício. *Direito público moderno* (homenagem especial ao professor Paulo Neves de Carvalho). Belo Horizonte: Del Rey, 2003, p. 1.

[717] ANASTASIA, Antonio Augusto Junho. Natureza jurídica das fundações de apoio. *In*: FERRAZ, Luciano; MOTTA, Fabrício. *Direito público moderno* (homenagem especial ao

controle, lembra Antonio Augusto Junho Anastasia, acabou atingindo essas entidades. Tem-se alegado que elas afrontam os princípios da Administração Pública e, a partir disso, questiona-se sua validade. Somente a Lei nº 8.954/1994, que disciplinou e criou o rótulo de fundações de apoio, é que estabeleceu "os parâmetros do relacionamento entre as entidades de apoio e as respectivas IFES".[718] Nesse seu marco regulatório, estipulou-se que essas fundações seriam regidas pelo Direito Privado, mas com derrogações decorrentes do Direito Público. Todavia, o autor relata que os órgãos de controle continuaram não recepcionando bem esse modelo, mencionando, inclusive, parte da doutrina que o rechaçou, a exemplo de Maria Sylvia Zanella Di Pietro, que questiona a eficiência dessas entidades de apoio e sustenta que o seu relacionamento com as universidades é de difícil enquadramento nas fórmulas conhecidas e disciplinadas pelo Direito.[719]

Ao final, justifica sua indispensabilidade para o sistema, em virtude da necessidade de as universidades agilizarem seus processos de ensino, pesquisa e extensão, e agora empreendedorismo e inovação, acrescentando, sem as amarras inerentes do regime jurídico-administrativo, que produz altos custos de transação para esse processo, para concluir que a natureza jurídica das fundações de apoio apresentada pela Lei nº 8.958/1994 é

> singular, pois estão submetidas ao regime de direito privado, não são integrantes da Administração Pública, mas com esta colaboram e são controladas quanto aos recursos públicos que eventualmente administram. Tal hibridismo, já plenamente reconhecido na esfera da Fundação Getúlio Vargas, deve ser também identificado nesta importante categoria fundacional.[720]

Alguns pontos desse posicionamento merecem ressalvas, sobretudo, na comparação com a FGV, a qual foi criada para funcionar de forma independente, sem vinculação à promoção de apoio ao desen-

---

professor Paulo Neves de Carvalho). Belo Horizonte: Del Rey, 2003, p. 6-7.
[718] ANASTASIA, Antonio Augusto Junho. Natureza jurídica das fundações de apoio. *In*: FERRAZ, Luciano; MOTTA, Fabrício. *Direito público moderno* (homenagem especial ao professor Paulo Neves de Carvalho). Belo Horizonte: Del Rey, 2003, p. 7.
[719] ANASTASIA, Antonio Augusto Junho. Natureza jurídica das fundações de apoio. *In*: FERRAZ, Luciano; MOTTA, Fabrício. *Direito público moderno* (homenagem especial ao professor Paulo Neves de Carvalho). Belo Horizonte: Del Rey, 2003, p. 7.
[720] ANASTASIA, Antonio Augusto Junho. Natureza jurídica das fundações de apoio. *In*: FERRAZ, Luciano; MOTTA, Fabrício. *Direito público moderno* (homenagem especial ao professor Paulo Neves de Carvalho). Belo Horizonte: Del Rey, 2003, p. 8-9.

volvimento institucional de alguma instituição educacional,[721] o que não ocorre com as entidades de apoio aqui estudadas. São contextos diferentes, a partir dos quais se adotam fórmulas diferentes, incompatíveis com o raciocínio adotado para as fundações de apoio, as quais, em sua grande maioria, sobrevivem com ao menos metade de recursos financeiros, infraestruturais, materiais e/ou humanos, oriundos da própria universidade, utilizando sua marca e história para captar outros recursos, isto é, estão intimamente ligadas a elas em todos os seus aspectos e acabam por se colocar como um braço da sua atuação.

Desta forma, nem todas as fundações intituladas de apoio podem receber o mesmo tratamento. O que as diferencia é o histórico de sua instituição, se motivado pela universidade, inclusive com participação ativa do seu Conselho Universitário na atribuição de recursos financeiros e/ou estruturais (imóveis, espaço físico para construção de sua sede, disposição de pessoal),[722] ou se motivado por interesses particulares.

Com efeito, se ao ser instituída a fundação foi empenhado recurso público, não se pode estabelecer que essa entidade de apoio seja considerada fundação privada, afastando-a da categorização de fundação pública instituída sob o regime de Direito Privado, atribuindo-lhe natureza jurídica de fundação privada que exerce suas atividades exclusivamente nos parâmetros regidos pelo Código Civil, como se nunca tivesse envolvido recursos públicos em sua criação.

Aliás, Sônia Yurico Kanashiro Tanaka, diante dessa situação, adverte: "fundações de apoio podem ser consideradas uma modalidade de fundações públicas de direito privado,[723] vislumbrando a inequívoca viabilidade de se atribuir o qualificativo 'de apoio' à fundações públicas de direito privado". Ao que parece, a autora parte do pressuposto de que os incentivos econômicos da Administração Pública em sua instituição transformam a sua personalidade jurídica, entendimento com o qual concordamos nesta obra.

---

[721] ANASTASIA, Antonio Augusto Junho. Natureza jurídica das fundações de apoio. *In*: FERRAZ, Luciano; MOTTA, Fabrício. *Direito público moderno* (homenagem especial ao professor Paulo Neves de Carvalho). Belo Horizonte: Del Rey, 2003, p. 9.

[722] ANASTASIA, Antonio Augusto Junho. Natureza jurídica das fundações de apoio. *In*: FERRAZ, Luciano; MOTTA, Fabrício. *Direito público moderno* (homenagem especial ao professor Paulo Neves de Carvalho). Belo Horizonte: Del Rey, 2003, p. 9.

[723] ANASTASIA, Antonio Augusto Junho. Natureza jurídica das fundações de apoio. *In*: FERRAZ, Luciano; MOTTA, Fabrício. *Direito público moderno* (homenagem especial ao professor Paulo Neves de Carvalho). Belo Horizonte: Del Rey, 2003, p. 10.

Maria Sylvia Zanella Di Pietro, que vivenciou na prática essas experiências por ter atuado como Procuradora-Geral da USP por muitos anos, entende que as fundações privadas poderiam ser rotuladas como entidades de apoio quando

> instituídas por servidores públicos, porém em nome próprio, sob a forma de fundação, associação ou cooperativa, para a prestação, em caráter privado, de serviços sociais não exclusivos do Estado, mantendo vínculo jurídico com entidades da Administração Direta ou Indireta, em regra por meio de convênio.[724]

Segundo a autora, para não serem caracterizadas como fundações públicas instituídas sob o regime de Direito Privado, e serem categorizadas como fundações privadas, elas devem ser instituídas sem iniciativa do poder público e com recursos privados.[725] Em âmbito federal, já com a reforma introduzida pela Lei nº 13.243/2016 na Lei nº 8.958/1994, José Eduardo Sabo Paes extraiu algumas importantes lições do regime jurídico por ela instituído, dentre as quais, duas se destacam.

Na primeira delas, compreendeu que a lei permitiu que fossem atribuídas as qualificações como *fundações de apoio* a todas as fundações de Direito Privado existentes, ou a serem instituídas, condicionadas a terem, entre suas finalidades estatutárias, "o apoio a projetos de ensino, pesquisa, extensão de desenvolvimento, na forma do art. 1º, dos §§1º e 3º e dos arts. 1º-A, 1º-B e 1º-C, todos da Lei nº 8.958/1994".[726] Não tem relevância para a norma o fato de se tratar de fundações instituídas e/ou mantidas pelo poder público com personalidade jurídica de Direito

---

[724] ANASTASIA, Antonio Augusto Junho. Natureza jurídica das fundações de apoio. *In*: FERRAZ, Luciano; MOTTA, Fabrício. *Direito público moderno* (homenagem especial ao professor Paulo Neves de Carvalho). Belo Horizonte: Del Rey, 2003, p. 11.

[725] "A FGV é uma instituição de direito privado, sem fins lucrativos, fundada em 20 de dezembro de 1944, com o objetivo de ser um centro voltado para o desenvolvimento intelectual do país, reunindo escolas de excelência e importantes centros de pesquisa e documentação focados na economia, na administração pública e privada e na história do país. Logo se expandiu da esfera restrita da administração ao mais amplo campo das Ciências Sociais; assim, não se limitou ao ensino e estendeu-se também à pesquisa e à informação". Disponível em: http://fgvideal.com.br/institucional/historia/. Acesso em: 5 mar. 2023.

[726] Segundo Adilson Abreu Dallari, para se chegar a qualquer conclusão a respeito do enquadramento de uma fundação, deve-se analisar a origem dos seus bens: "Sendo o instituidor uma pessoa física ou jurídica privada, a finalidade da fundação poderá ser puramente privada, como também poderá ter relevante interesse para a coletividade. [...] se o instituidor for uma entidade pública, a finalidade da fundação somente poderá ser de interesse público". DALLARI, Adilson Abreu. Fundações privadas instituídas pelo poder público. *In*: *Revista de Direito Público*, São Paulo, n. 96, p. 52, out./dez. 1990.

Privado ou mesmo fundações de Direito Privado instituídas com recursos particulares. Importa é que contenha, entre suas finalidades estatutárias, o apoio a projetos de ensino, pesquisa, extensão de desenvolvimento. Se não contivesse, poderiam retificar seu estatuto para englobar essas atividades previamente a solicitarem o seu enquadramento como "fundação de apoio".

O art. 2º da Lei nº 8.958/1994 reforça essa afirmação ao impor condicionantes e observância a alguns princípios para que elas possam ser consideradas fundações de apoio. Entre as condicionantes estão o credenciamento, tanto no MEC quanto do Ministério da Ciência, Tecnologia, Inovações e Comunicações, renovando de 5 em 5 anos a sua autorização, sem a qual se pode deduzir que perderá a chancela *fundação de apoio*. Essa é a segunda lição de José Eduardo Sabo Paes,[727] para quem as fundações a que se refere o art. 1º, além de serem constituídas na forma de fundação de Direito Privado, portanto, regidas pelo CC/2002 e seu estatuto, deverão ser previamente credenciadas junto aos Ministérios da Educação e da Ciência e Tecnologia, recredenciando-se sempre no prazo de validade desse ato administrativo de outorga.

De outro lado, para os entusiastas da possibilidade de aplicação da Lei nº 8.958/1994 nos níveis estadual, distrital e municipal, não há como sustentar a sua aplicação,[728] tendo em vista a própria dinâmica instituída positivamente no Brasil para se elaborar normas e seus reflexos interpretativos. Sob essa perspectiva, a Lei Complementar nº 95/1998, que regulamenta o parágrafo único do art. 59 da Constituição e dispõe sobre a elaboração, a redação, a alteração e a consolidação das leis, prescreve em seu art. 3º, I, que a parte preliminar da norma deve indicar o âmbito de aplicação das suas disposições normativas. Indica ainda, no seu art. 7º, III, a necessidade de expressar o seu âmbito de aplicação. Em seu preâmbulo, a Lei nº 8.958/1994, especificamente na sua ementa, afirma: "dispõe sobre as relações entre as instituições federais de ensino superior e de pesquisa científica e tecnológica e as fundações de apoio e dá outras providências", demonstrando, assim, sua aplicação apenas na esfera da União.[729]

---

[727] TANAKA, Sônia Yuriko Kanashiro (coord.). *Panorama atual da administração pública no Brasil*. São Paulo: Malheiros, 2012, p. 69.
[728] DI PIETRO, Maria Sylvia Zanella. *Direito administrativo*. 30. ed. Rio de Janeiro: Forense, 2017, p. 636.
[729] DI PIETRO, Maria Sylvia Zanella. *Direito administrativo*. 30. ed. Rio de Janeiro: Forense, 2017, p. 636-637.

5.3.4.2 Associações e institutos

Associações são grupos de pessoas – públicas ou privadas – reunidas com o objetivo de compartilhar serviços, atividades e conhecimentos em busca de um ideal comum, visando alcançar um determinado objetivo, com ou sem fins lucrativos e sem necessidade de capital.[730] Alguns elementos a caracterizam: "a reunião de diversas pessoas para a obtenção de um fim ideal, a ausência de finalidade lucrativa de sua personalidade por parte da autoridade competente".[731]

Wendel de Brito Lemos Teixeira destaca que a importância das associações está, principalmente, no encontro entre o Estado e o indivíduo comum, pois essas organizações unem um interesse particular (indivíduo comum) e o interesse coletivo de se captar recursos até mesmo sem fins de lucrar a partir disso (papel do Estado).[732]

Para alcançar seus objetivos, a associação pode ter uma ampla gama de atividades, como celebrar acordos, contratos ou outros instrumentos legais com pessoas físicas ou jurídicas de Direito Privado ou Público. A associação também pode criar, manter ou administrar unidades de apoio e produção de recursos técnicos, científicos e operacionais essenciais para o cumprimento de seus objetivos. Além disso, pode realizar programas educacionais e comunitários, prestar assistência e fornecer bolsas, prêmios ou auxílios financeiros para incentivar e aprimorar pessoas nas áreas de saúde, educação, esporte, economia e artes. Em resumo, não há limites predeterminados para as atividades a serem realizadas por uma associação.

O regime jurídico das associações está disciplinado nos arts. 53 a 60 do CC/2002, regulamentando a instituição de pessoa jurídica que represente os ideais dos que pretendem se associar formalmente, como

---

[730] PAES, José Eduardo Sabo. *Fundações, associações e entidades de interesse social*: aspectos jurídicos, administrativos, contábeis, trabalhistas e tributários. 9. ed. Rio de Janeiro: Forense, 2018, p. 221.

[731] PAES, José Eduardo Sabo. *Fundações, associações e entidades de interesse social*: aspectos jurídicos, administrativos, contábeis, trabalhistas e tributários. 9. ed. Rio de Janeiro: Forense, 2018, p. 223.

[732] [...] "a lei contém disposições altamente moralizadoras, porém aplicáveis à esfera federal apenas. Tenho realçado, em edições anteriores deste livro, que seria de todo conveniente que Estados, Distrito Federal e Municípios regulamentassem os vínculos com as fundações de apoio, na esteira do que foi feito na esfera federal. Essa disciplina legal da matéria seria necessária para melhor proteger o patrimônio público que elas administram". DI PIETRO, Maria Sylvia Zanella. *Direito administrativo*. 30. ed. Rio de Janeiro: Forense, 2017, p. 641.

o direito fundamental de se associar (art. 5º, XVII a XXI, da CF/1988[733]) revelando a sua dimensão positiva (que assegura a qualquer pessoa – física ou jurídica – o direito de associar-se e de formar associações), dimensão negativa (que garante a qualquer pessoa o direito de não se associar, nem de ser compelida a filiar-se ou a desfiliar-se de determinada entidade), dimensão inibitória fundamental (oponível contra o próprio Estado, que deve se abster de interferir na intimidade e continuidade das associações).

Por sua vez, os *institutos* nada mais são do que nomenclaturas utilizadas como adorno, em nada modificando sua natureza jurídica, que continua sendo ou de associações sem fins lucrativos ou de fundações públicas ou privadas.[734] Deve-se consultar seus estatutos para identificar sob qual estrutura e forma eles foram instituídos. Conforme avalia Celso Antônio Bandeira de Mello:

> *Barba non facit monachum*, diz a sabedoria popular. Não é através da designação dada à pessoa jurídica que se conhece sua estrutura. O nome que lhe é dado é insuficiente para dar a conhecer sua intimidade estrutural. Assim, a expressão "Instituto" tem servido tanto para batizar entidades corporativas como fundacionais e o fato de muitas autarquias, tendo a estrutura de fundações, se designarem por outro título, não lhe arrebata o substrato que possuem. *Non semper ea sunt quae videntur.*[735]

Quando consultados seus estatutos, é fácil perceber sob qual roupagem os institutos se constituem. Por exemplo, no *site* do Instituto Amigos do SAIFR, instituído em 2021, percebe-se, logo no art. 1º do seu Estatuto Social, sua qualificação como associação civil sem fins lucrativos.

5.3.4.3 Cooperativas

As cooperativas foram disciplinadas pela Lei Federal nº 5.764/1971 e são classificadas como sociedades de pessoas, com forma e natureza jurídica próprias, de natureza civil, não sujeitas a falência, constituídas

---

[733] BARBOSA, Caio Márcio Melo. *A Lei nº 8.958/94 (Lei das Fundações de Apoio) é aplicável somente na esfera federal*. Disponível em: https://jus.com.br/artigos/38485/a-lei-n-8-958-94-lei-das-fundacoes-de-apoio-e-aplicavel-somente-na-esfera-federal. Acesso em: 16 mar. 2023.

[734] PAES, José Eduardo Sabo. *Fundações, associações e entidades de interesse social*: aspectos jurídicos, administrativos, contábeis, trabalhistas e tributários. 10. ed. Rio de Janeiro: Forense, 2020, p. 10.

[735] CUSTÓDIO, Helita Barreira. *Associações e fundações de utilidade pública*. São Paulo: RT, 1979, p. 40.

para prestar serviços aos cooperados. Elas podem ser utilizadas para a construção de alianças estratégicas cooperativas entre empresas, ICTs e entidades privadas sem fins lucrativos voltadas para atividades de pesquisa, desenvolvimento e inovação. Essa inteligência decorre do art. 3º da Lei de Inovação.

Alan Kardec Veloso de Matos as apresenta como "empresas privadas de gestão coletiva. Os sócios, de acordo com o tipo de cooperativa, são os próprios usuários, os que contribuem com a matéria-prima ou com seu trabalho, denominados, assim, de cooperados".[736]

No âmbito da ciência, tecnologia e inovação, elas podem proporcionar um ambiente propício para a colaboração entre seus membros, permitir a troca de conhecimentos e experiências, tudo isso com um custo operacional baixo e estimulado não só pelo sistema nacional de inovação, mas também pelas medidas estatais de apoio ao cooperativismo por imposição constitucional do art. 174, §2º, da CF/1988, do que se pode incluir a colaboração em projetos de pesquisa e desenvolvimento, compartilhamento de boas práticas e transferência de tecnologia entre os membros da cooperativa e em relação a suas atividades.

Ao reunir membros com interesses comuns, as cooperativas podem buscar financiamento coletivo para projetos de pesquisa e inovação, reduzindo, individualmente, a carga financeira. Além disso, as cooperativas podem fornecer acesso à infraestrutura e recursos compartilhados, como laboratórios, equipamentos e instalações de pesquisa.

As cooperativas promovem ciência, tecnologia e inovação ao facilitar a colaboração, o compartilhamento de conhecimento, o acesso a recursos e financiamento, o estímulo à inovação e empreendedorismo e o acesso a mercados e redes de colaboração. Ao reunir indivíduos e organizações com interesses comuns, as cooperativas fornecem um ambiente propício para impulsionar o progresso científico e tecnológico, além da implementação de soluções inovadoras.

5.3.5 Agências de fomento e/ou fundações de amparo à pesquisa

As agências de fomento e/ou fundações de amparo à pesquisa (FAPs) são entidades pertencentes à Administração Pública, que podem ser criadas sob a forma de órgão da Administração Direta ou entidades

---

[736] TEIXEIRA, Wendel de Brito Lemos. *Associações civis*. Belo Horizonte: Del Rey, 2010, p. 37.

da administração indireta, voltadas para o fomento à pesquisa científica e tecnológica no país.

Para agilizar sua atuação, de forma geral, o Brasil optou por criar essas entidades com a natureza fundacional, em cada Estado da federação, para responder ao dever estatal de incentivo ao desenvolvimento científico, à pesquisa, à capacitação científica e tecnológica e à inovação[737] (art. 218 da CF/1988).

Nesse sentido, a CF/1988 faz referência ao dever de fomento estatal à ciência desde a Constituição de 1934, razão pela qual as FAPs estão presentes em 25 Estados, além do Distrito Federal, estimulando e induzindo a iniciativa de pesquisadores ou outras entidades públicas em torno do desenvolvimento da pesquisa e inovação tecnológica em todas as áreas do conhecimento. No Brasil, mencionam-se as seguintes fundações:[738]

Fundação de Amparo à Pesquisa do Estado do Amazonas – FAPEAM
Fundação de Amparo à Pesquisa do Acre – FAPAC
Fundação Rondônia de Amparo ao Desenvolvimento das Ações Científicas e Tecnológicas e à Pesquisa do Estado de Rondônia – FAPERO
Fundação de Amparo à Pesquisa do Estado do Amapá – FAPEAP
Fundação Amazônia Paraense de Amparo à Pesquisa – FAPESPA
Fundação de Amparo à Pesquisa do Estado do Mato Grosso – FAPEMAT
Fundação de Amparo à Pesquisa e ao Desenvolvimento Científico e Tecnológico do Maranhão – FAPEMA
Fundação de Amparo à Pesquisa do Estado de Tocantins – FAPT
Fundação de Apoio à Pesquisa do Distrito Federal – FAPDF
Fundação de Apoio à Pesquisa do Estado de Goiás – FAPEG
Fundação de Amparo à Pesquisa do Estado de Mato Grosso – FAPEMAT
Fundação de Apoio ao Desenvolvimento do Ensino, Ciência e Tecnologia do Estado de Mato Grosso do Sul – FUNDECT
Fundação de Amparo à Pesquisa do Estado do Piauí – FAPEPI
Fundação Cearense de Apoio ao Desenvolvimento Científico e Tecnológico – FUNCAP

---

[737] SIQUEIRA NETO, José Francisco; NAGAO, Daniel Francisco (org.). *Dicionário de Inovação Tecnológica*, v. 1. Belo Horizonte: Arraes, 2020, p. 136; ALMEIDA, Fernando Dias Menezes de; MOURÃO, C. Mota. A inovação como fator de convergência normativa: análise do caso dos fundos de investimentos com participação estatal. In: COUTINHO, D.; FOSS, M. C.; MOUALLEN, P. S. (org.). *Inovação no Brasil*. Avanços e desafios jurídicos e institucionais. São Paulo: Blucher Open Acess, 2017, p. 293-312.

[738] MENEZES, E. T. de; SANTOS, T. H. dos. Verbete FAPs (Fundações de Amparo à Pesquisa). *Dicionário Interativo da Educação Brasileira* (Educa-Brasil). São Paulo: Midiamix, 2001. Disponível em: http://www.educabrasil.com.br/faps-fundacoes-de-amparo-a-pesquisa/. Acesso em: 15 jan. 2018.

Fundação de Apoio à Pesquisa do Estado do Rio Grande do Norte – FAPERN
Fundação de Apoio à Pesquisa do Estado da Paraíba – FAPESQ
Fundação de Amparo à Ciência e Tecnologia do Estado de Pernambuco – FACEPE
Fundação de Amparo à Pesquisa do Estado de Alagoas – FAPEAL
Fundação de Apoio à Pesquisa e à inovação Tecnológica de Estado de Sergipe – FAPITEC
Fundação de Amparo à Pesquisa do Estado da Bahia – FAPESB
Fundação de Amparo à Pesquisa do Estado de Minas Gerais – FAPEMIG
Fundação de Amparo à Pesquisa e Inovação do Espírito Santo – FAPES
Fundação Carlos Chagas Filho de Amparo à Pesquisa do Estado do Rio de Janeiro – FAPERJ
Fundação de Amparo à Pesquisa do Estado de São Paulo – FAPESP
Fundação Araucária de Apoio ao Desenvolvimento Científico e Tecnológico do Estado do Paraná – FA
Fundação de Amparo à Pesquisa e Inovação do Estado de Santa Catarina – FAPESC
Fundação de Amparo à Pesquisa do Estado do Rio Grande do Sul – FAPERGS.[739]

Essas fundações de amparo não realizam diretamente as atividades correlacionadas à inovação, mas estimulam por meio de instrumentos específicos a iniciativa de pesquisadores e permitem a participação conjunta tanto do setor público quanto do setor privado em todo e qualquer projeto vinculado à inovação, sobretudo, com a concessão de auxílio de bolsas de incentivo, estabelecimento de parcerias ou subsídios que visem aprimorar a ciência, a tecnologia e a inovação no país.

No Brasil, a criação das FAPs teve início na década de 1960. Hoje, conta com uma atuação já bastante consolidada, a exemplo da FAPESP, cuja instituição ocorreu em 1962.[740]

---

[739] SIQUEIRA NETO, José Francisco; MENEZES, Daniel Francisco Nagao (org.). *Dicionário de Inovação Tecnológica*, v. 1. Belo Horizonte: Arraes, 2020, p. 138.

[740] SIQUEIRA NETO, José Francisco; MENEZES, Daniel Francisco Nagao (org.). *Dicionário de Inovação Tecnológica*, v. 1. Belo Horizonte: Arraes, 2020, p. 137. FAPESP é a sigla de Fundação de Amparo à Pesquisa do Estado de São Paulo. Trata-se de entidade que possui a natureza jurídica de fundação pública estadual, criada pela Lei nº 5.918/1960 (no governo de Carvalho Pinto, 1958-1962). Apesar de sua criação na década de 1960, ela adveio de autorização presente no art. 123 da Constituição Estadual de São Paulo de 1947, inserida por influência de Caio Prado Jr., à época deputado. O funcionamento da FAPESP foi viabilizado a partir da edição do Decreto nº 40.132/62, orientada a fomentar a pesquisa do Estado, sobretudo, a desenvolvida pelas universidades. Foi essencial para a criação da FAPESP a atuação da Universidade de São Paulo, com destaque para a participação da Universidade Presbiteriana Mackenzie, da Pontifícia Universidade Católica de São Paulo e da Escola Paulista de Medicina. Antes

Necessário considerar que, nem todas as FAPs dispõem do mesmo montante de recursos, seja por ausência de definição do percentual a ser-lhe repassado pelo Estado da Federação, seja em virtude de percentuais distintos definidos a partir de bases particulares, a depender da receita bruta ou líquida do Estado ao qual estiver vinculada.

As atividades apoiadas por cada uma delas se estabelece quanto às prioridades e especificidades do Estado a qual se vinculam, com ênfase em áreas do conhecimento. Elas detêm autonomia para decidir sobre a organização de sua estrutura, os critérios e os procedimentos a serem apoiados nos programas de fomento.

Em síntese, relacionam-se a seguir as fundações estaduais de amparo à pesquisa, ressaltando algumas peculiaridades na sua instituição.

---

da criação da FAPESP, desenvolveram função de fomentadoras da pesquisa as fundações privadas, nacionais e estrangeiras, como: Zerrener, Rockefeller, Guggenheim e os fundos universitários de pesquisa em defesa nacional (HAMBURGER, A.I. *FAPESP*: 40 anos abrindo fronteiras. São Paulo: Edusp, 2004, p. 16). A criação da FAPESP representou, contudo, uma grande transformação da pesquisa no Estado de São Paulo, pois as universidades passaram a ter recursos para apoiar um processo de desenvolvimento tecnológico sustentável, acrescendo às reuniões em formato de encontros acadêmicos mais regularidade e planejamento, para a formação de redes integradas de pesquisadores em âmbito nacional e internacional, o que, desde sempre, demandou recursos. A sede da FAPESP é na Rua Pio XI, 1.500, Alto da Lapa, em São Paulo (capital do Estado). Ela é considerada uma das mais relevantes agências de fomento à pesquisa científica e tecnológica existentes no Brasil, vinculada à Secretaria de Desenvolvimento Econômico. É uma das poucas estaduais cujo volume de financiamento se compara às instituições de fomento federais. Pode-se dizer, conforme enfatizado, que o embrião da FAPESP nasceu da previsão da Constituição de 1947, que incluía um dispositivo prevendo que 0,5% da receita do Estado de São Paulo seria destinado à pesquisa científica. Em 1989, a Constituição do Estado de São Paulo destinou o mínimo de 1% da receita tributária para ser aplicada em desenvolvimento científico e tecnológico. Atualmente, é destinado à FAPESP, portanto, cerca de 1% da receita tributária do Estado de São Paulo. A FAPESP apoia a pesquisa científica e tecnológica por meio de bolsas e auxílios à pesquisa. Enquanto as bolsas, conforme informações veiculadas oficialmente no *site* da fundação, são destinadas a estudantes de graduação e de pós-graduação, os auxílios, por sua vez, são de fruição de pesquisadores doutores vinculados a instituições de ensino superior e de pesquisa paulistas. No tocante à inovação, existe uma linha de financiamento da FAPESP a Programas de Pesquisa para Inovação Tecnológica. São programas que têm por escopo estimular o desenvolvimento de pesquisas que incentivem o avanço da fronteira do conhecimento, respondendo também às demandas próprias do Sistema de Ciência e Tecnologia do Estado de São Paulo e do Brasil. São estímulos afinados com as políticas de Ciência, Tecnologia e Inovação do governo estadual de São Paulo. Para obtenção do apoio da FAPESP, pelos auxílios, os pesquisadores vinculados a instituições de ensino superior e de pesquisa paulistas devem submeter projeto à avaliação feita pelos pares, constituídos por assessores ou voluntários de reconhecida competência, em atividade no Estado de São Paulo, no Brasil ou no exterior, que irão apreciar tanto o mérito científico ou tecnológico do projeto assim como a sua adequação aos procedimentos de regras editados internamente na FAPESP. SIQUEIRA NETO, José Francisco; MENEZES, Daniel Francisco Nagao (org.). *Dicionário de Inovação Tecnológica*, v. 1. Belo Horizonte: Arraes, 2020, p. 130-131.

(i) Fundação de Amparo à Pesquisa do Acre (FAPAC)

A FAPAC[741] foi criada em 2012, pela Lei Complementar nº 246,[742] para apoiar e fomentar a pesquisa científica, tecnológica e de inovação no Estado do Acre. Antes da criação da FAPAC, as atividades de pesquisa no Estado eram realizadas por meio da Secretaria de Ciência e Tecnologia (SECT), que não tinha recursos nem autonomia suficientes para desenvolver projetos de pesquisa de forma efetiva.

A criação da FAPAC foi uma iniciativa do governo do Estado do Acre para promover o seu desenvolvimento científico e tecnológico, com o objetivo de fortalecer as atividades de pesquisa e inovação em diversas áreas, dentre elas, saúde, meio ambiente, agricultura e tecnologia da informação.

(ii) Fundação de Amparo à Pesquisa do Estado de Alagoas (FAPEAL)

A FAPEAL[743] foi criada pela Lei Estadual Complementar nº 05/1990[744] como uma instituição pública de apoio à pesquisa científica e tecnológica em Alagoas. Entretanto, como parte da reforma administrativa do Estado, sua estrutura jurídica foi aprovada para fundação de Direito Público pela Lei Complementar nº 20/2002. A fundação exerce atividades de fomento à pesquisa e indução tecnológica, além de ser a gestora do ponto de presença da rede nacional de pesquisa em Alagoas.

A criação da FAPEAL ocorreu em um contexto de transformações políticas e sociais no Brasil e em Alagoas. Na década de 1990, o país enfrentava um processo de redemocratização, após o período de ditadura militar, que durou mais de duas décadas. Com a volta das eleições diretas, o governo estadual começou a investir em políticas públicas para áreas consideradas prioritárias, como a ciência e tecnologia. Em Alagoas, a criação da FAPEAL resultou de um conjunto de exercícios entre o governo estadual e a comunidade científica local, que buscavam estimular o desenvolvimento científico e tecnológico no Estado. Até então, não havia uma instituição específica para fomentar a pesquisa

---

[741] FAPAC. *Fundação de Amparo à Pesquisa do Acre*. Disponível em: http://www.fapac.ac.gov.br/. Acesso em: 10 maio 2023.

[742] ACRE. *Lei Complementar nº 246, de 17 de fevereiro de 2012*. Institui a Fundação de Amparo à Pesquisa do Estado do Acre, FAPAC, e dá outras providências. Secretaria de Estado da Casa Civil do Estado do Acre.

[743] FAPEAL. *Fundação de Amparo à Pesquisa do Estado de Alagoas*. Maceió, FAPEAL, 2021. Disponível em: http://www.fapeal.br/. Acesso em: 13 maio 2023.

[744] ALAGOAS. *Lei complementar nº 5, de 27 de setembro de 1990*. Dispõe sobre a criação da Fundação de Amparo à Pesquisa do Estado de Alagoas – FAPEAL.

científica em Alagoas, o que dificultava a formação de investigador e o avanço do conhecimento em diversas áreas.

A FAPEAL, vinculada à Secretaria de Estado da Ciência, da Tecnologia e da Inovação, tem como missão apoiar a pesquisa científica e tecnológica, promover o desenvolvimento socioeconômico e cultural de Alagoas, em consonância com as políticas públicas do governo estadual. Para isso, concede bolsas e financiamentos para projetos de pesquisa nas mais diversas áreas do conhecimento, além de promover eventos científicos e programas de capacitação de pesquisadores.

(iii) Fundação de Amparo à Pesquisa do Estado do Amapá (FAPEAP)

A FAPEAP[745] foi instituída pela Lei nº 1.438/2009.[746] No início do século XXI, o Brasil passou por um período de forte crescimento econômico, o que levou a um aumento na demanda por tecnologias e inovações em diversas áreas – agricultura, indústria, saúde e meio ambiente. Nesse contexto, o governo federal implementou vários programas e políticas para fomentar a pesquisa científica e tecnológica em todo o país.

Em 2005, o governo do Estado do Amapá criou a Fundação de Amparo à Pesquisa do Amapá (FAP-AP), cujo objetivo era estimular a pesquisa científica e tecnológica no Estado. No entanto, a agência não tinha autonomia administrativa e financeira, o que limitava sua capacidade de atuação. Em 2009, o governo do Estado do Amapá criou a Secretaria de Estado da Ciência e Tecnologia e instituiu a FAPEAP como uma fundação de Direito Público, com autonomia administrativa e financeira. Diante disso, a fundação passou a ter mais recursos e capacidade de atuação para investir na pesquisa científica e tecnológica no Estado do Amapá.

A FAPEAP tem como principais objetivos promover o desenvolvimento científico e tecnológico da região e incentivar a formação de recursos humanos em ciência e tecnologia. Para isso, oferece diversos programas, como bolsas de estudo para estudantes de graduação e pós-graduação e auxílios para a realização de eventos científicos por meio de apoio financeiro.

---

[745] FAPEAP. *Fundação de Amparo à Pesquisa do Estado do Amapá*. Portal da FAPEAP. Disponível em: https://fapeap.portal.ap.gov.br/. Acesso em: 10 maio 2023.
[746] AMAPÁ. *Lei nº 1.438, de 31 de dezembro de 2009*. Cria a Fundação de Amparo à Pesquisa do Estado do Amapá.

(iv) Fundação de Amparo à Pesquisa do Estado do Amazonas (FAPEAM)

A criação da FAPEAM[747] pelo Decreto nº 23.420/2003[748] ocorreu em um contexto de fortalecimento da ciência, tecnologia e inovação no país. Na década de 1990, o governo federal criou o CNPq e a CAPES, além de outras iniciativas para apoiar a pesquisa e o desenvolvimento tecnológico no Brasil.

A FAPEAM nasceu para estimular o desenvolvimento da ciência, tecnologia e inovação na região, que é rica em recursos naturais e culturais, mas enfrentou desafios como a falta de infraestrutura e recursos para a pesquisa. A fundação tem como premissa apoiar projetos de pesquisa e inovação em biotecnologia, energias renováveis e tecnologias ambientais, áreas garantidas para o desenvolvimento sustentável da região e para a melhoria da qualidade de vida da população local.

(v) Fundação de Amparo à Pesquisa do Estado da Bahia (FAPESB)

A FAPESB[749] foi instituída em 2001 para estimular o desenvolvimento científico e tecnológico do Estado da Bahia, por meio da Lei nº 7.888/2001.[750] Sua criação se deu em um contexto de segurança da política de ciência e tecnologia no país, impulsionado pela necessidade de sustentar o desenvolvimento econômico e social do Brasil.

Durante as décadas de 1980 e 1990, o Brasil começou a enfrentar uma crise econômica que afetou diversos setores, incluindo a ciência e a tecnologia. O país passou por um período de desinvestimento e falta de incentivos para a pesquisa e a inovação, gerando um atraso em relação a outros países que investiram em ciência e tecnologia. Na década de 2000, o país iniciou um processo de mudança na sua política de ciência e tecnologia, buscando fomentar a pesquisa e a inovação como forma de apoiar o desenvolvimento econômico e social. Nesse contexto, surgiram diversas iniciativas para fortalecer o sistema nacional de ciência e tecnologia, incluindo a criação de agências de fomento à pesquisa em diferentes Estados brasileiros. Nesse contexto, a FAPESB foi criada como instituição responsável por financiar projetos de pes-

---

[747] FAPEAM. *Fundação de Amparo à Pesquisa do Estado do Amazonas*. Disponível em: https://fapeam.am.gov.br/. Acesso em: 11 maio 2023.

[748] AMAZONAS. *Decreto nº 23.420, de 21 de maio de 2003*. Dispõe sobre a estruturação e o funcionamento da Fundação de Amparo à Pesquisa do Estado do Amazonas – FAPEAM.

[749] FAPESB. *Fundação de Amparo à Pesquisa do Estado da Bahia*. Disponível em: http://www.fapesb.ba.gov.br/. Acesso em: 13 maio 2023.

[750] BAHIA. *Lei nº 7.888, de 1999*. Fundação de Amparo à Pesquisa do Estado da Bahia – FAPESB.

quisa científica e tecnológica na Bahia. Sua missão é contribuir para o desenvolvimento científico, tecnológico, econômico e social da Bahia, por meio do fomento à pesquisa, da formação de recursos humanos em ciência e tecnologia e da disseminação do conhecimento científico. Desde a sua criação, a FAPESB tem sido uma importante parceira das universidades e instituições de pesquisa na Bahia.

(vi) Fundação Cearense de Apoio ao Desenvolvimento Científico e Tecnológico (FUNCAP)

A FUNCAP[751] foi criada pela Lei nº 11.752/1990 e alterada pela Lei nº 15.012/2011.[752] Sua construção ocorreu em um contexto de mudanças significativas no cenário político e econômico brasileiro. Na década de 1980, o país enfrentou uma grave e crescente crise econômica, que culminou com o Plano Real em 1994. Nesse período, a ciência e a tecnologia começaram a ser vistas como ferramentas fundamentais para o desenvolvimento econômico e social do país. O governo brasileiro começou a investir em pesquisa e desenvolvimento, criando instituições e aumentando o financiamento para as existentes.

A criação da FUNCAP foi parte desse esforço, cujo objetivo era apoiar a pesquisa científica e tecnológica no Ceará, por meio do financiamento de projetos e programas de pesquisa, formação de recursos humanos e transferência de tecnologia. Ao longo dos anos, a FUNCAP se consolidou como uma importante instituição de apoio à pesquisa e desenvolvimento não só no Ceará, mas em todo o país. Em 2011, a lei que criou a fundação foi alterada para fortalecer sua estrutura e ampliar suas atribuições.

(vii) Fundação de Apoio à Pesquisa do Distrito Federal (FAPDF)

A FAPDF[753] foi criada pela Lei Estadual nº 347/1992,[754] em um contexto de busca pelo desenvolvimento científico e tecnológico do país. Na década de 1980, o Brasil passou por uma crise econômica que

---

[751] FUNCAP. *Fundação de Apoio à Pesquisa do Estado do Ceará*. Disponível em: https://www.funcap.ce.gov.br/. Acesso em: 11 maio 2023.

[752] CEARÁ. *Lei nº 15.012, de 4 de outubro de 2011*. Dispõe sobre a Fundação Cearense de Apoio ao Desenvolvimento Científico e Tecnológico – FUNCAP. Diário Oficial do Estado do Ceará, Fortaleza, 4 out. 2011.

[753] FAPDF. *Fundação de Apoio à Pesquisa do Distrito Federal*. Disponível em: https://www.fap.df.gov.br/. Acesso em: 11 maio 2023.

[754] DISTRITO FEDERAL. *Lei nº 347, de 4 de novembro de 1992*. Dispõe sobre a Fundação de Apoio à Pesquisa do Distrito Federal. Diário Oficial do Distrito Federal, Brasília, DF, 5 nov. 1992.

afetou diretamente os investimentos em pesquisa e tecnologia. A partir da década de 1990, no entanto, o país começou a investir em políticas públicas para incentivar a pesquisa científica e a inovação tecnológica.

A criação da FAPDF foi uma iniciativa do governo do Distrito Federal para fomentar a pesquisa em diversas áreas do conhecimento. Seu objetivo principal era apoiar e financiar projetos de pesquisa, desenvolvimento e inovação em instituições públicas e privadas com sede no Distrito Federal. Desde a sua criação, a fundação tem desempenhado um papel importante no fortalecimento da pesquisa científica e tecnológica no local. Além disso, a criação da FAPDF também contribui para formar recursos humanos preparados em áreas estratégicas, além de atuar em parceria com universidades, institutos de pesquisa, empresas e outras entidades para estimular o avanço do conhecimento e o desenvolvimento socioeconômico da região.

(viii) Fundação de Amparo à Pesquisa e Inovação do Espírito Santo (FAPES)

A FAPES[755] foi criada pela Lei Complementar nº 290/2004 e revogada posteriormente pela Lei Complementar nº 490/2009,[756] durante um momento histórico em que diversas iniciativas de fomento à pesquisa estavam sendo inseridas no país. No Brasil, desde a década de 1950, a pesquisa científica e tecnológica tem sido vista como um importante motor para o desenvolvimento econômico e social. No entanto, somente a partir de 1990, com a criação das agências de fomento (CNPq e CAPES), é que se iniciou um processo mais seguro de apoio à pesquisa no Brasil.

Nesse contexto, a criação da FAPES é uma iniciativa estadual para estimular a pesquisa e a inovação no Espírito Santo, cujo objetivo é apoiar projetos de pesquisa científica e tecnológica, formar recursos humanos e transmitir conhecimento em todas as áreas do conhecimento para o desenvolvimento socioeconômico no país. A criação da FAPES representa um marco importante na história da ciência e tecnologia no Espírito Santo.

---

[755] FAPDF. *Fundação de Apoio à Pesquisa do Distrito Federal*. Disponível em: https://www.fap.df.gov.br/. Acesso em: 11 maio 2023.

[756] ESPÍRITO SANTO. *Lei Complementar nº 490, de 22 de julho de 2009*. Dispõe sobre a Fundação de Amparo à Pesquisa e Inovação do Espírito Santo. Diário Oficial do Estado do Espírito Santo, Vitória, ES, 23 jul. 2009.

(ix) Fundação de Amparo à Pesquisa do Estado de Goiás (FAPEG)

A FAPEG[757] foi criada pela Lei nº 15.472/2005,[758] sancionada pelo então governador de Goiás, Alcides Rodrigues Filho. O contexto histórico da criação da FAPEG está diretamente relacionado ao crescimento da pesquisa científica no Brasil e à necessidade de se fomentar a pesquisa e a inovação em Goiás. A criação da fundação ocorreu em um momento de fortalecimento da política científica e tecnológica nacional, no qual foram criados diversos órgãos e instituições de fomento à pesquisa em todo o país.

A FAPEG tem como objetivo apoiar projetos de pesquisa, desenvolvimento tecnológico e inovação em todas as áreas do conhecimento, além de estimular a formação de recursos humanos acompanhados e a integração entre universidades, empresas e instituições de pesquisa. Desde sua criação, a fundação tem investido em diversas áreas, a exemplo da saúde, meio ambiente, tecnologia da informação, energia e agricultura.

(x) Fundação de Amparo à Pesquisa e ao Desenvolvimento Científico e Tecnológico do Maranhão (FAPEMA)

A FAPEMA[759] foi criada pela Lei Estadual nº 5.030/1990,[760] no Maranhão, com o objetivo de apoiar e incentivar projetos de pesquisa científica e tecnológica em todas as áreas do conhecimento. Insere-se no contexto histórico da redemocratização vivida no Brasil no final do século XX.

Após mais de 20 anos de regime militar, o país passou por um processo de abertura política. Em 1989, foram realizadas eleições diretas para presidente. Nesse novo cenário democrático, a ciência, a tecnologia e a inovação foram reconhecidas como elementos fundamentais para o desenvolvimento do país e para a construção de uma sociedade mais justa e igualitária. Nesse contexto, ocorreram diversas iniciativas para

---

[757] FAPAG. *Fundação de Amparo à Pesquisa do Estado de Goiás*. Disponível em: http://www.fapeg.go.gov.br/. Acesso em: 11 maio 2023.
[758] GOIÁS. *Lei nº 15.472, de 12 de dezembro de 2005*. Cria a Fundação de Amparo à Pesquisa do Estado de Goiás (FAPEG). Diário Oficial do Estado de Goiás, Goiânia, GO, 13 dez. 2005.
[759] FAPEMA. *Fundação de Amparo à Pesquisa e ao Desenvolvimento Científico e Tecnológico do Maranhão*. Disponível em: http://www.fapema.br/. Acesso em: 11 maio 2023.
[760] MARANHÃO. *Lei Estadual nº 5.030, de 5 de julho de 1990*. Dispõe sobre a criação da Fundação de Amparo à Pesquisa do Estado do Maranhão.

fomentar a pesquisa científica e tecnológica no país, incluindo a criação de agências de fomento à pesquisa.

(xi) Fundação de Amparo à Pesquisa do Estado de Mato Grosso (FAPEMAT)

A FAPEMAT,[761] criada pela Lei nº 6.612/1994,[762] foi instituída em um contexto histórico em que o Brasil buscava consolidar sua produção científica e tecnológica. Na década de 1990, o país vivia um momento de transição política e econômica, com a promulgação da Constituição de 1988 e a adoção do Plano Real em 1994. Nesse contexto, a ciência e a tecnologia ganharam importância estratégica para o desenvolvimento do país e passaram a receber mais investimentos.

No Mato Grosso, localizado na região Centro-Oeste do Brasil, a criação da FAPEMAT foi uma resposta à necessidade de incentivar e financiar a pesquisa científica e tecnológica, confiante para o desenvolvimento do Estado em áreas como agropecuária, meio ambiente, saúde e energia. Desde então, a FAPEMAT tem sido um importante instrumento de fomento à pesquisa e à inovação no Estado, oferecendo apoio financeiro e institucional para projetos de pesquisa, formação de recursos humanos e divulgação científica. A fundação também atua em parceria com outras instituições de fomento à pesquisa, universidades e empresas, buscando promover a cooperação entre os setores público e privado e estimular o *download* de tecnologia para o mercado.

(xii) Fundação de Apoio ao Desenvolvimento do Ensino, Ciência e Tecnologia do Estado de Mato Grosso do Sul (FUNDECT)

A FUNDECT[763] foi criada pela Lei nº 1.860/1998,[764] durante o governo de Wilson Barbosa Martins, para promover o desenvolvimento científico e tecnológico do Estado e fomentar a pesquisa e a formação de recursos humanos reforçados. Sua criação foi uma iniciativa impor-

---

[761] FAPEMAT. *Fundação de Amparo à Pesquisa do Estado de Mato Grosso*. Disponível em: http://www.fapemat.mt.gov.br/. Acesso em: 11 maio 2023.

[762] MATO GROSSO. *Lei nº 6.612, de 21 de dezembro de 1994*. Institui a Fundação de Amparo à Pesquisa do Estado de Mato Grosso. Diário Oficial da União, Brasília, DF, 22 dez. 1994.

[763] FUNDECT. *Fundação de Apoio ao Desenvolvimento do Ensino, Ciência e Tecnologia do Estado de Mato Grosso do Sul*. Disponível em: https://www.fundect.ms.gov.br/. Acesso em: 12 maio 2023.

[764] MATO GROSSO DO SUL. *Lei nº 1.860, de 6 de janeiro de 1998*. Institui a Fundação de Apoio e de Desenvolvimento do Ensino, Ciência e Tecnologia do Estado de Mato Grosso do Sul e dá outras providências.

tante para o fortalecimento da ciência e da tecnologia no Mato Grosso do Sul, que tinha um grande potencial para desenvolver essas áreas. Está inserida no contexto histórico nacional e regional de expansão das políticas de CT&I no Brasil.

No âmbito nacional, a década de 1990 foi um período de intensas mudanças políticas, econômicas e sociais no país, marcadas pelo processo de redemocratização, pela aceleração, pela abertura comercial e pela privatização de diversas empresas estatais. Nesse contexto, a CT&I ganhou importância estratégica como fator de desenvolvimento econômico e social e passou a ser objeto de políticas públicas mais amplas e integradas. A instituição é responsável por administrar os recursos financeiros destinados à pesquisa científica e tecnológica, além de promover a articulação entre instituições de ensino, pesquisa e empresas locais. Assim, a criação da FUNDECT representou um marco importante no desenvolvimento científico e tecnológico do Mato Grosso do Sul, ao fornecer uma estrutura adequada para realizar pesquisas e formar recursos humanos, além de impactar o desenvolvimento econômico e social da região.

(xiii) Fundação de Amparo à Pesquisa do Estado de Minas Gerais (FAPEMIG)

A FAPEMIG[765] foi instituída pela Lei Delegada nº 10/1985[766] com o objetivo de fomentar a pesquisa científica e tecnológica em Minas Gerais. Sua criação foi motivada pela necessidade de incentivar o desenvolvimento científico e tecnológico do Estado, por meio do financiamento de projetos de pesquisa e da promoção de programas de capacitação de recursos humanos para a pesquisa.

Desde a sua criação, tem desempenhado um papel fundamental no apoio à pesquisa em Minas Gerais. Através de seus programas de financiamento, tem contribuído para o avanço do conhecimento em diversas áreas, como biotecnologia, energia, meio ambiente, saúde e tecnologia da informação.

Além disso, a FAPEMIG tem se dedicado a promover a internacionalização da pesquisa em Minas Gerais, por meio de parcerias

---

[765] FAPEMIG. *Fundação de Amparo à Pesquisa do Estado de Minas Gerais*. Disponível em: http://www.fapemig.br/. Acesso em: 13 maio 2023.
[766] MINAS GERAIS. *Lei Delegada nº 10, de 28 de agosto de 1985*. Cria a Fundação de Amparo à Pesquisa do Estado de Minas Gerais (FAPEMIG). LexML, Belo Horizonte, MG, 28 ago. 1985.

com instituições de pesquisa de outros países e da participação em redes internacionais de pesquisa. Ao longo de sua história, tem se consolidado como uma das principais agências de fomento à pesquisa do Brasil, apoiando milhares de projetos de pesquisa e contribuindo para formar uma comunidade científica e tecnológica cada vez mais robusta em Minas Gerais.

(xiv) Fundação Amazônia de Amparo a Estudos e Pesquisas do Pará (FAPESPA)

A FAPESPA[767] foi criada pela Lei nº 61/2007,[768] durante o governo de Ana Júlia Carepa no Estado do Pará. O contexto histórico da sua criação está relacionado ao desenvolvimento da Amazônia e do Estado do Pará, que se intensificou a partir da década de 1960, com a construção da rodovia Belém-Brasília e a instalação de grandes projetos de mineração e agropecuária, que causaram impactos sociais e ambientais para a região, além de gerar desigualdades baixas e territoriais.

No intuito de promover o desenvolvimento científico e tecnológico do Estado, a FAPESPA nasceu para financiar pesquisas e estudos na área de ciência, tecnologia e inovação, além de incentivar a formação de recursos humanos apoiados em projetos de inovação tecnológica e transferência de tecnologia para empresas locais. Sua criação também está relacionada ao contexto regional da Amazônia, caracterizada pela grande diversidade biológica e cultural, mas que enfrenta desafios como a degradação ambiental, a exploração predatória de recursos naturais e a falta de infraestrutura para o seu desenvolvimento científico e tecnológico. Nesse sentido, a FAPESPA surge como uma instituição importante para promover o desenvolvimento sustentável e a conservação da biodiversidade na Amazônia.

(xv) Fundação de Apoio à Pesquisa do Estado da Paraíba (FAPESQ)

A criação da FAPESQ[769] ocorreu por meio da Lei nº 5.624/1992,[770] com o objetivo de apoiar e fomentar a pesquisa científica e tecnológica

---

[767] FAPESPA. *Fundação Amazônia de Amparo a Estudos e Pesquisas do Pará*. Disponível em: https://www.fapespa.pa.gov.br/. Acesso em: 12 maio 2023.

[768] PARÁ. *Lei Complementar nº 61, de 24 de julho de 2007*. Institui a Fundação de Amparo à Pesquisa do Estado do Pará – FAPESPA – e dá outras providências. Belém, PA, 2007.

[769] FAPESQ. *Fundação de Apoio à Pesquisa do Estado da Paraíba*. Disponível em: http://fapesq.rpp.br/. Acesso em: 12 maio 2023.

[770] PARAÍBA. *Lei Estadual nº 5.624, de 6 de julho de 1992*. Institui a Fundação de Apoio à Pesquisa do Estado da Paraíba – FAPESQ e dá outras providências.

na Paraíba. Na década de 1990, o país enfrentou um processo de redemocratização e de abertura econômica, o que exigia do setor acadêmico e empresarial a produção de conhecimento científico e tecnológico de ponta para o desenvolvimento econômico e social do país. Nesse contexto, a Paraíba se encontrava com poucos recursos e infraestrutura para realizar pesquisas científicas e tecnológicas.

A FAPESQ surgiu justamente como uma iniciativa do governo do Estado para mudar esse cenário. É fundação de Direito Público, vinculada à Secretaria de Estado da Educação e da Ciência e Tecnologia, com autonomia financeira, administrativa e patrimonial. Entre suas principais atribuições estão a concessão de bolsas e auxílios para pesquisa, o apoio à realização de eventos científicos e tecnológicos, a criação de programas de incentivo à pesquisa e o estímulo à criação de novas empresas de base tecnológica. Ao longo dos anos, a FAPESQ tem desempenhado um papel fundamental no fomento à pesquisa científica e tecnológica na Paraíba, confiante para o avanço do conhecimento em diversas áreas e para o desenvolvimento econômico e social da região.

(xvi) Fundação Araucária de Apoio ao Desenvolvimento Científico e Tecnológico do Estado do Paraná (FA)

A FA[771] integra a administração indireta do Estado do Paraná, criada por autorização legislativa veiculada na Lei Estadual nº 12.020/1998,[772] que também estabeleceu o Fundo Paraná, criou o Conselho Paranaense de Ciência e Tecnologia (CCT-PR) e o Serviço Social Autônomo Paraná Tecnologia e passou a existir legalmente em 6 de janeiro de 2000, com a inscrição no Cadastro Nacional de Pessoas Jurídicas (CNPJ). Sua criação integra um movimento mais amplo no Brasil para fortalecer a ciência e a tecnologia como motores do seu desenvolvimento econômico e social.

Nos anos de 1990, o Brasil passou por importantes crises econômicas e políticas, com a abertura comercial, a privatização de empresas estatais e a adoção de políticas de ajuste fiscal. Ao mesmo tempo, surgiu um consenso de que a ciência e a tecnologia poderiam ser um caminho para a melhoria da competitividade e da qualidade de vida no país.

---

[771] FA. *Fundação Araucária de Apoio ao Desenvolvimento Científico e Tecnológico do Estado do Paraná (FA)*. Disponível em: https://www.fappr.pr.gov.br/. Acesso em: 12 maio 2023.

[772] PARANÁ. *Lei Estadual nº 12.020, de 12 de agosto de 1998*. Institui a Fundação Araucária e o Fundo Paraná destinado a apoiar o desenvolvimento científico e tecnológico do Estado do Paraná nos termos do art. 205 da Constituição Estadual e adota outras providências.

Nesse contexto, diversos Estados brasileiros criaram fundações de apoio à pesquisa científica e tecnológica, como a FAPESP e a FAPERJ. No Paraná, a FA foi criada pelo Decreto nº 4.684/1998, para promover o desenvolvimento científico e tecnológico do Estado, por meio do apoio à pesquisa, ao ensino e à extensão universitária. A fundação é vinculada à Secretaria de Estado da Ciência, Tecnologia e Ensino Superior do Paraná e tem como principais fontes de financiamento o Fundo Paraná e o Fundo Nacional de Desenvolvimento Científico e Tecnológico (FNDCT).

Desde a sua criação, a FA tem apoiado diversas iniciativas de pesquisa científica e tecnológica no Paraná, em áreas como biotecnologia, energia, meio ambiente, agronegócio e saúde. Além disso, tem estimulado a formação de recursos humanos e divulgação científica para o fortalecimento do sistema estadual de ciência e tecnologia.

(xvii) Fundação de Amparo à Ciência e Tecnologia do Estado de Pernambuco (FACEPE)

A FACEPE[773] foi criada pela Lei Estadual nº 10.401/1989,[774] em um contexto de reorganização do sistema estadual de ciência e tecnologia no Brasil. Na década de 1970, foi criada a Universidade Federal de Pernambuco (UFPE), um importante polo de pesquisa e inovação no Estado. Deu-se início a uma maior articulação entre a universidade, o setor produtivo e o governo, visando estimular o desenvolvimento científico e tecnológico em Pernambuco para consolidar e ampliar o apoio à pesquisa científica e tecnológica no Estado. Nesse contexto, a FACEPE foi, com o objetivo de fomentar a pesquisa científica e tecnológica em Pernambuco, apoiando projetos de pesquisa e formação de recursos humanos. Desde sua criação, a FACEPE tem desempenhado um papel importante no desenvolvimento científico e tecnológico do Estado de Pernambuco, financiando projetos de pesquisa em diversas áreas do conhecimento e estimulando a formação de pesquisador e intercâmbio científico.

---

[773] FACEPE. *Fundação de Amparo à Ciência e Tecnologia do Estado de Pernambuco.* Disponível em: https://www.facepe.br/. Acesso em: 13 maio 2023.

[774] PERNAMBUCO. *Lei Estadual nº 10.401/1989, de 26 de dezembro de 1989 da Fundação de Amparo à Ciência e Tecnologia do Estado de Pernambuco.*

(xviii) Fundação de Amparo à Pesquisa do Estado do Piauí (FAPEPI)

A FAPEPI[775] foi criada pela Lei nº 4.664/1993,[776] por meio de uma iniciativa do governo do Estado do Piauí, para incentivar a pesquisa científica e tecnológica na região e contribuir para o desenvolvimento econômico e social do Estado. Seu objetivo era apoiar projetos de pesquisa, de capacitação de recursos humanos e de transferência de tecnologia para o setor produtivo, com foco em áreas estratégicas para o desenvolvimento regional, como agropecuária, energia, recursos hídricos, saúde e tecnologia da informação.

A criação da FAPEPI também foi influenciada por um movimento nacional de criação de fundações de amparo à pesquisa em diversos Estados do país que buscava fortalecer a pesquisa científica e tecnológica em nível regional e contribuir para o desenvolvimento nacional. Essas fundações receberam o apoio do CNPq e da CAPES, órgãos federais responsáveis por promover a pesquisa e a pós-graduação no país. Assim, a criação da FAPEPI foi um marco importante para fortalecer a pesquisa científica e tecnológica no Piauí e na região Nordeste.

(xix) Fundação Carlos Chagas Filho de Amparo à Pesquisa do Estado do Rio de Janeiro (FAPERJ)

A FAPERJ[777] foi criada pelo Decreto nº 3.290/1980,[778] em um contexto histórico marcado por mudanças políticas no Brasil. O Rio de Janeiro, onde a FAPERJ foi criada, era um importante centro de pesquisa científica e tecnológica no Brasil, na década de 1980, com uma forte presença de instituições de pesquisa e universidades. A criação da FAPERJ foi parte de um esforço para fortalecer e expandir a pesquisa científica e tecnológica no Estado, em todas as áreas do conhecimento. É responsável por financiar projetos de pesquisa em universidades, instituições de pesquisa e empresas. Desde a sua criação, tem desempenhado um papel fundamental no financiamento da pesquisa científica e tecnológica no Estado.

---

[775] FAPEPI. *Fundação de Amparo à Pesquisa do Estado do Piauí*. Disponível em: http://www.fapepi.pi.gov.br/. Acesso em: 15 maio 2023.
[776] PIAUÍ. *Lei Estadual nº 4.664, de 1993*. Fundação de Amparo à Pesquisa do Estado do Piauí (FAPEPI).
[777] FAPERJ. *Fundação Carlos Chagas Filho de Amparo à Pesquisa do Estado do Rio de Janeiro*. Disponível em: https://www.faperj.br/. Acesso em: Acesso em: 13 maio 2023.
[778] RIO DE JANEIRO. *Decreto Estadual nº 3.290, de 16 de junho de 1980*. Fundação Carlos Chagas Filho de Amparo à Pesquisa do Estado do Rio de Janeiro.

(xx) Fundação de Amparo à Pesquisa do Estado do Rio Grande do Sul (FAPERGS)

A FAPERGS[779] foi criada pela Lei Estadual nº 4.920/1964,[780] em um contexto histórico marcado por intensas transformações políticas. Em 1964, ocorreu o golpe cívico-militar que derrubou o presidente João Goulart e instaurou um regime autoritário que duraria até 1985. Esse período foi marcado pela centralização do poder político nas mãos dos militares, a censura e a repressão a opositores políticos, além de um modelo econômico desenvolvimentista baseado na industrialização e na modernização do país.

No Rio Grande do Sul, a década de 1960 foi um período de grande crescimento econômico, com a expansão da agroindústria e a modernização do setor agrícola. No entanto, o Estado também enfrentou desafios nas áreas de saúde, educação, ciência e tecnologia, o que motivou a criação da FAPERGS. A fundação nasceu com o objetivo de fomentar e apoiar projetos de pesquisa científica e tecnológica no Estado, além de promover a formação de recursos humanos e estimular a interação entre universidades e empresas. Sua importância está ligada ao desenvolvimento da ciência e tecnologia no Rio Grande do Sul, à confiança para o avanço do conhecimento em diversas áreas e à formação de profissionais qualificados.

(xxi) Fundação de Amparo ao Desenvolvimento das Ações Científicas e Tecnológicas e à Pesquisa do Estado de Rondônia (FAPERO)

A FAPERO[781] foi criada pela Lei nº 2.528/2011,[782] inserida em um contexto histórico de desenvolvimento da pesquisa e inovação tecnológica no Estado de Rondônia e no país como um todo. No início dos anos 2000, o governo federal brasileiro lançou uma iniciativa denominada SNCTI para incentivar a pesquisa científica e tecnológica em todo o país.

---

[779] FAPERS. *Fundação de Amparo à Pesquisa do Estado do Rio Grande do Sul*. Disponível em: https://www.fapergs.rs.gov.br/. Acesso em: 13 maio 2023.

[780] RIO GRANDE DO SUL. *Lei Estadual nº 4.920, de 31 de dezembro de 1964*. Autoriza o Poder Executivo a instituir a Fundação de Amparo à Pesquisa do Estado do Rio Grande do Sul e dá outras providências.

[781] FAPERO. *Fundação de Amparo ao Desenvolvimento das Ações Científicas e Tecnológicas e à Pesquisa do Estado de Rondônia*. Disponível em: http://www.fapero.ro.gov.br/. Acesso em: 13 maio 2023.

[782] RONDÔNIA. *Lei nº 2.528, de 25 de julho de 2011*. Dispõe sobre a organização e o funcionamento da Fundação de Amparo ao Desenvolvimento das Ações Científicas e Tecnológicas e à Pesquisa do Estado de Rondônia (FAPERO).

Em Rondônia, a criação da FAPERO (2011) foi uma resposta ao crescente interesse do Estado em se tornar uma região de desenvolvimento científico e tecnológico. O principal objetivo da fundação é apoiar projetos de pesquisa científica e tecnológica em Rondônia, a fim de promover o desenvolvimento econômico e social da região. A criação da FAPERO ainda está inserida em um contexto de maior interesse do governo federal brasileiro em desenvolver as regiões carentes de desenvolvimento tecnológico. Além disso, a FAPERO surge em um contexto de maior reconhecimento da importância da pesquisa científica e tecnológica para o desenvolvimento econômico e social do país. O governo federal brasileiro tem investido cada vez mais em pesquisa e desenvolvimento nos últimos anos, e a criação de fundações de amparo à pesquisa em vários Estados brasileiros é uma prova disso.

(xxii) Fundação de Amparo à Pesquisa e Inovação do Estado de Santa Catarina (FAPESC)

A história da FAPESC[783] começou em 5 de junho de 1990 com a criação do Fundo Rotativo de Fomento à Pesquisa Científica e Tecnológica do Estado de Santa Catarina (Funcitec). A Lei Complementar nº 534/2011[784] instituiu a denominação utilizada até os dias atuais: Fundação de Amparo à Pesquisa e Inovação do Estado de Santa Catarina, incorporando a inovação entre os programas fomentados.

Naquela época, o Brasil estava em pleno processo de redemocratização, após mais de duas décadas de regime militar, e enfrentava grandes desafios médicos, políticos e sociais, buscando formas de se desenvolver e competir no cenário internacional. Uma das estratégias para proteger o desenvolvimento do país era investir em pesquisa científica e tecnológica. A criação de fundações estaduais de amparo à pesquisa, como a FAPESC, integrava esse esforço nacional para incentivar a produção de conhecimento e inovação.

Desde então, a FAPESC vem cumprindo um papel importante no fomento à pesquisa e inovação em Santa Catarina, por meio do financiamento de projetos e programas, apoio a eventos científicos e

---

[783] FAPESC. *Fundação de Amparo à Pesquisa e Inovação do Estado de Santa Catarina*. Disponível em: https://www.fapesc.sc.gov.br/. Acesso em: 15 maio 2023.
[784] SANTA CATARINA. *Lei Complementar nº 534, de 20 de abril de 2011*. Altera dispositivos da Lei Complementar nº 281, de 30 de julho de 2005, que institui o Fundo de Amparo à Tecnologia e ao Ensino Superior e estabelece outras providências.

tecnológicos e promoção de parcerias entre universidades, empresas e instituições de pesquisa.

(xxiii) Fundação de Amparo à Pesquisa do Estado de São Paulo (FAPESP)

A FAPESP[785] foi criada formalmente em 1960, pela Lei Orgânica nº 5.918/1960,[786] e começou a funcionar efetivamente em 1962, pelo Decreto nº 40.132/1962.[787] Sua criação se deu em um momento histórico marcado por transformações intensas no cenário político e social. Na década de 1950, o país enfrentava um processo de industrialização acelerado, impulsionado por políticas governamentais que visavam modernizar a economia brasileira e promover o desenvolvimento nacional. Em São Paulo, o processo de industrialização foi ainda mais intenso, tornando-se o principal centro econômico do país.

Nesse contexto, a FAPESP foi criada para estimular e apoiar a pesquisa científica e tecnológica no Estado, visando contribuir para o avanço do conhecimento e o desenvolvimento econômico e social da região. A fundação foi criada por meio de uma lei orgânica estadual, que estabeleceu suas finalidades, organização e funcionamento. Quando da sua criação, enfrentou grandes desafios para se consolidar como uma instituição de fomento à pesquisa. O país vivia uma época de instabilidade política, com mudanças frequentes no governo e situação econômica difícil. Além disso, a comunidade científica brasileira ainda era incipiente e pouco desenvolvida, com poucos descobertos e intenções de pesquisa protegidos.

Apesar desses desafios, a FAPESP começou a funcionar em 1962, após a publicação do decreto que regulamentou sua atuação. Desde então, tem desempenhado um papel fundamental no fomento à pesquisa científica e tecnológica em São Paulo, confiante para o desenvolvimento do conhecimento e para a melhoria da qualidade de vida da população do Estado e do país como um todo.

---

[785] FAPESP. *Fundação de Amparo à Pesquisa do Estado de São Paulo*. Disponível em: https://fapesp.br/. Acesso em: 13 maio 2023.

[786] SÃO PAULO (Estado). *Lei nº 5.918, de 18 de outubro de 1960*. Dispõe sobre a organização do Estado de São Paulo. Diário Oficial [do] Estado de São Paulo, São Paulo, SP, 18 out. 1960.

[787] SÃO PAULO (Estado). *Decreto nº 40.132, de 23 de maio de 1962*. Diário Oficial [do] Estado de São Paulo, São Paulo, SP, 23 de maio de 1962.

(xxiv) Fundação de Apoio à Pesquisa e à Inovação Tecnológica do Estado de Sergipe (FAPITEC)

A FAPITEC[788] foi criada pela Lei nº 5.771/2005,[789] em um momento em que o governo brasileiro investia em ciência e tecnologia em todo o país, visando fortalecer a pesquisa e a inovação tecnológica como forma de impulsionar o desenvolvimento econômico e social. O contexto regional em que a FAPITEC foi criada também é importante para entender sua origem. Sergipe é um Estado do nordeste brasileiro que, historicamente, enfrentou desafios econômicos e sociais, como a falta de diversificação econômica e o baixo investimento em pesquisa e desenvolvimento. A criação da FAPITEC foi, portanto, uma resposta do governo estadual de Sergipe à necessidade de fortalecer a pesquisa e a inovação tecnológica no Estado, para ajudar a impulsionar o desenvolvimento regional e promover a criação de novas oportunidades econômicas.

A FAPITEC tem como objetivo principal fomentar a pesquisa científica e tecnológica em Sergipe, através do financiamento de projetos de pesquisa, desenvolvimento e inovação, e a promoção de eventos científicos e tecnológicos. Além disso, a fundação busca incentivar a formação de recursos humanos qualificados em ciência e tecnologia, através de bolsas de estudo e programas de capacitação. Desde a sua criação, a FAPITEC tem sido um importante agente na promoção do desenvolvimento científico e tecnológico em Sergipe, contribuindo para fortalecer a pesquisa e a inovação na região e formar uma base de recursos humanos qualificados para o desenvolvimento econômico e social do Estado.

(xxv) Fundação de Amparo à Pesquisa do Estado do Tocantins (FAPT)

A FAPT[790] foi criada pela Lei Complementar nº 71/2011, em um contexto histórico nacional e regional de incentivo à pesquisa e inovação tecnológica. A década de 2010 foi marcada por uma série de iniciativas do governo federal para fortalecer a ciência e a tecnologia no país, como a criação da Empresa Brasileira de Pesquisa e Inovação

---

[788] FAPITEC-SE. *Fundação de Apoio à Pesquisa e à Inovação Tecnológica do Estado de Sergipe*. Disponível em: http://www.fapitec.se.gov.br/. Acesso em: 13 maio 2023.
[789] SERGIPE. *Lei nº 5.771, de 12 de dezembro de 2005*. Fundação de Apoio à Pesquisa e à Inovação Tecnológica do Estado de Sergipe.
[790] FAPT. *Fundação de Amparo à Pesquisa do Estado do Tocantins*. Disponível em: http://www.fapt.to.gov.br/. Acesso em: 13 maio 2023.

Industrial (EMBRAPII) em 2011, que tinha como objetivo apoiar projetos de pesquisa em parceria com empresas privadas, e a criação do CNPq, em 2012, uma das principais agências de fomento à pesquisa no Brasil.

No contexto regional, a criação da FAPT foi uma resposta às demandas da comunidade científica e tecnológica do Tocantins por mais recursos para pesquisa e inovação. O Tocantins é um Estado jovem, criado em 1988, e possui um potencial econômico baseado na agropecuária e no turismo. No entanto, para diversificar sua economia e promover o desenvolvimento sustentável, é necessário investir em ciência, tecnologia e inovação.

Assim, a FAPT foi criada para fomentar a pesquisa científica e tecnológica no Estado, apoiando projetos de pesquisa e desenvolvimento em áreas estratégicas para o desenvolvimento regional, como agronegócio, energia, meio ambiente, turismo, saúde e tecnologia da informação. Através de suas atividades de fomento, a FAPT busca contribuir para fortalecer a pesquisa e a inovação no Tocantins, criando oportunidades para o surgimento de novas empresas e o desenvolvimento de novas tecnologias que possam impulsionar o desenvolvimento econômico e social do Estado.

(xxvi) Fundação de Amparo à Pesquisa do Estado de Roraima (FAPERR)

A FAPERR[791] foi criada pela Lei nº 1.641/2022[792] em um contexto pós-pandemia da covid-19, vírus que afetou quase todas as áreas da vida humana, incluindo saúde, economia, educação e transporte. Sua criação está inserida em um contexto nacional e regional de incentivo à pesquisa científica e tecnológica. No âmbito nacional, a ciência, tecnologia e inovação têm sido consideradas fatores estratégicos para o desenvolvimento do país, visto que a CF/1988 estabeleceu a ciência e a tecnologia como políticas de Estado, além da promulgação da Lei de Inovação.

Em Roraima, a criação da FAPERR foi motivada pela necessidade de desenvolver e fortalecer a pesquisa científica e tecnológica no Estado, de forma a contribuir para enfrentar desafios locais. Roraima é um Estado com características geográficas e socioeconômicas peculiares, como a fronteira com a Venezuela, a presença de comunidades indígenas

---

[791] FAPERR. *Fundação de Amparo à Pesquisa do Estado de Roraima.* Disponível em: https://www.faperr.rr.gov.br/. Acesso em: 13 de maio 2023.

[792] RORAIMA. *Lei Estadual nº 1.641, de 25 de janeiro de 2022.* Institui a Fundação de Amparo à Pesquisa do Estado de Roraima – FAPERR.

e a baixa densidade populacional, o que exige soluções inovadoras e específicas para os problemas locais.

A FAPERR tem como objetivo apoiar e fomentar a pesquisa científica, tecnológica e de inovação em Roraima, por meio da concessão de bolsas de estudos, financiamento de projetos de pesquisa e promoção de eventos científicos.

(xxvii) Fundação de Amparo e Promoção da Ciência, Tecnologia e Inovação do Rio Grande do Norte (FAPERN)

A FAPERN,[793] criada pela Lei Complementar nº 257/2003,[794] tem seu funcionamento regido pelo Decreto nº 17.456/2004.[795] Sua criação foi resultado de um movimento nacional de fomento à ciência, tecnologia e inovação no Brasil, iniciado na década de 1990, quando o país enfrentava profundas mudanças políticas e econômicas, com a implantação do Plano Real e a estabilização da economia. Nesse contexto, houve um aumento da demanda por inovação e tecnologia pelo setor empresarial, e maior conscientização sobre a importância da ciência e da tecnologia para o desenvolvimento sustentável do país. Nesse cenário, foram criadas diversas agências de fomento à ciência, tecnologia e inovação em diferentes Estados brasileiros, incluindo a FAPERN, cujo objetivo principal é apoiar e financiar projetos e programas de pesquisa científica e tecnológica no Rio Grande do Norte.

5.3.6 Incubadora de empresas

De acordo com o *Dicionário de Inovação e Tecnologia*, as incubadoras "podem ser definidas como instituições que tenham como objetivo apoiar empreendedores, principalmente os novos e/ou recentemente estabelecidos e os vinculados às pequenas e médias empresas, em todas as fases do negócio".[796]

---

[793] FAPERN. *Fundação de Amparo e Promoção da Ciência, Tecnologia e Inovação do Rio Grande do Norte*. Disponível em: http://www.fapern.rn.gov.br/. Acesso em: 15 maio 2023.

[794] RIO GRANDE DO NORTE. *Lei Complementar nº 257, de 14 de novembro de 2003*. Cria a Fundação de Apoio à Pesquisa do Estado do Rio Grande do Norte (FAPERN), e dá outras providências.

[795] RIO GRANDE DO NORTE. *Decreto nº 17.456, de 19 de abril de 2004*. Aprova o Estatuto da Fundação de Apoio à Pesquisa do Estado do Rio Grande do Norte (FAPERN) e dá outras providências.

[796] GIANCOLI, Brunno Pandori. Incubadora. *In*: SIQUEIRA NETO, José Francisco; MENEZES, Daniel Francisco Nagao (org.). *Dicionário de Inovação Tecnológica*, v. 1. Belo Horizonte: Arraes, 2020, p. 177.

As incubadoras de empresas estão previstas no art. 2º, III-A, da Lei Federal nº 10.973/2004. Conforme explica Bruno Monteiro Portela, sua nomenclatura foi dada em razão das incubadoras utilizadas nas maternidades, responsáveis por proporcionar aos recém-nascidos debilitados um ambiente propício ao seu crescimento saudável, até que sejam capazes de se desenvolverem sozinhos.[797]

No âmbito da inovação, as incubadoras – apenas as ligadas à área da tecnologia e inovação – têm como objetivo prover um ambiente propício para empresas iniciantes crescerem com mais segurança, antes de entrarem no mercado competitivo da inovação.

As incubadoras, geralmente, estão ligadas às universidades, já que o ambiente educacional, por si só, é grande incentivador de ideias empreendedoras. Apesar dessa maioria, as incubadoras podem ser públicas e privadas e possuir ampla abrangência na escolha de sua natureza jurídica. Pensando nisso, essas instituições oferecem condições para o empreendimento alcançar força suficiente para competir no ambiente econômico, sem fracassar antes mesmo de começar por falta de apoio.

Este apoio pode ser oferecido de diversas formas: infraestrutura, suporte gerencial, capacitação e *networking*.[798] Quanto à contrapartida, o art. 10, §6º, do Decreto nº 9.283/2018 dispõe sobre a sua obrigatoriedade, que pode ser financeira ou de outra natureza. Seu percentual será acordado entre as partes através do termo de adesão (art. 10, §4º) e geralmente incidirá sobre os lucros futuros da empresa incubada.

As incubadoras de empresas possuem papel fundamental no incentivo à inovação, pois permitem que empreendedores tenham maior segurança ao executar suas ideias e maior chance ao ingressarem no mercado de trabalho. Além disso, diminuem significativamente a taxa de mortalidade das empresas, o que incentiva os empreendedores e aumenta o nível de inovação do país.

5.3.7 Parques científicos, de inovação e tecnológicos

Segundo o art. 2º, II, "a", da Portaria MCTIC nº 6.762/2019, parques científicos e tecnológicos são complexos planejados de desenvolvimen-

---

[797] PORTELA, Bruno Monteiro. Conceitos legais. *In*: PORTELA, Bruno Monteiro; BARBOSA, Caio Márcio Melo; MURARO, Leopoldo Gomes; DUBEUX, Rafael. *Marco legal da ciência, tecnologia e inovação no Brasil*. Salvador: Juspodivm, 2020, p. 78.

[798] BARBOSA, Caio Márcio Melo. Ambientes promotores de inovação. *In*: PORTELA, Bruno Monteiro; BARBOSA, Caio Márcio Melo; MURARO, Leopoldo Gomes; DUBEUX, Rafael. *Marco Legal da Ciência, Tecnologia e Inovação no Brasil*. Salvador: Juspodivm, 2020, p. 126.

to empresarial e tecnológico, promotores da cultura de inovação, da competitividade industrial, da capacitação empresarial e da promoção de sinergias em atividades de pesquisa científica, de desenvolvimento tecnológico e de inovação, entre empresas e uma ou mais ICTs, com ou sem vínculo entre si.

Diante disso, são áreas projetadas para promover a inovação e o desenvolvimento econômico baseados em tecnologia, geralmente planejadas e construídas para atrair empresas de alta tecnologia e instituições de pesquisa para trabalharem juntas em um ambiente colaborativo, podendo abrigar empresas de base tecnológica, incubadoras de empresas ou ICTs,[799] e estão diretamente relacionados à teoria da hélice tríplice na inovação, já que promovem a integração entre os três atores principais: empresas, universidades e governo.

Segundo Marcos Augusto Perez, embora a Lei não defina expressamente os parques tecnológicos, é possível criar um conceito a partir das referências existentes no sistema normativo. Assim, "a lei com relativa clareza elenca os parques tecnológicos como um dos ambientes de inovação que podem ser objeto de apoio e estímulo governamental, com o intuito de promover a cooperação entre o setor público e privado na área de desenvolvimento tecnológico".[800]

Esses espaços são projetados para fornecer uma infraestrutura adequada e serviços de suporte para empresas de alta tecnologia, como escritórios e espaços de laboratório, salas de conferências e instalações de produção. Geralmente, esses parques são construídos em locais que oferecem fácil acesso a universidades – ou até mesmo dentro delas

---

[799] "Segundo Etkowitz (2003), iniciativas como Parques Científicos e Tecnológicos, Escritórios de Transferência de Tecnologia e programas de empreendedorismo são importantes para criar as interfaces necessárias à tradução das pesquisas científicas em produtos com potencial disruptivo no mercado. No Brasil, muitos parques tecnológicos são criados nas Universidades. Na China, por exemplo, os parques são criados pelo Governo. Nos Estados Unidos, há ambos os casos, mas principalmente uma relação muito próxima entre grandes empresas e as Universidades mais desenvolvidas tecnologicamente". BARBALHO, Sanderson César Macêdo. Cultura de inovação e a construção de ambientes inovadores nas universidades. *In*: BARBALHO, Sanderson César Macêdo; MEDEIROS, Juliana Corrêa Crepalde; QUINTELLA, Cristina M. (org.). *O marco legal de ciência, tecnologia e inovação (CT&I) e seu potencial impacto na inovação no Brasil*. Curitiba: CRV, 2019, p. 160.

[800] PEREZ, Marcos Augusto. Organizações sociais para a gestão de parques tecnológicos. *In*: MARQUES NETO, Floriano de Azevedo; ALMEIDA, Fernando Dias Menezes de; NOHARA, Irene Patrícia; MARRARA, Thiago (org.). *Direito e administração pública*: estudos em homenagem a Maria Sylvia Zanella Di Pietro. São Paulo: Atlas, 2013, p. 514.

–, centros de pesquisa e outras instituições que fornecem recursos e conhecimentos especializados.[801]

Nos termos do *Dicionário de Inovação Tecnológica*, "o objetivo principal desses parques é transformar o conhecimento em riqueza através da inovação tecnológica, de modo a estimular uma cooperação entre as instituições de pesquisa e as empresas".[802] Ademais, eles podem ser financiados e administrados pelo governo ou por empresas privadas. Muitos países, por exemplo, incentivam sua criação como uma forma de promover a inovação e o desenvolvimento econômico em seus setores de alta tecnologia.

No Brasil, há diversos parques tecnológicos espalhados pelo território nacional, como o Porto Digital (Pernambuco) e o SerraTec (Rio de Janeiro).

5.3.8 Polos tecnológicos

De acordo com art. 2º, II, "d", da Portaria MCTIC nº 6.762/2019, os polos tecnológicos são ambientes industriais e tecnológicos caracterizados pela presença dominante de micros, pequenas e médias empresas com áreas correlatas de atuação em determinado espaço geográfico, com vínculos operacionais com ICT, recursos humanos, laboratórios e equipamentos organizados e com predisposição ao intercâmbio entre os entes envolvidos para consolidação, *marketing* e comercialização de novas tecnologias.

Polos tecnológicos são áreas geográficas que concentram uma grande quantidade de empresas, instituições de pesquisa e desenvolvimento e outras organizações relacionadas à tecnologia. Caracterizam-se, sobretudo, por uma forte presença de atividades econômicas ligadas à tecnologia, como a produção de equipamentos eletrônicos, *software*, telecomunicações e biotecnologia.[803]

---

[801] BARBOSA, Caio Márcio Melo. Ambientes promotores de inovação. *In*: PORTELA, Bruno Monteiro; BARBOSA, Caio Márcio Melo; MURARO, Leopoldo Gomes; DUBEUX, Rafael. *Marco Legal da Ciência, Tecnologia e Inovação no Brasil*. Salvador: Juspodivm, 2020, p. 129.

[802] SIQUEIRA, Luiza Noronha. Parque tecnológico. *In*: SIQUEIRA NETO, José Francisco; MENEZES, Daniel Francisco Nagao (org.). *Dicionário de Inovação Tecnológica*, v. 1. Belo Horizonte: Arraes, 2020, p. 264.

[803] BARBOSA, Caio Márcio Melo. Ambientes promotores de inovação. *In*: PORTELA, Bruno Monteiro; BARBOSA, Caio Márcio Melo; MURARO, Leopoldo Gomes; DUBEUX, Rafael. *Marco Legal da Ciência, Tecnologia e Inovação no Brasil*. Salvador: Juspodivm, 2020, p. 130.

Esses polos são considerados importantes motores do desenvolvimento econômico de um país ou região, pois a concentração de atividades relacionadas à tecnologia tende a gerar inovação, aumentar a produtividade, gerar empregos de alta qualidade e criar um ecossistema propício ao surgimento de novas empresas e *startups*.

Exemplos de polos tecnológicos incluem o Vale do Silício (EUA), conhecido por sua forte concentração de empresas de tecnologia; o Parque Tecnológico de São José dos Campos (Brasil), que concentra empresas de tecnologia aeroespacial; e o Science Park Amsterdam (Holanda), um centro de pesquisa e desenvolvimento de alta tecnologia.

Os polos tecnológicos são importantes para o desenvolvimento de novas tecnologias e inovações que podem transformar a sociedade. Além disso, são um importante ponto de encontro para especialistas em tecnologia, investidores e empreendedores, que podem colaborar e trocar conhecimentos e experiências.[804] Essas entidades podem contar com incentivos fiscais e financeiros do governo para atrair investidores e empresas para a região, o que pode incluir isenções fiscais, subsídios e outras formas de apoio financeiro.

Em alguns casos, os polos tecnológicos também podem contar com leis específicas que regulam suas atividades. No Brasil, por exemplo, a Lei de Informática estabelece incentivos fiscais para empresas que investem em pesquisa e desenvolvimento de produtos de informática e automação, com o objetivo de incentivar a criação de polos tecnológicos nessa área.

5.3.9 Centros de pesquisa

Centros de pesquisa de inovação são organizações que buscam desenvolver novas tecnologias e soluções inovadoras em diversas áreas, como tecnologia da informação, biotecnologia, engenharia e energia. Em geral, essas organizações são formadas por equipes multidisciplinares de pesquisadores, engenheiros, cientistas e demais profissionais altamente qualificados, que trabalham em conjunto para criar soluções inovadoras para desafios tecnológicos e sociais.

Entre os exemplos de centros de pesquisa de inovação, citam-se o MIT Media Lab (EUA), um centro de pesquisa interdisciplinar focado

---

[804] PORTELA, Bruno Monteiro. Conceitos legais. *In*: PORTELA, Bruno Monteiro; BARBOSA, Caio Márcio Melo; MURARO, Leopoldo Gomes; DUBEUX, Rafael. *Marco legal da ciência, tecnologia e inovação no Brasil*. Salvador: Juspodivm, 2020, p. 78.

em desenvolver soluções para desafios sociais e tecnológicos; o CERN (Suíça), um centro de pesquisa em física de partículas que desenvolve tecnologias avançadas em diversas áreas; e o Fraunhofer-Gesellschaft (Alemanha), uma organização de pesquisa aplicada que desenvolve soluções para empresas e governos em diversas áreas.

5.3.10 Escritórios de apoio à pesquisa

Os escritórios de apoio à pesquisa são organizações que oferecem serviços de suporte e consultoria para pesquisadores, professores e instituições de pesquisa, visando promover a excelência em pesquisa e inovação, e podem ser estabelecidos por universidades, governos e outras organizações interessadas em promover a pesquisa e o desenvolvimento.

Entre os exemplos de escritórios de apoio à pesquisa estão o *Research Development Office* da Universidade de Cambridge (Reino Unido), que oferece serviços de suporte para pesquisadores em todas as áreas de pesquisa; o *Office of Research and Sponsored Projects* da Universidade de Michigan (EUA), que gerencia projetos de pesquisa e oferece serviços de suporte em propriedade intelectual e transferência de tecnologia; e a Agência de Inovação da Unicamp (Brasil), que apoia a transferência de tecnologia da universidade para empresas e instituições.

5.3.11 Aceleradoras de negócios

As aceleradoras de negócio são organizações que oferecem suporte para *startups* em estágio inicial, para ajudá-las a crescer rapidamente e se tornarem empresas bem-sucedidas. Em geral, essas organizações oferecem um programa de aceleração intensivo de treinamento e mentoria, destinado a preparar as *startups* para enfrentar desafios e aproveitar oportunidades de mercado.

As aceleradoras de negócio podem ser estabelecidas por empresas, governos, universidades e outras instituições, e ter diferentes objetivos e modelos de operação. Alguns programas de aceleração são focados em setores específicos, como tecnologia da informação, saúde ou energia, enquanto outros têm uma abordagem mais ampla e buscam apoiar *startups* em qualquer área.[805]

---

[805] BARBOSA, Caio Márcio Melo. Ambientes promotores de inovação. *In*: PORTELA, Bruno Monteiro; BARBOSA, Caio Márcio Melo; MURARO, Leopoldo Gomes; DUBEUX, Rafael. *Marco Legal da Ciência, Tecnologia e Inovação no Brasil*. Salvador: Juspodivm, 2020, p. 129.

Entre os exemplos de aceleradoras de negócio menciona-se a Y Combinator (EUA), uma das aceleradoras mais conhecidas e bem-sucedidas do mundo, com foco em *startups* de tecnologia; a Startup Farm (Brasil), que oferece um programa de aceleração para *startups* em diversas áreas; e a Station F (França), uma das maiores aceleradoras de *startups* do mundo, com mais de 1.000 *startups* em seu campus.

5.3.12 Empresas de pesquisa e inovação

5.3.12.1 *Startups*

Com a inovação e o estágio de desenvolvimento contemporâneo num panorama geral, a intenção clara de conceituar um instituto, seja um conhecimento humano, seja o fruto da sua capacidade inventiva, demanda conclusões muitas vezes parciais e detidas. Por outro lado, quando se designa variações conforme a finalidade a que a conceituação se destina, além da compreensão prévia, importante considerar as reflexões jurídicas correlacionadas ao conceito e os fins legislativos conforme a política pública que se deseja promover.

Nesse sentido, é a dificuldade em se conceituar empresas inovadoras que, de certa forma, acompanha o surgimento e a propagação da internet, que detém como marco histórico de origem a própria tecnologia, designada comumente *startups*.[806] São exemplos Google, Amazon, Uber, Airbnb, SpaceX e Paypal.

---

[806] "A partir do final do século XX, e com maior intensidade no início do século XXI, um novo tipo de *player* se destacou na economia e no mundo corporativo: as empresas denominadas *startups*. Apesar de o uso do termo para definir pequenas empresas inovadoras datar aproximadamente da década de 1970, foi com o impetuoso desenvolvimento tecnológico e econômico vislumbrado na segunda metade da década de 1990 e no início deste século que *startups* ganharam maior notoriedade". FEIGELSON, Bruno; NYBO, Erik Fontenele; FONSECA, Victor Cabral. *Direito das startups*. São Paulo: Saraiva, 2018, p. 21. "O Oxford English Dictionary aponta como primeiro uso da palavra *startup* para definir empresas inovadoras um artigo publicado pela Forbes em 1976. Além disso, uma busca por *startup company* no Google Ngram – que busca na base de dados de livros escaneados do Google a incidência de determinadas palavras – mostra que o uso deste termo nesta acepção de fato data da década de 1970, tendo aparecido em alguns atos legislativos dos Estados Unidos de 1975 que reformavam os tributos aplicáveis a pequenos negócios. Contudo, o próprio Google Ngram mostra que o uso da palavra em publicações apenas "disparou" a partir da década de 1990, tendo seu ápice em 2002 – o que nos permite concluir que a pulverização da internet e o desenvolvimento de tecnologias de ponta tem uma relação inquestionável com a evolução de tais empresas". FEIGELSON, Bruno; NYBO, Erik Fontenele; FONSECA, Victor Cabral. *Direito das startups*. São Paulo: Saraiva, 2018, p. 21.

Em alguns países, existem conceitos legais para o termo *startup*,[807] ainda que possa sofrer alterações a depender da política pública de cada um deles. De toda forma, é possível elencar de forma muito específica tratar-se de empresas cuja finalidade e objetivo são descobrir uma oportunidade oculta bem à vista, até porque, tudo o que decorre do caráter inovador trará em certa medida risco e disrupção com o desenvolvimento e a implantação de novas tecnologias.

No Brasil, a Lei Complementar nº 182/2021 (Estatuto das *Startups*) trouxe no seu art. 4º uma definição pelo seu enquadramento:

> Art. 4º. São enquadradas como *startups* as organizações empresariais ou societárias, nascentes ou em operação recente, cuja atuação caracteriza-se pela inovação aplicada a modelo de negócios ou a produtos ou serviços ofertados.

Bruno Feigelson, Erik Fontenele Nybo e Victor Cabral Fonseca destacam alguns aspectos que uma empresa deve possuir para ser considerada *startup*:

> i. Encontra-se em estágio inicial, sendo notadamente carente de processos internos e organização.
> *Startup* é uma empresa em seu estágio inicial de desenvolvimento, caracterizado pela ausência de processos internos e organização, por vezes sem modelo de negócio claro e movida pelo ímpeto de venda de uma ideia inovadora. Em muitas ocasiões, essa inovação é tão radical, [...], que resulta em uma ruptura da dinâmica ou *status quo* que prevalecia em um determinado mercado tecnológico antes da criação do produto e/ou serviço oferecido por determinada *startup*.
> ii. Possui perfil inovador.

---

[807] Por exemplo, para ser considerada uma *startup* inovadora, a lei italiana tem como requisitos que a empresa seja constituída no máximo há cinco anos, tenha sua sede na Itália, não distribua lucro, tenha faturamento anual inferior a cinco milhões de euros, comercialize produtos ou serviços de alto valor tecnológico, e estabelece outros aspectos básicos – requisitos previstos na Lei nº 221, de 2012 da Itália. Por outro lado, a lei da Letônia requer que a *startup* inovadora seja constituída no máximo há cinco anos, com faturamento nos dois primeiros anos de existência inferior a 200 mil euros, ao menos 50% dos gastos da empresa em pesquisa e desenvolvimento e que pelo menos 70% dos colaboradores possuam um mestrado ou doutorado, dentre outros requisitos previstos na Lei de Incentivos para *Startups* da Letônia. Em seguida, a lei francesa requer que a empresa tenha constituição em período inferior a oito anos, seja qualificada como uma microempresa ou empresa de pequeno porte conforme a lei do país, tenha na sua composição societária pelo menos 50% das quotas ou ações detidas por empreendedores ou fundos de *venture* capital, dentre outros requisitos previstos nas normas tributárias da França. FEIGELSON, Bruno; NYBO, Erik Fontenele; FONSECA, Victor Cabral. *Direito das startups*. São Paulo: Saraiva, 2018, p. 21.

A ruptura na dinâmica ou práticas de um mercado, causada pelo produto e/ou serviço ofertado pela *startup*, traduz o conceito da característica disruptiva das *startups*.

iii. Possui significativo controle de gastos e custos.

Por meio de uma prática que se cunhou como *bootstrapping*,[808] as *startups* procuram utilizar ao máximo as capacidades individuais e complementares de cada fundador para diminuir seus custos, focando os investimentos principalmente no desenvolvimento de seu produto e/ou serviço principal.

iv. Seu serviço ou produto é operacionalizado por meio de um produto mínimo viável.

Ainda sob a lógica de *bootstrapping*, os fundadores focam seus investimentos no desenvolvimento de um produto e/ou serviço extremamente rudimentar e simples, apenas para que seja possível verificar se realmente existe demanda e para manter os custos iniciais da *startup* baixos. Esse produto é conhecido como MVP (*Minimum Viable Product* ou simplesmente Produto Mínimo Viável, em tradução livre).

v. O produto ou ideia explorado é escalável.

Pela mesma lógica de manutenção baixa dos custos, o produto e/ou serviço geralmente é escalável (facilmente expandido para outros mercados e em diferentes níveis de capilaridade e distribuição), apesar de existirem exceções (por exemplo, *startups* focadas em mercado de nicho). Por essa razão, dificilmente *startups* criarão produtos ou prestarão serviços customizados ou do tipo *tailor made*. A ideia é alcançar uma economia de escala por meio da replicação de um mesmo produto para inúmeros clientes.

vi. Apresenta necessidade de capital de terceiros para operação inicial.

Como as *startups* almejam uma economia de escala na venda de seu produto e/ou serviço, geralmente o capital inicial aportado pelos fundadores não é suficiente para suportar o crescimento necessário ou

---

[808] "O conceito de *bootstrapping*, intimamente relacionado com o espírito do empreendedorismo, consiste em buscar formas de reduzir os custos iniciais de uma empresa ao maximizar o potencial dos empreendedores. No âmbito do ecossistema das *startups*, este peculiar termo da língua inglesa – que originalmente significa 'o ato de amarrar ou prender a bota' – é utilizado para designar a prática por meio da qual os empreendedores usam recursos próprios para criar uma empresa, buscando sempre reduzir ao máximo os custos da empresa aproveitando as capacidades dos próprios colaboradores da *startup*". FEIGELSON, Bruno; NYBO, Erik Fontenele; FONSECA, Victor Cabral. *Direito das startups*. São Paulo: Saraiva, 2018, p. 78. "O *bootstrapping* pode ser uma interessante alternativa até a efetiva validação da hipótese ou pode ser um método contínuo de operação da *startup*. Diversas empresas, após a primeira rodada de investimento, continuam desenvolvendo o negócio apenas com os primeiros clientes. Tal estratégia, por consequência, torna o processo de crescimento mais lento, o que pode ser devastador em determinados mercados. Por essa razão, o uso dessa metodologia de gestão da empresa deve ser calculado e adotado apenas nos casos em que realmente haverá ganho com sua implementação". FEIGELSON, Bruno; NYBO, Erik Fontenele; FONSECA, Victor Cabral. *Direito das startups*. São Paulo: Saraiva, 2018, p.78.

investimentos a serem realizados para atingir esse patamar. Por essa razão, é muito comum que as *startups* busquem investidores externos para financiar o início de suas operações ou seu plano de expansão.[809]
vii. *Utiliza tecnologia para seu modelo de negócios.*
Como parte do processo de inovação, as *startups* costumam utilizar a tecnologia a seu favor para desenvolver negócios escaláveis e inovadores. Frequentemente são utilizadas plataformas digitais (aplicativos e *websites*), porém, podem utilizar/desenvolver outros tipos de tecnologia como *hardwares*.[810]

O termo *startup*, conforme sua tradução literal sugere, se refere a um empreendimento em fase inicial objetivando uma atividade estruturada e uma ideia inovadora a ser testada.[811]

Em junho de 2021, foi sancionada a Lei Complementar nº 182/2021, que instituiu o Marco Legal das *Startups*, trazendo mudanças e novas regras para esse tipo de empresa, definindo princípios (art. 3º), diretrizes fundamentais, seu novo enquadramento (art. 4º) e como se dará a resolução de demandas públicas que exijam solução inovadora com emprego de tecnologia por intermédio do poder de compra do Estado (art. 12).

---

[809] "O financiamento externo de uma *startup* é fundamental para seu desenvolvimento, sendo uma de suas principais características. Entretanto, muitas vezes, esse processo não obedece aos padrões tradicionais de obtenção de capital, principalmente por conta do grau de incerteza e assimetria informacional, de acordo com a teoria dos custos de transação [...]. Em virtude da mencionada incerteza, o risco envolvido nesse tipo de investimento deve fazer com o que investidor esteja preparado para a falha. Além disso, o financiamento de inovações radicais demanda mais do que somente capital financeiro, pois geralmente as equipes que desenvolvem o projeto necessitam de auxílio externo para obter escala ou acelerar seu crescimento, necessitam de pessoas que saibam lidar com gestão, *networking*, dentre outras facilidades. Isso porque, o capital humano – aquele representado pelo conhecimento agregado pelos indivíduos envolvidos em um negócio – cumpre papel significativo no desempenho da *startup*, principalmente quando tal capital possui formação específica". FEIGELSON, Bruno; NYBO, Erik Fontenele; FONSECA, Victor Cabral. *Direito das startups*. São Paulo: Saraiva, 2018, p. 81-82.

[810] FEIGELSON, Bruno; NYBO, Erik Fontenele; FONSECA, Victor Cabral. *Direito das startups*. São Paulo: Saraiva, 2018, p. 24-26.

[811] "Uma empresa *startup* ou *startup*, é uma empresa com um histórico operacional limitado. Essas empresas, geralmente recém-criadas, estão em uma fase de desenvolvimento e à procura de mercados. Empresas iniciantes podem vir de todas as formas. Os investidores geralmente são mais atraídos por essas novas empresas, diferenciadas pelo perfil de risco e recompensa e pela escalabilidade. Ou seja, eles têm custos menores, maior risco e maior retorno potencial sobre o investimento. *Startups* de sucesso são tipicamente mais escalonáveis do que um negócio estabelecido, no sentido de que elas podem crescer potencialmente rápido com investimento limitado de capital ou trabalho". USLEGAL. *Startup companies law and legal definition*. Disponível em: https://definitions.uslegal.com/s/startup-companies/. Acesso em: 30 nov. 2018. *In*: OIOLI, Erik Frederico (coord.). *Manual de direito para startups*. São Paulo: Thomson Reuters Brasil, 2019, p. 13.

As adequações vindas do Marco Legal das *Startups* igualmente atualizaram muito do que já estava previsto na Lei Complementar nº 123/2006, principalmente um regime especial às iniciativas de inovação que visem estimular o desenvolvimento e a consolidação de novos meios tecnológicos, gerenciamento e assunção de riscos sobre métodos e produtos.

5.3.12.2 Empresas estatais de pesquisa e inovação

O Estado pode instituir empresas estatais (empresa pública e sociedade de economia mista) dedicadas à pesquisa e inovação. Atualmente, o Estatuto das Estatais (Lei nº 13.303/2016), que regulamenta a sua atuação no mercado, indica a necessidade de elas possuírem função social e sinaliza no art. 27, §3º, que, através da celebração de convênios ou contratos de patrocínio, é possível incentivar a inovação tecnológica.

A seguir, são trazidas algumas destas empresas que possuem recursos para fomentar a ciência, a tecnologia e a inovação:

(i) FINEP

A Financiadora de Estudos e Projetos (FINEP) foi instituída como empresa pública em 1967, visando institucionalizar o fundo de financiamento de estudos e projetos. Seu objetivo é apoiar estudos, projetos e programas de interesse para o desenvolvimento econômico, social, científico e tecnológico do país, tendo em vista as metas e as prioridades setoriais estabelecidas nos planos do governo federal (art. 3º).

Para tanto, ela pode:

I – conceder a pessoas jurídicas financiamento sob a forma de mútuo, de abertura de créditos, ou, ainda, de participação no capital respectivo, observadas as disposições legais vigentes;
II – financiar estudos, projetos e programas de interesse para o desenvolvimento econômico, social, científico e tecnológico do País, promovidos por sociedades nacionais no exterior;
III – conceder aval ou fiança;
IV – contratar serviços de consultoria;
V – celebrar convênios e contratos com entidades nacionais ou estrangeiras, públicas ou privadas, e internacionais;
VI – realizar as operações financeiras autorizadas pelo Conselho Monetário Nacional; VII – captar recursos no País e no exterior;
VIII – conceder subvenções;

IX – conceder a pessoas jurídicas brasileiras, de direito público ou privado, e a pessoas físicas, premiação em dinheiro por concurso que vise ao reconhecimento e ao estímulo das atividades de inovação; e
X – realizar outras operações financeiras.

A FINEP possui um documento ("Condições Operacionais"[812]) que delimita sua atuação e define suas estratégias anuais, além de apresentar as diretrizes gerais ligadas à sua missão de promover o desenvolvimento econômico e social pelo fomento à ciência, tecnologia e inovação, descrevendo setores e áreas prioritárias, as modalidades de apoio (financiamento reembolsável, financiamento não reembolsável a ICTs, subvenção econômica, investimento) e suas formas de operação (direta e descentralizada). Nele, constam ainda as condições de financiamento dos produtos e linhas de ação de financiamento reembolsável (taxas, prazos de carência, prazos totais, percentuais de financiamento da Finep) e a descrição dos programas e ações de fomento promovidas pela FINEP.

(ii) EMBRAPII[813]

A Empresa Brasileira de Pesquisa e Inovação Industrial (EMBRAPII) é uma organização social qualificada pelo poder público que fomenta instituições de pesquisa tecnológica e inovação, mantém contratos de gestão com os Ministérios da Ciência, Tecnologia e Inovação, e com os Ministérios da Educação, da Saúde e da Economia.

Seu objetivo é estimular o setor industrial e, com maior intensidade tecnológica, potencializar a força competitiva das empresas do mercado interno ou internacional. Nesse sistema, as empresas do setor industrial dividem os custos de projetos de inovação com a EMBRAPII, cujo papel é fiscalizar o desenvolvimento do plano traçado.

Além disso, as unidades da EMBRAPII espalhadas por todo o país representam um eixo de motivação às empresas dedicadas a projetos de PD&I, em áreas como:

a) tecnologia da informação e comunicação (TIC): software e automação, comunicações ópticas, eletrônica embarcada, sistemas inteligentes, produtos conectados, equipamentos para internet e computação móvel,

---

[812] FINEP. *Condições operacionais*. Disponível em: http://www.finep.gov.br/a-finep-externo/condicoes-operacionais. Acesso em: 17 maio 2023.
[813] EMBRAPII. *Empresa Brasileira de Pesquisa e Inovação Industrial*. Disponível em: https://embrapii.org.br/institucional/quem-somos/. Acesso em: 3 set. 2023.

comunicações digitais e de rádio frequência, soluções computacionais em engenharia, software para sistemas ciber-físicos, sistemas embarcados e mobilidade digital, sistemas automotivos inteligentes;
b) mecânica e manufatura: manufatura integrada, manufatura aeronáutica, tecnologias metal-mecânica, tecnologias inovadoras de refrigeração;
c) materiais e química: tecnologias de materiais de alto desempenho, tecnologia química industrial, polímeros, materiais para construção ecoeficiente, metalurgia e materiais;
d) tecnologias aplicadas: engenharia submarina, tecnologia de dutos, monitoramento e instrumentação para o meio ambiente, equipamentos médicos;
e) biotecnologia: processamento de biomassa, bioquímica de renováveis – microrganismos e enzimas, desenvolvimento e escalonamento de processos biotecnológicos, biotecnologias ambientais – biorremediação, biomonitoramento e valorização de resíduos.[814]

Assim, com foco no crescimento do país e com alta capacidade de gestão, o modelo apresentado pela EMBRAPII representa um verdadeiro marco na pesquisa e inovação. A celebração da parceira/contrato de projeto pode ser realizada diretamente entre a empresa e a unidade de pesquisa, todavia, a EMBRAPII aporta, no máximo, 1/3 dos recursos do portfólio dos projetos de suas unidades. Os 2/3 restantes são divididos entre a empresa e a unidade,[815] sempre observando as diretrizes do seu plano diretor da organização social.[816]

(iii) EMBRAPA

Empresa Brasileira de Pesquisa Agropecuária (EMBRAPA) é uma empresa pública, vinculada ao Ministério da Agricultura e Pecuária (MAPA), criada em 1973 para desenvolver a base tecnológica da agropecuária brasileira. Sua sede e unidades administrativas são responsáveis por planejar, supervisionar, coordenar e controlar as atividades relacionadas à pesquisa e política agrícola.[817] Entre os vários veículos utilizados na disseminação desses conteúdos está a Agência Embrapa

---

[814] EMBRAPII. *Youtube*. Disponível em: https://www.youtube.com/watch?v=4l0wF_L7kR8&ab_channel=EMBRAPII. Acesso em: 3 maio 2023.
[815] Mais detalhes: Manual de Operação das Unidades EMBRAPII e Manual de Operação dos Polos EMBRAPII IF. Os polos EMBRAPII IF (em estruturação) possuem um modelo específico de financiamento.
[816] Plano Diretor da EMBRAPII. Disponível em: /https://embrapii.org.br/wp-content/images/2018/11/Plano-Diretor-EMBRAPII-2017-2019.pdf, p. 11. Acesso em: 3 maio 2023.
[817] EMBRAPA. Disponível em: https://www.embrapa.br/sobre-a-embrapa. Acesso em: 3 maio 2023.

de Informação Tecnológica (AGEITEC), que reúne informações tecnológicas tanto da EMBRAPA como de empresas parceiras para tornar acessível, mediante a integração da informação de forma organizada em texto, áudio, vídeo e ilustração, a aplicabilidade, utilidade e benefícios em atendimento às expectativas do seu público[818] e possui um Plano Diretor para 2020/2030, objetivando colaborar na implementação do ecossistema de inovação agropecuário.[819]

5.3.13 Instituições nacionais de pesquisa científica e tecnológica

Os Institutos Nacionais de Ciência e Tecnologia (INCTs) são centros de pesquisa de várias matrizes existentes no Brasil, cujo objetivo é o desenvolvimento da pesquisa para gerar patentes ao país. O programa está sob o comando administrativo do MCTI, por intermédio do CNPq, com participação da CAPES e BNDES. Além disso, também tem a participação de fundações de amparo à pesquisa estaduais como a de São Paulo, do Amazonas, de Minas Gerais, de Santa Catarina, Rio de Janeiro e do Pará.[820]

A política de incentivo aos INCTs ganhou relevante aprimoramento em novembro de 2008, a partir da atuação do presidente do CNPq com a criação de 101 INCTs, distribuídos da seguinte forma:

Região Centro-Oeste
– INCT de Áreas Úmidas
– INCT de Nanobiotecnologia do Centro-Oeste e Norte
– INCT para Estudos Tectônicos
Região Norte
– INCT Centro de Estudos Integrados da Biodiversidade Amazônica
– INCT de Energias Renováveis e Eficiência Energética da Amazônia
– INCT de Febres Hemorrágicas Virais
– INCT de Geociências da Amazônia
– INCT de Madeiras da Amazônia
– INCT dos Serviços Ambientais da Amazônia
– INCT em Biodiversidade e Uso da Terra da Amazônia

---

[818] EMBRAPA. Disponível em: https://www.embrapa.br/agencia-de-informacao-tecnologica/inicial. Acesso em: 3 maio 2023.
[819] EMBRAPA. Disponível em: https://ainfo.cnptia.embrapa.br/digital/bitstream/item/217274/1/VII-PDE-2020.pdf. Acesso em: 3 maio 2023.
[820] SIQUEIRA NETO, José Francisco; MENEZES, Daniel Francisco Nagao (org.). *Dicionário de Inovação Tecnológica*, v. 1. Belo Horizonte: Arraes, 2020, p. 174.

- INCT para Adaptações da Biota Aquática da Amazônia
Região Nordeste
- INCT de Biomedicina do Semiárido
- INCT de Comunicações Sem Fio
- INCT de Controle das Intoxicações por Plantas
- INCT de Doenças Tropicais
- INCT de Energia e Ambiente
- INCT de Fotônica
- INCT de Frutos Tropicais
- INCT de Geofísica do Petróleo
- INCT de Nanotecnologia para Marcadores Integrados
- INCT de Transferência de Materiais Continente-Oceano
- INCT em Salinidade
- INCT para Engenharia de Software
- INCT para Inovação Farmacêutica
- INCT Virtual da Flora e dos Fungos
Região Sul
- INCT da Criosfera
- INCT de Avaliação de Tecnologias em Saúde
- INCT de Catalise em Sistemas Moleculares e Nanoestruturados
- INCT de Genética Médica Populacional
- INCT de Hormônios e Saúde da Mulher
- INCT de Toxicologia Aquática
- INCT em Refrigeração e Termofísica
- INCT em Tuberculose
- INCT para a Fixação Biológica de Nitrogênio em Gramíneas
- INCT para Convergência Digital
- INCT para Diagnósticos em Saúde Pública
- INCT para Excitotoxicidade e Neuroproteção
- INCT Translacional em Medicina
Região Sudeste
- INCT Antártico de Pesquisas Ambientais
- INCT das Doenças do Papilomavirus
- INCT de Análise Integrada do Risco Ambiental
- INCT de Astrofísica
- INCT de Biofabricação
- INCT de Biologia Estrutural e Bioimagem
- INCT de Biotecnologia Molecular e Química Médica em Doenças Infecciosas
- INCT de Células-Tronco em Doenças Genéticas
- INCT de Ciência Animal
- INCT de Controle Biorracional de Insetos Pragas
- INCT de Educação, Desenvolvimento Econômico e Inclusão Social
- INCT de Eletrônica Orgânica

- INCT de Energia Elétrica
- INCT de Entomologia Molecular
- INCT de Estruturas Inteligentes em Engenharia
- INCT de Estudos da Metrópole
- INCT de Fármacos e Medicamentos
- INCT de Fisiologia Comparada
- INCT de Fotônica para Comunicações Ópticas
- INCT de Genômica para Melhoramento de Citros
- INCT de Informação Genético-Sanitária da Pecuária
- INCT de Informação Quântica
- INCT de Inovação em Doenças Negligenciadas
- INCT de Investigação em Imunologia
- INCT de Matemática
- INCT de Medicina Molecular
- INCT de Nano-Biofarmacêutica
- INCT de Nanodispositivos Semicondutores
- INCT de Nanomateriais de Carbono
- INCT de Obesidade e Diabetes
- INCT de Oncogenômica
- INCT de Óptica e Fotônica
- INCT de Políticas Públicas, Estratégias e Desenvolvimento
- INCT de Processos Redox em Biomedicina
- INCT de Psiquiatria do Desenvolvimento para Crianças e Adolescentes
- INCT de Reatores Nucleares Inovadores
- INCT de Semioquímicos na Agricultura
- INCT de Sistemas Complexos
- INCT de Sistemas Embarcados Críticos
- INCT de Sistemas Micro e Nanoeletrônicos
- INCT de Técnicas Analíticas para Exploração de Petróleo e Gás
- INCT do Bioetanol
- INCT do Café
- INCT do Sangue
- INCT dos Hymenoptera Parasitoides da Região Sudeste Brasileira
- INCT em Células-Tronco e Terapia Celular
- INCT em Ciência da Web
- INCT em Dengue
- INCT em Engenharia da Irrigação
- INCT em Interações Planta-Praga
- INCT em Medicina Assistida por Computação Científica
- INCT em Metrologia das Radiações na Medicina
- INCT em Toxinas
- INCT Espaço Urbano e Gestão em Segurança Pública
- INCT Observatório das Metrópoles
- INCT para a Web

- INCT para Controle do Câncer
- INCT para Mudanças Climáticas
- INCT para o Desenvolvimento de Vacinas
- INCT para o Estudo dos Estados Unidos
- INCT para Pesquisa Translacional em Saúde e Ambiente na Região Amazônica
- INCT par Políticas Públicas do Álcool e Outras Drogas
- INCT Recursos Minerais, Água e Biodiversidade
- INCT sobre Comportamento, Cognição e Ensino
- INCT sobre Violência, Democracia e Segurança Cidadã.[821]

O objetivo do programa nacional de INCTs partiu da necessidade de incentivo à ciência, conhecimento e inovação no país em áreas estratégicas. São exemplos a biodiversidade, a saúde, os biocombustíveis, a energia elétrica e a biotecnologia.[822]

5.3.14 Distritos de inovação

O termo *distrito de inovação* tem sido utilizado para indicar "concentrações de atividade intraurbana que potencializam fluxos de inovação por meio da troca de conhecimento e ideias, por características do espaço e formas de governança".[823] Sua constituição ocorre em substituição ou até paralelamente ao modelo de parques tecnológicos, utilizando-se dos espaços com menos estruturas urbanas e dimensão geográfica mais reduzida. Seu conceito é de "espaço físico catalisador onde são criadas as condições propícias para que iniciativas transformadoras possam ser articuladas, promovidas e potencializadas rumo a territórios mais amplos com os quais estabelecem relações".[824]

---

[821] SIQUEIRA NETO, José Francisco; MENEZES, Daniel Francisco Nagao (org.). *Dicionário de Inovação Tecnológica*, v. 1. Belo Horizonte: Arraes, 2020, p. 174-177.

[822] Os INCTs são criados considerando a região em que são instalados. A política de incentivo aos INCTs ganhou destaque em novembro de 2008, trazendo projetos distribuídos em 19 áreas, que foram à época consideradas estratégicas, como biotecnologia, nanotecnologia, tecnologias da informação e comunicação, saúde, biocombustíveis, energia elétrica, hidrogênio e fontes renováveis de energia, petróleo, gás e carvão mineral, agronegócio, biodiversidade e recursos naturais, Amazônia, semiárido, mudanças climáticas, programa espacial, programa nuclear, defesa nacional, segurança pública, educação, mar e antártica e inclusão social. SIQUEIRA NETO, José Francisco; MENEZES, Daniel Francisco Nagao (org.). *Dicionário de Inovação Tecnológica*, v. 1. Belo Horizonte: Arraes, 2020, p. 177.

[823] CALABI, Andrea Sandro (coord.). *Implantação de ambientes de inovação e criatividade* – estudos técnicos para a viabilização dos distritos de inovação na gleba Ceagesp, em São Paulo, e no HIDS-Fazenda Argentina, em Campinas. São Paulo: FAPESP/FIPE, 2020, p. 20-21.

[824] CALABI, Andrea Sandro (coord.). *Implantação de ambientes de inovação e criatividade* – estudos técnicos para a viabilização dos distritos de inovação na gleba Ceagesp, em São Paulo, e no HIDS-Fazenda Argentina, em Campinas. São Paulo: FAPESP/FIPE, 2020, p. 20-21.

Conforme previsto pelo Decreto Federal nº 9.283/2018, art. 2º, II, "a", ecossistema de inovação é todo espaço que agrega infraestrutura e arranjos institucionais e culturais, atraindo empreendedores e recursos financeiros para o desenvolvimento da sociedade na qual se situa. Uma das formas de organizar esse território com o intuito de sistematizar um círculo de ideias e dinâmicas inovadoras é conceituá-lo como distrito de inovação, ou seja, integrar o setor público e privado, sobretudo empresas que militem no nicho tecnológico, a fim de desenvolverem algum setor do conhecimento ou da economia.

Desse modo, em decorrência dessa interpretação normativa, os distritos de inovação, assim como os parques tecnológicos e os polos industriais, são espécies do ecossistema de inovação previsto legalmente. Carolina Mota Mourão, Eduardo Altomare Ariente e Maria Edelvacy Marinho os destacam como

> espaços urbanos que congregam empresas, universidades, governo, fundos de investimento e, às vezes, equipamentos de moradia, lazer e de mobilidade, para fins de desenvolvimento de inovação, geralmente com algum setor prioritário do conhecimento ou da economia; são referências internacionais os distritos de @22 em Barcelona, Cortex em Saint Louis e MARs em Toronto; os desafios de articulação são diversos e devem ser pensados de acordo com as características locais. Com relação a esse último aspecto, podemos citar implementação e gestão dos distritos, formas de governança do espaço, inclusão social e oportunidade de emprego a pessoas de baixa renda, planejamento urbano e ordenação territorial. Ainda quanto aos desafios de articulação, ICTs e FAPs podem colaborar cedendo espaços físicos para a instalação dos distritos, linhas de auxílio para sua viabilização, seja por meio de apoios indiretos, concessão de recursos ou outras formas de apoio.[825]

---

[825] MOURÃO, Carolina Mota; ARIENTE, Eduardo Altomare; MARINHO, Maria Edelvacy. Os distritos de inovação no ordenamento jurídico brasileiro: desafios, modelos e regulamentação. In: *Revista Brasileira de Políticas Públicas*, v. 12, n. 1, p. 348, abr. 2022. "O desenvolvimento dos distritos de inovação tem ocorrido em um contexto de desindustrialização, aumento da densidade populacional das cidades e de mudanças no formato como a inovação passa a ser percebida e construída. Outro fator relevante para o fenômeno do surgimento dos distritos de inovação se refere ao aumento da densidade populacional das cidades. Segundo dados da ONU, em 1950, 30% da população era urbana e calcula-se que, em 2050, esse percentual chegará a 68%. Quando analisada essa proporção em países desenvolvidos, calcula-se que quase 88% da população viverá em áreas urbanas em 2050. A redefinição da área urbana como *locus* de produção de inovação, de conexão entre diferentes setores, de uso sustentável e eficiente dos espaços trouxe um desafio ao planejamento das cidades. É nesse contexto que os distritos de inovação apresentam soluções a esses desafios. O terceiro fator identificado concerne à forma como a inovação tem sido produzida. A adoção de um sistema de produção em rede torna relevante a proximidade com outras empresas

Em sua definição no art. 2º, II, "c", da Portaria nº 6.762/2019 do MCTIC, os distritos de inovação foram enquadrados como espécie do ecossistema de inovação, assim conceituados:

> área geográfica onde instituições-âncora ou empresas líderes, juntamente com empresas de base tecnológica, conectam-se com empresas nascentes e mecanismos de geração de empreendimentos, sendo áreas fisicamente compactas, com fácil acessibilidade, com disponibilidade tecnológica e que oferecem espaços mistos de uso residencial, de negócios e comercial.

Em relação às estruturas jurídicas a serem utilizadas para implementação dos distritos de inovação, "poderá acontecer a partir de modelos societários, contratuais ou outros vínculos colaborativos, que se mostrem hábeis em conjugar as ações e recursos necessários para a constituição e gestão dos ambientes de inovação e criatividade". É necessária "participação mais ativa e direta dos proprietários dos terrenos" na sua criação.[826]

Com base nessas premissas, é possível imaginar a constituição de uma empresa pública para gestão do distrito. Também é viável atribuí-lo a uma entidade de apoio, caso haja norma autorizadora nos estados e municípios nos quais sejam instalados. A participação de atores públicos se inclina para uma proximidade da gestão com um regime jurídico legislado, ao invés de contratualizado. Sob outro aspecto, não se afasta a possibilidade de gestão por meio de condomínios, utilizando um processo de *benchmarking* com *shoppings centers* modelos de administração. Desta forma, é necessário verificar qual a solução

---

e centros de pesquisa. Sobre o tema, o trabalho de Rothwell traz importante aporte teórico para a sua compreensão a partir da identificação de cinco gerações de modelos de produção da inovação. A quinta geração seria caracterizada pela inovação em rede. Nesse modelo, as estratégias de P&D seriam voltadas a um ambiente colaborativo, haveria um maior relacionamento de empresas de diferentes portes na produção de inovação e uma maior integração com a cadeia de suprimentos. Diversamente dos modelos anteriores baseados em uma produção linear, nessa geração, a rede, composta por diferentes atores, privilegiaria as interações entre os departamentos da empresa e interações entre diferentes empresas e setores. Em um modelo baseado na produção em rede, a proximidade pode potencializar as oportunidades de troca e desenvolvimento de novas soluções. MOURÃO, Carolina Mota; ARIENTE, Eduardo Altomare; MARINHO, Maria Edelvacy. Os distritos de inovação no ordenamento jurídico brasileiro: desafios, modelos e regulamentação. In: *Revista Brasileira de Políticas Públicas*, v. 12, n. 1, p. 349-350, abr. 2022.

[826] CALABI, Andrea Sandro (coord.). *Implantação de ambientes de inovação e criatividade* – estudos técnicos para a viabilização dos distritos de inovação na gleba Ceagesp, em São Paulo, e no HIDS-Fazenda Argentina, em Campinas. São Paulo: FAPESP/FIPE, 2020, p. 20-21.

jurídica mais adequada para a gestão, evitando conflitos futuros que possam levar ao insucesso do empreendimento.

Ainda que esse conceito se coadune precisamente com o de "cidade inteligente" (art. 2º, II, "b", da Portaria n. 6.762/2019 do MCTIC), a distinção entre um e outro decorre da escala de cada um, do objetivo e da identidade da inovação exercida na área em particular. Esse conceito desenvolvido no âmbito da comunidade de ciência, tecnologia e inovação nacional, procura estabelecer a função de cada distrito de inovação.

A distinção do distrito de inovação em relação aos demais ambientes promotores de inovação exemplificados no Decreto Federal nº 9.283/2018 advém da sua relação com a cidade como um elemento relevante, como a universidade e centros de pesquisa são fundamentais para os parques científicos e tecnológicos e/ou polos tecnológicos. Isto é, quando se designa um distrito de inovação, a cidade a que se vincula versará como centro do processo de inovação. Esses espaços são conectados pela infraestrutura e sistema de tráfego da cidade, congregando escritório, moradias e espaços ao desenvolvimento científico.

Em destaque, Carolina Mota Mourão, Eduardo Altomare Ariente e Maria Edelvacy Marinho retratam sua iniciativa relacionada à inovação:

> O distrito de inovação parte da criação de um ambiente eficiente para a integração de diferentes atores do processo de inovação como universidades, agências de fomento, empresas do setor financeiro e de tecnologia e estruturas urbanas que facilitem o acesso e melhorem a qualidade de vida dos trabalhadores das empresas ali situadas.[827]

Desta forma, a inovação exercida pelo distrito em si pode ser considerada um produto que potencializa os modelos de produção seguintes em qualquer área do conhecimento, interferindo "de maneira mais direta, em qualidade de vida na medida em que buscam integrar trabalho, lazer e moradia".[828]

Martin Neil Baily e Nicholas Montalbano[829] retratam os atores críticos para o sucesso desses ambientes:

---

[827] MOURÃO, Carolina Mota; ARIENTE, Eduardo Altomare; MARINHO, Maria Edelvacy. Os distritos de inovação no ordenamento jurídico brasileiro: desafios, modelos e regulamentação. In: *Revista Brasileira de Políticas Públicas*, v. 12, n. 1, p. 352, abr. 2022.

[828] MOURÃO, Carolina Mota; ARIENTE, Eduardo Altomare; MARINHO, Maria Edelvacy. Os distritos de inovação no ordenamento jurídico brasileiro: desafios, modelos e regulamentação. In: *Revista Brasileira de Políticas Públicas*, v. 12, n. 1, abr. 2022, p. 353.

[829] BAILY, Martin Neil; MONTALBANO, Nicholas. *Clusters and innovation districts*: lessons from the Unite States experience. 2017. Disponível em: https://www.brookings.edu/wp-content/uploads/2017/12/es_20171208_ bailyclustersandinnovation.pdf. Acesso em: 2 maio 2023.

(i) a definição de principais competências
(ii) fatores humanos (liderança, qualidade dos pesquisadores e mão de obra qualificada
(iii) cultura (incentivo ao compartilhamento de ideias sobre negócios e pesquisas além de capacidade de atração de talentos
(iv) capacidades de gestão empresarial
(v) demandas sofisticadas (mercados para produtos ou serviços inovadores)
(vi) acesso a financiamento
(vii) infraestrutura de transporte, moradias, edificações e zoneamento flexível para abrigar empresas e laboratórios
(viii) licenciamentos favoráveis ao desenvolvimento do espaço.[830]

Assim, a organização necessária aos distritos de inovação pode se dividir em ambientes capazes de abrigar pessoas e atividades (infraestrutura estrutural) e em resoluções capazes de manter o funcionamento de programas específicos a serem desenvolvidos em cada distrito (infraestrutura flexível),[831] razão pela qual sobressai a importância da participação do poder público na regulamentação, implantação e manutenção do distrito de inovação na busca de se desempenhar o empreendimento matriz e os demais projetos da mesma ou de outras naturezas:

> No Brasil, a implantação de distritos de inovação requer a devida articulação entre os entes da federação (União, Estados e Municípios), nos limites estabelecidos pela legislação.
> O sistema federativo brasileiro caracteriza-se por uma clara tendência à centralização, a qual se deve ao processo de formação histórica do país que resultou na concentração de rendas e poderes jurídico-políticos

---

[830] MOURÃO, Carolina Mota; ARIENTE, Eduardo Altomare; MARINHO, Maria Edelvacy. Os distritos de inovação no ordenamento jurídico brasileiro: desafios, modelos e regulamentação. In: *Revista Brasileira de Políticas Públicas*, v. 12, n. 1, p. 353, abr. 2022.

[831] FAPESP. Projeto FAPESP/FIPE: estudos para implantação de ambientes de inovação e criatividade no Estado de São Paulo – 2018/2020. Disponível em: http://agencia.fapesp.br/estado-de-sao-paulo-pode-ganhar-dois-distritos-de-inovacao/29390/. Acesso em: 1 maio 2023. "Dessa forma, a infraestrutura necessária aos distritos de inovação pode ser compreendida em duas dimensões: i) infraestrutura relativa a redes mais estruturais: transporte público, distribuição de energia, abastecimento de água e coleta de esgoto e, ainda, construções e edificações necessárias para abrigar pessoas e atividades; e ii) infraestrutura relativa a redes mais flexíveis: soluções necessárias ao funcionamento de programas específicos que serão desenvolvidos no âmbito de cada distrito, as quais podem usar formas variadas de conexão em rede". MOURÃO, Carolina Mota; ARIENTE, Eduardo Altomare; MARINHO, Maria Edelvacy. Os distritos de inovação no ordenamento jurídico brasileiro: desafios, modelos e regulamentação. In: *Revista Brasileira de Políticas Públicas*, v. 12, n. 1, abr. 2022, p. 359.

na União.[832] Paradoxalmente, a CF/88 é também reconhecida por ter ampliado substantivamente o papel dos municípios no sistema político do país. Um tema no qual houve evidente fortalecimento do município foi justamente o ordenamento territorial e o planejamento urbano: a execução da política de desenvolvimento urbano passou a ser responsabilidade municipal, devendo para tanto observar as funções sociais da cidade e o bem-estar dos seus habitantes, sempre em conformidade com diretrizes gerais fixadas em lei (art. 30, VIII, e art. 182).[833]

Para o desempenho dessas tarefas pelo município, o texto constitucional delineou duas dimensões de atuação estatal: de um lado, a dimensão do *planejamento*, e de outro, a dimensão do *controle* do uso, do parcelamento e da ocupação do solo urbano, sendo o plano diretor – o qual deve ser obrigatoriamente aprovado por lei municipal – o principal instrumento da política de desenvolvimento e expansão urbana no país (art. 182, §1º). Não obstante a proeminência das competências dos municípios em matéria de planejamento e desenvolvimento urbano, notadamente por meio da aprovação dos respectivos planos diretores e utilização de instrumentos urbanísticos previstos na legislação, no sistema brasileiro, a União e os Estados também dispõem de importantes competências legislativas e materiais que guardam estreita relação com essa temática, tais como a proposição de normas sobre direito urbanístico, sobre proteção ao patrimônio histórico-cultural (art. 24, I e VII) e instituir diretrizes para o desenvolvimento urbano, inclusive habitação, saneamento básico e transportes urbanos (art. 21, XX).

Desse modo, com base na perspectiva do planejamento e desenvolvimento urbano, também há, no Brasil, um *sistema multinível* bastante complexo a ser manejado para a implantação de ambientes de inovação.[834]

Nesse sentido, a correlação entre atuação municipal e estatal em termos de inovação, sobretudo quanto à instituição de distritos de inovação além da dimensão urbanística, pode decorrer da edição simultânea de normas de incentivos a ambientes voltados ao financiamento da inovação, visando até uma determinada segurança jurídica aos agentes envolvidos.

---

[832] ALMEIDA, Fernando Dias Menezes de. Conflito entre entes federativos: atuação do Supremo Tribunal Federal no regime da Constituição de 1988. *In*: MORAES, Alexandre de. *Os 20 anos da Constituição da República Federativa do Brasil*. São Paulo: Atlas, 2009, p. 218-219.

[833] ALMEIDA, Fernando Dias Menezes de. Conflito entre entes federativos: atuação do Supremo Tribunal Federal no regime da Constituição de 1988. *In*: MORAES, Alexandre de. *Os 20 anos da Constituição da República Federativa do Brasil*. São Paulo: Atlas, 2009, p. 362.

[834] MOURÃO, Carolina Mota; ARIENTE, Eduardo Altomare; MARINHO, Maria Edelvacy. Os distritos de inovação no ordenamento jurídico brasileiro: desafios, modelos e regulamentação. *In*: *Revista Brasileira de Políticas Públicas*, v. 12, n. 1, p. 362, abr. 2022.

5.4 O papel dos instrumentos e entidades jurídicas na construção do sistema nacional de ciência, tecnologia e inovação

A construção de um SNCTI implica conhecimento dos atores envolvidos, principalmente dos instrumentos e entidades que poderão colaborar para sedimentar o caminho o qual, por sua vez, costuma ser longo nos países em que os setores de pesquisa são resistentes em promover um alinhamento necessário para disseminar o conhecimento sobre as ações globais do SNCTI.

Chris Freeman e Luc Soete valorizam esse processo de promoção de políticas públicas para a área de C,T&I, mas alertam para os problemas perceptíveis na condução deste processo:

> Do ponto de vista dos países em desenvolvimento, as políticas nacionais para atingir as tecnologias de ponta continuam tendo uma importância fundamental. Contudo, a interação dos sistemas nacionais de inovação com "subsistemas nacionais" e com empresas transnacionais tornar-se-á cada vez mais importante, bem como o papel da cooperação internacional na manutenção de um regime global favorável ao avanço e ao desenvolvimento de todos os países. Essas tendências, algumas vezes conflitantes e outras convergentes, deverão constituir uma das mais estimulantes áreas de pesquisa do próximo século.[835]

Sob essa perspectiva, o conhecimento jurídico da forma de se utilizar e estruturar os atores do SNCTI vai determinar se o caminho será sinuoso na sua construção, a qual, por sua vez, se tornou com a EC nº 85/2015 um objetivo maior a ser alcançado pelo Brasil, uma política pública de Estado e não apenas de governo.

Diogo Rosenthal Coutinho e Pedro Salomon Mouallem constatam:

> Em suma, vista em retrospecto, a construção do regime jurídico da inovação no Brasil revela um processo lento, nem sempre linear, mas constante de arquitetura institucional. Como resultado parcial, o país hoje conta com uma legislação que, apesar de pouco integrada, é completa em termos de abrangência e de potencialidades para fomentar, por meio de ferramentas jurídicas, a inovação em ritmo e patamar mais representativo.

---

[835] FREEMAN, Chris; SOETE, Luc. *A economia da inovação industrial*. Campinas: Unicamp, 2008, p. 539.

Mas, como sublinhado aqui, o desafio de construir um sistema nacional de inovação não é trivial e passa pelo desenvolvimento de capacidades estatais do tipo jurídico para implementar as normas (e seus objetivos últimos) na forma de políticas públicas capazes de, por meio de processos dinâmicos e abertos ao aperfeiçoamento, agregar sentido, eficácia e legitimidade ao aparato existente.[836]

Mais do que construir apenas normas, porque "afinal, leis não são milagreiras e até comida, se guardada na prateleira, não mata fome",[837] é necessário ter mentes brilhantes trabalhando para que elas se concretizem. Nesse sentido, a grande oportunidade do Brasil está justamente nesse fato, o de que o seu maior capital intelectual está atualmente a serviço do Estado, nas universidades públicas.

---

[836] COUTINHO, Diogo Rosenthal; MOUALLEM, Pedro Salomon B. *Um direito para a inovação*: óbices jurídicos e institucionais à inovação no Brasil a partir da noção de 'famílias' de gargalos jurídico-institucionais. 12 maio 2023. Disponível em: https://www.jota.info/coberturas-especiais/inova-e-acao/um-direito-para-a-inovacao-13112018. Acesso em: 1 set. 2023.
[837] ROCHA, Cármen Lúcia Antunes. Mudanças sociais e mudanças constitucionais. *In*: PELLEGRINA, Maria Aparecida; SILVA, Jane Granzoto Torres da (coord.). *Constitucionalismo social*. São Paulo: LTR, s/d, p. 262.

CAPÍTULO 6

INSTITUCIONALIZAÇÃO DO SISTEMA NACIONAL DE CIÊNCIA, TECNOLOGIA E INOVAÇÃO

Neste capítulo, são apresentadas as dificuldades e as condicionantes para a institucionalização do sistema nacional de inovação, pois é entendendo-o como um arranjo jurídico-institucional, estruturado por normas jurídicas organizacionais e atributivas de direitos e deveres,[838] que se poderá avançar no estágio da pesquisa, a fim de se analisar a constitucionalidade dos modelos por ele arquitetados.

A construção jurídico-institucional dos sistemas de inovação, que partilha responsabilidades entre os atores públicos e privados, implica analisar a coesão das políticas públicas direcionadas à sua organização, verificar o papel a ser desenvolvido por cada um dos seus atores e o seu grau de importância para a construção do arranjo institucional.

O juízo positivo feito pelo constituinte reformador em relação ao SNCTI deve ser reproduzido pela sociedade, sob pena de eventual assédio institucional quebrantar o ideário pelo qual se pautou a construção deste arranjo jurídico-institucional da inovação.

---

[838] BUCCI, Maria Paula Dallari; COUTINHO, Diogo Rosenthal. Arranjos jurídico-institucionais da política de inovação tecnológica: uma análise baseada na abordagem de direito e políticas públicas. *Inovação no Brasil*: avanços e desafios jurídicos e institucionais. São Paulo: Blucher, 2017, p. 313-340.

6.1 Políticas públicas para institucionalização dos sistemas de inovação

A institucionalização dos sistemas de inovação nos países ocorre através da promoção de políticas públicas vocacionadas a internalizar medidas já existentes em outros países ou criar medidas originais para a construção de um sistema de inovação adequado à realidade nacional, no qual a extensão do conceito de políticas públicas pode interferir na definição dos limites da sua institucionalização.

A noção de política pública adotada neste trabalho é a proposta por Fábio Konder Comparato, mais ligada ao seu aspecto jurídico[839] do que puramente ao aspecto sociológico,[840] no qual a polissemia da locução tem permitido diversas definições.

Essa noção jurídica já ocupou seu espaço no estudo do Direito Público de forma definitiva, conforme demonstrado por Maria Paula Dallari Bucci[841] em outros estudos, ao observar a aproximação de sua noção numa *dimensão axiológica*, surgida através da ação governamental concretizada no cumprimento de suas metas e objetivos, e em uma *dimensão prática*, pela qual se apresenta como programa de ação governamental setorial e delimitado em seu espaço geográfico.[842]

---

[839] COMPARATO, Fábio Konder. Ensaio sobre o juízo de constitucionalidade de políticas públicas. In: MELLO, Celso Antônio Bandeira de (org.). *Estudos em homenagem a Geraldo Ataliba*: direito administrativo e constitucional. São Paulo: Malheiros, 1997, p. 351-354.

[840] Noção no seu aspecto sociológico: "As políticas públicas podem ser entendidas como a maneira pela qual o Estado atua para amenizar os conflitos e desigualdades sociais. Elas são desenhadas a partir do relacionamento e dos interesses existentes entre várias camadas da sociedade". SILVA, Allan Gustavo Freire da; MOTA, Leonardo de Araújo e; DORNELAS, Carina Seixas Maia; LACERDA, Alecksandra Vieira de. A relação entre Estado e políticas públicas: uma análise teórica sobre o caso brasileiro. *Revista Debates*, 11(1), 2017.

[841] "As políticas públicas, isto é, a coordenação dos meios à disposição do Estado, harmonizando as atividades estatais e privadas para a realização de objetivos socialmente relevantes e politicamente determinados, são um problema de direito público, em sentido lato. [...]. Há uma certa proximidade entre as noções de política pública e a de plano, embora a política possa consistir num programa de ação governamental que não se exprima, necessariamente, no instrumento jurídico do plano. [...]. A origem normativa da política pública, mesmo que resulte da iniciativa legislativa do governo, Poder Executivo, é o Poder Legislativo. No sistema constitucional brasileiro, as políticas públicas mais comumente se expressam por meio de leis. Veja-se, a propósito, o artigo 165 da Constituição de 1988, que define os orçamentos públicos como instrumentos de fixação das 'diretrizes, objetivos e metas' (§1º), além das "prioridades' (§2º) da administração pública. O mesmo artigo fala também em 'planos e programas', confirmando a multiplicidade de formas que podem assumir as políticas públicas". BUCCI, Maria Paula Dallari. Políticas públicas e direito administrativo. *Revista de Informação Legislativa*, v. 34, n. 133, p. 91-95, jan./mar. 1997.

[842] BUCCI, Maria Paula Dallari. *Direito administrativo e políticas públicas*. São Paulo: Saraiva, 2002, p. 252.

Segundo a autora, mesmo se adotado um conceito vocacionado à aplicação prática da institucionalização dos sistemas de inovação, ele seria sempre impreciso, em virtude da sua natureza multifacetada e transdisciplinar,[843] todavia, abrangente para a locução. Isto porque, ela se revela um programa de ação governamental, resultado de processos juridicamente regulados, com a finalidade de implementar objetivos que satisfaçam o interesse público mensurado do ponto de vista social e político, coordenando essa cadeia de ações através dos meios colocados à disposição do Estado, em um processo de colaboração com a iniciativa privada.[844]

Em outro estudo,[845] a autora propõe diretrizes para balizá-la, a partir de três premissas propositivas: as políticas públicas são arranjos institucionais complexos; a decisão governamental apresenta-se como o problema central de sua análise; a sua identificação deve estar calcada em uma ação racional, estratégica e em escala ampla. Em seguida, adota três premissas negativas: 1) elas não se reduzem às disposições jurídicas as quais se inter-relacionam; 2) sua natureza sempre será a de uma categoria de análise e estruturação da ação do Estado, mesmo superando o paradigma do Estado e de bem-estar social; e 3) elas não se reduzem às políticas sociais.

Ao final, conclui, respaldada na metodologia de análise de decisões difundida por Roberto Freitas Filho e Thalita Moraes Lima,[846] que "o trabalho jurídico com políticas públicas, em diálogo com outras áreas

---

[843] BUCCI, Maria Paula Dallari. O conceito de política pública em direito. In: BUCCI, Maria Paula Dallari (coord.). Políticas públicas: reflexões sobre o conceito jurídico. São Paulo: Saraiva, 2006, p. 46-47.

[844] "Política Pública é o programa de ação governamental que resulta de um processo ou conjunto de processos juridicamente regulados – processo eleitoral, processo de planejamento, processo de governo, processo orçamentário, processo legislativo, processo administrativo, processo judicial – visando coordenar os meios à disposição do Estado e as atividades privadas, para a realização de objetivos socialmente relevantes e politicamente determinados. Como tipo ideal, a política pública deve visar a realização de objetivos definidos, expressando a seleção de prioridades, a reserva de meios necessários à sua consecução e o intervalo de tempo em que se espera o atingimento dos resultados". BUCCI, Maria Paula Dallari. O conceito de política pública em direito. In: BUCCI, Maria Paula Dallari (coord.). Políticas públicas: reflexões sobre o conceito jurídico. São Paulo: Saraiva, 2006, p. 39.

[845] BUCCI, Maria Paula Dallari. Notas para uma metodologia de análise de políticas públicas. In: FORTINI, Cristiana; DIAS, Maria Tereza Fonseca; ESTEVES, Júlio César dos Santos (coord.). Políticas públicas – possibilidades e limites. Belo Horizonte: Fórum, 2008, p. 248-258.

[846] FREITAS FILHO, Roberto; LIMA, Thalita Moraes. Metodologia de análise de decisões – MAD. Universitas JUS, Brasília, n. 21, p. 1-17, jul./dez. 2010. Disponível em: https://www.publicacoesacademicas.uniceub.br/jus/article/view/1206. Acesso em: 20 ago. 2021.

que se ocupam do tema, deverá ser desenvolvido a partir da construção de um acervo ou repertório de casos".[847]

Não obstante, seu conceito pode ser entendido como um programa de ação governamental resultado de um processo ou conjunto de processos juridicamente regulados destinados a coordenar os meios à disposição do Estado e as atividades privadas, para a realização de objetivos socialmente relevantes e politicamente determinados.[848]

Em outras palavras, o conceito de políticas públicas deve ser o relacionado à execução de programas de ação governamental com a finalidade de implementar os objetivos que satisfaçam o interesse público mensurado do ponto de vista social e político, coordenando essa cadeia de ações através dos meios disponíveis ao Estado, em um processo de colaboração com a iniciativa privada.

Isso porque, considerando a multiplicidade de interesses públicos dotados de legitimidade social, como afirma Floriano Peixoto de Azevedo Marques Neto, "a Administração não é mais tutora exclusiva do interesse público, cuja supremacia sobre seu anverso (os interesses privados) conferia-lhe prerrogativas exorbitantes exercidas de forma autoritária".[849] Ou seja, não é mais possível à administração exercer o papel de hermeneuta autoritária do interesse público, determinando o que é ou o que não é de interesse geral da coletividade de forma unilateral e suprema, superando a estruturação piramidal do poder público

---

[847] "A estruturação deve-se apoiar sobre um roteiro de trabalho que oriente a coleta e a análise de quantidade razoável de material, em estudos de casos e "famílias de casos" de políticas públicas, pela ótica dos arranjos ou modelos institucionais. Os casos consubstanciariam sistematização e estudos de material primário, de acordo com um modelo de organização e análise conscientemente voltado ao trabalho futuro em segundo grau, baseado na comparação com casos análogos. As "famílias de casos" consubstanciariam base para análise de segundo nível, mais elaboradas, visando extrair ensinamentos e orientações para outros arranjos, a serem propostos no futuro, no campo da elaboração das políticas públicas. A aplicação do método incumbiria a líderes de pesquisas, de modo que a coleta de material e estudos de primeiro nível pudessem ser feitos por pesquisadores iniciantes, aos quais caberia a descrição precisa e a compreensão do caso específico. A análise de segundo nível, com o isolamento das variáveis e verificação dos efeitos de cada uma, seria feita num nível mais elaborado, a partir da prática habitual da comparação institucional". BUCCI, Maria Paula Dallari. *Fundamento para uma teoria jurídica das políticas públicas*. São Paulo: Saraiva, 2013, p. 299-300.

[848] BUCCI, Maria Paula Dallari. O conceito de política pública em direito. *In*: BUCCI, Maria Paula Dallari (coord.). *Políticas públicas*: reflexões sobre o conceito jurídico. São Paulo: Saraiva, 2006, p. 39.

[849] MARQUES NETO, Floriano Peixoto de Azevedo. *Regulação estatal e interesses públicos*. São Paulo: Malheiros, 2002, p. 157. Os parágrafos seguintes apoiam-se fundamentalmente no item IV.4 (A Administração Pública frente a uma nova visão dos "interesses públicos") desta obra do autor.

e se estabelecendo em uma configuração nova, "em que os poderes são ordenados como uma rede, articulada com os entes sociais".[850]

O autor adere à tese de Norbert Reich[851] para apresentar uma reformulação da noção de interesse público, considerando a existência de um conflito entre duas ordens de interesses transindividuais que se embatem em torno da prevalência de uma sobre a outra no papel estatal de alocar e distribuir riqueza econômica e de recursos, dividindo-as em interesses especiais e interesses difusos. Para o autor, são conflitos da sociedade contemporânea os quais substituem o clássico conflito de classes.

Os interesses especiais são os relacionados aos atores sociais organizados, representados pelos negócios, grupos de pressão ou pela burocracia, e que se reúnem no intuito de evitar perdas e maximizar ganhos a serem obtidos em virtude de potenciais alterações no *status quo* institucional.[852]

Já os *interesses difusos* possuem natureza de um bem público e estão relacionados à qualidade de vida global decorrente da teoria política do *Welfare State*,[853] no qual o governo assumiu funções protetivas, pois em virtude da situação de hipossuficiência dos seus titulares, "efetivamente, na tutela desta classe de interesses públicos é que reside a principal razão de ser do poder político numa perspectiva hodierna".[854]

Embora Martín Bassols Coma[855] afirme que qualquer esforço para se precisar uma noção absoluta e dogmática do interesse público estará condenado de antemão ao fracasso, pois a "noção de interesse público é uma noção metajurídica, sendo difícil – se não impossível – de atribuir

---

[850] MARQUES NETO, Floriano Peixoto de Azevedo. *Regulação estatal e interesses públicos*. São Paulo: Malheiros, 2002, p. 157. Neste ponto, o autor cita Sabino Cassese para reforçar a sua argumentação: CASSESE, Sabino. L'organizzazione amministrativa. *Rivista Trimestralle di Diritto Pubblico*, II, 382, 1995.

[851] REICH, Norbert. Intervenção do Estado na economia (reflexões sobre a pós-modernidade na teoria jurídica). In: *Revista de Direito Público*, São Paulo, n. 94, ano 23, p. 265-282, abr./jun. 1990. p. 265-282.

[852] MARQUES NETO, Floriano Peixoto de Azevedo. *Regulação estatal e interesses públicos*. São Paulo: Malheiros, 2002, p. 160.

[853] BARCELLOS, Ana Paula de. Bem-estar social. *In*: DIMOULIS, Dimitri (coord.). *Dicionário brasileiro de direito constitucional*. 2. ed. São Paulo: Saraiva, 2012; TÁCITO, Caio. Do Estado liberal ao Estado do bem-estar social. *In: Temas de Direito Público*. Rio de Janeiro: Renovar, 1997; BONAVIDES, Paulo. *Do estado liberal ao estado social*. São Paulo: Malheiros, 2001.

[854] MARQUES NETO, Floriano Peixoto de Azevedo. *Regulação estatal e interesses públicos*. São Paulo: Malheiros, 2002, p. 161.

[855] COMA, Martín Bassols. Consideraciones sobre los convenios de colaboración de la Administración con los particulares para el fomento de actividades económicas privadas de interés público. *In: Revista de Administración Pública*, n. 82, 1977. Disponível em: https://dialnet.unirioja.es/servlet/articulo?codigo=1097915. Acesso em: 1 set. 2023.

uma imagem precisa e estável do mesmo", vinculada que está "a fatores – nível de civilização, circunstâncias econômicas e sociais, etc. – que em si mesmos carecem de estabilidade", e sujeita "a variações políticas e nessa medida se revela como muito incerto"; é possível alinhavar que a elaboração de política públicas deverá priorizar o interesse público, considerando a noção extraída de Floriano de Azevedo Marques Neto, a preservar a coexistência entre os interesses especiais e difusos, sem priorizar um em face do outro, pois o objetivo maior de sua elaboração é satisfazer o interesse público de maneira universal.

A etapa seguinte é verificar se o fenômeno da institucionalização depende da determinação factual da definição de uma política pública para promover o arranjo institucional.

Dito isso, argumenta-se que a institucionalização do SNCTI ocorrera em virtude da necessidade de se formular uma política pública definitiva, a qual, no caso brasileiro, se entende pela necessidade de transformá-la em uma política de Estado, qualificando-a pela sua constitucionalização por emenda constitucional, após um processo de mutação constitucional já existente, e que atuou de forma lenta e gradativa sobre a ciência, a tecnologia e a inovação.

Afirmar que a institucionalização do sistema nacional de ciência e tecnologia no Brasil ocorreu gradativamente, por meio de um leve processo de mutação constitucional (*Verfassungwandlung*), deflagrado de forma vinculativa, apenas com a EC nº 85/2015, é importante para entender a conjuntura histórica da formação do arranjo institucional brasileiro da ciência, tecnologia e inovação.

Antes da incorporação na CF/1988 pela EC nº 85/2015, ao invés da modificação dos textos constitucionais produzida por ações voluntárias e intencionadas e instrumentalizadas por emendas constitucionais, presenciou-se um processo de mutação da Constituição. Significa dizer que, sem modificá-la formalmente, ela fora provocada por eventos, fatos e práticas muitas vezes não intencionais ou conscientes, frutos da necessidade de sua incorporação, impulsionados pela necessidade de desenvolvimento econômico por meio do processo de inovação tecnológica. Nesse sentido, foram absorvidos novos sentidos e conteúdos, a teor do ensinado por Georg Jellinek, em obra de 1906, inspirado em Paul Laband.[856] Em regra, como ensinam Georg

---

[856] Georg Jellinek, em obra escrita em 1906, inspirado em Paul Laband (LABAND, Paul. *Die Wandlungen der deutschen Reichsverfassung*. Dresden, 1895, p. 2 e ss.), diferencia mutação constitucional de reforma constitucional: "*Por Reforma de la Constitución entiendo la modificación de los textos constitucionales producida por acciones voluntarias e intencionadas. Y por mutación*

Jellinek[857] e Paulo Bonavides,[858] a mutação constitucional é o resultado de um poder constituinte difuso (Jellinek) ou informal (Bonavides), a criar "a possibilidade de se fazer a acomodação das normas constitucionais à realidade que lhe é subjacente",[859] conforme argumenta Denise Soares Vargas. Hsü Dau-Lin[860] acrescenta que a mutação constitucional é aceita

> (i) por práticas estatais que não violem formalmente a Constituição;
> (ii) pela impossibilidade de se exercerem certos direitos estatuídos constitucionalmente;
> (iii) por uma prática constitucional contraditória com a Constituição;
> (iv) por meio de interpretação, situação de anormalidade, que se normaliza ou se ultrapassa durante a *práxis* constitucional.

A introdução formal na CF/1988 do SNCTI é um caso real de "incongruência existente entre as normas constitucionais, por um lado, e a realidade constitucional, por outro".[861] Isto porque, sua existência já havia sido determinada, seja pelo aparato regulatório preexistente à

---

de la Constitución entiendo la modificación que deja indemne su texto sin cambiarlo formalmente y que se produce por hechos que no tienen que ir acompañados por la intención, o consciencia, de tal mutación" (JELLINEK, Geog. *Reforma y mutación de la Constitución* – estudio preliminar de Pablo Lucas Verdú. Trad. Christian Föster. Madri: CEPC, 2018, p. 9). Para Hsü Dau-Lin, a mutação constitucional representa "uma incongruência que existe entre as normas constitucionais, por um lado, e a realidade constitucional, por outro. A realidade para a qual emanaram-se as normas constitucionais já não coincide com as últimas. Ocorre uma tensão entre a Constituição escrita e a situação constitucional real" (DAU-LIN, Hsü. *Mutación de la constitución*. Trad. Pablo Lucas Verdú e Christin Förster. Oñati: IVAP – Instituto Vasco de Administración Pública, 1998, p. 9). No Brasil, a mutação constitucional é assumida como "o processo informal de mudança da Constituição, por meio do qual são atribuídos novos sentidos, conteúdos até então não ressaltados à letra da *Lex Legum*, quer através da interpretação, em suas diversas modalidades e métodos, quer por intermédio da construção (*construction*), bem como dos usos e costumes constitucionais. BULOS, Uadi Lammêgo. *Mutação constitucional*. São Paulo: Saraiva, 1997, p. 57.

[857] JELLINEK, Georges. *Reforma y mutación de la constitución*. Trad. Christian Förster. Madri: Centro de Estudios Constitucionales, 1994, p. 15-35.

[858] BONAVIDES, Paulo. *Curso de direito constitucional*. 18. ed. São Paulo: Malheiros, 2006, p. 458-459.

[859] VARGAS, Denise Soares. *Mutação constitucional via decisões aditivas*. São Paulo: Saraiva, 2014, p. 42.

[860] DAU-LIN, Hsü. *Mutación de la constitución*. Trad. Pablo Lucas Verdú e Christin Förster. Oñati: IVAP – Instituto Vasco de Administración Pública, 1998, p. 21-35.

[861] Para Hsü Dau-Lin, a mutação constitucional representa *"contraposición producida, en muchas Constituciones escritas, con la situación jurídica real. És uma incongruência que existe entre las normas constitucionales, por un lado y la realidad constitucional por otro. La realidad para la cual se emanaron las normas constitucionales ya no coincide con estas últimas. Se da, pues, una tensión entre la Constitución escrita y la situación constitucional real"*. DAU-LIN, Hsü. *Mutación de la constitución*. Trad. Pablo Lucas Verdú e Christin Förster. Oñati: IVAP – Instituto Vasco de Administración Pública, 1998.

sua incorporação constitucional expressa (Lei nº 10.973/2004), seja pelo aparelhamento existente para levar a efeito as funções de um sistema de inovação, conforme determina a sua estrutura.[862]

Sempre que se pensa no Direito Público diante da necessidade de se construir um arranjo institucional setorial para o desenvolvimento, no caso o da ciência, tecnologia e inovação, é necessário partilhar responsabilidades entre os atores do processo, evitando na divisão de tarefas, sobreposições, lacunas ou rivalidades em políticas públicas.[863]

A sua institucionalização no campo do Direito, como expõe Diogo R. Coutinho, ocorre através da viabilidade de entendê-lo como arranjo institucional de políticas públicas, elaborando "um 'mapa' jurídico de articulação de tarefas e órgãos encarregado de implantá-las". A adequação a essa iniciativa carreará a elaboração de políticas públicas estruturadas para funcionarem a longo prazo:

> Por meio desse mapa a institucionalidade de políticas sociais efetivas pode ser reforçada. Metas como a descentralização, a intersetorialidade, a conjugação de esforços públicos e privados, a integração de programas e o aproveitamento de sinergia entre eles, em síntese, dependem em uma medida não desprezível da consistência institucional do arcabouço jurídico que molda políticas públicas.[864]

Fabiana de Menezes Soares e Flávia Pessoa Santos propõem como ação estratégica para melhorias das instituições o desenho institucional, que "consiste em um processo que visa à produção de prescrições, organogramas e planos com o propósito de criar melhorias no funcionamento da instituição".[865] Nesse cenário, consideram ainda a necessidade de se fortalecer o aprendizado institucional, na medida

---

[862] Uadi Lammêgo Bulos assume que, conceitualmente, nesses casos a mutação constitucional pode ser observada como resultado de um "processo informal de mudança da Constituição, por meio do qual são atribuídos novos sentidos, conteúdos até então não ressaltados à letra da *Lex Legum*, quer através da interpretação, em suas diversas modalidades e métodos, quer por intermédio da construção (*construction*), bem como dos usos e costumes constitucionais". BULOS, Uadi Lammêgo. *Mutação constitucional*. São Paulo: Saraiva, 1997, p. 57.

[863] COUTINHO, Diogo R. *Direito, desigualdade e desenvolvimento*. São Paulo: Saraiva, 2013, p. 100.

[864] COUTINHO, Diogo R. *Direito, desigualdade e desenvolvimento*. São Paulo: Saraiva, 2013, p. 101.

[865] SOARES, Fabiana de Menezes; SANTOS, Flávia Pessoa Santos. A incorporação do dissenso no processo legislativo e seu papel na justificação da lei: condições para *advocacy* parlamentar. In: SOARES, Fabiana de Menezes; KAITEL, Cristiane Silva; PRETE, Esther Külkamp Eyng Prete (org.). *Estudos em legística*. Florianópolis: Tribo Ilha, 2019, p. 253.

em que a experiência construída "melhore a inteligência, a efetividade e a adaptabilidade da governança".[866]

Nessa obra, pretendeu-se um mapeamento jurídico, pois, a partir dele, espera-se que as políticas públicas possam ser institucionalizadas de forma articulada, atributivas de competências aos órgãos já conhecidos e definidos, que se encarregarão de implantá-las. Também não se descarta o que se pensava antes disso. Em outras palavras, a legislação atual da ciência, tecnologia e inovação brasileira não parece, em um primeiro olhar, dotada de insuficiência para atingir os objetivos de se criar uma rede de atores que irão interagir no SNCTI.

Neste ponto, apropria-se ainda da conclusão de Fernando Dias Menezes,[867] o qual, somado à sua experiência de alguns anos na FAPESP, conseguiu estabelecer um juízo sobre a qualidade regulatória das políticas públicas de inovação:

> O panorama brevemente traçado neste artigo, sobre o tratamento constitucional – e seus desdobramentos infraconstitucionais – das universidades e do fomento à pesquisa científica permite concluir que, no plano da previsão normativa abstrata, o direito brasileiro encontra-se em um patamar bastante evoluído. Entretanto, as reais dificuldades decorrem da concretização dessas regras.[868]

A institucionalização dos sistemas de inovação se refere à criação de estruturas, políticas e mecanismos que promovem e sustentam a inovação em um país ou região e envolve diferentes aspectos, que podem variar conforme o contexto de cada lugar. Todavia, alguns elementos-chave são comuns na maioria deles, conforme elencados na sequência:

- *políticas públicas e marcos regulatórios*: é necessário estabelecer políticas públicas claras e consistentes que incentivem a inovação em diferentes setores da economia. Essas políticas podem abordar aspectos como financiamento da pesquisa e

---

[866] SOARES, Fabiana de Menezes; SANTOS, Flávia Pessoa Santos. A incorporação do dissenso no processo legislativo e seu papel na justificação da lei: condições para *advocacy* parlamentar. *In*: SOARES, Fabiana de Menezes; KAITEL, Cristiane Silva; PRETE, Esther Külkamp Eyng Prete (org.). *Estudos em legística*. Florianópolis: Tribo Ilha, 2019, p. 253.

[867] ALMEIDA, Fernando Dias Menezes de. As universidades e o fomento à pesquisa científica no sistema constitucional brasileiro. *Revista da Faculdade de Direito da Universidade do Porto*, n. 17/18, p. 333-350, 2022.

[868] ALMEIDA, Fernando Dias Menezes de. As universidades e o fomento à pesquisa científica no sistema constitucional brasileiro. *Revista da Faculdade de Direito da Universidade do Porto*, n. 17/18, p. 333-350, 2022.

desenvolvimento, proteção da propriedade intelectual, incentivos fiscais, estímulo à colaboração entre empresas e instituições de pesquisa. Além disso, marcos regulatórios adequados podem facilitar a introdução de novas tecnologias e práticas inovadoras, atribuindo segurança jurídica aos seus atores;
- *financiamento e investimento*: a disponibilidade de recursos financeiros é fundamental para apoiar atividades de pesquisa e desenvolvimento, além da implementação de projetos inovadores. Os sistemas de inovação institucionalizados, em geral, possuem programas de financiamento específicos – bolsas de pesquisa, fundos de investimento em inovação, linhas de crédito para empresas inovadoras e incentivos fiscais para investimentos em pesquisa e desenvolvimento;
- *infraestrutura de pesquisa e desenvolvimento*: a existência de uma infraestrutura adequada de pesquisa e desenvolvimento é essencial para promover a inovação. Isso inclui laboratórios equipados, centros de pesquisa, parques tecnológicos e incubadoras de empresas. Esses espaços proporcionam um ambiente para a colaboração entre pesquisadores, o desenvolvimento de projetos inovadores e a transferência de tecnologia para o setor produtivo;
- *cooperação entre atores*: a colaboração entre empresas, instituições de pesquisa, universidades e governo é um aspecto fundamental dos sistemas de inovação institucionalizados. Por meio de parcerias estratégicas, é possível compartilhar conhecimentos, recursos e expertise, promovendo a transferência de tecnologia e estimulando a inovação aberta;
- *capacitação e formação de recursos humanos*: a institucionalização dos sistemas de inovação requer investimentos na formação de recursos humanos altamente qualificados, o que envolve programas de capacitação, bolsas de estudo, intercâmbios acadêmicos e incentivos à formação de profissionais especializados em áreas estratégicas para a inovação;
- *monitoramento e avaliação*: é importante estabelecer mecanismos de monitoramento e avaliação para acompanhar o desempenho do sistema de inovação, identificar lacunas e oportunidades e orientar a tomada de decisões;
- *controle*: em se tratando de recursos públicos, há de se estipular mecanismos de controle para se produzir bons resultados

com os recursos empregados e, ao mesmo tempo, inibir eventuais desvios;[869]
- *flexibilização de regras impeditivas da inovação*: há situações em que o processo de construção de um sistema de inovação esbarra em regras arcaicas do direito incidente sobre a relação entre os atores da tríplice hélice. É necessário fazer um esforço para harmonizar as regras jurídicas com as necessidades do sistema de inovação. É justamente para esse fim que a EC nº 85/2015 reformou o arcabouço jurídico-constitucional da ciência, tecnologia e inovação, isto é, ela não teria razão de existir se não fosse para instituir mecanismos que possibilitassem a prevalência dessas regras no confronto com o Direito já estabelecido.

6.2 Os atores dos sistemas de inovação responsáveis por sua institucionalização

Muitos atores compõem o SNCTI, alguns com níveis de atuação mais abrangentes, outros com funções mais restritas no funcionamento do sistema. Diversos papéis devem ser desempenhados por esses atores: tomar decisões estratégicas, operar instrumentos, realizar pesquisas, elaborar programas. Cabe aos atores políticos definir diretrizes estratégicas que nortearão as iniciativas do sistema. O poder decisório desses atores deriva tanto dos resultados da democracia representativa (Poderes Executivo e Legislativo) como das escolhas realizadas no âmbito das entidades de representação setoriais (empresários, trabalhadores e pesquisadores). Às agências de fomento compete o domínio dos instrumentos que viabilizarão as decisões tomadas pelos atores políticos. Já aos operadores do sistema cabe executar as atividades de P,D&I planejadas. A representação desse quadro de atores pode ser extraída da Estratégia Nacional de Ciência, Tecnologia e Inovação disponibilizada pelo MCTIC para o ano de 2016-2022, conforme exposta a seguir:

---

[869] "Apesar das vantagens de um direito orientado por incentivos, deve ser enfatizado que, mesmo nas condições atuais, é essencial o tradicional direito imperativo, que opera com preceitos e proibições, *e.g*, formas de definição de limites, regras de responsabilidade ou a ameaça de sanções penais". HOFFMANN-RIEM, Wolfgang. Direito, tecnologia e inovação. *In*: MENDES, Gilmar Ferreira; SARLET, Ingo Wolfgang; COELHO, Alexandre Zavaglia P. (coord.). *Direito, inovação e tecnologia*. São Paulo: Saraiva, 2015, p. 21.

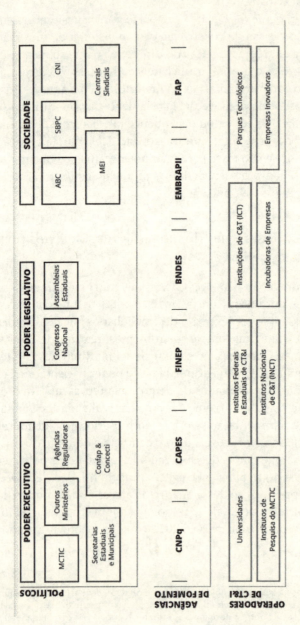

Figura 1 – Principais atores do SNCTI.

Fonte: MCTIC. *Estratégia Nacional de Ciência, Tecnologia e Inovação 2016-2022*: Ciência, Tecnologia e Inovação para o Desenvolvimento Econômico e Social. Brasília: Ministério da Ciência, Tecnologia, Inovações e Comunicações (MCTIC). 2017, p. 12. Disponível em: http://www.finep.gov.br/images/a-finep/Politica/16_03_2018_Estrategia_Nacional_de_Ciencia_Tecnologia_e_Inovacao_2016_2022.pdf. Acesso em: 5 maio 2023.

Tal estrutura parece bem alinhada. O MCTIC coordena e supervisiona o SNCTI, dentro de suas competências, recursos disponíveis e papel histórico determinante. Exerce a função de coordenador do SNCTI considerando suas competências legais, o domínio de diversos recursos essenciais e o papel histórico desempenhado pelo órgão no setor. A atuação na governança do FNDCT também é outro destaque. Ainda, estão sob sua supervisão a FINEP e o CNPq e alguns institutos de pesquisa.

Os institutos jurídicos analisados no capítulo 5 também são agentes importantes para a institucionalização do SNCTI, conforme reconhece o documento da Estratégia Nacional de C,T&I: "São tomados como institucionalidades do SNCTI para fins deste documento: os instrumentos disponíveis e as fontes de financiamento".[870] O mesmo documento fixa os seus principais atores: "Os principais atores desse sistema são as Instituições de Ciência, Tecnologia e Inovação (ICTs), as entidades da gestão pública e as empresas".[871] Quanto aos tipos de infraestrutura, são considerados

> dois tipos de infraestruturas: as laboratoriais em sentido amplo e aquelas relacionadas com os recursos humanos. Esses elementos constituintes do SNCTI serão apresentados a seguir a fim de se identificar as competências atuais que condicionam o planejamento da expansão, consolidação e integração desse Sistema.[872]

Em termos estruturantes, o SNCTI está bem incrementado. Richard R. Nelson e Nathan Rosenberg[873] reconhecem que, atualmente,

---

[870] MCTIC. *Estratégia Nacional de Ciência, Tecnologia e Inovação 2016-2022*: Ciência, Tecnologia e Inovação para o Desenvolvimento Econômico e Social. Brasília: Ministério da Ciência, Tecnologia, Inovações e Comunicações (MCTIC). 2017, p. 12. Disponível em: http://www.finep.gov.br/images/a-finep/Politica/16_03_2018_Estrategia_Nacional_de_Ciencia_Tecnologia_e_Inovacao_2016_2022.pdf. Acesso em: 5 maio 2023.

[871] MCTIC. *Estratégia Nacional de Ciência, Tecnologia e Inovação 2016-2022*: Ciência, Tecnologia e Inovação para o Desenvolvimento Econômico e Social. Brasília: Ministério da Ciência, Tecnologia, Inovações e Comunicações (MCTIC). 2017, p. 12. Disponível em: http://www.finep.gov.br/images/a-finep/Politica/16_03_2018_Estrategia_Nacional_de_Ciencia_Tecnologia_e_Inovacao_2016_2022.pdf. Acesso em: 5 maio 2023.

[872] MCTIC. *Estratégia Nacional de Ciência, Tecnologia e Inovação 2016-2022*: Ciência, Tecnologia e Inovação para o Desenvolvimento Econômico e Social. Brasília: Ministério da Ciência, Tecnologia, Inovações e Comunicações (MCTIC). 2017, p. 12. Disponível em: http://www.finep.gov.br/images/a-finep/Politica/16_03_2018_Estrategia_Nacional_de_Ciencia_Tecnologia_e_Inovacao_2016_2022.pdf. Acesso em: 5 maio 2023.

[873] NELSON, Richard R.; ROSENBERG, Nathan. Technical innovation and national systems. *In*: NELSON, RICHARD R. (org.). *National innovation systems*: a comparative analysis. New York: Oxford University Press, 1993, p. 4-10.

as instalações para pesquisa e desenvolvimento são compostas por cientistas, pesquisadores e engenheiros com formação universitária, ligados a empresas, universidades ou agências governamentais, isto é, aos principais veículos através dos quais se processa o avanço tecnológico. A maioria das análises contemporâneas das capacidades nacionais em tecnologia está centrada neste tipo de instituições e indústrias.

Embora a Lei de Inovação não seja a única responsável pela estruturação do sistema nacional de inovação, ela contribui como uma das coadjuvantes para a sua implementação, principalmente ao possibilitar aberturas para o relacionamento entre os setores público e privado de forma igualitária, superando a barreira histórica causada pelo regime jurídico-administrativo na interpretação das relações entre esses dois agentes. Esse é um ponto importante da análise a ser feita na sequência.

6.3 Principais gargalos jurídicos à institucionalização

As atuais políticas públicas brasileiras que, de certa forma, procuram institucionalizar o SNCTI, embora tenham obtido muitos efeitos positivos, ao mesmo tempo, irão gerar gargalos jurídico-institucionais[874] insuperáveis à sua implementação se a construção hermenêutica da aplicação dos seus preceitos utilizar um critério puramente tradicionalista-positivista, respaldado apenas nos preceitos constitucionais inerentes à Administração Pública e seus agentes, desconsiderando a nova roupagem constitucional trazida pela EC nº 85/2015 para as relações entre os atores da tríplice hélice.

Nesse contexto, Diogo R. Coutinho e Pedro S. B. Mouallem[875] listaram alguns gargalos jurídico-institucionais à inovação: (i) coorde-

---

[874] "A noção de gargalos à inovação aqui adotada deriva da discrepância entre, de um lado, o que se almeja, em termos de objetivo de política pública, da atuação de empresas, ICT e governo e, de outro, como as práticas cotidianas desses atores e instituições efetivamente se desenrolam em meio a uma multiplicidade de contingências e entraves. No limite, tais gargalos são barreiras e ameaças de efetividade e de legitimidade em relação aos quais se pode atribuir, direta ou indiretamente, ao arcabouço jurídico – sua aplicação e interpretação por diversos agentes e instituições, incluindo órgãos de controle da administração pública – parte da responsabilidade por mitigar capacidades operativas ou, de qualquer outra forma, obstruir a implementação adequada de políticas públicas". COUTINHO, Diogo Rosenthal; MOUALLEM, Pedro Salomon B. *Um direito para a inovação*: óbices jurídicos e institucionais à inovação no Brasil a partir da noção de 'famílias' de gargalos jurídico-institucionais. 12 maio 2023. Disponível em: https://www.jota.info/coberturas-especiais/inova-e-acao/um-direito-para-a-inovacao-13112018. Acesso em: 1 set. 2023.

[875] COUTINHO, Diogo Rosenthal; MOUALLEM, Pedro Salomon Bezerra. Gargalos jurídico-institucionais à inovação no Brasil. *In*: COUTINHO, Diogo Rosenthal; ROCHA, Jean-Paul

nação entre órgãos públicos; (ii) sinergia nas relações público-privadas; (iii) aprendizado e experimentação na política e (iv) seletividade da política. As premissas dos autores para cada um deles podem ser observadas no quadro:

(continua)

Gargalos jurídico-institucionais à inovação			
Coordenação entre órgãos públicos	**Sinergia nas relações público-privadas**	**Aprendizado e experimentação na política**	**Seletividade da política**
Conceito – a insuficiente coordenação entre órgãos públicos – tanto entre instituições voltadas à gestão do fomento público, quanto entre entidades de controle – é um primeiro e significativo óbice à inovação. A despeito da criação e do aprimoramento de instâncias para coordenação da política, a estrutura de governança da política de inovação ainda se mostra deficiente e, recorrentemente, se diz que há uma série de interseções e sobreposições e que as inter-relações entre os diversos atores	**Conceito** – não apenas as relações entre instituições públicas estão desarticuladas, mas também entre setor público e empresas privadas há pouca sinergia e interação a ser considerada virtuosa. Isso quer dizer que, ações estatais e empresariais têm, muitas vezes, andado em descompasso umas com as outras, e que ainda parece faltar um arranjo institucional capaz de sintonizar agendas e incentivos e aproximar as agendas e relações público-privadas no campo da inovação. Dois vetores compõem esse	**Conceito** – tem-se argumentado que o sucesso de políticas de inovação depende não apenas da capacidade governamental de coordenar atores, mas também, de um esforço contínuo de revisão e aperfeiçoamento, isto é, requer-se uma estrutura que possibilite e estimule o que a OCDE chamou de *policy learning*. Esse processo demanda, de um lado, certo grau de abertura ao experimentalismo na política e, de outro, a capacidade de avaliar suas ações e aprender com a própria experiência ao longo do tempo.	**Conceito** – desde a perspectiva jurídico-institucional, é possível afirmar que esta fragilidade está ligada à dificuldade por parte do Estado em desenhar políticas que identifiquem e priorizem de modo efetivo setores mais intensivos em inovação. O obstáculo, deste ponto de vista, é de se criar políticas seletivas e orientadas por fins objetivamente definidos – quanto às atividades incentivadas e quanto aos instrumentos –, de modo a evitar a pulverização de recursos das políticas, que, por sua vez, serve à

Veiga; SCHAPIRO, Mario G. (coord.). *Direito econômico atual*. São Paulo: Método, 2015, p. 95-114; COUTINHO, Diogo Rosenthal; MOUALLEM, Pedro Salomon B. *Um direito para a inovação*: óbices jurídicos e institucionais à inovação no Brasil a partir da noção de 'famílias' de gargalos jurídico-institucionais. 12 maio 2023. Disponível em: https://www.jota.info/coberturas-especiais/inova-e-acao/um-direito-para-a-inovacao-13112018. Acesso em: 1 set. 2023.

(continua)

Gargalos jurídico-institucionais à inovação			
Coordenação entre órgãos públicos	**Sinergia nas relações público-privadas**	**Aprendizado e experimentação na política**	**Seletividade da política**
não são claras. Isso porque as arenas de governança criadas ou reativadas no período, além de não funcionarem com a regularidade planejada, não possuem mecanismos para monitorar a efetivação de decisões e seus impactos, o que limita severamente sua capacidade de orquestração das ações dos atores envolvidos. Prevalecem, em regra, iniciativas isoladas que não se comunicam, ainda que em um mesmo setor ou tipo de programa. Fica evidente, assim, a falta de uma articulação orgânica e transversal das ações e estratégias das diversas instituições que compõem o arranjo jurídico-institucional da política.	gargalo: de um lado, a dificuldade de se direcionar políticas de inovação diretamente às empresas e, de outro, a fragilidade da relação triangular entre Estado, empresas e universidades. É recorrente na literatura brasileira a dificuldade em destinar diretamente às empresas os recursos públicos à inovação. Políticas de subvenção destinam-se primordialmente às universidades e centros de pesquisa (ou ICT) e não às empresas, o que se deve ao desenho de incentivos criados pela legislação. Contudo, mesmo os incentivos voltados ao setor produtivo têm obstado estratégias empresarias. Algumas demandas privadas foram mais recentemente atendidas pelo Novo Marco Legal da Inovação, que ampliou, explicitamente, a possibilidade	O sistema nacional de inovação brasileiro encontra percalços também nesse quesito. Avaliar políticas de inovação envolve, em si, uma sequência de desafios, um deles, a própria aferição dos processos inovativos. Como argumenta André Rauen, do Ipea, dentre os desafios, um importante diz respeito à utilização de indicadores, tanto de resultados quanto de impacto, uma vez que não há consenso sobre a validade desses indicadores, nem sobre a própria dinâmica do processo inovativo. E tão complexo quanto mensurar a inovação é analisar seus impactos (por exemplo, na competitividade internacional). Além disso, o próprio desenho jurídico de avaliação apriorística de projetos individuais destinados à inovação, adotado no Brasil, é frequentemente	reprodução dos fatores acima apresentados e obsta a inovação. O Estado brasileiro, em meio à multiplicidade de atores envolvidos nas políticas de inovação, tem encontrado grande dificuldade também em realizar escolhas sobre qual setor (ou quais setores) irá intervir, de modo que tem sido preferível contemplar um vasto número de projetos com poucos recursos a eleger prioridades e negar demandas por recursos para uma parte dos projetos.

(continua)

Gargalos jurídico-institucionais à inovação			
Coordenação entre órgãos públicos	**Sinergia nas relações público-privadas**	**Aprendizado e experimentação na política**	**Seletividade da política**
	de dispêndio de recursos tanto para despesas correntes, quanto para despesas de capital, mas mesmo empresas de grande porte e com departamentos jurídicos sofisticados têm dificuldade em manejar o cipoal normativo da inovação com clareza. Contribui para esse cenário a reduzida divulgação dos programas e recursos disponíveis ou, em poucas palavras, a falta de informação consolidada na forma de sínteses claras.	visto como entrave à experimentação e ao aprendizado na política, pois nele há pouco espaço para sua reformulação e aperfeiçoamento.	
Exemplos – políticas concebidas e implementadas, simultaneamente, por diversos órgãos: MCTI e suas agências (Finep, CNPq, AEB), MDIC e suas instituições relacionadas (BNDES, ABDI, e outras), MEC, CAPES, Ministério da Defesa, Ministério da Saúde, Ministério das Comunicações). Insuficiente grau de sintonia e	Exemplos – institucionalização incipiente de canais de comunicação; arranjos jurídicos incapazes de sintonizar demandas e incentivos e aproximar agendas; dificuldade de direcionar políticas de inovação diretamente às empresas; fragilidades e "pontos cegos" na relação triangular	Exemplos – modelo de avaliação individual e apriorístico de projetos; ausência de acompanhamento e avaliação abrangente de ações estatais que possibilitem revisão de equívocos e replicação de bons resultados; descontinuidade das políticas públicas.	Exemplos – dificuldades de mapear, identificar e priorizar setores mais intensivos em inovação; entraves e incertezas para realizar compras públicas e encomendas tecnológicas; pulverização de recursos do FNDCT; setores tradicionais e grandes empresas ainda são os maiores beneficiados

(conclusão)

Gargalos jurídico-institucionais à inovação			
Coordenação entre órgãos públicos	Sinergia nas relações público-privadas	Aprendizado e experimentação na política	Seletividade da política
adequada divisão de tarefas: lacunas, redundâncias, disputas e vetos. Entraves na gestão do FNDCT: recorrente contingenciamento, desarticulação de instrumentos de fomento – crédito e subvenção econômica, desacordos entre gestores e controladores, rigidez no controle de procedimentos de importações de insumos, materiais e equipamentos destinados à pesquisa, incerteza jurídica quanto à interpretação de dispositivos da Lei do Bem.	entre Estado, empresas e universidades. O marco regulatório é tido como "pouco amigável" pelas empresas; persistência de um modelo linear de política de inovação; entraves na formação profissional, estrutura de carreira e normas de trabalho de professores e pesquisadores; problemas para constituição, transferência e licenciamento de propriedade intelectual; virtual impossibilidade de importação de equipamentos.		pelo fomento público; "medo da discricionariedade" no direito administrativo e baixa sintonia entre políticas setoriais.

Fonte: COUTINHO, Diogo Rosenthal; MOUALLEM, Pedro Salomon Bezerra. Gargalos jurídico-institucionais à inovação no Brasil. *In*: COUTINHO, Diogo Rosenthal; ROCHA, Jean-Paul Veiga; SCHAPIRO, Mario G. (coord.). *Direito econômico atual*. São Paulo: Método, 2015, p. 95-114. Sintetizado em: COUTINHO, Diogo Rosenthal; MOUALLEM, Pedro Salomon B. *Um direito para a inovação*: óbices jurídicos e institucionais à inovação no Brasil a partir da noção de 'famílias' de gargalos jurídico-institucionais. 12 maio 2023. Disponível em: https://www.jota.info/coberturas-especiais/inova-e-acao/um-direito-para--a-inovacao-13112018. Acesso em: 1 set. 2023. Exemplos extraídos de: COUTINHO, Diogo Rosenthal; MOUALLEM, Pedro Salomon Bezerra. O direito contra a inovação? A persistência dos gargalos à inovação no Brasil. *O futuro do desenvolvimento*: ensaios em homenagem a Luciano Coutinho. Campinas: Unicamp, 2016. Disponível em: https://www.eco.unicamp.br/neit/images/stories/O_Futuro_do_Desenvolvimento_ensaios_em_homenagem_a_Luciano_Coutinho.pdf. Acesso em: 21 maio 2023.

A superação desses entraves ou "gargalos jurídico-institucionais à inovação", caso o arcabouço normativo-constitucional desse arranjo jurídico trazido pelo aparato regulatório da inovação não seja mais eloquente e imponha seus objetivos sobre as posições conservadoristas e estanques de grande parte dos aplicadores do Direito – advogados, promotores, procuradores e juízes e dos legisladores locais –, poderá ocorrer muito lentamente, sujeitando o país a conviver com a ausência de desenvolvimento tecnológico em comparação a outros países de mesma estatura econômica.

Maria Paula Dallari Bucci e Diogo Rosenthal Coutinho reconhecem a complexidade de se construir o SNCTI em curto prazo:

> Construir um Sistema Nacional de Inovação, termo que traduz, resumidamente, a existência de um conjunto de instituições cuja atuação coordenada determina o desempenho inovador de um país, é uma das mais complexas tarefas que se pode imaginar no campo das políticas públicas. Quando se fala em inovação, os desafios de coordenação governamental, aprendizado e aperfeiçoamento institucional e fomento da interação entre governo, universidade e mercado demandam, em outras palavras, a construção intencional e sustentável de um projeto de longo prazo.[876]

A coordenação governamental só existirá como uma interação simbiótica no âmbito da hélice tríplice.

Com efeito, caminhando para o encerramento desta obra, uma conclusão já se antecipa: a de que as universidades públicas vão integrar o processo de institucionalização do SNCTI e que, para tanto, lhes devem ser atribuídos o valor e o respeito esperados por quem exerce função típica de governo, permitindo a interação simbiótica entre os três agentes da hélice tríplice para se tornar profícua em termos de resultados e respeitosa em termos de convivência política, gerando resultados benéficos à economia industrial e agroindustrial.

---

[876] BUCCI, Maria Paula Dallari; COUTINHO, Diogo Rosenthal. Arranjos jurídico-institucionais da política de inovação tecnológica: uma análise baseada na abordagem de direito e políticas públicas. *Inovação no Brasil*: avanços e desafios jurídicos e institucionais. São Paulo: Blucher, 2017, p. 313-340.

6.4 Assédio institucional como perigo sempre iminente para a consolidação do SNCTI

O SNCTI brasileiro enfrentou, durante o governo Bolsonaro 2019/2022, questionamentos acerca de sua legitimidade e efetividade, partindo do próprio chefe do Poder Executivo Federal, o qual, descontente com posicionamentos contrários à sua atuação nos órgãos técnicos, universidades e outros institutos de ciência e tecnologia (atores principais do SNCTI), iniciou práticas deliberadas de *assédio institucional* tanto às instituições quanto aos seus servidores. A conduta serviu como alerta para a sociedade brasileira perceber que a mera introdução do SNCTI como norma constitucional é insuficiente para ele se transformar em uma garantia constitucional,[877] tendo em vista o conceito alargado dessa expressão.[878]

---

[877] Paulo Bonavides, afirma que "existe garantia sempre em face de um interesse que demanda proteção e de um perigo que se deve conjurar" (BONAVIDES, Paulo. *Curso de direito constitucional*. 24. ed. São Paulo: Malheiros, 2009, p. 525). Neste caso, a noção conceitual de garantia constitucional a ser adotada deve ser a estipulada por Bielsa, que se qualifica pela "nitidez" com que o autor argentino a moldurou. Para Bielsa, as garantias "são normas positivas – e, portanto, expressas na Constituição ou na lei – que asseguram e protegem um determinado direito", admitindo ainda, e neste momento ampliando o conceito do instituto para mensurar o grau de absorção dos direitos defesos pela garantia e sua latitude, que "pode referir-se a um direito em sentido subjetivo, em defesa do interesse individual, ou a um direito em sentido objetivo, em defesa do interesse coletivo". BIELSA, Rafael. *Derecho administrativo*. 3. ed. Buenos Aires: Librería J. Lajoane y Cia., 1938 *apud* Liñares Quintana. *In*: BONAVIDES, Paulo. *Curso de direito constitucional*. 24. ed. São Paulo: Malheiros, 2009, p. 527). Antonio Peña Freire, em monografia sobre o tema, assigna que as garantias, *lato sensu* consideradas, são todos aqueles procedimentos funcionalmente dispostos pelo sistema jurídico para assegurar a máxima correção e o mínimo desvio entre planos ou determinações normativas do Direito e suas distintas realizações operativas, é dizer entre as exigências constitucionais normativas e a atuação dos poderes públicos, entre os valores inspiradores do sistema constitucional e sua configuração normativa-constitucional. PEÑA FREIRE, Antonio. *La garantía en el Estado Constitucional de Derecho*. Madri: Trotta, 1997, p. 28.

[878] "A garantia institucional tem sido mais descrita, analisada e particularizada como um instituto de direito público, materialmente variável segundo a natureza da instituição protegida, vinculada sobretudo a uma determinada Constituição ou a um determinado regime político de organização do Estado do que em rigor definida ou vazada na solidez de um conceito, posto já fora de toda a controvérsia doutrinária" (BONAVIDES, Paulo. *Curso de direito constitucional*. 24. ed. São Paulo: Malheiros, 2009, p. 537). "As garantias institucionais, repetidamente mencionadas, são proibições dirigidas ao Legislativo para não ultrapassar na organização do instituto aqueles limites extremos, além dos quais o instituto como tal seria aniquilado ou desnaturado". THOMA, Richard. Die Juristische Bedeutung der Grundrechtliche Sätze der Deutschen Reichsverfassung im Allgemeinen. *In*: NIPPERDEY, H. C. (org.). *Grundrechte und grundpflichten der Reichsverfassung*, v. I. 1929, p. 34 *apud* BONAVIDES, Paulo. *Curso de direito constitucional*. 24. ed. São Paulo: Malheiros, 2009, p. 539-540.

Paulo Bonavides propôs um conceito elástico para garantia constitucional, entendendo-a como "uma garantia que disciplina e tutela o exercício de direitos fundamentais, ao mesmo passo que rege, com proteção adequada, nos limites da Constituição, o funcionamento de todas as instituições existentes no Estado".[879]

Imaginar a constitucionalização do SNCTI sem entendê-lo como uma garantia constitucional *lato sensu*, que o inclui como garantia institucional, caminharia no sentido contrário à necessidade de incluí-lo na CF/1988. Afinal, essa norma constitucional só se justifica quando se aceita que, a partir da sua constitucionalização, o SNCTI passou a gozar dos instrumentos de proteção das garantias constitucionais que asseguram a sua prevalência no conflito com outras normas constitucionais. Sua inclusão não é um mero adorno à CF/1988. Em vista disso, Paulo Bonavides aponta algumas características da garantia institucional que a levam a proteger a própria essência da instituição:

> a) o valor atribuído ou concedido pelo Estado a uma determinada instituição é que proporciona a ela a segurança pretendida;
> b) a vontade suprema do Estado, mesmo expressada quando ele estabelece limites, é menos rígida e mais flexível que na esfera dos direitos fundamentais, caso em que sua ação é tolhida no intuito de garantir através da sua inação o seu exercício, ou estimulada na concretização dos direitos sociais;
> c) a efetividade das garantias é determinada por pressões sociais ou imperativos de consciência pública, voltados para promoção da igualdade como postulado;
> d) sua principal função é assegurar a permanência e a integridade da instituição, preservando o mínimo de substantividade ou essencialidade, evitando o seu perecimento através da proteção do seu cerne;
> e) seus traços integrativos, seu mínimo intangível e do que compõe a sua essência e identidade devem ser protegidos contra atos da *praxis* administrativa e qualquer elaboração normativa estatal, sendo considerados inadmissíveis e inconstitucionais medidas que não observem a configuração constitucional que a ela foi atribuída.[880]

---

[879] BONAVIDES, Paulo. *Curso de direito constitucional*. 24. ed. São Paulo: Malheiros, 2009, p. 537.
[880] BONAVIDES, Paulo. *Curso de direito constitucional*. 24. ed. São Paulo: Malheiros, 2009, p. 541-542.

Na proposição de Richard Thoma,[881] a partir da incorporação do SNCTI à CF/1988 pela EC nº 85/2015 (ao incluir o art. 219-B à CF/1988), o cerceamento atribuído ao Poder Legislativo para não ultrapassar os limites previstos nessa norma constitucional, agora, representa uma garantia constitucional incorporada à CF/1988. Os limites à atuação do legislador na regulação normativa foram consignados, quais sejam, ao se regular as normas gerais do SNCTI (art. 219-B, §1º) através de lei federal, observam-se os seus pressupostos, o que condiciona o legislador a, sempre que elaborar normas sobre o SNCTI, bloquear a impossibilidade de afastar o regime de colaboração entre os setores público e privado e condicionar a sua atuação normativa vinculada à promoção do desenvolvimento através da ciência, da tecnologia e da inovação.

A questão colocada é se esses condicionamentos para a atuação normativa impostos no art. 219-B da CF/1988 não se estenderiam também aos atos praticados pelos operadores do SNCTI e ao próprio Poder Executivo em sua atividade administrativa e política. Ou, ainda, se a insurgência ou exorbitância das ações e omissões pelo Poder Executivo e particulares em contradição ao que pressupõe a implementação efetiva do SNCTI não configuraria um atentado à garantia constitucional em toda a sua amplitude, desconstruindo valores democráticos e republicanos caros ao constitucionalismo brasileiro.

Nesse ponto, importa avaliar se a iniciativa de descredibilizar o SNCTI não estaria configurando o que a doutrina tem convencionado denominar *assédio institucional*. Entende-se que é possível demonstrar essa premissa. Tatiana Lemos Sandim, Frederico Augusto Barbosa da Silva, Maria Filomena Gregori, José Celso Pereira Cardoso Junior e Renato Lessa assim explicam o sentido da conjunção:

> O assédio institucional, fenômeno novo e perturbador no setor público brasileiro disseminado de forma mais sistemática desde 2016, é um método de governo que integra um processo histórico concreto por meio do qual princípios, valores e os fundamentos da democracia e do republicanismo estão em desconstrução no Brasil. Esse assédio pode assumir duas formas: assédio institucional de natureza organizacional e de expressão moral. Ambos se caracterizam por um conjunto de práticas que, tendo instituições e servidores públicos como alvo direto, têm como

---

[881] THOMA, Richard. Die Juristische Bedeutung der Grundrechtliche Sätze der Deutschen Reichsverfassung im Allgemeinen. *In*: NIPPERDEY, H. C. (org.). *Grundrechte und grundpflichten der Reichsverfassung*, v. I. 1929, p. 34 *apud* BONAVIDES, Paulo. *Curso de direito constitucional*. 24. ed. São Paulo: Malheiros, 2009, p. 539-540.

finalidade a erosão das instituições democráticas e a violação de direitos fundamentais, estabelecidos pela própria Constituição Federal de 1988.[882]

Roberto Freitas Filho, em estudo permeando o tema,[883] elabora uma teia de argumentações que colabora para se extrair ilações sobre a incidência de assédio institucional à ciência, tecnologia e inovação e que alvejou o SNCTI. Parte-se do reconhecimento da democracia como fato institucional e, em decorrência disso, que ela "é constituída e funciona por meio de regras",[884] encontrando-se limites ao agir e de como agir, que não devem ser desconsiderados sob pena da desconstrução da sua legitimação.[885] O argumento do autor é subsidiado pelas lições de John R. Searle.[886]

A prática de *assédio institucional* consiste diretamente em tensionar o cenário político-institucional para violar a democracia, provocando uma desmobilização institucional a mitigar seus valores e fundamentos, utilizando-se o sujeito ativo do ato para, além de provocar tensão política por meio de declarações desconectadas da realidade, mobilizar recursos para a desconstrução institucional, por exemplo, "mudança de dirigentes, vacância proposital de cargos, demissões e indicações

---

[882] SANDIM, Tatiana Lemos; SILVA, Frederico Augusto Barbosa da; GREGORI, Maria Filomena; CARDOSO JUNIOR, José Celso Pereira; LESSA, Renato. *Assédio institucional no setor público brasileiro*. Acesso em: 10 abr. 2023. Disponível em: https://www.encontro2022.anpocs.com/trabalho/view?ID_TRABALHO=6495&impressao&printOnLoad. Acesso em: 2 set. 2023.
[883] FREITAS FILHO, Roberto. Donald, a rainha e a fragilidade da democracia. *In*: MINUTOLI, Francesca (revisora). *Passaggi constituzionali*, anno II, n. 3, p. 250-280, luglio 2022.
[884] FREITAS FILHO, Roberto. Donald, a rainha e a fragilidade da democracia. *In*: MINUTOLI, Francesca (revisora). *Passaggi constituzionali*, anno II, n. 3, p. 258, luglio 2022.
[885] "Meu intuito não é, neste momento, discorrer sobre as regras constitutivas da democracia como instituição, como fato institucional; mas reconhecer que ela é um fato institucional e que, como tal, é constituída e funciona por meio de regras. A imposição de um *status* específico ao modo como se organiza politicamente o regime democrático torna essa instituição sujeita e limitada por regras, tanto constitutivas quanto regulatórias. Como deve haver aquiescência e reconhecimento contínuos da validade da função atribuída à democracia, para que ela se mantenha legitimada, há limites ao que se pode e a como se pode fazer, ainda que um dos princípios que a presida seja o da liberdade individual. A desconsideração desses limites compromete a função de organização da comunidade política em um Estado Democrático de Direito e, dessa forma, é possível que seu *status* institucional seja reconfigurado. É assim em qualquer outro ambiente institucional no qual se esteja inserido. Em uma cerimônia religiosa, em um jogo de futebol ou mesmo em uma festa, certas regras conformam a realidade social institucional, devendo-se observar limites sobre o que fazer e como fazer, sob pena de desvirtuamento do tipo de função atribuída a essas instituições" (SEARLE, 1995, p. 45). FREITAS FILHO, Roberto. Donald, a rainha e a fragilidade da democracia. *In*: MINUTOLI, Francesca (revisora). *Passaggi constituzionali*, anno II, n. 3, p. 258, luglio 2022.
[886] SEARLE, John R. *The construction of social reality*. New York: The Free Press, 1995, p. 45.

de pessoas não só estranhas à cultura institucional, mas, por vezes, sem a qualificação curricular ou a experiência necessária ao exercício da função na área".[887]

Essa desmaterialização da política, aponta Roberto Freitas Filho,[888] é levada a efeito através de um padrão sistêmico e sistemático a comportar três dimensões:

> 1) age-se com desprezo à necessidade de justificação argumentativa e de convencimento;
> 2) procura-se vencer as resistências institucionais com desidratação financeira, deslocamento de competências e gestão orientada por valores antagônicos aos da instituição;
> 3) desconstrói-se discursivamente as instituições, em cujos padrões as dimensões se retroalimentam, como a buscar algum tipo de sustentação entre si para subsidiar feitos não esperados.

Essas práticas que desencadeiam o assédio institucional são estrategicamente formatadas para promover a destruição institucional do Estado Democrático de Direito desconstruindo suas bases através de sua desqualificação e deslegitimação.[889]

O assédio institucional ainda pode ser visto em decisões estratégicas de estrangulamento financeiro de setores específicos, como o que ocorrera no Brasil quanto à educação, saúde, ciência, tecnologia e inovação. Somam-se a isso falas, discursos e posturas, desqualificando e ameaçando instituições, sempre enviesados por uma concepção ideológica de seu autor, que difunde *fake news* pelos meios de comunicação, seletivamente para um público que se torna fácil massa de manobra em virtude de estar predisposto a se posicionar em um ambiente marcado

---

[887] SILVA, Frederico Barbosa da; CARDOSO JR., José Celso. Assédio institucional no setor público e o processo de desconstrução da democracia e do republicanismo no Brasil. *Cadernos da Reforma Administrativa*, Caderno 12, Brasília: Fonacate, set. 2020.

[888] FREITAS FILHO, Roberto. Donald, a rainha e a fragilidade da democracia. *In*: MINUTOLI, Francesca (revisora). *Passaggi constituzionali*, anno II, n. 3, Luglio 2022, p. 271.

[889] "O assédio institucional não é uma proposta de atuação das instituições de governo, baseada em determinada visão de mundo, em uma ideologia política. É, sim, uma estratégia deliberada de destruição institucional que impossibilita seu funcionamento, uma ação fora dos parâmetros normativos institucionais democráticos, na medida em que impede, combate, desqualifica e deslegitima aquilo que é constitutivo da democracia". FREITAS FILHO, Roberto. Donald, a rainha e a fragilidade da democracia. *In*: MINUTOLI, Francesca (revisora). *Passaggi constituzionali*, anno II, n. 3, Luglio 2022, p. 272.

pela radicalização, seja para uma orientação política à esquerda ou à direita.[890]

Roberto Freitas Filho ainda observa três dimensões do discurso nos quais o assédio institucional se revela para promover o enfraquecimento institucional democrático, considerando-as sob os pontos de vista da forma, do conteúdo e do funcionamento das instituições.[891]

Sob o ponto de vista da forma, a postura do mandatário político se mostra contrária aos valores democráticos. Ele deixa de responder às perguntas que lhe são dirigidas, além de atacar aos que se atrevem a questioná-lo sobre pontos os quais lhe desagradem, normalmente com palavras de baixo calão, inviabilizando a manutenção de um ambiente de diálogo, e colocando em dúvida o trabalho dos meios de comunicação que não se amoldam às suas pretensões de poder. É a própria Declamação de Erasmo de Rotterdam à loucura,[892] pela qual o autoelogio se transforma em um padrão diário em suas manifestações.

---

[890] "O assédio se manifesta não somente como ações de reposicionamento de atores e de estrangulamento financeiro, mas sobretudo como um conjunto de discursos, falas e de posturas públicas, com o objetivo deliberado de desorganização de vínculos, de desqualificação de experiências, de sujeitos e de regras, destruindo a possibilidade de funcionamento e de desempenho e fragilizando a percepção simbólica de pertença e de fruição de direitos. A fragilização das instituições fragiliza também a própria democracia. [...]. O assédio institucional não é uma proposta de atuação das instituições de governo, baseada em determinada visão de mundo, em uma ideologia política. É, sim, uma estratégia deliberada de destruição institucional que impossibilita seu funcionamento, uma ação fora dos parâmetros normativos institucionais democráticos, na medida em que impede, combate, desqualifica e deslegitima aquilo que é constitutivo da democracia". FREITAS FILHO, Roberto. Donald, a rainha e a fragilidade da democracia. *In*: MINUTOLI, Francesca (revisora). *Passaggi constituzionali*, anno II, n. 3, p. 273, luglio 2022.

[891] FREITAS FILHO, Roberto. Donald, a rainha e a fragilidade da democracia. *In*: MINUTOLI, Francesca (revisora). *Passaggi constituzionali*, anno II, n. 3, p. 274, luglio 2022.

[892] "Embora os homens costumem ferir a minha reputação e eu saiba muito bem quanto o meu nome soa mal aos ouvidos dos mais tolos, orgulho-me de vos dizer que esta Loucura, sim, esta Loucura que estais vendo é a única capaz de alegrar os deuses e os mortais. A prova incontestável do que afirmo está em que não sei que súbita e desusada alegria brilhou no rosto de todos ao aparecer eu diante deste numerosíssimo auditório. De fato, erguestes logo a fronte, satisfeitos, e com tão prazenteiro e amável sorriso me aplaudistes, que na verdade todos os que distingo ao meu redor me parecem outros tantos deuses de Homero, embriagados pelo néctar com nepente. No entanto, antes, estivestes sentados, tristes e inquietos, como se há pouco tivésseis saído da caverna de Trofônio. Com efeito, como no instante em que surge no céu a brilhante figura do sol, ou como quando, após um rígido inverno, retorna a primavera com suas doces aragens e vemos todas as coisas tomarem logo um novo aspecto, matizando-se de novas cores, contribuindo tudo para de certo modo rejuvenescer a natureza, assim também, logo que me vistes, transformastes inteiramente as vossas fisionomias. Bastou, pois, a minha simples presença para eu obter o que valentes oradores mal teriam podido conseguir com um longo e longamente meditado discurso: expulsar a tristeza de vossa alma. [...]. Ao contrário, pretendo imitar os antigos, que, evitando o infame nome de filósofos, preferiram chamar-se sofistas, cuja principal

Já sob o ponto de vista do conteúdo, são ressuscitados valores contrários aos padrões civilizatórios contemporâneos, em desrespeito ao cidadão, agindo com arbítrio, prestigiando o discurso da violência, numa conflagração, inclusive, com sugestões de conflito armado. Nesse contexto, impõe-se, ainda um sentimento de opressão às populações vulneráveis (índios, quilombolas, LGBTQIA+) e demais que divergem do seu projeto e ideologia política, sempre procurando se respaldar na autoridade de seu mandato para a manutenção a todo custo de suas decisões. Ao mesmo tempo, age para sufocar os valores democráticos substantivos arduamente conquistados pelos oprimidos, fomentando o descrédito de figuras literárias e artísticas reconhecidas no país e no mundo, e que se caracterizaram por difundir ideias de promoção da justiça social, e de respeito aos direitos civis e políticos, questionando a legitimidade da efetiva participação popular, inclusive colocando em prática a extinção de conselhos de participação da formulação de políticas públicas, deliberadamente deixando para segundo plano a concretização dos direitos sociais, econômicos e culturais, permitindo o aumento da desigualdade social que sempre atinge a população mais vulnerável, a qual efetivamente necessita de políticas públicas para garantir o mínimo de dignidade humana.

Ao final, do ponto de vista do funcionamento das instituições, o mandatário questiona a sua eficácia. Desvaloriza suas funções e emite opiniões as quais, embora contraditórias, ecoam entre seus seguidores, que colaboram para difundi-las, aumentando a proporção de ressonância deste discurso. Sua vocação é atingir os valores nucleares que justificam a existência destas instituições e, ao mesmo tempo, desqualificar os agentes e os órgãos que as compõem, sempre que possível, nomeando pessoas para cargos estratégicos e de liderança para reverberar ideias e valores totalmente opostos aos objetivos e funções para os quais essas instituições foram criadas,[893] desrespeitando o histórico de realizações

---

cogitação consistia em elogiar os deuses e os heróis. Ireis, pois, ouvir o elogio, não de um Hércules ou de um Solon, mas de mim mesma, isto é, da Loucura. Para dizer a verdade, não nutro nenhuma simpatia pelos sábios que consideram tolo e impudente o autoelogio. Poderão julgar que seja isso uma insensatez, mas deverão concordar que uma coisa muito decorosa é zelar pelo próprio nome". ROTTERDAM, Erasmo de. *Elogio da loucura*. Trad. Paulo M. Oliveira. Disponível em: http://www.dominiopublico.gov.br/download/texto/cv000026.pdf. Acesso em: 2 set. 2023.

[893] "O exemplo mais claro disso é a nomeação de uma pessoa que nega o consenso sobre o que significou a escravidão no Brasil para a Fundação Palmares". FREITAS FILHO, Roberto. Donald, a rainha e a fragilidade da democracia. *In*: MINUTOLI, Francesca (revisora). *Passaggi constitutionali*, anno II, n. 3, p. 274, luglio 2022.

institucionais e contribuindo para se questionar a importância da existência dessas instituições.

Ao utilizar esses métodos,[894] no campo da ciência, tecnologia e inovação, o assédio institucional ocorrido recentemente, sem precedentes na história do Brasil, teve o poder de afetar o desenvolvimento do SNCTI, dado o descrédito promovido pelo governo federal.

Suas iniciativas de atacar as universidades públicas e de disseminar a negação à ciência, em um ambiente no qual o sistema constitucional das crises precisou ser acionado em virtude da pandemia da covid-19, desidrataram a continuidade da concretização dos objetivos do SNCTI brasileiro.

6.5 Institucionalização do SNCTI e a EC nº 85/2015

Neste momento da obra, já é possível extrair uma conclusão: a EC nº 85/2015 tem realizado sua função de institucionalização do SNCTI. O próprio fato de trazer uma discussão que estava perdendo fôlego no país, através de uma reforma constitucional, trouxe ares de esperança à comunidade científica, oxigenando as relações e questionando as contradições do sistema existente até então.

A cultura paulistana de tomar a frente nessa discussão contribui significativamente para aperfeiçoar esse arranjo-jurídico institucional, tendo em vista seu histórico de lutas para o desenvolvimento industrial.

Segundo Fernando Dias Menezes,

> É sabido que o Estado de São Paulo tem destacada posição em indicadores de desenvolvimento econômico: com 3% do território brasileiro e aproximadamente 22% de sua população, concentra 30% do PIB nacional. Entretanto, essa concentração é ainda maior no tocante a todos os indicadores ligados à ciência e tecnologia.
> Pode-se especular que a riqueza facilite investimentos na geração do conhecimento. Todavia, é mais provável que a opção dos governantes de São Paulo por investir maciçamente em um sistema universitário e de

---

No exemplo citado: G1. Presidente da Fundação Palmares chama o movimento negro de 'escória maldita'. Disponível em: https://g1.globo.com/jornal-nacional/noticia/2020/06/02/presidente-da-fundacao-palmares-chama-o-movimento-negro-de-escoria-maldita.ghtml. Acesso em: 3 set. 2023.

[894] AGÊNCIA SENADO. *Assédio tem sido usado como 'método de governo', dizem debatedores*. 2 ago. 2022. Disponível em: https://www12.senado.leg.br/noticias/materias/2022/08/02/assedio-tem-sido-usado-como-metodo-de-governo-dizem-debatedores. Acesso em: 24 maio 2023.

fomento à pesquisa científica e tecnológica – em um momento no qual São Paulo despontava como potência agrícola e industrial, mas ainda não era o principal polo econômico do País – tenha sido o elemento catalisador, senão causador, do salto de desenvolvimento.

A já mencionada opção estratégica de São Paulo nos anos 1930, derrotado nas armas na sua Revolução Constitucionalista, porém decidido a vencer pela ciência, levou não apenas à criação da Universidade de São Paulo, mas ainda, à previsão, na Constituição Estadual de 1947 (previsão essa concretizada em 1962), da criação de uma fundação de fomento à pesquisa científica e tecnológica – a Fundação de Amparo à Pesquisa do Estado de São Paulo, FAPESP.[895]

A adequação à iniciativa de investimentos estaduais em C,T&I é uma saída necessária e deve carrear a elaboração de políticas públicas estruturadas para funcionarem a longo prazo.[896]

---

[895] ALMEIDA, Fernando Dias Menezes de. As universidades e o fomento à pesquisa científica no sistema constitucional brasileiro. *Revista da Faculdade de Direito da Universidade do Porto*, n. 17/18, p. 333-350, 2022.

[896] "Por isso, o sucesso das iniciativas de inovação está condicionado, em grande medida, pela capacidade institucional de estruturar as formas jurídicas, atribuir papéis, e desenhar arranjos capazes de organizar e coordenar as diversas – e por vezes conflituosas – linhas de ação no sentido político desejado". COUTINHO, D. R.; MOUALLEM, P. S. B. O direito contra a inovação? A persistência dos gargalos jurídicos à inovação no Brasil. *In*: LASTRES, M. M.; CASSIOLATO, J. E.; LAPLANE, G.; SARTI, F. *O futuro do desenvolvimento*: ensaios em homenagem a Luciano Coutinho. Campinas: Unicamp, 2016, p. 181-214.

A CONSTITUCIONALIDADE DA COOPERAÇÃO PÚBLICO-PRIVADA EM PROJETOS DE PESQUISA, DESENVOLVIMENTO CIENTÍFICO E TECNOLÓGICO E DE INOVAÇÃO

Neste último capítulo, com respaldo nos elementos até então apresentados, são trazidos os efeitos diretos e indiretos decorrentes da constitucionalização da cooperação público-privado como base do SNCTI, a partir de considerações *lege ferenda* para combater a insegurança jurídica responsável por criar barreiras à concretização de seus objetivos.

7.1 Comentário contextual à constitucionalidade da EC nº 85/2015

A indagação sobre os limites da constitucionalidade da cooperação público-privada em projetos de pesquisa, desenvolvimento científico e tecnológico e de inovação é quase inexplorada pela doutrina brasileira. Esse cenário colabora para atrasar sua evolução, além de gerar uma margem de insegurança jurídica aos envolvidos nesses ajustes associativos, os quais, ao encontrarem pouco respaldo teórico e dogmático para suas ações cooperativas entre entes públicos e a iniciativa privada, se sentem desencorajados a implementá-las.

A ausência de exploração do tema colabora para a dificuldade de se implementar o SNCTI, introduzido pela EC nº 85/2015, o qual, embora se revele objetivo do modelo brasileiro de Estado, ainda está qualificado pela assimetria de informações do que é possível e do que não é no âmbito da cooperação público-privada em projetos de pesquisa, desenvolvimento científico e tecnológico e de inovação.

O próximo passo é entender o SNCTI como atividade fomentadora do Estado à cooperação institucionalizada entre entidades públicas de todos os níveis federativos e privadas, conforme permite a CF/1988 por meio do seu art. 219-A, ao propiciar a criação de um ambiente estimulatório que permita uma quase irrestrita cooperação público-privada entre empresas do setor e o setor público. A ideia é conferir efetividade às finalidades traçadas pelo Estado e lançadas em políticas públicas direcionadas a essa área, para garantir os objetivos fundamentais e os fundamentos da República, gerar empregos, promover desenvolvimento tecnológico e garantir ao povo um mínimo de dignidade.

Observa-se outro ponto de divergência quando se confrontam de maneira pura e simples as medidas implementadas pelo SNCTI com os preceitos constitucionais da Administração Pública (Capítulo VII do Título III da CF/1988), mesmo diante de uma interpretação sistemática com a disciplina constitucional da ciência, tecnologia e inovação (Capítulo IV do Título VIII da CF/1988). Nesse caso, os autores ficarão em um ambiente de insegurança jurídica, pois falta norma interpretativa que atribua tranquilidade institucional para cada um desempenhar suas atribuições.

Há 10 anos, Maria Coeli Simões Pires apontou os motivos das dificuldades de se implementar os novos instrumentos de apoio à inovação: (i) divergências interpretativas; (ii) tensão entre segurança jurídica e processos de mudança; (iii) obsolescência, lacunas e ambiguidades dos marcos legais; (iv) ineficácia de modelos de cooperação em face da dinâmica global marcam esse ambiente.[897] Anos antes, a pesquisadora já havia mencionado a urgente necessidade de "revisão das matrizes do Direito por parte dos legisladores e, sobretudo, dos intérpretes, e também do sistema administrativo, relativamente à organização, à ges-

---

[897] "Os ambientes jurídico e administrativo, no entanto, ainda são pouco propícios à implementação de novos instrumentos de apoio às soluções inovativas. Divergências interpretativas; tensão entre segurança jurídica e processos de mudança; obsolescência, lacunas e ambiguidades dos marcos legais; e, ainda, ineficácia de modelos de cooperação em face da dinâmica global marcam esse ambiente". PIRES, Maria Coeli Simões. Direito, segurança jurídica e inovação: contextos, novos paradigmas e modelagem democrática. *In*: MARQUES NETO, Floriano de Azevedo; ALMEIDA, Fernando Dias Menezes de; NOHARA, Irene Patrícia; MARRARA, Thiago (org.). *Direito e administração pública*: estudos em homenagem a Maria Sylvia Zanella Di Pietro. São Paulo: Atlas, 2013, p. 163.

tão, ao financiamento e ao controle da inovação, em todas as esferas",[898] entendo como a única forma de "superação conjunta das barreiras institucionais e operacionais nesse campo".[899] A resposta positiva para a qualidade da implementação das políticas públicas para a inovação está no aperfeiçoamento deste ambiente jurídico-institucional, garantindo a "conformação e a consolidação de mecanismos capazes de garantir a segurança das relações jurídicas travadas",[900] principalmente a qualidade da "própria legislação, atenuando, sobretudo, a profusão legislativa",[901] o que pode ser efetivado através dos recursos trazidos pela *legística*.[902]

Eduardo Altomare Ariente[903] aponta o pífio investimento privado em ciência e tecnologia quando comparado a outros países e os valores muito baixos da exportação brasileira de produtos com alta tecnologia agregada, que correspondem à metade daqueles realizados pela Índia. Constata, ainda, que é mais barato licenciar tecnologias estrangeiras, fato que paralisa esses ajustes no Brasil. Outro gargalo visível é a taxa de juros praticada no país, uma das mais elevadas do mundo, a impactar na atividade produtiva, de serviços e de inovação. Diante disso, não se pode omitir nem contemporizar com o fracasso da educação brasileira, que possui índices de desempenho sofríveis reproduzidos nas análises realizadas pelo PISA e por outros organismos de avaliação,[904] o que

---

[898] PIRES, Maria Coeli Simões. *Ambiente jurídico da inovação no Brasil*. Instituto dos Advogados de Minas Gerais, 2010. Disponível em: https://www.mariacoeli.com.br/ambiente-juridico-da-inovac%CC%A7a%CC%83o-no-brasil/. Acesso em: 30 jan. 2023.

[899] PIRES, Maria Coeli Simões. *Ambiente jurídico da inovação no Brasil*. Instituto dos Advogados de Minas Gerais, 2010. Disponível em: https://www.mariacoeli.com.br/ambiente-juridico-da-inovac%CC%A7a%CC%83o-no-brasil/. Acesso em: 30 jan. 2023.

[900] PIRES, Maria Coeli Simões. Direito, segurança jurídica e inovação: contextos, novos paradigmas e modelagem democrática. *In*: MARQUES NETO, Floriano de Azevedo; ALMEIDA, Fernando Dias Menezes de; NOHARA, Irene Patrícia; MARRARA, Thiago (org.). *Direito e administração pública*: estudos em homenagem a Maria Sylvia Zanella Di Pietro. São Paulo: Atlas, 2013, p. 164.

[901] PIRES, Maria Coeli Simões. Direito, segurança jurídica e inovação: contextos, novos paradigmas e modelagem democrática. *In*: MARQUES NETO, Floriano de Azevedo; ALMEIDA, Fernando Dias Menezes de; NOHARA, Irene Patrícia; MARRARA, Thiago (org.). *Direito e administração pública*: estudos em homenagem a Maria Sylvia Zanella Di Pietro. São Paulo: Atlas, 2013, p. 164.

[902] SOARES, Fabiana de Menezes. Legística e desenvolvimento: a qualidade da lei no quadro da otimização de uma melhor legislação. *In*: *Revista da Faculdade de Direito da UFMG*, Belo Horizonte, n. 50, p. 125-127, jan./jul. 2007.

[903] ARIENTE, Eduardo Altomare. O regramento jurídico brasileiro sobre a inovação: um percurso do Alvará de 5 de janeiro de 1785 ao Marco Legal da Inovação (Lei Federal n. 13.243/16). *Revista Jurídica Unicuritiba*, n. 65, v. 3, p. 611-646, 2021.

[904] "Um estudo elaborado pelo IMD World Competitiveness Center comparou a prosperidade e a competitividade de 64 nações, em uma pesquisa que analisou como está o ambiente

compromete por várias gerações a capacidade do país de se tornar uma potência em ciência, tecnologia e inovação:

> Na agenda de qualquer país que busca ser inovador, não se pode contemporizar com o lamentável índice de aproveitamento escolar brasileiro, outra tragédia do nosso subdesenvolvimento. O ensino de matemática, português e ciências praticados no país, segundo sucessivos relatórios do PISA, possui desempenho sofrível. Nessa conformidade, as próximas gerações de cientistas brasileiros restarão comprometidas na medida em que o Brasil não consegue proporcionar ensino básico de qualidade às suas crianças, o que enseja, além de violação de direito fundamental, imperdoável desperdício de talentos.[905]

Esses são alguns dos principais motivos pelos quais a implementação de um sistema de estímulos positivos é a única solução para o país implementar o seu sistema nacional de ciência, tecnologia e inovação, principalmente para alavancar o orçamento de instituições de pesquisa e fomento, possibilitando o financiamento da ciência, tecnologia e inovação no Brasil de forma permanente e sem interrupções.[906]

O Direito representa um conjunto de instrumentos necessários à construção, ao acompanhamento e à efetivação de políticas públicas.

---

econômico e social do país para gerar inovação e se destacar no cenário global. No geral, o Brasil caiu uma posição em relação a 2019, após quatro anos seguidos de avanços – de acordo com a entidade, isso aconteceu por conta da entrada de um país a mais na lista deste ano (a africana Botsuana, em 61ª). No eixo que avalia a educação, o Brasil teve a pior avaliação entre as nações analisadas, alcançando a 64ª posição. [...]. O país teve um baixo desempenho no Pisa, a principal avaliação internacional de desempenho escolar, ocupando a 54ª posição, e no TOEFL, ocupando o 43º lugar no *ranking*. Além disso, o analfabetismo atinge 6,8% da população acima de 15 anos, sendo a média mundial de apenas 2,6%". MATYSIAK, Eduardo. *Educação brasileira está em último lugar em ranking de competitividade*: enquanto a economia do país apresentou melhora, setor educacional apresenta resultados negativos. 17 jun. 2021. Disponível em: https://www.cnnbrasil.com.br/nacional/educacao-brasileira-esta-em-ultimo-lugar-em-ranking-de-competitividade/. Acesso em: 20 jan. 2023.

[905] ARIENTE, Eduardo Altomare. O regramento jurídico brasileiro sobre a inovação: um percurso do Alvará de 5 de janeiro de 1785 ao Marco Legal da Inovação (Lei Federal n. 13.243/16). *Revista Jurídica Unicuritiba*, n. 65, v. 3, p. 611-646, 2021.

[906] "Estes são alguns dos principais motivos que legitimam as políticas de fomento, incentivos fiscais, subsídios e subvenções à ciência, tecnologia e inovação por nossas agências de fomento, tal como a CAPES, CNPQ, FINEP, BNDES e FAPESP. Aumentar o orçamento dessas instituições de pesquisa para financiar nossa ciência, tecnologia e inovação, de forma permanente, ainda é um desafio a ser vencido, assim como evitar os dramáticos cortes de bolsas para pesquisa em momentos de crise fiscal. Sem financiamento permanente à pesquisa, o país nunca se tornará inovador e seguiremos exportando alguns dos nossos melhores cientistas para instituições estrangeiras". ARIENTE, Eduardo Altomare. O regramento jurídico brasileiro sobre a inovação: um percurso do Alvará de 5 de janeiro de 1785 ao Marco Legal da Inovação (Lei Federal n. 13.243/16). *Revista Jurídica Unicuritiba*, n. 65, v. 3, p. 611-646, 2021.

Para um país ser considerado inovador, não bastam boas leis. Além do Direito ajustado às demandas específicas da inovação, é preciso reunir outros fatores, como educação de qualidade, estrutura adequada para pesquisa, financiamento acessível, ambiente econômico estimulante e competitivo, segundo retrata Eduardo Altomare Ariente.[907]

De todo o contexto apresentado, extraem-se algumas ilações:

- a concepção do público de que a sua relação com o privado é perniciosa não resiste a um simples exame de como os países desenvolvidos tecnologicamente utilizaram seus recursos públicos de todas as formas possíveis para alcançar resultados de industrialização (por exemplo, Coreia do Sul, Japão e China). Essas posições, paulatinamente, irão sucumbir;
- o enviesamento orgânico do controle interno e externo, aqui incluído o Ministério Público, sobre o uso da infraestrutura pública para o cumprimento da missão constitucional de implementar o SNCTI, poderá comprometer o alcance desejado pelo constituinte reformador: "neste cenário da inovação, é fundamental o entendimento favorável na sociedade pela aproximação entre o público e o privado. Assim, é preciso, no Brasil, vencer restrições, acomodar exigências e entender que para competir primeiro é preciso colaborar";[908]
- dados da pesquisa industrial mensal (IBGE) mostram que, nos últimos 10 anos, até fevereiro de 2023, a indústria no Estado de São Paulo encolheu 19% acima do número nacional, de 14,6%. São Paulo é o quarto Estado com maior desindustrialização no período, depois de Espírito Santo, que teve queda de 35%; Bahia (30,3%); e Ceará (3,9%).[909] A desindustrialização precoce do Brasil só pode ser resolvida com a interação entre Estado, indústrias e universidade, que deve ser agente atuante no socorro ao naufrágio anunciado;

---

[907] ARIENTE, Eduardo Altomare. O regramento jurídico brasileiro sobre a inovação: um percurso do Alvará de 5 de janeiro de 1785 ao Marco Legal da Inovação (Lei Federal n. 13.243/16). *Revista Jurídica Unicuritiba*, n. 65, v. 3, p. 611-646, 2021.

[908] VILELA, Evaldo Ferreira. Entendendo a inovação e o seu papel na geração de riquezas. In: DEL NERO; Patrícia Aurélia (coord.). *Propriedade intelectual e transferência de tecnologia*. Belo Horizonte: Fórum, 2011, p. 298.

[909] GAZETA DO POVO. *Indústria em São Paulo cai quase 20% nos últimos 10 anos e reflete a desindustrialização do país*. Disponível em: https://www.gazetadopovo.com.br/sao-paulo/industria-sao-paulo-cai-ultimos-anos-desindustrializacao-pais/#ancora-5. Acesso em: 20 maio 2023.

- o sistema de estímulos positivos pode causar um ambiente favorável à inovação e é empregado não no processo de subvenções e de subsídios econômicos, mas usando também a capacidade das universidades públicas as quais devem ser entendidas como uma *longa manus* estatal no processo de fomento ao desenvolvimento econômico;
- o investimento em educação básica deve integrar as metas do SNCTI, sob pena da mão de obra disponível com um alto nível de analfabetismo funcional não atender a um projeto de estado industrial;
- não há gastos com C,T&I, isto é, são investimentos em longo prazo;
- o intercâmbio entre os setores públicos e privados permitirá aos agentes públicos – sobretudo professores e pesquisadores – que dele participem a absorção de conhecimentos do mercado (importante estágio para o desenvolvimento científico e tecnológico), pois permite estar próximo das discussões e rotinas de uma empresa, fato raramente verificado no ambiente exclusivo da universidade pública;
- o assédio institucional que atinja os agentes deve ser fortemente sancionado, tendo em vista a possibilidade de se atribuir uma imagem negativa às estruturas de Estado existentes;
- a superação da insegurança jurídica oriunda das relações público-privadas deve ser pauta para se apresentar um caminho que definitivamente enterre posições extremistas de seus próprios membros e do ambiente de controle interno e externo, aqui incluído o Ministério Público que, muitas vezes – e o país tem percebido suas práticas nos últimos anos –, age na margem da insegurança jurídica, causando instabilidade na sociedade e nos ambientes institucionais setoriais.

7.2 Considerações de *lege ferenda* para superar o obstáculo da insegurança jurídica no SNCTI

Conforme discutido em capítulo anterior, a institucionalização do sistema nacional de ciência, tecnologia e inovação sempre esbarrará nos conflitos hermenêuticos existentes entre normas permissivas e restritivas da atuação dos seus atores, algo, inclusive, muitas vezes, apontado como um dos gargalos jurídicos da inovação.[910] Analisada sob diversas circunstâncias e vertentes, o primeiro passo a ser identificado é se realmente a implementação do SNCTI é prioritária para o Brasil, resposta que deve ser dada pelo Congresso Nacional.

As atuais políticas públicas que, de certa forma, procuraram institucionalizar o SNCTI geraram gargalos jurídico-institucionais à sua implementação insuperáveis, pois a construção hermenêutica da aplicação dos seus preceitos utilizou um critério puramente tradicionalista-positivista, respaldado exclusivamente nos preceitos constitucionais inerentes à Administração Pública e seus agentes, desconsiderando a nova roupagem constitucional trazida pela EC nº 85/2015.

Maria Paula Dallari Bucci e Diogo Rosenthal Coutinho[911] mencionam situação cotidiana nas ICTs universitárias: a possibilidade de o servidor envolvido em projeto de pesquisa decorrente de acordos de parceria em P,D&I receber bolsa de estímulo à inovação diretamente de instituição de apoio ou agência de fomento (art. 9º, §1º, da Lei nº 10.973/2004).

A leitura do texto demonstra ser simples a aplicação da norma, todavia, ela depende de ampla regulamentação, visto que a norma atribui o Direito, mas não o torna amplamente exequível. Dela sempre decorrem questionamentos quando confrontada com as normas constitucionais e infraconstitucionais que regulam a atuação dos servidores públicos, por exemplo:

> a "bolsa" pode ser acumulada com o salário? Ela deve ser tributada, para efeito de imposto de renda? O professor pode optar por atuar sob a forma de pessoa jurídica, para reduzir o imposto a pagar? Sendo um projeto de interesse da instituição, há limite de horas que o docente deve observar para atuar no projeto?[912]

---

[910] Maria Paula Dallari Bucci comenta a falta de clareza em relação aos termos da Lei de Inovação. Como exemplo, cita um conceito jurídico indeterminado existente na norma para a celebração de contratos de transferência de tecnologia e de licenciamento na outorga de direito de uso ou de exploração da criação sujeita ao relevante "interesse público". Não há previsão na legislação vigente, federal ou estadual, do significado do termo. BUCCI, Maria Paula Dallari. Gargalos jurídicos da inovação. FIESP, out. 2013. Disponível em: https://www.fiesp.com.br/arquivo-download/?id=117459. Acesso em: 12 abr. 2023.

[911] BUCCI, Maria Paula Dallari; COUTINHO, Diogo Rosenthal. Arranjos jurídico-institucionais da política de inovação tecnológica: uma análise baseada na abordagem de direito e políticas públicas. Inovação no Brasil: avanços e desafios jurídicos e institucionais. São Paulo: Blucher, 2017, p. 333-335.

[912] BUCCI, Maria Paula Dallari; COUTINHO, Diogo Rosenthal. Arranjos jurídico-institucionais da política de inovação tecnológica: uma análise baseada na abordagem de direito e políticas

A questão que parece simples pode, em virtude da ausência de regulamentação interna das universidades, ou mesmo quando há regulamentação interna muito restritiva, levar o docente-pesquisador a não poder participar do projeto, sob pena de ele contra si ver instaurado um processo administrativo disciplinar que pode custar o seu cargo na instituição.

Situações como estas aumentam ainda mais o gargalo jurídico-institucional da inovação, mesmo pressupondo que o interesse do constituinte derivado através da EC nº 85/2015 tenha sido oxigenar totalmente o cenário brasileiro das atividades envolvendo ciência, tecnologia e inovação, contribuindo para gerar empregos com maior exigência de qualificação e para o desenvolvimento tecnológico do país. Isto porque é de amplo conhecimento da sociedade que, no Brasil, grande parte "da força de trabalho intelectual para a realização de projetos de conhecimento inovadores (que podem se converter em produtos ou processos inovadores para as empresas) está nas universidades públicas".[913]

De outra forma, a superação dos entraves ou gargalos jurídico-institucionais à inovação poderá nunca ocorrer se o arcabouço normativo constitucional desse arranjo jurídico-institucional trazido pelo aparato regulatório da inovação não for consideravelmente eloquente e impuser seus objetivos sobre as posições excessivamente conservadoras e estanques de grande parte dos aplicadores do Direito – advogados, promotores, procuradores e juízes – e dos legisladores locais.

O conservadorismo é gritado aos quatro cantos pelos seus defensores, como se fosse uma enorme qualidade. Os que tentam superá-lo terão uma dura e árdua luta travada contra esses sujeitos, em sua grande maioria agentes públicos, inspirados no Código do Fracasso Drominiano,[914] procurando impor medo aos pares que pensam de maneira diferente ou de forma progressiva.

Para complementar, Maria Paula Dallari Bucci e Diogo Rosenthal Coutinho questionam se "seria mais adequado ajustar o texto da Lei da Inovação do que alterar a Constituição para enfatizar um comando

---

públicas. *Inovação no Brasil*: avanços e desafios jurídicos e institucionais. São Paulo: Blucher, 2017, p. 334.

[913] BUCCI, Maria Paula Dallari; COUTINHO, Diogo Rosenthal. Arranjos jurídico-institucionais da política de inovação tecnológica: uma análise baseada na abordagem de direito e políticas públicas. *Inovação no Brasil*: avanços e desafios jurídicos e institucionais. São Paulo: Blucher, 2017, p. 334.

[914] DROMI, Roberto. *Derecho administrativo*. 4. ed. Buenos Aires: Ciudad Argentina, 1995, p. 35.

que a legislação já contém".[915] O exemplo ilustra bem o fato de que só a figura do arranjo jurídico-institucional não basta para solucionar questões aparentemente simples no ambiente da inovação:[916]

> Evidentemente, a alteração constitucional não solucionará, por si, essa complexa inter-relação. Contudo, por sua posição de ápice da pirâmide normativa, teria a força de reorientar o processo de aplicação das normas, evitando que argumentos administrativos menores se sobreponham aos fins últimos da lei, de fomentar e incentivar a inovação tecnológica.[917]

Isso leva a crer que, embora não seja o melhor processo a ser realizado em termos de técnica jurídica, pois só infla a CF/1988 já excessivamente dirigente,[918] a solução imediata para a prevalência da opção constitucional pelo desenvolvimento tecnológico, por meio da efetividade do sistema nacional de ciência, tecnologia e inovação, só poderá ser concretizada pela inclusão de uma norma constitucional que garanta aos seus atores que a sua contribuição como sujeito ativo na implementação dessas políticas públicas estará protegida por uma norma fundamental.

Cogitar-se uma norma de sobredireito, a ser inserida na LINDB, como ocorrera com as normas que procuraram aumentar a segurança jurídica nas decisões administrativas, controladoras e judiciais (arts. 20 a 30 da Lei nº 13.655/2018), fatalmente será insuficiente, mesmo tendo em vista que uma norma de sobredireito (*lex legum*) representa "um conjunto de normas sobre normas, no qual se disciplina a vigência e

---

[915] BUCCI, Maria Paula Dallari; COUTINHO, Diogo Rosenthal. Arranjos jurídico-institucionais da política de inovação tecnológica: uma análise baseada na abordagem de direito e políticas públicas. *Inovação no Brasil*: avanços e desafios jurídicos e institucionais. São Paulo: Blucher, 2017, p. 334.

[916] [...] "estamos diante de um simples ato jurídico (o recebimento da bolsa de inovação), mas de um ordenamento jurídico mais amplo e complexo, no qual aquele ato se insere. Pois o professor é servidor público, sujeito à Lei nº 8.112, de 1990 (ou suas congêneres, se funcionário estadual) e à legislação do imposto de renda e assim por diante". BUCCI, Maria Paula Dallari; COUTINHO, Diogo Rosenthal. Arranjos jurídico-institucionais da política de inovação tecnológica: uma análise baseada na abordagem de direito e políticas públicas. *Inovação no Brasil*: avanços e desafios jurídicos e institucionais. São Paulo: Blucher, 2017, p. 334.

[917] BUCCI, Maria Paula Dallari; COUTINHO, Diogo Rosenthal. Arranjos jurídico-institucionais da política de inovação tecnológica: uma análise baseada na abordagem de direito e políticas públicas. *Inovação no Brasil*: avanços e desafios jurídicos e institucionais. São Paulo: Blucher, 2017, p. 335.

[918] Para aprofundar o tema do constitucionalismo dirigente: CANOTILHO, José Joaquim Gomes. *Constituição dirigente e vinculação do legislador*: contributo para a compreensão das normas constitucionais programáticas. 2. ed. Coimbra: Almedina, 2001.

aplicação das normas jurídicas de forma complementar aos dispositivos constitucionais, seja no Direito Público ou no Direito Privado".[919]

Isso ocorre porque, segundo Carlos Ari Sundfeld, um dos idealizadores das normas trazidas pela Lei nº 13.655/2018, "o problema é que as atividades de governo de regulação foram sequestradas pela pura retórica jurídica. Na Administração, no Judiciário, no Ministério Público e nos Tribunais de Contas, há um tipo de direito muito voluntarista sendo praticado".[920]

Nesse cenário, que ainda persiste nos órgãos públicos, a insegurança jurídica continuará a pairar sobre o SNCTI se não houver a constitucionalização de uma norma interpretativa a instituir a prevalência de suas medidas sobre outras normas constitucionais e infraconstitucionais, respeitando os direitos fundamentais.

Sob essa perspectiva, através de uma PEC, poderia ser inserida uma norma constitucional por meio de um artigo autônomo, cuja redação sugerida seria a seguinte:

> Art. 219-C Respeitados os direitos e garantias fundamentais, havendo conflito entre normas relativas à promoção do desenvolvimento científico e tecnológico e à inovação, e outras normas desta Constituição, haverá sempre a prevalência das normas ou ajustes delas decorrentes que se destinem à promoção do desenvolvimento científico e tecnológico e à inovação.

Uma norma dessa dimensão seria um grande passo para impulsionar o SNCTI e para combater a paralisia institucional decorrente dos seus gargalos jurídico-institucionais relacionados à interpretação das normas de ciência, tecnologia e inovação.

---

[919] FRANÇA, Vladimir da Rocha; BRAGA, Cristina Alves da Silva. A Lei de Introdução às Normas do Direito Brasileiro e Interpretação das Normas Jurídicas pelo Poder Judiciário. *In*: *Revista Digital Constituição e Garantia de Direitos*, v. 14, n. 1, 2022. Disponível em: https://periodicos.ufrn.br/constituicaoegarantiadedireitos/article/view/29257. Acesso em: 12 mar. 2023.

[920] SUNDFELD, Carlos Ari. A Lei de Introdução às Normas do Direito Brasileiro e sua renovação. *In*: CUNHA FILHO, Alexandre Jorge Carneiro; ISSA, Rafael Hamze; SCHWIND, Rafael Wallbach. *Lei de Introdução às Normas do Direito Brasileiro – anotada*: Decreto-Lei nº 4.657, de 4 de setembro de 1942, v. I. São Paulo: Quartier Latin, 2019, p. 36.

CONCLUSÃO

O SNCTI analisado nesta obra foi se organizando, desde a metade do século XX, sempre amparado em políticas de governos específicos que entenderam a importância de investimentos em P,D&I.

Devido à natureza programática da CF/1988 e a inserção pelos constituintes de um capítulo apartado na Carta Magna dedicado à ciência e tecnologia, é possível perceber iniciativas de estímulos para sua institucionalização, cujos efeitos concretos desembocaram na EC nº 85/2015, que optou, literalmente, pela constitucionalização do SNCTI com fundamento na cooperação público-privada. Os fortes mecanismos trazidos por essa reforma induziram à criação ou ao aprimoramento dos estímulos positivos para dinamizar o setor, desaguando em normas infraconstitucionais de todos os níveis, que objetivaram espraiar os efeitos desejados pelo Brasil na ampliação de oportunidades para a ciência, tecnologia e inovação.

A opção de tratamento prioritário da pesquisa e inovação pelo Estado foi incorporada no art. 218 da CF/1988, retomando a ideia difundida por Norberto Bobbio da função promocional do Estado, sob uma perspectiva dirigente da CF/1988, cujas normas programáticas serão objeto de implementação através de políticas públicas que possam contribuir decisivamente para institucionalizar o SNCTI, sempre pautadas no estímulo e na articulação entre os entes públicos e privados nele envolvidos (arts. 219, 219-A e 219-B da CF/1988).

Para eliminar dúvidas acerca do *status* constitucional atribuído ao SNCTI, a EC nº 85/2015 indicou os instrumentos para implementar sua ação (arts. 219-A e 219-B), cujo mote principal é a cooperação público-privada em projetos de pesquisa, desenvolvimento científico e tecnológico e de inovação. Portanto, é entendida nesse subsistema normativo constitucional como política pública prioritária no país (art. 218 da CF/1988).

Dito isso, nossa quase presunção inicial de que um eventual quadro de insuficiência normativo-regulatória da ciência, tecnologia e inovação poderia ser o principal gargalo à implementação da SNCTI ou, ainda, que a cooperação público-privada em projetos de pesquisa, desenvolvimento científico e tecnológico e de inovação era desincentivada por argumentos puristas de sua inconstitucionalidade não corresponde exatamente à realidade.

Na primeira assertiva, observa-se um aparato constitucional com desdobramentos infraconstitucionais em todos os níveis já em estágio avançado no Direito brasileiro. Outro processo avançado de institucionalização dos sistemas de inovação é o regional, no que se refere à criação de estruturas, políticas e mecanismos para promovê-lo e sustentá-lo.

Já na segunda consideração, o que se vê em relação à ausência de implementação ativa da cooperação público-privada não pode ser atribuído apenas à incipiente implementação do marco legal da ciência, tecnologia e inovação nas universidades públicas difundida recentemente pelo TCU. Atribui-se, isso sim, aos gargalos jurídicos existentes no uso destes instrumentos jurídicos de cooperação público-privada. Isso ocorre, sobretudo, quando confrontados com outras normas constitucionais e infraconstitucionais, nas quais a insegurança jurídica dos seus atores ainda é uma barreira a ser superada por meio de uma política pública de Estado, que possibilite priorizar a ciência, a tecnologia e a inovação para exalar além do texto constitucional formal.

O TCU, através do Acórdão nº 1.832/2022, entre outros apontamentos, verificou que as políticas de inovação estão desatualizadas e que os NITs não foram formalizados ou estruturados, inclusive considerando a definição de suas competências, o que não contribui para impactar o desenvolvimento econômico do país, mesmo com um aparato de estímulos positivos e instrumentos jurídicos colocados à disposição

A cooperação público-privada nesse ambiente institucional é indispensável para se alcançar os objetivos claramente identificados pelo Brasil e constitucionalizados pela EC nº 85/2015. Entretanto, todas essas questões, quando confrontadas com o aparato normativo tradicional incidente sobre muitos dos seus atores, e que é pouco indutivo dessa cooperação, levam à compreensão dos motivos pelos quais a sua implementação ainda é uma utopia, principalmente por aqueles que cultuam a ideologia de que a liberdade à formação dos instrumentos cooperativos não pode ser ampla, mas deve sempre observar normas constitucionais ou infraconstitucionais restritivas desse novo modelo constitucional, que, ao final, cerceia a liberdade dos seus atores e estagnam o desenvolvimento dessas parcerias.

Em uma sociedade educacionalmente atrasada, uma emenda constitucional deve superar uma quantidade excessiva de barreiras institucionais, tanto de governo como de Estado, que já estão historicamente enraizadas no móvel dos cultuadores dessas premissas restritivas aos novos modelos por ela concebidos. Comparada com essa corrida de obstáculos, a prática moderna da liderança presidencial em incentivar a promoção do setor resulta relativamente insuficiente para implementar as expectativas sociais e promover essas mudanças, requerendo uma posição ativa na solução do que se imaginava suficientemente resolvido.

Não subestimamos as exigências de um sistema contemporâneo ao formular esse juízo. Uma simples nomenclatura transformadora (inovação) é insuficiente para tornar funcional uma emenda constitucional. Para o cidadão comum, ela pode representar mero adorno. Todavia, para fazê-lo pensar diferente, os constitucionalistas seguem obrigados a confrontá-la com os precedentes de produção normativa do passado. É dizer, os precedentes pouco convencionais e de ultraje aos direitos da maioria em prol de uma minoria que ainda insiste em relutar contra o início de um combate ao sistema patrimonialista legado dos portugueses. Estes sempre trarão desconfiança em relação às políticas públicas direcionadas ao desenvolvimento econômico, principalmente quando elas incorporam o setor privado como um dos seus atores.

No entanto, também é possível relembrar o passado a partir de um sentido renovado das verdades revolucionárias nele contidas, para provocar os concidadãos a continuarem o projeto de renovação e de redefinição popular, mesmo diante das crises enfrentadas nos últimos 100 anos de história do país.

Acreditar que o SNCTI pode contribuir para uma nova conjuntura social e econômica no Brasil, na qual se interpretem normas da ciência, tecnologia e inovação como especiais e que derroguem normas gerais quando houver confronto, pode representar o caminho para efetivamente dar um passo maior para a implementação dos desejos dos constituintes derivados estampados na EC nº 85/2015. Nesse contexto, a *lege ferenda* proposta nesta obra pode ser uma singela contribuição para combater a paralisia institucional decorrente dos gargalos jurídico-institucionais, no mais das vezes, relacionados à interpretação enviesada das normas de ciência, tecnologia e inovação, tratadas como subalternas a outros comandos normativos constitucionais e infraconstitucionais.

REFERÊNCIAS

ABRASEL. Brasil figura entre as cinco economias mais empreendedoras do mundo. *Bares e Restaurantes*. 8 fev. 2023 (*on-line*).

AGÊNCIA SENADO. *Assédio tem sido usado como 'método de governo', dizem debatedores*. 02 ago. 2022. Disponível em: https://www12.senado.leg.br/noticias/materias/2022/08/02/assedio-tem-sido-

AGU. *Checklist*: Acordo de Cooperação Internacional para Ciência, Tecnologia e Inovação. Disponível em: https://www.gov.br/agu/pt-br/composicao/procuradoria-geral-federal-1/subprocuradoria-federal-de-consultoria-juridica/camara-permanente-da-ciencia-tecnologia-e-inovacao-1/ChecklistAcordoCoopInternacional.pdf. Acesso em: 23 jun. 2023.

ALBUQUERQUE, Eduardo da Motta e. Ideias fundadoras: apresentação. *Revista Brasileira de Inovação*, v. 3, n. 1, jan./jun. 2004.

ALCÁZAR, Mariano Baena del. Sobre el concepto de fomento. *Revista de Administración Pública*, Madri, n. 54, maio/ago. 1967.

ALENCAR, Letícia Oliveira Lins de. A atividade administrativa de fomento e a importância do planejamento. *Fórum Administrativo – FA*, Belo Horizonte, abr. 2016.

ALESSI, Renato. *Sistema istituzionale del diritto amministrativo italiano*. 2. ed. Milano: Giuffrè,1958.

ALMEIDA JR., João Mendes de. *A ideia de autonomia e a pretensão de transição do ensino oficial*. São Paulo: Tipo Siqueira Nagel e Cia., 1912.

ALMEIDA, Fernando Dias Menezes de. Conflito entre entes federativos: atuação do Supremo Tribunal Federal no regime da Constituição de 1988. *In*: MORAES, Alexandre de. *Os 20 anos da Constituição da República Federativa do Brasil*. São Paulo: Atlas, 2009.

ALMEIDA, Fernando Dias Menezes de. *Contrato administrativo*. São Paulo: Quartier Latin, 2012.

ALMEIDA, Fernando Dias Menezes de; MOURÃO, C. Mota. A inovação como fator de convergência normativa: análise do caso dos fundos de investimentos com participação estatal. *In*: COUTINHO, D.; FOSS, M.C.; MOUALLEN, P. S. (org.). *Inovação no Brasil*. Avanços e desafios jurídicos e institucionais. São Paulo: Blucher Open Acess, 2017.

ALMEIDA, Fernando Dias Menezes de. A legislação federal sobre ciência, tecnologia e inovação no contexto da organização federativa brasileira. *In*: FREITAS, Rafael Véras de; RIBEIRO, Leonardo Coelho; FRIGELSON, Bruno (org.). *Regulação e novas tecnologias*. Belo Horizonte: Fórum, 2017.

ALMEIDA, Fernando Dias Menezes de. As universidades e o fomento à pesquisa científica no sistema constitucional brasileiro. *Revista da Faculdade de Direito da Universidade do Porto*, n. 17/18, 2022.

ALVES, Francisco de Assis. *Fundações, organizações sociais, agências executivas*: organizações da sociedade civil de interesse público e demais modalidades de prestação de serviços públicos. São Paulo: LTr, 2000.

AMARANTE, Gesil Sampaio. O papel dos núcleos de inovação tecnológicas na gestão da política de inovação e sua relação com as empresas. *In*: SOARES, Fabiana de Menezes; PRETE, Esther Külkamp Eyng (org.). *Marco regulatório em ciência, tecnologia e inovação*: texto e contexto da Lei n. 13.243/2016. Belo Horizonte: Arraes, 2018.

ANASTASIA, Antonio Augusto Junho. Fundação educacional: opção constitucional por sua desvinculação do poder público: consequência quanto à supervisão pedagógica. *Revista do Tribunal de Contas de Minas Gerais*, v. 9, n. 4, p. 75-87, out./dez. 1993.

ANASTASIA, Antonio Augusto Junho. Natureza jurídica das fundações de apoio. *In*: FERRAZ, Luciano; MOTTA, Fabrício. *Direito público moderno* (homenagem especial ao professor Paulo Neves de Carvalho). Belo Horizonte: Del Rey, 2003.

ANDIFES. *Proposta de um Anteprojeto de Lei, denominado de Lei Orgânica das Universidades Públicas Federais*. Disponível em: https://www.andifes.org.br/wp-content/files_flutter/Biblioteca_009_LOU-IFES.pdf. Acesso em: 3 set. 2023.

ARAGÃO, Alexandre Santos de. *A autonomia universitária no estado contemporâneo e no direito positivo brasileiro*. Rio de Janeiro: Renovar, 2001.

ARAÚJO, Andréa Cristina Marques de; GOUVEIA, Luís Borges. Uma revisão sobre os princípios da teoria geral dos sistemas. *In*: *Estação Científica*, n. 16, jul./dez. Juiz de Fora: Estácio, 2016. Disponível em: https://portal.estacio.br/media/3727396/uma-revis%C3%A3o-sobre-os-princ%C3%ADpios-da-teoria-geral-dos-sistemas.pdf. Acesso: 8 mar. 2023.

ARAÚJO, Nizete Lacerda (coord.). *Diálogos com o marco legal da inovação*. Rio de Janeiro: Lumen Juris, 2022.

ARAÚJO, Nizete Lacerda; GUERRA, Bráulio Madureira; LOBATO, Laura Camisassa R.; DOYLE, Maria de Lourdes Rosa. *Marco legal da inovação*: breves comentários. Rio de Janeiro: Lumen Juris, 2018.

ARBIX, Glauco *et al*. *Inovação*: estratégia de sete países. Brasília: ABDI, 2010.

ARCURI, Reginaldo Braga. Desafios institucionais para a consolidação do Sistema Nacional de Ciência, Tecnologia e Inovação. *In*: *Parcerias estratégicas*: consolidação do Sistema Nacional de Ciência Tecnologia e Inovação (SNCTI), v. 15, n. 31, Parte 1, jul./dez. 2010. Brasília: Centro de Gestão e Estudos Estratégicos: Ministério da Ciência e Tecnologia, 2010.

ARIENTE, Eduardo Altomare. ICTs. *In*: SIQUEIRA NETO, José Francisco; MENEZES, Daniel Francisco Nagao (org.). *Dicionário de Inovação Tecnológica*, v. 1. Belo Horizonte: Arraes, 2020.

ARIENTE, Eduardo Altomare. O regramento jurídico brasileiro sobre a inovação: um percurso do Alvará de 05 de janeiro de 1785 ao Marco Legal da Inovação (Lei Federal n. 13.243/16). *Revista Jurídica Unicuritiba*, n. 65, v. 3, 2021.

ARIENTE, Eduardo Altomare; CABRAL, Mário André Machado. Cessão de uso de bens imóveis por entes públicos: oportunidades abertas pelo Decreto Federal de Inovação. *In*: SANTOS, Fabio Gomes dos; BABINSKI, Daniel Bernardes de Oliveira (org.). *Caderno n. 2 – Decreto federal de inovação: novas oportunidades*. Cadernos do Núcleo Jurídico do Observatório da Inovação e Competitividade do Instituto de Estudos Avançados da Universidade de São Paulo. São Paulo, USP, 2019.

ARIÑO ORTIZ, Gaspar. *Principios de derecho público económico*. 2. ed. Granada: Comares, 2001.

ASSUNÇÃO, Linara Oeiras. Direito, inovação e sustentabilidade: gestão de desafios no sistema de inovação brasileiro. *In*: SOARES, Fabiana de Menezes *et al.* (org.). *Perspectivas para o desenvolvimento*: práticas, leis e políticas. Belo Horizonte: Initia Via, 2020.

ATALIBA, Geraldo. Ação popular na Constituição brasileira. *Revista de Direito Público*, n. 76, São Paulo: RT, out./dez. 1985.

BABINSKI, Daniel Bernardes de Oliveira (org.). *Caderno n. 2 – Decreto Federal de Inovação: Novas Oportunidades* – Cadernos do Núcleo Jurídico do Observatório da Inovação e Competitividade do Instituto de Estudos Avançados da Universidade de São Paulo. São Paulo, USP, 2019.

BACHUR, João Paulo. Às *portas do labirinto*: para uma recepção crítica da teoria social de Niklas Luhmann. Rio de Janeiro: Beco do Azougue, 2010.

BAHIA. Fundação de Amparo à Pesquisa do Estado da Bahia. Lei n. 7.888, de 1999. *Criação da FAPESB*. Disponível em: https://www.fapesb.ba.gov.br/wp-content/uploads/2010/07/Lei-7.888-CRIACAO-DA-FAPESB.pdf. Acesso em: 11 maio 2023.

BAILY, Martin Neil; MONTALBANO, Nicholas. *Clusters and innovation districts*: lessons from the Unite States experience. 2017. Disponível em: https://www.brookings.edu/wp-content/uploads/2017/12/es_20171208_ bailyclustersandinnovation.pdf. Acesso em: 2 maio 2023.

BAPTISTA, Patrícia. *Transformações do direito administrativo*. Rio de Janeiro: Renovar, 2003.

BARBALHO, Sanderson César Macêdo. Cultura de inovação e a construção de ambientes inovadores nas universidades. *In*: BARBALHO, Sanderson César Macêdo; MEDEIROS, Juliana Corrêa Crepalde; QUINTELLA, Cristina M. (org.) *O marco legal de ciência, tecnologia e inovação (CT&I) e seu potencial impacto na inovação no Brasil*. Curitiba: CRV, 2019.

BARBOSA, Caio Márcio Melo. *A Lei n. 8.958/94 (Lei das Fundações de Apoio) é aplicável somente na esfera federal*. Disponível em: https://jus.com.br/artigos/38485/a-lei-n-8-958-94-lei-das-fundacoes-de-apoio-e-aplicavel-somente-na-esfera-federal. Acesso em: 16 mar. 2023.

BARBOSA, Caio Márcio Melo. Ambientes promotores de inovação. *In*: PORTELA, Bruno Monteiro; BARBOSA, Caio Márcio Melo; MURARO, Leopoldo Gomes; DUBEUX, Rafael. *Marco Legal da Ciência, Tecnologia e Inovação no Brasil*. Salvador: Juspodivm, 2020.

BARBOSA, Cynthia Mendonça. A relação entre empresas e instituições de ensino e pesquisa e seu papel no desenvolvimento econômico. *In*: SOARES, Fabiana de Menezes; PRETE, Esther Külkamp Eyng. *Marco Regulatório em Ciência, Tecnologia e Inovação*: texto e contexto da Lei n. 13.243/2016. Belo Horizonte: Arraes, 2018.

BARBOSA, Denis Borges. *Direito da inovação*: comentários à lei federal de inovação, incentivos fiscais à inovação, legislação estadual e local, poder de compra do estado (modificações à lei de licitações). 2. ed. Rio de Janeiro: Lumen Juris, 2011.

BARBOSA, Denis Borges. *O comércio de tecnologia*: aspectos jurídicos – transferência, licença e *know-how*. Disponível em: http://w2.iffarroupilha.edu.br/site/midias/arquivos/2011229152557281o_comercio_de_tecnologias.pdf. Acesso em: 30 maio 2023.

BARCELLOS, Ana Paula de. Bem-estar social. *In*: DIMOULIS, Dimitri (coord.). *Dicionário brasileiro de direito constitucional*. 2. ed. São Paulo: Saraiva, 2012.

BARROSO, Luís Roberto. A ordem econômica constitucional e os limites à atuação estatal no controle de preços. *Revista de Direito Administrativo*, n. 226, out./dez. 2001.

BARROSO, Luís Roberto. Crise econômica e direito constitucional. *Revista Trimestral de Direito Público*, São Paulo, n. 6, 1994.

BARROSO, Luís Roberto. *Curso de direito constitucional contemporâneo*. 5. ed. São Paulo: Saraiva, 2015.

BASTOS, Celso Ribeiro; MARTINS, Ives Gandra da Silva. *Comentários à Constituição do Brasil* (Promulgada em 5 de outubro de 1988). 8 v. Arts. 193 a 232. São Paulo: Saraiva, 1998.

BERCOVICI, Gilberto. Ciência e inovação sob a Constituição de 1988. *Revista dos Tribunais*, v. 916, fev. 2012.

BERCOVICI, Gilberto. *Constituição econômica e desenvolvimento*. 2. ed. São Paulo: Almedina, 2022.

BERGER, Peter L.; LUCKMANN, Thomas. *A construção social da realidade*: tratado de sociologia do conhecimento. Trad. Floriano de Souza Fernandes. 24. ed. Petrópolis: Vozes, 1985.

BERTALANFFY, Ludwig Von. *Teoria geral dos sistemas*. Petrópolis: Vozes, 1977.

BIELSA, Rafael. *Derecho administrativo*. 3. ed. Buenos Aires: Librería J. Lajoane y Cia., 1938.

BNDES. *Crédito pequena empresa*. Disponível em: https://www.bndes.gov.br/wps/portal/site/home/financiamento. Acesso em: 3 out. 2019.

BOBBIO, Norberto. Sulle sanzioni positive. *Scritti dedicati ad Alessandro Raselli*, t. I. Milano: Giuffrè, 1971.

BOBBIO, Norberto. *Da estrutura à função*: novos estudos de teoria do direito. Trad. Daniela Beccaccia Versiani; Revisão técnica de Orlando Seixas Bechara, Renata Nagarnine. Barueri: Manole, 2007.

BONAVIDES, Paulo. *Curso de direito constitucional*. 18. ed. São Paulo: Malheiros, 2006.

BONAVIDES, Paulo. *Curso de direito constitucional*. 24. ed. São Paulo: Malheiros, 2009.

BONAVIDES, Paulo. *Curso de direito constitucional*. 25. ed. São Paulo: Malheiros, 2010.

BONAVIDES, Paulo. *Do estado liberal ao estado social*. São Paulo: Malheiros, 2001.

BORGES, Alice Gonzalez. *Normas gerais no Estatuto de Licitações e Contratos Administrativos*. São Paulo: RT, 1994.

BORGES, Alice Maria Gonzalez. *Temas do direito administrativo atual*: estudos e pareceres. Belo Horizonte: Fórum, 2004.

BOULDING, Kenneth E. *The world as a total system*. Beverly Hills: Sage Publications, 1985.

BRAGA, Leopoldo. Conceito jurídico de instituições de educação e assistência social. *Revista de Direito da Procuradoria-Geral*, v. 21, Rio de Janeiro: Procuradoria Geral do Estado da Guanabara, 1969.

BREMOND, Janine; GELEDAN, Alain. *Dictionnaire economique et social*. Paris: Hatier, 1981.

BREWER-CARÍAS, Allan R. *Derecho administrativo*. t. I. Bogotá: Universidad Externado de Colombia, 2006.

BUCCI, Maria Paula Dallari. Políticas públicas e direito administrativo. *Revista de Informação Legislativa*, v. 34, n. 133, jan./mar. 1997.

BUCCI, Maria Paula Dallari; COUTINHO, Diogo Rosenthal. Arranjos jurídico-institucionais da política de inovação tecnológica: uma análise baseada na abordagem de direito e políticas públicas. *In*: *Inovação no Brasil*: avanços e desafios jurídicos e institucionais. São Paulo: Blucher, 2017.

BUCCI, Maria Paula Dallari. *Direito administrativo e políticas públicas*. São Paulo: Saraiva, 2002.

BUCCI, Maria Paula Dallari. *Fundamento para uma teoria jurídica das políticas públicas*. São Paulo: Saraiva, 2013.

BUCCI, Maria Paula Dallari. *Gargalos jurídicos da inovação*. FIESP, out. 2013. Disponível em: https://www.fiesp.com.br/arquivo-download/?id=117529. Acesso em: 12 abr. 2023.

BUCCI, Maria Paula Dallari. Notas para uma metodologia de análise de políticas públicas. *In*: FORTINI, Cristiana; DIAS, Maria Tereza Fonseca; ESTEVES, Júlio César dos Santos (coord.). *Políticas públicas* – possibilidades e limites. Belo Horizonte: Fórum, 2008.

BUCCI, Maria Paula Dallari. O conceito de política pública em direito. *In*: BUCCI, Maria Paula Dallari (coord.). *Políticas públicas*: reflexões sobre o conceito jurídico. São Paulo: Saraiva, 2006.

BUCELLI, Rogério Luiz. *Autonomia universitária*: a experiência das universidades estaduais paulistas (1989/1995). Dissertação (Mestrado em Direito). São Paulo: FGV, 1996.

BULOS, Uadi Lammêgo. *Mutação constitucional*. São Paulo: Saraiva, 1997.

BURGELMAN, R. A.; CHRISTENSEN, C. M.; WHEELWRIGHT, S. C. *Strategic management of technology and innovation*. 4. ed. New York: McGraw-Hill Irvin, 2004.

CADE. *Guia*: termo de compromisso de cessação para casos de cartel. Brasília: Superintendência-Geral do Cade, 2016.

CAGGIANO, Heloisa Conrado. Apontamentos sobre o conceito de fomento público. *Revista de Direito Público da Economia – RDPE*, Belo Horizonte, ano 16, n. 61, p. 77-92, jan./mar. 2018.

CALABI, Andrea Sandro (coord.). *Implantação de ambientes de inovação e criatividade* – estudos técnicos para a viabilização dos distritos de inovação na gleba Ceagesp, em São Paulo, e no HIDS-Fazenda Argentina, em Campinas. São Paulo: FAPESP/FIPE, 2020.

CALDAS, Roberto Correia da Silva Gomes; NEVES, Rubia Carneiro. Administração pública consensual: uma nova tendência nos acordos de parceria para promover tecnologia e inovação. *Revista de Direito Bancário e do Mercado de Capitais*, São Paulo, v. 57, jul./set. 2012.

CALDAS NETO, Cícero. "Preço público" e "taxa": algumas considerações. *Revista de Informação Legislativa*, n. 135, ano 34, jul./set. 1997.

CÂMARA DOS DEPUTADOS. *Proposta de Emenda Constitucional n. 290/2013*. Disponível em: https://www.camara.leg.br/proposicoesWeb/prop_mostrarintegra?codteor=1113429&filename=PEC%20290/2013. Acesso em: 12 out. 2022.

CAMPAGNOLO, Jorge Mario; VELHO, Sérgio R. Knorr. Marco legal de ciência, tecnologia e inovação. *In*: BARBALHO, Sanderson César Macêdo; MEDEIROS, Juliana Corrêa Crepalde; QUINTELLA, Cristina M. (org.). *O marco legal de ciência, tecnologia e inovação (CT&I) e seu potencial impacto na inovação no Brasil*. Curitiba: CRV, 2019.

CANOTILHO, José Joaquim Gomes. *Constituição dirigente e vinculação do legislador*: contributo para a compreensão das normas constitucionais programáticas. 2. ed. Coimbra: Almedina, 2001.

CARRIÓ, Genaro. *Notas sobre derecho y lenguaje*. Buenos Aires: Abeledo-Perrot, 1973.

CARVALHO FILHO, José dos Santos. *Manual de direito administrativo*. 26. ed. São Paulo: Atlas, 2013.

CARVALHO, Raquel. *As fundações de apoio*: segue o desafio. 15 maio 2018. Disponível em: http://raquelcarvalho.com.br/2018/05/15/as-fundacoes-de-apoio-segue-o-desafio/. Acesso em: 23 fev. 2023.

CASSAGNE, Juan Carlos. *La intervención administrativa*. 2. ed. Buenos Aires: Abeledo-Perrot, 1994.

CASSAGNE, Juan Carlos. Los contratos de la administración pública (distintas categorías e regímenes jurídicos). *Revista de la Administración Pública*, Madri, n. 78, set./dez. 1975.

CASSAGNE, Juan Carlos. Derecho administrativo. t. I. 9. ed. Buenos Aires: Abeledo-Perrot, 2008.

CASSESE, Sabino. L'organizzazione amministrativa. *Rivista Trimestralle di Diritto Pubblico*, II, 382, 1995.

CASSESE, Sabino. *Derecho administrativo*: história e futuro. Madri: INAP, 2014.

CATALÀ, Joan Prats i. De la burocracia al *management*, del *management* a la gobernanza. *In: Las transformaciones de las administraciones públicas de nuestro tempo*. Madri: INAP, 2005.

CATALÀ, Joan Prats i. Direito e gerenciamento nas administrações públicas – notas sobre a crise e renovação dos respectivos paradigmas. *Revista do Serviço Público*, v. 120, ano 47, maio/ago. 1996.

CENTRO DE GESTÃO E ESTUDOS ESTRATÉGICOS. *Apêndice teórico da estratégia nacional de inovação*. Brasília: CGEE, 2021.

CERQUEIRA, João da Gama. *Tratado da propriedade Industrial*. v. II. Rio de Janeiro: Lumen Juris, 2010.

CHITAVI, Mike; COHEN, Lauren; HAGIST, Spencer C. N. Kenya is becoming a global hub of fintech innovation. *Harvard Business Review*. Disponível em: https://hbr.org/2021/02/kenya-is-becoming-a-global-hub-of-fintech-innovation?ab=hero-main-text. Acesso em: 1 set. 2023.

CHRISTENSEN, Clayton M.; RAYNOR, Michael. E. *O crescimento pela inovação*: como crescer de forma sustentada e reinventar o sucesso. Rio de Janeiro: Elsevier, 2003.

COELHO, Luiz Fernando. *Fundações públicas*. Rio de Janeiro: Forense, 1978.

COMA, Martín Bassols. Consideraciones sobre los convenios de colaboración de la Administración con los particulares para el fomento de actividades económicas privadas de interés público. *In: Revista de Administración Pública*, n. 82, 1977. Disponível em: https://dialnet.unirioja.es/servlet/articulo?codigo=1097915. Acesso em: 1 set. 2023.

COMPARATO, Fábio Konder. Ensaio sobre o juízo de constitucionalidade de políticas públicas. *In*: MELLO, Celso Antônio Bandeira de (org.). *Estudos em homenagem a Geraldo Ataliba*: direito administrativo e constitucional. São Paulo: Malheiros, 1997.

CONCEIÇÃO, Octavio A. C.; GABRIANI, Carlos Roberto. Institucionalistas e pós-keynesianos – ensaio sobre incerteza em uma economia capitalista financeira moderna. *Economia e Sociedade*, Campinas, v. 28, n. 1 (65), p. 1-23, jan./abr. 2019. Disponível em: https://www.scielo.br/j/ecos/a/TnNfbBBWFpNxptBYJ7pJ3xw/?lang=pt#. Acesso em: 1 set. 2023.

COOLEY, Thomas M. *A treatise on the constitutional limitations which rest upon the legislative power of the States of the American Union*. Boston: Little, Brown & Company, 1868.

COOTER, Robert; ULEN, Thomas. *Law and Economics*, 6. ed. [s. l.]: Berkeley Law Books. 2016, p. 91. Disponível em: http://scholarship.law.berkeley.edu/books/2. Acesso em: 21 ago. 2022.

CORDER, Solange Maria. Institucionalização da C&T. *In*: SIQUEIRA NETO, José Francisco; MENEZES, Daniel Francisco Nagao (org.). *Dicionário de Inovação Tecnológica*, v. I. Belo Horizonte: Arraes, 2020.

CORSO, Guido. *Manuale di diritto amministrativo*. 7. ed. Torino: G. Giappichelli, 2015.

COSTA, Achyles Barcelos da. O desenvolvimento econômico na visão de Joseph Schumpeter. *Cadernos Ideias IHU*, São Leopoldo, ano 4, n. 47, 2006.

COUTINHO, D. R.; MOUALLEM, P. S. B. O direito contra a inovação? A persistência dos gargalos jurídicos à inovação no Brasil. *In*: LASTRES, M. M.; CASSIOLATO, J. E.; LAPLANE, G.; SARTI, F. *O futuro do desenvolvimento*: ensaios em homenagem a Luciano Coutinho. Campinas: Unicamp, 2016.

COUTINHO, Diogo R. Direito contra a inovação? *Seminário Internacional Fomento à Inovação*, 30 nov. 2018. Disponível em: http://oic.nap.usp.br/wp-content/uploads/2018/12/Direito-Contra-a-Inova%C3%A7%C3%A3o-IES-maio-2018.ppt.pdf. Acesso em: 1 set. 2023.

COUTINHO, Diogo R. *Direito, desigualdade e desenvolvimento*. São Paulo: Saraiva, 2013.

COUTINHO, Diogo Rosenthal; MOUALLEM, Pedro Salomon B. *Um direito para a inovação*: óbices jurídicos e institucionais à inovação no Brasil a partir da noção de 'famílias' de gargalos jurídico-institucionais. 12 maio. 2023. Disponível em: https://www.jota.info/coberturas-especiais/inova-e-acao/um-direito-para-a-inovacao-13112018. Acesso em: 1 set. 2023.

COUTINHO, Diogo Rosenthal; MOUALLEM, Pedro Salomon Bezerra. Gargalos jurídico-institucionais à inovação no Brasil. *In*: COUTINHO, Diogo Rosenthal; ROCHA, Jean-Paul Veiga; SCHAPIRO, Mario G. (coord.). *Direito econômico atual*. São Paulo: Método, 2015.

COUTINHO, Diogo Rosenthal; MOUALLEM, Pedro Salomon Bezerra. O direito contra a inovação? A persistência dos gargalos à inovação no Brasil. *O futuro do desenvolvimento*: ensaios em homenagem a Luciano Coutinho. Campinas: Unicamp, 2016. Disponível em: https://www.eco.unicamp.br/neit/images/stories/O_Futuro_do_Desenvolvimento_ensaios_em_homenagem_a_Luciano_Coutinho.pdf. Acesso em: 21 maio 2023.

CRESTANA, Silvio. Apresentação. *In*: FOLZ, Christian Julius; CARVALHO, Fábio Henrique Trovon (org.). *Ecossistema inovação*. Brasília: Embrapa, 2014.

CRETELLA JÚNIOR, José. Termo. Direito administrativo. *In*: FRANÇA Rubens Limongi (coord.). *Enciclopédia Saraiva do Direito*, v. 72. São Paulo: Saraiva, 1977.

CUESTA, Rafael Entrena. *Apuntes de derecho administrativo*. Madri: Tecnos, 1959.

CUSTÓDIO, Helita Barreira. *Associações e fundações de utilidade pública*. São Paulo: RT, 1979.

D'AGOSTINO, Jaqueline Priscila da Silva Souza. Controvérsias regulatórias nas relações contratuais entre instituições de ensino superior e fundações de apoio. *In*: *Revista Digital de direito administrativo*, v. 5, n. 2, p. 180-205, 2018. Disponível em: https://doi.org/10.11606/issn.2319-0558.v5i2p180-205. Acesso em: 10 jun. 2023.

DALLARI, Adilson Abreu. Fundações privadas instituídas pelo poder público. *In*: *Revista de Direito Público*, São Paulo, n. 96, out./dez. 1990.

DALLARI, Adilson Abreu. *Regime constitucional dos servidores públicos*. 2. ed. São Paulo: RT, 1990.

DAMIANI, Ernesto Sticchi. Attività amministrativa consensuale e accordi di programma. Milão: Giuffrè. 1992 *apud* OLIVEIRA, Gustavo Justino de. Governança pública e parcerias do Estado: a relevância dos acordos administrativos para a nova gestão pública. *In*: *Boletim de Direito Administrativo*, São Paulo, jul. 2009.

DAU-LIN, Hsü. *Mutación de la constitución*. Trad. Pablo Lucas Verdú e Christin Förster. Oñati: IVAP – Instituto Vasco de Administración Pública, 1998.

DI PIETRO, Maria Sylvia Zanella. A gestão jurídica do patrimônio imobiliário do poder público. *In*: *Cadernos FUNDAP* – O patrimônio imobiliário do poder público, São Paulo, ano 9, n. 17, dez. 1989.

DI PIETRO, Maria Sylvia Zanella. Bens públicos e o trespasse de uso. *In*: *Boletim de Direito Administrativo*, São Paulo, ano XXI, n. 4, abr. 2005.

DI PIETRO, Maria Sylvia Zanella. *Uso privativo de bem público por particulares*. 3. ed. São Paulo: Atlas, 2014.

DI PIETRO, Maria Sylvia Zanella. *Direito administrativo*. 25. ed. São Paulo: Atlas, 2021.

DI PIETRO, Maria Sylvia Zanella. *Direito administrativo*. 30. ed. Rio de Janeiro: Forense, 2017.

DI PIETRO, Maria Sylvia Zanella. O ensino público e as fundações de apoio. *In*: ADUSP. *Universidade pública e fundações privadas*: aspectos conceituais, éticos e jurídicos. São Paulo: ADUSP, 2004.

DI PIETRO, Maria Sylvia Zanella. *Parcerias na administração pública*: concessão, permissão, franquia, terceirização, parceria público-privada. 12. ed. Rio de Janeiro: Forense, 2019.

DI PIETRO, Maria Sylvia Zanella; MOTTA, Fabrício. *Tratado de direito administrativo*. v. 2. São Paulo: RT/Thomson Reuters. 2019. Disponível em: https://proview.thomsonreuters.com/launchapp/title/rt/monografias/100963923/v2/page/RB-9.6. Acesso em: 1 set. 2023.

DIAS, Maria Gabriela de Oliveira Figueiredo. A assistência técnica nos contratos de *know-how*. *Boletim da Faculdade de Direito*, Coimbra, 1995.

DINIZ, Maria Helena. *Dicionário jurídico*. v. 1. 2. ed. São Paulo: Saraiva, 2005.

DOTTI, Marinês Restelatto. *Prática de licitações e contratações administrativas*. Porto Alegre: Ordem Jurídica, 2022.

DROMI, José Roberto. *Derecho administrativo económico*. t. 2. Buenos Aires: Astrea, 1979.

DROMI, Roberto. *Derecho administrativo*. 4. ed. Buenos Aires: Ciudad Argentina, 1995.

DRUCKER, Peter F. *Inovação e espírito empreendedor*: prática e princípios. Trad. Carlos J. Malferrari. São Paulo: Pioneira, 1986.

DRUCKER, Peter. *A profissão de administrador*. São Paulo: Pioneira Thomson Learning, 2002.

DUHEM, Pierre. *La théorie phisique*. Son objet – Sa structure, 2. ed. Paris: Vrin, 1993 *apud* KÖCHE, José Carlos. *Fundamentos de metodologia científica*: teoria da ciência e iniciação à pesquisa. Petrópolis: Vozes, 2011.

DURÃO, Pedro. *Convênios e consórcios públicos*: gestão, teoria e prática. 5. ed. Curitiba: Juruá, 2018.

DURHAM, Eunice R. *A autonomia universitária* – extensão e limites. São Paulo: Núcleo de Pesquisas sobre Ensino Superior da Universidade de São Paulo (NUPES). s/d. Disponível em: http://nupps.usp.br/downloads/docs/dt0503.pdf. Acesso em: 1 set. 2023.

DUTTA, Soumitra; LANVIN, Bruno; LEÓN, Lorena Rivera; WUNSCH-VINCENT, Sacha (ed.). *Global Innovation Index 2023: Innovation in the face of uncertainty*, 16. ed. Disponível em: https://www.wipo.int/edocs/pubdocs/en/wipo-pub-2000-2023-en-main-report-global-innovation-index-2023-16th-edition.pdf. Acesso em: 20 out. 2023.

ESTATUTO SOCIAL. *Instituto Amigos do SAIFR*. Disponível em: https://donate.ictp-saifr.org/wp-content/uploads/2021/12/estatutoamigosdosaifr.pdf. Acesso em: 3 jan. 2023.

ESTORNINHO, Maria João. *A fuga para o direito privado*: contributo para o estudo da actividade de direito privado da Administração Pública. Coimbra: Almedina, 2009.

ETZKOWITZ, H. Academic-industry relations: a sociological paradigm for economic development. *In*: LEYDERSDORFF, L.; VAN DEN BESSLAAR, P. *Evolutionary economics and chaos theory*: new directions in technology studies. London: Pinter, 1994.

ETZKOWITZ, H. *et al.* The future of the university and the university of the future: evolution of ivory tower to entrepreneurial paradigm. *Research Policy*. v. 29, n. 2, p. 313-330, 2000.

ETZKOWITZ, H. Innovation in innovation: the Triple Helix of university-industry-government relations. *Social Science Information*, v. 42, n. 3, 2003.

ETZKOWITZ, Henry. *Hélice-tríplice*: universidade-indústria-governo – inovação em movimento. Porto Alegre: EDIPUCRS, 2013.

ETZKOWITZ, Henry. Research groups as 'quasi-firms': the invention of the entrepreneurial university. *Research Policy*, v. 32, 2003.

ETZKOWITZ, Henry; LEYDESDORFF, Loet. The dynamics of innovation: from National Systems and "Mode 2" to a Triple Helix of university–industry–government relations. *Research Policy*, v. 29, p. 109-123, 2000.

ETZKOWITZ, Henry; LEYDESDORFF, Loet. The Triple Helix: university-industry-government relations: a laboratory for knowledge based economic development, Amsterdam. *In*: *Theme Paper*: Workshop Amsterdam,1995, Amsterdam. Proceedings... Amsterdam, 1996.

ETZKOWITZ, Henry; ZHOU, Chunyan. Hélice tríplice: inovação e empreendedorismo universidade-indústria-governo. *Estudos Avançados*, São Paulo, v. 31, n. 90, p. 23-48, maio 2017. Disponível em: http://www.scielo.br/scielo.php?script= sci_arttext&pid = S0103-40142017000200023&lng=en&nrm=iso. Acesso em: 25 abr. 2023.

FAGUNDES, Miguel Seabra. Da ordem econômica na nova Constituição. *In*: *Estudos sobre a Constituição de 1967*. Rio de Janeiro: FGV, 1968.

FAPESP. *Projeto FAPESP/FIPE*: estudos para implantação de ambientes de inovação e criatividade no Estado de São Paulo-2018/2020. Disponível em: http://agencia.fapesp.br/estado-de-sao-paulo-pode-ganhar-dois-distritos-de-inovacao/29390/. Acesso em: 1 maio 2023.

FARIA, Adriana Ferreira. O que é "inovação", seus tipos, e como tal fenômeno relaciona-se com uma forte estrutura institucional para o desenvolvimento científico. *In*: SOARES, Fabiana de Menezes; PRETE, Esther Külkamp Eyng. *Marco regulatório em ciência, tecnologia e inovação*: texto e contexto da Lei n. 13.243/2016. Belo Horizonte: Arraes, 2018.

FARINA, Elizabeth Maria Mercier Querido; AZEVEDO, Paulo Furquim de; SAES, Maria Sylvia Macchione. *Competitividade*: mercado, estado e organizações. São Paulo: Singular, 1997.

FAUSTO, Boris. *Getúlio Vargas*: o poder e o sorriso. São Paulo: Companhia das Letras, 2006.

FEBBRAJO, Alberto; LIMA, Fernando Rister de Sousa. Autopoiese. *In*: CAMPILONGO, Celso Fernandes; GONZAGA, Alvaro de Azevedo; FREIRE, André Luiz (coord.). *Enciclopédia Jurídica da PUC-SP*. Tomo: Teoria Geral e Filosofia do Direito. São Paulo: Pontifícia Universidade Católica de São Paulo, 2017. Disponível em: https://enciclopediajuridica.pucsp.br/verbete/152/edicao-1/autopoiese. Acesso em: 30 jan. 2023.

FEIGELSON, Bruno; NYBO, Erik Fontenele; FONSECA, Victor Cabral. *Direito das Startups*. São Paulo: Saraiva, 2018.

FEKETE, Elizabeth Edith G. Kasznar. *Perfil do segredo de indústria e comércio no direito brasileiro*: identificação e análise crítica. Tese (Doutorado em Direito). Faculdade de Direito da Universidade de São Paulo (USP), São Paulo, 1999.

FELSANI, Fabiana Massa. *Contributo all'analisi del know-how*. Milano: Giuffrè, 1997, p. 1 *apud* RAMUNNO, Pedro A. L.; RISI, João Marcelo Novaes. Reflexões sobre a conferência de *know-how* para integralização de capital social: aspectos societários. *In*: ROVAI, Armando Luiz; NAJJARIAN, Ilene Patrícia de Noronha; FINKELSTEIN, Maria Eugênia Reis (org.). *Revista de Direito Bancário e de Mercado de Capitais*, ano 22, v. 85, jul./set. 2019.

FERES, Marcos Vinicio Chein; MÜLLER, Juliana Martins de Sá; OLIVEIRA, Ludmila Esteves. Contratos de cooperação tecnológica e inovação: uma análise a partir do direito como integridade e identidade. *Revista de Informação Legislativa*, n. 198, ano 50, abr./jun. 2013.

FERNANDES, Jorge Ulisses Jacoby. Convênios administrativos. *In*: *Informativo de Licitações e Contratos*, Curitiba, ano IX, n. 99, maio 2002.

FERRAZ, Anna Candida da Cunha. A autonomia universitária na Constituição de 05.10.1998. *In*: *Revista de Direito Administrativo*, Rio de Janeiro, n. 215, jan./mar. 1999.

FERREIRA, Carolina Zanini; TEIXEIRA, Clarissa Stefani. *Núcleo de inovação tecnológica*: alinhamento conceitual. Florianópolis: Perse, 2016. Disponível em: https://via.ufsc.br/wp-content/uploads/2017/06/e-book-NITs.pdf. Acesso em: 1 set. 2023.

FERREIRA, Sérgio de Andréa. Alguns aspectos da permissão de uso de bem público. *In*: *Revista de Direito Administrativo*, Rio de Janeiro, n. 216, abr./jun. 1999.

FERREIRA, Sergio de Andréa. As fundações de direito privado instituídas pelo poder público. *In*: *Fórum de Contratação e Gestão Pública – FCGP*, Belo Horizonte, ano 16, n. 183, p. 71-83, mar. 2017.

FERREIRA, Sergio de Andréa. As fundações estatais e as fundações com participação estatal. *In*: MODESTO, Paulo (org.). *Nova organização administrativa brasileira*. Belo Horizonte: Fórum, 2010.

FIGUEIREDO, Lúcia Valle. *Curso de direito administrativo*. 9. ed. São Paulo: Malheiros, 2008.

FIGUEIREDO, Paulo César Negreiros de. O "Triângulo de Sábato" e as alternativas brasileiras de inovação tecnológica. *Revista Administração Pública*, Rio de Janeiro, n. 27, jul./set. 1993.

FIOCRUZ. *História*. Disponível em: https://portal.fiocruz.br/historia/. Acesso em: 2 fev. 2023.

FIOCRUZ. *Linha do Tempo*. Disponível em: https://portal.fiocruz.br/linha-do-tempo. Acesso em: 2 fev. 2023.

FONSECA, Pedro Cezar Dutra; CARRARO, André. *O desenvolvimento econômico no primeiro governo de Vargas (1930-1945)*. 2003. Disponível em: https://ruf.folha.uol.com.br/2019. Acesso em: 20 jan. 2023.

FONTES, André R. C. Perfis da transferência de tecnologia. *In*: DEL NERO, Patrícia Aurélia (coord.). *Propriedade intelectual e transferência de tecnologia*. Belo Horizonte: Fórum, 2011.

FRANÇA, Rubens Limongi (coord.). Pacto. *In: Enciclopédia Saraiva do Direito*, v. 56. São Paulo: Saraiva, 1977.

FRANÇA, Vladimir da Rocha; BRAGA, Cristina Alves da Silva. A Lei de Introdução às Normas do Direito Brasileiro e Interpretação das Normas Jurídicas pelo Poder Judiciário. *In: Revista Digital Constituição e Garantia de Direitos*, v. 14, n. 1, 2022. Disponível em: https://periodicos.ufrn.br/constituicaoegarantiadedireitos/article/view/29257. Acesso em: 12 mar. 2023.

FRANCO SOBRINHO, Manoel de Oliveira. *Contratos administrativos*. São Paulo: Saraiva, 1981.

FREEMAN, Chris; SOETE, Luc. *A economia da inovação industrial*. Campinas: Unicamp, 2008.

FREEMAN, Christopher. *Technology and economic performance*: lessons from Japan. London: Pinter Publishers, 1987.

FREITAS FILHO, Roberto. Donald, a rainha e a fragilidade da democracia. *In*: MINUTOLI, Francesca (revisora). *Passaggi constituzionali*, anno II, n. 3, luglio 2022.

FREITAS FILHO, Roberto; LIMA, Thalita Moraes. Metodologia de análise de decisões – MAD. *Universitas JUS*, Brasília, n. 21, p. 1-17, jul./dez. 2010. Disponível em: https://www.publicacoesacademicas.uniceub.br/jus/article/view/1206. Acesso em: 20 ago. 2021.

FREITAS, Augusto Teixeira de. *Vocabulário jurídico*: com apêndices – edição comemorativa do centenário da morte do autor (1883-1983) – t. I. São Paulo: Saraiva, 1983.

FURTADO, Lucas Rocha. *Curso de direito administrativo*. 4. ed. Belo Horizonte: Fórum, 2013.

GABARDO, Emerson; REIS, Luciano Elias. Ciência, tecnologia e inovação como deveres públicos relativos ao estado e à sociedade civil no Brasil. *Revista do Direito*, Santa Cruz do Sul, v. 2, n. 52, out. 2017. Disponível em: https://online.unisc.br/seer/index.php/direito/article/view/9622. Acesso em: 20 set. 2022.

GARCIA, Flávio Amaral. O complexo industrial da saúde e as parcerias de desenvolvimento produtivo – o caso brasileiro. *Revista de Direito Público da Economia*, Belo Horizonte, v. 12, n. 45, jan./mar. 2014.

GARCÍA DE ENTERRÍA, Eduardo. *Revolución francesa y administración contemporánea*. 4. ed. Madri: Thomson Civitas, 2005.

GARCÍA DE ENTERRÍA, Eduardo; FERNÁNDEZ, Tomás-Ramón. *Curso de derecho administrativo I*. Notas de Agustín Gordillo. Buenos Aires: La Ley, 2006.

GARCÍA PASCUAL, J. La regulación de los convenios administrativos en la ley de régimen jurídico del sector público. *In*: Revista Española de Control Externo, v. XVIII, n. 54, p. 160-161, set. 2016.

GARRIDO FALLA, Fernando. *Tratado de derecho administrativo*. v. II. Madri: Instituto de Estudios Políticos, 1960.

GASPARINI, Diogenes. *Direito administrativo*. 7. ed. São Paulo: Saraiva, 2002.

GAZETA DO POVO. *Indústria em São Paulo cai quase 20% nos últimos 10 anos e reflete a desindustrialização do país*. Disponível em: https://www.gazetadopovo.com.br/sao-paulo/industria-sao-paulo-cai-ultimos-anos-desindustrializacao-pais/#ancora-5. Acesso em: 20 maio 2023.

GIANCOLI, Brunno Pandori. Incubadora. *In*: SIQUEIRA NETO, José Francisco; MENEZES, Daniel Francisco Nagao (org.). *Dicionário de Inovação Tecnológica*, v. 1. Belo Horizonte: Arraes, 2020.

GIANNINI, Massimo Severo. Autonomia – teoria generale e diritto pubblico. *In*: *Enciclopedia del Diritto*. Milano: Giuffré, 1959.

GLOBAL INNOVATION INDEX. 2022. *What is the future of innovation-driven growth?* Disponível em: https://www.globalinnovationindex.org/Home. Acesso em: 26 abr. 2023.

GOMES, Orlando. *Contratos*. 26. ed. Rio de Janeiro: Forense, 2008.

GRANSTRAND, Ove; HOLGERSSON, Marcus. Innovation ecosystems: a conceptual review and a new definition. *Technovation*, v. 90-91, fev./mar. 2020. Disponível em: https://www.sciencedirect.com/journal/technovation/vol/90/suppl/C. Acesso em: 01 set. 2023.

GRANZIERA, Maria Luiza Machado. *Contratos administrativos*: gestão, teoria e prática. São Paulo: Atlas, 2002.

GRAU, Eros Roberto. Concessão de direito real de uso – concessão, permissão e autorização de serviço público e empresas estatais prestadoras de serviço público. *Revista Trimestral de Direito Público*, São Paulo, n. 5, 1994.

GRAU, Eros Roberto. *Direito, conceitos e normas jurídicas*. São Paulo: RT, 1988.

GRAZZIOLI, Airton; PAES, José Eduardo Sabo; SANTOS, Marcelo Henrique dos; FRANÇA, José Antonio de. *Organizações da sociedade civil*: associações e fundações. Constituição, funcionamento e remuneração dos dirigentes. São Paulo: EDUC, 2017.

GRAZZIOLI, Airton; RAFAEL, Edson José. *Fundações privadas*. 3. ed. São Paulo: Atlas, 2013.

GRINOVER, Ada Pellegrini. Convênio. Ato-união que pressupõe interesses comuns dos partícipes. *In*: *Estudos de Direito Público* (Revista da Associação dos Advogados da Prefeitura do Município de São Paulo), n. 6. jul./dez. 1984.

GROISMAN, Enrique. Crisis y actualidad del derecho administrativo económico. *In*: *Revista de Derecho Industrial*, v. 42, p. 894 *apud* ARAGÃO, Alexandre Santos de. Ensaio de uma visão autopoiética do direito administrativo. *In*: *Revista de Direito da Procuradoria Geral do Estado do Rio de Janeiro*, v. 59, p. 27-32, 2005.

GROTTI, Dinorá Musetti. Regime jurídico das telecomunicações: autorização, permissão e concessão. *In*: *Revista de Direito Administrativo*, n. 224, abr.-jun. 2021. Rio de Janeiro: Renovar, 2021.

GUIMARÃES, Eduardo Augusto. A política científica e tecnológica e as necessidades do setor produtivo. *In*: SCHWARTZMAN, Simon (coord.); KRIEGER, Eduardo. *Ciência e tecnologia no Brasil*: política industrial, mercado de trabalho e instituição de apoio. Rio de Janeiro: FGV, 1995.

HAMBURGER, A. I. *FAPESP*: 40 anos abrindo fronteiras. São Paulo: Edusp, 2004.

HARIOU, Maurice. *A teoria da instituição e da fundação*. Ensaio de vitalismo social. Trad. José Ignácio Mendes Coelho Neto. Porto Alegre: Sérgio Antônio Fabris, 2009.

HOFFMANN-RIEM, Wolfgang. Direito, tecnologia e inovação. *In*: MENDES, Gilmar Ferreira; SARLET, Ingo Wolfgang; COELHO, Alexandre Zavaglia P. (coord.). *Direito, inovação e tecnologia*. São Paulo: Saraiva, 2015.

HOFLING, Daniel de Mattos. BNDES. *In*: SIQUEIRA NETO, José Francisco; MENEZES, Daniel Francisco Nagao (org.). *Dicionário de Inovação Tecnológica*. v. I. Belo Horizonte: Arraes, 2020.

HUSSEL, Edmund. *Da lógica dos sinais (Semiótica)*. Trad. António Fidalgo. Universidade da Beira Interior, s/d.

IBGE. *Demografia das empresas e estatísticas de empreendedorismo*: 2017/IBGE, Coordenação de Cadastro e Classificações. Rio de Janeiro: IBGE, 2019.

INPI. *Modalidades de contratos e informações*. Disponível em: https://www.gov.br/inpi/pt-br/servicos/contratos-de-tecnologia-e-de-franquia/tipos-de-contratos. Acesso em: 30 abr. 2023.

JELLINEK, Georges. *Reforma y mutación de la Constitución* – estudio preliminar de Pablo Lucas Verdú. Trad. Christian Föster. Madri: CEPC, 2018.

JELLINEK, Georges. *Reforma y mutación de la constitución*. Trad. Christian Förster. Madri: Centro de Estudios Constitucionales, 1994.

JELLINEK, Walter. Verwaltungsrecht. Berlin. 1929; §7, III, p. 111 *apud* LIMA, Ruy Cirne. *Princípios de direito administrativo*. 7. ed. reel. por Paulo Alberto Pasqualini. São Paulo: Malheiros, 2007.

JENOVEVA NETO, Roseli. Inovação disruptiva. *In*: *Propriedade intelectual, desenvolvimento e inovação*. UNESC, 2017. Disponível em: https://www.unesc.net/portal/blog/ver/571/40459. Acesso em: 1 fev. 2023.

JIMÉNEZ VACAS, José Joaquín. *De contratos públicos y convenios administrativos*. Disponível em: https://www.gobiernolocal.org/acento-local/de-contratos-publicos-y-convenios-administrativos/. Acesso em: 3 abr. 2023.

JIMÉNEZ VACAS, José Joaquín; MORILLAS PADRÓN, Laura; GALLARDO ROMERA, Elvira. La figura del convenio administrativo en la Ley 40/2015, de Régimen Jurídico del Sector Público y su tipología. In: *Auditoría Pública*, n. 70, p. 119-126, 2017.

JUSTEN FILHO, Marçal; JORDÃO, Eduardo. A contratação administrativa destinada ao fomento de atividades privadas de interesse coletivo. *Revista Eletrônica de Direito Administrativo Econômico (REDAE)*, Salvador, n. 37, fev./mar./abr. 2014. Disponível em: http://www.direitodoestado.com/revista/REDAE-37-FEVEREIRO-2014-MARCALJUSTEN-EDUARDO-JORDAO.pdf. Acesso em: 11 abr. 2016.

JUSTEN FILHO, Marçal. *Comentários à Lei de Licitações e Contratos Administrativos*: Lei 8.666/93. 18. ed. São Paulo: Thomson Reuters Brasil, 2019.

JUSTEN FILHO, Marçal. *Curso de direito administrativo*. 10. ed. São Paulo: RT, 2014.

KLEINA, Nilton. *A história da Kodak, a pioneira da fotografia que parou no tempo*. Disponível em: https://www.tecmundo.com.br/mercado/122279-historia-kodak-pioneira-da-fotografia-nao-evoluiu-video.htm. Acesso em: 20 dez. 2022.

LABAND, Paul. *Die Wandlungen der deutschen Reichsverfassung*, Dresden, 1895.

LASO, Enrique Sayagues. *Tratado de derecho administrativo*, I, 8. ed. (Puesta al día a 2010 por Daniel Hugo Martins). Montevideo: Fundación de Cultura Universitaria, 2010.

LAUBADÈRE, André de. Administration et contrat. In: *Mélanges Brèthe de la Gressaye*. Paris: Bière, 1968.

LAUBADÈRE, André de. *Direito público económico*. Trad. Maria Teresa Costa. Coimbra: Almedina, 1985.

LEITE, Rogério Cézar de Cerqueira. Ciência, tecnologia e política industrial. *Folha de S. Paulo*, p. A4 – Tendências e Debates, 13 dez. 2002.

LEONARDO, Gabriel Francisco. *Tributação da transferência de tecnologia*. Rio de Janeiro: Forense, 1997.

LIMA, Ruy Cirne. Instrumento público: conceito e características. *Revista de Direito Público*, São Paulo, n. 22, out./dez. 1988.

LORENTI, Gilson. *História – a primeira câmera digital do mundo*. Disponível em: https://meiobit.com/345771/historia-a-primeira-camera-digital-do-mundo/. Acesso em: 20 dez. 2022.

LUHMANN, Niklas. *Introducción a la teoría de sistemas* – lecciones publicadas por Javier Torres Nafarrate. México: Universidad Iberoamericana, 1996.

LUHMANN, Niklas. L'autoproduzione del diritto e i suoi limiti, in politica del diritto, n. 1, 1987, p. 41 *apud* ARAGÃO, Alexandre Santos de. Ensaio de uma visão autopoiética do Direito Administrativo. In: *Revista de Direito da Procuradoria Geral do Estado do Rio de Janeiro*, v. 59.

LUNDVALL, Bengt-Åke. National systems of innovation: towards a theory of innovation and interactive learning. *In*: LUNDVALL, Bengt-Åke (ed.). *The learning economy and the economics of hope*. London: Anthem Press, 2016.

MACCORMICK, Neil. *Retórica e estado de direito*. Rio de Janeiro: Campus Elsevier, 2008.

MACHADO, Paulo Affonso Leme. *Direito ambiental brasileiro*. 22. ed. São Paulo: Malheiros, 2012.

MAGNA CHARTA UNIVERSITATUM. Bolonha, 18 set. 1988. Roma: Università di Bologna. Disponível em: http://www.magna-charta.org/resources/files/the-magna-charta/portuguese. Acesso em: 15 nov. 2022.

MANGABEIRA, João. *Em tôrno da Constituição*. São Paulo: Companhia Editora Nacional, 1934.

MANGANOTE, Edmilson José Tonelli. CNPq. *In*: SIQUEIRA NETO, José Francisco; MENEZES, Daniel Francisco Nagao (org.). *Dicionário de Inovação Tecnológica*. v. I. Belo Horizonte: Arraes, 2020.

MÂNICA, Fernando Borges; MENEGAT, Fernando. *Teoria jurídica da privatização*: fundamentos, limites e técnicas de interação público-privada no direito brasileiro. Rio de Janeiro: Lumen Juris, 2017.

MANZANEDO, J. A.; Hernando, J.; REINO, E. Gomez. *Curso de derecho administrativo económico* (ensayo de una sistematización). Madri: Instituto de Estudios de Administración Local, 1970.

MARIANO, Júlio Luiz. *Fomento à inovação tecnológica do Brasil*. Curitiba: Ed. do Autor, 2001.

MARINELLO, Luiz; OLIVEIRA, Nereide de. O papel das procuradorias. *In*: REDE INOVA SÃO PAULO. *Guia de boas práticas jurídicas da Rede Inova São Paulo*: experiência e reflexões dos NITs do Estado nas Relações ICT-Empresa. São Paulo: CNPQ/Inova, 2017.

MARKY, Thomas. Contrato (Direito romano). *In*: FRANÇA, Rubens Limongi (coord.). *Enciclopédia Saraiva do Direito*, v. 19. São Paulo: Saraiva, 1977.

MARQUES NETO, F. P. de A. Do contrato administrativo à administração contratual. *Revista de Direito Administrativo e Infraestrutura – RDAI*, São Paulo, v. 3, n. 9, p. 341-352, 2019. Disponível em: https://rdai.com.br/index.php/rdai/article/view/179. Acesso em: 22 set. 2022.

MARQUES NETO, Floriano de Azevedo. A bipolaridade do direito administrativo e sua superação. *In*: ARAGÃO, Alexandre Santos de; MARQUES NETO, Floriano de Azevedo (coord.). *Direito administrativo e seus novos paradigmas*. 2. ed. Belo Horizonte: Fórum, 2017.

MARQUES NETO, Floriano de Azevedo. *Bens públicos*: função social e exploração econômica. O regime jurídico das utilidades públicas. Belo Horizonte: Fórum, 2009.

MARQUES NETO, Floriano de Azevedo. Controle e fiscalização. *In*: ADUSP. *Universidade pública e fundações privadas*: aspectos conceituais, éticos e jurídicos. São Paulo: ADUSP, 2004.

MARQUES NETO, Floriano de Azevedo. O fomento como instrumento de intervenção estatal na ordem econômica. In: *Revista de Direito Público da Economia – RDPE*, Belo Horizonte, n. 32, ano 8, out./dez. 2010.

MARQUES NETO, Floriano Peixoto de Azevedo. *Regulação estatal e interesses públicos*. São Paulo: Malheiros, 2002.

MARQUES, João Paulo. *A cooperação universidade-indústria e a inovação científica e tecnológica*: o caso da Universidade de Coimbra. Coimbra: Almedina, 1998.

MARTÍN MATEO, Ramón; SOSA WAGNER, Francisco. *Derecho administrativo económico*. 2. ed. Madri: Pirámide, S. A., 1977.

MARTÍN MATEO, Ramón. *Manual de derecho administrativo*. 20. ed. Madri: Trivium, 1999.

MARTÍN-RETORTILLO, Sebastián. Reflexiones sobre la "huida" del derecho administrativo. *Revista de Administración Pública*, n. 140, p. 27, maio/ago. 1996. Disponível em: https://dialnet.unirioja.es/servlet/articulo?codigo=17310. Acesso em: 1 set. 2023.

MARTINS, Leonardo (org.). *Cinquenta anos de Jurisprudência do Tribunal Constitucional Federal Alemão*. Trad. Beatriz Hennig, Leonardo Martins, Mariana Bigelli de Carvalho, Tereza Maria de Castro e Vivianne Geraldes Ferreira. Montevideo: Fundación Konrad Adenauer, 2005, p. 61. Disponível em: https://www.mpf.mp.br/atuacao-tematica/sci/jurisprudencias-e-pareceres/jurisprudencias/docs-jurisprudencias/50_anos_dejurisprudencia_do_tribunal_constitucional_federal_alemao.pdf. Acesso em: 11 fev. 2023.

MATOS, Alan Kardec Veloso de. Cooperativismo e agronegócio. In: QUEIROZ, João Eduardo Lopes; SANTOS, Márcia Walquiria Batista dos (org.). *Direito do agronegócio*. 2. ed. Belo Horizonte: Fórum, 2011.

· MATYSIAK, Eduardo. *Educação brasileira está em último lugar em ranking de competitividade*: enquanto a economia do país apresentou melhora, setor educacional apresenta resultados negativos. 17 jun. 2021. Disponível em: https://www.cnnbrasil.com.br/nacional/educacao-brasileira-esta-em-ultimo-lugar-em-ranking-de-competitividade/. Acesso em: 20 jan. 2023.

MAURER, Hartmut. *Direito administrativo geral*. 14. ed. Trad. Luís Afonso Heck. Barueri: Manole, 2006.

MAURER, Hartmut. *Elementos de direito administrativo alemão*. Trad. Luís Afonso Heck. Porto Alegre: Sérgio Antônio Fabris, 2001.

MAXIMILIANO, Carlos. Hermenêutica e aplicação do direito. 19. ed. Rio de Janeiro: Forense, 2009.

MAXIMILIANO, Carlos. Hermenêutica e aplicação do direito. 8. ed. Rio de Janeiro: Freitas Bastos, 1965.

MAYER, Otto. *Derecho administrativo alemán*, t. III: parte especial, el derecho público de las cosas. 2. ed. Buenos Aires: Ediciones Depalma, 1982.

MAZZUCATO, Mariana. *O estado empreendedor*: desmascarando o mito do setor público vs. setor privado. Trad. Elvira Serapicos. São Paulo: Portfolio-Penguin, 2014.

MCTI. *Câmara de inovação*. Disponível em: https://inovacao.mcti.gov.br/camara/. Acesso em: 11 out. 2022.

MCTI. *Plano Estratégico* – 2020-2030. Disponível em: https://planejamentoestrategico.mcti.gov.br/. Acesso em: 11 out. 2022.

MCTIC. *Estratégia Nacional de Ciência, Tecnologia e Inovação 2016-2022*: Ciência, Tecnologia e Inovação para o Desenvolvimento Econômico e Social. Brasília: Ministério da Ciência, Tecnologia, Inovações e Comunicações (MCTIC). 2017, p. 12. Disponível em: http://www.finep.gov.br/images/a-finep/Politica/16_03_2018_Estrategia_Nacional_de_Ciencia_Tecnologia_e_Inovacao_2016_2022.pdf. Acesso em: 5 maio 2023.

MCTIC. *Relatório FORMICT* – ano-base 2018: política de propriedade intelectual das instituições científicas e tecnológicas e de inovação do Brasil. Brasília: Ministério da Ciência, Tecnologia, Inovações e Comunicações, 2019.

MEDAUAR, Odete. *Direito administrativo moderno*. 16. ed. São Paulo: RT, 2012.

MEDAUAR, Odete. *Direito administrativo moderno*. 6. ed. São Paulo: RT, 2002.

MEIRELLES, Hely Lopes. Autarquia educacional – autonomia. *In*: Estudos e Pareceres de Direito Público, São Paulo, v. 11, 1991.

MEIRELLES, Hely Lopes. Contrato administrativo – "anulação" pelo Tribunal de Contas. *In*: Estudos e Pareceres de Direito Público, São Paulo, n. 9, 1986.

MEIRELLES, Hely Lopes. *Direito administrativo brasileiro*. 22. ed. São Paulo: Malheiros, 1997.

MEIRELLES, Hely Lopes. Fundação instituída por autarquia. *In*: Estudos e Pareceres de Direito Público, v. IV. São Paulo: RT, 1981.

MEIS, Leopoldo de. *O perfil da ciência brasileira*. Rio de Janeiro: UFRJ, 1995.

MELLO, Celso Antônio Bandeira de. *Curso de direito administrativo*. 34. ed. São Paulo: Malheiros, 2019.

MELLO, Celso Antônio Bandeira de. *Curso de direito administrativo*. 35. ed. São Paulo: Malheiros, 2021.

MELLO, Celso Antônio Bandeira de. *Curso de direito administrativo*. 17. ed. São Paulo: Malheiros, 2004.

MELLO, Celso Antônio Bandeira de. *Natureza e regime jurídico das autarquias*. São Paulo: RT, 1968.

MELLO, Celso Antônio Bandeira de. O Estado e a ordem econômica. *In*: Revista de Direito Público, São Paulo, n. 62, abr./jun. 1982.

MELLO, Celso Antônio Bandeira de. *Prestação de serviço público e administração indireta*. 2. ed. São Paulo: RT, 1987.

MELLO, Celso Antônio Bandeira de. Responsabilidade do Estado – intervencionismo econômico – administração "concertada". *In*: Revista de Direito Público, São Paulo, n. 81, jan./mar. 1987.

MELLO, Oswaldo Aranha Bandeira de. *Princípios gerais de direito administrativo*. 3. ed. São Paulo: Malheiros, 2007.

MENDES, Gilmar Ferreira; SARLET, Ingo Wolfgang; COELHO, Alexandre Zavaglia P. *Direito, inovação e tecnologia*, v. 1. São Paulo: Saraiva, 2015.

MENDES, Laura Schertel; MARQUES, Claudia Lima. Inovação no sistema produtivo brasileiro: um breve comentário ao Decreto n. 9.283/2018 à luz da Lei n. 13.243/2016 e do art. 219-A da Constituição Federal. *Revista de Direito do Consumidor*, São Paulo, v. 119, ano 27, p. 507-516, set./out. 2018.

MENDES, Laura Schertel; MARQUES, Claudia Lima. Perspectivas e desafios do novo marco legal de ciência, tecnologia e inovação: um comentário à Lei n. 13.243/2016. *Revista de Direito do Consumidor*, v. 105, p. 549-572, 2016.

MENDONÇA, José Vicente Santos de. Direito administrativo e inovação: limites e possibilidades. *In*: WALD, Arnoldo; JUSTEN FILHO, Marçal; PEREIRA, Cesar Augusto Guimarães (org.). *O direito administrativo na atualidade*: estudos em homenagem ao centenário de Hely Lopes Meirelles (1917-2017). São Paulo: Malheiros, 2017.

MENEZES, E. T. de; SANTOS, T. H. dos. Verbete FAPs (Fundações de Amparo à Pesquisa). *Dicionário Interativo da Educação Brasileira – Educa Brasil*. São Paulo: Midiamix, 2001. Disponível em: http://www.educabrasil.com.br/faps-fundacoes-de-amparo-a-pesquisa/. Acesso em: 15 jan. 2018.

MICOZZI, Alessandra *et al*. Engines need transmission belts: the importance of people in technology transfer offices. *In*: *The Journal of Technology Transfer*, n. 46, p. 1.551-1.583, 2021. Disponível em: https://doi.org/10.1007/s10961-021-09844-7. Acesso em: 1 set. 2023.

MIGUEL, Jorge. *Curso de direito constitucional*. 2. ed. São Paulo: Atlas, 1991.

MITELMAN, Carlos Octavio. *Tratado de la propiedad industrial*, t. 3: invenciones y otras innovaciones. Ciudad Autónoma de Buenos Aires: Albremática, 2021.

MODESTO, Paulo. A Lei 13.019 e as transformações das parcerias público-sociais. *In*: *Direito do Estado*, n. 306, 2016. Disponível em: http://www.direitodoestado.com.br/colunistas/paulo-modesto/a-lei-13019-e-as-transformacoes-das-parcerias-publico-sociais. Acesso em: 3 set. 2023.

MODESTO, Paulo. As fundações estatais de direito privado e o debate sobre a nova estrutura orgânica da administração pública. *In*: *Revista Eletrônica sobre a Reforma do Estado (RERE)*, Salvador, Instituto Brasileiro de Direito Público, n. 14, jun./jul./ago. 2008. Disponível em: http://www.direitodoestado.com.br/rere.asp. Acesso em: 14 nov. 2022.

MODESTO, Paulo. Parcerias público-sociais em transformação. *In*: MOTTA, Fabrício; MÂNICA, Fernando Borges; OLIVEIRA, Rafael Arruda (coord.). *Parcerias com o Terceiro Setor*: as inovações da Lei n. 13.019/14. 2. ed. Belo Horizonte: Fórum, 2018.

MONCADA, Luís S. Cabral de. *Direito económico*. 2. ed. Coimbra: Coimbra, 1988.

MONCADA, Luís S. Cabral de. *Manual elementar de direito público da economia e da regulação*: ma perspectiva luso-brasileira. Coimbra: Almedina, 2012.

MONTEIRO, Vitor. Encomenda tecnológica. *In*: SIQUEIRA NETO, José Francisco; MENEZES, Daniel Francisco Nagao (org.). *Dicionário de Inovação Tecnológica*, v. 1. Belo Horizonte: Arraes, 2020.

MONTES, Fábio Augusto Daher. Quais as oportunidades trazidas pelo Decreto Federal de Inovação para a modelagem de convênios na área de CT&I? *In*: SANTOS, Fabio Gomes dos; BABINSKI, Daniel Bernardes de Oliveira (org.). *Cadernos de Direito e Inovação*: Decreto Federal de Inovação – novas oportunidades. São Paulo: Grupo de Direito e Inovação do NAP-OIC, 2019 (*e-book*).

MORAES, Alexandre de. *Jurisdição constitucional e tribunais constitucionais*. São Paulo: Atlas, 2000.

MORAES, Melina Ferracini. Pesquisa básica. *In*: SIQUEIRA NETO, José Francisco; MENEZES, Daniel Francisco Nagao Menezes (org.). *Dicionário de Inovação Tecnológica* – v. I. Belo Horizonte: Arraes, 2020.

MOREIRA NETO, Diogo de Figueiredo. *Curso de direito administrativo*. 16. ed. Rio de Janeiro: Forense, 2014.

MOREIRA NETO, Diogo de Figueiredo. *Curso de direito administrativo*. 12. ed. Rio de Janeiro: Forense, 2002.

MOREIRA NETO, Diogo de Figueiredo. *Curso de direito administrativo*. Rio de Janeiro: Forense, 1976.

MOREIRA NETO, Diogo de Figueiredo. *Curso de direito administrativo*. 14. ed. Rio de Janeiro: Forense, 2006.

MOREIRA NETO, Diogo de Figueiredo. Novas tendências da democracia: consenso e direito público na virada do século – o caso brasileiro. *In*: *Revista Brasileira de Direito Público – RBDP*, Belo Horizonte, n. 3, ano 1, out./dez. 2003.

MOREIRA NETO, Diogo de Figueiredo. Novos institutos consensuais da ação administrativa. *In*: *Revista de Direito Administrativo*, Rio de Janeiro, n. 231, jan./mar. 2003.

MOREIRA NETO, Diogo de Figueiredo. Ordem econômica e social nas Constituições de Estados Democráticos. *In*: *Revista do Advogado*, Porto Alegre, n. 12, ano IV, maio/ago. 1987.

MOREIRA NETO, Diogo de Figueiredo; PRADO, Ney. Uma análise sistêmica do conceito de ordem econômica e social. *In*: *Revista de Informação Legislativa do Senado Federal*, n. 96, v. 24, out./dez. 1987.

MOREIRA, Egon Bockmann. *O direito administrativo contemporâneo e suas relações com a economia*. Curitiba: Virtual Gratuita, 2016.

MOREL, Regina Lúcia de Moraes. *Ciência e estado*: a política científica no Brasil. São Paulo: T. A. Queiroz, 1979.

MORIN, Edgar. *La Méthode 1* – La Nature de La Nature. Paris: Seuil, 1977.

MOTOYAMA, Shozo (org.); NAGAMINI, Marilda; QUEIROZ, Francisco Assis de; VARGAS, Milton (colab.). *Prelúdio para uma história*. São Paulo: Edusp, 2004.

MOTOYAMA, Shozo; GALVAN, Cesare G.; BARCELOS, Eduardo D.; MARQUES, Paulo; Q. CAPOZOLI, Ulisses. Novas tecnologias e o desenvolvimento industrial brasileiro. *In*: MOTOYAMA, Shozo (org.). *Tecnologia e industrialização no Brasil*: uma perspectiva histórica. São Paulo: Unesp, 1994.

MOTTA, Fabrício Macedo. Autonomia universitária e seus reflexos na escolha dos dirigentes das instituições federais de ensino superior. *In*: *Revista Brasileira de Estudos Políticos*, Belo Horizonte, n. 116, p. 277-307, jan./jun. 2018.

MOTTA, Fabrício; DI PIETRO, Maria Sylvia Zanella. *Tratado de direito administrativo*, v. 2. Administração pública e servidores públicos. São Paulo: RT, 2014.

MOURÃO, Carolina Mota; ARIENTE, Eduardo Altomare; MARINHO, Maria Edelvacy. Os distritos de inovação no ordenamento jurídico brasileiro: desafios, modelos e regulamentação. *In*: *Revista Brasileira de Políticas Públicas*, v. 12, n. 1, abr. 2022.

MURARO, Leopoldo Gomes *et al*. *Marco legal da ciência, tecnologia e inovação no Brasil*. Salvador: Juspodivm, 2020.

MURARO, Leopoldo Gomes. Instrumentos jurídicos de parceria. *In*: PORTELA, Bruno Monteiro; BARBOSA, Caio Márcio Melo; MURARO, Leopoldo Gomes; DUBEUX, Rafael. *Marco Legal de Ciência, Tecnologia e Inovação no Brasil*. Salvador: Juspodivm, 2019.

MUZY, Paulo de Tarso Artencio; DRUGOWICH, José Roberto. *Os desafios da autonomia universitária*: história recente da USP. Jundiaí: Paco, 2018.

NELSON, Richard R. *Understanding technical change as an evolutionary process*. Amsterdam: North Holland, 1987.

NELSON, Richard R. Institutions supporting technical change in the United States. *In*: DOSI, G. *et al*. (ed.). *Technology and economic theory*. London: Pinter Publishers, 1988.

NELSON, Richard R.; ROSENBERG, Nathan. Technical innovation and national systems. *In*: NELSON, Richard R. (org.). *National innovation systems*: a comparative analysis. New York: Oxford University Press, 1993.

NOHARA, Irene Patrícia. FAPESP. *In*: SIQUEIRA NETO, José Francisco; MENEZES, Daniel Francisco Nagao (org.). *Dicionário de Inovação Tecnológica*. v. I. Belo Horizonte: Arraes, 2020.

NORTH, Douglas C. *Structure and change in economic history*. New York: W. W. Norton & Company, 1982.

NORTH, Douglass C. Institutions. *In*: *The Journal of Economic Perspectives*, v. 5, n. 1, p. 97-112, Winter, 1991.

NORTH, Douglass. C. *Instituições, mudança institucional e desempenho econômico*. São Paulo: Três Estrelas, 2018.

NORTH, Douglass. C. *Institutions, institutional change and economic performance*. Cambridge University Press, 1990.

OECD. *Manual Frascati*: proposta de práticas exemplares para inquéritos sobre investigação e desenvolvimento experimental. Coimbra: Gráfica de Coimbra, 2007.

OIOLI, Erik Frederico (coord.). *Manual de direito para startups*. São Paulo: Thomson Reuters Brasil, 2019.

OLIVEIRA, Fabrício de Souza; SAMPAIO, Kelly Cristine Baião. Lei de Inovações Tecnológicas: relação entre Direito e Economia na estrutura legislativa da Propriedade Intelectual. *In*: BANNWART JÚNIOR, Clodomiro José; FERES, Marcos Vinício Chein; KEMPFER, Marlene (org.). *Direito e inovação*: estudos críticos sobre estado, empresa e sociedade. Juiz de Fora: UFJF, 2013.

OLIVEIRA, Gustavo Justino de. *Contrato de gestão*. São Paulo: RT, 2008.

OLIVEIRA, Gustavo Justino de. Convênio é acordo, mas não é contrato. *In*: WALD, Arnoldo; JUSTEN FILHO, Marçal; PEREIRA, Cesar Augusto Guimarães (org.). *O direito administrativo na atualidade*: estudos em homenagem ao centenário de Hely Lopes Meirelles (1917-2017). São Paulo: Malheiros, 2017.

OLIVEIRA, Gustavo Justino de; BARROS FILHO, Wilson Accioli de. Inquérito civil público e acordo administrativo. *In*: OLIVEIRA, Gustavo Justino (coord.). *Acordos administrativos no Brasil*: teoria e prática. São Paulo: Almedina, 2020.

OLIVEIRA, Gustavo Justino; MÂNICA, Fernando Borges. Organizações da sociedade civil de interesse público: termo de parceria e licitação. *Fórum Administrativo – FA*, Belo Horizonte, ano 5, n. 49, mar. 2005.

OLIVEIRA, Rodrigo Maia de; VELHO, Léa. *Ensaio*: avaliação e políticas públicas em educação, Rio de Janeiro, v. 17, n. 62, p. 25-54, jan./mar. 2009.

OLIVEIRA, Thaís de Bessa Gontijo de; VIEIRA, Douglas Alexandre Gomes. A inserção e manutenção de doutores em empresas como política pública de fomento à inovação. *In*: SOARES, Fabiana de Menezes; OLIVEIRA, Thais Bessa Gontijo de; MATA, P. C. O. A. (org.). *Ciência, tecnologia e inovação*: políticas & leis. Florianópolis: Tribo da Ilha, 2019.

ORSI, Carlos. *Ciência como direito humano*. Disponível em: https://www.revistaquestaodeciencia.com.br/apocalipse-now/2021/10/23/ciencia-como-direito-humano. Acesso em: 22 set. 2022.

PAES, José Eduardo Sabo. *Fundações, associações e entidades de interesse social*: aspectos jurídicos, administrativos, contábeis, trabalhistas e tributários. 9. ed. Rio de Janeiro: Forense, 2018.

PAES, José Eduardo Sabo. *Fundações, associações e entidades de interesse social*: aspectos jurídicos, administrativos, contábeis, trabalhistas e tributários. 10. ed. Rio de Janeiro: Forense, 2020.

PALASÍ, José Luiz Villar. Las técnicas administrativas de fomento y de apoyo al precio político. *In*: *Revista de Administración Pública*, Madri, n. 14, maio/ago. 1954.

PALMA, Juliana Bonacorsi de. *Sanção e acordo na administração pública*. São Paulo: Malheiros, 2015.

PARSONS, Talcott. *O sistema das sociedades modernas*. Trad. Dante Moreira Leite. São Paulo: Pioneira, 1974.

PEÑA FREIRE, Antonio. *La garantía en el Estado Constitucional de Derecho*. Madri: Trotta, 1997.

PEREIRA, Lia Valls. Sistema de propriedade industrial no contexto internacional. *In*: SCHWARTZMAN, Simon (coord.); KRIEGER, Eduardo. *Ciência e tecnologia no Brasil*: política industrial, mercado de trabalho e instituição de apoio. Rio de Janeiro: FGV, 1995.

PEREZ, Gilberto. Inovação. *In*: SIQUEIRA NETO, José Francisco; MENEZES, Daniel Francisco Nagao (org.). *Dicionário de Inovação Tecnológica* – v. I. Belo Horizonte: Arraes, 2020.

PEREZ, Marcos Augusto. Organizações sociais para a gestão de parques tecnológicos. *In*: MARQUES NETO, Floriano de Azevedo; ALMEIDA, Fernando Dias Menezes de; NOHARA, Irene Patrícia; MARRARA, Thiago (org.). *Direito e administração pública*: estudos em homenagem a Maria Sylvia Zanella Di Pietro. São Paulo: Atlas, 2013.

PIEROTH, Bodo; SCHLINK, Bernhard. *Direitos fundamentais*. Trad. António Francisco de Sousa e António Franco. São Paulo: Saraiva, 2012.

PIRES, Maria Coeli Simões. *Ambiente jurídico da inovação no Brasil*. Instituto dos Advogados de Minas Gerais, 2010. Disponível em: https://www.mariacoeli.com.br/ambiente-juridico-da-inovac%CC%A7a%CC%83o-no-brasil/. Acesso em: 30 jan. 2023.

PIRES, Maria Coeli Simões. Direito, segurança jurídica e inovação: contextos, novos paradigmas e modelagem democrática. *In*: MARQUES NETO, Floriano de Azevedo; ALMEIDA, Fernando Dias Menezes de; NOHARA, Irene Patrícia; MARRARA, Thiago (org.). *Direito e administração pública*: estudos em homenagem a Maria Sylvia Zanella Di Pietro. São Paulo: Atlas, 2013.

PLONSKI, G. A. Cooperação universidade-empresa na Ibero-América: estágio atual e perspectivas. *Revista de Administração*, São Paulo, v. 30, n. 2, p. 65-74, abr./jun. 1995.

PLONSKI, Guilherme Ary. Prefácio à cooperação empresa-universidade na Ibero-América. *In*: PLONSKI, Guilherme Ary (ed.). *Cooperación empresa-universidad en Iberoamérica*. São Paulo: CYTED, 1993.

POMBO, Rodrigo Goulart de Freitas. *Contratos públicos na Lei de Inovação*. Rio de Janeiro: Lumen Juris, 2020.

PONTES DE MIRANDA, Francisco Cavalcanti. *Introdução à política científica*. 2. ed. (Reimpressão do Original publicado em 1924). Rio de Janeiro: Forense, 1983.

PORTELA, Bruno Monteiro. Conceitos legais. *In*: PORTELA, Bruno Monteiro; BARBOSA, Caio Márcio Melo; MURARO, Leopoldo Gomes; DUBEUX, Rafael. *Marco Legal da Ciência, Tecnologia e Inovação no Brasil*. Salvador: Juspodivm, 2020.

PORTO, Ary Eduardo. *Aspectos de dominialidade*. Disponível em: http://www.pge.sp.gov.br/centrodeestudos/bibliotecavirtual/regulariza2/doutrina1.html. Acesso em: 26 abr. 2023.

POSNER, Richard A. *Theories of economic regulation*. [S.l.]: NBER, 1974. Working paper, n. 41.

POSNER, Richard. *Problemas de filosofia do direito*. Trad. Jefferson Luiz Camargo. São Paulo: Martins Fontes, 2007.

POTHIER, Robert Joseph. *Tratado de las obligaciones*. 2. ed. Trad. Guilhermo Cabanellas Torres – versión directa del Traité des Obligations. 2. ed., 1824. Buenos Aires: Heliasta, 2007.

POZAS, Jordana de. *Diccionario Jurídico Espasa*. Madri: Ed. Espasa Calpe, 1991.

POZAS, Luís Jordana. Ensayo sobre una teoría del fomento en el derecho administrativo. In: *Revista de Estudios Políticos*, Madri, n. 48, 1949.

PRETE, Esther Külkamp Eyng. Considerações para uma abordagem sistemática da Emenda Constitucional n. 85 de 2015. In: SOARES, Fabiana de Menezes; PRETE, Esther Külkamp Eyng (org.). *Marco Regulatório em Ciência, Tecnologia e Inovação*: texto e contexto da Lei n. 13.243/2016. Belo Horizonte: Arraes, 2018.

QUEIROZ, João Eduardo Lopes. Principais aspectos do regime jurídico das parcerias voluntárias introduzidos pela Lei n. 13.019, de 31 de julho de 2014. In: *Interesse Público*, Belo Horizonte, v. 87, 2014.

RANIERI, Nina Beatriz Stocco. *Autonomia universitária na USP*: 1934-1969. São Paulo: Edusp, 2005.

RANIERI, Nina Beatriz Stocco. *Autonomia universitária na USP*: 1970-2004. São Paulo: Edusp, 2006.

RANIERI, Nina Beatriz Stocco. *Direito à educação* – aspectos constitucionais. São Paulo: Edusp, 2009.

RANIERI, Nina Beatriz Stocco. *Educação superior, direito e estado*: na Lei de Diretrizes e Bases (Lei n. 9.394/96). São Paulo: Edusp/Fapesp, 2000.

RANIERI, Nina Beatriz Stocco. *Reflexões sobre as implicações da legislatura de ensino na vida acadêmica*. Brasília: ABMES, 1999.

RANIERI, Nina Beatriz Stocco. Trinta anos de autonomia universitária: resultados diversos, efeitos contraditórios. In: *Educação & Sociedade*, v. 39, n. 145, out./dez. 2018. Campinas: Unicamp, 2018. Disponível em: https://www.cedes.unicamp.br/publicacoes/edicao/823. Acesso em: 25 ago. 2022.

RANIERI, Nina Beatriz. *Autonomia universitária*: as universidades públicas e a Constituição Federal de 1988. São Paulo: Imprensa Oficial, 2013.

RANIERI, Nina Beatriz Stocco. *Autonomia universitária*: as universidades públicas e a Constituição Federal. São Paulo: Edusp, 1994.

RAUEN, André Tortato. *Encomendas tecnológicas no Brasil*: novas possibilidades legais. Diretoria de Estudos e Políticas Setoriais de Inovação e Infraestrutura, Nota Técnica n. 41. IPEA, 2018.

RAUEN, André Tortato; BARBOSA, Caio Márcio Melo. *Encomendas tecnológicas no Brasil*: guia de boas práticas. Brasília: IPEA, 2019.

RECH FILHO, Arby Ilgo. *As universidades públicas federais e o novo Marco Legal da Inovação* – de acordo com o TCU, nível de implementação do novo marco nessas instituições ainda é baixo. Disponível em: https://www.jota.info/opiniao-e-analise/artigos/as-universidades-publicas-federais-e-o-novo-marco-legal-da-inovacao-22042023. Acesso em: 24 abr. 2023.

REICH, Norbert. Intervenção do Estado na economia (reflexões sobre a pós-modernidade na teoria jurídica). In: *Revista de Direito Público*, São Paulo, n. 94, ano 23, abr./jun. 1990.

RIBEIRO, Elisa de Sousa. Crise, desenvolvimento e políticas de industrialização no Brasil de Getúlio Vargas. In: *Universitas Humanas*, Brasília, v. 11, n. 1, jan./jun. 2014.

RIGOLIN, Ivan Barbosa. *Uso de bens públicos* – matéria de interesse local – autonomia local para disciplinar. Disponível em: http://www.acopesp.org.br/admin/assets/arquivos/7d7e27e5c94f14e99757bdb97b4d90e8.pdf. Acesso em: 25 abr. 2023.

RIVA, Ignacio M. de la. *Ayudas públicas*: incidencia de la intervención estatal en el funcionamiento del mercado. Buenos Aires: Hammurabi, 2004.

RIVERO ORTEGA, Ricardo (org.). La reforma universitaria de 2023. *Comentarios a la Ley Orgánica 2/2023, de 22 de marzo, del Sistema Universitario*. Madri: Aranzadi, 2023.

RIVERO ORTEGA, Ricardo *Derecho administrativo económico*. 5. ed. Madri: Marcial Pons, 2009.

RIVERO ORTEGA, Ricardo *El futuro de la universidad*. Salamanca: Ediciones Universidad Salamanca, 2021.

ROCHA, Cármen Lúcia Antunes. Mudanças sociais e mudanças constitucionais. In: PELLEGRINA, Maria Aparecida; SILVA, Jane Granzoto Torres da (coord.). *Constitucionalismo social*. São Paulo: LTr., s/d.

ROCHA, E. M. P.; DUFLOTH, S. C. Análise comparativa regional de indicadores de inovação tecnológica empresarial: contribuição a partir dos dados da Pesquisa Industrial de Inovação Tecnológica. In: *Perspectivas em Ciências da Informação*, Belo Horizonte, v. 14, n. 1, p. 192-208, mar. 2009.

ROCHA, Sílvio Luís Ferreira da. *Terceiro setor*. São Paulo: Malheiros, 2003.

RODRIGUES, Aline. *Relações com as fundações de apoio*. Disponível em: https://proad.ufg.br/p/17466-relacao-com-as-fundacoes-de-apoio. Acesso em: 5 jun. 2023.

ROMANO, Santi. *O ordenamento jurídico*. Trad. Arno Dal Ri Júnior. Florianópolis: Fundação Boiteux. 2008. Obra original publicada na Itália com o título: L'Ordinamento Giuridico. Firenze: Sansoni, 1946.

ROMANO, Santi. *Principii di diritto amministrativo italiano*. 2. ed. Milano: Società Editrice Libraria, 1906.

ROPPO, Enzo. *O contrato*. Trad. Ana Coimbra e M. Januário C. Gomes. Coimbra: Almedina, 2009.

ROSA, Carlos Augusto de Proença. *História da ciência*: da antiguidade ao renascimento científico. v. I. 2. ed. Brasília: FUNAG, 2012.

ROTHBARD, Murray Newton. *Ciência, tecnologia & governo*. Trad. Giovanna Louise Libralon. Campinas: Vide Editorial, 2017.

ROTTERDAM, Erasmo de. *Elogio da loucura*. Trad. Paulo M. Oliveira. Disponível em: http://www.dominiopublico.gov.br/download/texto/cv000026.pdf. Acesso em: 2 set. 2023.

RUIZ, Oscar Vilcarromero. La autonomía universitaria. In: *Ingeniería industrial*, Lima, n. 9, p. 108-110, 1994. Disponível em: https://revistas.ulima.edu.pe/index.php/Ingenieria_industrial/article/view/3027. Acesso em: 24 dez. 2022.

SÁBATO, Jorge; BOTANA, Natalio. *La ciencia y la tecnología en el desarrollo futuro de América Latina*. 1968. Disponível em: http://docs.politicascti.net/documents/Teoricos/Sabato_Botana.pdf. Acesso em: 20 fev. 2023.

SALES, Matheus Vinícius Lage; QUEIROZ, Gustavo Lemes de. Instrumentos de estímulo à inovação nas empresas trazidos pela Lei n. 13.243/2016 e seu comparativo com a lei mineira. In: SOARES, Fabiana de Menezes; PRETE, Esther Külkamp Eyng (org.). *Marco Regulatório em Ciência, Tecnologia e Inovação*: Texto e Contexto da Lei n. 13.243/2016. Belo Horizonte: Arraes, 2018.

SALOMÃO FILHO, Calixto. *Regulação da atividade econômica*: princípios e fundamentos jurídicos. 3. ed. São Paulo: Quartier Latin, 2021.

SAMPAIO, Anita Lapa Borges de. *Autonomia universitária*: um modelo de interpretação e aplicação do art. 207 da Constituição Federal. Brasília: Universidade de Brasília, 1998.

SAMPAIO, Gesiel. O marco legal da ciência, tecnologia e inovação e a aproximação dos segmentos. In: NADER, Helena Bonciani; OLIVEIRA, Fabíola de; MOSSRI, Beatriz de Bulhões (org.). *A ciência e o Poder Legislativo*: relatos e experiências. São Paulo: SBPC, 2017.

SANDIM, Tatiana Lemos; SILVA, Frederico Augusto Barbosa da; GREGORI, Maria Filomena; CARDOSO JUNIOR, José Celso Pereira; LESSA, Renato. *Assédio institucional no setor público brasileiro*. Disponível em: https://www.encontro2022.anpocs.com/trabalho/view?ID_TRABALHO=6495&impressao&printOnLoad. Acesso em: 2 set. 2023.

SANTOS, António Carlos dos; GONÇALVES, Maria Eduarda; MARQUES, Maria Manuel Leitão. *Direito económico*. 6. ed. Coimbra: Almedina, 2011.

SANTOS, Lourival Santana; ARAÚJO, Ruy Belém de. *Café e a industrialização brasileira*. Disponível em: https://cesad.ufs.br/ORBI/public/uploadCatalago/10280418102016Historia_economica_geral_e_do_brasil_Aula_09.pdf. Acesso em: 1 fev. 2023.

SANTOS, Márcia Walquiria Batista dos; QUEIROZ, João Eduardo Lopes; CARDOZO, José Eduardo Martins. *Direito administrativo*, Rio de Janeiro, 2015.

SCHILLING, Melissa A. *Strategic management of technological innovation*. 4. ed. New York: McGraw-Hill Irwin, 2001.

SCHUMPETER, Joseph A. *A teoria do desenvolvimento econômico*. São Paulo: Abril Cultural, 1982.

SCHUMPETER, Joseph A. *The theory of economic development*. New York: Oxford University, 1934.

SCHWARTZMAN, Simon. *Ciência, universidade e ideologia*: a política do conhecimento. Rio de Janeiro: Zahar, 1981.

SCHWARTZMAN, Simon. *Formação da comunidade científica no Brasil*. São Paulo/Rio de Janeiro: Ed. Nacional/FINEP, 1979.

SCHWATZMAN, Simon. Ciência e tecnologia na década perdida: o que aprendemos? *In*: SOLA, Lourdes; PAULANI, Leda M. (ed.). *Lições da década de 80*. São Paulo: Edusp/UNRISD, 1995.

SCHWATZMAN, Simon. *Ciência e tecnologia na década perdida*: o que aprendemos? Disponível: http://www.schwartzman.org.br/simon/lourdes.htm. Acesso em: 30 mar. 2023.

SEARLE, John R. *The construction of social reality*. New York: The Free Press, 1995.

SENGE, Peter. M.; CARSTEDT, Goran. Innovating our way to the next industrial revolution. *In*: *MIT Sloan Management Review*, winter 2001.

SEVERO, Deborah Priscilla Coutinho. Aplicações de propriedade intelectual ao patrimônio cultural. *In*: PÔRTO JUNIOR, Gilson; COSTA, Jeferson Morais da; SOARES, Leandra Cristina Cavina Piovesan (org.). *Propriedade intelectual e transferência de tecnologia*: estudos e aplicações. Palmas: EdUFT, 2021.

SIDOU, J. M. Othon. "Pactum". *In*: FRANÇA, Rubens Limongi (coord.). *Enciclopédia Saraiva do Direito*, v. 56. São Paulo: Saraiva, 1977.

SIDOU, J. M. Othon. *Dicionário jurídico*. 3. ed. Rio de Janeiro: Forense, 1995.

SILVA, Allan Gustavo Freire da; MOTA, Leonardo de Araújo e; DORNELAS, Carina Seixas Maia; LACERDA, Alecksandra Vieira de. A relação entre Estado e políticas públicas: uma análise teórica sobre o caso brasileiro. *Revista Debates*, 11(1), 2017.

SILVA, Almiro do Couto e; SUNDFELD, Carlos Ari; MARQUES NETO, Floriano de Azevedo *et al*. *Comissão de Juristas constituída pela Portaria n. 426, de 6 de dezembro de 2007, do Ministério do Planejamento, Orçamento e Gestão* – resultado final.

SILVA, Almiro do Couto. Os indivíduos e o Estado na realização de tarefas públicas. *In*: MARQUES NETO, Floriano Azevedo; ALMEIDA, Fernando Dias Menezes de; NOHARA, Irene Patrícia; MARRARA, Thiago (coord.). *Direito e administração pública*: estudos em homenagem a Maria Sylvia Zanella Di Pietro. São Paulo: Atlas, 2013.

SILVA, Frederico Barbosa da; CARDOSO JR., José Celso. Assédio institucional no setor público e o processo de desconstrução da democracia e do republicanismo no Brasil. *Cadernos da Reforma Administrativa*, Brasília, Caderno 12, set. 2020.

SILVA, José Afonso da. *Aplicabilidade das normas constitucionais*. 7. ed. São Paulo: Malheiros, 2008.

SILVA, José Afonso da. O Estado Democrático de Direito. *Revista de Direito Administrativo*, n. 173, jul./set. 1988.

SILVA, José Afonso da. Perspectivas das formas políticas. *In*: ROCHA, Cármen Lúcia Antunes (coord.). *Perspectivas do direito público*: estudos em homenagem a Miguel Seabra Fagundes. Belo Horizonte: Del Rey, 1995.

SILVA, Rafael Silveira e; NERY, Paulo Fernando; CAVALCANTE FILHO, João Trindade. Teoria dos sistemas sociais e análise de redes: uma nova perspectiva para compreender a Constituição brasileira. *Novos Estudos Jurídicos*, Itajaí (SC), v. 26, n. 1, p. 353-374, 2021. Disponível em: https://periodicos.univali.br/index.php/nej/article/view/17589. Acesso em: 10 fev. 2023.

SIQUEIRA NETO, José Francisco; NAGAO, Daniel Francisco (org.). *Dicionário de Inovação Tecnológica*, v. 1. Belo Horizonte: Arraes, 2020.

SIQUEIRA, Luiza Noronha. Parque tecnológico. *In*: SIQUEIRA NETO, José Francisco; MENEZES, Daniel Francisco Nagao (org.). *Dicionário de Inovação Tecnológica*, v. 1. Belo Horizonte: Arraes, 2020.

SOARES, Fabiana de Menezes. Autonomia universitária e o marco da ciência, tecnologia e inovação. *In*: CABRAL, Edson César dos Santos; QUEIROZ, João Eduardo Lopes (org.). *Autonomia universitária*: 30 anos no Estado de São Paulo. São Paulo: Unesp, 2020.

SOARES, Fabiana de Menezes. Legística e desenvolvimento: a qualidade da lei no quadro da otimização de uma melhor legislação. *In*: *Revista da Faculdade de Direito da UFMG*, Belo Horizonte, n. 50, jan./jul. 2007.

SOARES, Fabiana de Menezes; SANTOS, Flávia Pessoa Santos. A incorporação do dissenso no processo legislativo e seu papel na justificação da lei: condições para *advocacy* parlamentar. *In*: SOARES, Fabiana de Menezes; KAITEL, Cristiane Silva; PRETE, Esther Külkamp Eyng Prete (org.). *Estudos em legística*. Florianópolis: Tribo Ilha, 2019.

SOUTO, Marcos Juruena Villela. *Desestatização* – privatização, concessões, terceirizações e regulação. 4. ed. Rio de Janeiro: Lumen Juris, 2001.

SOUTO, Marcos Juruena Villela. *Direito administrativo da economia*. Rio de Janeiro: Lumen Juris, 2003.

SOUTO, Marcos Juruena Villela. Estímulos positivos. *In*: CARDOZO, José Eduardo Martins; QUEIROZ, João Eduardo Lopes; SANTOS, Márcia Walquiria Batista. *Direito administrativo econômico*. São Paulo: Atlas, 2011.

SOUZA PINTO, Felipe Chiarello de; PADIN, Camila Ferrara; JUNQUEIRA, Michele Asato. CAPES. *In*: SIQUEIRA NETO, José Francisco; MENEZES, Daniel Francisco Nagao (org.). *Dicionário de Inovação Tecnológica*. v. I. Belo Horizonte: Arraes, 2020.

STAIR, Ralph M.; REYNOLDS, George W. *Princípios de sistemas de informação*. São Paulo: Cengage Learning, 2011.

STIGLER, George J. The theory of economic regulation. *Bell Journal of Economic and Management Science*, New York, v. 2, n. 1, p. 1-21, Spring 1971.

STOBER, Rolf. *Derecho administrativo económico*. 15. ed. Trad. Santiago González-Varas Ibánez. Madri: Ministerio para las Administraciones Públicas, 1992.

STOBER, Rolf. *Direito administrativo econômico*. 15. ed. Trad. António Francisco de Sousa. São Paulo: Saraiva, 2012.

SUNDFELD, Carlos Ari. A Lei de Introdução às Normas do Direito Brasileiro e sua renovação. *In*: CUNHA FILHO, Alexandre Jorge Carneiro; ISSA, Rafael Hamze; SCHWIND, Rafael Wallbach. *Lei de Introdução às Normas do Direito Brasileiro* – anotada: Decreto-Lei n. 4.657, de 4 de setembro de 1942, v. I. São Paulo: Quartier Latin, 2019.

SUNDFELD, Carlos Ari. *Direito administrativo ordenador*. São Paulo: Malheiros, 1993.

SUNDFELD, Carlos Ari; CÂMARA, Jacintho Arruda; MONTEIRO, Vera. Questões de direito público na Lei de Inovação. *In: Revista Zênite ILC*, Informativo de Licitações e Contratos, Curitiba, ano 24, n. 248, set. 2017.

SZAZI, Eduardo. *Terceiro Setor:* regulação no Brasil. 3. ed. São Paulo: Peirópolis, 2003.

TÁCITO, Caio. *Direito administrativo*. São Paulo: Saraiva, 1975.

TÁCITO, Caio. Do Estado liberal ao Estado do bem-estar social. *In: Temas de Direito Público*. Rio de Janeiro: Renovar, 1997.

TÁCITO, Caio. Educação, cultura e tecnologia. *In*: CRETELLA JÚNIOR, José; MARTINS, Ives Gandra da Silva; REZEK, José Francisco et al. *A Constituição Brasileira 1988*: interpretações. Rio de Janeiro: Forense, 1988.

TANAKA, Sônia Yuriko Kanashiro (coord.). *Panorama atual da administração pública no Brasil*. São Paulo: Malheiros, 2012.

TANAKA, Sônia Yuriko Kanashiro. *Concepção dos contratos administrativos*. São Paulo: Malheiros, 2007.

TANAKA, Sônia Yuriko Kanashiro. Contratos administrativos. *In*: CARDOZO, José Eduardo Martins; QUEIROZ, João Eduardo Lopes; SANTOS, Márcia Walquiria Batista dos (coord.). *Curso de direito administrativo econômico*. v. 3. São Paulo: Malheiros, 2006.

TAWIL, Guido S. La intervención del Estado en la actividad privada. *In*: PIAGGI, Ana (Dir.). *Tratado de la empresa*. t. I. Buenos Aires: Abeledo-Perrot, 2009.

TEIXEIRA, Wendel de Brito Lemos. *Associações civis*. Belo Horizonte: Del Rey, 2010.

TEUBNER, Gunther. *O Direito como sistema autopoiético*. Trad. José Engracia Antunes. Lisboa: Fundação Calouste Gulbenkian, 1993.

THOMA, Richard. Die Juristische Bedeutung der Grundrechtliche Sätze der Deutschen Reichsverfassung im Allgemeinen. *In*: NIPPERDEY, H. C. (org.). *Grundrechte und grundpflichten der Reichsverfassung*, v. I. 1929, p. 34 *apud* BONAVIDES, Paulo. *Curso de Direito Constitucional*. 24. ed. São Paulo: Malheiros, 2009.

THURSBY, J. G.; JENSEN, R.; THURSBY, M. C. Objectives, characteristics and outcomes of university licensing: a survey of major U.S. universities. *In: The Journal of Technology Transfer*, n. 26, 2001.

THURSBY, J. G.; THURSBY, M. C. Who is selling the Ivory tower? Sources of growth in university licensing. *In: Management Science*, n. 48, 2002.

TIM, Luciano Benetti. Contrato internacional de transferência de tecnologia no Brasil: interseção da propriedade intelectual com o direito antitruste. *In*: TIM, Luciano Benetti; PARANAGUÁ, Pedro (org.). *Propriedade intelectual, antitruste e desenvolvimento*: o caso da transferência de tecnologia e do *software*. Rio de Janeiro: FGV, 2009.

USLEGAL. *Startup companies law and legal definition*. Disponível em: https://definitions. uslegal.com/s/startup-companies/. Acesso em: 30 nov. 2018.

VALIN, Rafael. *A subvenção no direito administrativo brasileiro*. São Paulo: Contracorrente, 2015.

VARELLA, Sergio Ramalho Dantas; MEDEIROS, Jefferson Bruno Soares de; SILVA JUNIOR, Mauro Tomaz da. O desenvolvimento da teoria da inovação schumpeteriana. *XXXII Encontro Nacional de Engenharia de Produção, Desenvolvimento Sustentável e Responsabilidade Social*: as contribuições da engenharia de produção. Bento Gonçalves, RS, Brasil, 15 a 18 out. 2012. Disponível em: https://abepro.org.br/biblioteca/enegep2012_tn_sto_164_954_21021. pdf. Acesso em: 20 set. 2022.

VARGAS, Denise Soares. *Mutação constitucional via decisões aditivas*. São Paulo: Saraiva, 2014.

VEDOVATO, Luis Renato. Fundo Nacional de Desenvolvimento Científico e Tecnológico (FNDCT). *In*: SIQUEIRA NETO, José Francisco; MENEZES, Daniel Francisco Nagao (org.). *Dicionário de Inovação Tecnológica*. v. I. Belo Horizonte: Arraes, 2020.

VENOSA, Sílvio de Salvo. *Direito civil*: contratos em espécie. 10. ed. São Paulo: Atlas, 2010.

VERA, José Bermejo. *Derecho administrativo* – parte especial. 5. ed. Madri: Civitas, 2001.

VIDOSSICH, F.; FURLAN, O. *Dicionário de novos termos de ciências e tecnologias*: empréstimos, locuções, siglas, cruzamentos e acrônicos. São Paulo: Pioneira, 1996.

VIEGAS, Juliana Laura Bruna. Contratos de pesquisa e contratos de franquia. *In*: SANTOS, Manoel J. Pereira dos; JABUR, Wilson Pinheiro (coord.). *Contratos de propriedade industrial e novas tecnologias*. São Paulo: Saraiva, 2007.

VILELA, Evaldo Ferreira. Entendendo a inovação e o seu papel na geração de riquezas. *In*: DEL NERO; Patrícia Aurélia (coord.). *Propriedade intelectual e transferência de tecnologia*. Belo Horizonte: Fórum, 2011.

VILLAR EZCURRA, José Luis. *Derecho administrativo especial*: administración pública y actividad de los particulares. Madri: Civitas, 1999.

WALTER, T.; IHL, C.; MAUER, R.; BRETTEL, M. Grace, gold, or glory? Exploring incentives for invention disclosure in the university context. *In*: *The Journal of Technology Transfer*, 43, 2018.

ZUCOLOTO, Graziela Ferrero *et al*. Lei do bem e produtividade das firmas industriais brasileiras. *In*: TURCHI, Lenita Maria; MORAIS, José Mauro de. *Políticas de apoio à inovação tecnológica no Brasil*: avanços recentes, limitações e propostas de ações. Brasília: Ipea, 2017.

ZUCOLOTO, Graziela; KOELLER, Priscila. Subvenção econômica: estatísticas dos períodos recentes. *Radar*, n. 69, p. 7-8, abr. 2022.

ZYLBERSZTAJN, Decio; Rachel, SZTAJN; AZEVEDO, Paulo Furquim de. Economia dos contratos. *In*: ZYLBERSZTAJN, Decio; SZTAJN, Rachel (org.). *Direito & economia*: análise econômica do direito e das organizações. São Paulo: Campus/Elsevier, 2005.

ANEXO A

NORMAS FEDERAIS DE C,T&I

(continua)

IDENTIFICAÇÃO DO ATO	EMENTA
Lei nº 8.010, de 29 de março de 1990	Dispõe sobre importações de bens destinados à pesquisa científica e tecnológica, e dá outras providências.
Lei nº 8.032, de 12 de abril de 1990	Dispõe sobre a isenção ou redução de impostos de importação, e dá outras providências.
Lei nº 8.248, de 23 de outubro de 1991	Dispõe sobre a capacitação e competitividade do setor de informática e automação, e dá outras providências.
Lei nº 9.279, de 14 de maio de 1996	Regula direitos e obrigações relativos à propriedade industrial.
Lei nº 9.456, de 25 de abril de 1997	Institui a Lei de Proteção de Cultivares e dá outras providências.
Lei nº 9.609, de 19 de fevereiro de 1998	Dispõe sobre a proteção da propriedade intelectual de programa de computador, sua comercialização no País, e dá outras providências.
Lei nº 9.610, de 19 de fevereiro de 1998	Altera, atualiza e consolida a legislação sobre direitos autorais e dá outras providências.
Decreto Legislativo nº 86, de 12 de fevereiro de 1997	Aprova o texto do Acordo de Cooperação Científica e Tecnológica, celebrado entre Governo da República Federativa do Brasil e o Governo da República Italiana, em Roma, em 12.02.1997.
Lei nº 10.168, de 29 de dezembro de 2000	Institui contribuição de intervenção de domínio econômico destinada a financiar o Programa de Estímulo à Interação Universidade-Empresa para o Apoio à Inovação e dá outras providências.

(continua)

IDENTIFICAÇÃO DO ATO	EMENTA
Lei nº 10.637, de 3 de dezembro de 2002	Dispõe sobre a não cumulatividade na cobrança da contribuição para os Programas de Integração Social (PIS) e de Formação do Patrimônio do Servidor Público (Pasep), nos casos que especifica; sobre o pagamento e o parcelamento de débitos tributários federais, a compensação de créditos fiscais, a declaração de inaptidão de inscrição de pessoas jurídicas, a legislação aduaneira, e dá outras providências.
Lei nº 10.603, de 17 de dezembro de 2002	Dispõe sobre a proteção de informação não divulgada submetida para aprovação da comercialização de produtos e dá outras providências.
Portaria INT/MCT nº 37, de 24 de julho de 2002	Define a responsabilidade da Seção de Parcerias Tecnológicas do INT como o Escritório de Propriedade Industrial e de Transferência de Tecnologia, cujo escopo é a supervisão e coordenação das atividades dentro do conteúdo da presente Portaria.
Decreto nº 4.195, de 11 de abril de 2002	Regulamenta a Lei nº 10.168, de 29 de dezembro de 2000, que institui contribuição de intervenção no domínio econômico destinada a financiar o Programa de Estímulo à Interação Universidade-Empresa para Apoio à Inovação, e a Lei nº 10.332, de 19 de dezembro de 2001, que institui mecanismos de financiamento para programas de ciência e tecnologia, e dá outras providências.
Acordo Complementar Brasil e México, de 24 de julho 2002	Acordo Complementar ao Acordo de Básico de Cooperação Técnica e Científica entre o Governo da República Federativa do Brasil e o Governo dos Estados Unidos Mexicanos.
Lei nº 10.964, de 28 de outubro de 2004	Dá nova redação a dispositivos das Leis de nº 8.010, de 29 de março de 1990, e nº 8.032, de 12 de abril de 1990, para estender a cientistas e pesquisadores a isenção tributária relativa a bens destinados à pesquisa científica e tecnológica; e faculta a inscrição no Sistema Integrado de Pagamento de Impostos e Contribuições das Microempresas e das Empresas de Pequeno Porte – SIMPLES, das pessoas jurídicas que especifica.
Lei nº 10.973, de 2 de dezembro de 2004	Dispõe sobre incentivos à inovação e à pesquisa científica e tecnológica no ambiente produtivo e dá outras providências.
Portaria MCT nº 382, de 15 de junho de 2005	Institui a estrutura do Programa de Pesquisa em Biodiversidade – PPBio, composta por um Coordenador-Executivo, um Conselho Diretor e um Comitê Científico.
Portaria MCT nº 481, de 15 de julho de 2005	Aprova o anexo Documento Básico Brasileiro para o Programa de Apoio à Cooperação Científica e Tecnológica Trilateral entre Índia, Brasil e África do Sul (PROGRAMA IBAS).

(continua)

IDENTIFICAÇÃO DO ATO	EMENTA
Lei nº 11.105, de 24 de março de 2005	Regulamenta os incisos II, IV e V do §1º do art. 225 da Constituição Federal, estabelece normas de segurança e mecanismos de fiscalização de atividades que envolvam organismos geneticamente modificados – OGM e seus derivados, cria o Conselho Nacional de Biossegurança – CNBS, reestrutura a Comissão Técnica Nacional de Biossegurança – CTNBio, dispõe sobre a Política Nacional de Biossegurança – PNB.
Lei nº 11.196, de 21 de novembro de 2005	Institui o Regime Especial de Tributação para a Plataforma de Exportação de Serviços de Tecnologia da Informação – REPES, o Regime Especial de Aquisição de Bens de Capital para Empresas Exportadoras – RECAP e o Programa de Inclusão Digital; dispõe sobre incentivos fiscais para a inovação tecnológica.
Decreto nº 5.602, de 6 de dezembro de 2005	Regulamenta o Programa de Inclusão Digital instituído pela Lei nº 11.196, de 21 de novembro de 2005.
Decreto nº 5.798, de 7 de junho de 2006	Regulamenta os incentivos fiscais às atividades de pesquisa tecnológica e desenvolvimento de inovação tecnológica, de que tratam os arts. 17 a 26 da Lei nº 11.196, de 21 de novembro de 2005.
Decreto nº 5.906, de 26 de setembro de 2006	Regulamenta o art. 4º da Lei nº 11.077, de 30 de dezembro de 2004, os arts. 4º, 9º, 11 e 16-A da Lei nº 8.248, de 23 de outubro de 1991, e os arts. 8º e 11 da Lei nº 10.176, de 11 de janeiro de 2001, que dispõem sobre a capacitação e competitividade do setor de tecnologias da informação.
Lei Complementar nº 123, de 14 de dezembro de 2006	Institui o Estatuto Nacional da Microempresa e da Empresa de Pequeno Porte.
Portaria Interministerial MCidades/MMA nº 695, de 20 de dezembro 2006	Cria o Projeto Mecanismos de Desenvolvimento Limpo aplicado à redução de Emissões de Gases em Unidades de Disposição Final de Resíduos Sólidos – Projeto MDL Resíduos Sólidos Urbanos, sua estrutura organizacional, e dá outras providências.
Portaria MB nº 318, de 27 de dezembro 2006	Aprova o Programa Antártico Brasileiro.
Lei nº 11.487, de 15 de junho de 2007	Altera a Lei nº 11.196, de 21 de novembro de 2005, para incluir novo incentivo à inovação tecnológica e modificar as regras relativas à amortização acelerada para investimentos vinculados a pesquisa e ao desenvolvimento.

(continua)

IDENTIFICAÇÃO DO ATO	EMENTA
Lei nº 11.484, de 31 de maio de 2007	Dispõe sobre os incentivos às indústrias de equipamentos para TV Digital e de componentes eletrônicos semicondutores e sobre a proteção à propriedade intelectual das topografias de circuitos integrados, instituindo o Programa de Apoio ao Desenvolvimento Tecnológico da Indústria de Semicondutores – PADIS e o Programa de Apoio ao Desenvolvimento Tecnológico da Indústria de Equipamentos para a TV Digital – PATVD.
Decreto nº 6.262, de 20 de novembro de 2007	Dispõe sobre a simplificação de procedimentos para importação de bens destinados à pesquisa científica e tecnológica.
Instrução normativa RFB nº 799, de 26 de dezembro de 2007	Dispõe sobre o despacho aduaneiro de importação de bens destinados à pesquisa científica e tecnológica.
Lei nº 11.774, de 17 de setembro de 2008	Altera a legislação tributária federal, modificando as Leis nº 10.865, de 30 de abril de 2004, 11.196, de 21 de novembro de 2005, 11.033, de 21 de dezembro de 2004, 11.484, de 31 de maio de 2007, 8.850, de 28 de janeiro de 1994, 8.383, de 30 de dezembro de 1991, 9.481, de 13 de agosto de 1997, 11.051, de 29 de dezembro de 2004, 9.493, de 10 de setembro de 1997, 10.925, de 23 de julho de 2004; e dá outras providências.
Portaria Interministerial MCT/MF nº 977, de 24 de novembro de 2010	Dispõe sobre a simplificação de procedimentos para a importação de bens destinados à pesquisa científica e tecnológica.
Lei nº 12.350, de 20 de dezembro de 2010	Dispõe sobre medidas tributárias referentes à realização, no Brasil, da Copa das Confederações Fifa 2013 e da Copa do Mundo Fifa 2014; promove desoneração tributária de subvenções governamentais destinadas ao fomento das atividades de pesquisa tecnológica e desenvolvimento de inovação tecnológica nas empresas.
Lei nº 12.546, de 14 de dezembro de 2011	Institui o Regime Especial de Reintegração de Valores Tributários para as Empresas Exportadoras (Reintegra); dispõe sobre a redução do Imposto sobre Produtos Industrializados (IPI) à indústria automotiva; altera a incidência das contribuições previdenciárias devidas pelas empresas que menciona.
Instrução Normativa RFB nº 1187, de 29 de agosto de 2011	Disciplina os incentivos fiscais às atividades de pesquisa tecnológica e desenvolvimento de inovação tecnológica de que tratam os arts. 17 a 26 da Lei nº 11.196, de 21 de novembro de 2005.

(continua)

IDENTIFICAÇÃO DO ATO	EMENTA
Lei nº 13.023, de 8 de agosto de 2014	Altera as Leis nº 8.248, de 23 de outubro de 1991, e 8.387, de 30 de dezembro de 1991, e revoga dispositivo da Lei nº 10.176, de 11 de janeiro de 2001, para dispor sobre a prorrogação de prazo dos benefícios fiscais para a capacitação do setor de tecnologia da informação.
Lei nº 13.123, de 20 de maio de 2015	Regulamenta o inciso II do §1º e o §4º do art. 225 da Constituição Federal, o art. 1º, a alínea "j" do art. 8º, a alínea "c" do art. 10, o art. 15 e os §§3º e 4º do art. 16 da Convenção sobre Diversidade Biológica, promulgada pelo Decreto nº 2.519, de 16 de março de 1998; dispõe sobre o acesso ao patrimônio genético, sobre a proteção e o acesso ao conhecimento tradicional associado e sobre a repartição de benefícios para conservação e uso sustentável da biodiversidade.
Lei nº 13.243, de 11 de janeiro de 2016	Dispõe sobre estímulos ao desenvolvimento científico, à pesquisa, à capacitação científica e tecnológica e à inovação e altera a Lei nº 10.973, de 2 de dezembro de 2004, a Lei nº 6.815, de 19 de agosto de 1980, a Lei nº 8.666, de 21 de junho de 1993, a Lei nº 12.462, de 4 de agosto de 2011, a Lei nº 8.745, de 9 de dezembro de 1993, a Lei nº 8.958, de 20 de dezembro de 1994, a Lei nº 8.010, de 29 de março de 1990, a Lei nº 8.032, de 12 de abril de 1990, e a Lei nº 12.772, de 28 de dezembro de 2012, nos termos da Emenda Constitucional nº 85, de 26 de fevereiro de 2015.
Portaria MF nº 322, de 26 de julho de 2016	Fixa o valor do limite global anual, para o exercício de 2016, das importações destinadas à pesquisa científica e tecnológica, nos termos da Lei nº 8.010, de 1990, alterada pela Lei nº 10.964, de 2004.
Portaria MF nº 59, de 2 de fevereiro de 2017	Fixa o valor do limite global anual, para o exercício de 2017, das importações destinadas à pesquisa científica e tecnológica, nos termos da Lei nº 8.010, de 1990, alterada pela Lei nº 13.322, de 2016.
Portaria MF nº 39, de 29 de janeiro de 2018	Fixa o valor do limite global anual, para o exercício de 2018, das importações destinadas à pesquisa científica e tecnológica, nos termos da Lei nº 8.010, de 1990, alterada pela Lei nº 13.322, de 2016.
Portaria MF nº 420, de 4 de outubro de 2018	Fixa o valor do limite global anual, para o exercício de 2019, das importações destinadas à pesquisa científica e tecnológica, nos termos da Lei nº 8.010, de 29 de março de 1990.

(conclusão)

IDENTIFICAÇÃO DO ATO	EMENTA
Portaria ME nº 678, de 30 de dezembro de 2019	Fixa o valor do limite global anual, para o exercício de 2020, das importações destinadas à pesquisa científica e tecnológica, nos termos da Lei nº 8.010, de 29.03.1990 e da Lei nº 8.032, de 12.04.1990.
Decreto nº 9.283, de 7 de fevereiro de 2018	Regulamenta a Lei nº 10.973, de 2 de dezembro de 2004, a Lei nº 13.243, de 11 de janeiro de 2016, o art. 24, §3º, e o art. 32, §7º, da Lei nº 8.666, de 21 de junho de 1993, o art. 1º da Lei nº 8.010, de 29 de março de 1990, e o art. 2º, *caput*, inciso I, alínea g, da Lei nº 8.032, de 12 de abril de 1990, e altera o Decreto nº 6.759, de 5 de fevereiro de 2009, para estabelecer medidas de incentivo à inovação e à pesquisa científica e tecnológica no ambiente produtivo, com vistas à capacitação tecnológica, ao alcance da autonomia tecnológica e ao desenvolvimento do sistema produtivo nacional e regional.
Decreto nº 10.534, de 20 de outubro de 2020	Instituiu a Política Nacional de Inovação e dispõe sobre a sua governança.
Decreto nº 10.886, de 7 de dezembro de 2021	Institui a Estratégia Nacional de Propriedade Intelectual.
Lei Complementar nº 182, de 1º de junho de 2021	Institui o marco legal das *startups* e do empreendedorismo inovador.
Portaria ME nº 14.811, de 20 de dezembro de 2021	Fixa o valor do limite global anual, para o exercício de 2022, das importações destinadas à pesquisa científica e tecnológica, nos termos da Lei nº 8.010, de 29.03.1990, e da Lei nº 8.032, de 12.12.1990.
Portaria MCTI nº 5.700, de 18 de março de 2022	Dispõe sobre a Política de Desenvolvimento Científico, Tecnológico e da Inovação para o Setor de Tecnologias da Informação e Comunicação, no âmbito do Ministério da Ciência, Tecnologia e Inovações.

ANEXO B

ANÁLISE DA LEI FEDERAL DE C,T&I EM CONFRONTO COM ALGUMAS LEIS ESTADUAIS DE C,T&I

(continua)

ENTE FEDERATIVO	BRASIL	SÃO PAULO	SANTA CATARINA	RIO GRANDE DO SUL	MINAS GERAIS	DISTRITO FEDERAL	PARANÁ
Número da lei	Lei Federal nº 10.973/2004, reformada pela Lei nº 13.243/2016	Lei Complementar Estadual nº 1.049/2008	Lei Estadual nº 14.328/2008	Lei Complementar Estadual nº 15.639/2021	Lei Estadual nº 17.348/2008	Lei Distrital nº 6.620/2020	Lei Estadual nº 20.541/2021
Número do decreto regulamentar	Decreto Federal nº 9.283/2018	Decreto Estadual nº 62.817/2017	Decreto Estadual nº 2.372/2009	Não há até o momento do fechamento desse quadro	Não há até o momento do fechamento desse quadro	Não há até o momento do fechamento desse quadro	Não há até o momento do fechamento desse quadro
Estrutura da lei	Capítulo I – Disposições Preliminares Capítulo II – Do estímulo à construção de ambientes especializados e cooperativos de inovação Capítulo III – Do estímulo à participação das ICT no processo de inovação	Capítulo I – Das Disposições Preliminares Capítulo II – Do Sistema Paulista de Inovação Tecnológica Capítulo III – Do Estímulo à participação das ICTESPs no processo de inovação tecnológica Capítulo IV – Do estímulo à	Capítulo I – Da inovação tecnológica Capítulo II – Do Sistema Estadual de Ciência, Tecnologia e Inovação de Santa Catarina Capítulo III – Do estímulo à inovação nas instituições científicas e tecnológicas do	Capítulo I – Disposições Preliminares Capítulo II – Do SECTI-RS Capítulo III – Da política estadual de estímulo, incentivo e promoção ao desenvolvimento de "startups" e de empreendimentos inovadores Capítulo IV – Do estímulo	Capítulo I – Da Inovação Capítulo II – Da participação das instituições científicas e tecnológicas no processo de inovação Capítulo III – Do estímulo ao pesquisador e às ICTMGS Capítulo IV – Do núcleo de inovação	Capítulo I – Das Disposições Preliminares Capítulo II – Da política distrital de ciência, tecnologia e inovação Capítulo III – Do sistema distrital de ciência, tecnologia e inovação Capítulo IV – Do plano diretor de ciência,	Capítulo II – Do sistema paranaense de inovação. Capítulo III – Do estímulo à construção de ambientes especializados e colaborativos de inovação Capítulo IV – Do estímulo à participação das instituições científicas e

ANEXO B
ANÁLISE DA LEI FEDERAL DE C,T&I EM CONFRONTO COM ALGUMAS LEIS ESTADUAIS DE C,T&I | 451

(continua)

ENTE FEDERATIVO	BRASIL	SÃO PAULO	SANTA CATARINA	RIO GRANDE DO SUL	MINAS GERAIS	DISTRITO FEDERAL	PARANÁ
Estrutura da lei	Capítulo IV – Do estímulo à inovação nas Empresas Capítulo V – Do estímulo ao Inventor Independente Capítulo VI – Dos Fundos de Investimento Capítulo VII – Disposições Finais	participação do pesquisador público no processo de inovação tecnológica Capítulo V – Do estímulo à participação do inventor independente no processo de inovação tecnológica Capítulo VI – Do estímulo à participação de empresas no processo de inovação tecnológica Capítulo VII – Da participação do estado em empresas de inovação tecnológica	estado de Santa Catarina Capítulo IV – Dos Núcleos de Inovação Tecnológica (NITs) Capítulo V – Do estímulo à participação do pesquisador público na atividade de inovação Capítulo VI – Do estímulo ao inventor independente Capítulo VII – Do estímulo à participação de empresas na inovação tecnológica de interesse do estado	à construção de ambientes especializados e cooperativos de inovação Capítulo V – Do estímulo à participação das ICTs-RS no processo de inovação Capítulo VI – Do estímulo ao processo de inovação nas empresas Capítulo VII – Do estímulo à participação do pesquisador e do inventor independente no processo de inovação Capítulo VIII – Dos parques inovadores,	tecnológica Capítulo V – Do estímulo ao inventor independente Capítulo VI – Do estímulo à inovação nas empresas Capítulo VII – Dos parques tecnológicos e das incubadoras de empresa de base tecnológica Capítulo VIII – Dos incentivos Capítulo IX – Disposições finais	tecnologia e inovação da cidade humana, inteligente, sustentável e criativa – CHISC Capítulo V – Dos incentivos às atividades de ciência, tecnologia e inovação. Capítulo VI – Dos mecanismos de incentivo e fomento à ciência, à tecnologia e à inovação no distrito federal Capítulo VII – Do prêmio inova DF Capítulo VIII – Do estímulo à	tecnológicas do estado do Paraná no processo de inovação Capítulo V – Do estímulo à participação do pesquisador público no processo de inovação. Capítulo VII – Do estímulo ao processo de inovação nas empresas e no terceiro setor. Capítulo VIII – Da participação do estado em fundos de investimento Capítulo IX – Da implementação e recursos orçamentários

(continua)

ENTE FEDERATIVO	BRASIL	SÃO PAULO	SANTA CATARINA	RIO GRANDE DO SUL	MINAS GERAIS	DISTRITO FEDERAL	PARANÁ
Estrutura da lei		Capítulo VIII – Da participação do estado em fundos de investimento Capítulo IX – Dos parques tecnológicos e incubadoras de empresa de base tecnológica Capítulo X – Das disposições finais	Capítulo VIII – Da participação do estado em fundos de investimento em empresas inovadoras Capítulo IX – Dos parques tecnológicos e incubadoras de empresas inovadoras e outros ambientes de inovação Capítulo X – Do fomento à ciência, tecnologia e inovação Capítulo XI – Das disposições finais	científicos e tecnológicos e incubadoras de empresas inovadoras e de base científica e tecnológica Capítulo IX – Dos arranjos produtivos locais – APLs, polos e "clusters" tecnológicos Capítulo X – Da participação do estado do Rio Grande do Sul em fundos de investimento em empresas inovadoras e dos incentivos financeiros Capítulo XI – Dos instrumentos para o fomento		participação das instituições científicas e tecnológicas e das instituições de ensino superior no processo de apoio à inovação. Capítulo IX – Do estímulo às startups Capítulo X – Da aquisição e incorporação de soluções inovadoras pelo governo do distrito federal Capítulo XI – Das disposições finais	Capítulo X – Das disposições gerais

ANEXO B
ANÁLISE DA LEI FEDERAL DE C,T&I EM CONFRONTO COM ALGUMAS LEIS ESTADUAIS DE C,T&I

(continua)

ENTE FEDERATIVO	BRASIL	SÃO PAULO	SANTA CATARINA	RIO GRANDE DO SUL	MINAS GERAIS	DISTRITO FEDERAL	PARANÁ
Estrutura da lei				às parcerias entre o estado do Rio Grande do Sul e as entidades privadas de inovação tecnológica regional Capítulo XII – Disposições complementares Capítulo XIII – Das disposições finais			
Instrumentos de estímulos positivos previstos (vide Capítulo 5 – Item 5.1)	**Art. 3º** Estímulo através dos entes federativos e suas agências de fomento à constituição de alianças estratégicas e o desenvolvimento de projetos de cooperação	**Art. 3º** O Estado, a Fundação de Amparo à Pesquisa do Estado de São Paulo – FAPESP e suas demais agências de fomento poderão estimular e apoiar a	**Art. 5º** As Instituições Científicas e Tecnológicas do Estado de Santa Catarina – ICTESCs poderão celebrar acordos, sob as formas admitidas em	**Art. 5º** O Estado apoiará a formação de recursos humanos nas áreas de ciência, pesquisa, tecnologia e inovação, inclusive por meio de apoio às atividades.	**Art. 3º** Compete às ICTMGs: II – incentivar e firmar parcerias de pesquisa conjunta com empresas e instituições de ensino e pesquisa públicas ou privadas, com	**Art. 5º** A Política Distrital de Ciência, Tecnologia e Inovação é conduzida pelo Poder Executivo, com vistas a: I – promover inclusão tecnológica	**Art. 3º** Institui o Sistema Paranaense de Inovação com o objetivo de incentivar o desenvolvimento sustentável do Estado pela inovação, pesquisa científica e

(continua)

ENTE FEDERATIVO	BRASIL	SÃO PAULO	SANTA CATARINA	RIO GRANDE DO SUL	MINAS GERAIS	DISTRITO FEDERAL	PARANÁ
Instrumentos de estímulos positivos previstos (vide Capítulo 5 – Item 5.1)	que objetivem a geração de produtos, processos e serviços inovadores e a transferência e a difusão de tecnologia envolvendo Empresas, ICTs e Entidades de Apoio (Fundações e Associações). **Art. 3º-A** Possibilidade de celebração de convênios e contratos pela FINEP, CNPq e as Agências Financeiras Oficiais de Fomento, com as fundações de apoio, para dar apoio às ICTs.	constituição de alianças estratégicas e o desenvolvimento de projetos de cooperação envolvendo empresas e ICTESPs voltadas para atividades de pesquisa e desenvolvimento que objetivem a geração de produtos e processos inovadores. **Art. 5º** Fica instituído o Sistema Paulista de Inovação Tecnológica, a ser regulamentado pelo Poder Executivo, com o objetivo de incentivar o	direito, para desenvolver projetos de inovação tecnológica com instituições públicas e privadas dos diversos segmentos do setor produtivo catarinense. **Art. 6º** As ICTESCs, mediante remuneração e por prazo determinado, sob as formas admitidas em direito, poderão: I – compartilhar seus laboratórios, equipamentos, instrumentos, materiais e demais	de extensão tecnológica, e concederá aos servidores públicos estaduais e aos que dela se ocupem meios e condições especiais de trabalho. **Art. 6º** O Estado, ao promover e incentivar o desenvolvimento científico, a pesquisa, a capacitação científica e tecnológica e a inovação, estimulará a articulação entre entes, tanto públicos quanto privados, nas diversas esferas do governo. **Art. 7º** O Estado promoverá e incentivará a	ou sem fins lucrativos, nacionais ou estrangeiras, visando à obtenção de inovação que viabilize a geração, o desenvolvimento e a fabricação de produtos e sistemas; III – formalizar instrumentos jurídicos para o desenvolvimento de projetos de pesquisa e inovação tecnológica, em regime de parceria com segmentos produtivos direcionados para a inovação	e social, bem-estar e cidadania plena aos moradores do Distrito Federal; II – fortalecer e ampliar a base técnico-científica, constituída por entidades de ensino, pesquisa e prestação de serviços técnicos especializados e por unidades de produção de bens e serviços de elevado conteúdo tecnológico e tecnologias sociais; III – fomentar a competitividade e a criação de emprego	tecnológica em ambiente produtivo, estimulando programas e projetos, articulado com o setor público e privado. **Art. 5º** O Estado do Paraná, seus Municípios e as agências de fomento poderão estimular e apoiar a constituição de alianças estratégicas e o desenvolvimento de projetos de cooperação envolvendo empresas localizadas no Paraná, ICTs, ECTI e

ANEXO B
ANÁLISE DA LEI FEDERAL DE C,T&I EM CONFRONTO COM ALGUMAS LEIS ESTADUAIS DE C,T&I | 455

(continua)

ENTE FEDERATIVO	BRASIL	SÃO PAULO	SANTA CATARINA	RIO GRANDE DO SUL	MINAS GERAIS	DISTRITO FEDERAL	PARANÁ
Instrumentos de estímulos positivos previstos (vide Capítulo 5 – Item 5.1)	**Art. 3º-B** Estímulo através dos entes federativos, suas agências de fomento e das ICTs à implementação de ambientes promotores da inovação (parques e polos tecnológicos e incubadoras de empresas). **Art. 3º-C** Estímulo através dos entes federativos a atração de centros de pesquisa e desenvolvimento de empresas estrangeiras, promovendo	desenvolvimento sustentável do Estado pela inovação tecnológica, estimulando projetos e programas especiais articulados com o setor público e privado. **Art. 6º** O Estado apoiará a cooperação entre o Sistema Paulista de Inovação Tecnológica e instituições públicas de pesquisa e de inovação tecnológica da União e dos Municípios para atrair empresas	instalações com empreendedores tecnológicos, preferencialmente com microempresas e empresas de pequeno porte, em atividades voltadas à inovação, para a consecução de atividades de incubação, sem prejuízo de sua atividade finalística; e II – permitir a utilização de seus laboratórios, equipamentos, instrumentos, materiais e demais	atuação no exterior das instituições públicas de ciência, tecnologia e inovação, visando a promover e incentivar o desenvolvimento científico, a pesquisa, a capacitação científica e tecnológica e a inovação. **Art. 8º** O mercado interno estadual será incentivado de modo a viabilizar o desenvolvimento cultural e socioeconômico, o bem-estar da população e a autonomia tecnológica.	e a otimização de processos empresariais. **Art. 5º** Fica assegurada ao criador, a título de premiação, participação mínima de 5% (cinco por cento) e máxima de um terço sobre o total líquido dos ganhos econômicos auferidos pela ICTMG com a exploração de criação protegida da qual tenha sido inventor ou obtentor, de acordo com a legislação vigente.	e renda no Distrito Federal, mediante aumento e diversificação das atividades econômicas que tenham por base geração e aplicação de conhecimento técnico, científico e social; V – estabelecer modelo de incentivos de longo prazo à ciência, tecnologia e inovação, de forma a garantir a continuidade dos processos inovativos no Distrito Federal;	organizações de direito privado com atividades de pesquisa e desenvolvimento, que objetivem a geração de produtos, *design*, processos e serviços inovadores e a transferência e difusão de tecnologia. **Art. 6º** As agências oficiais de fomento poderão celebrar convênios e contratos, por prazo determinado, dispensada a licitação para esses últimos nas

(continua)

ENTE FEDERATIVO	BRASIL	SÃO PAULO	SANTA CATARINA	RIO GRANDE DO SUL	MINAS GERAIS	DISTRITO FEDERAL	PARANÁ
Instrumentos de estímulos positivos previstos (vide Capítulo 5 – Item 5.1)	(i) compartilhar infraestrutura; (ii) permitir o uso de infraestrutura; (iii) permitir o uso do seu capital intelectual em Projetos de P,D&I. **Art. 5º** Autorização aos entes federativos e suas entidades, a participar minoritariamente do capital social de empresas, com o propósito de desenvolver produtos ou processos inovadores que estejam de acordo com as diretrizes	que promovam inovação tecnológica, desenvolvimento científico e tecnológico, incubadoras, parques tecnológicos e outras entidades de pesquisa científica e tecnológica. **Art. 7º** As ICTESPs poderão desenvolver projetos de inovação tecnológica em conjunto com instituições públicas e privadas dos diversos segmentos do setor produtivo e da sociedade civil voltados	instalações existentes em suas dependências por empresas nacionais e organizações de direito privado sem fins lucrativos voltadas para atividades de pesquisa, desde que tal permissão não interfira diretamente na sua atividade-fim, nem com ela conflite. **Art. 8º** É facultado à ICTESC celebrar instrumentos jurídicos de transferência de tecnologia para outorga de direito de uso	**Art. 9º** O Estado estimulará a formação e o fortalecimento da inovação nas empresas, bem como nos demais entes, públicos ou privados, a constituição e a manutenção de parques, Arranjos Produtivos Locais – APLs, polos e "clusters" tecnológicos e de demais ambientes promotores da inovação, a atuação dos inventores independentes e a criação, difusão e transferência de tecnologia. Parágrafo único. O Estado apoiará	**Art. 14** O inventor independente poderá solicitar apoio a ICTMG para a proteção e o desenvolvimento de sua criação, observada a política interna de cada instituição. **Art. 15** O inventor independente poderá pedir apoio diretamente à Fapemig, para depósito de pedidos de proteção de criação ou para manutenção de pedido já depositado, bem como para	VI – desenvolver mecanismos de coordenação e interação dos agentes ligados ao Sistema Distrital de Ciência, Tecnologia e Inovação, a fim de contribuir para a redução e distribuição de riscos tecnológicos ligados ao processo inovador; **Art. 17.** O Distrito Federal, as ICTs, as IES e as agências de fomento devem promover e incentivar a pesquisa e o desenvolvimento de produtos,	hipóteses previstas inciso XXXI do art. 24 da Lei Federal nº 8.666, de 21 de junho de 1993, com as fundações de apoio às Instituições de Estaduais de Ensino Superior – IEES e demais ICTs do Estado do Paraná. **Art. 7º** O Estado do Paraná e suas respectivas agências de fomento e as ICTs poderão apoiar a criação, a implantação e a consolidação de ambientes promotores da inovação,

ANEXO B
ANÁLISE DA LEI FEDERAL DE C,T&I EM CONFRONTO COM ALGUMAS LEIS ESTADUAIS DE C,T&I | 457

(continua)

ENTE FEDERATIVO	BRASIL	SÃO PAULO	SANTA CATARINA	RIO GRANDE DO SUL	MINAS GERAIS	DISTRITO FEDERAL	PARANÁ
Instrumentos de estímulos positivos previstos (vide Capítulo 5 – Item 5.1)	e prioridades definidas nas políticas de ciência, tecnologia, inovação e de desenvolvimento industrial de cada esfera de governo, observado o que se encontra previsto nas normas regulamentadoras (Decretos do Executivo e Regulamentos das Entidades da Administração Indireta). **Art. 18** Indicação no orçamento anual das ICTs públicas,	à inovação tecnológica e ao desenvolvimento científico e tecnológico. **Art. 11** Ao pesquisador público ou aluno devidamente inscrito no programa de pós-graduação de ICTESP, que seja criador, é assegurada, a título de incentivo, participação nos ganhos econômicos auferidos, resultantes da exploração de criação protegida da qual tenha sido o inventor, obtentor ou autor,	ou de exploração de criação protegida ou não, nos casos em que julgar conveniente. **Art. 11** É facultado à ICTESC celebrar acordos de parceria para realização de atividades conjuntas de pesquisa científica e tecnológica e desenvolvimento de tecnologia, produto ou processo, com instituições públicas e privadas. **Art. 13** O Estado de Santa Catarina, como parte de sua	e estimulará as empresas que invistam em pesquisa, criação de tecnologia, formação e aperfeiçoamento de seus recursos humanos e que pratiquem sistemas de remuneração que assegurem ao empregado, desvinculada do salário, participação nos ganhos econômicos resultantes da produtividade do seu trabalho, na forma da lei. **Art. 10** O Estado firmará instrumentos de cooperação com órgãos e	transferência de tecnologia. **Art. 16** No âmbito de sua competência, a Fapemig incentivará: I – a cooperação entre empresas para o desenvolvimento de produtos e processos inovadores; II – a constituição de parcerias estratégicas e o desenvolvimento de projetos de cooperação envolvendo empresas mineiras e organizações de direito privado	serviços e processos inovadores e criativos em empresas e entidades de direito privado sem fins lucrativos instaladas no Distrito Federal, mediante a concessão de recursos financeiros, humanos, materiais ou de infraestrutura a serem ajustados em instrumentos específicos e destinados a apoiar atividades de pesquisa, desenvolvimento e inovação, para atender às prioridades	incluídos parques e polos tecnológicos e incubadoras de empresas, como forma de incentivar o desenvolvimento tecnológico, o aumento da competitividade e a interação entre as empresas e as ICTs. **Art. 9°** O Estado e as respectivas agências de fomento manterão programas específicos para as microempresas e para as empresas de pequeno porte, observando-se o

(continua)

ENTE FEDERATIVO	BRASIL	SÃO PAULO	SANTA CATARINA	RIO GRANDE DO SUL	MINAS GERAIS	DISTRITO FEDERAL	PARANÁ
Instrumentos de estímulos positivos previstos (vide Capítulo 5 – Item 5.1)	de medidas cabíveis para a administração e a gestão de sua política de inovação, permitindo o recebimento de receitas e o pagamento de despesas decorrentes de: (i) Convênio ou Contrato para recebimento por compartilhamento ou permissão de uso de infraestrutura, e permissão de uso do seu capital intelectual em Projetos de P,D&I (Art. 4º); (ii) Acordos de Parceria para	aplicando-se, no que couber, o disposto no parágrafo único do art. 93 da Lei Federal nº 9.279, de 14 de maio de 1996. **Art. 16** O Estado instituirá mecanismos de suporte aos inventores independentes, para acompanhar e estimular o desenvolvimento de criações e inovações tecnológicas. **Art. 17** Fica instituído o "Prêmio Governo do Estado – Ciência e Tecnologia",	política de inovação aprovada pelo CONCITI, poderá estabelecer apoio institucional de médio e longo prazos a Instituições Científicas e Tecnológicas privadas, sem fins lucrativos, com exclusiva missão de pesquisa e desenvolvimento tecnológico à inovação no setor produtivo. **Art. 15** É assegurado ao Pesquisador Público participação mínima de 5% (cinco por cento) e	entidades públicos e com entidades privadas, inclusive para o compartilhamento de recursos humanos especializados e capacidade instalada, para a execução de projetos de pesquisa, de desenvolvimento científico e tecnológico e de inovação, mediante contrapartida financeira ou não financeira assumida pelo ente beneficiário, na forma da lei. **Art. 28** O Estado, as respectivas agências de fomento e desenvolvimento	sem fins lucrativos, voltadas para as atividades de pesquisa e desenvolvimento, que tenham por objetivo a geração de produtos e processos inovadores; III – a criação de incubadoras de EBTs; IV – a criação, a implantação e a consolidação de parques tecnológicos; V – a implantação de redes cooperativas para inovação tecnológica; VI – a adoção de mecanismos	das políticas industrial, tecnológica e de inovação. §1º São instrumentos de estímulo à inovação nas empresas, quando aplicáveis, entre outros: I – subvenção econômica; II – financiamento; III – participação societária; IV – bônus tecnológico; V – encomenda tecnológica; VI – incentivos fiscais;	disposto na Lei Complementar Federal nº 123, de 2006, e legislação correlata, de modo específico à promoção da inovação. **Art. 30** O Estado, as ICTs e suas agências de fomento, promoverão e incentivarão a pesquisa, o desenvolvimento de produtos, *design*, serviços e processos inovadores, em empresas brasileiras e em entidades de direito privado sem fins

(continua)

ENTE FEDERATIVO	BRASIL	SÃO PAULO	SANTA CATARINA	RIO GRANDE DO SUL	MINAS GERAIS	DISTRITO FEDERAL	PARANÁ
	P,D&I (art. 9º); (iii) Contrato de Cessão Onerosa de Direitos sobre Criação (art. 11); (iv) Termo de Transferência de Royalties ao Criador decorrentes dos Contratos de Transferência de Tecnologia ou de Licenciamento para Uso ou Exploração de Criação Protegida (art. 13); (v) relativas à proteção da propriedade intelectual; (vi) pagamento de outras despesas devidas aos	que poderá ser outorgado, anualmente, pelo Governador, a trabalhos realizados no âmbito estadual, em reconhecimento a pessoas, empresas e entidades que se destacarem, na forma a ser disciplinada por decreto. **Art. 18** O Estado, por meio de seus órgãos da administração pública direta ou indireta, incentivará a participação de empresas, grupos de empresa,	máxima de 25% (vinte e cinco por cento) nos ganhos econômicos auferidos pela ICTESC, resultantes de contratos de transferência de tecnologia e de licenciamento para outorga de direito de uso ou de exploração de criação protegida, da qual tenha sido o inventor, obtentor ou autor, aplicando-se, no que couber, o disposto no parágrafo único do art. 93 da Lei Federal nº 9.279, de 14 de	e as ICTs estimularão e apoiarão a constituição de alianças estratégicas e o desenvolvimento de projetos de cooperação envolvendo empresas, ICTs e entidades privadas sem fins lucrativos, voltados para atividades de pesquisa e desenvolvimento e inovação, que objetivem a geração de produtos, processos e serviços inovadores, transferência de tecnologia e a difusão de tecnologia. **Art. 32** O Estado estimulará a atração de centros	para captação, criação ou consolidação de centros de pesquisa e desenvolvimento de empresas nacionais ou estrangeiras. **Art. 17** Cada ICTMG poderá, mediante remuneração e por prazo determinado, observado o disposto na Lei Federal nº 8.666, de 21 de junho de 1993: I – compartilhar seus laboratórios, equipamentos, instrumentos, materiais e demais	VII – concessão de bolsas; VIII – uso do poder de compra do Distrito Federal; IX – fundos de investimentos; X – fundos de participação; XI – títulos financeiros, incentivados ou não; XII – previsão de investimento em pesquisa e desenvolvimento em contratos de concessão de serviços públicos ou em regulações setoriais.	lucrativos, criadores e inventores independentes, *startups* e empresas com base no conhecimento do Estado do Paraná, consórcio público de inovação e entidades brasileiras do terceiro setor, mediante concessão de recursos financeiros, humanos, materiais ou de infraestrutura a serem ajustados em instrumentos específicos e destinados a apoiar atividades de pesquisa,

(continua)

ENTE FEDERATIVO	BRASIL	SÃO PAULO	SANTA CATARINA	RIO GRANDE DO SUL	MINAS GERAIS	DISTRITO FEDERAL	PARANÁ
Instrumentos de estímulos positivos previstos (vide Capítulo 5 – Item 5.1)	criadores e aos eventuais colaboradores. **Art. 19** Obrigatoriedade dos entes federativos, das ICTs e das agências de fomento promoverem e incentivarem a pesquisa e o desenvolvimento de produtos, serviços e processos inovadores em empresas brasileiras e em entidades brasileiras de direito privado sem fins lucrativos, através da concessão de recursos financeiros, humanos,	cooperativas, arranjos produtivos e outras formas de produção no processo de inovação tecnológica, mediante o compartilhamento de recursos humanos, materiais e de infraestrutura ou a concessão de apoio financeiro, a serem ajustados em acordos específicos. **Art. 24** O Estado manterá o Sistema Paulista de Parques Tecnológicos, e a Rede Paulista	maio de 1996. **Art. 19** Aos inventores independentes, que comprovem depósito de pedido de patente ou pedido de registro de criação de sua autoria, é facultado solicitar a adoção da criação e o suporte ao desenvolvimento da inovação por uma ICTESC. **Art. 20** Os órgãos e entidades da Administração Pública Estadual, em matéria de interesse público,	de pesquisa e desenvolvimento de empresas estrangeiras, promovendo sua interação com ICTs e empresas brasileiras, preferencialmente estaduais, e oferecendo-lhes o acesso aos instrumentos de fomento, visando ao adensamento do processo de inovação no Estado. **Art. 53** O Estado, as ICTs e as agências de fomento estaduais promoverão a pesquisa e o desenvolvimento de produtos, serviços e processos	instalações com pequenas empresas e microempresas, em atividades voltadas para a inovação tecnológica, para atividades de incubação, sem prejuízo de sua atividade-fim; II – permitir a utilização de seus laboratórios, equipamentos, instrumentos, materiais e demais instalações por empresas privadas de capital nacional e organizações de direito privado sem fins lucrativos,	**Art. 18** O Distrito Federal, na forma desta Lei e da legislação aplicável, observados os limites orçamentários, concede bolsas de auxílio a pesquisadores vinculados aos programas de pós-graduação stricto sensu envolvidos em projetos inovadores desenvolvidos por empresas e entidades estabelecidas no Distrito Federal e integrantes do Sistema Distrital de Ciência, Tecnologia e Inovação.	desenvolvimento e inovação, para atender às prioridades das políticas industrial e tecnológica paranaense. §2º São instrumentos de estímulo à inovação, quando aplicáveis em cada caso: I – subvenção econômica; II – prêmio tecnológico; III – financiamento; IV – capital semente; V – participação societária;

ANEXO B
ANÁLISE DA LEI FEDERAL DE C,T&I EM CONFRONTO COM ALGUMAS LEIS ESTADUAIS DE C,T&I | 461

(continua)

ENTE FEDERATIVO	BRASIL	SÃO PAULO	SANTA CATARINA	RIO GRANDE DO SUL	MINAS GERAIS	DISTRITO FEDERAL	PARANÁ
Instrumentos de estímulos positivos previstos (vide Capítulo 5 – Item 5.1)	materiais ou de infraestrutura pactuados entre a incentivadora e a incentivada, tendo por objeto o apoio às atividades de pesquisa, desenvolvimento e inovação, para atender às prioridades das políticas industrial e tecnológica nacional. **Art. 19, §2º-A** Instrumentos de estímulo positivo à inovação nas empresas: I – subvenção econômica; II – financiamento;	de Incubadoras de Empresas de Base Tecnológica, como parte de sua estratégia para incentivar os investimentos em inovação tecnológica, pesquisa científica e tecnológica, desenvolvimento tecnológico, engenharia não rotineira, informação tecnológica e extensão tecnológica em ambiente produtivo que gerem novos negócios, trabalho e renda e	definida pelo CONCITI, poderão contratar empresa, consórcio de empresas e entidades nacionais de direito privado sem fins lucrativos voltados para atividades de pesquisa, de reconhecida capacitação tecnológica no setor, visando a realização de atividades de pesquisa e desenvolvimento, que envolvam risco tecnológico, para solução de problema	e modelos de negócios inovadores em empresas brasileiras, especialmente empresas sediadas no Estado do Rio Grande do Sul, e em entidades brasileiras, preferencialmente gaúchas, de direito privado sem fins lucrativos, mediante a concessão de recursos financeiros, humanos, materiais ou de infraestrutura a serem ajustados em instrumentos específicos e destinados a apoiar atividades de pesquisa,	voltadas para atividades de pesquisa, desde que a permissão não afete ou contrarie sua atividade-fim. **Art. 19** O governo do Estado, no âmbito de sua Política Estadual de Desenvolvimento Científico e Tecnológico, incentivará a implantação de parques tecnológicos e incubadoras de EBTs, como estratégia para implementar os investimentos em pesquisa e a	Art. 21. Visando atingir os objetivos desta Lei, o poder público distrital move esforços para promover o desenvolvimento de potencial científico, tecnológico, inovador e criativo no Distrito Federal de forma a: I – permitir, na forma da legislação federal e distrital, a transferência de recursos financeiros provenientes de rubricas e recursos alocados nos programas	VI – bônus tecnológico; VII – encomenda tecnológica; VIII – incentivos fiscais; IX – concessão de bolsas; X – uso do poder de compra do Estado; XI – fundos de investimentos; XII – fundos de participação; XIII – títulos financeiros; incentivados ou não; XIV – previsão de investimento em pesquisa

(continua)

ENTE FEDERATIVO	BRASIL	SÃO PAULO	SANTA CATARINA	RIO GRANDE DO SUL	MINAS GERAIS	DISTRITO FEDERAL	PARANÁ
Instrumentos de estímulos positivos previstos (vide Capítulo 5 – Item 5.1)	III – participação societária; IV – bônus tecnológico; V – encomenda tecnológica; VI – incentivos fiscais; VII – concessão de bolsas; VIII – uso do poder de compra do Estado; IX – fundos de investimentos; X – fundos de participação; XI – títulos financeiros, incentivados ou não; XII – previsão de investimento em pesquisa e desenvolvimento em contratos de	ampliem a competitividade da economia paulista.	técnico específico ou obtenção de produto ou processo inovador. **Art. 22** O Estado de Santa Catarina deverá promover, por intermédio de programas específicos, ações de estímulo à inovação nas micro e pequenas empresas, inclusive mediante extensão tecnológica realizada pelas ICTESCs. **Art. 28** O Estado de Santa Catarina, por intermédio da FAPESC,	desenvolvimento e inovação, a constituição de alianças estratégicas, o desenvolvimento de projetos de cooperação, bem como a instalação e a consolidação de ambientes promotores da inovação, para atender às prioridades das políticas industrial e tecnológica nacional e estadual.	apropriação de novas tecnologias geradoras de negócios e viabilizadoras de competitividade econômica. **Art. 20** O Poder Executivo concederá incentivos à inovação tecnológica no Estado, por meio de apoio financeiro a EBTs e a ICT-Privadas, e assegurará a inclusão de recursos na proposta de lei orçamentária anual para essa finalidade. **Art. 21** Fica criado o Fundo	de governo, inclusive por modalidade não reembolsável, assegurada a isonomia e ampla competitividade, para os seguintes casos: a) instituições integrantes do Sistema Distrital de Ciência, Tecnologia e Inovação, a fim de desenvolver, captar e administrar projetos de pesquisa, desenvolvimento, inovação e criatividade; b) proponente que seja pessoa	e desenvolvimento em contratos de concessão de serviços públicos ou em regulações setoriais; XV – inovação colaborativa no serviço público.

ENTE FEDERATIVO	BRASIL	SÃO PAULO	SANTA CATARINA	RIO GRANDE DO SUL	MINAS GERAIS	DISTRITO FEDERAL	PARANÁ
Instrumentos de estímulos positivos previstos (vide Capítulo 5 – Item 5.1)	concessão de serviços públicos ou em regulações setoriais. **Art. 19, §6º** Instrumentos de estímulo positivo à inovação nas empresas para as atividades de pesquisa, desenvolvimento e inovação tecnológica: I – apoio financeiro, econômico e fiscal direto a empresas; II – constituição de parcerias estratégicas e desenvolvimento de projetos		concederá, anualmente, o prêmio "INOVAÇÃO CATARINENSE", a trabalhos realizados no âmbito do Estado de Santa Catarina, em reconhecimento a pessoas, a instituições e a empresas que se destacam na promoção do conhecimento e prática da inovação e na geração de processos, bens e serviços inovadores.		Estadual de Incentivo à Inovação Tecnológica – FIIT –, nos termos da Lei Complementar nº 91, de 19 de janeiro de 2006, no qual serão alocados recursos orçamentários e financeiros para concessão dos incentivos a que se refere o art. 20.	física, a fim de desenvolver, captar e administrar projetos de pesquisa, desenvolvimento e inovação e depósito de patentes; II – promover a participação do Distrito Federal na criação e manutenção de centros de pesquisa e inovação voltados às atividades inovadoras e criativas, em conjunto com empresas ou entidades sem fins lucrativos; III – participar, de maneira	(continua)

ENTE FEDERATIVO	BRASIL	SÃO PAULO	SANTA CATARINA	RIO GRANDE DO SUL	MINAS GERAIS	DISTRITO FEDERAL	PARANÁ (continua)
Instrumentos de estímulos positivos previstos (vide Capítulo 5 – Item 5.1)	de cooperação entre ICT e empresas e entre empresas para geração de produtos, serviços e processos inovadores; III – implementação de incubadoras de empresas, de parques e polos tecnológicos e de demais ambientes promotores da inovação; IV – implantação de redes cooperativas para inovação tecnológica; V – adoção de mecanismos para atração, criação e consolidação de					ativa e estratégica, na redução e distribuição de riscos tecnológicos envolvidos no processo inovador, dispensando os agentes contratados ou conveniados, tanto quanto possível, os riscos de integração tecnológica inerentes à aplicação de tecnologias inovadoras nos serviços públicos; IV – fomentar o processo de criação, desenvolvimento, consolidação e manutenção de	

ANEXO B
ANÁLISE DA LEI FEDERAL DE C,T&I EM CONFRONTO COM ALGUMAS LEIS ESTADUAIS DE C,T&I | 465

(continua)

ENTE FEDERATIVO	BRASIL	SÃO PAULO	SANTA CATARINA	RIO GRANDE DO SUL	MINAS GERAIS	DISTRITO FEDERAL	PARANÁ
Instrumentos de estímulos positivos previstos (vide Capítulo 5 – Item 5.1)	centros de pesquisa e desenvolvimento de empresas brasileiras e estrangeiras; VI – utilização do mercado de capitais e de crédito em ações de inovação; VII – cooperação internacional para inovação e para transferência de tecnologia; VIII – internacionalização de empresas brasileiras por meio de inovação tecnológica; IX – indução de inovação por					empreendimentos inovadores; VI – promover a ampla participação e engajamento da comunidade local na difusão da cultura científica e tecnológica, bem como ao empreendedorismo, mediante a criação e o incentivo de programas educacionais e de extensão relacionados à inovação; VII – estabelecer incentivos de natureza fiscal às microempresas e às peque	

(continua)

ENTE FEDERATIVO	BRASIL	SÃO PAULO	SANTA CATARINA	RIO GRANDE DO SUL	MINAS GERAIS	DISTRITO FEDERAL	PARANÁ
Instrumentos de estímulos positivos previstos (vide Capítulo 5 – Item 5.1)	meio de compras públicas; X – utilização de compensação comercial, industrial e tecnológica em contratações públicas; XI – previsão de cláusulas de investimento em pesquisa e desenvolvimento em concessões públicas e em regimes especiais de incentivos econômicos; XII – implantação de solução de inovação para apoio e incentivo a atividades tecnológicas ou					nas empresas, assim classificadas de acordo com a Lei Complementar federal nº 123, de 14 de dezembro de 2006, que desenvolvam soluções a partir do uso intensivo de tecnologias avançadas ou mediante processos de inovação. **Art. 25** A administração pública deve apoiar e promover a geração, o desenvolvimento, a consolidação, a manutenção e a atração de	

(continua)

ENTE FEDERATIVO	BRASIL	SÃO PAULO	SANTA CATARINA	RIO GRANDE DO SUL	MINAS GERAIS	DISTRITO FEDERAL	PARANÁ
Instrumentos de estímulos positivos previstos (vide Capítulo 5 – Item 5.1)	de inovação em micro e empresas de pequeno porte. **Art. 21** Estímulo à inovação nas micro e pequenas empresas através de programas específicos financiados pelas as agências de fomento inclusive atividades de extensão tecnológica realizada pelas ICT, entendida como aquelas atividades que auxiliam empresas e entidades do setor produtivo a encontrar e implementar soluções tecnológicas,					startups no Distrito Federal, inclusive com iniciativas voltadas à geração de negócios. **Art. 27** O Distrito Federal, em matéria de seu interesse, pode contratar diretamente ICTs, IESs, entidades de direito privado sem fins lucrativos ou empresas, isoladamente ou em consórcios, voltadas para atividades de pesquisa e de reconhecida capacitação tecnológica no setor, visando à realização	

(continua)

ENTE FEDERATIVO	BRASIL	SÃO PAULO	SANTA CATARINA	RIO GRANDE DO SUL	MINAS GERAIS	DISTRITO FEDERAL	PARANÁ
Instrumentos de estímulos positivos previstos (vide Capítulo 5 – Item 5.1)	mediante competências e conhecimentos disponíveis nas ICTs. Art. 21-A. Outorga pelos entes federativos, órgãos e agências de fomento, ICTs públicas e fundações de apoio, de bolsas de estímulo à inovação no ambiente produtivo, destinadas à formação e à capacitação de recursos humanos e à agregação de especialistas, em ICTs e em empresas, que contribuam					de atividades de pesquisa, desenvolvimento e inovação que envolva riscos tecnológicos, para solução de problema técnico específico ou obtenção de produto, serviço ou processo inovador ou criativo, mediante dispensa de licitação.	

ANEXO B
ANÁLISE DA LEI FEDERAL DE C,T&I EM CONFRONTO COM ALGUMAS LEIS ESTADUAIS DE C,T&I | 469

(continua)

ENTE FEDERATIVO	BRASIL	SÃO PAULO	SANTA CATARINA	RIO GRANDE DO SUL	MINAS GERAIS	DISTRITO FEDERAL	PARANÁ
Instrumentos de estímulos positivos previstos (vide Capítulo 5 – Item 5.1)	para a execução de projetos de pesquisa, desenvolvimento tecnológico e inovação e para as atividades de extensão tecnológica, de proteção da propriedade intelectual e de transferência de tecnologia.						
Instrumentos jurídicos previstos (vide Capítulo 5 – item 5.2)	Convênio ou Contrato de compartilhamento ou permissão de uso de infraestrutura e/ou de permissão de uso do seu capital intelectual em Projetos de P,D&I (art. 4º); Contrato de	Contrato ou convênio para compartilhar laboratórios, equipamentos, instrumentos, materiais e demais instalações com empresas ou grupos de produção associada, em	Acordos, sob as formas admitidas em direito, para desenvolver projetos de inovação tecnológica com instituições públicas e privadas dos diversos segmentos do setor produtivo catarinense	Instrumentos de cooperação para o compartilhamento de recursos humanos especializados e capacidade instalada, para a execução de projetos de pesquisa, de desenvolvimento científico e tecnológico	Instrumentos jurídicos para o desenvolvimento de projetos de pesquisa e inovação tecnológica (art. 3º, III); Instrumentos jurídicos para transferência de tecnologia e para outorga do	Contrato ou convênio para compartilhar laboratórios, equipamentos, instrumentos, materiais e demais instalações das ICTs e IESs sediadas no Distrito Federal (art. 24); instrumentos	Acordos de parceria para realização de atividades conjuntas de pesquisa e desenvolvimento científico e tecnológico e inovação de produto, design, processo ou serviço

(continua)

ENTE FEDERATIVO	BRASIL	SÃO PAULO	SANTA CATARINA	RIO GRANDE DO SUL	MINAS GERAIS	DISTRITO FEDERAL	PARANÁ
Instrumentos jurídicos previstos (vide Capítulo 5 – item 5.2)	transferência de tecnologia (art. 6º); Contrato de licenciamento para outorga de direito de uso (art. 6º); Contrato de exploração de criação (art. 6º); Contrato para obtenção pela ICT do direito de uso ou de exploração de criação protegida (art. 7º); Contrato de prestação de serviços técnicos especializados pela ICT em inovação, pesquisa científica e tecnológica (art. 8º); Acordos	atividades voltadas à inovação tecnológica, para a consecução de atividades de incubação, sem prejuízo de sua atividade finalística (art. 4º); Contratos de transferência de tecnologia e de licenciamento para outorga de direito de uso ou de exploração de criação protegida (art. 8º); Contrato celebrado entre o inventor independente e a ICTESP para compartilhar os ganhos econômicos auferidos	(art. 5º); Instrumentos jurídicos de transferência de tecnologia para outorga de direito de uso ou de exploração de criação protegida ou não (art. 8º); Termos de parceria, convênios ou contratos específicos, destinados a apoiar atividades de pesquisa e desenvolvimento, para atender às prioridades da política catarinense de inovação (art. 21).	e de inovação, mediante contrapartida financeira ou não financeira assumida pelo ente beneficiário, na forma da lei (art. 10); Acordo de Parceria para Pesquisa, Desenvolvimento e Inovação – PD&I (art. 13); Convênio para PD&I art. 13, X); Atos Públicos de Liberação (art. 13, XXXII); contrato de transferência de tecnologia e de licenciamento para outorga de direito de uso ou de exploração (art. 36); acordos de parceria com instituições	direito de uso ou de exploração de criação (art. 3º, inciso VI); A contratação, por órgão ou entidade da administração pública estadual, de ICT-Privada, empresa ou consórcio de empresas com reconhecida capacitação tecnológica, conforme o disposto na Lei Federal nº 8.666, de 1993, para a realização de atividade de pesquisa e desenvolvimento que envolva risco	específicos de subvenção e financiamento para startups, preferencialmente por meio de modelos que incentivem o financiamento em conjunto com IESs, ICTs, investidores locais e externos (art. 25, §2º); Contratação direta de ICTs, IESs, entidades de direito privado sem fins lucrativos ou empresas, isoladamente ou em consórcios, voltadas para atividades de pesquisa e	com instituições públicas e privadas (art. 16); contratos de transferência de tecnologia e de licenciamento para outorga de direito de uso ou de exploração de criação por ela desenvolvida isoladamente ou por meio de parceria (art. 13); Contrato ou convênio para: compartilhar laboratórios, equipamentos, instrumentos, materiais e demais instalações; permitir a utilização de laboratórios,

ANEXO B
ANÁLISE DA LEI FEDERAL DE C,T&I EM CONFRONTO COM ALGUMAS LEIS ESTADUAIS DE C,T&I | 471

(continua)

ENTE FEDERATIVO	BRASIL	SÃO PAULO	SANTA CATARINA	RIO GRANDE DO SUL	MINAS GERAIS	DISTRITO FEDERAL	PARANÁ
Instrumentos jurídicos previstos (vide Capítulo 5 – item 5.2)	de Parcerias em P,D&I (art. 9º); Contrato de atribuição de direitos de propriedade intelectual resultantes de Acordos de Parceria em P,D&I (§2º do art. 9º); Convênio para Pesquisa, Desenvolvimento e Inovação (art. 9º-A); Termo de Outorga (art. 9º); Contrato de Cessão Onerosa de Direitos sobre Criação (art. 11); Termo de Cessão Não Onerosa de Direitos sobre Criação ao Criador (art. 11); Termo de Confidencialidade	com a exploração industrial da invenção protegida (art. 15, §3º).		públicas ou privadas para realização de atividades conjuntas de pesquisa científica e tecnológica e de desenvolvimento de tecnologias, produtos, serviços ou processos (art. 39).	tecnológico (art. 18).	de reconhecida capacitação tecnológica no setor, visando à realização de atividades de pesquisa, desenvolvimento e inovação que envolva riscos tecnológicos, para solução de problema técnico específico ou obtenção de produto, serviço ou processo inovador ou criativo, mediante dispensa de licitação. (art. 27).	equipamentos, instrumentos, materiais e demais instalações existentes em suas próprias dependências por ICT, empresas ou pessoas físicas voltadas a atividades de pesquisa, desenvolvimento e inovação; permitir o uso de capital intelectual em projetos de pesquisa, desenvolvimento e inovação (art. 10 e incisos); contratos de transferência de tecnologia e de licenciamento

(continua)

ENTE FEDERATIVO	BRASIL	SÃO PAULO	SANTA CATARINA	RIO GRANDE DO SUL	MINAS GERAIS	DISTRITO FEDERAL	PARANÁ
Instrumentos jurídicos previstos (vide Capítulo 5 – item 5.2)	sobre P&D (art. 12); Termo de Transferência de *Royalties* ao Criador decorrentes dos Contratos de Transferência de Tecnologia ou de Licenciamento para Uso ou Exploração de Criação Protegida (art. 13); Convênio seguido de Termo de Cessão de Pesquisador Público (publicado por Portaria nos termos do §3º do art. 93 da Lei nº 8.112/1990) para prestar colaboração com						para outorga de direito de uso ou de exploração de criação protegida (art. 25); contratação, previsto como meio de incentivo à inovação, para atividades de pesquisa e desenvolvimento ou para fornecimento dos bens ou serviços resultantes das atividades previstas nos incisos anteriores (art. 31, III).

(continua)

ENTE FEDERATIVO	BRASIL	SÃO PAULO	SANTA CATARINA	RIO GRANDE DO SUL	MINAS GERAIS	DISTRITO FEDERAL	PARANÁ
Instrumentos jurídicos previstos (vide Capítulo 5 – item 5.2)	outra ICT (art. 14); Convênio seguido de Termo de Cessão por tempo parcial de Pesquisador Público em regime de dedicação exclusiva para exercer atividade remunerada de PD&I em ICT ou em empresa e participar da execução de projeto aprovado ou custeado com recursos públicos (art. 14-A); Termo de Licença sem remuneração para constituição de empresa de inovação (art. 15); Termo de						

(continua)

ENTE FEDERATIVO	BRASIL	SÃO PAULO	SANTA CATARINA	RIO GRANDE DO SUL	MINAS GERAIS	DISTRITO FEDERAL	PARANÁ
Instrumentos jurídicos previstos (vide Capítulo 5 – item 5.2)	Outorga para concessão de bolsas, de auxílios, de bônus tecnológico e de subvenção econômica (§1º do art.9º; art. 19; art. 21-A); Contrato da Administração Pública com ICTs, Entidades sem fins lucrativos, empresas voltadas para atividades de pesquisa e de reconhecida capacitação tecnológica no setor realização de atividades de pesquisa, desenvolvimento e inovação para atividades que envolvam risco						

(continua)

ENTE FEDERATIVO	BRASIL	SÃO PAULO	SANTA CATARINA	RIO GRANDE DO SUL	MINAS GERAIS	DISTRITO FEDERAL	PARANÁ
Instrumentos jurídicos previstos (vide Capítulo 5 – item 5.2)	tecnológico, para solução de problema técnico específico ou obtenção de produto, serviço ou processo inovador, também conhecido como Contrato de Encomenda Tecnológica (art. 20)						
Entidades e órgãos previstos (Vide Capítulo 5 – item 5.3)	– Universidades Públicas e Privadas – Instituição Científica, Tecnológica e de Inovação (ICTs) – Núcleo de Inovação Tecnológica (NITs) – Fundações de Apoio	– Instituição Científica, Tecnológica e de Inovação (ICTs) – art. 2º, III); – Sistema Paulista de Inovação Tecnológica (art. 5º); – Fundação de Amparo à	– Instituição Científica, Tecnológica e de Inovação (ICTs) – art. 2º, IV); – Sistema de Ciência, Tecnologia e Inovação (art. 2º, XIV); – Fundação de Amparo à	– Arranjos Produtivos Locais – APLs (art. 9º); – "clusters" tecnológicos (art. 9º) – Ambientes Promotores de Inovação (art. 13, II). – Ecossistemas de Inovação (art. 9º, IV).	– Instituição Científica, Tecnológica e de Inovação (ICTs) – art. 2º, IV); – Fundo Estadual de Incentivo à Inovação Tecnológica – FIIT (art. 21).	– Instituição Científica, Tecnológica e de Inovação (ICTs) (Anexo I, X); – habitats de inovação (art. 9º, V). – empresas de base tecnológica e empresas	– Instituição Científica, Tecnológica e de Inovação (ICTs) (art. 2º, VI); – Ambientes Promotores de Inovação (art. 2º, II). – Agência de Fomento (art. 2º, III).

(continua)

ENTE FEDERATIVO	BRASIL	SÃO PAULO	SANTA CATARINA	RIO GRANDE DO SUL	MINAS GERAIS	DISTRITO FEDERAL	PARANÁ
Entidades e órgãos previstos (Vide Capítulo 5 – item 5.3)	Privadas que investem em Pesquisa e Inovação; – Empresas Estatais de Pesquisa e Inovação – Instituições de Pesquisa Científica e Tecnológica – Distritos de Inovação	pública estadual (art. 20); – O Estado, suas autarquias, fundações e empresas por ele controladas (art. 21) – Agência de Inovação e Competitividade (art. 2º, II); – Núcleo de Inovação Tecnológica – NIT (art. 2º, IV); – Sistema Paulista de Parques Tecnológicos (art. 2º, V); – Rede Paulista de Incubadoras de Empresas de Base Tecnológica (art. 2º, VI).	pesquisa do Estado e Santa Catarina – FAPESC (art. 4º, III); – Parques Tecnológicos e as Incubadoras de Empresas Inovadoras (art. 4º, VIII); – Núcleo de inovação tecnológica – NIT (art. 2º, VI); – Os órgãos e entidades da Administração Pública Estadual (art. 20)	– Agência de Fomento (art. 13, VI). – Centro de Pesquisa, Desenvolvimento e Inovação – Centros de PD&I (art. 13, IX). – Empresa de Base Tecnológica (art. 13, XIV) – Incubadora de Empresas (art. 13, XVI). – Instituição Científica, Tecnológica e de Inovação – ICT (art. 13, XVIII). – Núcleo de Inovação Tecnológica – NIT (art. 13, XXII). – Fundação de Apoio (art. 13, XXII).	– Fundação de Amparo à pesquisa do Estado de Minas Gerais – FAPEMIG (art. 3º); – Agências de fomento (art. 2º, II). – Parque Tecnológico (art. 2º, VI). – Incubadora de Empresas (art. 2º, VII). – Núcleo de Inovação Tecnológica – NIT (art. 2º, XIII). – Empresa de Base Tecnológica – EBT (art. 2º, III).	estabelecidas no Distrito Federal (art. 9º, VI). – as associações e cooperativas de produtores, processos ou serviços relacionados com indicações geográficas e conhecimentos tradicionais (art. 9º, VII) – os polos setoriais (art. 9º, VIII) – os espaços de *coworking* e de economia colaborativa (art. 9º, IX) – *living labs* (art. 9º, X) – Sistema Distrital de Ciência,	– Parque Tecnológico (art. 2º, XI). – Incubadora de Empresas (art. 2º, XII). – Núcleo de Inovação Tecnológica – NIT (art. 2º, XIII). – Fundação de Apoio (art. 2º, XIV); – Sistema Paranaense de Inovação (art. 2º, XIX). – Sociedade de Propósito Específico (art. 2º, XX). – Consórcio Público de Inovação (art. 2º, XXI).

ANEXO B
ANÁLISE DA LEI FEDERAL DE C,T&I EM CONFRONTO COM ALGUMAS LEIS ESTADUAIS DE C,T&I | 477

(continua)

ENTE FEDERATIVO	BRASIL	SÃO PAULO	SANTA CATARINA	RIO GRANDE DO SUL	MINAS GERAIS	DISTRITO FEDERAL	PARANÁ
Entidades e órgãos previstos (Vide Capítulo 5 – item 5.3)	Agências de Fomento e/ou Fundações de Amparo à Pesquisa – Incubadora de Empresas – Parques Tecnológicos – Polos Tecnológicos – Centros de Pesquisa – Escritórios de Apoio à *Pesquisa* – Aceleradoras de Negócios – Empresas de Pesquisa e Inovação: Startups; Empresas de Pesquisa; Empresas	pesquisa do Estado de São Paulo – FAPESP (art. 3º); – Agências de fomento (art. 3º). – Instituições públicas e privadas (art. 7º); – Órgãos e entidades da administração pública estadual (art. 20); – O Estado, suas autarquias, fundações e empresas por ele controladas (art. 21) – Agência de Inovação e Competitividade (art. 2º, II);		– Parque Tecnológico (art. 13, XXVI). – Polo Tecnológico (art. 13, XXVIII). – Entidade Gestora (art. 13, XXX). – Aceleradoras de Empresas (art. 13, XXXI). – Sistema Estadual de Ciência, Tecnologia e Inovação – SECTI-RS (art. 14). – Conselho Estadual de Inovação, Ciência e Tecnologia (art. 16).		Tecnologia e Inovação (art. 8º). – Agência de Fomento (Anexo I, I). – Incubadora de Empresas (Anexo I, IV). – Sistema Distrital de Ciência, Tecnologia e Inovação (Anexo I, IX). – Núcleo de Inovação Tecnológica – NIT (Anexo I, XII). – Parque Tecnológico (Anexo I, XV). – Aceleradoras de Empresas (Anexo I, XXIII).	– Sistema Paranaense de Parques Tecnológicos – SEPARTEC (art. 2º, XXIX). – Conselho Paranaense de Ciência e Tecnologia (CCT) (art. 3º, I). – Companhia de Tecnologia da Informação e Comunicação do Paraná (CELEPAR) (art. 3º, III).

(conclusão)

ENTE FEDERATIVO	BRASIL	SÃO PAULO	SANTA CATARINA	RIO GRANDE DO SUL	MINAS GERAIS	DISTRITO FEDERAL	PARANÁ
Entidades e órgãos previstos (Vide Capítulo 5 – item 5.3)	Públicas e Privadas que investem em Pesquisa e Inovação; e Empresas Estatais de Pesquisa e Inovação – Instituições de Pesquisa Científica e Tecnológica – Distritos de Inovação	– Núcleo de Inovação Tecnológica – NIT (art. 2º, IV); – Sistema Paulista de Parques Tecnológicos (art. 2º, V); – Rede Paulista de Incubadoras de Empresas de Base Tecnológica (art. 2º, VI).					

ANEXO C

NORMAS ESTADUAIS
ESPARSAS SOBRE C,T&I

(continua)

UF	IDENTIFICAÇÃO DO ATO	EMENTA
AC	Lei nº 652, de 24 de outubro de 1978	Autoriza o Poder Executivo a instituir a Fundação Acreana de Artes, Ciência e Cultura.
AC	Lei nº 871, de 24 de setembro de 1987	Cria a Fundação de Tecnologia do Estado do Acre – FUNTAC e dá outras providências.
AC	Lei nº 1.019, de 21 de janeiro de 1992	Institui o Fundo de Industrialização do Acre – FIAC, e dá outras providências.
AC	Lei nº 1.020, de 21 de janeiro de 1992	Estabelece a Política Agrícola do Estado do Acre e dá outras providências.
AC	Lei nº 1.022, de 21 de janeiro de 1992	Institui o Sistema Estadual de Meio Ambiente, Ciência e Tecnologia e o Conselho Estadual de Meio Ambiente, Ciência e Tecnologia e dá outras providências.
AC	Lei nº 1.117, de 26 de janeiro de 1994	Dispõe sobre a política ambiental do Estado do Acre, e dá outras providências.
AC	Lei nº 1.141, de 29 de julho de 1994	Institui a Política de Desenvolvimento Industrial e o Conselho de Desenvolvimento Industrial do Estado do Acre – CDI/AC
AC	Lei nº 1.361, de 29 de dezembro de 2000	Dispõe sobre a Política de Incentivo às Atividades Industriais no Estado do Acre e dá outras providências.
AC	Lei nº 1.426, de 27 de dezembro de 2001	Dispõe sobre a preservação e conservação das florestas do Estado, institui o Sistema Estadual de Áreas Naturais Protegidas, cria o Conselho Florestal Estadual e o Fundo Estadual de Florestas e dá outras providências.
AC	Lei nº 1.459, de 3 de maio de 2002	Institui o Programa de Promoção de Negócios e dá outras providências.

(continua)

UF	IDENTIFICAÇÃO DO ATO	EMENTA
AC	Lei nº 1.534, de 22 de janeiro de 2004	Veda o cultivo, a manipulação, a importação, a industrialização e a comercialização de Organismos Geneticamente Modificados (OGMs) no Estado do Acre e cria o Conselho Técnico Estadual de Biossegurança – CTEBio no âmbito da Governadoria do Estado e dá outras providências.
AC	Lei nº 1.695, de 21 de dezembro de 2005	Cria o Instituto Estadual de Desenvolvimento da Educação Profissional Dom Moacir Grechi e dá outras providências.
AC	Lei nº 2.308, de 22 de outubro de 2010	Cria o Sistema Estadual de Incentivos a Serviços Ambientais – SISA, o Programa de Incentivos por Serviços Ambientais – ISA Carbono e demais Programas de Serviços Ambientais e Produtos Ecossistêmicos do Estado do Acre e dá outras providências.
AC	Lei nº 2.356, de 30 de novembro de 2010	Cria o Programa Estadual de Promoção e Fomento do Conhecimento da Sustentabilidade, os Núcleos de Apoio ao Conhecimento, o Polo de Conhecimento de Xapuri e outros mecanismos de incentivo.
AC	Lei nº 2.445, de 8 de agosto de 2011	Institui o Programa de Incentivo à Produção de Álcool, Açúcar, Energia Elétrica e derivados da cana-de-açúcar no Estado do Acre, e dá outras providências.
AC	Lei Complementar nº 246, de 17 de fevereiro de 2012	Institui a Fundação de Amparo à Pesquisa do Estado do Acre, FAPAC, e dá outras providências.
AC	Lei nº 2.837, de 30 de dezembro de 2013	Dispõe sobre as modalidades de bolsas de ensino, pesquisa e extensão oferecidas pela Fundação de Amparo à Pesquisa do Acre – FAPAC e dá outras providências.
AC	Decreto nº 10.101, de 17 de setembro de 2021	Dispõe sobre os padrões básicos e as especificações mínimas de referência dos serviços e bens de informática, software, comunicação e telecomunicação, de observância obrigatória pelos órgãos e entidades da administração direta e indireta do Poder Executivo.
AC	Decreto nº 11.006, de 21 de fevereiro de 2022	Dispõe sobre o procedimento a ser aplicado no âmbito do programa de compras governamentais e regulamenta a Lei nº 3.889, de 22 de dezembro de 2021.
AC	Lei nº 3.975, de 1º de agosto de 2022	Dispõe sobre as diretrizes orçamentárias para o exercício financeiro de 2023 e dá outras providências.
AC	Lei Complementar nº 419, de 15 de dezembro de 2022	Estabelece a estrutura básica da administração do Poder Executivo e revoga a Lei Complementar nº 355, de 28 de dezembro de 2018.

(continua)

UF	IDENTIFICAÇÃO DO ATO	EMENTA
AC	Decreto nº 11.200, de março de 2023	Regulamenta o Governo Digital no âmbito da Administração Pública Direta e Indireta do Poder Executivo estadual, suas autarquias, fundações, empresas públicas e sociedades de economia mista, inclusive suas subsidiárias e controladas que prestem serviço público.
AL	Lei Complementar nº 5, de 27 setembro de 1990	Dispõe sobre a criação da "FUNDAÇÃO DE AMPARO À PESQUISA DO ESTADO DE ALAGOAS – FAPEAL", e dá providências correlatas.
AL	Lei nº 6.175, de 1º de agosto de 2000	Cria o Fundo de Desenvolvimento Científico, Tecnológico e de Educação Superior – FUNDECTES.
AL	Lei Complementar nº 20, de 04 de abril de 2002	Dispõe sobre a reestruturação da Fundação de Amparo à Pesquisa do Estado de Alagoas – FAPEAL, instituída pela Lei Complementar nº 05, de 27 de setembro de 1990, transforma a sua natureza jurídica de direito privado para direito público e dá providências correlatas.
AL	Lei nº 6.527, de 23 de novembro de 2004	Dispõe sobre a criação da carreira dos profissionais da Fundação de Amparo à Pesquisa do Estado de Alagoas – FAPEAL e dá outras providências.
AL	Lei nº 7.117, de 12 de novembro de 2009	Dispõe sobre incentivos à pesquisa científica e tecnológica, à inovação e a proteção da propriedade intelectual em ambiente produtivo e social no Estado de Alagoas, e dá outras providências.
AL	Decreto nº 25.295, de 12 de março de 2013	Regulamenta o Conselho Estadual da Ciência, da Tecnologia e da Inovação de Alagoas – CECTI e dá outras providências.
AL	Decreto nº 77.567, de 9 de março de 2022	Altera o Decreto estadual nº 25.295, de 12 de março de 2013, que regulamenta o Conselho Estadual da Ciência, da Tecnologia e da Inovação de Alagoas – CECTI, e dá outras providências.
AL	Lei nº 8.754, de 8 de novembro de 2022	Dispõe sobre o acesso universal ao tratamento de saúde com produtos de *cannabis* e seus derivados, o fomento à pesquisa sobre o uso medicinal e industrial da *cannabis* e adota outras providências correlatas.
AL	Lei nº 8.772, de 15 de dezembro de 2022	Dispõe sobre a revisão do plano plurianual 2020–2023, para o exercício de 2023, e dá outras providências.
AM	Lei nº 2.826, de 29 de setembro de 2003	REGULAMENTA a Política Estadual de Incentivos Fiscais e Extrafiscais nos termos da Constituição do Estado e dá outras providências.
AM	Decreto nº 23.994, de 29 de dezembro de 2003	Aprova o Regulamento da Lei nº 2.826, de 29 de setembro de 2003, que dispõe sobre a Política dos Incentivos Fiscais e Extrafiscais do Estado, e dá outras providências.

(continua)

UF	IDENTIFICAÇÃO DO ATO	EMENTA
AM	Lei nº 3.598, de 3 de maio de 2011	Institui o Conselho Estadual de Ciência, Tecnologia e Inovação – CONECTI, e estabelece sua organização, competência e diretrizes de funcionamento.
AM	Decreto nº 42.959, de 4 de outubro de 2020	Dispõe sobre a política de priorização dos projetos de investimentos públicos em infraestrutura no âmbito da Administração do Poder Executivo do Amazonas, e dá outras providências.
AM	Lei nº 5.350, de 22 de dezembro de 2020	Dispõe sobre a Política Estadual de Incentivo ao Aproveitamento de Fontes Renováveis de Energia e Eficiência Energética, no âmbito do Estado do Amazonas, e dá outras providências.
AM	Decreto nº 45.513, de 27 de abril de 2022	Dispõe sobre a composição do Conselho Estadual de Ciência, Tecnologia e Inovação do Amazonas – CONECTI.
AM	Decreto nº 43.538, de 9 de março de 2021	Institui o Comitê Assessor Técnico-Científico para o enfrentamento da COVID-19, no âmbito do Estado do Amazonas.
AM	Lei nº 5.605, de 16 de setembro de 2021	Altera, na forma que especifica, a Lei nº 3.598, de 3 de maio de 2011, que "INSTITUI o Conselho Estadual de Ciência, Tecnologia e Inovação – CONECTI, e estabelece sua organização, competência e diretrizes de funcionamento", e dá outras providências.
AM	Lei nº 5.861, de 13 de abril de 2022	Dispõe sobre a adoção de medidas de estímulo ao desenvolvimento de *startups* no Estado do Amazonas e dá outras providências.
AM	Lei nº 5.945, de 22 de junho de 2022	Dispõe sobre as diretrizes para o incentivo ao acesso e empreendedorismo voltados à Tecnologia Assistiva (TA) ao idoso, às pessoas com deficiência, incapacidade ou mobilidade reduzida, no âmbito do Amazonas, na forma que especifica.
AP	Lei nº 151, de 20 de abril de 1994	Cria o Conselho de Ciência e Tecnologia e dá outras providências.
AP	Lei nº 191, de 21 de dezembro de 1994	Dispõe sobre a criação da Fundação de Apoio ao Desenvolvimento Científico e Tecnológico do Estado do Amapá – FUNDAP, e dá outras providências.
AP	Lei nº 688, de 7 de junho de 2002	Cria o Fundo de Amparo à Pesquisa Científica e Tecnológica do Estado do Amapá (FAP).
AP	Lei nº 811, de 20 de fevereiro de 2004	Dispõe sobre a organização do Poder Executivo do Estado do Amapá, o seu modelo de gestão, cria as secretarias especiais de desenvolvimento setorial, secretarias de estado, secretarias extraordinárias, órgãos estratégicos, órgãos vinculados e colegiados, cria o processo decisório compartilhado e altera a estrutura da administração estadual, cria e autoriza a extinção de cargos de direção e assessoramento superior e dá outras providências.

(continua)

UF	IDENTIFICAÇÃO DO ATO	EMENTA
AP	Lei nº 922, de 18 de agosto de 2005	Cria a Fundação Tumucamaque e o Fundo Fiduciário para a conservação da natureza do Amapá e dá outras providências.
AP	Lei nº 996, de 31 de maio de 2006	Institui a Universidade do Estado do Amapá e dá outras providências.
AP	Lei nº 1.175, de 2 de janeiro de 2008	Dispõe sobre o Instituto de Pesquisas Científicas e Tecnológicas do Estado do Amapá – IEPA, e dá outras providências.
AP	Lei nº 2.333, de 25 de abril de 2018	Dispõe sobre indução e incentivos ao desenvolvimento do Sistema de Ciência, Tecnologia e Inovação, por meio de instrumentos que concedem suporte ao desenvolvimento do ambiente produtivo no Estado do Amapá e dá outras providências.
AP	Lei nº 2.401, de 6 de junho de 2019	Dispõe sobre a realização de parcerias entre a Assembleia Legislativa do Estado do Amapá e organizações da sociedade civil, em regime de mútua cooperação, para a consecução de finalidades de interesse público e recíproco, mediante a execução de atividades ou de projetos previamente estabelecidos em planos de trabalho inseridos em termos de fomento ou em acordos de cooperação e fixa diretrizes para a política de fomento e de cooperação com organizações da sociedade civil.
AP	Decreto nº 1.071, de 5 de abril de 2021	Regulamenta o Programa Amapá Jovem e dá outras providências.
AP	Decreto nº 2.842, de 12 de agosto de 2021	Institui e estabelece normas para instalação e funcionamento do Fórum Amapaense de Mudanças Climáticas e Serviços Ambientais – FAMCSA e dá providências correlatas.
AP	Lei nº 2.655, de 2 de abril de 2022	Autoriza a criação da empresa pública IDEAS S.A. – Serviços de Inclusão Digital, Energias Alternativas, e Saneamento Básico Sociedade Anônima, e dá outras providências.
AP	Lei nº 2.754, de 25 de agosto de 2022	Dispõe sobre o Conselho Estadual de Ciência, Tecnologia e Inovação – CONSECTI e dá outras providências.
BA	Lei nº 6.335, de 31 de outubro de 1991	Institui o programa de promoção do desenvolvimento da Bahia – PROBAHIA e dá outras providências.
BA	Decreto nº 1.706, de 16 de novembro de 1992	Cria o Programa Baiano de Incubação de Empresas de Base Tecnológica – EMTEC e dá outras providências.
BA	Decreto nº 4.316, de 19 de junho de 1995	Dispõe sobre o lançamento e o pagamento do ICMS relativo ao recebimento, do exterior, de componentes, partes e peças destinados à fabricação de produtos de informática, eletrônica e telecomunicações, por estabelecimentos industriais desses setores, e dá outras providências.

(continua)

UF	IDENTIFICAÇÃO DO ATO	EMENTA
BA	Decreto nº 5.262, de 21 de março de 1996	Institui o programa Bahiano de *design* – Bahia *Design* e dá outras providências.
BA	Lei nº 7.027, de 29 de janeiro de 1997	Institui o programa estadual de incentivo às organizações sociais e dá outras providências.
BA	Decreto nº 7.087, de 5 de dezembro de 1997	Institui a rede baiana de tecnologias para o desenvolvimento e dá outras providências.
BA	Lei nº 7.351, de 15 de julho de 1998	Institui o programa estadual de desenvolvimento da indústria de transformação plástica – BAHIAPLAST e dá outras providências.
BA	Lei nº 7.537, de 28 de outubro de 1999	Institui o programa especial de incentivo ao setor automotivo da Bahia – PROAUTO e dá outras providências.
BA	Lei nº 7.599, de 7 de fevereiro de 2000	Dispõe sobre o Fundo de Desenvolvimento Social e Econômico – FUNDESE e dá outras providências.
BA	Decreto nº 7.798, de 5 de maio de 2000	Aprova o regulamento do Fundo de Desenvolvimento Social e Econômico – FUNDESE, dos programas a ele vinculados e dá outras providências.
BA	Lei nº 14.315, de 17 de junho de 2021	Dispõe sobre estímulos ao desenvolvimento científico, à pesquisa, à capacitação científica e tecnológica e à inovação do sistema produtivo no Estado, altera a Lei nº 9.433, de 01 de março de 2005, e a Lei nº 6.403, de 20 de maio de 1992, e dá outras providências.
BA	Decreto nº 7.915, de 12 de março de 2001	Cria o Centro de Educação Tecnológico de Camaçari e dá outras providências.
BA	Lei nº 7.888, de 27 de agosto de 2001	Autoriza ao Poder Executivo a instituir a Fundação de Amparo à Pesquisa do Estado da Bahia – FAPESB, altera a estrutura da Secretaria do Planejamento, Ciência e Tecnologia e dá outras providências.
BA	Lei nº 9.833, de 5 de dezembro de 2005	Institui o Programa Estadual de Incentivos à Inovação Tecnológica – INOVATEC.
BA	Lei nº 11.060, de 27 de junho de 2008	Dispõe sobre a destinação de recursos dos orçamentos do Estado do exercício de 2008 às entidades de direito privado, sem fins lucrativos, que indica, e dá outras providências.
BA	Lei nº 11.174, de 9 de dezembro de 2008	Dispõe sobre incentivos à inovação e à pesquisa científica e tecnológica em ambiente produtivo no Estado da Bahia e dá outras providências.
BA	Lei nº 11.218, de 18 de dezembro de 2008	Declara de utilidade pública a Sociedade de Ações Educativas Sociais e Tecnológicas – SAET, com sede e foro no município de Pilão Arcado.

(continua)

UF	IDENTIFICAÇÃO DO ATO	EMENTA
BA	Lei nº 11.371, de 4 de fevereiro de 2009	Autoriza o Poder Executivo a instituir a Fundação Baiana de Pesquisa Científica e Desenvolvimento Tecnológico, Fornecimento e Distribuição de Medicamentos – BAHIAFARMA, e dá outras providências.
BA	Lei nº 13.414, de 1º de outubro de 2015	Declara de utilidade pública o Instituto de Inovação Tecnológica Gestão e Desenvolvimento Social – IADES, com sede e foro no município de Salvador.
BA	Lei nº 13.914, de 29 de janeiro de 2018	Institui a Política Estadual de Incentivo à Geração e Aproveitamento da Energia Solar no Estado da Bahia e dá outras providências.
BA	Lei nº 14.037, de 20 de dezembro de 2018	Cria o Fundo de Atualização Tecnológica e Desenvolvimento Fazendário – FATEC, e dá outras providências.
BA	Lei nº 14.280, de 28 de agosto de 2020	Autoriza o Poder Executivo a instituir a Companhia Baiana de Insulina – BAHIAINSULINA, e dá outras providências.
BA	Decreto nº 20.000, de 16 de setembro de 2020	Reconhecimento do Curso Superior de Tecnologia em Jogos Digitais – Graduação Tecnológica, na Universidade do Estado da Bahia – UNEB, no Município de Salvador – BA, na forma que indica.
BA	Decreto nº 20.401, de 18 de abril de 2021	Institui o Programa "Educar para Trabalhar", e dá outras providências.
BA	Decreto nº 21.656, de 10 de outubro de 2022	Prorroga os incentivos fiscais previstos no Decreto nº 4.316, de 19 de junho de 1995, na forma que indica, e dá outras providências.
CE	Lei Complementar nº 50, de 30 de dezembro de 2004	Institui o Fundo de Inovação Tecnológica do Estado do Ceará – FIT, e dá outras providências.
CE	Lei nº 15.018, de 4 de outubro de 2011	Institui o programa estadual de banda larga e dispõe sobre a participação de empresas privadas e órgãos públicos na exploração do cinturão digital do Ceará.
CE	Lei nº 16.727, de 26 de dezembro de 2018	Institui, no âmbito interno da administração do Estado do Ceará, o HUB de tecnologia da informação e comunicação.
CE	Lei nº 17378, de 4 de janeiro de 2021	Institui, no âmbito do Estado do Ceará, o programa Cientista-Chefe.
CE	Decreto nº 34.100, de 8 de junho de 2021	Dispõe sobre a política de segurança da informação e comunicação dos ambientes de tecnologia da informação e comunicação – TIC do Governo do Estado do Ceará e sobre o comitê gestor de segurança da informação do Governo do Estado do Ceará – CGSI, e dá outras providências.

(continua)

UF	IDENTIFICAÇÃO DO ATO	EMENTA
CE	Lei nº 17.611, de 11 de agosto de 2021	Estabelece responsabilidade e diretrizes para sistemas de inteligência artificial no âmbito do Estado do Ceará.
CE	Lei nº 17.666, de 10 de setembro de 2021	Institui, no âmbito do Poder Executivo, o programa "Ceará Conectado", como medida de democratização do acesso à internet gratuito, em espaços públicos, à população do Estado do Ceará.
CE	Decreto nº 34.435, de 9 de dezembro de 2021	Institui o Centro de Competência para Transformação Digital do Ceará (CCTD), e dá outras providências.
CE	Decreto nº 34.508, de 4 de janeiro de 2022	Regulamenta a Lei nº 10.367, de 7 de dezembro de 1979, que dispõe acerca do Fundo de Desenvolvimento Industrial do Ceará (FDI), e dá outras providências.
CE	Decreto nº 34.537, de 3 de fevereiro de 2022	Institui a política de expansão e interiorização do ensino superior no Estado do Ceará, no âmbito das Universidades Estaduais, e dá outras providências.
CE	Decreto nº 34.733, de 12 de maio de 2022	Institui o plano estadual de transição energética justa do Ceará – Ceará Verde, e dá outras providências.
CE	Decreto nº 34.769, de 26 de maio de 2022	Cria a unidade de gerenciamento do projeto Ceará Mais Digital, altera a estrutura organizacional e dispõe sobre a denominação dos cargos de provimentos em comissão da Secretaria do Planejamento e Gestão, e dá outras providências.
DF	Lei nº 347, de 4 de novembro de 1992	Autoriza constituir a Fundação de Apoio à Pesquisa do Distrito Federal e dá outras providências.
DF	Lei nº 626, de 17 de dezembro de 1993	Autoriza o Governo do Distrito Federal a participar do Programa Softex 2.000 e dá outras providências.
DF	Lei nº 805, de 14 de dezembro de 1994	Regulamenta o art. 1º do Ato das Disposições Transitórias da Lei Orgânica do Distrito Federal.
DF	Lei nº 1.208, de 27 de setembro de 1996	Institui o prêmio Brasília de Ciência e Tecnologia.
DF	Lei nº 1.314, de 19 de dezembro de 1996	Cria o Programa de Apoio ao Desenvolvimento Econômico e Social do Distrito Federal – PADES/DF e dá outras providências.
DF	Lei nº 1.824, de 13 de janeiro de 1998	Dispõe sobre o Conselho de Ciência e Tecnologia do Distrito Federal.
DF	Lei nº 2.427, de 14 de julho de 1999	Cria a promoção de desenvolvimento econômico integrado e sustentável do Distrito Federal – PRÓ-DF e extingue programas desenvolvimento econômico do Distrito Federal.
DF	Lei nº 3.118, de 30 de dezembro de 2002	Cria a Agência de Desenvolvimento Econômico do Distrito Federal.

(continua)

UF	IDENTIFICAÇÃO DO ATO	EMENTA
DF	Lei nº 3.196, de 29 de setembro de 2003	Institui o Programa de Apoio ao Empreendimento Produtivo do Distrito Federal – PRO-DF II – e dá outras providências.
DF	Lei nº 6.620, de 10 de junho de 2020	Dispõe sobre mecanismos, medidas e projetos para estímulo ao desenvolvimento científico, à pesquisa, à qualificação científica e tecnológica, à inovação e à economia criativa no Distrito Federal, cria a Política Distrital de Ciência, Tecnologia e Inovação, estabelece diretrizes ao Plano Diretor de Ciência, Tecnologia e Inovação da Cidade Humana, Inteligente, Sustentável e Criativa e dá outras providências.
DF	Lei nº 6.692, de 1º de outubro de 2020	Institui o Plano Distrital de Internet das Coisas, dispõe sobre a Câmara de Gestão e Acompanhamento do Desenvolvimento de Sistemas de Comunicação Máquina a Máquina e Internet das Coisas e dá outras providências.
DF	Lei nº 6.878, de 28 de junho de 2021	Dispõe sobre a criação do Programa Inter Ciências Brasília – PICB e dá outras providências.
DF	Lei nº 7.154, de 7 de junho de 2022	Cria o Instituto de Pesquisa e Estatística do Distrito Federal – IPEDF Codeplan e dá outras providências.
ES	Lei nº 4.778, de 7 de junho de 1993	Estabelece os princípios e os mecanismos de formulação da Política Estadual de Desenvolvimento Científico e Tecnológico, constitui o Sistema Estadual de Ciência e Tecnologia e o Fundo Estadual de Ciência e Tecnologia e institui o Plano Estadual de Desenvolvimento Científico e Tecnológico.
ES	Lei Complementar nº 75, de 10 de janeiro de 1996	Reorganiza o Instituto Jones dos Santos Neves e dá outras providências.
ES	Lei nº 7.339, de 16 de outubro de 2002	Inclui no Anexo II da Lei nº 6.183/2000 no Instituto de Apoio à Pesquisa e ao Desenvolvimento Jones dos Santos Neves, as Ações Projetos de apoio ao Desenvolvimento Científico e Tecnológico dos Arranjos Produtivos Locais e Projetos para o Desenvolvimento Regional e Social, abre crédito especial e dá outras providências.
ES	Lei Complementar nº 289, de 23 de junho de 2004	Cria a Secretaria de Estado de Ciência e Tecnologia – SECT e dá outras providências.
ES	Lei Complementar nº 290, de 23 de junho de 2004	Cria a Fundação de Apoio à Ciência e Tecnologia do Espírito Santo – FAPES e dá outras providências.

(continua)

UF	IDENTIFICAÇÃO DO ATO	EMENTA
ES	Decreto nº 1.459, de 10 de março de 2005	Regulamenta a Lei Complementar nº 289 de 23 de junho de 2004, publicada no Diário Oficial do Estado em 25 de junho de 2004, que dispõe sobre a Política Estadual de Desenvolvimento Científico e Tecnológico do Estado do Espírito Santo, e dá outras providências.
ES	Lei Ordinária nº 9.174, de 28 de maio de 2009	Institui, no Estado do Espírito Santo, a Política de Melhoria Genética das Principais Culturas e Produtos Agrícolas.
ES	Lei Complementar nº 642, de 15 de outubro de 2012	Dispõe sobre medidas de incentivos à inovação e à pesquisa científica e tecnológica, em ambientes produtivos e dá outras providências.
ES	Lei Complementar nº 909, de 26 de abril de 2019	Cria o Instituto Capixaba de Ensino, Pesquisa e Inovação em Saúde e institui o Subsistema Estadual de Educação, Ciência, Tecnologia e Inovação em Saúde e o Programa de Bolsas de Estudo, Pesquisa e Extensão Tecnológica no Sistema Único de Saúde.
ES	Lei Complementar nº 924, de 17 de outubro de 2019	Autoriza o Poder Executivo a criar fundação pública de direito privado denominada Fundação Estadual de Inovação em Saúde – iNOVA Capixaba e dá outras providências.
ES	Lei Complementa nº 964, de 10 de março de 2021	Reestrutura o Fundo Estadual de Ciência e Tecnologia – FUNCITEC e dá outras providências.
ES	Decreto nº 5.034, de 15 de dezembro de 2021	Regulamenta o art. 36 da Lei Complementar nº 963, de 10 de março de 2021 que dispõe sobre o Plano Estadual de Desenvolvimento Científico e Tecnológico – PDCT e sobre o Conselho Estadual de Ciência e Tecnologia – CONCITEC.
ES	Decreto nº 5.190, de 5 de agosto de 2022	Estabelece os princípios e os mecanismos de formulação da Polícia Estadual de Desenvolvimento Científico e Tecnológico, constitui o Sistema Estadual de Tecnologia e institui o Plano Estadual de Desenvolvimento Científico e Tecnológico.
GO	Lei nº 9.951, de 23 de dezembro de 1985	Cria o Fundo Estadual de Desenvolvimento Científico e Tecnológico de Goiás – FUNDETEG.
GO	Lei nº 10.502, de 9 de maio de 1988	Introduz modificações na organização administrativa do poder executivo e dá outras providências.
GO	Decreto nº 5.112, de 27 de agosto de 1999	Aprova o estatuto da Fundação Universidade Estadual de Goiás.
GO	Lei Complementar nº 1, de 19 de dezembro de 1989	Institui o Sistema Estadual de Ciência e Tecnologia de Goiás – SECT-GO e dá outras providências.

(continua)

UF	IDENTIFICAÇÃO DO ATO	EMENTA
GO	Lei nº 13.591, de 18 de janeiro de 2000	Institui o Programa de Desenvolvimento Industrial de Goiás – Produzir e o Fundo de Desenvolvimento de Atividades Industriais – FUNPRODUZIR e dá outras providências.
GO	Lei nº 15.472, de 12 de dezembro de 2005	Cria a Fundação de Amparo à Pesquisa do Estado de Goiás – FAPEG e dá outras providências.
GO	Decreto nº 6.467, de 26 de maio de 2006	Aprova o regimento interno do Conselho Estadual de Ciência e Tecnologia.
GO	Lei nº 16.922, de 8 de fevereiro de 2010	Dispõe sobre o incentivo à inovação tecnológica no âmbito do Estado de Goiás e dá outras providências.
GO	Lei Complementar nº 117, de 5 de outubro de 2015	Institui, no âmbito do Estado de Goiás, o Estatuto da Microempresa e da Empresa de Pequeno Porte e dá outras providências.
GO	Decreto nº 8.960, de 31 de maio de 2017	Institui e Regulamenta o Programa Goiano de Parques Tecnológicos (PGTec) e dá outras providências.
GO	Lei nº 19.700, de 23 de junho de 2017	Institui as bases do Programa Goiás Sem Fronteiras (PGSF) e dá outras providências.
GO	Lei nº 20.352, de 29 de novembro de 2018	Disciplina o relacionamento da Universidade Estadual de Goiás com as fundações de apoio e dá outras providências.
GO	Decreto nº 9.506, de 04 de setembro de 2019	Dispõe sobre incentivos à inovação e pesquisa científica e tecnológica no âmbito do Estado e dá outras providências.
GO	Decreto nº 9.597, de 21 de janeiro de 2020	Aprova o Estatuto da Fundação de Amparo à Pesquisa do Estado de Goiás (FAPEG) e dá outras providências.
GO	Lei nº 21.615, de 7 de novembro de 2022	Dispõe sobre estímulos ao desenvolvimento científico e tecnológico e à inovação no ambiente socioeconômico do Estado de Goiás, também revoga a Lei nº 16.922, de 08 de fevereiro de 2010.
MA	Lei nº 7.854, de 31 de janeiro de 2003	Dispõe sobre o Sistema Estadual de Desenvolvimento Científico e Tecnológico, e dá outras providências.
MA	Lei nº 10.813, de 20 de março de 2018.	Dispõe sobre as diretrizes da política estadual de estímulo, incentivo e promoção ao desenvolvimento local de *startups*.
MA	Decreto nº 36.242, de 5 de outubro de 2020	Dispõe sobre o modelo de Governança de Tecnologia da Informação e Comunicação do Poder Executivo, sobre o Comitê Estadual de Tecnologia da Informação e Comunicação do Estado do Maranhão – CETIC, e dá outras providências.

(continua)

UF	IDENTIFICAÇÃO DO ATO	EMENTA
MA	Decreto nº 37.596, de 28 de abril de 2022	Institui a Comissão de Elaboração do Programa Estadual de Hidrogênio Verde – PEH2V (CEPEH2V), e dá outras providências.
MA	Lei nº 11.733, de 26 de maio de 2022	Dispõe sobre estímulos ao desenvolvimento científico, à pesquisa, à capacitação científica e tecnológica e à inovação no Estado do Maranhão, e altera a Lei Estadual nº 6.915, 11 de abril de 1997, e dá outras providências.
MA	Decreto nº 37.783, de 5 de julho de 2022	Regulamenta a Lei Estadual nº 11.733, de 26 de maio de 2022 para estabelecer medidas de incentivo à inovação e à pesquisa científica e tecnológica no ambiente produtivo, com vistas à capacitação tecnológica, ao alcance da autonomia tecnológica e ao desenvolvimento do sistema produtivo no âmbito do Estado do Maranhão.
MA	Decreto nº 37.853, de 16 de agosto de 2022	Dispõe sobre a organização da Fundação de Amparo à Pesquisa e ao Desenvolvimento Científico e Tecnológico do Maranhão – FAPEMA e dá outras providências.
MA	Decreto nº 37.958, de 18 de outubro de 2022	Cria o Parque Tecnológico Renato Archer, e dá outras providências.
MT	Lei Complementar nº 30, de 15 de dezembro de 1993	Cria a Universidade do Estado de Mato Grosso, extingue a Fundação de Ensino Superior de Mato Grosso, cria cargos e dá outras providências.
MT	Lei nº 6.612, de 21 de dezembro de 1994	Autoriza a instituição da Fundação de Amparo à Pesquisa do Estado de Mato Grosso (FAPEMAT) e dá outras providências.
MT	Lei nº 7.958, de 25 de setembro de 2003	Define o Plano de Desenvolvimento de Mato Grosso, cria Fundos e dá outras providências.
MT	Lei nº 8.408, de 27 de dezembro de 2005	Cria o Fundo Estadual de Ciência e Tecnologia e dá outras providências.
MT	Decreto nº 7.615, de 22 de maio de 2006	Institui o Prêmio de Produção Científica "Gente Pantaneira".
MT	Lei Complementar nº 297, de 7 de janeiro de 2008	Dispõe sobre incentivos à inovação e à pesquisa científica e tecnológica visando alcançar autonomia tecnológica, capacitação e o desenvolvimento do Estado de Mato Grosso.
MT	Lei Complementar nº 319, de 30 de junho de 2008	Altera e revoga dispositivos da Lei Complementar nº 30, de 15 de dezembro de 1993, e adota outras providências.
MT	Lei Complementar nº 430, de 27 de julho de 2011	Dispõe sobre as relações entre as instituições de pesquisa científica, tecnológica e ensino superior do Estado de Mato Grosso e as fundações de apoio, e dá outras providências.

(continua)

UF	IDENTIFICAÇÃO DO ATO	EMENTA
MT	Lei nº 9.916, de 17 de maio de 2013	Dispõe sobre o Fundo de Desenvolvimento Socio-Cultural-Desportivo-Tecnológico e dá outras providências.
MT	Decreto nº 1.831, de 27 de junho de 2013	Regulamenta, no âmbito da Secretaria de Estado de Fazenda, a Lei nº 9.916, de 17 de maio de 2013, que dispõe sobre o Fundo de Desenvolvimento Socio-Cultural-Desportivo-Tecnológico, e dá outras providências.
MT	Decreto nº 1.221, de 6 de outubro de 2017	Regulamenta a Política de Incentivo a Ambientes de Inovação de Mato Grosso e dá outras providências.
MT	Lei Complementar nº 616, de 4 de abril de 2019	Dispõe sobre o Conselho Estadual de Ciência, Tecnologia e Inovação (CECTI) e dá outras providências.
MT	Lei nº 11.194, de 24 de setembro de 2020	Institui a Política Estadual de Incentivo ao Uso de Biomassa para a Geração de Energia.
MT	Decreto nº 735, de 02 de dezembro de 2020	Regulamenta a Lei Complementar Estadual nº 297, de 7 de janeiro de 2008, que dispõe sobre os incentivos à inovação e à pesquisa científica e tecnológica visando alcançar autonomia tecnológica, capacitação e desenvolvimento do Estado de Mato Grosso e dá outras providências.
MS	Lei nº 1.860, de 3 de julho de 1998	Institui a "Fundação de Apoio e de Desenvolvimento do Ensino, Ciência e Tecnologia do Estado de Mato Grosso do Sul" e dá outras providências.
MS	Lei nº 3.275, de 18 de outubro de 2006	Institui a Política de Incentivo à Incubação de Empresas e Cooperativas em Mato Grosso do Sul.
MS	Decreto nº 12.592, de 28 de julho de 2008	Dispõe sobre isenção do ICMS nas operações de importação de bens destinados à pesquisa científica e tecnológica, nas condições que especifica.
MS	Lei nº 3.708, de 15 de julho de 2009	Cria a Política Estadual de Desenvolvimento de Pesquisa e da Fabricação de Medicamentos e Produtos Fitoterápicos do Estado de Mato Grosso do Sul e dá outras providências.
MS	Decreto nº 13.890, de 24 de fevereiro de 2014	Institui o Fórum de Ciência, Tecnologia e Inovação do Estado de Mato Grosso do Sul.
MS	Lei nº 4.967, de 29 de dezembro de 2016	Autoriza o Poder Executivo a criar a Política Estadual de Incentivo à Geração e ao Aproveitamento da Energia Solar, no Estado de Mato Grosso do Sul, e dá outras providências.
MS	Decreto nº 15.116, de 13 de dezembro de 2018	Regulamenta a Lei Federal nº 10.973, de 2 de dezembro de 2004, no tocante a normas gerais aplicáveis ao Estado de Mato Grosso do Sul, e dispõe sobre outras medidas em matéria da política estadual de ciência, tecnologia e inovação.

(continua)

UF	IDENTIFICAÇÃO DO ATO	EMENTA
MS	Lei nº 5.966, de 27 de outubro de 2022	Institui o Programa Estadual de Bioinsumos no âmbito do Estado de Mato Grosso do Sul, e dá outras providências.
MG	Lei nº 4.824, de junho de 1968	Institui, no Estado de Minas Gerais, a semana de ciência e tecnologia.
MG	Lei nº 6.953, de 16 de dezembro de 1976	Cria a Secretaria de Estado de Ciência e Tecnologia, institui o Fundo Estadual de Desenvolvimento Científico e Tecnológico (FUNCET) e dá outras providências.
MG	Decreto nº 25.412, de 13 de fevereiro de 1986	Institui a Fundação de Amparo à Pesquisa do Estado de Minas Gerais (FAPEMIG) e dá outras providências.
MG	Lei nº 10.626, de 16 de janeiro de 1992	Dispõe sobre a reorganização do Conselho Estadual de Ciência e Tecnologia (CONECIT) e dá outras providências.
MG	Lei nº 11.231, de 22 de setembro de 1993	Dispõe sobre a reorganização do Conselho Estadual de Ciência e Tecnologia (CONECIT) e dá outras providências.
MG	Lei nº 11.552, de 3 de agosto de 1994	Dispõe sobre a Fundação de Amparo à Pesquisa do Estado de Minas Gerais (FAPEMIG) e dá outras providências.
MG	Decreto nº 40.637, de 8 de outubro de 1999	Cria comissão especial para organizar os preparativos para a participação do Estado de Minas Gerais na EXPO-2000, em Hannover, Alemanha.
MG	Decreto nº 41021, de 24 de abril de 2000	Dispõe sobre o programa de apoio às empresas de eletrônica, informática e de telecomunicações (FUNDIEST/PROE–ELETRÔNICA).
MG	Decreto nº 41101, de 8 de junho de 2000	Constitui comissão especial para os fins que menciona.
MG	Decreto nº 41.531, de 1 de fevereiro de 2001	Declara 2001 o "ano da Ciência e Tecnologia em Minas Gerais".
MG	Decreto nº 41.532, de 1º de fevereiro de 2001	Autoriza a celebração de convênio para a implantação de incubadoras, parques e polos tecnológicos no Estado de Minas Gerais.
MG	Decreto nº 42.368, de 6 de fevereiro de 2002	Institui o programa de implantação e consolidação de parques e polos tecnológicos em Minas Gerais (PROPARQUE).
MG	Decreto nº 43.442, de 17 de julho de 2003	Altera e consolida a legislação referente ao Programa de apoio financeiro ao desenvolvimento de médias, pequenas e microempresas de base tecnológica (FUNDESE-Base tecnológica).
MG	Decreto nº 43.612, de 25 de setembro de 2003	Estabelece o estatuto, identifica e codifica cargos de provimento em comissão da Fundação Centro Tecnológico de Minas Gerais (CETEC).

(continua)

UF	IDENTIFICAÇÃO DO ATO	EMENTA
MG	Decreto nº 43.768, de 23 de março de 2004	Institui, no âmbito do projeto estruturador "arranjos produtivos locais", o programa de desenvolvimento da indústria de microeletrônica do Estado de Minas Gerais, visando à implantação de um polo industrial de microeletrônica.
MG	Lei nº 15.980, de 13 de janeiro de 2006	Cria o Fundo de equalização do Estado de Minas Gerais.
MG	Decreto nº 44.418, de 12 de dezembro de 2006	Institui o Sistema Mineiro de Inovação (SIMI).
MG	Decreto nº 44.512, de 10 de maio de 2007	Contém o Regimento Interno do Conselho Estadual de Ciência e Tecnologia (CONECIT).
MG	Lei nº 17.348, de 17 de janeiro de 2008	Dispõe sobre o incentivo à inovação tecnológica no Estado.
MG	Decreto nº 44.874, de 18 de agosto de 2008	Contém o Regulamento do Fundo de Incentivo à Inovação Tecnológica (FIIT), criado pela Lei nº 17.348, de 17 de janeiro de 2008.
MG	Lei nº 18.505, de 4 novembro de 2009	Cria a Fundação Centro Internacional de Educação, Capacitação e Pesquisa Aplicada em Águas (HIDROEX) e dá outras providências.
MG	Decreto nº 45.488, de 22 de outubro de 2010	Institui o Programa Estadual de Parcerias Sociais Público-Privadas e dá outras providências.
MG	Decreto nº 46.296, de 14 de agosto de 2013	Dispõe sobre o Programa Mineiro de Energia Renovável – Energias de Minas – e de medidas para incentivo à produção e uso de energia renovável.
MG	Decreto nº 47.442, de 4 de julho de 2018	Dispõe sobre incentivos à inovação e à pesquisa científica e tecnológica no âmbito do Estado e dá outras providências.
MG	Decreto nº 48.305, de 23 de novembro de 2021	Dispõe sobre a tecnologia popular – Tecpop Minas, no âmbito do Programa Acelera Minas.
MG	Lei nº 24.131, de 6 de junho de 2022	Dispõe sobre a política de incentivo à iniciação da pesquisa científica para estudantes da educação básica da rede estadual de ensino.
PA	Lei Complementar nº 061, de 24 de julho de 2007	Institui a Fundação Amazônia de Amparo a Estudos e Pesquisas (FAPESPA) e dá outras providências.
PA	Lei nº 8.426, de 16 de novembro de 2016	Dispõe sobre incentivos à inovação, à pesquisa científica e tecnológica e à engenharia não rotineira, visando ao desenvolvimento tecnológico, econômico, científico e social no contexto da competitividade e sustentabilidade do Estado do Pará, e dá outras providências.

(continua)

UF	IDENTIFICAÇÃO DO ATO	EMENTA
PA	Lei nº 8.841, de 8 de abril de 2019	Institui a semana estadual de ciência, tecnologia, inovação e desenvolvimento no Estado do Pará.
PA	Decreto nº 491, de 3 de agosto de 2020	Institui o Plano Estadual Amazônia Agora (PEAA), cria o Comitê Científico do Plano e o Núcleo Permanente de Acompanhamento do Plano e dá outras providências.
PA	Lei nº 9.233, de 24 de março de 2021	Altera e acrescenta dispositivos na Lei Estadual nº 8.426, de 16 de novembro de 2016, que dispõe sobre incentivos à inovação, à pesquisa científica e tecnológica e à engenharia não rotineira, visando ao desenvolvimento tecnológico, econômico, científico e social no contexto da competitividade do Estado do Pará.
PA	Decreto nº 1.715, de 12 de julho de 2021	Institui a Estratégia Estadual de Disseminação de "Modelagem da Informação da Construção" (*Building Information Modelling* – BIM), para difundir e fomentar a utilização do padrão BIM no Estado do Pará.
PB	Lei Ordinária nº 7.064/2002	Cria prêmio cientista paraibano para incentivar a pesquisa e criatividade científica no estado e dá outras providências.
PB	Lei Ordinária nº 8.257/2007	Autoriza o poder executivo a instituir o conselho de estado da biotecnologia.
PB	Lei Ordinária nº 8.494/2008	Dispõe sobre o conselho estadual de ciência e tecnologia (CECT) e dá outras providências.
PB	Lei Ordinária nº 11.595/2019	Institui a semana estadual de ciência e tecnologia da Paraíba e dá outras providências.
PB	Lei Ordinária nº 12.191/2022	Dispõe sobre estímulos ao desenvolvimento científico, à pesquisa, à capacitação científica e tecnológica e à inovação no estado da Paraíba, nos termos da Lei federal nº 10.973, de 2 de dezembro de 2004, e da Lei Federal nº 13.243, de 11 de janeiro de 2016, e dá outras providências.
PB	Medida Provisória nº 314 de 13 de janeiro de 2023.	Cria a Secretaria de Estado da Ciência, Tecnologia, Inovação e Ensino Superior (SECTIES) e a Secretaria de Estado do Meio Ambiente e Sustentabilidade (SEMAS); altera a Lei nº 8.186, de 16 de março de 2007, que estabeleceu a Estrutura Organizacional da Administração Direta do Poder Executivo Estadual; e dá outras providências.
PB	Emenda Constitucional nº 49/2021	Altera dispositivos constitucionais para incluir a inovação entre as atividades a serem fomentadas pelo estado da Paraíba, ao lado da ciência e da tecnologia, e dá outras providências.
PB	Decreto nº 41.160, de 9 de abril de 2021	Cria o Centro Educacional de Inovação e Tecnologia – CENTRO INOTECH, situado no município de João Pessoa, com oferta de Educação Profissional Técnica de Nível Médio.

(continua)

UF	IDENTIFICAÇÃO DO ATO	EMENTA
PR	Decreto nº 893, de 22 de junho de 1995	Abertura de crédito suplementar ao orçamento geral do estado no valor de R$ 40.000,00 da Secretaria de Estado da Ciência, Tecnologia e Ensino Superior (SETI).
PR	Lei nº 12.953, de 28 de setembro de 2000	Aprova ajuste orçamentário de R$ 140.000,00, na forma que especifica e adota outras providências para Secretaria de Estado da Ciência, Tecnologia e Ensino Superior (SETI).
PR	Lei nº 13024, de 22 de dezembro de 2000	Aprova ajuste no valor de R$ 632.000,00, conforme especifica para Secretaria de Estado da Ciência, Tecnologia e Ensino Superior (SETI).
PR	Decreto nº 4766, de 1º de setembro de 1998	Aprovado o regulamento da Secretaria de Estado da Ciência, Tecnologia e Ensino Superior (SETI).
PR	Decreto nº 10.769, de 12 de abril de 2022	Dispõe sobre a criação do PROGRAMA AGEUNI – Agências para o Desenvolvimento Sustentável e Inovação do Paraná e dá outras providências.
PR	Lei nº 21.322, de 19 de dezembro de 2022	Institui, no Estado do Paraná, o Dia da Inovação e da Tecnologia no Campo a ser comemorado em 25 de fevereiro.
PR	Lei nº 20.977, de 18 de março de 2022	Concede o Título de Utilidade Pública ao Instituto Avidas – Pesquisa e Inovação em Medicina & Saúde, com sede no Município de Curitiba.
PR	Decreto nº 1350, de 11 de abril de 2023	Regulamenta o disposto na Lei nº 20.541, de 20 de abril de 2021 e nos arts. 128, 208 e 285 da Lei nº 6.174, de 16 de novembro de 1970, para estabelecer medidas de incentivo à inovação e à pesquisa científica e tecnológica no ambiente produtivo, com vistas à capacitação tecnológica, ao alcance da autonomia tecnológica e ao desenvolvimento do sistema produtivo nacional e regional.
PR	Lei nº 21.354, de 1º de janeiro de 2023	Regulamenta o Fundo Paraná, destinado a apoiar o desenvolvimento científico e tecnológico do Estado do Paraná, nos termos do art. 205 da Constituição Estadual e adota outras providências.
PR	Lei Complementar nº 251, de 1º de janeiro de 2023	Reestrutura a Fundação Araucária e dá outras providências.
PR	Decreto nº 10.769, de 12 de abril de 2022	Dispõe sobre a criação do PROGRAMA AGEUNI – Agências para o Desenvolvimento Sustentável e Inovação do Paraná e dá outras providências.
PR	Lei nº 20.933, de 17 de dezembro de 2021	Dispõe sobre os parâmetros de financiamento das Universidades Públicas Estaduais do Paraná, estabelece critérios para a eficiência da gestão universitária e dá outros provimentos.

(continua)

UF	IDENTIFICAÇÃO DO ATO	EMENTA
PR	Lei nº 20.752, de 18 de outubro de 2021	Institui a Semana da Divulgação Científica a ser comemorada anualmente na semana do dia 16 de outubro.
PR	Lei nº 20.741, de 5 de outubro de 2021	Altera dispositivos da Lei nº 16.019, de 19 de dezembro de 2008, que institui o Fórum Paranaense de Mudanças Climáticas Globais.
PR	Decreto nº 8.796, de 23 de setembro de 2021	Regulamenta a Lei nº 20.537, de 20 de abril de 2021, que dispõe sobre as relações entre as Instituições Públicas de Ensino Superior do Paraná – IEES, Hospitais Universitários – HUS e Instituições Científicas e Tecnológicas públicas – ICTs com as fundações de apoio.
PR	Lei nº 20.541, de 20 de abril de 2021	Dispõe sobre política pública de incentivo à inovação, à pesquisa e ao desenvolvimento científico e tecnológico, ao fomento de novos negócios, e a integração entre o setor público e o setor privado em ambiente produtivo no Estado do Paraná.
PR	Lei nº 20.537, de 20 de abril de 2021	Dispõe sobre as relações entre as Instituições de Ensino Superior, os Hospitais Universitários e os Institutos de Ciência e Tecnologia públicos do Estado do Paraná e suas Fundações de Apoio.
PR	Decreto nº 5.441, de 17 de agosto de 2020	Institui o Comitê Técnico Interinstitucional de Cooperação para Pesquisa, Desenvolvimento, Testagem, Fabricação e Distribuição de Vacina contra Sars-cov-2 (COVID-19), no âmbito do Estado do Paraná.
PR	Decreto nº 3.047, de 14 de outubro de 2019	Institui Grupo de Trabalho tendo por objeto a realização de estudos, estratégias e propostas com o objetivo de formalizar parcerias, convênios, acordos de cooperação técnica com Universidades, Instituições de Ensino e de Educação.
PR	Decreto nº 5.145, de 22 de setembro de 2016	Institui o Conselho Estadual dos Parques Tecnológicos – CEPARTEC, responsável pela implantação do Complexo Paranaense de Parques Tecnológicos.
PR	Decreto nº 546, de 24 de fevereiro de 2015	Institui Grupo de Trabalho para realizar estudos objetivando elaborar proposta para a Autonomia das Universidades Estaduais.
PR	Decreto nº 9.969, de 23 de janeiro de 2014	Fica reconhecido o Parque Tecnológico Binacional que integra os Municípios de Pato Branco, Paraná – Brasil e Posadas, Misiones – Argentina.
PR	Lei nº 17.596, de 12 de junho de 2013	Declara de Utilidade Pública o ICETI – Instituto Cesumar de Ciência, Tecnologia e Inovação, com sede e foro no Município de Maringá.
PR	Decreto nº 7.959, de 16 de abril de 2013	Dispõe sobre a criação do Parque Tecnológico Virtual do Paraná e dá outras providências.

(continua)

UF	IDENTIFICAÇÃO DO ATO	EMENTA
PR	Decreto nº 7.359, de 27 de fevereiro de 2013	Regulamenta medidas de incentivo à inovação e à pesquisa científica e tecnológica – SETI.
PR	Lei nº 17.314, de 24 de setembro de 2012	Dispõe sobre medidas de incentivo à inovação e à pesquisa científica e tecnológica em ambiente produtivo no Estado do Paraná.
PR	Decreto nº 5.364, de 8 de setembro de 2009	Dispõe sobre Prêmio Paranaense de Ciência e Tecnologia.
PR	Lei 12.020, de 9 de janeiro de 1998	Institui o FUNDO PARANÁ, destinado a apoiar o desenvolvimento científico e tecnológico do Estado do Paraná, nos termos do art. 205 da Constituição Estadual e adota outras providências.
PE	Lei nº 16.580, de 28 de maio de 2019	Ratifica Protocolo de Intenções firmado entre os Estados de BAHIA, MARANHÃO, PERNAMBUCO, CEARÁ, PARAÍBA, PIAUÍ, RIO GRANDE DO NORTE, ALAGOAS e SERGIPE, para a constituição de consórcio interestadual com objetivo de promover o desenvolvimento sustentável na Região Nordeste.
PE	Lei nº 10.401, de 26 de dezembro de 1989	Institui a Fundação de Amparo à Ciência e Tecnologia – FACEPE e dá outras providências.
PE	Decreto nº 44.270, de 30 de março de 2017	Aprova o Estatuto da Fundação de Amparo à Ciência e Tecnologia do Estado de Pernambuco – FACEPE.
PE	Decreto nº 50.576, de 27 de abril de 2021	Altera o Decreto nº 49.253, de 31 de julho de 2020, que regulamenta a Lei Complementar nº 400, de 18 de dezembro de 2018, que dispõe sobre incentivo à pesquisa, ao desenvolvimento científico e tecnológico e à inovação no Estado de Pernambuco e institui a Usina Pernambucana de Inovação.
PE	Lei Complementar nº 400, de 18 de dezembro de 2018	Dispõe sobre o incentivo à pesquisa, ao desenvolvimento científico e tecnológico e à inovação no Estado de Pernambuco.
PE	Decreto nº 49.253, de 31 de julho de 2020	Regulamenta a Lei Complementar nº 400, de 18 de dezembro de 2018, que dispõe sobre incentivo à pesquisa, ao desenvolvimento científico e tecnológico e à inovação no Estado de Pernambuco e institui a Usina Pernambucana de Inovação.
PE	Lei Ordinária nº 14.533, de 9 de dezembro de 2011	Disciplina a estrutura, competência e funcionamento do Conselho Estadual de Ciência, Tecnologia e Inovação – CONCITI, e dá outras providências.

(continua)

UF	IDENTIFICAÇÃO DO ATO	EMENTA
PE	Decreto nº 34.343, de 4 de dezembro de 2009	Convoca a I Conferência Estadual de Ciência, Tecnologia e Inovação – I CECTI, e dá outras providências.
PE	Decreto nº 45.314, de 17 de novembro de 2017	Estabelece a Estratégia de Ciência, Tecnologia e Inovação para Pernambuco.
PE	Decreto nº 41.383, de 19 de dezembro de 2014	Cria os Prêmios honoríficos, intitulados "Prêmio Ricardo Ferreira ao Mérito Científico" e o "Prêmio Sebastião Simões do Mérito à Inovação Tecnológica, no âmbito da Fundação de Amparo à Ciência e Tecnologia do Estado de Pernambuco (FACEPE).
PE	Lei nº 14.533, de 9 de dezembro de 2011	Disciplina a estrutura, competência e funcionamento do Conselho Estadual de Ciência, Tecnologia e Inovação – CONCITI, e dá outras providências.
PE	Decreto nº 45.314, de 17 de novembro de 2017	Estabelece a Estratégia de Ciência, Tecnologia e Inovação para Pernambuco.
PE	Lei nº 13.976, de 16 de dezembro de 2009	Altera a Lei nº 13.690, de 16 de dezembro de 2008, que dispõe sobre incentivos à pesquisa científica e tecnológica e à inovação no ambiente produtivo e social no Estado de Pernambuco, e dá outras providências.
PE	Decreto nº 45.314, de 17 de novembro de 2017	Estabelece a Estratégia de Ciência, Tecnologia e Inovação para Pernambuco.
PI	Lei nº 8.022, de 12 de abril de 2023	Dispõe sobre as relações entre as instituições estaduais de ensino superior, de pesquisa científica e tecnológica e de inovação e as fundações de apoio e dá outras providências.
PI	Lei nº 7.511, de 4 de junho de 2021	Dispõe sobre medidas de incentivo à inovação e à pesquisa científica e tecnológica no ambiente produtivo, com vistas à capacitação e ao alcance da autonomia tecnológica e ao desenvolvimento industrial do estado do Piauí e dá outras providências.
PI	Lei nº 3.058, de 3 de dezembro de 1970	Cria o fundo para pesquisas minerais.
PI	Lei nº 5.790, de 19 de agosto de 2008	Institui o fundo de pesquisa e desenvolvimento técnico-científico do estado do Piauí (FUNDES) e dá outras providências.
PI	Decreto nº 16.040, de 2 de junho de 2015	Regulamenta a Lei Estadual nº 5.790, de 19 de agosto de 2008, que instituiu o fundo de pesquisa e desenvolvimento técnico científico do estado do Piauí (FUNDES).

(continua)

UF	IDENTIFICAÇÃO DO ATO	EMENTA
RJ	Lei nº 9.809, de 22 de julho de 2022	Institui o sistema estadual de ciência, tecnologia e inovação do estado do Rio de Janeiro, na forma que menciona, e dá outras providências.
RJ	Decreto nº 33.859, de 8 de setembro de 2003	Institui o programa jovens talentos sob a coordenação da secretaria de estado de ciência, tecnologia e inovação e dá outras providências.
RJ	Lei nº 9.809, de 22 de julho de 2022	Institui o sistema estadual de ciência, tecnologia e inovação do estado do Rio de Janeiro, na forma que menciona, e dá outras providências.
RJ	Decreto nº 46.722, de 5 de agosto de 2019	Dispõe sobre a criação da comissão estadual de desenvolvimento da economia do conhecimento.
RJ	Decreto nº 47.381, de 3 de dezembro de 2020	Dispõe sobre a transferência, sem aumento de despesas, dos 03 (três) cargos, com seus respectivos ocupantes e suas gratificações de encargos especiais – da estrutura da secretaria de estado de ciência, tecnologia e inovação para a fundação centro universitário estadual da zona oeste, e dá outras providências.
RJ	Lei nº 5.361, de 29 de dezembro de 2008	Dispõe sobre incentivos à inovação e à pesquisa científica e tecnológica no ambiente produtivo no âmbito do estado do Rio de Janeiro, e dá outras providências.
RJ	Decreto nº 32.186 de 13 de novembro de 2002	Institui o conselho estadual de ciência, tecnologia e inovação, e dá outras providências.
RJ	Decreto nº 32.762 de 10 de fevereiro de 2003	Dispõe sobre o conselho estadual de ciência, tecnologia e inovação e dá outras providências.
RJ	Decreto nº 26.041 de 10 de março de 2000	Institui o programa Inovação Rio e dá outras providências.
RJ	Decreto nº 35.753, de 24 de junho de 2004	Abre crédito suplementar à secretaria de estado de ciência, tecnologia e inovação (SECTI), no valor de R$ 292.428,00, para reforço de dotação consignada ao orçamento em vigor e dá outras providências.
RJ	Decreto nº 31.079, de 27 de março de 2002	Institui o Programa de Fomento ao Desenvolvimento Tecnológico do Estado do Rio de Janeiro – RIOTECNOLOGIA e dá outras providências.
RJ	Decreto nº 24.415, de 26 de junho de 1998	Altera e consolida o Estatuto da Fundação de Apoio à Escola Técnica FAETEC.
PR	Lei nº 21.354, de 1º de janeiro de 2023	Regulamenta o Fundo Paraná, destinado a apoiar o desenvolvimento científico e tecnológico do Estado do Paraná, nos termos do art. 205 da Constituição Estadual e adota outras providências.

(continua)

UF	IDENTIFICAÇÃO DO ATO	EMENTA
PR	Lei nº 20.744, de 6 de outubro de 2021	Dispõe sobre as regras para a constituição e normas gerais de funcionamento de ambiente regulatório experimental no Estado do Paraná.
PR	Lei nº 19.966, de 15 de outubro de 2019	Institui a Semana da Tecnologia e inovação, a ser celebrada anualmente entre os dias 16 a 22 de outubro.
PR	Lei nº 20.541, de 20 de abril de 2021	Dispõe sobre política pública de incentivo à inovação, à pesquisa e ao desenvolvimento científico e tecnológico, ao fomento de novos negócios, e a integração entre o setor público e o setor privado em ambiente produtivo no Estado do Paraná
RN	Lei nº 11.302, de 16 de dezembro de 2022	Reconhece como de Utilidade Pública Estadual a Fundação para o Desenvolvimento da Ciência, Tecnologia e Inovação do Estado do Rio Grande do Norte (FUNCITERN).
RN	Lei Complementar nº 478, de 27 de dezembro de 2012	Dispõe sobre concessão de incentivos à inovação e à pesquisa científica e tecnológica no âmbito do Estado do Rio Grande do Norte.
RN	Lei nº 9.131, de 18 de setembro de 2008	Autoriza a Fundação de Apoio à Pesquisa do Estado do Rio Grande do Norte a conceder subvenção econômica a empresários individuais ou sociedades empresárias nacionais sediados no Rio Grande do Norte.
RN	Lei Complementar nº 716, de 30 de junho de 2022	Institui a Política Estadual do Desenvolvimento Científico, Tecnológico e de Inovação do Rio Grande do Norte (PEDCTI/RN), organiza o Sistema Estadual de Ciência, Tecnologia e Inovação do Rio Grande do Norte (SECTI/RN), define procedimentos, normas e incentivos à inovação e à pesquisa científica e tecnológica no Estado do Rio Grande do Norte.
RN	Lei Complementar nº 257, de 14 de novembro de 2003	Cria a Fundação de Apoio à Pesquisa do Estado do Rio Grande do Norte (FAPERN), e dá outras providências.
RN	Lei nº 8.790, de 10 de janeiro de 2006	Cria o Programa de Incentivo à Geração do Conhecimento no Rio Grande do Norte e dá outras providências.
RN	Lei nº 11.292, de 13 de dezembro de 2022	Ratifica o protocolo de intenções firmado entre os Estados do Rio Grande do Norte, Acre, Alagoas, Amapá, Bahia, Distrito Federal, Espírito Santo, Goiás, Maranhão, Mato Grosso, Mato Grosso do Sul, Minas Gerais, Pará, Paraíba, Paraná, Pernambuco, Piauí, Rio Grande do Sul, para a constituição do consórcio interestadual sobre o clima (Consórcio Brasil Verde), com o objetivo de promover o enfrentamento aos efeitos adversos das mudanças climáticas do clima no Brasil.

(continua)

UF	IDENTIFICAÇÃO DO ATO	EMENTA
RS	Decreto nº 56.223, de 2 de dezembro de 2021	Dispõe sobre a estrutura de governança do evento denominado South Summit Brasil – Porto Alegre (Edição 2022).
RS	Decreto nº 44.968, de 26 de março de 2007	Cria a câmara setorial de desenvolvimento econômico e inovação e dá outras providências.
RS	Decreto nº 56.841, de 12 de janeiro de 2023	Dispõe sobre a estrutura de governança do evento denominado South Summit Brasil – Porto Alegre – Edição 2023.
RS	Lei Complementar nº 15.639, de 31 de maio de 2021	Dispõe sobre incentivos à pesquisa, ao desenvolvimento científico e tecnológico e à inovação no âmbito produtivo do Estado do Rio Grande do Sul, institui o Sistema Estadual de Ciência, Tecnologia e Inovação (SECTI-RS) e dá outras providências.
RS	Decreto nº 44.439, de 17 de maio de 2006	Declara oficial a missão de representantes de escolas do estado na feira de ciência, tecnologia e inovação – Globaltech, a realizar-se em Porto Alegre/RS.
RS	Decreto nº 43.785, de 11 de maio de 2005	Declara oficial a missão de representantes de escolas do estado na feira de ciência, tecnologia e inovação – Globaltech, a realizar-se em porto alegre/rs.
RS	Decreto nº 55.382, de 23 de julho de 2020	Institui o Programa Techfuturo, no âmbito das ações voltadas à inovação e à pesquisa.
RS	Decreto nº 44.251, de 13 de janeiro de 2006	Institui o programa de inovação do Rio Grande do Sul – RS TEC e dá outras providências.
RS	Decreto nº 56.606, de 1º de agosto de 2022	Institui Conselho Estadual de Inovação em Tecnologia da Informação e Comunicação.
RS	Decreto nº 55.515, de 30 de setembro de 2020	Institui Programa Produtos PREMIUM/RS, no âmbito das ações voltadas à inovação e à pesquisa científica e tecnológica.
RS	Decreto nº 55.359, de 9 de julho de 2020	Institui Programa de Games/RS, no âmbito das ações voltadas à inovação e à pesquisa científica e tecnológica.
RS	Decreto nº 55.475, de 10 de setembro de 2020	Institui o Programa Startup Lab, no âmbito das ações voltadas à inovação e à pesquisa científica e tecnológica.
RS	Decreto nº 44.067, de 17 de outubro de 2005	Aprova o regimento interno da Secretaria de Ciência e Tecnologia.
RR	Lei nº 1.641, de 25 de janeiro de 2022	Institui a Fundação de Amparo à Pesquisa do Estado de Roraima (FAPERR) e dá outras providências.

(continua)

UF	IDENTIFICAÇÃO DO ATO	EMENTA
RR	Decreto nº 31.038-e, de 6 de outubro de 2021	Constitui a Comissão Organizadora da I Feira Virtual de Ciências: "Pesquisa e Inovação em Roraima" (FEVIC/RR) e da XXVIII Edição da Feira Estadual de Ciências de Roraima (FECIRR).
SC	Decreto nº 1.779, de 3 de março de 2022	Institui a Rede Catarinense de Centros de Inovação e estabelece outras providências.
SC	Lei nº 14.328, de 15 de janeiro de 2008	Dispõe sobre incentivos à pesquisa científica e tecnológica e à inovação no ambiente produtivo no estado de Santa Catarina e adota outras providências.
SC	Decreto nº 2.372, de 9 de junho de 2009	Regulamenta a Lei nº 14.328, de 15 de janeiro de 2008, que dispõe sobre incentivos à pesquisa científica e tecnológica e à inovação no ambiente produtivo no Estado de Santa Catarina e estabelece outras providências.
SE	Lei nº 6.794, de 2 de dezembro de 2009	Dispõe sobre medidas de incentivo à inovação e à pesquisa científica e tecnológica no ambiente produtivo no Estado de Sergipe, e dá providências correlatas.
SE	Lei nº 9.003, de 31 de março de 2022	Institui o Programa de Incentivo à Pesquisa e Inovação para a Rede Pública Estadual de Ensino, denominado "Pesquisa na Escola", e dá providências correlatas.
SE	Lei nº 5.771, de 12 de dezembro de 2005	Institui a Fundação de Apoio à Pesquisa e à Inovação Tecnológica do Estado de Sergipe (FAPITEC/SE); autoriza, em decorrência, a extinção da Diretoria de Apoio e Desenvolvimento (DIRAD), do Instituto Tecnológico e de Pesquisas do Estado de Sergipe (ITPS); e dá providências correlatas.
SE	Lei nº 5.773, de 12 de dezembro de 2005	Dá nova redação à Lei nº 2.407, de 15 de dezembro de 1982, que cria o Fundo Estadual para o Desenvolvimento Científico e Tecnológico, e dá providências correlatas.
SP	Decreto nº 65.796, de 16 de junho de 2021	Reorganiza, sob a denominação de Instituto de Pesquisas Ambientais, as unidades que especifica da Secretaria de Infraestrutura e Meio Ambiente e dá providências correlatas.
SP	Lei Complementar nº 1.049, de 19 de junho de 2008	Dispõe sobre medidas de incentivo à inovação tecnológica, à pesquisa científica e tecnológica, ao desenvolvimento tecnológico, à engenharia não rotineira e à extensão tecnológica em ambiente produtivo, no Estado de São Paulo, e dá outras providências correlatas.
SP	Decreto nº 64.685, de 18 de dezembro de 2019	Altera o Decreto nº 53.826, de 16 de dezembro de 2008, que institui incentivos no âmbito dos parques tecnológicos integrantes do Sistema Paulista de Parques Tecnológicos, de que tratam a Lei Complementar nº 1.049, de 19 de junho de 2008, e o Decreto 50.504, de 6 de fevereiro de 2006.

(continua)

UF	IDENTIFICAÇÃO DO ATO	EMENTA
SP	Decreto nº 64.518, de 10 de outubro de 2019	Dispõe sobre a reorganização do Instituto Butantan, da Coordenadoria de Ciência, Tecnologia e Insumos Estratégicos de Saúde – CCTIES, da Secretaria da Saúde, e dá providências correlatas.
SP	Decreto nº 63.279, de 19 de março de 2018	Dispõe sobre as alterações que especifica na estrutura da Agência Paulista de Tecnologia dos Agronegócios (APTA), introduz modificações no Decreto nº 46.488, de 8 de janeiro de 2002, que trata de sua reorganização, e dá providências correlatas.
SP	Decreto nº 61.909, de 6 de abril de 2016	Dispõe sobre a gestão do Parque Tecnológico do Estado de São Paulo e dá providências correlatas.
SP	Decreto nº 59.773, de 19 de novembro de 2013	Altera a denominação da Secretaria de Desenvolvimento Econômico, Ciência e Tecnologia, para Secretaria de Desenvolvimento Econômico, Ciência, Tecnologia e Inovação, dispõe sobre sua organização e dá providências correlatas.
SP	Decreto nº 53.826, de 16 de dezembro de 2008	Institui incentivos no âmbito dos parques tecnológicos integrantes do Sistema Paulista de Parques Tecnológicos, de que tratam a Lei Complementar nº 1.049, de 2008, e o Decreto nº 50.504, de 2006.
SP	Decreto nº 62.817, de 04 de setembro de 2017	Regulamenta a Lei Federal nº 10.973, de 2 de dezembro de 2004, no tocante a normas gerais aplicáveis ao Estado, assim como a Lei Complementar nº 1.049, de 19 de junho de 2008, e dispõe sobre outras medidas em matéria da política estadual de ciência, tecnologia e inovação.
SP	Decreto nº 50.504, de 6 de fevereiro de 2006	Institui o Sistema Paulista de Parques Tecnológicos.
SP	Decreto nº 66.981, de 19 de julho de 2022	Organiza a Secretaria de Ciência, Pesquisa e Desenvolvimento em Saúde e dá providências correlatas.
SP	Decreto nº 62.817, de 4 de setembro de 2017	Regulamenta a Lei Federal nº 10.973, de 2 de dezembro de 2004, no tocante a normas gerais aplicáveis ao Estado, assim como a Lei Complementar nº 1.049, de 19 de junho de 2008, e dispõe sobre outras medidas em matéria da política estadual de ciência, tecnologia e inovação
SP	Decreto nº 64.518, de 10 de outubro de 2019	Dispõe sobre a reorganização do Instituto Butantan, da Coordenadoria de Ciência, Tecnologia e Insumos Estratégicos de Saúde – CCTIES, da Secretaria da Saúde, e dá providências correlatas.

(conclusão)

UF	IDENTIFICAÇÃO DO ATO	EMENTA
TO	Lei nº 3.011, de 2015 (ordinária)	Ratifica o Protocolo de Intenções firmado entre os Estados de Goiás, Mato Grosso, Mato Grosso do Sul, Tocantins, Rondônia e o Distrito Federal, visando à constituição de consórcio interestadual que tem por objeto a promoção do desenvolvimento da Região do Brasil Central.
TO	Lei nº 2.458, de 2011 (ordinária)	Dispõe sobre o incentivo à inovação e à pesquisa científico-tecnológica nas atividades produtivas do Estado do Tocantins.
TO	Lei nº 1.664, de 2006 (ordinária)	Dispõe sobre o Conselho Estadual de Ciência e Tecnologia e adota outras providências.
TO	Lei nº 71, de 2011 (complementar)	Autoriza o Poder Executivo a instituir a Fundação de Amparo à Pesquisa do Estado do Tocantins (FAPT), e adota outras providências.

NORMAS CONSTITUCIONAIS ESTADUAIS DE C,T&I SEPARADAS POR ARTIGOS

(continua)

UF	ARTIGO	TEXTO
AC	Art. 166	O Estado incentivará o desenvolvimento tecnológico conveniente às necessidades e às peculiaridades regionais, utilizando-se dos meios oficiais, da iniciativa particular, da pesquisa universitária e da especialização dos seus profissionais.
AC	Art. 199, I	Garantia de participação da comunidade científica e das entidades representativas populares e sindicais na sua definição.
AC	Art. 200	O ensino científico e tecnológico será incentivado pelo Poder Público.
AC	Art. 205, III	Incentivo a programas de capacitação de recursos humanos, ao desenvolvimento científico e à pesquisa, aplicados à atividade esportiva.
AC	Art. 208, §§1º, 2º, 3º e 4º	O Estado promoverá e incentivará o desenvolvimento científico, a pesquisa e a capacitação tecnológica (redação dada pelo *caput*).
AC	Art. 213, XII	Incentivar a pesquisa e o desenvolvimento tecnológico em todas as áreas do conhecimento acessível às pessoas portadoras de deficiências.
AC	Art. 28 (ADCT)	A lei criará e regulamentará um fundo de amparo à pesquisa para apoio à ciência e à tecnologia, o qual será administrado por uma Fundação, nos termos do art. 208 desta Constituição.
AL	Art. 2º, XII	Fomentar a pesquisa científica e tecnológica, tendo em vista o bem-estar coletivo e o desenvolvimento das ciências.

(continua)

UF	ARTIGO	TEXTO
AL	Art. 40	As vantagens pecuniárias decorrentes da prestação de serviços extraordinários ou de trabalhos técnicos ou científicos, ou ainda pela execução de atividades de natureza especial, com risco de vida ou de saúde que, na data da promulgação desta Constituição, estejam sendo percebidas há mais de dois anos ininterruptos ou cinco anos intercalados, por servidor público estadual, terão auferimento assegurado, como vantagem pessoal, para todos os legais efeitos, vedada a concessão de novo acréscimo da mesma natureza.
AL	Art. 199, V	Promoção humanística, científica e tecnológica.
AL	Art. 202	As instituições de Ensino Superior, mantidas pelo Poder Público, visam, além da formação de profissionais de nível universitário, à organização da produção científica destinada à difusão e à discussão dos problemas que interessam ao conjunto da sociedade, respeitados os seguintes princípios.
AL	Art. 206, III	As criações científicas, artísticas e tecnológicas.
AL	Art. 215	O Estado, objetivando o bem público, progresso das ciências e o aprimoramento do sistema produtivo nacional e regional, promoverá e estimulará o desenvolvimento científico, a pesquisa e a capacitação tecnológica, apoiando, inclusive, a formação de recursos humanos especializados.
AL	Art. 216, §§1º, 2º, 3º, 4º, 5º, 6º	Recursos orçamentários, no montante de pelo menos 1,5% (um e meio por cento) da receita estimada anual decorrente do exercício da competência tributária estadual, deduzidas as transferências aos Municípios previstas no inciso II, alínea b e inciso III do art. 171, serão destinados ao desenvolvimento científico e tecnológico do Estado, sendo transferidos em duodécimos, durante o exercício correspondente, à instituição de que trata o §1º deste artigo (redação dada pelo *caput*).
AL	Art. 217, XIV	Proporcionar assistência científica, tecnológica e creditícia às indústrias que desenvolverem e incorporarem tecnologia capaz de transformar resíduos poluentes em matérias-primas proveitosas, ou simplesmente os elimine.
AL	Art. 251, III	O incentivo à pesquisa e à tecnologia.
AM	Art. 17, V	Proporcionar os meios de acesso à cultura, à educação, à ciência e à tecnologia.
AM	Art. 150, §2º, I	Concessão de tratamento diferenciado às empresas de micro e pequeno porte, inclusive as de base tecnológica, às empresas localizadas no interior do Estado, àquelas que utilizem matéria-prima regional, às empresas que produzam bens de consumo imediato destinado à alimentação, vestuário e calçado, e àquelas complementares ao parque industrial e às cooperativas.

ANEXO D
NORMAS CONSTITUCIONAIS ESTADUAIS DE C,T&I SEPARADAS POR ARTIGOS | 507

(continua)

UF	ARTIGO	TEXTO
AM	Art. 150, §3º, III	Terão benefício máximo, na forma da lei, obedecidos os princípios do §1.º, deste artigo: as micro e pequenas empresas de base tecnológica e cooperativas.
AM	Art. 153	A legislação de Incentivos Fiscais poderá ser revista sempre que fato relevante de caráter econômico, social, tecnológico ou da defesa dos interesses do Estado indique a sua alteração, mantidos os princípios e diretrizes desta Constituição.
AM	Art. 157, §10	A lei orçamentária assegurará investimentos prioritários em programas de educação, de seguridade social, de fomento ao ensino e à pesquisa científica e tecnológica.
AM	Art. 165, VII	Evolução dos níveis de desenvolvimento científico e tecnológico da economia.
AM	Art. 167, §1º, V	O desenvolvimento da Ciência, Tecnologia e Inovação.
AM	Art. 168, §3º	Nas contratações públicas do Estado e dos Municípios, poderá ser concedido tratamento diferenciado e simplificado para as microempresas e empresas de pequeno porte objetivando a promoção do desenvolvimento econômico e social no âmbito municipal e regional, a ampliação da eficiência das políticas públicas e o incentivo à inovação tecnológica, na forma da lei.
AM	Art. 174, II	Incentivo e manutenção de pesquisa agropecuária, priorizando os produtos nativos, que garantam o desenvolvimento do setor de produção de alimentos com processo tecnológico voltado ao pequeno e médio produtor, às características regionais e aos ecossistemas.
AM	Art. 203, V	A promoção humanística, científica e tecnológica.
AM	Art. 206, III	As criações científicas, tecnológicas e artísticas.
AM	Art. 216, I e I	O processo científico e tecnológico no Amazonas deverá ter no homem da região o maior beneficiário e se orientará de forma a: (redação dada pelo *caput*).
AM	Art. 217, I, II, III, IV, V; §§1º, 2º, 3º, 4º, 5º, 6º, 7º, 8º, 9º, 10º, I, II, III, IV, V	O Estado e os Municípios promoverão e incentivarão o desenvolvimento, a pesquisa e a capacitação e tecnologia e a difusão de conhecimentos, objetivando, principalmente: (redação dada pelo *caput*).
AM	Art. 218, §§1º, 2º, 3º	O Estado apoiará e estimulará a formação e capacitação de pessoal nas diversas áreas do conhecimento científico e tecnológico, favorecendo oportunidades de titulação a nível de especialização, mestrado ou doutorado, incentivando o intercâmbio e a cooperação técnico-institucional, concedendo aos que delas se ocupem meios e condições compatíveis de trabalho (redação dada pelo *caput*).

(continua)

UF	ARTIGO	TEXTO
AM	Art. 219, I-VII	Terá caráter prioritário, observado o disposto na Constituição da República, a realização de estudos e pesquisas, cujo produto atenda e preencha expectativas da comunidade amazônica, nas seguintes áreas:
AM	Art. 221	O Estado se encarregará de manter e estimular a estruturação e sistematização de uma base de informação necessária ao desenvolvimento das atividades de planejamento e execução relativa ao segmento de ciência e tecnologia, bem como incentivar a formação de bancos de dados, acervos bibliográficos, estruturação de laboratórios, bancos genéticos, arquivos, serviços de mapeamento, viveiros e outros mecanismos, tendo em conta a consecução desses propósitos.
AM	Art. 226	Os órgãos de comunicação social, pertencentes ao Estado, instituições ou fundações mantidas pelo Poder Público ou qualquer entidade sujeita, direta ou indiretamente, ao controle do Estado ou do Município, serão utilizados de modo a assegurar o acesso democrático ao conhecimento, aos avanços da ciência e da técnica e ao confronto das diversas correntes de pensamento e opinião (redação dada pelo *caput*).
AM	Art. 238, §1º	Serão destinados à formação de um fundo a ser gerido pelo Conselho Estadual de Meio Ambiente, Ciência e Tecnologia: (redação dada pelo *caput*)
AP	Art. 11, V	Proporcionar à população meios de acesso à cultura, à educação e à ciência.
AP	Art. 205, II	A geração contínua e evolutiva de tecnologia de produção.
AP	Art. 210, VI	Promoverá e subsidiará financeiramente a pesquisa agroflorestal e pastoril, garantindo o avanço tecnológico compatibilizado com o desenvolvimento social e cultural do homem do campo, sem trazer prejuízo ao meio ambiente e priorizando a produção de alimentos.
AP	Art. 221, I	Difusão de tecnologia adequada à conservação de recursos naturais e à melhoria de condições de vida do pequeno produtor pesqueiro e do pescador artesanal.
AP	Art. 231, II	Fomento à atividade de pesquisa e de desenvolvimento e difusão tecnológica do setor hídrico.
AP	Art. 239, III	Fomentar atividade de pesquisa e de desenvolvimento e difusão tecnológica do setor mineral, de forma a definir estratégias de exploração mineral que contemplam os vários segmentos produtivos, inclusive atividades garimpeiras.

(continua)

UF	ARTIGO	TEXTO
AP	Art. 255, II	Fomentar a pesquisa, o ensino, a produção científica e o aprimoramento tecnológico e de recursos humanos no desenvolvimento das áreas de saúde, prevenção de acidentes e meio ambiente.
AP	Art. 266, §2º, IV	Desenvolvimento científico e tecnológico e controle de qualidade promovidos por instituições do SUS.
AP	Art. 284, IX	Promoção humanística, científica e tecnológica.
AP	Art. 295, III	As criações artísticas, científicas e tecnológicas.
AP	Art. 296, §§1º, 2º, 3º, 4º, 5º, 6º	O Estado promoverá e incentivará, por intermédio de uma política específica, o desenvolvimento científico e tecnológico, a pesquisa básica e aplicada, a autonomia e a capacitação tecnológica, e a ampla difusão dos conhecimentos, com a finalidade de melhorar a qualidade de vida da população, desenvolver o sistema produtivo, buscar solução dos problemas sociais e o progresso das ciências. (redação dada pelo *caput*)
AP	Art. 319	A pesquisa, a experimentação, a produção, o armazenamento, a comercialização, o uso, o transporte, a importação, a exportação, o controle, a inspeção e a fiscalização de agrotóxicos, seus componentes e afins, no território amapaense, estão condicionados a prévio cadastramento dos mesmos nos órgãos estaduais responsáveis pelos setores da ciência e tecnologia, indústria e comércio, agricultura, transporte, saúde e meio ambiente, garantindo-se a obrigatoriedade da aplicação do receituário agronômico.
BA	Art. 11, XII	Proporcionar os meios de acesso à educação, cultura, ciência e tecnologia e ministrar o ensino público, inclusive profissional.
BA	Art. 54, VIII	Regulamentação, composição e funcionamento do Conselho Estadual de Ciência e Tecnologia e da Fundação de Amparo à Pesquisa do Estado da Bahia, no prazo de cento e oitenta dias.
BA	Art. 262, I, II, IV, §§1º e 3º	O ensino superior, responsabilidade do Estado, será ministrado pelas instituições estaduais do ensino superior, mantidas integralmente pelo Estado, com os seguintes objetivos: [...] (redação dada pelo *caput*)
BA	Art. 265, §§1º, 2º, 3º	O Estado promoverá o desenvolvimento científico e tecnológico, incentivando a pesquisa básica e aplicada, bem como assegurando a autonomia e capacitação tecnológica e a difusão do conhecimento técnico-científico. (Redação dada pelo *caput*)

(continua)

UF	ARTIGO	TEXTO
BA	Art. 266, parágrafo único, I, II, III e IV	Será criado um Conselho Estadual de Ciência e Tecnologia composto, na sua maioria, por cientistas representantes de entidades da sociedade civil, ligadas à pesquisa básica aplicada, na forma da lei.
BA	Art. 268, parágrafo único	O Estado apoiará e estimulará as empresas que invistam em pesquisa, criação. (Redação dada pelo *caput*)
BA	Art. 279, I	O planejamento familiar, como livre decisão do casal, fundado nos princípios da dignidade da pessoa humana e da paternidade responsável, competindo ao Estado propiciar recursos educacionais e científicos para o exercício desse direito, vedada qualquer forma coercitiva por parte de instituições oficiais ou privadas.
CE	Art. 14, XI	Promoção do livre acesso a fontes culturais e o incentivo ao desenvolvimento científico, à pesquisa e à capacitação tecnológica.
CE	Art. 15, V	Proporcionar os meios de acesso à cultura, à educação e à ciência.
CE	Art. 215, IX	Preparação dos indivíduos para o domínio dos recursos científicos e tecnológicos, que permitem utilizar as possibilidades do meio em função do bem comum.
CE	Art. 218, XIII	Promoção humanística, científica e tecnológica do Estado.
CE	Art. 219	As universidades estaduais gozam de autonomia didático-científica, administrativa, financeira, patrimonial e de gestão democrática, disciplinada em seus estatutos e regimentos.
CE	Art. 228	O ensino médio visa assegurar formação humanística científica e tecnológica, voltada para o desenvolvimento de uma consciência crítica em todas as modalidades do ensino em que se apresentar.
CE	Art. 229, §1º	Nas bibliotecas públicas será proposta a criação de um centro de informações de assuntos sobre a problemática social das deficiências, como estímulo à pesquisa, à ciência e às políticas transformadoras.
CE	Art. 234, III	As criações científicas, artísticas e tecnológicas.
CE	Art. 248, IX	Promover o desenvolvimento de novas tecnologias e a produção de medicamentos, matérias-primas, imunobiológicos e biotecnológicos, de preferência por laboratórios estatais, com rigoroso controle de qualidade, e torná-los acessíveis à população;
CE	Art. 248, XXV	Fomentar o estudo, a pesquisa, a incorporação e a aplicação de novas tecnologias no âmbito da saúde.

(continua)

UF	ARTIGO	TEXTO
CE	Art. 253, §§1º e 2º	O Estado promoverá o desenvolvimento científico e tecnológico, incentivando a pesquisa básica e aplicada, a autonomia e capacitação tecnológicas e a difusão dos conhecimentos técnicos e científicos, tendo em vista o bem-estar da população e o progresso das ciências (redação dada pelo *caput*).
CE	Art. 254, §§1º, 2º, 3º e 4º	Compete ao Estado estabelecer uma política de desenvolvimento científica e tecnológica que possibilite o norteamento das prioridades de ciência e tecnologia em consonância com as políticas regional e nacional. (Redação dada pelo *caput*)
CE	Art. 255, parágrafo único	A lei disciplinará o apoio e estímulo às empresas que invistam em pesquisa, criação de tecnologia adequada à região, inovação tecnológica com competitividade internacional, formação e aperfeiçoamento de seus recursos humanos e que desenvolvam projetos integrados com universidades e institutos de pesquisa (redação dada pelo *caput*).
CE	Art. 256, parágrafo único, I, II, IV e V	O Conselho Estadual de Ciência, Tecnologia e Inovação, integrante da Secretaria da Ciência, Tecnologia e Ensino Superior, será composto por representantes das entidades da sociedade civil e de organismos públicos e privados envolvidos com a educação superior, a geração e aplicação do conhecimento científico e tecnológico, e com as consequências e impactos delas resultantes, cuja estrutura, competência e composição serão disciplinadas por Lei. (Redação dada pelo *caput*)
CE	Art. 257, §§1º, 2º e 3º	O Conselho Estadual de Ciência, Tecnologia e Inovação contribuirá, com os planos estaduais de ciência e tecnologia, abrangendo os componentes da pesquisa científica, da pesquisa tecnológica, do desenvolvimento e da inovação e indicará com precisão as formas e ações prioritárias a serem empreendidas, mediante a aplicação de recursos federais, estaduais, municipais ou privados (redação dada pelo *caput*).
CE	Art. 258, §§1º e 2º	O Estado manterá uma fundação de amparo à pesquisa, para o fomento das atividades de pesquisa científica e tecnológica, atribuindo-lhe dotação mínima, correspondente a dois por cento da receita tributária como renda de sua administração privada (redação dada pelo *caput*).
CE	Art. 259, parágrafo único, XIX	Embargar a instalação de reatores nucleares, com exceção daqueles destinados exclusivamente à pesquisa científica e ao uso terapêutico, cuja localização e especificação serão definidas em lei.

(continua)

UF	ARTIGO	TEXTO
DF	Art. 16, VI	Proporcionar os meios de acesso à cultura, à educação e à ciência.
DF	Art. 158, X	Fomento à inovação, dando-se prioridade à pesquisa em desenvolvimento científico e tecnológico superior e, principalmente, ao ensino técnico profissionalizante.
DF	Art. 165, X	A concepção do Distrito Federal como polo científico, tecnológico e cultural;
DF	Art. 172, III, "a", "b" e "c"	Poderão ser concedidos a empresas situadas no Distrito Federal incentivos e benefícios, na forma da lei: (redação dada pelo *caput*)
DF	Art. 176, III	Propiciar a implantação de indústrias, particularmente as de tecnologia de ponta, compatíveis com o meio ambiente e com os recursos disponíveis no Distrito Federal e áreas adjacentes.
DF	Art. 177, I	A criação de polos industriais de alta tecnologia, privilegiados os projetos que promovam a desconcentração espacial da atividade industrial e da renda, respeitadas as vocações culturais e as vantagens comparativas de cada região.
DF	Art. 180	O Poder Público direcionará esforços para fortalecer especialmente os segmentos do setor industrial de micro, pequeno e médio porte, por meio de ação concentrada nas áreas de capacitação empresarial, gerencial e tecnológica e na de organização da produção.
DF	Art. 191, XI	Manter serviço de pesquisa e difusão de tecnologias agropecuárias, voltadas para as peculiaridades do Distrito Federal.
DF	Art. 193, I, II, III e IV	O Distrito Federal, em colaboração com as instituições de ensino e pesquisa e com a União, os Estados e a sociedade, reafirmando sua vocação de polo científico, tecnológico e cultural, promoverá o desenvolvimento técnico, científico e a capacitação tecnológica, em especial por meio de:
DF	Art. 194, §§1º, 2º, 3º e 4º	O plano de ciência e tecnologia do Distrito Federal estabelecerá prioridades e desenvolvimento científico e tecnológico do Distrito Federal (redação dada pelo *caput*).
DF	Art. 195	O Poder Público instituirá e manterá Fundação de Apoio à Pesquisa – FAPDF, atribuindo-lhe dotação mínima de dois por cento da receita corrente líquida do Distrito Federal, que lhe será transferida mensalmente, em duodécimos, como renda de sua privativa administração, para aplicação no desenvolvimento científico e tecnológico.

(continua)

UF	ARTIGO	TEXTO
DF	Art. 196, parágrafo único	O Poder Público apoiará e estimulará instituições e empresas que propiciem investimentos em pesquisa e tecnologia, bem como estimulará a integração das atividades de produção, serviços, pesquisa e ensino, na forma da lei (redação dada pelo *caput*).
DF	Art. 197, V	O Distrito Federal criará, junto a cada polo industrial ou em setores da economia, núcleos de apoio tecnológico e gerencial, que estimularão (redação dada pelo *caput*):
DF	Art. 198	O Distrito Federal celebrará convênios com as universidades públicas sediadas no Distrito Federal para realização de estudos, pesquisas, projetos e desenvolvimento de sistemas e protótipos.
DF	Art. 199	O Poder Público orientará gratuitamente o encaminhamento de registro de patente de ideias e invenções.
DF	Art. 207, VIII e IX	Compete ao Sistema Único de Saúde do Distrito Federal, além de outras atribuições estabelecidas em lei (redação dada pelo *caput*):
DF	Art. 221, XI	Promoção humanística, artística e científica.
DF	Art. 240, §2º	As instituições de ensino superior gozam de autonomia didático-científica, administrativa e de gestão financeira e patrimonial.
DF	Art. 246, III	As criações científicas, artísticas e tecnológicas.
DF	Art. 255, VI	À criação, incentivo e apoio a centros de pesquisa científica para desenvolvimento de tecnologia, formação e aperfeiçoamento de recursos humanos para o desporto e a educação física.
DF	Art. 279, XVII	avaliar e incentivar o desenvolvimento, produção e instalação de equipamentos, bem como a criação, absorção e difusão de tecnologias compatíveis com a melhoria da qualidade ambiental.
DF	Art. 286	O Distrito Federal, de comum acordo com a União, zelará pelos recursos minerais de seu território, fiscalizando a exploração de jazidas e estimulando estudos e pesquisas de solos, geológicas e de tecnologia mineral.
DF	Art. 308, III	A fabricação, comercialização e utilização de equipamentos e instalações nucleares, à exceção dos destinados à pesquisa científica e a uso terapêutico, que dependerão de licenciamento ambiental.
DF	Art. 327, II	Ao incentivo para o desenvolvimento de tecnologias de construção de baixo custo, adequadas às condições urbana e rural.

(continua)

UF	ARTIGO	TEXTO
DF	Art. 333, V	Incentivo às organizações públicas e privadas dedicadas ao desenvolvimento científico, tecnológico e gerencial na área do saneamento.
DF	Art. 344, IV	Pesquisa e tecnologia adequadas às necessidades de produção e às condições socioeconômicas de produtores e trabalhadores rurais.
DF	Art. 1º (ADCT), parágrafo único	O Conselho de Ciência e Tecnologia do Distrito Federal, formulará, acompanhará e avaliará o plano de ciência e tecnologia do Distrito Federal.
ES	Art. 131	A administração pública desenvolverá a pesquisa e a investigação científica aplicadas, a especialização e o aprimoramento dos órgãos estaduais de segurança pública e de seus integrantes, dentro dos limites de sua área de atuação.
ES	Art. 152, IV	a vinculação de receita de impostos a órgão, fundo ou despesa, ressalvadas a repartição do produto da arrecadação dos impostos a que se referem os arts. 141, III, e 142, I a V e VII, a parcela destinada ao fomento de projetos de desenvolvimento científico e tecnológico, prevista no art. 197, §2º, a destinação de recursos para manutenção e desenvolvimento do ensino e para realização de atividades da administração tributária, como determinado, respectivamente, pelos arts. 178 e 32, XXVI, e a prestação de garantia às operações de crédito por antecipação da receita prevista no art. 150, §8º.
ES	Art. 164, VII	Promover e incentivar a pesquisa e o desenvolvimento de novas tecnologias e a produção de medicamento, matérias-primas, insumos imunológicos, preferencialmente por laboratórios oficiais do Estado, abrangendo, também, práticas alternativas de diagnóstico e terapêuticas.
ES	Art. 176	O ensino médio é obrigação do Estado e visa assegurar formação humanística, científica e tecnológica voltada para o desenvolvimento de uma consciência crítica, sendo obrigatório, público e gratuito.
ES	Art. 179, parágrafo único	Fica assegurada, na elaboração do plano estadual de educação, a participação da comunidade científica e docente, de estudantes, pais de alunos e servidores técnico-administrativos da rede escolar.
ES	Art. 182, III	As criações científicas, artísticas e tecnológicas.
ES	Art. 186, IX	Estimular o desenvolvimento científico e tecnológico, a implantação de tecnologias de controle e recuperação ambiental visando ao uso adequado do meio ambiente.

(continua)

UF	ARTIGO	TEXTO
ES	Art. 197, §§1º, 2º e 3º	O Estado promoverá e incentivará o desenvolvimento científico e tecnológico, a pesquisa científica, a autonomia e a capacitação tecnológicas e a difusão dos conhecimentos, tendo em vista o bem-estar da população, o aproveitamento racional e não predatório dos recursos naturais, a preservação e a recuperação do meio ambiente, o desenvolvimento do sistema produtivo, o respeito aos valores culturais do povo, a solução dos problemas sociais e o progresso das ciências.
ES	Art. 220	As instituições integrantes do sistema financeiro estadual que exerçam atividade de fomento elaborarão, na forma prevista no art. 150, §2º, a política de aplicação de seus recursos direcionada, preferencialmente, para o desenvolvimento da produção, de serviços e de geração de tecnologia que atendam ao mercado interno.
ES	Art. 239	O Estado e os Municípios apoiarão e estimularão estudos e pesquisas que visem à melhoria das condições habitacionais, através do desenvolvimento de tecnologias construtivas alternativas que reduzam o custo de construção, respeitados os valores e cultura locais.
ES	Art. 253, I	A geração, a difusão e o apoio à implementação de tecnologias adaptadas aos ecossistemas regionais.
ES	Art. 259, parágrafo único, II	Incentivar e estimular instituições públicas que realizem pesquisas e desenvolvimento de tecnologia de exploração mineral compatíveis com a preservação ambiental.
ES	Art. 56 (ADCT)	O Poder Público estimulará a implantação e o desenvolvimento de empresas e projetos de alta tecnologia, na forma da lei.
GO	Art. 5º, VIII e IX	Firmar acordos e convênios com a União e demais unidades federadas, com os Municípios e com instituições nacionais e internacionais, para fins de cooperação econômica, cultural, artística, científica e tecnológica (redação dada pelo disposto no inciso VIII).
GO	Art. 6º, IV	Proporcionar os meios de acesso à cultura, à educação e à ciência.
GO	Art. 112, IV	A vinculação de receita de impostos a órgãos, fundo ou despesa, ressalvadas a repartição da receita tributária aos Municípios, a destinação de recursos para manutenção e desenvolvimento do ensino, a prestação de garantias às operações de crédito por antecipação de receita, além da destinação de recursos para ciência e tecnologia e para formação do Fundo de Desenvolvimento Econômico.

(continua)

UF	ARTIGO	TEXTO
GO	Art. 127, VII	Promover e estimular a pesquisa e a utilização de alternativas tecnológicas adequadas à solução dos problemas de produção de energia, controle de pragas e utilização dos recursos naturais.
GO	Art. 137	O Estado adotará política integrada de fomento e estímulo à produção agropastoril, por meio de assistência tecnológica e de crédito rural, organizando o abastecimento alimentar, objetivando sobretudo o atendimento do mercado interno, nos termos do art. 187 da Constituição da República.
GO	Art. 141	O Estado adotará política de fomento à mineração, através de assistência científica e tecnológica aos pequenos e médios mineradores e programas especiais para o setor mineral, alocando recursos continuados, nas leis de diretrizes orçamentárias e nos orçamentos anuais e plurianuais, para seu desenvolvimento.
GO	Art. 153, III	Pesquisar e desenvolver novas tecnologias e a produção de medicamentos, matérias-primas, insumos, imunobiológicos, preferencialmente, por laboratórios oficiais.
GO	Art. 157, VII	Promoção e incentivo do desenvolvimento e da produção científica, cultural e artística, da capacitação técnica e da pesquisa básica voltada para atender às necessidades e interesses populares, ressalvadas as características regionais.
GO	Art. 159, III	Promoção humanística, científica, tecnológica, esportiva e formação do hábito da educação física.
GO	Art. 161	As universidades gozam de autonomia didático-científica, administrativa, financeira e patrimonial e observarão o princípio da indissociabilidade entre ensino, pesquisa e extensão, assegurada a gratuidade do ensino nas instituições de ensino superior mantidas pelo Estado.
GO	Art. 163, II	As criações científicas, artísticas e tecnológicas.
GO	Art. 167, §§1º, 2º, 3º	O Estado, visando ao bem-estar da população, promoverá e incentivará o desenvolvimento e a capacitação científica e tecnológica, com prioridade à pesquisa e à difusão do conhecimento tecnocientífico (redação dada pelo *caput*).
GO	Art. 168, parágrafo único	Para execução da política de desenvolvimento científico e tecnológico, o Estado destinará anualmente três por cento de sua receita tributária, transferidos no exercício, em duodécimos mensais, para o Fundo Estadual de Ciência e Tecnologia.
MA	Art. 12, I, "e"	Proporcionar os meios de acesso à cultura, à educação e à ciência.

(continua)

UF	ARTIGO	TEXTO
MA	Art. 197, II	Art. 197. As Políticas Agrícola e Agrária serão formuladas e executadas em nível estadual e municipal, nos termos da Constituição Federal, visando a melhoria das condições de vida, a fixação do homem na terra e a democratização do acesso à propriedade, garantido a justiça social e desenvolvimento econômico e tecnológico, com a participação e integração dos trabalhadores rurais, e se orientará no sentido de (redação dada pelo *caput*):
MA	Art. 221, V	Promoção humanística, científica e tecnológica.
MA	Art. 228, II e V	As criações científicas, tecnológicas e artísticas; (Redação dada pelo inciso V)
MA	Art. 234, §§3º, 4º, 5º, 6º e 7º	O Estado promoverá e incentivará o desenvolvimento científico, a pesquisa e a capacitação tecnológica (redação dada pelo *caput*).
MA	Art. 235	A Política Científica e Tecnológica deverá proteger os patrimônios arqueológicos, paleontológicos e históricos, ouvida a comunidade científica.
MA	Art. 236	A legislação ordinária fixará regimes especiais de prioridades para preservar a produção intelectual de inovações tecnológicas, tais como sistemas e programas de processamento de dados, genes e outros tipos de inovações que assim o exijam.
MA	Art. 272	A Universidade Estadual do Maranhão goza de autonomia didático-científica, administrativa e de gestão financeira e patrimonial, e obedecerá ao princípio de indissociabilidade entre ensino, pesquisa e extensão.
MT	Art. 226, V	Desenvolver a produção de medicamentos, vacinas, soros e equipamentos, estratégicos para a autonomia tecnológica e produtiva.
MT	Art. 243	As unidades escolares terão autonomia na definição de política pedagógica, respeitados em seus currículos os conteúdos mínimos estabelecidos a nível nacional, tendo como referência os valores culturais e artísticos nacionais e regionais, a iniciação técnico-científica e os valores ambientais.
MT	Art. 263, parágrafo único, XVI e XVII	Estimular a pesquisa, o desenvolvimento e a utilização de fontes de energia alternativas, não poluentes, bem como de tecnologias poupadoras de energia (redação dada pelo inciso XVII).
MT	Art. 339, III	O incentivo à pesquisa e à tecnologia.

(continua)

UF	ARTIGO	TEXTO
MT	Art. 342, II	Geração, difusão e apoio à implementação de tecnologia adaptadas às condições do Estado de Mato Grosso, sobretudo na pequena produção, através de seus órgãos de assistência técnica e extensão rural, pesquisa e fomento agrícola;
MT	Art. 352 e parágrafo único	O Estado promoverá e incentivará o desenvolvimento científico e tecnológico, a pesquisa básica, a autonomia e a capacitação tecnológicas e a difusão dos conhecimentos, tendo em vista o bem-estar da população, a solução dos problemas sociais e progresso das ciências (redação dada pelo *caput*).
MT	Art. 353, §§1º, 2º, 3º, 4º, 5º e 6º	A Política Científica e Tecnológica tomará como princípios o respeito à vida e à saúde humanas, o aproveitamento racional e não predatório dos recursos naturais, a preservação e recuperação do meio ambiente, bem como o respeito aos valores culturais do povo (redação dada pelo *caput*).
MT	Art. 354, §§1º, 2º, 3º e 4º	O Estado atribuirá dotação correspondente a até 2% (dois por cento) da receita proveniente de impostos, deduzidas as transferências aos municípios, à Fundação de Amparo à Pesquisa do Estado de Mato Grosso – FAPEMAT e ao Fundo Estadual de Educação Profissional – FEEP, ficando garantido o mínimo de 0,5% (meio por cento) da citada receita a cada entidade, observando sempre a divisão proporcional das dotações a ela destinadas (redação dada pelo *caput*).
MS	Art. 194, V	Promoção humanística, científica e técnica do Estado.
MS	Art. 211, parágrafo único	O Estado promoverá e incentivará o desenvolvimento da ciência e da capacitação técnica e a pesquisa, que terá tratamento prioritário (redação dada pelo *caput*).
MS	Art. 212	O órgão de deliberação e formulação da política de ciência e de tecnologia é o Conselho Estadual de Ciência e de Tecnologia, vinculado à Secretaria de Planejamento e Coordenação-Geral.
MS	Art. 231, §1º, II	O incentivo à pesquisa técnica e científica.
MS	Art. 42 (ADCT)	O Estado criará a Fundação de Apoio ao Desenvolvimento do Ensino, Ciência e Tecnologia, destinando-lhe o mínimo de meio por cento de sua receita tributária, em parcelas mensais correspondentes a um doze avos, para aplicação em desenvolvimento científico e tecnológico.
MG	Art. 10, IV	Difundir a seguridade social, a educação, a cultura, o desporto, a ciência e a tecnologia.

(continua)

UF	ARTIGO	TEXTO
MG	Art. 10, XII	Criar sistema integrado de parques estaduais, reservas biológicas, estações ecológicas e equivalentes, adequado à conservação dos ecossistemas do Estado, para proteção ecológica, pesquisa científica e recreação pública, e dotá-los dos serviços públicos indispensáveis às suas finalidades.
MG	Art. 11, V	Proporcionar os meios de acesso à cultura, à educação e à ciência.
MG	Art. 158	A lei orçamentária assegurará investimentos prioritários em programas de educação, saúde, habitação, saneamento básico, proteção ao meio ambiente, fomento ao ensino, à pesquisa científica e tecnológica, ao esporte e à cultura e ao atendimento das propostas priorizadas nas audiências públicas regionais.
MG	Art. 190, V	Incrementar em sua área de atuação o desenvolvimento científico e tecnológico.
MG	Art. 198, XIII	Criação de sistema integrado de bibliotecas, para difusão de informações científicas e culturais.
MG	Art. 199	As universidades gozam de autonomia didático-científica e administrativa, incluída a gestão financeira e patrimonial, observado o princípio de indissociabilidade entre ensino, pesquisa e extensão.
MG	Art. 204, V	Promoção humanística, científica e tecnológica.
MG	Art. 208, III e V	As criações científicas, tecnológicas e artísticas (redação dada pelo inciso III).
MG	Art. 211, §§1º, 2º, 3º	O Estado promoverá e incentivará o desenvolvimento científico, a pesquisa, a difusão e a capacitação tecnológicas (redação dada pelo *caput*).
MG	Art. 212, parágrafo único	O Estado manterá entidade de amparo e fomento à pesquisa e lhe atribuirá dotações e recursos necessários à sua efetiva operacionalização, a serem por ela privativamente administrados, correspondentes a, no mínimo, um por cento da receita orçamentária corrente ordinária do Estado, os quais serão repassados em parcelas mensais equivalentes a um doze avos, no mesmo exercício (redação dada pelo *caput*).
MG	Art. 213, I, "a", "b", "c", "d", II e III	Entre outros estímulos, a lei disporá, observado o art. 146, XI, sobre concessão de isenções, incentivos e benefícios fiscais a empresas brasileiras de capital nacional, com sede e administração no Estado, que concorram para a viabilização da autonomia tecnológica nacional, especialmente (redação dada pelo *caput*).

(continua)

UF	ARTIGO	TEXTO
MG	Art. 216, IV	Projetos de pesquisa e desenvolvimento tecnológico para a utilização de espécies nativas nos programas de reflorestamento.
MG	Art. 231, VIII	O desenvolvimento tecnológico do Estado.
MG	Art. 247, §1º, II	O incentivo à pesquisa tecnológica e científica e à difusão de seus resultados.
PA	Art. 16, V	Proporcionar os meios de acesso à cultura, à educação e à ciência, à tecnologia, à pesquisa e à inovação.
PA	Art. 18, IX	Educação, cultura, ensino, desporto, ciência, tecnologia, pesquisa, desenvolvimento e inovação.
PA	Art. 206, VI	A transposição, o remanejamento ou a transferência de recursos de uma categoria de programação para outra ou de um órgão para outro poderão ser admitidos, no âmbito das atividades de ciência, tecnologia e inovação, com o objetivo de viabilizar os resultados de projetos restritos a essas funções, mediante ato do Poder Executivo, sem necessidade da prévia autorização legislativa.
PA	Art. 239	A política agrícola, agrária e fundiária será formulada e executada com a efetiva participação dos diversos setores de produção, comercialização e consumo, especialmente empresários e trabalhadores rurais representados por suas entidades sindicais, visando a fixação do homem nas zonas rurais, propiciando-lhe melhores condições de vida, justiça social e o aumento de produção agropecuária, principalmente na produção de alimentos, através do implemento de tecnologias adequadas às condições regionais, nos termos da lei e levando em conta, preferencialmente.
PA	Art. 239, VIII, "e"	O incentivo e a manutenção da pesquisa agropecuária que garanta o desenvolvimento do setor de produção de alimentos com progresso tecnológico.
PA	Art. 245, IV e VI	Fomento a atividades de pesquisa e de desenvolvimento e difusão tecnológica dos setores mineral e hídrico (redação dada pelo inciso IV).
PA	Art. 254	O Poder Público Estadual realizará o zoneamento ecológico-econômico do Estado, de modo a compatibilizar o desenvolvimento com a preservação e a conservação do meio ambiente, bem como promoverá o levantamento e o monitoramento periódico da área geográfica estadual, de acordo com as tendências e desenvolvimento científico e tecnológico, de modo que o zoneamento ecológico-econômico esteja sempre atualizado, garantindo a conservação das amostras representativas dos ecossistemas.

(continua)

UF	ARTIGO	TEXTO
PA	Art. 282, I, II e parágrafo único	Comprometida com o desenvolvimento da ciência, tecnologia, educação, cultura e inovação (redação dada pelo inciso II).
PA	Art. 289, §1º, I, II, III, IV e V, §§2º, 3º, 4º, 5º e 6º	O Estado promoverá e incentivará, através de uma política específica, o desenvolvimento científico e tecnológico, a pesquisa básica, a autonomia e a capacitação tecnológica, a inovação e a ampla difusão do conhecimento, tendo em vista a qualidade de vida da população, o desenvolvimento do sistema produtivo, a solução dos problemas sociais e o progresso das ciências (redação dada pelo *caput*).
PA	Art. 290, I, II e III	O Estado manterá um conselho estadual específico para ciência, tecnologia e inovação, integrado por representantes do Poder Executivo, do Poder Legislativo, da iniciativa privada nacional que financie e desenvolva programas de pesquisa científica, tecnológica ou de inovação e dos Municípios, este indicado através das associações de Municípios, e, majoritariamente, por representantes de instituições de pesquisas e de 117 associações científicas, com as seguintes atribuições, além de outras estabelecidas em lei (redação dada pelo *caput*).
PA	Art. 291, §§1º e 2º	Aplicação dos recursos a que se refere este artigo far-se-á através de instituição específica de amparo ao desenvolvimento da pesquisa, ciência, tecnologia e inovação, nos termos da lei.
	Art. 7º, §1º, IV	§1º Compete exclusivamente ao Estado: IV – promover a seguridade social, a educação, a cultura, os desportos, a ciência e a tecnologia.
PB	Art. 7º, §3º, V	§3º Compete ao Estado, juntamente com a União e os Municípios: – proporcionar os meios de acesso à cultura, à educação e à ciência.
PB	Art. 178, parágrafo único, "j"	Nos limites de suas respectivas competências, o Estado e os Municípios promoverão o desenvolvimento econômico e social, conciliando a liberdade de iniciativa com os princípios da justiça social, visando à elevação do nível de vida e ao bem-estar da população. Parágrafo único. Para atingir esse objetivo, o Estado: j) aproveitará, nas atividades produtivas, as conquistas da ciência e da tecnologia.
PB	Art. 224	O Estado promoverá e incentivará, através de uma política específica, o desenvolvimento científico e tecnológico, a pesquisa básica, a capacitação e a ampla difusão dos conhecimentos, tendo em vista a qualidade de vida da população, o desenvolvimento do sistema produtivo, a solução dos problemas sociais e o progresso das ciências.

(continua)

UF	ARTIGO	TEXTO
PB	Art. 225	O Governo do Estado promoverá e apoiará programas de formação de recursos humanos, no domínio científico e tecnológico, dando prioridade às instituições públicas voltadas para o desenvolvimento da Paraíba.
PB	Art. 226	O Estado manterá um Conselho Estadual de Ciência e Tecnologia, de caráter deliberativo, com o objetivo de formular, acompanhar e analisar a política científica e tecnológica da Paraíba.
PR	Art. 12, V	É competência do Estado, em comum com a União e os Municípios: proporcionar os meios de acesso à cultura, à educação e à ciência.
PR	Art. 200	Cabe ao Poder Público, com a participação da sociedade, em especial as instituições de ensino e pesquisa, bem como as empresas públicas e privadas, promover o desenvolvimento científico e tecnológico e suas aplicações práticas, com vistas a garantir o desenvolvimento econômico e social paranaense.
PR	Art. 201	A pesquisa científica básica e a pesquisa tecnológica receberão, nessa ordem, tratamento prioritário do Estado, tendo em vista o bem público e o progresso da ciência.
PR	Art. 202	A pesquisa, a capacitação e o desenvolvimento tecnológico voltar-se-ão, preponderantemente, para a elevação dos níveis de vida da população paranaense, através do fortalecimento e da constante modernização do sistema produtivo estadual.
PR	Art. 203	O Estado apoiará a formação de recursos humanos nas áreas de ciência, pesquisa e tecnologia e concederá aos que delas se ocupem meios e condições especiais de trabalho.
PR	Art. 204	A lei apoiará e estimulará as empresas que propiciem: I – investimentos em pesquisas e criação de tecnologia adequada ao sistema produtivo estadual.
PR	Art. 205	O Estado destinará, anualmente, uma parcela de sua receita tributária, não inferior a dois por cento, para o fomento da pesquisa científica e tecnológica, que será destinada em duodécimos, mensalmente, e será gerida por órgão específico, com representação paritária do Poder Executivo e das comunidades científica, tecnológica, empresarial e trabalhadora, a ser definida em lei.
PE	Art. 5, V	O Estado exerce em seu território todos os poderes que explícita ou implicitamente não lhe sejam vedados pela Constituição da República. Parágrafo único. É competência comum do Estado e dos Municípios: V – proporcionar os meios de acesso à cultura, à educação e à ciência.

(continua)

UF	ARTIGO	TEXTO
PE	Art. 139, III, "a" e "b"	Art. 139. O Estado e os Municípios, nos limites da sua competência e com observância dos preceitos estabelecidos na Constituição da República, promoverão o desenvolvimento econômico, conciliando a liberdade de iniciativa com os princípios superiores da justiça social, com a finalidade de assegurar a elevação do nível de vida e bem-estar da população. Parágrafo único. Para atender a estas finalidades, o Estado e os Municípios: III – incentivarão o uso adequado dos recursos naturais e a difusão do conhecimento científico e tecnológico, através, principalmente: a) do estímulo à integração das atividades da produção, serviços, pesquisa e ensino; b) do acesso às conquistas da ciência e tecnologia, por quantos exerçam atividades ligadas à produção, circulação e consumo de bens.
PE	Art. 203	Art. 203. O Estado promoverá o desenvolvimento científico e tecnológico, incentivando a formação de recursos humanos, a pesquisa básica e aplicada, a autonomia e a capacitação tecnológicas, a difusão de conhecimentos, tendo em vista o bem-estar da população e o progresso das ciências. §1º A política científica e tecnológica será pautada pelo respeito à vida humana, o aproveitamento racional e não predatório dos recursos naturais, a preservação e a recuperação do meio ambiente e o respeito aos valores culturais. §2º As universidades e demais instituições públicas de pesquisa, agentes primordiais do sistema de ciência e tecnologia, devem participar da formulação da política científica e tecnológica, juntamente com representantes dos órgãos estaduais de gestão dos recursos hídricos e do meio ambiente e dos diversos segmentos da sociedade, através do Conselho Estadual de Ciência e Tecnologia. §3º Para os fins do disposto neste artigo o Estado criará, com a participação do Conselho Estadual de Ciência e Tecnologia, uma Fundação de Amparo à Ciência e Tecnologia. §4º Com a finalidade de prover os meios necessários ao fomento de atividades científicas e tecnológicas, o Governo do Estado consignará à Fundação de Amparo à Ciência e Tecnologia do Estado de Pernambuco ou à entidade que venha a substituí-la, uma dotação anual em valor equivalente a, no mínimo, cinco décimos por cento da receita de impostos, excluídas as respectivas transferências de impostos a Municípios.

(continua)

UF	ARTIGO	TEXTO
PI	Art. 14	Compete, ainda, ao Estado: II – em comum com a União e os Municípios: e) proporcionar os meios de acesso à cultura, à educação e à ciência.
PI	Art. 234	O Estado promoverá e incentivará o desenvolvimento científico, a pesquisa e a capacitação tecnológicas. Parágrafo único. Será garantida a prioridade para a pesquisa básica e tecnológica nas áreas indicadas pelo Plano Estadual de Ciência e Tecnologia, elaborado, plurianualmente, pelo Poder Executivo.
PI	Art. 235	O Estado destinará até 1% (um por cento) de sua receita corrente líquida ao desenvolvimento da pesquisa científica e tecnológica, através de fundação pública a ser criada. (Redação dada pela Emenda Constitucional nº 25 de 14.12.07). Parágrafo único. A lei de criação da fundação observará: I – a despesa com a administração da fundação, inclusive de pessoal e de custeio, não poderá ultrapassar cinco por cento de sua receita; II – à fundação será vedado executar diretamente qualquer projeto de pesquisa, funcionando apenas como órgão financeiro; III – será garantida a participação não remunerada de representantes do meio científico e empresarial no conselho superior da fundação.
PI	Art. 261	Fica criado o Conselho Estadual do Meio Ambiente, Ciência e Tecnologia e Desenvolvimento Urbano, com a função de normatizar e aprovar as políticas de conservação e preservação do meio ambiente, de desenvolvimento científico e tecnológico e de desenvolvimento urbano, do qual participarão o Ministério Público, entidades ambientalistas e outros segmentos da sociedade.
PI	Art. 20 (ADCT)	O Poder Legislativo editará, no prazo de um ano, as leis necessárias à regulamentação do Capítulo Ciência e Tecnologia.
RJ	Art. 73, V	É competência do Estado, em comum com a União e os Municípios: proporcionar os meios de acesso à cultura, à educação e à ciência.

(continua)

UF	ARTIGO	TEXTO
RJ	Art. 214-A, §1º, VIII	O Estado, para fomentar o desenvolvimento econômico e social, observados os princípios da Constituição da República, irá estabelecer e executar, monitorar e avaliar o Plano Estadual de Desenvolvimento Econômico e Social de Estado – PEDES, nos termos do art. 209 desta Constituição, que será proposto pelo Poder Executivo e aprovado em lei. §1º O Plano Estratégico de Desenvolvimento Econômico e Social de Estado – PEDES terá, entre outros, os seguintes objetivos: o desenvolvimento científico e tecnológico, a pesquisa e a inovação, observado o disposto na Lei nº 9.809, de 22 de julho de 2022, que institui o Sistema Estadual de Ciência, Tecnologia e Inovação;
RJ	Art. 226-A, §2º	Fica criado o Fundo Soberano do Estado do Rio de Janeiro. Além dos objetivos dispostos no §1º e seus incisos, os recursos do Fundo Soberano do Estado do Rio de Janeiro poderão ser destinados a ações estruturantes que visem à modernização e à universalização tecnológica do Estado do Rio de Janeiro, por meio de investimentos que promovam inovação em projetos e instituições das áreas de saúde, educação, segurança pública, meio ambiente, e ciência e tecnologia.
RJ	Art. 331	O Poder Público promoverá e incentivará a pesquisa e a capacitação científica e tecnológica, bem como a difusão do conhecimento, visando ao progresso da ciência e ao bem-estar da população. §1º – A pesquisa e a capacitação tecnológicas voltar-se-ão preponderantemente para o desenvolvimento econômico e social do Estado do Rio de Janeiro. §2º – O Poder Público, nos termos da lei, apoiará e estimulará as empresas que invistam em pesquisa, criação de tecnologia adequada ao País, formação e aperfeiçoamento de seus recursos humanos, que pratiquem sistemas de remuneração que assegurem ao empregado, desvinculada do salário, participação nos ganhos econômicos resultantes da produtividade de seu trabalho e que se voltem especialmente às atividades relacionadas ao desenvolvimento de pesquisas e produção de material ou equipamento especializado para pessoas portadoras de deficiência.
RJ	Art. 332	O Estado do Rio de Janeiro destinará, anualmente, à Fundação de Amparo à Pesquisa – FAPERJ, 2% (dois por cento) da receita tributária do exercício, deduzidas as transferências e vinculações constitucionais e legais.

(continua)

UF	ARTIGO	TEXTO
RJ	Art. 333	As políticas científica e tecnológica tomarão como princípios o respeito à vida e à saúde humana, o aproveitamento racional e não predatório dos recursos naturais, a preservação e a recuperação do meio ambiente, bem como o respeito aos valores culturais do povo. §1º – As universidades e demais instituições de pesquisa sediadas no Estado devem participar no processo de formulação e acompanhamento da política científica e tecnológica. §2º – O Estado garantirá, na forma da lei, o acesso às informações que permitam ao indivíduo, às entidades e à sociedade o acompanhamento das atividades de impacto social, tecnológico, econômico e ambiental.
RN	Art. 19, V	É competência comum do Estado e dos Municípios: proporcionar os meios de acesso à cultura, à educação, à ciência, à tecnologia, à pesquisa e à inovação.
RN	Art. 20, IX	Compete ao Estado, concorrentemente com a União, legislar sobre: – educação, cultura, ensino, desporto, ciência, tecnologia, pesquisa, desenvolvimento e inovação.
RN	Art. 108, §5º	A transposição, o remanejamento ou a transferência de recursos de uma categoria de programação para outra poderão ser admitidos, no âmbito das atividades de ciência, tecnologia e inovação, com o objetivo de viabilizar os resultados de projetos restritos a essas funções, mediante ato do Poder Executivo, sem necessidade da prévia autorização legislativa prevista no inciso VI deste artigo.
RN	Art. 147	O Estado promoverá e incentivará o desenvolvimento científico, a pesquisa, a capacitação científica e tecnológica e a inovação. (Redação dada pela Emenda Constitucional nº 18, de 2019) §1º A pesquisa científica e tecnológica receberá tratamento prioritário do Estado, tendo em vista o bem público e o progresso da ciência, tecnologia e inovação. (Redação dada pela Emenda Constitucional nº 18, de 2019) §2º A pesquisa tecnológica voltar-se-á preponderantemente para a solução dos problemas do Estado e para o desenvolvimento do sistema produtivo de suas regiões. (Redação dada pela Emenda Constitucional nº 18, de 2019) §3º O Estado apoiará a formação de recursos humanos nas áreas de ciência, pesquisa, tecnologia e inovação, inclusive por meio do apoio às atividades de extensão tecnológica, e concederá aos que delas se ocupem meios e condições especiais de trabalho. (Redação dada pela Emenda Constitucional nº 18, de 2019)

(continua)

UF	ARTIGO	TEXTO
RN	Art. 147	§4º A lei apoiará e estimulará as empresas que invistam em pesquisa, criação de tecnologia adequada ao Estado, formação e aperfeiçoamento de seus recursos humanos e que pratiquem sistemas de remuneração que assegurem ao empregado, desvinculada do salário, participação nos ganhos econômicos resultantes da produtividade de seu trabalho. (Redação dada pela Emenda Constitucional nº 18, de 2019) §5º É facultado ao Estado vincular parcela de sua receita orçamentária a entidades públicas de fomento ao ensino e à pesquisa científica e tecnológica. (Incluído pela Emenda Constitucional nº 18, de 2019) §6º O Estado, na execução das atividades previstas no *caput*, estimulará a articulação entre entes, tanto públicos quanto privados, nas diversas esferas de governo. (Incluído pela Emenda Constitucional nº 18, de 2019) §7º O Estado promoverá e incentivará a atuação no país e no exterior das instituições públicas de ciência, tecnologia e inovação, com vistas à execução das atividades previstas no *caput*. (Incluído pela Emenda Constitucional nº 18, de 2019)
RN	Art. 147-A	O mercado interno será incentivado de modo a viabilizar o desenvolvimento cultural e socioeconômico, o bem-estar da população e a autonomia tecnológica do Estado. (Incluído pela Emenda Constitucional nº 18, de 2019). Parágrafo único. O Estado estimulará a formação e o fortalecimento da inovação nas empresas, bem como nos demais entes, públicos ou privados, a constituição e a manutenção de parques e polos tecnológicos e de demais ambientes promotores da inovação, a atuação dos inventores independentes e a criação, absorção, difusão e transferência de tecnologia. (Incluído pela Emenda Constitucional nº 18, de 2019)
RN	Art. 147-B	O Estado e seus Municípios poderão firmar instrumentos de cooperação com órgãos e entidades públicos e com entidades privadas, inclusive para o compartilhamento de recursos humanos especializados e capacidade instalada, para a execução de projetos de pesquisa, de desenvolvimento científico e tecnológico e de inovação, mediante contrapartida financeira ou não financeira assumida pelo ente beneficiário, na forma da lei. (Incluído pela Emenda Constitucional nº 18, de 2019)
RN	Art. 148	O Estado cria o Fundo de Desenvolvimento Científico-Tecnológico, ao qual destina, anualmente, percentual de sua receita orçamentária, a ser gerida conforme dispuser a lei.

(continua)

UF	ARTIGO	TEXTO
RS		Tem um capítulo "DA EDUCAÇÃO, DA CULTURA, DO DESPORTO, DA CIÊNCIA E TECNOLOGIA, DA COMUNICAÇÃO SOCIAL E DO TURISMO", no entanto, aborda só a educação.
RS	Art. 234	Cabe ao Estado, com vista a promover o desenvolvimento da ciência e da tecnologia: I – proporcionar a formação e o aperfeiçoamento de recursos humanos para a ciência e tecnologia; II – criar departamento especializado que orientará gratuitamente o encaminhamento de registro de patente de ideias e invenções; III – incentivar e privilegiar a pesquisa tecnológica voltada ao aperfeiçoamento do uso e controle dos recursos naturais e regionais, com ênfase ao carvão mineral; IV – apoiar e estimular as empresas e entidades cooperativas, fundacionais ou autárquicas que investirem em pesquisa e desenvolvimento tecnológico e na formação e aperfeiçoamento de seus recursos humanos. §1.º O disposto no inciso IV fica condicionado à garantia, pelas referidas empresas e entidades, de permanência no emprego aos trabalhadores, com a necessária capacitação destes para o desempenho eventual de novas atribuições. §2.º O Estado apoiará e estimulará preferencialmente as empresas e entidades cooperativas, fundacionais ou autárquicas que mantenham investimentos nas áreas definidas pela política estadual de ciência e tecnologia e aquelas que pratiquem sistemas de remuneração assegurando ao empregado, desvinculada do salário, participação nos ganhos econômicos resultantes da produtividade do seu trabalho.
RS	Art. 235	A política estadual de ciência e tecnologia será definida por órgão específico, criado por lei, com representação dos segmentos da comunidade científica e da sociedade rio-grandense. Parágrafo único. A política e a pesquisa científica e tecnológica basear-se-ão no respeito à vida, à saúde, à dignidade humana e aos valores culturais do povo, na proteção, controle e recuperação do meio ambiente, e no aproveitamento dos recursos naturais.
RS	Art. 236	O Estado cobrirá as despesas de investimentos e custeio de seus órgãos envolvidos com pesquisa científica e tecnológica e, além disso, destinará dotação equivalente no mínimo a um e meio por cento de sua receita líquida de impostos à Fundação de Amparo à Pesquisa do Estado do Rio Grande do Sul, para aplicação no fomento ao ensino e à pesquisa científica e tecnológica. Parágrafo único. Lei complementar disciplinará as condições e a periodicidade do repasse, bem como o gerenciamento e o controle democráticos da dotação prevista no *caput*.

(continua)

UF	ARTIGO	TEXTO
RO	Art. 198	É livre a pesquisa, o ensino, a experimentação científica e tecnológica, cabendo ao Poder Público seu incentivo e controle, com vistas ao desenvolvimento em benefício do interesse coletivo, no sentido de atender as necessidades básicas da população.
RO	Art. 199	É obrigação do Estado, sem prejuízo da iniciativa privada, promover e incentivar o desenvolvimento da ciência e tecnologia, o estímulo à pesquisa, disseminação do saber e o domínio e aproveitamento adequado do patrimônio universal, mediante: I – incentivo às instituições de ensino superior, aos centros de pesquisa, e às indústrias com destinação de recursos necessários; II – integração no mercado e no processo de produção estadual e nacional.
RO	Art. 200	O Estado adotará medidas para o desenvolvimento científico e tecnológico, integrando as ações junto aos Poderes Públicos Federal, Estadual e Municipal, além da participação da comunidade científica, observando: I – a pesquisa científica básica receberá tratamento prioritário do Estado, tendo em vista o bem público e o progresso das ciências; II – preponderantemente, a pesquisa tecnológica voltar-se-á para soluções de problemas regionais e para o desenvolvimento produtivo do Estado; III – a subordinação às necessidades sociais, econômicas, políticas e culturais, dando-se prioridade ao esforço para completa incorporação dos marginalizados na sociedade moderna; IV – o respeito às características sociais e culturais do Estado e plena utilização de seus recursos humanos e materiais.
RO	Art. 201	Lei disporá sobre a criação da Fundação de Amparo ao Desenvolvimento das Ações Científicas e Tecnológicas e à Pesquisa do Estado de Rondônia. Parágrafo único. As atividades relativas ao desenvolvimento das ações científicas e tecnológicas serão disciplinadas em lei.
RO	Art. 202	O Estado apoiará a formação de recursos humanos nas áreas de ciência, pesquisa e tecnologia, e concederá aos que delas se ocupem, exclusivamente, meios e condições especiais de trabalho.
RO	Art. 203	O Poder Público criará o Conselho Estadual de Ciência e Tecnologia, cujas atribuições, organização e foro de funcionamento serão definidos em lei.

(continua)

UF	ARTIGO	TEXTO
RR	Art. 11, IX	Compete ao Estado: proporcionar os meios de acesso à educação, cultura, ciência e tecnologia e ministrar o ensino público, incluindo o profissional.
RR	Art. 165	O Estado promoverá o desenvolvimento científico e tecnológico incentivando as pesquisas básica e aplicada, bem como assegurando a autonomia e capacitação tecnológica e a difusão do conhecimento técnico-científico, observado o disposto no art. 218 da Constituição Federal. Parágrafo único. Fica criado o Conselho Estadual de Meio Ambiente, Ciência e Tecnologia, cujas atribuições e funcionamento serão disciplinados em Lei.
SC	Art. 9, V	O Estado exerce, com a União e os Municípios, as seguintes competências: proporcionar os meios de acesso a cultura, a educação e a ciência.
SC	Art. 176	É dever do Estado a promoção, o incentivo e a sustentação do desenvolvimento científico, da pesquisa e da capacitação tecnológica.
SC	Art. 177	A política científica e tecnológica terá como princípios: I – o respeito à vida, à saúde humana e ambiental e aos valores culturais do povo; II – o uso racional e não predatório dos recursos naturais; III – a recuperação e a preservação do meio ambiente; IV – a participação da sociedade civil e das comunidades; V – o incentivo permanente à formação de recursos humanos.
SP	Art. 268	O Estado promoverá e incentivará o desenvolvimento científico, a pesquisa e a capacitação tecnológica. §1º – A pesquisa científica receberá tratamento prioritário do Estado, diretamente ou por meio de seus agentes financiadores de fomento, tendo em vista o bem público e o progresso da ciência. §2º – A pesquisa tecnológica voltar-se-á preponderantemente para a solução dos problemas sociais e ambientais e para o desenvolvimento do sistema produtivo, procurando harmonizá-lo com os direitos fundamentais e sociais dos cidadãos.
SP	Art. 269	O Estado manterá Conselho Estadual de Ciência e Tecnologia com o objetivo de formular, acompanhar, avaliar e reformular a política estadual científica e tecnológica e coordenar os diferentes programas de pesquisa. §1º. A política a ser definida pelo Conselho Estadual de Ciência e Tecnologia deverá orientar-se pelas seguintes diretrizes: 1 – desenvolvimento do sistema produtivo estadual; 2 – aproveitamento racional dos recursos naturais, preservação e recuperação do meio ambiente;

(continua)

UF	ARTIGO	TEXTO
SP	Art. 269	3 – aperfeiçoamento das atividades dos órgãos e entidades responsáveis pela pesquisa científica e tecnológica; 4 – garantia de acesso da população aos benefícios do desenvolvimento científico e tecnológico; 5 – atenção especial às empresas nacionais, notadamente às médias, pequenas e microempresas. §2º. A estrutura, organização, composição e competência desse Conselho serão definidas em lei.
SP	Art. 270	O Poder Público apoiará e estimulará, mediante mecanismos definidos em lei, instituições e empresas que invistam em pesquisa e criação de tecnologia, observado o disposto no art. 218, §4º, da Constituição Federal.
SP	Art. 271	O Estado destinará o mínimo de um por cento de sua receita tributária à Fundação de Amparo à Pesquisa do Estado de São Paulo, como renda de sua privativa administração, para aplicação em desenvolvimento científico e tecnológico. Parágrafo único – A dotação fixada no *caput*, excluída a parcela de transferência aos Municípios, de acordo com o art. 158, IV, da Constituição Federal, será transferida mensalmente, devendo o percentual ser calculado sobre a arrecadação do mês de referência e ser pago no mês subsequente.
SP	Art. 272	O patrimônio físico, cultural e científico dos museus, institutos e centros de pesquisa da administração direta, indireta e fundacional são inalienáveis e intransferíveis, sem audiência da comunidade científica e aprovação prévia do Poder Legislativo. Parágrafo único – O disposto neste artigo não se aplica à doação de equipamentos e insumos para a pesquisa, quando feita por entidade pública de fomento ao ensino e à pesquisa científica e tecnológica, para outra entidade pública da área de ensino e pesquisa em ciência e tecnologia.
SE	Art. 235	Cumpre ao Estado promover e incentivar o estudo, a pesquisa e o desenvolvimento das ciências e da tecnologia, democratizando seu acesso à comunidade. §1º O Estado deverá contribuir para a formação de recursos humanos na área de ciência, pesquisa e tecnologia, criando para esse fim um fundo estadual de apoio à ciência e pesquisa tecnológica. §2º Para os fins previstos no parágrafo anterior, será destinada uma parcela da receita anual, nunca inferior a meio por cento da arrecadação tributária do Estado, dela deduzidas as transferências feitas aos Municípios.

(continua)

UF	ARTIGO	TEXTO
SE	Art. 235	§3º A pesquisa tecnológica voltar-se-á preponderantemente para a solução dos problemas sociais e para o desenvolvimento do sistema produtivo do Estado, procurando harmonizá-lo com os direitos do trabalhador ao emprego e salário. §4º A pesquisa científica básica receberá tratamento prioritário do Estado, tendo em vista o bem público e o progresso das ciências. §5º Os institutos, universidades e demais instituições públicas de pesquisa são partes integrantes do processo de formulação da política científica Constituição Estadual e tecnológica e agentes primordiais de sua execução, ficando-lhes assegurada a participação nas decisões e ações que envolvem a geração e aplicação de ciência e tecnologia.
SE	Art. 236	A política científica e tecnológica do Estado de Sergipe tomará como princípios: I – o aproveitamento racional e não predatório dos recursos naturais; II – o respeito aos valores culturais da sociedade; III – a preservação e a recuperação do meio ambiente; IV – a ampliação do acesso de todos aos benefícios do seu desenvolvimento; V – a articulação entre as ações do Poder Público nas áreas de ciência, pesquisa e tecnologia, e os órgãos e entidades a ele vinculados.
SE	Art. 238	O Estado manterá o Conselho Estadual de Ciência e Tecnologia, com o objetivo de formular, acompanhar, avaliar e reformular a política estadual científica e tecnológica. §1º A política a ser definida pelo Conselho Estadual de Ciência e Tecnologia deverá orientar-se pelas seguintes diretrizes: I – aproveitamento racional dos recursos humanos; II – aperfeiçoamento das atividades dos órgãos e entidades responsáveis pela pesquisa científica e tecnológica; III – acesso progressivo da população aos benefícios do desenvolvimento científico e tecnológico; IV – preservação e recuperação do meio ambiente. §2º A estrutura, organização, composição e competência desse Conselho serão definidas em lei, garantida em sua direção a participação de representantes da comunidade científica e tecnológica, de organismos governamentais envolvidos na geração do conhecimento e de setores empresariais.

(continua)

UF	ARTIGO	TEXTO
TO	Art. 142	O Estado promoverá e incentivará o desenvolvimento científico, a pesquisa e a capacitação tecnológica. §1º A pesquisa científica básica receberá tratamento prioritário do Estado, tendo em vista o bem público e o progresso das ciências. §2º A pesquisa tecnológica voltar-se-á preponderantemente para a solução de problemas regionais e para o desenvolvimento produtivo do Estado. §3º O Estado apoiará a formação de recursos humanos nas áreas de ciência, pesquisa e tecnologia e concederá, aos que delas se ocupem, meios e condições especiais de trabalho. §4º A política científica e tecnológica tomarão como princípios o respeito à vida e à saúde humana, o aproveitamento racional e não predatório dos recursos naturais, a preservação e a recuperação do meio ambiente, bem como o respeito aos valores culturais do povo. §5º Para a manutenção das atividades descritas neste artigo, o Estado atribuir-lhes-á dotações e recursos correspondentes a meio por cento de sua receita tributária.
TO	Art. 143	Fica criado o Conselho Estadual de Ciência e Tecnologia, órgão colegiado superior que tem como objetivo formular diretrizes da política de ciência e tecnologia do Tocantins, a ser regulamentado através de lei. Parágrafo único. Ao Conselho referido neste artigo, caberá a gerência dos recursos destinados à pesquisa científica e tecnológica, previstos no §5º, do artigo anterior.
TO	Art. 144	A entidade a que se refere o artigo anterior destinará dois terços da receita decorrente da aplicação daquele Fundo a projetos de interesse de entidades da administração indireta que executem o ensino e a pesquisa científica, atividade experimental e serviços técnico-científicos relevantes para o Estado, especialmente no setor da agropecuária.
TO	Art. 145	A lei disporá, entre outros estímulos, sobre concessão de isenções, de incentivos e de benefícios fiscais, observados os limites desta Constituição, às empresas brasileiras de capital nacional, estabelecidas no Estado que concorram para a viabilização da autonomia tecnológica nacional, especialmente: I – as do setor privado: a) que tenham sua produção voltada para mercado interno, em particular àqueles que se dediquem à produção de alimento, com utilização de tecnologia indicada para a racional exploração dos recursos naturais e para preservação do meio ambiente;

(conclusão)

UF	ARTIGO	TEXTO
TO	Art. 145	b) que promovam pesquisa e experiência no âmbito da medicina preventiva e que produzam equipamentos especializados destinados ao uso das pessoas portadoras de deficiências; c) que promovam pesquisas tecnológicas voltadas para o desenvolvimento de métodos e técnicas apropriadas à geração, interpretação e aplicação de dados geológico-geotécnicos; II – as empresas públicas e sociedades de economia mista cujos investimentos em pesquisa científica e criação de tecnologia se revelem necessários e relevantes ao desenvolvimento socioeconômico do Estado.

ANEXO E

DISPOSIÇÕES AUTONÔMICAS DAS UNIVERSIDADES PÚBLICAS

(continua)

	USP	Unesp	UEMG	UFMG	UNB	UFSC	UFRGS
Número da norma	Resolução USP nº 8.152/2021	Resolução Unesp nº 35/2020	Resolução CONUN/UEMG nº 553/2022	Resolução UFMG nº 05/2022	Resolução CONUN/UNB nº 06/2020	Resolução CONUN/UFSC nº 164/2022	Decisão CONUN/UFRGS nº 16/2019
Estrutura da norma	Não possui divisão estrutural	SEÇÃO I – Disposições Preliminares SEÇÃO II – Criações e Inovações desenvolvidas na Unesp SEÇÃO III – Gestão da Propriedade Intelectual e Inovação SEÇÃO IV – Compartilhamento e Permissão de uso da Infraestrutura da Unesp SEÇÃO V – Ambientes de Inovação nos campi da Unesp SEÇÃO VI – Pré-Incubação e Incubação de	CAPÍTULO I – Das Disposições Preliminares CAPÍTULO II – Dos Princípios e Objetivos CAPÍTULO III – Do Núcleo de Inovação Tecnológica e Transferência de Tecnologia CAPÍTULO IV – Dos Meios de Realização da Política Institucional de Inovação CAPÍTULO V – Da Extensão Tecnológica	Não possui divisão estrutural	CAPÍTULO I – Disposições Gerais CAPÍTULO II – Da Organização CAPÍTULO III – Dos Processos Estruturantes CAPÍTULO IV – Da Gestão Financeira e de Pessoal CAPÍTULO V – Das Disposições Finais	CAPÍTULO I – Disposições Preliminares CAPÍTULO II – Dos Princípios CAPÍTULO III – Dos Objetivos CAPÍTULO IV – Das Estratégias CAPÍTULO V – Das Diretrizes CAPÍTULO VI – Da Governança	CAPÍTULO I – Disposições Preliminares CAPÍTULO II – Das Estratégias de Atuação CAPÍTULO III – Da Capacitação para Inovação e Empreendedorismo CAPÍTULO IV – Das Bolsas de Estímulo à Inovação CAPÍTULO V – Das Competências do Núcleo de Inovação Tecnológica – NIT CAPÍTULO VI – Do Empreendedorismo e do Parque Científico

ANEXO E
DISPOSIÇÕES AUTONÔMICAS DAS UNIVERSIDADES PÚBLICAS | 537

(continua)

	USP	Unesp	UEMG	UFMG	UNB	UFSC	UFRGS
Estrutura da norma		Empresas de Base Tecnológica SEÇÃO VII – Licenciamento e Transferência de Tecnologia SEÇÃO VIII – Participação da Unesp em Empresa de Propósito Específico SEÇÃO IX – Prestação de Serviços Compatíveis com atividades voltadas à Inovação e à Pesquisa Científica e Tecnológica SEÇÃO X – Das Parcerias Científicas, Tecnológicas e de Inovação	CAPÍTULO VI – Do Empreendedorismo e das Incubadoras de Empresas CAPÍTULO VII – Da Cessão, Permissão de Uso e Compartilhamento de Espaços para Atividades de Inovação e Desenvolvimento Tecnológico CAPÍTULO VIII – Do Atendimento ao inventor independente CAPÍTULO IX – Da Política Institucional de Inovação e sua Relação com o Conhecimento Tradicional Associado ou não ao Patrimônio				e Tecnológico e sua Rede de Incubadoras CAPÍTULO VII – DA COLABORAÇÃO COM ICTS E OUTRAS ORGANIZAÇÕES CAPÍTULO VIII – Da Parceria para Desenvolvimento de Tecnologias CAPÍTULO IX – Do compartilhamento de Laboratórios CAPÍTULO X – Da Licença Para Constituir Empresa CAPÍTULO XI – Da Confidencialidade da Criação Intelectual CAPÍTULO XII – Da Transferência de

(continua)

Estrutura da norma	USP	Unesp	UEMG	UFMG	UNB	UFSC	UFRGS
		SEÇÃO XI – Bolsas Científicas, Tecnológicas e de Inovação SEÇÃO XII – Da Possibilidade de Cessão de Tecnologia SEÇÃO XIII – Da Desistência Sobre a Criação SEÇÃO XIV – Da Destinação dos Ganhos Econômicos SEÇÃO XV – Da Administração e Gestão da Política de Inovação SEÇÃO XVI – Do Atendimento ao Inventor Independente SEÇÃO XVII – Da Responsabilidade do Inventor	Genético e da Transferência do Material Biológico CAPÍTULO X – Do Afastamento de Pesquisadores para Prestar Colaboração a Outra ICT CAPÍTULO XI – Da Licença para Constituir Empresa CAPÍTULO XII – Das Disposições Finais e Transitórias				Tecnologia e Licenciamento CAPÍTULO XIII – Da Cessão de Direitos CAPÍTULO XIV – Da Participação no Capital Social de Empresas e dos Fundos de Investimentos CAPÍTULO XV – Do Estímulo ao Inventor independente CAPÍTULO XVI – Do Orçamento para a Inovação CAPÍTULO XVII – Da Avaliação dos Resultados CAPÍTULO XVIII – Das Disposições Finais

(conclusão)

Estrutura da norma	USP	Unesp	UEMG	UFMG	UNB	UFSC	UFRGS
		SEÇÃO XVIII – Disposição Final SEÇÃO XIX – Disposições Transitórias					

Esta obra foi composta em fonte Palatino Linotype, corpo 10
e impressa em papel Pólen Bold 70g (miolo) e Supremo 250g
(capa) pela Formato Artes Gráficas.